中国共青团年鉴

2015

共青团中央 编

中国青年出版社

（京）新登字 083 号

图书在版编目（CIP）数据

中国共青团年鉴．2015/共青团中央编．—北京：中国青年出版社，2016．12
ISBN 978-7-5153-4625-0

Ⅰ．①中…　Ⅱ．①共…　Ⅲ．①中国共产主义青年团－2015－年鉴
Ⅳ．①D29－54

中国版本图书馆 CIP 数据核字（2016）第 292063 号

*

中国青年出版社 出版 发行
社址：北京东四 12 条 21 号　邮政编码：100708
网址：www.cyp.com.cn
编辑部电话：（010）57350406　门市部电话：（010）57350370
北京顺诚彩色印刷有限公司印刷　新华书店经销

*

787×1092　1/16　34.75 印张　11 插页　829 千字
2016 年 11 月北京第 1 版　2016 年 11 月北京第 1 次印刷
定价：280.00 元

《中国共青团年鉴》(2015)

编 辑 说 明

一、《中国共青团年鉴》是综合反映中国共青团工作情况和组织发展情况的大型工具书。编辑宗旨是为各级团组织开展工作提供理论政策指导、工作经验和有关信息，为社会各界提供中国共青团的有关资料。

二、本年鉴共分七个部分：

1. 特载部分，收录了党和国家领导人关于共青团工作和青年工作的重要讲话和指示。

2. 团中央书记处领导讲话部分，收录了团中央书记处领导同志的有关讲话。

3. 重要文件部分，收录了团中央以及其他相关单位联合下发的重要文件。

4. 重点工作概述部分，记录了团中央年度开展的重点工作和重点活动。

5. 重要表彰部分，记录了团中央单独表彰及与其他部门联合表彰的先进集体和先进个人。

6. 省级团委工作简介部分，收录了各省级团委开展的主要工作情况。

7. 大事记部分，收录了团中央和省级团委年度重要工作与活动的记载。

三、本年鉴记录的只是共青团工作的概况，为了解和研究共青团工作提供一个基本的线索，大量具体工作，特别是各地团组织开展的工作，因篇幅所限未能详尽收录。

四、本年鉴由团中央机关各部门、各省级团委和有关青年组织提供材料。团中央办公厅负责材料整理和编辑工作。

年鉴编辑工作涉及面广，资料收集任务繁杂，难免出现差错和疏漏，不当之处，敬请批评指正。

2016 年 10 月

∧ 2015年4月7日，中共中央总书记、国家主席、中央军委主席习近平会见中越青年代表团

∧ 2015年6月1日，中国少年先锋队第七次全国代表大会在北京开幕，中共中央总书记、国家主席、中央军委主席习近平与代表们在一起

∧ 2015年11月2日，中共中央政治局常委、国务院总理李克强赴韩国出席中韩青年领导者论坛

∧ 2015年7月24日，全国青联第十二届全委会、全国学联二十六大在北京举行，中共中央政治局委员、国家副主席李源潮代表党中央向大会致祝词

∧ 2015年11月20日，中共中央政治局委员、国家副主席李源潮会见来华参加“筑梦丝路——欧亚青年领导人研修交流活动”的欧亚青年领导人代表团

△ 2015年12月22日，中共中央政治局委员、国家副主席李源潮会见巴基斯坦百名青年代表团

∧ 2015年9月7日，秦宜智同志在吉林省延吉市中央小学调研少先队工作

∨ 2015年11月3日，秦宜智同志在韩国首尔出席中韩青年领导人论坛活动

∧ 2015年8月12日，贺军科同志在青海省海南州贵德县河东乡王屯村调研农村共青团工作

∨ 2015年8月，罗梅同志在黑龙江齐齐哈尔参加全团“大宣传大调研”期间，与留守儿童一起包饺子

∧ 2015年8月10日，汪鸿雁同志在河南信阳市网络创业孵化中心调研青年创业工作

∨ 2015年8月20日，周长奎同志在佛山市禅城区新媒体园调研青年创新创业工作

∧ 2015年8月5日，徐晓同志在广西柳州市鹿寨县农村青年致富带头人陈彦军山楂、夏橙种植基地调研

∨ 2015年12月20日，傅振邦同志在广东工业大学参加第十四届“挑战杯”全国大学生课外学术科技作品竞赛决赛有关活动

∧ 2015年1月20日，共青团十七届三中全会在北京召开

∨ 2015年2月10日，甘肃省定西团组织开展联村联户暖冬行动

∧ 2015年4月26日，团中央青年互动社交平台“青年之声”开通

∨ 2015年6月6日，第一批“全国向上向善好青年”分享团成员准备分赴各地开展活动

∧ 2015年6月23日至27日，团安徽省委举办 "农村青年电商培育工程" 示范培训班

∨ 2015年7月29日，共青团十七届四中全会在北京召开

∧ 2015年8月10日，参加各民族少年手拉手夏令营活动的营员登上军舰

∨ 2015年8月15日，举行新疆青少年融情夏令营开营仪式

∧ 2015年8月，中国大学生骨干培养学校第八期学员参加暑期社会实践锻炼活动

∨ 2015年10月9日，中央综治委预防青少年违法犯罪专项组召开重点工作推进电视电话会议

∧ 2015年10月20日，团中央举办学习中央党的群团工作会议精神主题读书班

∨ 2015年11月5日，举行第十一届振兴杯全国青年职业技能大赛闭幕式暨“青创先锋”系列活动启动仪式

∧ 2015年12月3日，第二届中国青年志愿服务项目大赛暨志愿服务重庆交流会闭幕

∨ 2015年12月17日，应全国青联邀请，俄罗斯百名青年代表团出席中俄青年友好交流年闭幕式暨中俄媒体交流年开幕式

目　　录

第一部分　特载

第二部分　团中央书记处领导讲话

秦宜智同志讲话

贺军科同志讲话

罗梅同志讲话

汪鸿雁同志讲话

周长奎同志讲话

徐晓同志讲话

傅振邦同志讲话

第三部分 重要文件

一、综合

二、组织

三、宣传

第四部分　重点工作概述

第五部分　重要表彰

第六部分　省级团委工作简介

第七部分　2015 年团中央及省级团委工作大事记

第一部分

特　　载

习近平同志致全国青联十二届全委会和全国学联二十六大的贺信

2015年7月24日

习近平

青年朋友们：

值此中华全国青年联合会第十二届委员会全体会议和中华全国学生联合会第二十六次代表大会开幕之际，我代表党中央，向大会的召开表示热烈的祝贺！向全国各族各界青年和青年学生、向广大海外中华青年，表示诚挚的问候！

紧跟时代砥砺前行，担当责任奋发有为，是我国青年的光荣传统，也是党和人民对广大青年的殷切期望。5年来，在党的坚强领导和共青团帮助指导下，各级青联和学联组织围绕中心、服务大局，积极组织青年、宣传青年、教育青年、引导青年，各项工作取得可喜成绩。广大青年和青年学生响应党的号召，胸怀祖国和人民，奉献社会和他人，积极投身坚持和发展中国特色社会主义伟大实践，以实际行动证明，当代中国青年不愧为大有希望、大有作为的一代。

“士不可以不弘毅，任重而道远。”国家的前途，民族的命运，人民的幸福，是当代中国青年必须和必将承担的重任。一代青年有一代青年的历史际遇。我们的国家正在走向繁荣富强，我们的民族正在走向伟大复兴，我们的人民正在走向更加幸福美好的生活。当代中国青年要有所作为，就必须投身人民的伟大奋斗。同人民一起奋斗，青春才能亮丽；同人民一起前进，青春才能昂扬；同人民一起梦想，青春才能无悔。

前进要奋力，干事要努力。当代中国青年要在感悟时代、紧跟时代中珍惜韶华，自觉按照党和人民的要求锤炼自己、提高自己，做到志存高远、德才并重、情理兼修、勇于开拓，在火热的青春中放飞人生梦想，在拼搏的青春中成就事业华章。

青联和学联事业是党的群团事业的重要组成部分，青联和学联组织一定要不断保持和增强政治性、先进性、群众性，不断推进自身改革，认真履行自身职能，更好组织动员广大青年坚定地跟党走。

祖国的未来属于青年，重视青年就是重视未来。各级党委和政府要加强对青年工作的领导，认真研究新形势下青年运动的特点和规律，为广大青年成长成才、建功立业创造良好环境和条件，帮助和支持广大青年在时代的舞台上展现风采、发光发热，努力为实现“两个一百年”奋斗目标、实现中华民族伟大复兴的中国梦贡献青春的激情和力量。

祝大会圆满成功！

自觉接受党的领导　坚持走中国特色社会主义群团发展道路

——在研究落实中央群团工作文件精神座谈会上的讲话

2015年2月

李源潮

经中央批准，《中共中央关于加强和改进党的群团工作的意见》以中发〔2015〕4号文件正式下发。这是全党工作的一件大事，更是群团工作的大事。今天请团中央、全国妇联、中国科协、中国侨联的领导同志来，主要是研究群团组织尤其是人民团体如何学习领会、贯彻落实文件精神。

这个文件是以中央名义下发的全覆盖群团工作的重要文件，习近平总书记主持中央政治局会议和中央政治局常委会会议审议通过并作了重要讲话。刘云山同志主持中央书记处办公会议进行了详细审议和修改。我们要认真学习领会中央文件精神和习近平总书记重要讲话精神，把学习理解、贯彻落实中央文件精神作为当前群团工作的首要大事来抓。这个文件主要有两个方面的内容，一是党要加强对群团工作的领导，一是群团组织必须自觉服从和接受党的领导。习近平总书记强调，文件下发后各地区各部门各单位要主动贯彻落实。群团组织怎样主动贯彻落实？首先应有最基本的认识、最基本的态度。刚才，宜智、秀岩、尚勇、林军同志等都讲得很好，把握了文件对群团组织的基本要求。我们要抓住机遇、抓好落实，把落实文件精神作为群团组织改革发展的强劲动力。

我们党始终高度重视群团工作，把群团工作看作是巩固和加强党的执政基础和群众基础的重要内容。习近平总书记指出，新形势下，党的群团工作只能加强、不能削弱，只能改进提高、不能停滞不前。这明确了今后一个时期党的群团工作的总基调。“党有号召，群有行动”，是党领导的工会、共青团、妇联、科协、侨联等人民团体的优良传统。各群团组织尤其是人民团体要把学习贯彻中央群团工作文件精神作为今年的第一件大事，把思想统一起来，把文件精神落实到学习理解、武装干部、逐级部署、推动工作的各个环节中去。学习领会、贯彻落实中央群团工作文件精神，最重要的是把握好4个方面。

第一，坚定不移走中国特色社会主义群团发展道路。中央群团工作文件有11个部分、125项政策措施或工作要求，既继承了我们党关于群团工作一贯的思想、理论和经验，又提出不少新思想新论断，其中最核心的是坚持走中国特色社会主义群团发展道路。习近平总书记指出，走中国特色社会主义群团发展道路是这个文件的灵魂和主线，要深入阐述、广泛宣传，使之成为党的群团工作的基本遵循和定海神针。中国特色社会主义群团发展道路是我们党总结群团工作历史经验，特别是改革开放以来的崭新实践提出的。十八大前，中央明确提出坚持走中国特色社会主义工会发展道路；十八大后，又强调了坚持中国特色社会主义青年运动方向，坚持走中国特色社会主义妇女发展道路。这一次，党中央明确提出走中国特色社会主义群团发展道路，这是党的群团工作理论的重要创新。中国特色社会主义群团发展道路是中国特色社会主义道路的重要组成部分，主要内容是“六个坚持”：一是坚持党对群团工作的统一领导，二是坚持发挥桥梁和纽带作用,三是坚持围绕中心、服务大局,四是坚持服务群众的工作生命线,五是坚持与时俱进、改革创新,六是坚持依法依章程独立自主开展工作。这是党中央对群团工作的总体要求,也是改革开放尤其是党的十八大以来群团组织基本实践、基本经验的总结和系统化,我们要很好地坚持、运用和发展。

第二,自觉主动接受党对群团工作的统一领导。党的领导是中国特色社会主义道路最本质的特征。中国特色社会主义群团发展道路"六个坚持"的第一条,就是"坚持党对群团工作的统一领导"。对于群团组织来讲,自觉主动接受党的领导是坚持走中国特色社会主义群团发展道路的第一特征、第一要求,是做好群团组织工作、保证群团组织健康发展的根本保证。党对群团组织的领导是全面的,包括政治领导、思想领导、组织领导。群团组织尤其是人民团体,怎么做到自觉接受和服从党的领导?一是要把自觉接受和服从党的领导作为政治方向、政治原则、政治规矩、政治纪律来遵循,主动贯彻党的意志和主张,在政治上、思想上、行动上始终同以习近平同志为总书记的党中央保持一致,不断增强中国特色社会主义道路自信、理论自信、制度自信。二是群团组织中的党组要充分发挥领导核心作用,切实保证党对本群团组织的领导,引导群众正确理解和自觉支持党的理论和路线方针政策以及中央决策部署。三是群团组织中的党员干部要主动贯彻和坚持党的主张和决定,发挥先锋模范和骨干带头作用,影响和带动周围干部群众努力完成党和国家交给的任务。

第三,响应党的号召,充分发挥群团组织在中国特色社会主义事业中的五大职能作用。党赋予群团组织的职能作用是具体的、历史的。改革开放的初期,主要是强调对群众的动员、引导作用,后来又逐渐强调了为群众的服务职能、维权职能,从两大职能、三大职能发展到四大职能。这次中央群团工作文件实际上强调了群团组织在中国特色社会主义事业中的五大职能作用。这是党的执政理论的丰富发展,是党的群团工作的与时俱进。

一是团结动员广大群众围绕经济社会发展的中心任务建功立业。"建功立业"这个词是群团组织的专用词,最早是上世纪80年代从共青团开始使用的,然后各个群团组织包括工青妇等人民团体都开始使用。这次中央群团工作文件使用了这个提法,进一步明确了要求。群团组织团结动员广大群众在经济社会发展中建功立业,首要任务是围绕党和国家的中心任务、把握社会发展的时代主题,为实现"两个一百年"奋斗目标和中华民族伟大复兴的中国梦贡献力量。还要在建设创新型国家、建设法治国家、建设美丽中国等各个方面,在改革发展稳定各个领域,发挥组织优势、积极展现作为。还有许多具体工作,比如维护民族团结、反对民族分裂、促进祖国统一、开展对外交流等,也要充分发挥群团组织的独特作用。

二是在培育和践行社会主义核心价值观中走在前头。社会主义核心价值观应成为人民群众的价值观。这是一个很艰巨的任务,也是一个必须实现的目标任务。群团组织尤其是人民团体与广大群众联系紧密,有广泛的群众基础,在培育和践行社会主义核心价值观中要发挥优势、走在前头。工会大力倡导的劳模精神、劳动精神、工人阶级伟大品格,共青团开展的青少年理想信念教育、道德教育、"五爱"教育,妇联开展的传统美德教育、"四自"精神教育、良好家风培育,科协引导科技工作者弘扬科学精神,侨联引导侨胞侨眷弘扬爱国主义精神等,都是弘扬社会主义核心价值观的具体实践。近两年共青团、妇联等开展"最美人物""最美家庭"评选的经验,中央文件都吸收了。实践充分证明,把社会主义核心价值观内化成为人民群众的价值观,群团组织大有可为。

三是在服务群众和维护群众合法权益中团结吸引群众。为人民群众服务,维护群众的合法权益，是党和政府赋予群团组织的重要职能。这与党和政府的根本宗旨相符，与群团组织的自身职能、自身责任和组织依托紧密连在一起。工人、青年、妇女、少年儿童、科技工作者、侨胞侨眷等，各有不同的具体利益。群团组织服务群众、维护群众，就要在维护全国人民总体利益的同时更好维护各自所联系群众的具体利益。群团组织要代表所联系群众参与相关法律法规和政策的制定，群众合法权益受到侵害时要主动代表所联系群众说话，表达他们的意见，合理伸张利益诉求，同时要引导群众识大体、顾大局，自觉维护社会和谐稳定。

四是依法在社会主义民主中发挥积极作用。这一部分特别强调人民团体的作用。首先，依法参与管理国家事务和社会事务。我们国家的各级人大都有工会、共青团、妇联等人民团体推荐产生的代表，各级政协都有人民团体界别。人民团体应该依据法律规定，很好履行职责、发挥作用，落实人民当家做主。其次，积极参与协商民主。中央最近下发了《关于加强社会主义协商民主的意见》，其中对人民团体参与民主协商有专门的要求。各人民团体要主动代表所联系群众参与民主协商。其三，推动基层民主健康发展。要代表本组织的基本群众积极地参加城乡基层群众自治和企事业单位民主管理。

五是主动参与创新社会治理和维护社会和谐稳定。中央群团工作文件明确提出，把适合群团组织承担的一些社会管理服务职能按照法定程序转由群团组织行使，其中吸收了中国科协推进学会承接政府职能转移的经验。文件还提出，支持群团组织以合适方式参与政府购买服务。这就是要求各地给群团组织一定的条件，包括事权和人财物，支持群团组织做好相关工作。国务院正在推进科技评价第三方评估。在政府的许多社会事务管理工作中，群团组织就是第三方。第三方参与社会事务管理的空间很大，群团组织要深入研究、积极争取。关于政府部门职能转移，十八届三中全会决定有总体部署，党中央、国务院有明确要求。群团组织承接政府转移职能要主动，要做好准备，要培养能负责、能问责的本领。文件还提出，支持群团组织通过服务来引导和促进社会组织健康有序发展。现在社会组织迅猛发展，群团组织要在党组织领导下加强对社会组织的政治引领、示范带动。群团组织要在法治社会建设中积极发挥作用，开展群众性法治文化活动，推动全社会学法、尊法、守法、用法。

第四，主动改革创新，增强发展活力。推进群团组织自身的改革创新是中央群团工作文件很重要的一个内容。习近平总书记明确指出，要坚持问题导向，以改革增动力，以创新促发展，看群团工作要重实效，由人民群众来评价。文件指出，现在群团组织有不少不适应新形势新任务要求的问题，突出的表现：一是不适应经济社会的发展变化，对群众的有效覆盖不够。计划经济时期，所有的中国人都在“工、农、商、学、兵”等单位中工作生活，群团组织基本做到了对群众的全覆盖。现在人们的工作生活方式多样化了，原有全覆盖的网破了，尤其是在非公经济组织、社会组织和新兴群体中力量薄弱，影响到巩固党的群众基础。二是不适应时代的发展进步，吸引力凝聚力不够强。随着互联网的普及，人们的生产方式、生活方式、社会活动方式甚至政治活动方式都在变化。现在从小孩到老头老太都在网上，走路、买东西、交水费电费、领工资、买火车票等都在用手机和网络。群众都在网上，你不到网上做群众工作，不就脱离了群众吗？三是活动方式单一，进取和创新精神不足。现在社会上电子游戏和影视作品，推陈出新、日新月异，看都看不过来。相比较而言，群团组织的宣传、教育、活动方式还是比较陈旧单一，亟待创新。

中央群团工作文件指出了群团干部在能力、素质和作风方面存在的问题，强调要主动改革创新,克服和防止机关化、脱离群众的危险。对于党来讲,现在面临精神懈怠、能力不足、脱离群众、消极腐败“四大危险”,党中央正在下大决心、花大气力解决和克服这些问题。对于群团组织来讲,也存在需要克服和防止的“四大危险”,就是动摇政治方向的危险,脱离基本群众的危险,被社会发展边缘化的危险,干部素质能力落后的危险。群团组织要改革创新,必须解决这些问题,克服这些危险,切实增强发展活力。对此,中央群团工作文件有明确要求,可以概括为 5 个方面。一是以群为本。群团组织联系和服务群众,重心应是最大多数的基层普通群众,关键是把基本群众服务好、联系好、引导好,而不能只盯着少数名人。二是加强基层。主要是扩大基层组织覆盖面,提高基层组织的吸引力,增强基层组织的凝聚力。三是用好网络。网络正在改变人们的生活、生产、文化,甚至在改变社会形态。从正面来讲,网络信息、网络服务、网络电商给人们的生活带来广泛便利和经济利益,也给中国经济发展带来巨大活力。从负面来讲,网络传播、网络动员的风险性也很大,现在网上谣言、网上极端言论、网上假消息都对社会秩序和群众情绪产生破坏性影响,西亚、北非一些国家发生“颜色革命”,基地组织进行恐怖袭击,很大程度上就是通过网络进行煽动组织的。网络影响社会的每一个方面,也影响到所有群团组织的工作。群团组织要很好地认识网络,不要认为管网、用网只是党政部门的事。文件对打造网上网下相互促进、有机融合的群团工作新格局,提高网上群众工作水平有专门要求。群团组织要认真落实,积极地上网用网建网,占领网络阵地,弘扬网上主旋律,增强网上正能量。四是加强干部。文件明确要求加强群团组织领导班子和干部队伍建设,坚持德才兼备、以德为先,培养信念坚定、为民服务、勤政务实、敢于担当、清正廉洁的群团好干部。选拔群众工作经验丰富,在所联系群众中威信高的同志,推荐作为群团组织主要负责人。这不仅是对党组织的要求,也是对群团组织的要求。五是改革机制。文件明确要求,改革和改进群团组织机关的机构设置、管理模式、运行机制,确保充分体现群团组织的政治性、群众性特点,防止机关化、娱乐化倾向发生。

习近平总书记指出,制定文件只是万里长征走出第一步,如果不沉下心来抓落实,再好的目标,再好的蓝图,也是镜中花、水中月。中央群团工作文件重点讲了对党委的要求,也对各群团组织提出了共性要求。但作为群团组织,贯彻落实不能等靠要,不能唯条件论。要增强机遇意识、责任意识、担当意识、改革意识,积极行动起来,主动有所作为。有为才有位。群团组织要抓住党加强对群团组织领导的机遇,主动接受党委领导,主动争取党政支持,争取解决一些长期没能解决或者不易解决的难题。

中央群团工作文件明确要求,各省区市党委和全国总工会、共青团中央、全国妇联等中央管理的群团组织要根据本意见要求,提出实施方案。中央各部委,国家机关各部委党组(党委)要结合各自实际研究提出贯彻落实本意见的具体措施。我们要按照中央要求,首先自己部门要提出贯彻落实的具体意见,同时积极推动地方党委和群团组织制定实施方案或具体措施,上下联动、左右协调,形成落实合力。各省区市党委制定落实文件精神的实施方案,主要是两个依据,一是中央的文件,一是地方群团组织需要解决的问题。中央管理的群团组织要加强指导。群团组织制定实施方案,要把握 4 个方面:一是对文件指明群团组织存在问题,要很好调查研究,以改革创新精神提出改进措施。二是对推动群团组织发挥作用和支持保障的政策措施,要认真研究,主动协调,推动落实。三是对强调群团组织改革创新、增加活力的要求,要总结基层实践,及早研究谋划,争取党委和政府批准。四是对从严治党、改进作风的要求，要在领导班子和干部队伍中认真落实。实施方案和措施不能照抄照转，应该根据实际情况细化和具体化。

中央政治局常委会2015年工作要点明确，今年适当的时候中央要召开党的群团工作会议。对于会议的筹备，中央将作具体部署，群团组织要很好配合、主动参与。我们要积极、主动、自觉地贯彻落实文件精神，将之与贯彻中央重大工作部署结合起来，推动党的群团工作不断开创新局面，为党和国家事业发展，为服务所联系群众作出更大贡献。

为实现中国梦传播青春正能量

——在“传播青春正能量”优秀青年座谈会上的讲话

2015年5月4日

李源潮

今天是五四青年节，很高兴和来自全国各地的优秀青年一起座谈交流。在座的，有全国五四青年奖章获得者、全国五四青年奖章集体代表，有全国优秀共青团员、团干部和团组织代表，还有网上网下一起推选出来的“向上向善好青年”“中国好网民”。你们是当代中国青年的先进代表，我要向你们对祖国和人民的奉献与贡献表示感谢！并向全国广大青年致以节日的问候！

今天的座谈会以“传播青春正能量”为主题，很有意义。刚才，大家谈了各自的经历和体会，我听了很受启发、很受鼓舞。习近平总书记多次强调，要弘扬真善美，传播正能量，为实现中国梦凝聚起强大的精神力量和有力的道德支撑。我理解，正能量就是人们对真善美的追求，而这种追求是一个国家、一个民族、一个社会发展进步的精神动力。在当今中国社会大力传播正能量，能够加快推进我们国家的改革与发展进程，能够更有力地支撑中华民族复兴的脊梁，能够充分激发中华儿女同心同德、共同奋斗的精气神。因此，每个有志向、有抱负的青年人都应该很好地思考，当今中国社会需要什么样的正能量？中国的青年人应该怎样传播正能量？这里，我结合大家的发言，谈几点想法，和大家交流。

第一，传播爱国报国的正能量，把握青春奋斗的大方向。爱国主义是中华民族生生不息的精神动力。“愿得此生长报国，何须生入玉门关”“人生自古谁无死，留取丹心照汗青”“苟利国家生死以，岂因祸福避趋之”。几千年来，中国人始终坚信只有国家好，民族好，个人才会好。近代以来，无数有志青年为救亡图存、振兴中华不懈探索、冲锋在前。今天是“五四”，五四精神首先是爱国精神。在爱国精神的激励下，一代又一代青年为争取民族独立、人民解放、国家富强作出了牺牲和贡献，也为青年自身的发展进步开辟了广阔空间。当代青年赶上了实现中华民族伟大复兴的好时代，青春之路可以有更多的选择，但个人追求只有融入国家和民族的发展，人生才会有更多出彩的机会。中国是现在世界上最具发展活力、最能成就梦想的地方。中国科技事业的发展成就了大批青年科学家，这次全国25位五四奖章获得者中，有6位是年轻科学家。中国梦需要青年，中国梦也成就青年。希望广大青年弘扬爱国报国的优良传统，围绕国家和人民的发展需要确定自己的人生理想目标，在为实现中国梦奋斗的时代洪流中激扬青春正能量。

第二，传播艰苦奋斗的正能量，激发创业创新创优的活力。“悠悠万世功，矻矻当年苦”。大到国家小到个人，没有艰苦奋斗的精神，什么事情也干不成。新中国成立特别是改革开放以来，中国社会主义现代化建设取得巨大成就，这都是靠全国人民发奋图强干出来的。我们要清醒看到，现在中国的改革发展任务依然艰巨繁重，发展起来以后的问题并不比发展之前的少。邓小平同志强调，艰苦奋斗是我们的传统，艰苦朴素的教育今后要抓紧，一直要抓60至70年，我们的国家越发展，越要抓艰苦创业。当前，我国经济发展进入新常态，国家大力鼓励和支持青年创新创业，特别是互联网时代为青年人提供了更广阔的创新创业空间。但机遇和成功只属于那些不怕吃苦、脚踏实地的人，属于那些不懈追求、敢于创新的人。陈伟星在浙大读书期间就开始创业，大学毕业后越干越起劲，2012年开发国内首款打车软件——快的打车，2013年创办小美生活移动电子商务平台，去年又开展智能运输。蒙古族青年阿腾都西，自幼双腿无法站立，但他意志顽强，刻苦学习金银饰品加工技术，从一片小店干起，发展到占地1万平米的现代工厂，年营业近千万元。藏族小伙子周啟龙，八年来一直坚守在海拔5000多米的青藏铁路唐古拉车站，缺氧不缺精神，艰苦不怕吃苦，练就钢轨伤情检测一流技术。武警北京特种大队刘洋，冬练三九、夏练三伏，一身硬功夫，多次带队圆满完成警卫任务，两次代表武警部队摘得国际特种兵大赛——约旦“勇士”冠军。我们希望当代青年艰苦奋斗，并不是要求大家过以前那样的苦日子，而是希望青年人加入大众创业、万众创新的队伍，在困难面前不低头，在挫折面前不气馁，自觉到艰苦环境中磨练意志，到祖国最需要的地方干事创业。

第三，传播担当尽责的正能量，促进社会风清气正。“天下兴亡，匹夫有责”。担当社会责任，是公民的基本义务，青年人更是责无旁贷。先进青年应该做良好社会风尚的实践者、引领者。前几天我看了新华社的报道，华北水利水电大学大三学生孟瑞鹏为救2名落水儿童英勇牺牲。2月26日，正放寒假的孟瑞鹏到河南清丰县的赵楼村去看望朋友，这时正在湖边玩耍的2名儿童不慎落水。他听到呼救声，立即奋不顾身跃入水中。2名儿童得救了，但因天冷水深，不会游泳的他不幸牺牲。学校整理孟瑞鹏遗物时，发现他在一个旧笔记本上写的一段话：“不是任何情况都允许你暂时的逃避与停止。面对紧急情况，必须立即武装，立即反应，主动出击”。孟瑞鹏用宝贵的生命兑现了自己的誓言。他的老师说，孟瑞鹏的事迹代表了当代“90后”大学生最美好的正能量，体现了当代青年的高度责任感和敢于担当的精神。孟瑞鹏的先进事迹应该广泛宣传，这种见义勇为的正能量应该大力传播。现在网络越来越成为弘扬清风正气的重要阵地。网上那些乌七八糟的东西对青少年的负面影响很大，党和政府已经采取有力措施治理网络环境，但要从根本上解决问题，还要网络上的正能量形成冲抵负能量的汪洋大海。这次评选出的“中国好网民”雷希颖，去年在网络上发起“我和国旗合个影”活动，引发广大青年网友的热情参与；去年首个国家公祭日，他又制作和发布了网络版抗战爱国地图，用直观的画面帮助青年网友感受抗战和缅怀先烈，在网上传递了强烈的爱国主义正能量。要在网上树正气，首先要把好网民树起来，树立激浊扬清的导向，让沉默的大多数踊跃加入好网民的队伍，网络空间将更加健康有序，整个社会将更加风清气正。

第四，传播尊法守信的正能量，推动共建法治社会。人无信不立，国无法不治。诚信守法是一个人立足社会的根基和底线，青年人走向社会，首先要从诚信守法做起。宁夏银川的诚实守信好青年杨林，八年如一日，辛勤劳动、省吃俭用，替去世的父亲还清了17万元债务。这些年，社会上不时出现诚信危机事件，损害的不仅仅是当事人的利益，还伤及整个社会的人际公信力。青少年最容易成为社会失信的受害者，也最能成为社会失信的校正者。希望广大青年尊法守法，在法治社会建设中发挥正能量，做一个诚实守信的人。

第五，传播团结互助的正能量，汇聚为民奉献的爱心力量。一方有难、八方支援是社会主义制度的一大优势，也是社会主义道德的集中体现。马克思主义认为，工人阶级能够实现集体行动，靠的是基于共同生存现实而产生的相互信任，以及在这种信任基础上的互助合作。新中国的农村合作社首先是从青年换工队、互助组开始的。新中国成立以来，在遭遇地震、洪水、泥石流等重大自然灾害的危急关头，全国人民团结一心、抗灾救灾，青年总是冲在急难险重的第一线。在日常社会生活中，青年是助人为乐的主要群体，雷锋就是其中的杰出代表，一代又一代青年志愿者把雷锋精神不断发扬光大。国家电网山东曹县供电公司的王东，将非亲非故的孤寡老人陈凤兰接到自己家中一住就是15年，像亲人一样照顾。有人说，现在是市场经济了，集体主义过时了，"各人自扫门前雪，莫管他人瓦上霜"。我坚决不同意这种说法。人类是一个命运共同体，社会越进步越需要团结互助。希望当代青年带头践行社会主义核心价值观，使奉献、友爱、互助、进步的志愿精神在全社会生根发芽。

第六，传播好学向上的正能量，与时代一起向前进。中华民族是一个崇尚学习的民族，"学而时习之，不亦乐乎""君子之学必日新，日日新""人不读书，其犹夜行""自古圣贤，盛德大业，未有不由学而成者也"。毛泽东同志寄语广大青少年"好好学习、天天向上"，倡导的就是一种求知精神、向上精神，这对青年人尤其重要。青年人处在学习的黄金时期、人生的起步阶段，保持好学上进的追求，能够为人生事业的发展打下良好基础。学习可以使人不断开阔眼界、开阔思路、开阔胸襟。一个学习的民族才有希望，一个向上的民族才有活力。当今世界进入信息时代，知识的生产和更新不断加快，信息传播方式在发生革命性的变革，青年人学习的任务不是更轻了而是更重了。最近公布的第12次全国国民阅读调查报告显示，2014年我国国民人均纸质图书阅读量为4.56本，而以色列为64本、俄罗斯55本、日本40本、法国20本。这从一个侧面反映了我们的学习差距。习近平总书记提出，青年人应该把学习作为首要任务，作为一种责任、一种精神追求、一种生活方式，让勤奋学习成为青春远航的动力，让增长本领成为青春搏击的能量。希望广大青年养成好学向上的良好品格，学以修身、学以立业、学以致用，掌握好为国家、为社会、为人民服务的本领，肩负起为实现中国梦不懈奋斗的时代重任。

在座各位都是当代青年的优秀代表，希望大家珍惜荣誉、当好表率，自觉践行社会主义核心价值观，大力传播青春正能量。各级团组织要广泛宣传优秀青年的先进事迹，在青年中掀起学习先进、争当先进、传播青春正能量的热潮，把蕴藏在广大青年中的创造能量和活力充分激发出来，为实现中国梦汇聚磅礴的青春力量。

准备着为实现中国梦的美好未来接力奋斗
——在中国少年先锋队第七次全国代表大会上的祝词

2015年6月1日

李源潮

少先队员小朋友们、同志们：

今天是六一国际儿童节。在这个属于小朋友的特殊节日里，中国少年先锋队在北京隆重召开第七次全国代表大会。会前，习近平总书记等党和国家领导同志亲切会见与会代表，对广大少年儿童、少先队辅导员、少年儿童工作者提出了殷切希望，对做好新时期少先队工作提出了明确要求。习近平总书记向全国各族少年儿童提出了从小学习做人、从小学习立志、从小学习创造的要求，这充分体现了以习近平同志为总书记的党中央对少年儿童的格外关怀和对少先队工作的高度重视，我们要认真学习领会和贯彻落实。在大会开幕之际，我受党中央委托，向大会的召开表示热烈的祝贺！向全国各族少年儿童表示节日的问候！向全国少先队辅导员和少年儿童工作者致以崇高的敬意！

少先队是我们党在新中国成立之初亲手创建的。60多年来，在党的领导和共青团的带领下，在教育部门和社会各界支持下，少先队为促进一代又一代少年儿童健康成长发挥了不可替代的重要作用。第六次全国少代会以来，少先队紧紧围绕党和国家工作大局，适应时代要求，落实"立德树人"的任务，广泛开展"红领巾心向党""红领巾相约中国梦""核心价值观记心中"主题教育和"争当美德小达人""各族少年手拉手"等活动，推进少先队活动课程、辅导员队伍、少先队学科和理论建设，推进少先队教育与学校教育有机融合，各项工作取得了显著成绩，党中央给予充分肯定。广大少先队辅导员对党忠诚、对红领巾事业充满热爱，用忘我精神、辛勤汗水和聪明才智，精心呵护着祖国幼苗的成长，要予以称赞和表扬。广大少年儿童热爱祖国、勤奋学习、朝气蓬勃、追求上进，在星星火炬的引领下全面发展、茁壮成长。当代少年儿童是充满希望的一代，少先队事业是大有前途的事业！

少先队员小朋友们，每个人都有梦想，都渴望实现梦想。习近平总书记说，"实现中华民族伟大复兴，就是中华民族近代以来最伟大的梦想""实现我们的梦想，靠我们这一代，更靠下一代"。实现中国梦是一场接力长跑，你们将亲眼见证、全程参与这一伟大历史进程，你们每个人都应该奋勇争先，共同努力接好历史的接力棒。这里，我向全国少年儿童提3点希望：

第一，从小听党的话，努力跟党走。

神舟飞船翱翔太空，离不开地面指挥中心的指引。实现中华民族伟大复兴的中国梦，必须有一个坚强的领导核心，中国共产党就是全国各族人民的领导核心。中国共产党是全心全意为人民服务的党，让人民生活得更好，让小朋友们成长得更好，是我们党最大的心愿和始终不变的目标。小朋友们要主动学习一些党和国家的历史故事，了解党领导人民为了夺取革命胜利、实现独立解放付出的巨大牺牲，了解党领导人民为建设社会主义新中国付出的艰苦努力，了解党领导人民进行改革开放和社会主义现代化建设取得的伟大成就，从小热爱党、拥护党，听党的话、努力跟党走。

第二，牢记“五爱”，养成好思想、好品行。

要爱祖国。祖国是我们共同的家园。小朋友们就像小树，祖国就像大地母亲，小树因为大地的滋养而蓬勃生长，大地因为小树的活力而充满生机。希望你们从小热爱自己的家乡，热爱祖国的大好河山，了解祖国发展的历史，弘扬中华优秀文化，增强民族自尊心、自信心、自豪感，立志长大后报效祖国、保卫祖国，把祖国建设得更美好。

要爱人民。人民是我们国家的主人，我们的父母长辈、老师同学、邻居朋友，还有各行各业的工人、农民、知识分子、战士、干部和群众，都是人民的一分子。小朋友们的幸福生活，来自于他们的爱和付出。希望你们从小心中有爱，爱父母、爱老师、爱同学、爱他人，与人为善、对人热心、助人为乐，以实际行动体现“人民的利益高于一切”的少先队精神。各族小朋友要手拉手、心相印、同进步，共同创造祖国的美好未来，共同分享人民富裕的幸福生活。

要爱劳动。一切美好事物都要靠劳动创造，劳动最光荣，劳动者最伟大。希望小朋友们从小懂得尊重他人的劳动，尊重每一位普通劳动者，珍惜每一份劳动果实。从小热爱劳动，在劳动中体验“汗滴禾下土”的艰辛，体验创造美好的快乐。从小培养自立精神，锻炼生活能力，学会勤俭节约，学会独立解决遇到的困难和问题。

要爱科学。科学是智慧的化身，知识是前进的力量。希望你们从小热爱学习，既学好书本知识，又学好课外知识，用人类文明的成果滋养心灵，打好成才报国的基础。要学习科学知识，培养科学精神，激发科学创意，爱动脑、勤动手，多想“小点子”、多做“小发明”、多搞“小创新”，让创造性思维的花朵从小绽放。

要爱社会主义。我们的社会主义社会是一个人人平等、团结友爱的大集体，就像你们学习和生活的少先队组织一样。靠着中国特色社会主义制度，我们国家办成了很多大事，取得了很大的发展成就。我们每个人都是这个大集体的一员，希望你们从小爱护公共财物，多为他人着想，多为集体着想，多为社会做好事，培养“我为人人，人人为我”的社会公德和集体主义精神，共同建设中华民族的美丽家园。

第三，时刻准备着为实现中国梦的美好未来努力奋斗。

实现中国梦的美好未来，需要一代又一代人接力奋斗。红领巾小朋友们今天是光荣的预备队，明天是建设祖国的生力军，党和人民对你们寄予厚望！希望你们从现在做起，把自己的“小梦想”融入民族复兴的“大梦想”，从小立志、努力学习，将来更好地成为实现中国梦的新一代奋斗者！

少先队是党领导下的少年儿童群众组织，是少年儿童思想品德教育和精神素质培养的大学校，是中国特色社会主义事业的战略预备队。为中国特色社会主义事业培养合格建设者和可靠接班人，始终是少先队的根本任务。希望各级少先队组织深入贯彻习近平总书记对少年儿童工作的重要指示精神，坚持走中国特色社会主义少年儿童组织发展道路，扎实开展组织教育、自主教育、实践活动，把广大少年儿童团结好、教育好、带领好。要深入开展中国特色社会主义和中国梦启蒙教育，搞好党、团、队相衔接的组织意识教育，引导少年儿童立志向、有梦想，从小心向党、心向社会主义祖国。深入开展培育和践行社会主义核心价值观活动，以“五爱”为基本内容，增强民族传承性、时代进步性、教育针对性、思想有效性，引导少年儿童记住要求、心有榜样、从小做起、接受帮助，让社会主义核心价值观的种子在孩子们心中生根发芽。要加强少先队网上引导工作，让孩子们从小培育好习惯，识别、选择和传播网上正能量。进一步发挥少年儿童自主性和创造性，活跃少先队活动，努力让孩子们德智体美全面发展，有一个快乐、难忘、健康成长的童年。

少年儿童是祖国和民族的未来，引导少年儿童健康成长是全党全社会的共同责任。各级党委和政府要站在党和国家事业薪火相传的战略高度，关心重视少先队工作，加强领导和保障，多为少年儿童办好事、办实事。共青团要履行全团带队职责，带领支持少先队创造性开展工作。各级教育行政部门要把少先队工作纳入教育发展整体规划，支持少先队辅导员队伍建设。各中、小学要把少先队工作作为实现“立德树人”目标的重要工作内容，为学校少先队工作创造更好条件。学校、家庭和社会各界要团结协作，为少先队工作的开展、为少年儿童健康成长创造良好环境。

广大少先队辅导员是少年儿童的亲密朋友和指导者，是孩子们人生的引路人。希望你们学习传承老一辈少先队工作者的崇高品格和优良作风，热爱少先队工作，发扬奉献精神，提高素质能力，为星星火炬事业作出新的更大的贡献。

少先队员小朋友们，祖国的美好前景要靠你们创造，人生的美好理想要靠你们去奋斗。希望大家牢记“时刻准备着”的誓言，高举星星火炬，听党的话、跟着党走，准备着为实现中国特色社会主义的美好未来接力奋斗！

最后，预祝中国少年先锋队第七次全国代表大会圆满成功！

汇聚起实现中国梦的磅礴青春力量

——在全国青联十二届全委会和全国学联二十六大上的祝词

2015年7月24日

李源潮

同志们、青年朋友们：

今天，中华全国青年联合会第十二届委员会全体会议和中华全国学生联合会第二十六次代表大会隆重开幕了，我受党中央委托，向大会的召开表示热烈的祝贺！向出席会议的全体委员和代表，向全国各族各界青年、大中学生和留学生、港澳台青年同胞、海外青年侨胞，表示亲切的问候和良好的祝愿！

党中央对这次大会高度重视，习近平总书记专门发来贺信，中央政治局常委刘云山同志、中央书记处各位同志和有关的党和国家领导同志出席大会开幕式，充分体现了党中央对广大青年和青年学生的亲切关怀。习近平总书记在贺信中充分肯定了青联和学联近年来工作取得的成绩，对当代青年和青年学生成长成才寄予殷切期望，对做好新形势下青联和学联工作提出了明确要求。希望大家深刻领会习近平总书记的教导和嘱托，自觉贯彻落实到各项工作中去。

过去五年，广大青年和青年学生按照党指引的方向，刻苦学习知识本领，积极投身全面建成小康社会实践，树立和践行社会主义核心价值观，发出青年好声音，传播青春正能量，充分展现了当代青年胸怀祖国、勇于争先、奋发有为的精神风貌，为党和国家事业的发展进步作出了青春贡献。你们以实际行动证明，当代中国青年不愧为大有希望、大有作为的一代。

一个时代有一个时代的使命，一代青年有

一代青年的追求。为实现中华民族伟大复兴的中国梦而奋斗，是中国青年运动的时代主题，也是当代青年的历史责任。希望广大青年和青年学生牢记习近平总书记的要求，同人民一起奋斗，同人民一起前进，同人民一起梦想，勇做走在时代前列的奋进者、开拓者、奉献者。

第一，坚定理想信念，自觉在党和国家事业发展中找准人生航向。人民有信仰，民族才有希望，国家才有力量。青年是国家和民族的未来，青年人追求什么样的理想，不仅决定着人生的道路有多宽、能走多远，更关系到国家的前途、民族的命运。现在，我们比历史上任何时期都更接近实现中华民族伟大复兴的目标，但前进的道路上还会遇到各种风险挑战。希望广大青年坚定理想信念，自觉把人生追求融入中国特色社会主义伟大事业，在实现中国梦的历史航程中放飞青春梦想，实现人生价值。

第二，勤奋刻苦学习，在向书本、向实践、向人民学习中成长进步。学习是人生进步的阶梯。广大青年身处各项事业蓬勃发展的当代中国，更加需要树立终身学习的理念，立志成为建设中国特色社会主义的有用之才。希望大家珍惜青春学习的大好时光，努力学习掌握最新科学文化知识；希望大家认识“实践出真知”的哲理，勇于到基层一线、艰苦地区、复杂环境中去磨练意志、增长才干；希望大家领会人民是历史的创造者的深刻道理，虚心拜人民为师，自觉从人民的劳动创造中汲取营养，在与人民的共同奋斗中成长进步。

第三，创业创新创优，在实现中华民族伟大复兴中国梦的进程中建功立业。当前，世界新一轮科技和产业革命正在孕育发生，各国都在加快推动创新创造，以争夺新一轮国际竞争的制高点。年轻人富于梦想、勇于创造，希望广大青年积极响应党和国家的号召，走在创业创新创优的前列。要做艰苦创业的一代青年，敏锐把握难得机遇，勇敢投身创业实践，不怕失败、敢于坚持，奋力开创事业发展新天地；要做大胆创新的一代青年，勇攀世界科技高峰，勇追世界科技前沿；要做争先创优的一代青年，立足本职岗位，干一行、爱一行、专一行，以创业创新创优的青春业绩，为实现中华民族伟大复兴的中国梦作出独特贡献。

第四，追求先进、积极进取，发扬艰苦奋斗的拼搏精神。我们今天的美好生活，是无数前辈前赴后继、艰苦奋斗得来的，要让人民的生活更加美好，必须继续发扬艰苦奋斗、勇于拼搏的精神。当今时代是一个不进则退的时代。希望广大青年珍惜前人奋斗的成就，充分认识当代中国青年的奋斗责任，不懈进取、勇挑重担，以艰苦奋斗成就属于自己的人生精彩。

第五，锤炼高尚品格，做践行社会主义核心价值观的时代先锋。青年是时代风气的晴雨表。青年一代树立什么样的价值观，直接决定未来国家和社会的价值取向。希望广大青年牢记习近平总书记要求，积极践行社会主义核心价值观，引领社会新风尚。要在勤学、修德、明辨、笃实上下功夫，努力使社会主义核心价值观内化于心、外化于行。要努力继承和弘扬中华优秀文化，从中汲取具有民族特色和文化底蕴的思想道德精华。要从现在做起、从自己做起、从小事做起，在社会生活中特别要在网络空间上，自觉抵制庸俗落后的负能量，大力弘扬向上向善的正能量。

同志们、青年朋友们，过去五年，各级青联和学联组织在党的领导下，深入开展中国梦和中国特色社会主义教育，组织带领广大青年在推动经济社会发展中发挥生力军作用，广泛开展“青年志愿者”“希望工程”等公益活动，关心帮扶特殊困难青年群体，服务青年和青年学生现实需求，通过制度化渠道反映青年普遍性利益诉求，不断推进组织和工作创新，取得了显著成效，受到了党和政府的充分肯定，得到了人民群众和青年、学生的好评。

我们党历来高度重视包括青联和学联在

内的群团工作。今年初制定下发了《中共中央关于加强和改进党的群团工作的意见》。不久前召开了中央党的群团工作会议,习近平总书记在会议上发表重要讲话,深刻阐明了党的群团工作的一系列重大理论和实践问题,为新形势下党的群团工作指明了方向。青联作为青年爱国统一战线组织,学联作为青年学生群众组织,都是党领导下的重要群众团体。青联和学联要认真学习贯彻中央党的群团工作会议精神,坚持走党指引的中国特色社会主义群团发展道路,切实保持和增强政治性、先进性、群众性,不断开创青联和学联工作新局面。

当前,青年思想观念日益多样、群体结构不断分化、利益格局更加复杂,做好青年爱国统一战线工作尤为重要和紧迫。各级青联组织要坚持中国特色社会主义青年运动方向,始终高举爱国主义、社会主义旗帜,正确处理一致性和多样性关系,最大限度地把海内外中华青年团结起来、组织起来,共同为实现中华民族伟大复兴的中国梦贡献青春力量。

一要引领青年坚定不移跟党走。坚持党的领导,是实现各族各界青年大团结大联合的根本保证,是保持和增强青联工作政治性的必然要求。各级青联组织要深入开展耐心细致、形式丰富、针对性强的思想引领工作,使中国梦成为各族各界青年共同追求的奋斗目标,使中国特色社会主义成为各族各界青年衷心拥护的发展道路,使社会主义核心价值观成为各族各界青年自觉践行的行为准则,组织引导广大青年满怀自信地跟着党走,朝着民族复兴的美好未来迈进。

二要动员青年到改革发展稳定第一线建功立业。这是青联组织保持和增强先进性的必然要求,是围绕中心、服务大局的重要体现。各级青联组织要充分发挥组织动员优势、人才智力优势、资源整合优势,带领广大青年积极投身改革开放和社会主义现代化建设主战场,敢闯敢干、创业创新创优,努力成为推动党和国家事业发展的生力军。

三要满腔热情为青年成长成才服务。为青年服务是青联工作的生命线,是保持和增强青联组织群众性的必然要求。各级青联组织要强化群众观念,自觉践行党的群众路线,做好服务青年工作。要从青年最紧迫的需求入手、从最需要帮助的青年群体着眼、从自身最有优势的领域发力,千方百计为青年排忧解难,努力做广大青年信赖的贴心人。

四要大力推进青联组织自身的改革创新。以解决脱离群众的突出问题、加强与本组织所代表群众的紧密联系为导向,推动自身的改革创新,是党中央对做好新形势下群团工作的明确要求。各级青联组织要以自我革新的勇气,下大气力解决突出问题,把“三严三实”的要求贯穿到工作各方面。要合理调整界别设置和委员结构,更多把基层一线优秀青年特别是新兴领域青年中的优秀分子纳入组织,着力增强广泛性和代表性;要经常性、制度化地深入青年,组织活动请青年一起设计,部署任务请青年一起参与,表彰先进请青年一起评议;要更加积极主动地维护青年合法权益,反映青年合理诉求,有序参与协商民主;更好联系和引导青年社会组织,延伸工作手臂,影响和吸引更多青年。下大气力开展网上工作,亮出青联旗帜,发出青联声音,形成网上网下有机联动、全面覆盖的工作格局。

青年学生是未来中国的人才之源,党和国家特别重视青年学生的健康成长。学联在引导青年学生高扬理想、追求进步中肩负重要责任。各级学联组织要在党的领导下,配合国家教育部门,紧紧围绕立德树人的教育方针,广泛开展理论学习、社会实践、志愿服务等活动,引导广大青年学生自觉践行社会主义核心价值观,不断增强对中国特色社会主义的道路自信、理论自信、制度自信;要切实代表和维护学生合理利益,帮助他们解决学习、生活、创业、就业等方面遇到的现实困难,为学生实现多彩梦想创造条件；要倡导和组织学生自我服务、自我管理、自我教育，引导学生有序参与学校治理，培养学生的自立能力、合作意识、法治精神，为培养中国特色社会主义事业的接班人打下扎实根基。

赢得青年才能赢得未来，塑造青年才能塑造未来。各级党委要从党和国家事业长远发展的全局高度，充分认识青年工作的重要性，切实加强对青联、学联工作的领导，既要把方向，又要给支持，使青联、学联组织更好发挥党和政府联系广大青年的桥梁和纽带作用，把广大青年和青年学生紧紧团结在党的周围。共青团要更好发挥在青联中的核心作用，加强对学联的指导，帮助他们依法依章程独立自主开展工作。全社会都要关心青年事业，支持青年发展，为青年成长成才和干事创业营造良好环境。

青年朋友们，国家的未来属于你们，民族的希望寄托在你们身上。让我们紧密团结在以习近平同志为总书记的党中央周围，解放思想、改革创新、锐意进取、扎实苦干，努力在实现“两个一百年”奋斗目标、实现中华民族伟大复兴中国梦的历史征程中汇聚青春力量、谱写青春篇章！

深入贯彻中央党的群团工作会议精神 推进少先队工作务实创新

——在少先队建队纪念日座谈会上的讲话

2015年10月13日

李源潮

今天是中国少年先锋队建队66周年纪念日，我们在济南召开座谈会，就深入贯彻中央党的群团工作会议精神，推动少先队工作务实创新一起研究讨论。首先要向受表彰的全国优秀少先队员、少先队辅导员、少先队集体表示祝贺！向全国广大少先队员、少先队辅导员和少先队工作者致以问候！

党中央非常关心少年儿童，对少先队工作高度重视。今年“六一”，习近平总书记亲切接见第七次全国少代会全体代表并发表重要讲话，对少年儿童提出从小学习做人、学习立志、学习创造的殷切希望，对少先队工作提出明确要求。上个月习近平总书记主持中央政治局集体学习时，强调要教育青少年从小就养成严和实的品德。一年来，各级少先队组织认真贯彻落实党中央要求，在共青团带领下，在教育部门支持下，成功召开第七次全国少代会，深入开展“红领巾相约中国梦”“核心价值观记心中”等主题教育活动，加强辅导员队伍和学科理论建设，各项工作取得了新进展。特别是，各省区市党委都下发了加强少先队工作的文件，各项支持保障政策进一步落实。

中央党的群团工作会议是我们党的历史上一次非常重要的会议，习近平总书记的重要讲话为做好新形势下党的群团工作包括少先队工作指明了方向，刘云山同志对贯彻落实群团工作会议精神提出了明确要求。学习贯彻习近平总书记重要讲话精神，要抓住以下4个重点。一要牢牢把握群团工作的正确方向，坚持党的领导，坚定不移走中国特色社会主义群团发展道路。二要牢记保持和增强政治性先进性群众性的基本要求，承担起引导群众听党话、跟党走的政治任务，带领群众为实现中国梦建功立业。三要增强自我革新的勇气，积极推进群团工作改革创新。四要下大气力改进作风，认真查找反思脱离群众的现象和原因，在“三严三实”专题教育中切实解决，深入开展下基层活动，牢固树立良好群众作风。

今天上午，我们先去了济南市舜文中学和青少年宫，看到少先队工作在学校得到很好落实，少先队员的素质培养得到全面加强。刚才，6位少先队员、辅导员、社会工作者和校长的发言都讲得很好，听了很受启发。对少先队来说，贯彻落实中央党的群团工作会议精神，最重要的是把保持和增强政治性先进性群众性要求与少先队的具体实际相结合，推进少先队工作务实创新。

第一，加强少先队工作的思想性，充分发挥少先队教育“立德树人”的功能。习近平总书记要求，群团工作要保持和增强政治性。与工青妇等群团组织不同，少先队工作的政治任务主要是立德树人，为中国特色社会主义培养接班人。刚才在青少年宫，我们看到抗日时期儿童团的主要任务是站岗、放哨、送信，就像王二小那样。到了和平建设时期，少先队的任务就是立德树人。思想教育和政治启蒙是少先队工作政治性的集中体现。长期以来，少先队高度重视思想教育工作，围绕立德树人目标，引导孩子们从小听党的话、跟党走，取得了很好的效果。同时，我们要看到，当前少先队思想教育工作也面临严峻挑战。一是社会上多元价值观念和一些消极现象对孩子们的思想认识造成很多干扰。刚才在舜文中学看到一个中队会在辩论是否应该扶起摔倒的老人，这在我们当少先队员那个年代是完全不需要讨论的。但现在情况复杂了，一些消极现象的影响不可忽视。二是网上信息泥沙俱下、良莠不齐，对孩子们的思想行为造成很大的负面影响。据调查，目前未成年人使用手机上网的比例达到81.2%，小学生中网络游戏的使用率达到70.9%，有近8成的未成年人曾遇到网络不良信息。三是这一代孩子大多数是独生子女，自我意识很强，特别需要加强自立精神、集体意识、合作观念的培养。面对新形势、新挑战，如何加强和改进少先队思想教育工作，增强针对性、实效性和吸引力，是一个迫切需要解决的问题。前一段你们开展新媒体素养教育、网上选树“最美少年”，都是很好的尝试。希望大家进一步增强忧患意识、问题意识、创新意识，密切联系当代少年儿童的实际，联系社会发展和教育工作实际，以务实创新的精神破解思想教育难题，更好履行少先队教育“思想育人”的政治责任。

第二，坚持少先队组织的先进性，带领少先队员做学校、家庭和社会的正能量。群团组织的先进性是具体的、历史的。孩子们童言无忌，纯洁善良，受少先队教育和集体环境的熏陶，在真诚待人、高尚无私等方面有时甚至超过成年人。对少先队来说，保持和增强先进性主要看三个方面的作用。一是带领孩子们在学校里好好学习，追求全面发展。学校是最能体现少先队先进性的地方。现在孩子们学习条件很好，要学的知识很多，同时学习的功利化倾向也比较突出。与考试、升学无关的学习，往往被忽视甚至放弃。少先队教育要与学校教育有机融合、相互促进，帮助孩子们解决好学习的目的、动力等问题，既重视知识的学习，又注重良好品德的养成，努力实现德智体美劳全面发展，成长为合格建设者和接班人。二是引导孩子们在家庭里讲文明树新风，当好小主人。家庭是孩子的第一所学校，孩子也是家庭文明新风的建设者。孩子们从学校少先队接受的良好道德教育，包括讲文明、讲礼貌、讲秩序、讲卫生、绿色出行、节约环保等，家庭是校外实践的第一站。孩子们天性纯洁，是家庭不良习惯的天然反对者。少先队要在家庭文明教育方面积极作为、有所作为，体现实实在在的先进性。三是引领孩子们在社会上包括在网络上弘扬真善美，传播正能量。现在社会上道德不端现象、网络上的负面声音对人们的思想观念和价值取向影响很大，孩子们天然追求真善美，他们的童心童真、爱心爱行往往能够触动社会良知。少先队要大力表彰和宣传少先队员帮扶摔倒老人、捐助压岁钱、做社区公益等好人好事，用“小手拉大手”，用童心唤起人间真情，激发社会向上向善的正能量。现在网络对青少年的影响很大。少先队要乘上学校基本实现互联网全覆盖的东风，积极建网、用网，传播网上正能量。你们开办“心愿直通车”网站，让几万少先队员实现了心愿，做得很好。大家反映，少先队员光荣感下降的问题比较突出，这在高年级特别是升初中后更明显。这里有孩子们生理心理成长变化的原因，也有少先队组织教育跟不上的问题。少先队要根据不同年龄段孩子特点，多开发像入队仪式、第一次戴红领巾这样给孩子们印象深刻的活动，多开发像少年先锋岗、雏鹰争章、小干部轮换任职这样能激励全体少先队员创先争优的平台，使孩子们无论在学校里还是家里、社会上，都自觉追求先进、争当先进，感受到少先队员的光荣感。

第三，坚持少先队组织的自主性，让孩子们在自主活动中培养发展创造精神。我们的国家要建设创新型国家，关键是要有创新型人才，相对于受考试规范的课堂教学，少先队的自主活动正可以在培养少年儿童的创造精神方面大有可为。孩子长到成人，不仅是长身体、长知识，更重要的是培养创造精神、掌握自主解决问题的本领。自主性是少先队的鲜明特征和一大优势，对少先队来说，保持和增强群众性，最重要的是坚持自主性，培养创造精神。一要尊重和鼓励少先队员的自主性。孩子们天真好奇，蕴藏着巨大的创造性。红领巾广播站、通讯社、电视台、小社团、小小交警队，都很好地激发了少先队员的积极性和创造性，学校支持，家长欢迎。“好队长学校”反映很好。辅导员老师要当好少先队的指导者，但不要包办代替，要把力量花在培养少先队骨干的自主能力上。少工委可以组织开展一些创新创造活动征集评比，让孩子们自己报、大家评，充分调动积极性、创造性。二要保证少先队自主活动的时间和空间，锻炼孩子们发现问题、解决问题的能力。每周1课时的少先队活动课来之不易，要充分用好这1课时，多让孩子们自己创意、自己组织。还要与学科教学相结合，鼓励孩子们在学习知识的同时善于发现问题、提出问题，培养科学探索的精神。三要探索创新少先队组织自主活动的各种形式。比如，学校每年开一次少代会，由少先队小干部自己准备报告、发表演讲、组织选举。还可以多创造校外实践的机会，让少先队员在生产劳动和社会服务中培养组织协调能力和合作精神。

最后，我还想讲一下防止少先队脱离少年儿童的问题。习近平总书记特别批评指出，一些群团组织不同程度存在“四化”等脱离群众现象。少先队有没有脱离少年儿童的现象？不能说没有。比如，一些地方少先队活动的模式化、成人化，就是一种表现。还有没有其他现象？少先队也要以自我革新的勇气，下气力解决脱离少年儿童的问题。前一段，全国少工委开展到基层学校蹲点调研，开了个好头。希望广大少先队工作者按照总书记要求，切实树立群众作风，多到学校去、到孩子们中间去。特别要多到基础薄弱、工作困难的地方去，帮助解决实际问题。浙江温岭的俞明德老师，把一辈子都献给了红领巾事业，80多岁了，还老往基层跑，有空就想和孩子们在一起。我们要向老一辈少先队工作者学习，始终和孩子们在一起，把少先队工作做得更好，为星星火炬事业贡献力量。

做好少先队工作有两个外部条件很重要。

第一，各级党委政府和教育部门是少先队事业的坚强后盾，要认真贯彻落实中央关于加强和改进群团工作的决策部署，落实好支持少先队工作的政策措施，为孩子们更好地成长创造良好条件。第二，学校的校长和书记要重视、支持、用好少先队，把少先队工作作为学校立德树人、培养德智体美全面发展接班人的不可缺少的教育工作内容。我想强调的是，农村少先队工作一直是一个薄弱环节，要乘上国家推进教育均衡发展的东风，推动工作力量、工作资源向农村倾斜。共青团要坚持全团带队，把创新发展少先队工作纳入共青团改革发展总体规划，加强工作指导，保证工作力量，研究解决好初中团队衔接等新的问题，推动少先队事业蓬勃发展。

总之，希望广大少先队辅导员、少先队工作者以贯彻中央党的群团工作会议精神为动力，抓好全国少代会各项任务的落实，大力推进少先队工作务实创新，不断开创少先队事业新局面。

第二部分

团中央书记处领导讲话

秦宜智在第九届全国农村青年致富带头人表彰全国乡村好青年发布暨中国农村青年致富带头人协会第二届会员代表大会开幕式上的讲话

2015 年 1 月 28 日，根据录音整理

在团十七届三中全会刚刚落幕之际，我们邀请全国各地农村青年致富带头人、乡村好青年代表相聚北京，和共青团农村战线的同志们一起交流工作，表彰第九届全国农村青年致富带头人，发布全国乡村好青年名单，召开中国农村青年致富带头人协会第二届会员代表大会，共同研讨共青团农村工作，这是我们改进会风的一次探索，更是我们深入学习贯彻习近平总书记关于共青团和青少年工作一系列重要指示精神的实际举措。开好这次会议，对于我们贯彻习近平总书记系列重要讲话精神，落实党中央书记处去年 12 月 24 日听取团中央书记处汇报时的指示意见，引导和激励广大农村青年践行社会主义核心价值观，踊跃投身农村改革和农业现代化建设具有重要意义。

刚才，我们一起观看了全国农村青年致富带头人标兵和乡村好青年的宣传片，两位代表作了发言，讲得很好。郭长鑫讲“自己富不算富，共同富才是路”，黄贺乐用 26 年替父偿债的艰辛历程诠释了什么叫诚信、什么叫道德。他们的实践，充分说明当代中国青年是能够树立起这样的理念和价值观的。我谨代表共青团中央，向获得农村青年致富带头人荣誉和乡村好青年的同志们表示诚挚的问候！向致富带头人协会第二届会员代表大会的召开表示热烈的祝贺！向长期以来关心和支持农村青年工作的农业部、人力资源和社会保障部、水利部、国家工商行政管理总局、国家质量监督检验检疫总局、国家林业局、国务院发展研究中心、中国邮政储蓄银行等部委单位和社会各界表示衷心的感谢！

党中央对“三农”工作高度重视，对农民兄弟和农村青年亲切关怀。习近平总书记指出，农村经济社会发展，关键在人。要通过富裕农民、提高农民、扶持农民，让农业经营有效益，让农业成为有奔头的产业，让农民成为体面的职业，让农村成为安居乐业的美丽家园。李克强总理强调，中国农民中蕴藏着无穷的智慧和力量，有着很强的耐性和韧性。要放手让农民的创造、创新、创业活力竞相迸发，形成大众创业、万众创新的生动局面。希望大家认真学习领会中央的要求，发挥好农村青年致富带头人和乡村好青年的示范、带动、辐射作用，继续为农业现代化和农村改革发展贡献力量。

作为共青团领导的联系凝聚涉农领域青年人才的组织，近年来，中国农村青年致富带头人协会紧紧围绕“三农”工作大局，着眼于服务农村青年致富带头人成长发展，注重思想建设，选树优秀典型，引导会员坚定理想信念，积极践行社会主义核心价值观；注重会员服务，举办与政府部门“倾听心声 共促发展”活动，组织学习考察交流，搭建展示展销和要素对接

平台；注重社会参与，动员会员助力农村青年创业就业，参与社会公益事业，做了大量扎实有效的工作，受到协会会员普遍欢迎，产生了良好的社会影响。最使我们增添信心、感到鼓舞的是，这些年，以在座各位为代表的一大批农村青年致富带头人和乡村好青年扎根基层，艰苦奋斗，拼搏奉献，成为“三农”工作中一支重要的有生力量，也为共青团农村工作注入了强大动力、提供了有力支持。

明天，农村青年致富带头人协会将选举产生新一届理事会。适应“三农”新形势和农村青年新期待，协会要着力增强吸引力、凝聚力和社会影响力，带领会员和农村青年在加快推进农业现代化进程中发挥更大作用，努力为农业跟上“四化同步”、农村建成全面小康社会、农民增收致富作出新的贡献。这里，我就协会发展提几点希望。

第一，希望协会坚持服务“三农”大局，成为传递中央政策、反映农民心声的桥梁和纽带。改革开放以来，中央出台的“三农”政策行之有效、深得民心，有力调动了农民的积极性，有效推动了农业农村发展。当前，在深化农村改革的背景下，农村青年致富带头人协会的作用发挥，关键在于引导会员和农村青年掌握好、使用好党的“三农”政策。一方面，协会要传播党的声音，做党的强农惠农富农政策的研究者、解读者和传播者，引导会员和农村青年准确把握农村领域改革的新情况新问题，熟悉和掌握新时期调整农业结构、发展农业产业化的方向与重点，熟悉和掌握创新农业经营体系、发展多种形式适度规模经营的方向与重点，熟悉和掌握中央促进农业可持续发展、加大农业政策和资金投入的方向与重点，把会员和农村青年创业致富的朴素愿望、热情动力，聚焦到党的农村工作重点上来。要引导会员和农村青年把握深化农村改革的机遇，正确对待改革过程中的利益调整，拥护改革、支持改革，参与改革的进程，分享改革的成果，更好地把会员和农村青年团结和凝聚到党的周围。另一方面，协会要反映农民心声，到农村青年中去，了解农村青年的所需所盼，积极建言献策，推动政府职能部门和社会各界关注农业、关心农村、关爱农民，在借力电商等新商业模式发展现代农业、助力大学生返乡创业等方面争取政策资源的支持。

第二，希望协会坚持服务会员发展，成为农村青年致富带头人的“加油站”和“避风港”。尊重会员主体地位、竭诚为会员服务，是提高协会吸引力和凝聚力的基础。协会要引导会员培育和践行社会主义核心价值观，弘扬中华优秀传统文化，牢固树立品牌意识、质量意识、诚信意识，在追求创业致富、实现人生价值的过程中传播社会正能量。协会要促进会员沟通交流，推动会员与行业协会、政府部门、社会各方面之间的联系互动，推动会员之间市场信息、资本、技术的共享合作，瞄准市场需求，找准门路，向市场紧缺和适销对路的产品着力，向观光农业、休闲农业、绿色农业、特色农业、品牌农业发力，向种养加销全产业链发展用力，发展家庭农场、合作社等适度规模经营，发展直销、配送、电商等农业产品流通业，走质量发展、效益优先之路。要促进会员素质提高，充分发挥协会指导委员会的功能作用，丰富培训内容、提高培训层次，广泛邀请政府部门同志、“三农”领域的专家学者、涉农金融和创投机构负责人等，指导和帮助会员创业。要促进会员事业合作，探索搭建金融互助、产业链合作、产品展销展示等平台，在帮助会员解决融资难、扩大产业经营规模、提升市场竞争力等方面下功夫，增强会员抵御市场风险的能力。要选树宣传会员中的优秀典型，挖掘会员的成功经验，推广会员的成功模式，带动更多的农村青年走上增收致富之路。

第三，希望协会坚持服务农村青年，成为共青团农村工作的重要延伸和有益补充。作为共青团领导的农村青年群众组织，协会要自觉当好共青团的助手，引导和服务好农村青年。协会要引导会员密切与农村青年的联系，用会员的成长历程、精神追求和模范行动，感染青年、带动青年。协会要在促进大学生和农民工返乡创业上出实招、多给力，在吸引年轻人回乡务农上重培训、多扶持，在促进农村青年增收上做示范、多带动，帮助更多农村青年以农兴业、以农增收，为“三农”发展培养、储备和凝聚更多的青年人才。要引导农村青年树立法治思维和运用法治方式处理问题，有序参与农村基层民主管理，维护农村和谐稳定。要积极帮助贫困地区农村青年就业创业，组织动员农村青年致富带头人结对帮扶青年、提高青年自我发展能力。要引导农村青年参与文化活动和志愿服务，传承中华优秀传统文化，关爱留守儿童，促进乡村文明，建设美丽乡村，共同把农村建成安居乐业的幸福家园。

希望有条件的会员关心和支持农村基层团组织建设和基层工作，积极参与农村区域化团建与合作组织共青团工作，发挥技术、信息、资金、项目、产业等优势，充实乡村团的工作力量，提供资源支持。希望有条件的会员利用产业基础，建立团的组织，开展团的工作，促进农村青年创业就业。近年来，我们与一些会员企业开展合作，培训农村青年，助力企业发展，探索了很好的模式，经验值得推广。

同时，希望协会进一步总结经验、发扬成绩，切实加强自身建设。更加注重思想性，引导会员培育和践行社会主义核心价值观，凝聚为推动农村改革发展、实现中国梦而奋斗的共同思想基础；更加注重整体性，把单个会员分散性的优势汇聚成协会组织的整体力量，实现会员发展壮大与协会影响力扩大的双赢；更加注重专业性，活跃以行业相同、领域相近、业务相联的专业委员会工作，提升协会的专业话语权和竞争优势；更加注重带动性，以中国农村青年致富带头人协会为龙头，推进省、地市、县涉农青年协会组织建设，增强协会组织的覆盖面和辐射带动作用，更广泛地凝聚推进农业现代化、促进农村改革发展的青年骨干力量。

同志们，在青年中培育和践行社会主义核心价值观，是习近平总书记交给共青团的一项重大战略任务。响应总书记的号召，去年6月以来，共青团农村战线积极创新，广泛开展“寻找乡村好青年”活动，在全国产生了20余万名乡村好青年。在大家身上，集中体现了当代农村青年艰苦奋斗、勤劳创富、崇德向上的精神品德。榜样的力量是无穷的，模范的感召是巨大的。希望各位乡村好青年带头身体力行社会主义核心价值观，带头勤学、修德、明辨、笃实，率先垂范、躬身实践，做好身边事，温暖身边人，主动到身边青年中宣讲分享，用自身的创富经历激励青年进取向上，用自己的道德品格感染青年崇德向善。团组织要建好乡村好青年人才库，把乡村好青年与乡镇团干部队伍、网络宣传员队伍、农村青年致富带头人队伍建设结合起来，持续帮扶、跟踪培养，组织好宣讲分享，宣传典型事迹，努力扩大社会影响，在农村青年中营造培育和践行社会主义核心价值观的浓厚氛围。

同志们，共青团农村工作在全团工作中具有重要地位。各位农村青年致富带头人、乡村好青年既是共青团农村工作的服务对象，也是农村团组织的重要力量和依靠对象。过去一年，正是在大家的共同努力下，共青团农村工作紧紧围绕“三农”大局，扎实推进引导、组织、服务青年等各项工作，取得了明显成效。一是在农村青年思想引导方面，“寻找乡村好青年”创新了培育社会主义核心价值观的实践载体，增强了基层团组织务实做好青年思想引导工作的责任感和紧迫感，活动参与青年多、社会影响好，微信体系建设和联系服务农村青年活动探索了新的工作方式。二是在基层组织建设方面，农村“四个区域化”团建协调推进，合作组织县域团工委建设加强，农村基层团组织进一步巩固。三是在农村青年创业就业方面，启动实施“领头雁”培养计划，与邮储银行全面合作，创业创富大赛搭建了新农人脱颖而出的平台。四是在青少年生态环保方面，植树造林和共同行动做出了声势，微捐项目、绿色队伍凝聚等社会动员有所创新。这些成绩来之不易，凝结着在座各位的辛勤付出和不懈努力。团中央书记处对农村团的工作给予充分肯定。

上周召开的团十七届三中全会，对2015年全团工作作了全面部署。农村战线要认真学习，切实把全会精神贯彻落实到农村共青团“四位一体”工作布局之中，持续深化，久久为功。具体来讲，农村青年思想引导工作，要作为第一位的任务务实推进，着力抓好乡村好青年的宣传、培养、使用和微信体系建设，创新思想引导工作的载体和方法。农村区域化团建与合作组织共青团工作，要以巩固提升为重点，强化分级分类、示范带动的思路，落实“四个区域化”要求，着力建设基层服务型团组织。促进农村青年创业就业工作，要以“领头雁”培养计划为统揽，以金融服务、技能培训、平台建设为手段，探索大学生返乡创业行动、农村青年电商培育工程等新的增长点。青少年生态环保工作，要做出声势，围绕“四绿”格局，突出微公益，扩大参与面，构建品牌化、社会化工作格局。明天下午，徐晓同志将就共青团农村战线的工作作出具体部署。在这里，重点强调几个问题。

第一，坚持育人为本、引导为要。为中国特色社会主义事业培养建设者和接班人是共青团的根本任务，任何工作都要围绕这个根本，服务这个根本。农村团的工作，处在基层一线，工作越具体，越要见精神，做到既见物又见人。要积极帮助农村基层团组织增强对青年思想政治引领的责任感和工作自觉，寓引导于服务之中、于具体工作之中。一要强化引导重点。把习近平总书记系列重要讲话精神、党中央对共青团和青少年工作的关怀和指示，传递到农村青年中去。广泛开展好“我的中国梦”、培育践行社会主义核心价值观等活动，引导农村青年拥护党的领导，投身农村改革发展作贡献。二要创新引导方法。把组织化发动与新媒体运用结合起来，把解决思想困惑与解决实际困难结合起来，把面上推进与分类指导结合起来，善于运用农村青年喜闻乐见、易于接受的活动载体，使用年轻化、时尚化、网络化的语言方式，以小故事讲述大道理，用“小人物”传递正能量。三要把握引导原则。各项工作都要体现育人为本，落到对农村青年的思想触动和引导上。抓农村青年创业就业，不能只看发了多少贷款，培训了多少青年，更重要的是看培养了多少青年对党的感情，培养了多少对青年有感情的致富带头人。抓青少年生态环保工作，不能只看种了多少树，募了少钱，开展了多少活动，更重要的是看引导多少人增强了生态文明意识，养成了保护生态环境的自觉。农村团组织要从实际出发，从点滴做起，切实把农村青年思想引导工作的重担承担起来。

第二，坚持虚功实做、难事长做。农村团的工作条件艰苦，农村团干部兼职多、流动快，越是这样越要克服抓而不实、缺乏实干，抓而不长、缺乏韧劲的不良倾向。要虚功朝实做，努力把思路想实、资源用实、载体做实、工作干实，直接和农村青年打交道、交朋友，真心为农村青年办实事、办好事。要难事坚持做，增强工作韧劲。改变农村基层团组织建设和基层工作薄弱的现状，不能靠一朝一夕之功，也不可能一蹴而就，需要我们接续用力、持续深耕，频道不换，力度不减，重点不变，做长期的、深入细致的工作，依靠量变的积累，期望质变的飞跃。

第三，坚持走进青年、走进基层。农村情况千差万别，农村工作点多、面广、线长。做好农村团工作，尤其需要树立鲜明的基层导向、青年导向。一要深入基层摸情况、作指导。习近平总书记特别强调群团组织要防止机关化，做团的工作任何时候都不能脱离青年，必须密切联系青年。现在，科技进步了，资讯发达了，基层有些团干部离青年反而更远了，甚至有的了解情况打电话，分析问题网上找，指导工作发简报。农村团干部处在联系青年的“最后一公里”，要严格落实团干部直接联系团员青年的制度，主动深入基层、走进青年，了解情况、发现问题、靠前指导，把基层这门功课修好。二要瞄准需求干实事、解难事。农村青年有什么需求，农村团组织就要开展有针对性的工作。比如中央鼓励适度规模经营探索，返乡创业逐步成为农村青年的趋势，这就需要我们多做创业培训、金融扶持、创业孵化等工作。农村留守儿童问题凸显，这就需要我们多做关爱帮扶工作。三要把准实际抓落实、给支持。要尊重基层首创精神和青年的主体地位，善于把基层的积极性、主动性、创造性调动起来，重心下移，资源下沉，依靠基层抓落实，支持基层搞创新。要总结推广各地共青团农村工作的好经验，好做法，比如浙江、甘肃团组织在青年电商培养工作方面的探索，河南、广东团组织在运用新媒体引导青年方面的探索。

农村团干部是推进共青团农村工作的骨干和支撑。长期以来，广大农村团干部工作在一线、奋斗在基层，克服困难、努力拼搏，为服务“三农”和农村青年、推动团的事业发展作出了重要贡献。团的十七届三中全会对从严治团、开展“团干部如何健康成长”大讨论活动作出了总体部署，农村战线团组织和团干部要积极参与进来、抓好落实。各级团组织要真诚关心、真情支持农村团的工作，真正帮助基层一线解决实际困难。要按照分级负责的原则，抓好县乡团干部教育培训和实践锻炼，下大力气帮助基层团干部掌握“三农”知识、完善能力结构、增长实践才干，努力在农村团的岗位和团的工作中经受锻炼、健康成长。

秦宜智在全团基层服务型团组织建设工作推进会暨全团组织工作会议上的讲话

2015 年 1 月 30 日，根据录音整理

在团十七届三中全会后不久，我们召开全团基层服务型团组织建设工作推进会暨全团组织工作会议，主要任务是深入学习贯彻习近平总书记系列重要讲话精神，学习贯彻《中共中央关于加强和改进党的群团工作的意见》，按照党中央书记处对共青团工作的重要指示，落实团十七届三中全会的任务要求，研究部署今后一个时期全团组织工作，推进基层服务型团组织建设。

党的十八大以来，习近平总书记从推进中国特色社会主义伟大事业、实现中华民族伟大复兴中国梦的战略高度，就青少年健康成长和新形势下青年群众工作作出了一系列重要论述，鲜明阐述了共青团“三个根本性问题”和“两大战略性课题”，包含着许多对共青团组织工作和团干部队伍建设的新思想、新观点、新要求。总书记强调共青团要把准方向、摸准脉搏，大力推进团的组织和工作创新；强调扩大团的工作有效覆盖面，关键是要把工作延伸到广大青年最需要的地方去；强调青年在哪里，团组织就建在哪里，青年有什么需求，团组织就开展有针对性的工作，努力使团组织成为联

系和服务青年的坚强堡垒;强调共青团要发挥组织优势,调动社会资源,千方百计为青年排忧解难,使团组织成为广大青年遇到困难时想得起、找得到、靠得住的力量;强调团干部必须坚定理想信念、心系广大青年、提高工作能力、锤炼优良作风。这些重要论述为共青团组织战线工作提供了根本遵循,指明了前进方向,我们必须深刻学习领会、坚决贯彻落实。

团十七大以来,全团组织战线牢牢把握习近平总书记对共青团和青少年工作提出的一系列新思想、新任务、新要求,认真落实团中央书记处决策部署,注重工作统筹,坚持在深化中提高、在创新中加强、在规范中发展,推动团的建设和组织工作取得了新成效。一是思想理论武装不断加强,各级团组织认真学习习近平总书记系列重要讲话精神,突出理想信念教育,团干部思想理论素养进一步提升。二是组织覆盖不断扩大,在巩固传统领域团建工作基础上,大力推进非公有制企业、青年社会组织、农村专业合作组织、驻外团组织、互联网行业等新兴领域团建,推进城乡区域化团建,团的基层组织网络覆盖到更多青年。三是阵地建设有序推进,团中央将每年基层组织建设和基层工作项目经费专项用于支持基层阵地建设,加强资源统筹、凝聚工作合力,全面推进青少年综合服务平台建设。四是团员队伍建设得到加强,按照中学发展团员调控目标,加强对发展团员工作的规划和统筹,加强对团员的日常管理。五是团干部作风得到改进。扎实开展党的群众路线教育实践活动,制定实施团干部直接联系青年等三项制度,连续两年在全团处级以上干部中开展"走进青年、转变作风、改进工作"大宣传大调研活动,推动团干部深入基层、深入青年常态化、制度化。六是团干部教育培训取得实效。团中央将团干部培训经费从每年不到300万增加到1100多万,制定团干部教育培训五年规划,开展大规模分级分类培训,2014年累计培训团干部近40万人次,实现了历史性突破。可以说,在组织战线同志们的共同努力下,全团组织建设和组织工作呈现出良好的发展态势。这些成绩的取得来之不易,团中央书记处对团的组织战线工作给予充分肯定。在此,我代表团中央书记处对大家付出的心血、作出的贡献表示衷心的感谢!

共青团组织战线的工作是打基础、谋长远的战略性工作,政策性强、牵动面广、影响深远,推动改革创新的要求高、难度大。我们要清醒看到,组织战线工作在呈现良好发展态势的同时,还存在与新形势新任务不适应的一些地方,特别是基层组织建设和基层工作还存在许多薄弱环节,亟待我们加以研究解决。在长期的工作实践中,我们树立了一些好导向,形成了一些好经验。比如,加强团的基层组织建设要"抓基层、打基础、管长远",坚持"反复抓、抓反复""重继承、抓创新",加强团员队伍建设要"抓源头、抓全程",加强团干部队伍建设要"抓培训、抓实践"等等。这些规律性认识,是组织战线工作破解老难题、开拓新局面的有力武器,我们要始终坚持、不断完善,更加奋发有为地做好工作。

邓小平同志讲过,"如果组织问题不解决好,正确的政治路线的实行就无法保证,我们向党和人民就交不了账"。这把组织工作的地位作用讲得很清楚、很透彻。结合学习领会习近平总书记对新形势下青年群众工作的重要论述,初步考虑,共青团组织战线有"一个中心、三项基本工作"要持续抓住不放、持续抓好。一个中心,就是思想政治引领,从思想政治上强团组织、带团干部;三项基本工作,就是推进共青团组织创新、推进基层服务型团组织建设、带好团干部队伍,概括讲就是抓创新、抓基层、抓作风。

关于当前和今后一个时期共青团组织战线的具体工作,罗梅同志还将做全面部署。这里,我重点围绕"一个中心、三项基本工作"谈一些意见,和大家交流。

一、切实抓住思想政治引领这个思想建团的中心，坚定广大团干部和团员青年的理想信念

党的十八大以来，中央对共青团工作最鲜明、最集中的要求，就是加强思想政治引领、坚定青年理想信念。团的自身建设包括思想建设、组织建设、作风建设、制度建设等，其中思想建团是团建之源。这是由共青团与党的特殊政治关系、团的特殊政治属性决定的，是团自身建设的优良传统和鲜明特色，是团始终保持先进性的根本保证。加强思想建团，不断夯实全团思想基础，共青团就能保持正确方向，就能做到无坚不摧、无难不克；离开思想建团，丧失正确理论和思想路线指引，团的事业就会出现偏离，团干部、团员青年的理想信念就会动摇，团的凝聚力和战斗力就会弱化。

共青团自成立之日起就高度重视在思想上建团，不仅要求团员在组织上入团，更强调团员首先要在思想上入团，注重把那些政治坚定、思想条件成熟的优秀积极分子吸收进来。当前社会思想多元多样多变，各种思潮交流交融交锋，越是如此，越要突显团组织的政治属性，坚持正确的政治方向，引导青年坚定不移听党话、跟党走；越要站在理想信念的制高点上，把思想政治引领作为第一位任务，增强组织战线推进思想建团的责任感和紧迫感。应当看到，面对 3 亿多青年开展思想引导，既是宣传战线的“责任田”，更是全团的任务；而面向 8900 多万团员，尤其是 20 多万专职团干部加强思想政治引领，就是组织建设、组织战线义不容辞的责任。

1. 加强思想政治引领，要求我们必须强化科学理论武装。《论语》中有句话：“君子务本，本立而道生。”《孟子》讲：“先立乎其大者，则其小者弗能夺也。”共青团作为党的助手和后备军，作为党领导的青年政治组织，马克思主义、中国特色社会主义就是我们的“本”、就是我们的“其大者”。用马克思主义科学理论教育武装全团，是思想建团的历史启示；用中华民族伟大复兴的中国梦激励引导全团，是思想建团的时代要求。各级团组织一定要用好思想建团这个传家宝，抓住思想政治引领工作这个中心，突出抓好科学理论武装和理想信念教育，深入推进中国特色社会主义和中国梦宣传教育，大力培育和践行社会主义核心价值观，引导团干部、团员青年在年轻时补足精神之钙，培植信念之本，筑牢思想之魂，坚定中国特色社会主义道路自信、理论自信、制度自信。

加强思想政治引领，当前和今后一个时期，最突出的任务，就是不断深化习近平总书记系列重要讲话精神的学习教育。习近平总书记系列重要讲话，蕴含着一系列独创性的思想理论观点，是一个彼此联系、相互贯通、有机统一、开放发展的科学理论体系。广大团干部要读原著、学原文、悟原理，学而信、学而用、学而行，做到知之深、信之笃、行之实。首先要学好习近平总书记关于青少年和共青团工作专题的重要讲话，掌握做好青年群众工作的思想武器和行动指南。在此基础上，系统学、深入学、跟进学不同领域、不同专题的重大思想理论观点，融会贯通，掌握实质，不断提高战略思维、历史思维、辩证思维、创新思维和底线思维能力，不断增强思想政治修养和理论政策水平，更加坚定、更加自觉地同以习近平同志为总书记的党中央保持高度一致，切实做到思想上同向、政治上同心、行动上同步。

2. 加强思想政治引领，要求我们必须注重理论联系实际。理论是实践的向导，实践是理论的源泉。习近平总书记指出，学习的目的全在于运用，要发扬理论联系实际的马克思主义学风，带着问题学，拜人民为师，做到干中学、学中干，学以致用、用以促学、学用相长。加强思想政治引领，既要掌握“知”这个基础、前提，又要把握“行”这个重点、关键，以知促行、以行促知，使思想自觉引导行动自觉，行动自觉深化思想自觉，做到知行合一。坚定团员青年理想信念，既需要真理的力量，也需要实践的力量。过去，革命先辈是在反抗压迫、救国救民的斗争实践中逐步认同、接受、信仰马克思主义的；现在，团员青年也要在全面建成小康社会的实践中逐步坚定中国特色社会主义理想信念。全团上下要强化实践导向、实践锻炼，引导团干部和团员青年深入基层、走进青年、服务社会，在实践中掌握理论武器，加深对国情的了解，增进对人民的感情，增强对党的信赖、信念、信心，汇聚起为实现中华民族伟大复兴中国梦而奋斗的思想共识和力量。

3. 加强思想政治引领，要求我们必须加强团干部教育培训。引导团员青年坚定理想信念，团干部首先要坚定理想信念。对团干部来说，思想上的滑坡是最严重的病变，思想上松一寸，行动上就会散一尺。怎么做到不松不散？我们就要加强和改进对团干部的教育培训，抓好各级团的领导班子集体学习，发挥中央团校、全国青少年井冈山革命传统教育基地作用，创新培训理念，丰富培训内容，严肃培训纪律，大规模培训团干部，大幅度提高团干部思想政治素质，提高团干部抓思想政治引领的思想自觉和能力水平。各级团组织要充分认识到共青团的“学校”定位，越是团干部轮岗快、流动快，越是要重视对团干部的教育培训，既帮助团干部更好融入团的工作，又教育团干部在团的工作岗位上树立正确的“三观”，坚定“三个自信”，为将来投身新的岗位打下扎实基础。

二、坚持改革创新，大力推动共青团组织创新

习近平总书记在去年6月27日对共青团工作作出的重要批示中强调，共青团要深入研究当代青年成长的新特点和新规律，把准方向、摸准脉搏，大力推进团的组织和工作创新。《中共中央关于加强和改进党的群团工作的意见》指出，群团组织要把握时代脉搏，适应社会发展变化，尊重基层首创精神，不断推进群团工作和群团组织建设理论创新、实践创新、制度创新，始终与党和国家事业同步前进。近年来，共青团组织和工作在继承中创新，在巩固中提升，但与新形势新情况相比，团的组织和工作创新面临的任务还很重，挑战还很大。例如，团组织基层基础薄弱、有效覆盖面不足、吸引力凝聚力不够问题突出，特别在非公有制经济组织、青年社会组织和各类新兴青年群体中的影响力亟待增强；有的团组织工作和活动方式单一，进取意识和创新精神不强，存在机关化、脱离青年的现象；有的团组织唯青年喜好是瞻，搞简单迎合青年的“尾巴主义”，存在娱乐化倾向，等等。克服这些困难和问题，迫切需要我们增强改革意识、创新精神，以改革增动力，以创新增活力，推动共青团组织和工作与时俱进，不断焕发蓬勃生机。

1. 大力推进共青团组织建设创新。近年来，我们积极适应青年的分布流动特征建组织、调资源、做工作，大胆创新，积极探索，取得了较好的成效。当前，青年的流动和聚集呈现两个趋势：第一，随着互联网技术的普及和发展，越来越多的青年群体在网络上聚集。据中国互联网信息中心统计，到去年6月份，中国网民规模达到6.3亿，互联网普及率达到46.9%，其中，30岁以下网民占比57%，学生依然是中国网民中最大的群体，占比25%；移动互联的趋势愈发明显，手机网民规模5.3亿，网民上网设备中，手机使用率达83%，手机作为第一大上网终端的地位更加巩固。互联网的开放性、包容性、平等性、互动性、即时性特征，与当代青年思维特点和成长规律相待而成，与我们做好新形势下青年群众工作的理念相促相通。可以说互联网已经成为联系、动员青年网民的重要媒介，这对共青团组织改革创新带来重大机遇和挑战，需要各级团组织运用互联网思维、新媒体意识改造提升团的组织和工作。第二，青年从传统的“单位人”变为“原子人”，从集中在“工农商学兵”分散到各个传统领域，尤其是新兴领域中。青年在哪里？大量的青年在非公经济组织、新社会组织里，在社区、在家里，特别是自由职业者、网络意见领袖、网络作家、签约作家、自由撰稿人、独立演员歌手、流浪艺人等种类繁多的新兴青年群体，游离于传统的组织之外。在这种形势下，如何尽可能地把最广大的青年、各类型的青年组织起来、动员起来，存在着很多困难，也对团组织设置模式、工作机制、活动方式提出了新的挑战。我们要以新思路解决新问题，用新方式联系新青年，通过推进组织创新，努力做到“青年在哪里，团组织就建在哪里”，不断扩大团的工作有效覆盖面。

2. 大力推进共青团组织工作创新。工作创新，办法在哪里？办法在青年中。要牢固树立以青年为本的理念，突出青年主体地位，问计于青年、问需于青年，健全依靠青年推进工作创新的制度，组织活动请青年一起设计，部署任务请青年一起参与，表彰先进请青年一起评议，以青年喜闻乐见、便于参加的方式开展工作。团组织要适应完成党的中心任务和基层工作、青年工作的需要，改革和改进机关的机构设置、管理模式、运行机制，充分体现组织的政治性和群众性特点，防止“机关化”“娱乐化”倾向。要推进团内事务公开，定期公布团内重大事项，不断拓宽团员青年了解团内事务的渠道，保障团员的知情权、参与权、表达权和监督权，激发团员的主人翁意识，提升团员对组织的向心力和“黏性”。

3. 大力推进团干部培养锻炼创新。选什么样的人，用什么样的人，反映一个组织的风气，也影响一个组织的风气。团要管团、从严治团，很重要的就是加强对团干部的培养锻炼。一要严把团干部入口关，坚持基层导向、实践标准，坚持五湖四海，注重多岗位锻炼、跨领域交流，特别要选好配强基层团组织负责人，更多采用兼职、聘用等方式吸引优秀社会人才加入共青团工作队伍。二要创新团干部出口关，引导形成合理转岗预期，真心实意推动转岗，鼓励出台一些制度性规定，保持团干部队伍合理流动，保持生机活力。三要强化基层实践锻炼，把在实践中考验、锻炼和提高作为团干部成长的根本途径，争取党委和组织部门的支持，拓宽团干部基层挂职锻炼的渠道。四要创新团干部学习培训形式，推广研讨式、案例式、情景模拟、结构化训练、实践体验等教学模式，开发运用好全国团干部教育培训网络平台。

4. 大力推进基础团务创新。基础团务是团的组织建设的基础，推进基础团务创新是推进团的组织和工作创新的前提和保障。要按照“试点先行、循序渐进”的思路，探索建设集团员管理终端、团的工作平台、团员服务载体于一体的电子团员证系统，打造网络上的青少年综合服务平台。目前，团中央正在广州、中山、福建进行试点，条件成熟时将适机向全团推广。要健全和改进“三会两制一课”制度，特别要把团员教育评议与团员年度团籍注册结合起来，将其作为加强团员队伍思想建设、严肃团的纪律、严格团的管理的重要措施。要加强发展团员和团员管理工作，按照即将出台的《关于加强新形势下发展团员和团员管理工作的意见》，严格入团标准程序，提高发展团员质量，量化团员日常管理，保持团员队伍的适度规模和合理结构，增强团员队伍生机活力。

需要强调的是，组织部门要积极探索、大胆创新，把发挥团干部、团员在互联网舆论引导、清朗网络空间中的作用，纳入共青团组织创新之中，统筹设计、创新制度，推动团员成为网络文明志愿者，把共青团员的先进性延伸和体现到网络空间，争当好网民，发出好声音，传播正能量。

创新是结合时代条件的创新，是在原有基础上的创新，是坚持虚功实做、难事长做的创新，既不能固步自封、循规蹈矩，也不能盲目无条件的为创新而创新。创新要做到顶层推动与基层实践良性互动、相辅相成。基层是创新的源泉，团的领导机关要充分尊重基层的首创精神，广泛深入基层，加强创新指导，鼓励基层探索。要及时挖掘、总结基层工作的好做法，把握规律、研判效果，提炼经验、顶层推动。如果不能发现基层好的经验，团的领导机关就没有尽到职责。

三、瞄准破解共青团两大战略性课题，大力推进基层服务型团组织建设

邓小平同志讲，“至于提这样口号，那样口号，这样方针，那样方针，只有有了基层工作，有了经常工作，才有希望落实”。习近平总书记对共青团工作提出的两大战略性课题，其破解的关节点集中在团的基层组织上。共青团历来重视基层组织建设，早在革命斗争和社会主义建设中，就形成了“六级办支部”“创先进团支部活动”等具有共青团特色的基层组织建设品牌。改革开放初期，全团提出了“工作到支部，全团抓落实”的工作方针。多年以来，我们始终强调要把加强基层组织建设作为生命力工程，一方面是因为团的工作环境、工作对象总是在发生变化，团的基层组织要不断适应，基层团建工作只有“进行时”，没有“完成时”；另一方面是因为团的基层组织相对薄弱的状况并没有得到根本改变，只能通过抓反复、反复抓，基层团建困难的状况才能得到改善。去年7月份，团中央下发了《关于加强基层服务型团组织建设的意见》。我们要认真抓好落实，以基层服务型团组织建设为统揽，切实加强和改进团的基层组织建设、基层工作，使380多万个基层团组织活起来、强起来，拧成一股绳，共同破解习近平总书记提出的两大战略性课题。

1. 着眼于提高团的吸引力和凝聚力，增强基层服务型团组织的政治引领作用。团章规定，团的基层组织是团的工作和活动的基本单位，应该充分发挥团结教育青年的核心作用。应当看到，基层团组织不是一般的青年组织，而是政治组织、群团组织。加强基层组织建设，必须站在理想信念的制高点上，高扬起思想政治引领的旗帜。基层团组织要担负政治责任，巩固和扩大党执政的青年群众基础，想方设法把青年团结和凝聚到党的周围。要体现政治特征，有严肃的组织生活、严明的组织纪律，而不是组织生活庸俗化、娱乐化。要强化政治功能，自觉落实党建带团建的制度安排，发挥好基层战斗堡垒作用。

基层团组织教育引导青年，不能靠灌输说教，不能靠颐指气使，必须树立寓引导于服务之中的理念，从点滴做起，从小事做起，真心帮助青年解决思想、工作、学习、生活中的实际困难，满足青年个性化的成长需求，让青年感受到党和团的温暖，进而在青年中传播党的科学理论和政治主张，把青年凝聚到党的旗帜下。在当代青年成长环境更加多元、需求更加多样、个性更加鲜明的背景下，如果没有服务，谈提高团的吸引力、凝聚力和扩大团的工作有效覆盖面，就会显得很苍白。基层团组织引导青年，既要注意润物无声、细水长流，把服务做到青年心坎上，也要注意旗帜鲜明、增添底气，敢于纠正青年中存在的不良倾向，靠思想上精神上的吸引力和凝聚力，增进基层团组织的吸引力和凝聚力。

基层团组织发挥思想政治引领作用，最有效的途径就是不忘群团组织的群团属性，坚持从群众中来、到群众中去，始终以更高的标准践行党的群众路线。各级团组织要把党的群众路线教育实践活动中形成的好经验、好做法坚持下去、成为常态，把密切联系青年作为工作自觉、习惯、风气，经常深入青年，倾听青年呼声、反映青年意愿，把蕴藏在青年中的智慧和力量激发出来，把青年自己的积极性、主动性、创造性调动起来，努力把党的决策部署变成青年的自觉行动。

2. 着力于扩大团的工作有效覆盖面，提高基层服务型团组织的服务青年能力。习近平总书记指出，扩大团的工作有效覆盖面，关键是要把工作延伸到广大青年最需要的地方去。基层团组织处在共青团和青年的边界上，服务青年最直接、最有效。各级团的领导机关要按照团章的要求，确立基层第一的观念，发扬务实、求实的作风，深入基层，服务基层，不断增强基层活力。要帮助基层团组织强化服务意识，突出重点青年群体和青年的重点需求，组织开展有针对性、有感染力的工作。要帮助基层团组织提高服务能力，坚持“眼睛向外”，积极争取党政、社会、市场资源，合力推进青少年综合服务平台建设，打造基层团组织服务青少年的实体化阵地。推动团员成为注册志愿者，把工作对象转化为工作力量，调动青年自身的积极性服务青年自身。要帮助基层团组织增加服务供给，抓住深化改革的机遇，支持基层团组织参与社会治理创新，主动承接与青少年有关的政府职能转移，主动参与政府购买公共服务，积极争取惠及面更广的服务政策。要通过团结和服务青年社会组织，使青年社会组织成为共青团的亲密朋友、工作伙伴、外围力量，延伸基层团组织服务青年的手臂。

四、坚持从严治团，狠抓团干部作风建设

群团组织要有好的群众作风。共青团是党的助手和后备军，与党有着特殊的政治关系。党要管党、从严治党，落实到共青团，要求我们必须从严治团，狠抓团干部作风。各级团的领导机关一定要从巩固和扩大党执政的青年群众基础、永葆共青团生机活力的高度，肩负起从严治团的职责，切实改进团干部作风，引导团干部健康成长。

1. 从严治团，要强化团内政治生活。政治性是共青团最本质的属性。从严治团，首先要从严肃党内团内政治生活和组织生活抓起。要坚持和发扬实事求是、理论联系实际、密切联系群众、开展批评和自我批评等优良传统，提高团内政治生活的政治性、原则性，使团内政治生活真正起到教育改造提高团员、团干部的作用，引导团员、团干部在年轻时养成过硬的政治观念、组织观念，为全面从严治党疏浚源头、夯实基础。要贯彻执行民主集中制，按照集体领导、民主集中、充分酝酿、会议决定的原则，确定和执行议事规则，建强团的各级领导班子。组织生活会是团内政治生活的一项重要制度安排，要把团的组织生活会严格起来。

从严治团，关键在于从严管理团干部。组织部门要切实履行从严管理团干部的职责，加强对团干部的日常教育、监督、管理，督促各级团干部严格落实中央“八项规定”精神和团中央具体实施细则，增强对“四风”的免疫力。要把从严管理与关心爱护紧密结合，对干部的努力和成绩要多指导、多鼓励，对苗头性的问题要早发现、早提醒。

2. 从严治团，要强化制度落实。制度不在于多，而在于精，关键在于落实。长期以来，我们党不断加强对共青团工作的领导而形成的基本原则、基本经验、基本规矩，需要用制度去坚守；共青团长期工作实践中形成的好做法、好经验、好项目，需要用制度去固化。我们必须大力加强团的组织工作制度建设，以制度的健全完善和严格落实，推动共青团组织工作规范化发展。要抓好制度执行检查，强化对直接联系青年制度、调查研究制度、支持基层制度、团干部教育培训制度等督导落实，使出台的制度成为刚性约束，避免“破窗效应”，避免制度成为“稻草人”。

各级团组织要通过强化制度落实，教育引导团干部养成守纪律、讲规矩的意识，形成按制度办事、按规矩办事的思想自觉。对于共青团这样一个有8900多万团员和20多万专职团干部的组织来讲，如果没有纪律约束，从严治团就无从谈起。团的各级领导干部要严格遵守党的政治纪律和政治规矩、组织纪律、工作纪律、廉政纪律，自觉做到守纪律、懂规矩。对于违反纪律的，各级团组织要敢抓敢管，敢于担当，带头抵制自由主义和好人主义，该提醒的要提醒到位，该惩戒的要惩戒到位，将纪律的紧箍咒抓紧，让纪律的“高压线”通上“高压电”。只要全团都认真起来，强化教育引导、制度落实、监督管理，团的作风就一定能够不断改进。

3. 从严治团，要强化群众感情。只有对群众有真感情，才会有工作的热情和激情，才能得到群众的支持与拥护。深深植根青年、充分依靠青年、一切为了青年，是团组织的力量源泉，也是团组织的价值所在。广大团干部要强化为青年服务的观念，在实践中增强公仆意识、为民情怀，从思想和感情深处把青年当主人、当先生。要牢固树立鲜明的基层导向、青年导向，持续开展“走进青年、转变作风、改进工作”大宣传大调研活动，多与青年打交道、交朋友，使直接联系青年成为团干部的基本工作方法，不断增进同青年的感情，提高青年工作能力，做青年友，不做青年“官”。

前不久召开的团十七届三中全会作出了在全团开展“团干部如何健康成长”大讨论活动的部署。这是继党的群众路线教育实践活动之后，我们着眼于落实从严治团、锤炼过硬团风，思考设计的一项活动载体。主要有三个方面考虑：一是贯彻落实习近平总书记对党员干部队伍特别是团干部队伍建设提出的重要要求，引导团干部自觉按照习近平总书记指引的道路健康成长。二是按照《中共中央关于加强和改进党的群团工作的意见》和党中央书记处对共青团工作的指示，进一步把党的群众路线教育实践活动的成果巩固好、运用好，密切团干部与青年的联系，防止“机关化”“娱乐化”。三是针对当前团干部队伍中存在的问题，特别是作风方面存在的突出问题，切实引导团干部做到自省自励、懂得感恩，克服缺点、虚功实做，坚定信念、远离贪腐。为把这次活动组织好、开展好，去年第四季度，团中央机关率先开展了大讨论活动。

开展大讨论活动，要突出主题、明确目标。就是教育引导广大团干部领会践行习近平总书记对党员干部提出的“三严三实”要求和对团干部提出的“坚定理想信念、心系广大青年、提高工作本领、锤炼优良作风”的要求，聚焦团干部成长中存在的突出问题，以专职团干部为重点群体，强化问题导向，突出实践特色，使广大团干部树立正确的成长观，努力带出一支真正让党放心、让青年满意的团干部队伍。

开展大讨论活动，要运用党的群众路线教育实践活动的经验和做法。坚持把学习教育贯穿始终，切实抓好理想信念教育；坚持把深入基层、走进青年贯穿始终，强化问题导向，密切联系青年，切实改进作风；坚持把典型引路贯穿始终，树立身边学习榜样。要通过交流谈心、专题学习、团史教育、警示教育等多种方式，特别是开好一次高质量的组织生活会，在批评与自我批评的过程中，引导团干部查找差距、触动灵魂。要注意同落实团干部直接联系服务团员青年制度、调查研究制度、基层联系点制度、推动团员成为注册志愿者制度结合起来，抓实和丰富活动的实践载体。

开展大讨论活动，要全团整体推进、逐级抓好落实。团中央将成立大讨论活动领导机构和工作机构，对全团作统一部署、督促指导。计划今年3月份启动，年底前结束。团中央书记处和机关干部参加联系点和蹲点基层团组织的大讨论活动，局级干部督导联系点所在省份大讨论活动。各地团组织要提高认识，把“团干部如何健康成长”大讨论活动作为今年加强团干部队伍建设的重要工作任务，按照全团统一部署，做实规定动作，创造性地开展好自选动作，努力把大讨论活动引向深入、做到基层，使全体团干部受到教育。

同志们，以习近平同志为总书记的党中央对共青团工作高度重视和亲切关怀，给我们以极大的鼓舞和信心；《中共中央关于加强和改进党的群团工作的意见》的出台，为我们深化和创新共青团工作提供了重大战略机遇。共青团组织战线在推进共青团事业发展中使命光荣、责任重大。明代官员钱琦有一句话："治人者必先自治，责人者必先自责，成人者必先自成。"团的组织战线要按照习近平总书记的要求，切实加强自身建设，努力把组织部门建设成讲政治、重道德、业务精、作风好的模范部门。广大组织战线团干部要模范做到坚定理想信念、心系广大青年、提高工作能力、锤炼优良作风。希望大家虚功朝实做，难事坚持做，扎实推动团的建设和组织工作实现新发展！

秦宜智在团十七届中央书记处第十六次集体学习时的讲话

2015年4月29日，根据录音整理

当今时代，互联网日益成为创新驱动发展的先导力量，深刻改变着人们的生产生活，有力推动着经济社会发展。与此同时，互联网也深深影响着青少年的思维特点、行为习惯和成长规律，潜移默化地塑造着他们的世界观、人生观和价值观。以习近平同志为总书记的党中央高度重视互联网对经济社会发展、对国家治理带来的深刻变革和重大挑战，十分关心网络时代青少年的健康成长，对新形势下的共青团工作提出一系列重要要求。《中共中央关于加强和改进党的群团工作的意见》对打造网上网下相互促进、有机融合的群团工作新格局作出明确部署。全团要高度重视、积极探索，认真抓好贯彻落实。

一、强化互联网思维

当前，以移动互联网、大数据、云计算、智能化等为代表的新一代信息技术正深刻改变着经济社会、影响着青年。共青团要适应时代发展，履行好自身职能，就必须高度重视网络新媒体，充分运用互联网思维。从党中央的要求来看，党的十八大以来，习近平总书记和党中央书记处多次作出重要指示，要求共青团大力运用网络新媒体开展好青年工作，充分发挥团组织和8900万共青团员作用，传播网络正能量，参与构建清朗网络空间；中央下发的《关于加强和改进党的群团工作的意见》中，专门对打造网上网下相互促进、有机融合的群团工作新格局作出了明确部署。这些指示部署，为共青团大力进军网络新媒体提出了要求、指明了方向。从互联网与青少年的关系来看，有调查显示，80%的网民是青少年，80%的网络从业者是青年，以互联网为第一信息源的青少年比例高达90%以上，互联网日益成为青年学习生活的重要方式、聚集联络的重要空间、交流互动的重要平台。要找到青少年、服务青少年、影响青少年，必须介入互联网空间，必须运用互联网手段，必须树立互联网思维。从互联网与共青团的关系来看，互联网带来的青年生活方式、组织方式和思想意识的巨大变化，对共青团开展青年思想政治引领、组织动员青年、服务青年、代表和维护青少年合法权益等各方面工作，都带来了新的挑战，也提供了新的机遇。共青团需要积极适应网络化发展趋势，主动运用互联网思维来创新团的工作思路、工作理念、工作方式、运行机制，延伸组织覆盖、丰富工作载体、拓宽工作空间。

二、准确把握互联网思维的实质

互联网思维是一个不断发展中的新概念，

内涵十分丰富，对共青团各方面工作都有很多启发。这里，我结合工作，着重强调以下三个方面：

第一，要深刻理解互联网思维的特征。开放性、平等性、互动性是互联网的主要特征，与共青团的工作要求存在高度契合。开放性是互联网思维的突出体现，既体现在空间的开放，信息传播无边界、低门槛，更体现在观念与态度的开放包容，打破行为和活动的局限性，善于和乐于接受新知识新创造，进而促进思想解放、观念更新、方式转变。共青团注重开放性，就是要避免工作中的自娱自乐倾向。平等性是网络平台的重要特征，体现在人们获取信息的渠道更加顺畅，获取信息的数量质量更加均衡，能够进行平等的思想交流，总体氛围趋向去权威化、去中心化。共青团注重平等性，就要改变家长式、命令式、灌输式的引导方式。互动性是互联网思维最活跃的因素，体现在信息不再是简单的单向流动，而是互通互联、相互作用、相互影响，逐步改变着使用者交流交往和参与社会的方式。共青团注重互动性，就要尊重青年参与和青年话语权。

第二，要从互联网思维的基本理念中获得启发。互联网思维有很多种说法，其中大家都公认的特点主要有：一是用户至上。以用户为中心，始终围绕着用户转。在产品开发设计时注重用户参与和用户体验，永远站在用户角度考虑问题，为用户创造良好的体验和价值。二是大数据分析。互联网使原来彼此孤立的信息得以连接起来，打通信息孤岛，有利于更全面地掌握青年思想、行为和需求状况。三是注重大多数草根。这对于我们团的工作启发就是要更多地注重普通青年，而不是聚焦少数精英群体，克服工作中的“二八现象”，同时注重分众化。四是简约。用简洁的产品来吸引和服务用户。五是要培养“粉丝”。对互联网经济来说，它的用户不再是一般意义上“一锤子买卖”这种生产商、供应商和客户之间的关系，不是培养一般性用户，而是要把用户培养成粉丝，培养用户的忠诚度。这启示我们要增强共青团活动的黏性。六是快速迭代，通过用户反馈快速更新产品。团的思想引领等工作也不能一成不变，从内容到载体必须适应形势变化和青年需求。七是以最低的参与成本吸引用户。这就是互联网经常说的，一般是免费，或者是很低的成本为用户服务，通过积累用户资源来挖掘和创造价值。

第三，要把握互联网思维的内核。互联网思维不是什么“全新”的思想。互联网思维跟我们党全心全意为人民服务的宗旨、密切联系群众的优良传统非常相似。我们党从一开始矢志追求共产主义理想，如何一步一步来实现这个理想，或者在不同阶段有不同阶段的理想，最后一步一步走向成功，最重要的就是有这样一种宗旨，围着用户转。党的用户是谁？就是广大人民群众，而且是草根群众，绝大部分是工人、农民。他们响应了党的号召，党也为实现他们的梦想做了工作，创造了条件。他们梦想成真后，加深了对党的信赖支持，成了党的“粉丝”。十八大以后，全党开展群众路线教育实践活动就是要进一步密切联系群众。我们共青团也有很多好的传统，和党的传统是一致的。对共青团来说，互联网思维就是如何更好地融入青年、服务青年。我们不能把互联网新媒体简单看成是产品或技术手段，而是对整个工作理念、工作方式、组织设置的变革。要运用网络新媒体更好地深入青年、融入青年，强化服务和维护青少年合法权益的能力，拓展协商民主职能，实现共青团工作与网络新媒体深度融合，从而坚持和发扬团的优良传统，为党做好新形势下的青年群众工作。

三、积极探索“互联网+共青团”的工作新格局

团十七大以来，全团把“进军网络新媒体”作为提高团的吸引力和凝聚力、扩大团的工作有效覆盖面的主攻方向，着力推动网络新媒体成为联系和组织青年的重要手臂、引导青年的重要阵地、服务青年的重要平台、共青团组织体系高效运转的重要载体。特别是把互联网作为青年思想引导工作新的突破口，大力建设共青团网络宣传工作队伍和工作阵地，深入开展网上正面宣传和舆论引导，取得了一定的成效。下一步，全团要进一步贯彻落实习近平总书记重要要求和《关于加强和改进党的群团工作的意见》精神，继续高度重视网络新媒体在团的工作和建设中的全局性、基础性、战略性作用，着力强化互联网思维，坚持线上线下深度融合，从管理模式、运行机制、机构设置等方面大力创新，探索建立"互联网＋共青团"工作格局。

1. 加强学习研究，努力掌握新理念、新规律、新本领。互联网思维是一种意识，也是一种能力。各级团组织和团干部要将网络新媒体作为自身工作技能和知识结构的重要组成部分，认真学习党中央关于互联网的重要论断和各项部署，学习互联网基本知识和发展趋势，了解互联网条件下青年的生活状态和思想规律，为运用互联网改进工作打下坚实基础。要坚持理论学习和实际工作的密切结合，及时全面地将学习中获取的知识、更新的观念用于工作之中，特别是要增强对网络新技术、新产品的敏感，密切关注移动互联网、大数据、云计算、智能化等新兴互联网技术，保持工作的前沿性、前瞻性。

2. 推动共青团工作与互联网深度融合。各级团组织要遵循互联网特点，以互联网思维优化和创新团的工作思路和工作方法，将网络新媒体运用于团的各项职能履行的全过程，努力实现深度融合。要运用互联网增强思想引领工作的影响力感染力。把互联网作为引导青年的主要方式和载体，形成覆盖广泛的新媒体思想引领工作体系，强化内容供给和渠道建设，通过运用青年喜爱的话语体系、表达方式、时尚元素，把理想信念教育和价值引领融入生动的新媒体内容中，增强青少年思想引导工作的效果。要运用互联网着力提升组织动员能力。通过网络平台建设，构建各级团组织与团员青年紧密联系、高效互动的便捷渠道，我们团组织本身就是一个巨大的网络，现在要把两种网络融合起来，要相得益彰。建立团员青年参与团的工作的日常机制，增强团组织和青年的黏性，更好地提升共青团的组织动员和社会动员能力，引导青年创新创业创优。要运用互联网切实服务青少年成长发展。通过先进技术手段，把共青团的信息供应、品牌活动、资源支持等有机整合，为青年提供"O2O"式的服务，提高服务青年的针对性、实效性和及时性。通过网络互动平台和信息技术，动态倾听收集青年普遍性利益诉求，广泛开展法治宣传、青春自护、心理咨询、法律维权、关爱帮扶等服务，更好地代表、反映、维护青少年合法权益。

3. 依托智慧团建创新团的自身建设。要利用网络新媒体技术推进"智慧团建"工程，推进团组织的扁平化、精细化管理，通过纵向和横向的组织互动，实现团组织对青年"纵向到底、横向到边"的多重覆盖，实现对团干部的在线管理考核、教育培训。要通过"网上＋网下"互动，以网络新媒体为线上动员手段，以青少年综合服务平台为线下实体依托，有效整合青年社会组织资源和青年需求，推进区域化团建工作深入开展，进一步提高团组织自身建设水平。

秦宜智在选派银行业金融机构优秀青年干部赴县级团委挂职工作电视电话会议上的讲话

2015年5月7日,根据录音整理

这次会议的顺利召开得到了福林主席的高度重视和亲自指导。首先,向福林同志对银行业金融机构青年干部到基层挂职这个一举多得好事的重视,对银行业广大青年健康成长的关心表示衷心的感谢！今天会议是在共青团认真学习贯彻中央关于加强和改进党的群团工作意见,以改革精神推进共青团事业创新发展的背景下召开的,对于我们进一步把银行业金融机构青年干部到基层挂职工作做好做实,服务农村青年创业致富、成长发展,进一步增强团的吸引力和凝聚力、扩大团的工作有效覆盖面,具有很重要的意义。

共青团与银监会系统以及银行业金融机构有着良好的合作基础。2008年,团中央、中国银监会联合下发了《关于实施农村青年创业小额贷款的指导意见》,为各级团组织与金融机构合作开展创业小额贷款工作提供了政策框架;2010年,双方合作开展了“送金融知识下乡”活动,在普及金融知识、建设信用体系等方面发挥了积极作用。2009年,团中央与中国农业银行合作开展了农村青年创业小额贷款工作,最近双方又联合农业部启动实施“大学生返乡创业行动”,通过提供贷款利率优惠,帮助返乡创业大学生解决融资难题。2014年,团中央与中国邮储银行在青年创业贷款、青年创业创富大赛、基层干部交流挂职、青年企业家协会建设等方面,探索开展了体系化合作,成效明显。与此同时,各地团组织与农信社等地方金融机构加强合作,突出服务青年创新创业创优这一主题,开展了一系列丰富多彩的金融服务工作。中央金融团工委和各金融单位团委围绕金融改革发展和共青团工作全局,在团结、服务、引领金融青年等方面积极主动做工作,取得很好成效。借此机会,我代表共青团中央,向长期以来关心和支持共青团和青年工作的中国银监会和各金融单位表示衷心感谢！向中央金融系统广大团干部和团员青年致以诚挚的问候！

2013年底,团中央、银监会联合下发文件,召开座谈推进会,在江苏、浙江、福建、河南、湖北、四川、陕西等7省,试点开展选派银行业金融机构优秀青年干部赴县级团委挂职工作。从试点情况看,这项工作有效提升了共青团服务青年创业就业的专业化水平,推动了青年金融知识普及和信用体系建设,加强了团的基层组织建设和基层工作,促进了金融青年干部的健康成长,实现了多方共赢。刚才,利根同志介绍了试点工作开展情况,总结了经验,分析了问题,提出了新的工作要求;六位同志作了典型发言,听了之后很受启发,进一步坚定了我们全面铺开这项工作的信心。稍后,福林主席还将作重要讲话,各级团组织、团干部要认真学习贯彻。这里,我先谈三点意见,与大家交流。

一、充分认识金融青年干部挂职工作的重要意义

第一,开展金融青年干部挂职工作,是服务党和国家工作大局的重要途径。党的十八大以来,以习近平同志为总书记的党中央从坚持和发展中国特色社会主义全局出发,提出并形成了“四个全面”的战略布局,确立了经济发展新常态下党和国家各项工作的战略方向、重点领域和主攻目标。金融是现代经济的核心，是经济体制改革的重头戏，在“四个全面”战略布局中发挥着重要作用。党的十八届三中全会就金融体制改革做出部署，提出完善金融市场体系，扩大金融业对内对外开放，推进政策性金融机构改革，健全多层次资本市场体系，完善保险经济补偿机制，发展普惠金融，鼓励金融创新。李克强总理在今年政府工作报告中指出，围绕服务实体经济推进金融改革，大力发展普惠金融，让所有市场主体都能分享金融服务的雨露甘霖。青年最少保守观念，最富创造精神，是参与和支持金融改革的有生力量。选派金融青年干部到基层挂职锻炼，既是了解基层金融状况，破解金融发展难题，促进金融体制改革，支持社会创新创业行动的有效举措，也是引导金融青年干部树立基层导向，熟悉社情民意，转变工作作风，积极投身基层金融服务实践的重要载体。

第二，开展金融青年干部挂职工作，是贯彻落实中央加强和改进群团工作意见的具体举措。今年初，中央出台了《关于加强和改进党的群团工作的意见》。《意见》深刻指出：“党的群团工作是党治国理政的一项经常性、基础性工作，是党组织动员广大人民群众为完成党的中心任务而奋斗的重要法宝”，“新形势下，党的群团工作只能加强，不能削弱；只能改进提高，不能停滞不前”。前段时间，围绕落实《意见》要求，团中央分专题开展了大规模调研。从调研情况看，加强和改进新时期共青团工作，需要继承优良传统、深化既有品牌、拓展工作领域，更需要创新活动载体、丰富工作内容、完善工作机制。开展金融青年干部挂职工作，一方面通过充实基层工作力量和工作资源，拓宽了共青团联系和服务青年的渠道；另一方面通过宣传普及金融知识、探索创新金融服务，提高了服务青年创新创业的针对性和有效性。各级团组织要站在落实《意见》精神、巩固和扩大党执政的青年群众基础的高度，把这项工作抓实抓深，不断提高团的吸引力和凝聚力，扩大团的工作有效覆盖面。

第三，开展金融青年干部挂职工作，是服务青年创新创业创优的有效载体。习近平总书记要求共青团引导广大青年走在创新创业创优的前列，指出全社会都要重视和支持青年创新创业，提供更有利的条件，搭建更广阔的舞台，让广大青年在创新创业中焕发出更加夺目的青春光彩。现在，大众创业、万众创新，打造新常态下经济发展新引擎，凝聚起强烈的社会共识。青年富有创新意识和创造潜力，是创新创业创优的主体，是引领经济新常态的骨干力量。围绕促进青年创新创业创优紧密配合、深化合作，帮助更多的青年创新创业、成长成才，是共青团和银行业金融机构的共同职责所在，也是党和国家事业长远发展的希望所在。通过金融青年干部挂职，将共青团的组织化力量和金融机构的专业化力量结合起来，进一步探索团银合作新模式，形成长效机制，有利于促进银行业金融机构业务发展和青年干部健康成长，也有利于提高共青团服务青年创新创业创优的能力和水平。

二、认真抓好金融青年干部挂职工作的关键环节

第一，抓好干部选拔。要严格选拔标准。基层工作环境相对艰苦，直接面对青年利益诉求，需要帮助青年解决许多实际问题。这就需要我们严把推荐条件，舍得把政治素质强、业务工作精、具有良好青年群众工作能力和开拓创新意识的优秀青年干部选到一线去锻炼，去面对面地服务青年。要制定选拔计划。各地要紧密结合当地实际，合理制定干部选拔计划，在实施规模上合理适度，因地制宜，不搞一刀切。遴选挂职干部既要尊重干部意愿，也要体现组织意图；既要考虑接收单位的需求，也要考虑派出单位的实际，健全多方参与、科学规划、协同配合的选拔机制，保证干部选得出、派得下、待得住。要完善培养模式。挂职干部重在使用、贵在培养，要发挥团组织和金融机构“两个平台”互动作用，体现实践育人导向，在基层一线实践中锻炼挂职干部的综合素质。要鼓励和支持挂职干部积极参与地方事务，勇于承担团的工作，掌握经济工作本领，增强群众工作能力。要引导挂职干部结合挂职任务，研究好、服务好基层青年的金融需求，探索金融创新的新途径、新模式，不断提升金融专业能力。

第二，做好联系服务。要明确工作职责。突出金融知识普及、信用体系建设、金融产品创新、创业组织培育、社会公益事业等工作重点，细化挂职干部的岗位职责和工作任务，让挂职干部心中有责任，工作有目标，干事有导向。当前，创业青年普遍面临贷款难、贷款贵的问题，挂职干部要发挥专业优势，结合当地产业资源条件和创业扶持政策，利用团的组织资源和动员优势，积极创新担保方式，探索开发具有青年特点的专属金融产品，帮助更多创业青年获得便捷优惠的信贷支持。要严格日常管理。挂职干部在挂职期间以团县委工作为主，原则上要与原单位所负责的工作脱钩，保证挂职工作的实际效果。同时，考虑到银行业金融机构的业务性质和实际工作情况，派出单位的一些重要工作或重大活动，可适当兼顾。各地团组织和派出金融机构要加强对挂职干部的日常管理工作，研究制定挂职干部管理规则，明确挂职干部的考勤方式、工作规范、工作内容，建立健全考核督导机制。要优化工作环境。各省级团委和银监局要结合当地实际，争取派出金融单位的支持，为挂职干部提供更多的工作资源和政策支持。各县级团委要积极向县委报告，协调党委组织部门正式办理任职手续，支持挂职干部履职尽责；要努力为挂职干部提供必要的生活和办公条件，帮助他们迅速熟悉环境、投入工作；要认真对待挂职干部提出的意见建议，帮助他们解决工作中遇到的实际困难。

第三，完善激励措施。“事将为，其赏罚之数必先明之”。考核严格能避免庸政、懒政，激励到位能鼓舞工作热情、激发工作干劲。要保障基本待遇。建议派出金融机构根据挂职干部所承担的挂职任务，相应制定绩效考核、福利待遇等方面的政策，确保他们在挂职期间工资福利待遇基本不变，食宿交通有所补贴。要规范考核鉴定。县级团委要本着对挂职干部负责的态度，配合党委组织部门对挂职干部的德、能、勤、绩、廉做出实事求是、全面客观的评价，并按程序及时送交派出金融机构组织人事部门备案。建议派出金融机构将考核鉴定作为对挂职干部进行绩效奖惩、职务晋升的重要依据。要加强正向激励。各地要借鉴试点省份工作经验，联合银监部门研究制定挂职干部的评先评优政策，对优秀挂职干部进行表彰和宣传，对表现突出、成绩显著、群众公认的优秀干部要大胆使用、敢于重用，树立良好的干部成长导向，激励更多的青年干部到基层接受锻炼、提高本领。

三、切实做好金融青年干部挂职工作的组织实施

第一，要密切配合，形成合力。今年是金融干部挂职工作全面铺开的第一个年头，各省级团委要高度重视，务实推进。主动进行工作对接，明确各方分工、细化工作职责；联合各方组建工作领导小组，认真研究和设计工作规范；加强工作指导，督促市、县级团委做好协调配合，形成工作合力。

第二，要大胆探索，完善机制。试点工作为我们积累了许多好经验，团中央农村青年工作部要做好经验梳理推广，各地要大胆创新、完善提高。从实际出发，因地制宜、因行施策，加强调查研究，创新工作方法；注意经验总结，加大宣传力度，积极推广已有的成功经验和做法；探索工作规律，强化制度建设，健全深化团银合作、服务青年的长效机制。

第三，要各司其职，抓好落实。把握省级、地市级、县级团委的工作定位，省级团委要发挥统筹协调作用，联合银监局抓好工作的推动、督导，研究制定挂职干部的管理规则；市级团委要抓好工作的具体实施，联合银监部门和金融机构做好挂职干部的推荐选派、管理使用；县级团委要为挂职干部提供良好的工作环境，确保挂职干部能够充分履行职责，切实推动工作。

同志们，五四青年节刚刚过去，不禁想起两年前的五月四日，习近平总书记在参加团中央举办的主题团日活动时曾深刻指出，青年一代有理想、有担当，国家就有前途，民族就有希望，实现我们的发展目标就有源源不断的强大力量。各级领导干部要关注青年愿望、帮助青年发展、支持青年创业，做青年朋友的知心人，做青年工作的热心人。希望大家通过金融青年干部挂职这一桥梁，不断把金融团的工作做深做细，坚持虚功实做、难事长做，更好地为金融改革发展服务，为广大团员青年服务，帮助更多的青年在实现中华民族伟大复兴中国梦的生动实践中放飞青春梦想、书写人生华章！

秦宜智在全国少工委七届一次全会上的讲话

2015 年 6 月 2 日

经过大家的共同努力，中国少年先锋队第七次全国代表大会胜利闭幕了。这次大会是在全党深入学习贯彻习近平总书记系列重要讲话精神、协调推进“四个全面”战略布局背景下召开的，是全国广大少先队员和少先队辅导员政治生活中的一件大事。大会认真贯彻中央对少年儿童工作的一系列重要指示精神，对过去五年少先队的工作做了很好的总结，对当前和今后一个时期少年儿童工作作了全面部署，选举产生了新一届全国少工委。这里，我代表共青团中央，对大会圆满成功、对当选的新一届全国少工委全体委员，表示热烈的祝贺！

党中央对这次大会高度重视。去年 12 月 24 日，党中央书记处在听取团中央书记处工作汇报时，原则同意召开这次大会。今年 5 月 20 日，党中央书记处专题听取会议筹备情况汇报，审议部署了大会主题、工作任务和宣传报道等事宜。昨天上午，习近平总书记和刘云山、刘延东、李源潮、栗战书、沈跃跃、马飚等党和国家领导人亲切接见了与会代表，习近平总书记发表了重要讲话，殷切勉励全国广大少年儿童从小学习做人、从小学习立志、从小学习创造。李源潮同志代表党中央向大会致了祝词，对广大少年儿童、少先队辅导员和少年儿童工作者提出了殷切希望，对做好新时期少先队工作提出了明确要求。党中央的重视和指导，总书记的重要讲话，给人以鼓舞，给人以方向，吹响了做好新时期少先队工作的“集结号”，为我们提供了根本遵循。全体少先队工作者一定要认真学习领会，很好贯彻落实。刚才，新一届全国少工委常务副主任、教育部基础教育一司王定华同志，新一届全国少工委主任罗梅同志先后就贯彻落实中央精神，谈了工作打算，提了工作要求。

下面，我讲几点意见，和同志们交流。

一、深刻领会习近平总书记对少年儿童的殷切期望，教育引导广大少年儿童按照党指引的方向健康成长

以习近平同志为总书记的党中央亲切关

怀少年儿童健康成长，高度重视少先队工作。党的十八大后，总书记在许多场合，包括昨天接见大家时，都对少年儿童给予亲切关怀，对少年儿童工作作出重要论述，提出了一系列新思想、新观点、新要求。新一届全国少工委做好新时期少年儿童工作，最重要的就是用总书记的重要论述统一思想和行动，增强历史使命感和政治责任感，把总书记对少年儿童的殷切期望传导到孩子们身上、转化为孩子们成长的力量，教育引导广大少年儿童按照党期望的方向健康成长。

第一，要深刻理解中央对少年儿童的殷切期望。昨天，新华社播发长篇纪实稿件《让祖国的花朵在阳光下绽放——以习近平同志为总书记的党中央关心少年儿童和少先队工作纪实》，其中的许多场景，我们历历在目，许多嘱托，我们言犹在耳。连续三年，总书记和少年儿童一起度过“六一”。前年，是在北京市少年宫参加少先队主题队日活动，总书记强调，孩子们成长得更好，是我们最大的心愿。去年，是在海淀区民族小学参加主题队日活动，总书记讲，少年儿童是祖国的未来，是中华民族的希望。每个人都是从孩子长大的。未来总是由今天的少年儿童开创的。今年，就在昨天，总书记亲切接见少代会代表，语重心长地讲明了我们国家、民族“两个一百年”奋斗目标同当代少年儿童的紧密关系。从总书记的言行中，我们深刻体会到党中央对少年儿童一代的无限厚望，也从中感受到少先队工作者肩上沉甸甸的政治责任。

第二，要深刻理解少年儿童健康成长的正确方向。习近平总书记在参加主题队日活动，在首都植树活动、看望灾区安置点、调研学校工作等许多场合，都对少年儿童健康成长提出了许多重要要求和努力方向。贯穿其中的一条鲜明主线，是勉励小朋友们记住要求、心有榜样、从小做起、接受帮助，让社会主义核心价值观的种子在少年儿童心中生根发芽、真正培育起来。总书记多次强调，少年儿童从小就要立志向、有梦想，爱学习、爱劳动、爱祖国，德智体美全面发展，长大后做对祖国建设有用的人才。比如，在讲到爱学习时，总书记强调知识越学越多，知识越多越好，要像海绵吸水一样学习知识。在讲到爱劳动时，总书记要求少年儿童从小就要树立劳动光荣的观念，自己的事自己做，他人的事帮着做，公益的事争着做，通过劳动播种希望、收获果实，也通过劳动磨练意志、锻炼自己。昨天，总书记勉励少年儿童“好好学习、天天向上”，对少年儿童提出了三条简明易记的期望：从小学习做人，从小学习立志，从小学习创造。总书记对少年儿童的一系列重要要求，充分照顾了少年儿童的成长特点和接受习惯，是我们教育引导少年儿童健康成长的“指南针”。我们要把习近平总书记对少年儿童的这些期望和要求，润物无声地融入少先队工作全过程，转化成为少年儿童的思想自觉和行为自觉。

第三，要深刻理解做好少年儿童工作是我们的共同责任。习近平总书记强调让社会主义核心价值观在少年儿童中培育起来，家庭、学校、少先队组织和全社会都有责任，要求少先队组织牢记使命，教育引导亿万少年儿童为实现中华民族伟大复兴的中国梦时刻准备着，要求各级党委和政府、社会各界都要重视培育未来、创造未来的工作，关心爱护少年儿童，重视支持少先队工作，为少年儿童办实事，让孩子们成长得更好。李源潮同志代表党中央的祝词中明确要求，学校、家庭和社会各界要团结协作，为少先队工作的开展、为少年儿童健康成长创造良好环境。可以说，每一个少年儿童的健康成长，都离不开家庭、学校和社会方方面面的共同努力。新一届全国少工委有着鲜明的开放性和广泛的参与性，委员来自五湖四海、四面八方，有中央部委的同志，也有基层中小学校一线的同志，有教育系统、共青团的同志，同时还增加了高校、社区和校外教育机构、社会组织、社会各界的代表。希望大家增强使命感和责任感,增强做好少年儿童工作的主动精神和创造精神,立足各自工作岗位,结合各自工作实际,强化问题导向,拿出过硬措施,研究具体办法,精诚团结,一道努力,共同促进少年儿童一代健康成长。

二、牢牢把握习近平总书记对少先队工作的重要要求,切实把少先队工作提高到新水平

在谈到少先队工作时,习近平总书记鲜明提出,少先队要坚持开展组织教育、自主教育、实践活动,把广大少年儿童团结好、教育好、带领好。当前和今后一个时期的少先队工作,要着重在总书记提出的三个方面上下功夫:

第一,要坚持开展组织教育,引导少年儿童培养集体主义精神,听党的话,跟党走。少先队是组织集体,有着鲜明的政治属性,在道德养成和行为规范上有着集体性优势。新一届全国少工委履职尽责,需要从学习《队章》、落实《队章》入手。翻开《队章》,从少先队队旗、队徽、队歌、红领巾、队礼、呼号这些组织标志,到大队、中队、小队这些组织集体,再到入队宣誓、队会这些组织活动,都蕴含着社会主义道德的基本价值——集体主义精神。现在的少先队员,都是新世纪出生的独生子女,家庭结构和同伴关系发生了明显变化。在少先队这个组织中,培养孩子们的组织观念、集体意识、合作精神,具有更加强烈的针对性和紧迫感。我们要在少先队这个组织集体中,教育引导少年儿童养成对共产党、共青团、少先队的组织意识,多为他人着想,多为集体着想,进而形成基础的世界观、人生观、价值观,明白什么是好、什么是坏,什么是集体的利益,什么是社会的利益,心中拥有大格局,再进一步,形成对中国特色社会主义方向、共产主义理想信念的启蒙认知,从小听党的话、跟着党走,培植“三个自信”的情感基础。

第二,要坚持开展自主教育,引导少年儿童培养自主意识和自主能力。少年儿童的成长过程,是自主意识不断增长的过程。李源潮同志讲,孩子长到成人,决定性的变化是自主,包括思想自主、活动自主、情感自主、责任自主。各级少先队组织在组织活动的过程中,要注意尊重孩子们的主体地位,鼓励孩子们用自己的方式组织活动,注重自我教育、同伴教育,鼓励孩子们自主实践,注意保护好、锻炼好孩子们的自主意识、自主能力,能够自主地分辨身边的一些是非、对错。

现在,“00后”孩子们与生俱来生活在无所不在的网络环境中,几乎都是“互联网的原住民”,有调查显示,78%的未成年人通过网络获取信息,许多孩子在学会认字之前就会在手机、平板电脑上打游戏、看动画片。如何辨别互联网上鱼龙混杂的海量信息,如何引导孩子们依法文明用网,这就需要少先队积极努力地去做这方面的工作,引导孩子们能够自主自律地使用互联网,成为网络的“小主人”,而不是“小奴隶”,远离互联网不良信息的侵害。

第三,要坚持开展实践活动,引导少年儿童德智体美全面发展。少先队活动,是少先队工作的生命。长期以来,丰富多彩的少先队活动,尤其是实践活动、体验活动,体现了少先队工作的鲜明特色,构成了少先队教育的独特优势。寓教育于实践体验之中,符合少年儿童成长发展规律,是少先队活动与一般的课堂学习、书本知识学习的显著区别,在相当的程度上体现了少先队教育和学校教育的相互补充。

少先队实践活动,要注重增强针对性,及时关注回应少年儿童的成长特点和发展需要。现在一个比较突出的问题,是在人们的生活水平大大提高、少年儿童的营养水平不断改善的情况下,运动的缺乏、饮食的偏颇、不健康的生活娱乐方式,给孩子们的身体素质带来了不容忽视的负面影响。去年北京市政协经过半年多的调研,发布了一份关于全市中小学生体质健康状况的调研报告,发现中小学生肥胖率超过20%,视力不良检出率超过60%,这种状况非常令人担忧。不仅在中小学,这两年我在一些大学调研时,许多大学生感慨自己的身体素质大二不如大一、大三不如大二。所以,团中央去年开始在大学开展“走出宿舍、走下网络、走向操场”活动,倡导大学生积极参加体育锻炼。人们常说,身体是“1”,工作、事业、成就等是“0”,“1”后面的“0”越多越好,这样“1”可以变成“10”“100”“1000”,但如果身体不好,“1”没有了,再多的“0”也都没有用。当然,影响孩子们体质的原因很多,有独生子女家长过于爱护的因素,也有一些学校为避免意外而减少运动的因素等。最近,教育部制定出台了《学校体育运动风险防控暂行办法》,进一步理清各方责任,鼓励学校积极组织开展体育活动。我们不能因为单纯考虑安全因素,就因噎废食,体育锻炼都不做了,实践活动也不搞了。

在教育部门的支持下,每周1课时的少先队活动课进入了课表,开设少先队活动课的学校越来越多,城市学校落实得更好一些。这里还是要强调一下,这一节少先队活动课不是简单地让孩子们坐在教室里听课,而是要体现少先队的实践特色,否则孩子们也不会欢迎。少先队要用好这节课,大胆探索创新,多开展一些小朋友们喜欢的实践活动、体验活动,让小朋友们在实践体验中受益。

开展组织教育、自主教育和实践活动包含的内容很多,上面强调的加强集体意识、集体主义教育,主要是针对现在独生子女的成长和心理特点;强调用好网络,主要是教育引导孩子们科学合理用网、依法文明用网,趋利避害;强调开展体育锻炼,主要是针对孩子们现在的身体体质状况;强调实践活动,主要是发挥好少先队实践育人的特点和优势。大家要结合实际,认真抓好这几个方面的工作。

三、加强全国少工委自身建设,更好肩负起指导推动少先队事业发展的历史责任

星星火炬事业总是在一茬又一茬少先队人的接续奋斗中,不断前进和发展的。全国少工委是全国少先队经常性工作的领导机构,新一届全国少工委的产生,意味着在座各位接过了少先队历史的接力棒。227名全国少工委委员,肩负着党的信任和共青团的厚望,肩负着1.23亿少年儿童、300多万少先队辅导员的期待和重托,身上的担子不轻啊!希望大家认真履行职责,充分发挥作用,齐心协力把全国少工委建设成一个坚强有力、朝气蓬勃、奋发进取、有所作为的集体,努力把全队的工作带领好,把党交给少先队的任务完成好。借此机会,向新一届全国少工委委员们提几点希望:

希望大家成为孩子们的好导师。每个人都是从懵懂的童年时代一步一步成长起来的。一个好的领路人,对少年儿童的健康成长至关重要。对少先队工作者而言,做个好导师最重要的莫过于自己胸怀理想、坚定信念,并且引导帮助孩子们培养好的思想。这是党对少先队工作者最根本的要求。希望大家树立共产主义远大理想,带头认真学习中国特色社会主义理论体系,不断增强道路自信、理论自信、制度自信,坚定在党的领导下实现“两个一百年”奋斗目标的信心。要用自己的真诚信仰、理想情怀和人格魅力,引导孩子们从小立大志、走正路、为人民,点燃孩子们的美好梦想,激发孩子们的前进动力,为党和人民事业培养接班人。

希望大家成为孩子们的好伙伴。爱人者,人恒爱之;敬人者,人恒敬之。让孩子们成长得更好,应该是每一名少先队工作者最大的心愿。做孩子们的好伙伴,就不能只把孩子当成被教育的对象,而要真正尊重孩子、真情关爱孩子、真诚对待孩子、真心理解孩子。希望大家走到少年儿童中去,了解孩子们的需求,倾听孩子们的心声,思考孩子们的感受,化解孩子们的困惑,滋润孩子们的心灵,架起与孩子们平等沟通的桥梁,努力成为孩子们的知心人、贴心人。要热爱红领巾事业,紧跟时代要求,努力学习做好少先队工作所需的各类知识技能，热忱倾注爱心和汗水，多为孩子们办实事、做好事，让祖国的花朵在阳光下绽放。

希望大家成为孩子们的好榜样。正人先正己，立人先立德。少年儿童的成长阶段和身心特点，决定了成人的一言一行，都会对孩子们产生很大影响。大家从事少先队工作，作为全国少工委委员，更有责任和义务为孩子们、为全队当好榜样、做好表率。一个行动胜过百句口号。希望大家严格要求自己，“莫以善小而不为，莫以恶小而为之”，身体力行社会主义核心价值观，用言传身教潜移默化影响、滋养孩子们。要知行合一、表里如一，倡导孩子们做到的，自己先要做到；要求孩子们不做的，自己首先不做。只要大人们都行动起来，孩子们就会心有所向、心有所往，正能量就会逐渐积聚、好习惯就会慢慢养成、小树苗就会茁壮成长。

新一届全国少工委委员中，还有31位少先队员小委员。希望你们学好记牢习爷爷的要求，从小学习做人、从小学习立志、从小学习创造，积极提出合理小建议，反映小朋友们的小心愿，认真做好少先队的小主人，努力和小伙伴们一起成长为对祖国、对民族的有用之才。

少先队工作在共青团工作中具有基础性、战略性地位，全团带队是党交给共青团的光荣职责。各级团组织要进一步加强对少先队工作的具体领导，主动争取党委政府的关心重视，在制度政策、工作条件、机制保障等方面为少先队提供有力支持，帮助少先队协调解决困难和问题。要主动带思想，指导支持少先队按照党的要求、根据少年儿童特点开展工作和活动；主动带组织，健全工作机构，加强各级少工委建设，激发少先队基层组织活力；主动带工作，将少先队工作作为团的工作整体格局中的重要组成部分，把做好团的工作与做好少先队工作一体谋划、统筹推进；主动带队伍，重视加强少先队辅导员队伍建设，选配好各级总辅导员，大力促进辅导员成长发展；主动带作风，教育引导广大少先队工作者坚定信念、增强本领、改进作风、爱岗敬业。

我们和教育部门同志经常讲一句话，叫做“团教一家亲”。孩子们都是少先队员，都在学校里接受教育，少先队教育、学校教育的目标都是为了党和人民事业培养人。各级团组织要密切团教合作，围绕深化教育综合改革，主动加强沟通，积极改革创新，找准少先队工作同教育发展的结合点、着力点。要积极争取把少先队工作纳入教育部门工作规划和工作部署，加强督导检查和考核评价，在活动经费、阵地等方面为少先队工作创造条件。要推进少先队教育与学校教育融合发展，充分发挥少先队的特点和优势，让少先队组织成为推进素质教育、提高教育质量的重要力量，帮助孩子们更好地成长。

同志们，再过五年，当我们这一届全国少工委卸任时，“两个一百年”奋斗目标的第一步即将成为现实。从事少先队工作无比光荣，献身少先队事业无怨无悔。让我们携起手来，在党中央的领导下，虚功实做，难事长做，肩负起属于我们这一代人的历史重任，在新的起点上把星星火炬事业推向前进！

最后，祝大家身体健康、学习进步、工作顺利、返程愉快！

秦宜智在"青年之声"互动社交平台服务能力建设推进会上的讲话

2015 年 6 月 24 日,根据录音整理

今天的推进会,是"青年之声"互动社交平台成长过程中召开的一次重要会议。我们把团中央机关各部门、试点省份团委有关同志,"青年之声"技术平台负责同志以及八个服务联盟、婚恋服务委员会、爱心传递基金的负责人和成员代表召集在一起,就是要群策群力,总结经验,分析问题,对平台下一步发展进行再思考、再动员和再部署,特别是深入探讨如何提高服务能力、把"青年之声"平台建设工作做得更深入、更扎实、更有效。

着眼于搭建共青团与青年之间密切联系的网络沟通桥梁,今年五四前夕,我们在认真研究、充分论证的基础上,开通了"青年之声"互动社交平台。近 2 个月来,平台的访问量达 1.44 亿人次,青年留言和提问达到 5 万多条。这两个数字,分别相当于团中央官方网站历年访问量的总和和团中央机关一年信访量的 100 多倍,充分体现了平台不同于以往团青联系方式的巨大优势。事实证明,我们通过"青年之声"平台广泛联系青年、倾听青年诉求的探索见到了初步成效,展现出广阔空间。李源潮同志对于"青年之声"平台给予了充分肯定,指出"网络平台很有创意。要不断创新,加强管理,确保政治方向,吸引广大青年参与,使之成为团结和引导广大青年跟党走的新阵地"。

在短时间内能够取得这样的成绩,离不开参与"青年之声"平台运行的各方面同志的扎实工作和辛勤付出。平台建设工作协调小组尽职尽责,积极推动解决实际运行中遇到的困难和问题。机关各部门以高度负责的态度,认真做好青年提问的分办和回答工作,目前已累计回复问题 3000 多条。网络影视中心承担了平台日常运行管理和技术保障工作。有关直属单位和社会专业机构牵头组建线下服务联盟提供专业化服务。各省级团委积极推进平台的纵深发展,目前已有 12 个省份启动了本地"青年之声"的试点建设。在这里,我代表团中央书记处,向所有为"青年之声"平台建设付出努力和汗水的同志们,致以衷心的感谢!

刚才,9 位同志结合各自工作实际,从不同角度介绍了平台运行和建设情况,既有经验交流,又有问题分析,还有工作打算和建议,对于进一步推动"青年之声"平台建设很有启发意义。下一步,由八个服务联盟、婚恋服务委员会、爱心传递基金构成的十大服务体系将进入实际运行阶段,12 个省份的试点工作也将全面铺开,任务是十分艰巨和繁重的。希望大家高度重视、精心组织、扎实推动,既全团步调统一、实现规范公转,又要突出各自特色、实现漂亮自转,推动"青年之声"不断迈上新台阶。

下面,我围绕加强服务能力建设、推动"青年之声"平台巩固深化,谈三点意见,与大家交流。

一、深刻认识建设"青年之声"互动社交平台的重要意义,切实增强做好这项工作的责任感、紧迫感

习近平总书记对于共青团做好网上青年工作高度重视,强调扩大团的工作有效覆盖面不仅要看到有形的对象,而且要看到无形的对象。团十七大以来,全团认真贯彻落实习近平总书记重要要求,扎实推进网络新媒体工作特别是网上舆论引导工作,取得了阶段性成果。

在此基础上，团中央提出建设“青年之声”互动社交平台，是进一步全面落实习近平总书记重要要求的深化之举、创新之策，是树立互联网思维密切团青关系的探索和尝试。

1. 建设“青年之声”平台，是共青团破解根本问题、实现正本清源的必然要求。共青团是党领导的先进青年的群众组织，其力量来源于青年，其价值也体现在对广大青年的联系服务、组织动员和团结凝聚上。现在，团组织和团干部中存在不少问题，其中最根本的问题就是离青年太远，不深入青年，不了解青年，不会和青年交流，难以解决青年的困惑。通过“青年之声”反映青年呼声、回应青年诉求、维护青年权益、服务青年成长，是我们打破这一困局的有益尝试。不到2个月的时间里，大量青年在“青年之声”平台上聚集，充分体现了青年对平台的认可和对共青团组织的信任，从中也能感受到青年对我们的很高期待。同时，在“青年之声”这个平台上，青年满意不满意是最重要的评价标准，让青年说了算，很好地体现了青年的主体地位。实践充分表明，做好“青年之声”工作，有助于拉近团青之间的距离。目前，虽然很多工作只是刚起步，但这种好的趋势是明显的，我们只要朝着这个方向坚持做下去，一定可以从根本上扭转团青关系疏远的困局。

2. 建设“青年之声”平台，是共青团紧跟时代步伐、把握青年脉搏的重要渠道。习近平总书记指出，共青团要紧跟党走在时代前列、走在青年前列；团的工作要把握住广大青年的脉搏。当今时代的一个重要特征，就是网络技术的快速发展和广泛运用。当代青年生来就是互联网空间的“土著居民”，是名副其实的“网络一代”。我们经常讲，青年在哪里，共青团就要出现在哪里，团的工作就要做到哪里。现在，青年在网上，共青团的工作就要及时跟进。“青年之声”平台就是我们推进团的工作网络化转型，更好贴近青年、贴近时代的重要举措。这已经不是我们想不想做的问题，而是时代前进、青年变化的脚步要求我们必须这样做。同时，我们也要看到，共青团是党和政府联系青年的桥梁和纽带，要把这种作用发挥好，前提就是要把党政和青年这两头的要求、诉求掌握清楚。目前，我们对党政要求的贯彻执行是坚决有力的，但在对青年诉求的掌握上还存在很多信息不对称的情况。网络的出现与运用，一方面让青年变得更加独立，另一方面也为团组织找到青年提供了新的技术途径。“青年之声”平台发挥网络新媒体的开放性、即时性、扁平化等优势，开辟了及时、准确了解青年群体诉求的崭新渠道。经过近 2 个月来的实践探索，我们感到，能够直接收集到海量的青年信息是平台的一大优势，在此基础上形成的大数据分析使团组织能够更加全面、准确地把握青年脉搏，进而有针对性地调整和设计团的工作。

3. 建设“青年之声”平台，是共青团在网络空间践行群众路线、开展青年群众工作的重要载体。我在团中央书记处第十六次集体学习时说过，互联网思维不是什么“全新”的思想。互联网思维跟我们党全心全意为人民服务的宗旨、密切联系群众的优良传统在本质上是一致的。对共青团来讲，互联网思维就是如何更好地融入青年、服务青年，为党做好新形势下的青年群众工作。这是希望大家从思想上重视互联网，重视网络空间的青年群众工作。但是光有想法还不够，还必须落实到行动上，要有具体的工作抓手和载体。“青年之声”就是这样的探索和尝试，是青年群众工作的内在要求和体现。以前，我们也有网站、微博、微信等网络阵地和载体，但是基本上是以“团说青听”为主，互动性不够。“青年之声”就是在这些载体的基础上，强调“青说团听”“青说团做”，进一步把“从群众中来、到群众中去”这一党的群众路线的要求，在网络空间里具体化、有形化。

4. 建设“青年之声”平台，是团组织和团干部转变作风的重要举措。上半年,团中央围绕贯彻落实中央4号文件精神,深入基层开展了大范围的调查研究。调研发现,机关化、脱离青年,是当前团的作风建设中存在的突出问题。我们强调团要管团,其中一个很重要的方面,就是要切实改进团风,真正把各级团组织建设成为"青年之家",真正使每一名团干部都成为"青年之友"。作风的转变与改进,既要靠经常性的思想教育,又要靠科学合理的制度设计。"青年之声"平台很好发挥了倒逼机制的作用,能够有力促进团组织和团干部转变作风。过去,团的领导机关开展工作存在见物不见人的倾向,主要靠开会、发文来部署和推动工作;收集青少年信息也主要靠逐级报送,来自基层的鲜活信息经过层层审核后会出现"衰减"现象,信息的时效性也难以得到保证。很多时候,机关化倾向就是在这种层级化的信息传递过程中产生的。"青年之声"平台,在很大程度上打破了这种层级化的信息传递链条,使得团的领导机关能够直接从广大青年中获取大量第一手资料,第一时间帮助有需要的青年解决困难。大家要充分认识到,通过"青年之声"平台与广大青年交流互动、为广大青年排忧解难,是团组织和团干部克服机关化倾向、转变作风的常态化实现路径。

最后,我想强调一点:要把"青年之声"互动社交平台建设作为共青团深化改革的重要突破口。今年初,中央出台了关于加强和改进党的群团工作的意见,为共青团改革发展提供了重大契机;习近平总书记也明确要求群团组织落实中央4号文件要突出改革精神。现在,团中央正在按照中央的要求,谋划共青团深化改革的总体框架与举措。共青团深化改革,既需要整体谋划和推进,也需要重点突破和带动。"青年之声"就是这样一个重要的改革突破口。我们要深刻认识到,"青年之声"不仅仅是一个技术平台,更是涵盖团的各方面职能履行与自身建设,涉及理念、内容、方式等多角度、全方位的革新。从这个意义上看,"青年之声"平台建设,对于"团要管团、凝聚青年、当好桥梁"都有重要牵动作用。全团要牢固树立共建"青年之声"的共识,努力把平台建设成为贯彻落实中央群团工作文件精神、反映共青团改革进展的重要"窗口"。

二、切实加强"青年之声"平台服务能力建设,全方位提升平台联系服务青年的实效性

"青年之声"平台初步搭建了深入青年、了解青年的渠道,而引导青年、凝聚青年最终还要靠为青年提供有效服务,这是构成"青年之声"闭环的重要元素,也是平台可持续发展的关键环节。平台运行近2个月来,我们发现,服务能力跟不上是目前的突出问题和薄弱环节。以前是找不到青年,现在找到了青年、了解了需求,但是我们服务不了、服务不好。因此,服务能力建设在"青年之声"平台建设中居于枢纽性地位。这次推进会把主题确定为服务能力建设,就是坚持问题导向,聚焦关键问题,共同来想办法、谋实招。

1. 注重提高服务青年的精准度和实效性。我们通过"青年之声"平台服务青年,既要重视点对点的个案帮扶,更要注意从这些分散的个案中把握青年的普遍性需求。"青年之声"平台的一个重要功能,就是打捞青年中"沉默的声音",让青年把平时不好说、不愿说的一些真心话,通过这个平台讲出来,帮助团组织全面、真实地把握青年诉求。最近,我们对2.3万条PC端和移动端的留言进行了大数据分析,结果显示,青年最关注的问题集中在学习成长、创业就业、心理健康、权益维护、婚恋交友等5个类别,分别占24%、20%、17%、13%、8%,合计占比为82%。了解了这些需求,就为我们开展更加集中、有效的服务提供了指引。十大服务体系就是在梳理分析的基础上,针对青年反映最多的一些需求领域成立的。各地建设"青年之声"平台,也要注重通过平台去把握本地青年的特点和需求,有针对性地开展服务工作，既要让我们的服务惠及参与平台的青年，也要为潜在需要帮助的更多青年提供有效服务，通过服务的精准度和实效性，增强“青年之声”的黏性。

2. 注重提高寓引导于服务的能力。开展思想政治引领是共青团的根本任务。做好网上思想引导、清朗网络空间，是习近平总书记交给我们的政治任务。“青年之声”平台既有服务性，也有政治性，政治性是根本。我们建设平台，不是为了服务而服务，而是要寓引导于服务，在热忱服务青年的同时，引导他们自觉抵制错误言行的影响，按照党的要求健康成长，巩固和扩大党执政的青年群众基础。要通过主动设置正面话题开展讨论、及时反馈党和政府关心帮助青年的情况、反映团组织积极解决青年困难的努力、组织专家学者和青年榜样走进青年群体等多种方式，把思想政治引领工作潜移默化地渗透在服务活动中。比如，平台在“面对面”中推出的《奉献的青春最美丽》《青春志愿行》等系列节目，就以富有参与感和体验性的方式，起到了弘扬主旋律、传播正能量的作用。今后，在“青年之声”工作评估机制中要注意加入体现思想政治引领成效的指标，形成鲜明工作导向。

3. 注重发挥共青团的组织优势。目前，“青年之声”平台处于初建时期，主要是由团中央机关各部门、团中央网络影视中心具体负责运行。这一方面是在探索积累经验，另一方面也是为全团作出示范。同时，我们也要看到，共青团服务青年最大的优势是组织动员优势，这种优势的基础是我们拥有大量扎根青年的基层团组织。随着“青年之声”平台吸引越来越多的青年参与互动交流，我们只有把大量基层团组织调动起来，才能更好解决服务青年“最后一公里”的问题，对青年的联系和服务才能更到位、更精准，才能具备最根本、最核心的能力。今后，我们要在团中央层面继续探索完善的基础上，逐步将“青年之声”平台向基层团组织延伸，“公转”与“自转”并行，形成体系。确定12个省份进行试点是第一步，接下去，还要向其他省级团委、地市级团委、县级团委推进，最后扩展到基层团组织。同时，高校团委、大型企业团委等基层团组织，具备条件的也可以先行试点，为“青年之声”平台在全团推开积累经验。

4. 注重整合社会力量共同参与。“青年之声”平台涵盖青少年需求的方方面面，不少青年提出的问题涉及法律、心理、健康等专业领域，需要团组织坚持“眼睛向外”，协调社会各方面力量共同为青年提供服务。我们成立十大服务体系，就是要进一步整合各领域的专家力量、专业资源，提升“青年之声”平台的专业化服务能力，使我们的回复真正契合青年的心理期待、有效解答青年的思想困惑，使我们提供的服务真正帮助青年排忧解难。各地在“青年之声”平台建设过程中，坚持“众筹”思维和“跨界”理念，主动加强与党政部门、专家学者、企事业单位、社会组织的合作，形成了不少值得借鉴的经验做法。比如，辽宁主动联系一批与青少年事务关系密切的党政部门，授权一批心理咨询、法律援助、公益创投类社会机构，聘请一批专业人士担任青少年事务联络员，通过这三支团外工作队伍，充实平台服务力量。四川计划组建由专职运营团队、专门工作团队和专家团队构成的平台工作队伍，以此提升“青年之声”的后台处理能力。

特别需要强调的是，十大服务体系的成员都是各行各业的专家，在繁忙的本职工作之余，热心参与“青年之声”平台服务，充分体现了强烈的社会责任感和奉献精神。你们的参与，奠定了“青年之声”平台的专业性基础，成为平台综合实力的重要来源。在这里，我要向民政部、人社部等给予平台以大力支持的部门表示感谢，向参加服务联盟的北京市律师协会、“医家仁”、中国孔子基金会等社会组织和各方面专家表示衷心感谢、致以崇高敬意！

5. 注重提高平台的技术服务能力。“青年之声”平台是依托网络技术建立的，强大的技术支撑是保证平台良好运行、有效服务的重要前提。一是要适应青年特点，加快技术迭代。网络青年喜欢简约、新颖，我们的平台界面也要始终朝着这样的方向去进行技术设计和迭代更新。目前，一些“青年之声”还存在界面不够简洁、页面跳转次数较多、连接入口不太便利等影响使用体验的问题。今后，我们要学习借鉴苹果手机操作系统等极致简约的成功经验，设身处地地站在用户使用、操作的角度进行改进，提高平台使用的便捷性。二是着力提升后台大数据分析技术，更好把握青年的群体特征和普遍需求。要在进一步完善平台数据处理功能的基础上，探索建立即时更新的网络青年大数据库，为相关问题、政策的研究提供数据支撑和决策参考。三是加强移动端的技术研发。针对青少年对移动互联网的使用偏好，加大“青年之声”移动客户端的开发力度，构建集“三微一端”（微博、微信、微帮、手机APP）为一体的“青年之声”移动工作矩阵。

6. 注重形成高效可持续的平台运行机制。一是要健全完善服务需求与服务力量的对接机制。目前，从“青年之声”平台了解到的青年需求是海量的，为了服务好这些海量的需求，我们通过十大服务体系建设，通过调动团的组织体系力量，形成的服务队伍数量也将是十分庞大的。如何在这两者之间建立起方便快捷而又专业对口的联系，是下一步加强服务能力建设必须着力解决好的关键问题。我们可以探索技术解决的途径，通过技术手段的改进升级，在后台对大量的青年提问进行初步筛选分类，交由相关服务团队处理。二是要健全完善从线上向线下延伸的O2O机制。联系网络青年，前提和基础是“键对键”，增强黏性的关键还是要“面对面”。我们要在网上联系青年的基础上，结合青年网络文明志愿者行动、青年社会组织等工作，探索开展线下的思想交流、经验分享、兴趣互助等活动，真正使“青年之声”网友变为共青团的“粉丝”。三是要健全完善“青年之声”平台与共青团现有工作的融合机制。“青年之声”是一个整合的平台，不是一个独立的实体。建设“青年之声”不是要另起炉灶，另搞一套服务青年的体系，而是要最大限度地融入团的现有工作格局中，紧密结合“三创”工作、维权工作、基层服务型团组织建设、青少年综合服务平台建设、12355服务台等现有重点工作，主动依托各部门各战线的工作资源，帮助青年解决问题。

总之，我们加强“青年之声”平台的服务能力建设，最终目标就是要让平台能够满足更多青年表达诉求、反映困难、获得帮助的需要，真正使共青团走进青年之中，让青年感知得到，觉得有意义、有价值、有获得感，真正成为广大青年遇到困难时想得起、找得到、靠得住的力量。

三、齐心协力抓落实，共同把“青年之声”平台建设提高到一个新水平

当前，“青年之声”平台建设刚刚起步，还处于爬坡阶段。向上攀登难，向下滑坡易。前期的努力和探索取得了初步成效，进一步深化需要我们付出更多的坚持和努力。关于“青年之声”下一步的建设发展，团中央书记处已经作出了明确部署，相关部门提交了具体方案，全团上下也形成了广泛共识。希望大家拿出抓铁有痕、踏石留印的韧劲，按照虚功实做、难事长做的要求，持之以恒抓好落实，确保“青年之声”平台建设工作稳步推进、再上台阶。

1. 要提高认识，树立“三种意识”。一是树立强烈的责任意识。要充分认识到，“青年之声”的诞生是共青团主动适应当代青年成长的新特点和新规律的大势所趋，做好“青年之声”工作是各级团组织和广大团干部的责任所系，绝不是额外添事。要以等不得、慢不得、应付不得的高度责任感和紧迫感，投入到“青年之声”平台建设工作中来，找准结合点，抓住关键点，从不同角度推动平台发展壮大。二是树立强烈的合作意识。“青年之声”平台相对应于传统工作思维而言，是一种突破性的变化，需要建立新的合作观念和机制。比如，打破了层级间的相对独立，需要不同层级团组织进行更加紧密的沟通与合作；打破了部门之间的相对分割，需要加强团的领导机关内部跨部门的联系与合作；打破了团内团外的界限，需要建立更为紧密的团内外力量合作开展服务的格局。三是树立强烈的问题意识。坚持问题导向，把能不能帮助青年解决实际问题、具体困难作为衡量平台工作成效的关键标准。以解决问题、务求实效为牵引，积极寻求各级党政支持，整合社会各方力量，用好社会化动员手段，千方百计地提高服务能力，把“青年之声”务实管用的牌子在广大青年中树起来。

2. 要加强统筹，形成工作合力。“青年之声”不是网络影视中心或机关某几个部门自家的“责任田”，而是全团共同的事业。全团上下、机关各部门和网络影视中心必须密切合作，构建既各司其职、又通力协作的全团联动格局。机关各部门要主动支持网络影视中心的工作，在问题答复、信息交流、人员培训、活动开展等方面给予帮助。各直属单位要发挥好延伸团的工作手臂的作用，积极提供专业性支持。网络影视中心要加强对各试点省份的技术支持和经验介绍，做好标准统一、流程规范等工作。各地团组织要增强全局意识，准确把握团中央的工作信号，按要求、依标准、有步骤地推进“青年之声”落地工作。

需要强调的是，“青年之声”建设只有走统一化、规模化的道路，集全团之力树形象、创品牌、建渠道、发声音，才会有生命力和竞争力。因此，“青年之声”在各省落地，不是开自营店，而是开连锁店，不是在窗口上分割，而是在后台上分工。大家应当按照统一界面形象、统一技术规范、统一管理机制、统一后台数据的要求，在网络影视中心的具体帮助下，做好标准化建设，让“青年之声”在网络空间覆盖越来越广泛，声音越来越响亮。

3. 要结合实际，鼓励探索创新。“青年之声”平台本身就是一个创新、一种尝试，许多模式、机制都不是固定的，需要在实践中不断丰富完善。各省份在试点过程中，要充分照顾工作基础、工作特色，尊重基层探索，鼓励创新实践。这与加强统筹、形成合力并不矛盾，而是相辅相成的。原则方向讲统一，操作环节重创新。比如，在“青年之声”接入平台的选择上，试点省份要根据本地青年网上聚集特点，综合运用门户网站、H5 页面、微博、微信、手机 APP、O2O、微帮、新媒体矩阵内容聚合等移动互联网新技术新业态，推动“青年之声”在青年中广泛传播。选择哪一种接入都可以，关键要把握好影响力原则，优先选择在当地青年中影响力最大、受众面最广的平台作为“青年之声”的接入平台。只有这样，才能在最短时间内，最有效地把“青年之声”平台推广出去，吸引最广泛的青年参与其中。

同志们，开弓没有回头箭。“青年之声”互动社交平台建设，既是共青团工作内容和载体的创新，也是共青团工作思维和理念的革新；既是对我们作风的考验，也是对我们能力的检验。我相信，只要我们自觉顺应时代发展和青年变化的趋势，在各级党委的领导和支持下、在社会各界的关心和帮助下，通过全团上下的共同努力，“青年之声”一定能够越办越好，在“团要管团、凝聚青年、当好桥梁”的三维共青团工作格局中发挥出独特的重要作用！

秦宜智在第二届“创青春”中国青年创新创业大赛启动仪式上的讲话

2015 年 7 月 9 日

迎着中央党的群团工作会议胜利召开的东风，我们借中信国安创客基地这块宝地，举办第二届“创青春”中国青年创新创业大赛启动仪式。会前，在二楼展厅与创业青年交流，深刻感受到青年创客朋友们的创新精神和创业激情。刚才，俞敏洪先生、各位企业家、社会机构代表、创业青年代表做了很好的发言，从中体会到大家对青年创新创业的热情、责任、担当，给人启发、传递力量，这坚定了我们贯彻落实好中央党的群团工作会议精神、推动共青团服务青年工作再上新台阶、开拓新局面的信心和信念。

此时此刻，高朋满座、朝气蓬勃，大家共话青年创新，共商青年创业，不禁回想起去年首届中国青年创新创业大赛的许多场景。一年来，在中央各部委、各级党委政府重视和社会各界支持下，首届大赛吸引了 110 多万青年、近 18 万个项目参加，实现意向风投 28 亿元，成为共青团服务青年创新创业的一项重要品牌。今年，我们在汲取经验、深化创新的基础上，对赛事进行优化整合、统一品牌，联合中央网信办、工业和信息化部、人力资源和社会保障部、农业部、中国邮政储蓄银行、全国学联，以及天津、江苏、浙江、江西等省级政府，分为商工组、现代农业组、互联网组、APP 专项赛等 4 个类别，再次唱响“创青春”的时代强音，组织动员更广大的有志青年激扬青春，投身到“大众创业 万众创新”的时代热潮中来。借此机会，我谨代表共青团中央书记处，向过去一年来倾心支持青年创新创业的中央网信办、工信部、人社部、农业部，中国邮储银行、上海盐商集团，以及各级党委政府、社会各界人士，表示衷心的感谢！

创新是民族进步的阶梯，创业是时代发展的主题。党中央、国务院高度重视青年创新创业工作。习近平总书记多次强调，全社会都要重视和支持青年创新创业，提供更有利的条件，搭建更广阔的舞台，让广大青年在创新创业中焕发出更加夺目的青春光彩。今年五四青年节，李克强总理给清华大学学生创客回信，情真意切地指出“青年愿创业，社会才生机盎然；青年争创新，国家就朝气蓬勃”。广大青年应当以强烈的担当精神和进取意识，响应党中央、国务院的号召，努力在创新创业中创造人生价值，为实现中华民族伟大复兴的中国梦贡献青春力量。在此，我提三点希望。

——希望广大青年增强担当意识，在推动国家进步、促进社会发展中追逐青春梦想。青年是大众创业、万众创新的生力军，更是国家和民族未来的希望所在。当前，科技发展日新月异，“互联网 +”、大数据、云计算、工业 4.0……这些新名词正快速地改变着我们的生活方式、催生出新一轮产业变革。同时，我国经济社会发展的资源环境约束日益强化，传统的高投入、高消耗、粗放式发展方式难以为继，迫切需要从要素驱动、投资驱动转向创新驱动。广大创业青年要立大志、创大业、成大事，自觉承担引领科技创新、推动国家进步、促进社会发展的责任，积极投身创新创业实践，着力推动科学技术、商业模式、管理体制等创新，促进中国成为引领全球经济发展的新引擎。

——希望广大青年增强实干意识，在紧跟

时代潮流、引领创业风尚中始终走在前列。青年是社会上最富朝气、最有生气的群体,青年阶段也是人生中最具创新意识、最少保守思想的阶段。伴随计算机和信息技术成长起来的当代青年,具有强烈的互联网思维,接受新鲜事物快,开拓进取精神强,创造出了许多改变经济业态、创新商业模式的卓越业绩。但是,创业本质上是一个复杂的实践过程,要经受资金、技术、市场等诸多考验,每一步都需要脚踏实地的付出。广大创业青年要弘扬“敢为人先、追求创新、百折不挠”的创业精神,坚持“创业要实”理念,从大处着眼、从小处落脚、从细微处入手,走稳走好创业步伐,不仅努力实现自身成功创业,还要带动更多身边的青年创业致富,成为紧跟时代潮流、引领创业风尚的排头兵。

——希望广大青年增强机遇意识,在投身大众创业、万众创新中写就精彩人生。当前,我国经济发展进入新常态,推进大众创业、万众创新成为富民之道、公平之计、强国之策。国务院连续出台多个文件,推出一系列促进创新创业的政策措施。各部门、各级政府实施简政放权,推出商事制度改革、税收调节政策、金融刺激措施等各项举措。各投资机构、社会力量积极参与,按照市场机制和经济规律,提供资金、场地、培训等各类帮助。在各方共同努力下,支持创新创业的社会环境已然形成,我们正迎来一个“创业最好的时代”。广大创业青年要树立强烈的机遇意识,敏于发现机遇、善于抢抓机遇,发挥年轻人思想活跃、创造力强的优势,弘扬创新创业精神,用创业奋斗的实践写就精彩人生。

共青团将以举办大赛为契机,抓住赛前动员、赛事组织、赛后孵化等各关键环节,着力提供经常化服务、常态化支持,建设和完善促进青年创新创业的工作平台,广泛整合各类社会资源,不断帮助青年培养创业意识、增强创业能力、提升创业成功率,积极发挥共青团服务中心大局、服务青年成长发展的应有作用。

最后,预祝大赛圆满成功!祝青年朋友们在创业的道路上实现精彩的人生梦想!谢谢大家!

秦宜智在全国青联十二届全委会和全国学联二十六大上的致辞

2015 年 7 月 24 日

各位委员、各位代表、青年朋友们:

迎着党的历史上首次中央党的群团工作会议胜利召开的东风,中华全国青年联合会第十二届委员会全体会议和中华全国学生联合会第二十六次代表大会,今天隆重开幕了。我们倍感鼓舞的是,习近平总书记向大会发来贺信,刘云山同志等党和国家领导人出席大会开幕式,李源潮同志还将代表党中央向大会致祝词,这充分体现了党中央对各族各界青年和青年学生的亲切关怀,对青联学联事业的高度重视,对我们继承优良传统、唱响奋进凯歌、开创美好未来是极大的激励。在此,我代表共青团中央,向大会的召开表示热烈的祝贺!向以习近平同志为总书记的党中央致以崇高的敬意!

青联作为青年爱国统一战线组织,学联作为青年学生群众组织,都是我们党领导的重要群众团体,是党联系各族各界青年和青年学生的桥梁纽带。过去五年,正是在党的坚强领导下，伴随着中国特色社会主义事业的大步前进，青联学联组织高举爱国主义、社会主义旗帜，牢牢把握大团结大联合主题，深化中国梦和中国特色社会主义教育，培育和践行社会主义核心价值观，竭诚服务青年成长成才，促进青年创新创业创优，激励青年刻苦学习、顽强拼搏、建功立业，在推动经济社会发展中发挥了生力军作用，为党和人民事业汇聚了青春正能量。这些成绩，凝聚着党和政府的亲切关怀，饱含着社会各界的大力支持。我们向一直以来关心和支持青联学联事业的各级党政部门、社会各界表示衷心的感谢！

当前，全党全国各族人民正在为实现党的十八大绘就的宏伟蓝图而奋发努力，正在朝着中华民族伟大复兴中国梦而奋勇迈进。实现中国梦，需要依靠青年，也能成就青年。希望广大青年牢记党中央的亲切关怀，身体力行习近平总书记贺信中的期望与嘱托，自觉按照党和人民的要求锤炼自己、提高自己，做到志存高远、德才并重、情理兼修、勇于开拓，在火热的青春中放飞人生梦想，在拼搏的青春中成就事业华章。

党的十八大以来，以习近平同志为总书记的党中央在带领全国各族人民进行具有许多新的历史特点的伟大斗争中，在协调推进“四个全面”战略布局中，始终高度重视党的统一战线和群团工作。不久前，习近平总书记相继在中央统战工作会议、中央党的群团工作会议上发表重要讲话，深刻阐明了新形势下党的统一战线和群团工作的一系列重大理论和实践问题，为青联学联改革发展，指明了前进方向，提供了根本遵循。青联学联组织要认真学习贯彻，扭住培养造就“四个全面”战略布局需要的建设者和接班人这个总目标，设计和开展各项工作和活动，努力凝聚起实现“两个一百年”奋斗目标的磅礴青春力量。要保持和增强政治性，坚定不移走中国特色社会主义群团发展道路，坚持党对青联学联的领导，正确处理一致性和多样性的关系，把党的意志和主张传递到青年中去，把各族各界青年和青年学生最广泛最紧密地团结在党的周围。要保持和增强先进性，紧紧围绕党和国家工作大局，把思想政治引领贯穿所开展的各种活动，组织动员各族各界青年和青年学生自觉践行社会主义核心价值观，弘扬文明新风，敢于发声亮剑，清朗网络空间，在改革发展稳定第一线拼搏奉献、建功立业。要保持和增强群众性，践行党的群众路线，把准青年所需所盼，满腔热情地做好服务青年和青年学生工作，当好他们合法权益的“代言人”，加强对青年社会组织和新兴领域青年群体的联系引导，努力使组织联系服务更多的普通青年，使活动影响覆盖更多的基层青年。

共青团在青联中发挥着核心作用，对学联负有指导责任。共青团要带领青联学联组织自觉接受党的领导，依法依章程独立自主开展工作，为他们把正前进方向，解决实际困难，创造良好环境。青联学联组织要以自我革新的勇气，加强自身建设，不断提高吸引力和凝聚力，扩大工作的有效覆盖面，奋力开创青联学联事业发展新局面。

各位委员、各位代表，你们履职尽责的五年，正是我们党带领各族人民团结奋斗，昂首阔步跨入全面小康社会的关键五年。事业大有可为，使命担当在肩。让我们更加紧密地团结在以习近平同志为总书记的党中央周围，以邓小平理论、“三个代表”重要思想、科学发展观为指导，深入学习贯彻习近平总书记系列重要讲话精神，锐意进取、奋发有为，用青春无悔的奋斗，书写下实现中华民族伟大复兴中国梦的壮美篇章！

预祝中华全国青年联合会第十二届委员会全体会议和中华全国学生联合会第二十六次代表大会圆满成功！

秦宜智在中央综治委预防青少年违法犯罪专项组重点工作推进会议上的讲话

2015年10月9日，根据录音整理

今天的电视电话会议，共有中央、省、市、县四级综治委预防青少年违法犯罪专项组近7万人参加。这是专项组成立以来的第一次，充分体现了中央综治委、各级党政部门对预防青少年违法犯罪工作的重视和支持。今天会议的主要任务是，贯彻中央党的群团工作会议和全国社会治安防控体系建设工作会议精神，总结经验，破解难题，统一思想，形成合力，推动专项组各项工作实现创新发展。刚才，李炜同志作了发言。一会儿，立国同志还要对相关工作进行部署。希望大家认真学习领会，抓好贯彻落实。下面，我就近年来预防工作取得的成绩、一些重点难点问题和下一步工作考虑，讲几点意见。

一、预防青少年违法犯罪工作取得的成效

预防青少年违法犯罪，关系亿万家庭的幸福安宁和社会和谐稳定、国家长治久安，党和政府一直予以高度重视。早在1979年，中央就转发中宣部、团中央等8个单位《关于提请全党重视解决青少年违法犯罪问题的报告》，这是党的历史上第一次把青少年违法犯罪上升为全党关注的政治问题和战略问题。此后，政策体系方面，1985年中央下发《关于进一步加强青少年教育预防青少年违法犯罪的通知》，2000年中办国办转发中央综治委《关于进一步加强预防青少年违法犯罪工作的意见》。2004年中央综治委制定《关于深化预防青少年违法犯罪工作的意见》，这些重要文件为解决不同时期青少年违法犯罪的突出问题、指导各地各部门深入开展预防工作发挥了重要作用。组织架构方面，2001年中央综治委设立预防青少年违法犯罪工作领导小组，2011年又设立预防青少年违法犯罪专项组，确定了21个成员单位，团中央为组长单位。目前，各省、市、县都成立了相应机构，形成了上下联动、齐抓共管的工作格局。法律制度方面，1991年颁布《中华人民共和国未成年人保护法》并于2006年作出修订，1999年颁布《中华人民共和国预防未成年人犯罪法》，2012年新修改的《中华人民共和国刑事诉讼法》设立“未成年人刑事案件诉讼程序”专章，初步形成了以“两法一专章”为核心的未成年人犯罪预防和司法保护法律体系。重点工作方面，在全面做好青少年教育引导的基础上，2010年明确把有不良或严重不良行为青少年、闲散青少年、流浪未成年人、服刑人员未成年子女、农村留守儿童作为重点对象，开展重点预防。经过数据摸排和两年试点，2013年起部署用三年时间、分三个轮次在全国所有县级地区推开重点青少年群体服务管理和预防犯罪工作。

中央综治委“预青”专项组成立以来，各成员单位履职尽责、协调联动，做了大量卓有成效的工作。各级党委宣传部门和文明办、教育和司法部门以及共青团、妇联、关工委等广泛开展主题教育活动，切实提高青少年思想道德和法治教育的针对性、实效性。各级互联网信息主管部门、“扫黄打非”机构、公安、文化、新闻出版广电、通信管理部门运用法律、行政、技术手段，深入开展整治网络色情暴力等违法有害信息和不良信息、非法少儿出版物等专项行

动,有效净化青少年成长的社会环境。各级综治组织、法院、检察院、教育、公安、民政、司法、人力资源社会保障部门围绕各类重点青少年群体工作定位,大力加强教育引导、困难帮扶、关爱服务、司法保护等工作。各级人大、政府法制部门积极推动相关法律法规的完善和实施。各级综治组织、发展改革、财政部门推动预防工作纳入经济社会发展规划和社会治理总体格局,切实落实督导考核和基础保障。经过各成员单位长期不懈的努力,近年来我国青少年违法犯罪主要数据指标持续优化,其中青少年和未成年人的涉罪率、犯罪率自2006年以来连续8年下降,预防工作取得了明显成效。

在长期的实践探索中,我们积累了不少有益经验,形成了一些规律性认识。一是坚持综合治理、依法预防,构建党政领导、部门联动以及家庭、学校、社会共同参与的工作格局,同时切实将预防工作纳入制度化、法治化轨道。二是坚持标本兼治、源头预防,明确预防以教育为先,以净化青少年成长的社会和网络环境为切入点,着力从源头上解决影响青少年健康成长的深层次问题。三是坚持以人为本、专业预防,立足青少年身心特点和特殊、优先保护原则,把维护权益与预防犯罪相结合,引入专业力量开展关爱帮扶、教育矫治等工作。四是坚持问题导向、重点预防,科学分析普通青少年向问题青少年转化的年龄、行为等边界,明确预防的重点领域、重点人群、重点场所,分类指导、因人施策。这四个方面的“坚持”,是大家集体智慧的结晶,是日积月累的收获,也是中国特色预防青少年违法犯罪工作体系的鲜明体现。在此,我代表中央综治委“预青”专项组,向各成员单位的支持、配合表示衷心的感谢!向长期奋战在基层一线、辛勤付出的实务工作者致以崇高的敬意!

二、深化认识预防青少年违法犯罪工作的新形势新要求

当前,我国预防青少年违法犯罪工作虽然取得积极成效,总体形势稳中向好,但也要清醒认识到,加强青少年服务管理、促进青少年健康成长的任务仍然十分繁重,不少难题亟须破解。随着经济社会转型和城镇化进程加速,大规模的人口迁移流动导致家庭监护弱化等问题逐渐凸显,社会上出现大量游离于常规管理状态的闲散青少年。收入分配差距加大,一些青少年对社会公平出现认识偏差,心态失衡。青少年成长的社会环境特别是网络环境亟待净化,受社会不良思潮、“黄赌毒”违法活动以及暴力文化的影响冲击,青少年违法犯罪的诱因更加复杂。国际上的反华势力加强对我国青少年的渗透和争夺,利用民族、宗教和环保、维权等问题制造事端,企图挑起社会动乱,煽动一部分青少年参与“颜色革命”、暴力恐怖活动。面对这样的形势,各级综治委“预青”专项组、各成员单位要切实增强政治意识、大局意识、责任意识,充分认识预防工作的复杂性和艰巨性,直面问题和挑战,坚持不懈地把各项工作任务抓紧抓实。

准确把握中央重要决策部署精神,是我们做好工作的根本保证。党的十八大以来,以习近平同志为总书记的党中央确定协调推进全面建成小康社会、全面深化改革、全面依法治国、全面从严治党的战略布局,开创了党和国家事业发展的新局面。前不久,中央召开党的群团工作会议,习近平总书记在会上深刻指出,党的群团工作是党通过群团组织开展的群众工作,是我们党的创举和优势,必须从巩固党执政的阶级基础和群众基础的政治高度,坚持走中国特色社会主义群团发展道路,保持和增强群团组织的政治性、先进性、群众性,使之成为推进国家治理体系和治理能力现代化的重要力量。预防青少年违法犯罪工作的很多方面,需要用党的群众工作的方式来推进,从一定意义讲,也是党的群众工作的重要组成部分。构建预防青少年违法犯罪的综合防控体系,充分发挥各级党委政府及职能部门、群团组织和社会力量的作用,也是加强社会建设、创新社会治理的具体体现。我们要从为党和国家事业发展培养合格建设者和可靠接班人的高度,贯彻落实好中央有关精神和要求,把预防工作放到党政总体工作布局中去谋划、去推进。

首先,要深化社会治理创新,协同推进预防工作。创新社会治理体制,形成党政善治、社会共治、基层自治的良好局面,是全面深化改革的重要内容。在预防青少年违法犯罪这个特定领域,这方面的要求更为突出、迫切。一是切实构建起综合防控体系。专项组的成员单位中,有党政职能部门,有群团组织,还有司法机关,这是我国开展预防工作的特色和优势。希望各成员单位切实履行职能,发挥自身优势,做到信息、资源、阵地共享,既有党政推进、又有群团跟进,既有会商研究、又有个案转接,不断健全群策群力、协调联动、齐抓共管的工作机制。二是注重培养社会力量参与。构建社会化的预防工作体系,是转变政府职能、创新社会治理的大势所趋,也是提高预防工作专业化水平的必然要求。要把适合由社会力量承担的青少年司法保护、社区矫正、专门教育、法律援助、心理辅导等工作纳入政府购买服务目录,通过购买服务、提供公益岗位等方式,加大对社会组织、社工队伍等社会力量的扶持,积极孵化机构、培育项目、开展协作,确保接得住、做得好、有成效。

其次,要牢固树立法治思维,夯实预防工作法治基础。法治是治国理政的基本方式,也是维护社会和谐和长治久安的根本保障。要树立法治理念,善于用法治思维谋划工作,善于用法治方式破解难题。一是积极推动立法。当前预防工作遇到的一些难题和困境,比如家庭监护缺位、网络监管困难、专门教育难以发挥应有作用等,深层次原因还是相关法律规定滞后、操作性不强或是配套法规不完善。要以《中华人民共和国预防未成年人犯罪法》为基础,推动建立具有中国特色的少年司法法律制度,与儿童福利、权益保护等方面的法律法规衔接配套,共同构建起完整的未成年人法律体系。二是坚持依法预防。在法律框架内,正确处理好管理和服务、惩戒和保护的关系,既不能过于强调管理、惩戒而侵害青少年合法权益,又不能一味注重保护而忽视必要的强制矫治措施。三是加强法治宣传教育。让法治意识和法治观念从小就在内心里生根发芽,是预防青少年违法犯罪的基础性工作。要通过行之有效的法治宣传教育,教育青少年强化规则意识,一点一滴地培养对制度和规则的尊重,明确基本的法律底线和行为边界,强化自我保护的意识和能力,努力成长为尊法学法守法用法的现代公民。

第三,要着眼青少年健康成长,融服务和维权于预防之中。民生与民心紧密相连,竭诚服务群众、维护群众权益是做好群众工作的生命线。青少年是党的群众工作重要对象。做好新形势下的预防工作,必须把对青少年的特殊、优先保护作为核心理念,把促进青少年健康成长作为基本任务,自觉把服务和维权贯穿始终。一是坚持服务为先。预防犯罪的最终目的是促进青少年健康成长,做的还是教育引导工作。如果不能为青少年排忧解难,不能维护他们的合法权益,预防工作就难以深入人心,青少年也不会真心接受。要通过实实在在的服务和维权工作,让青少年感受到党和政府的温暖,提高教育引导的实际效果。二是做好关爱帮扶。青少年出现行为偏差乃至走上违法犯罪道路,很大程度上源于成长中遇到的困难和挫折。要深入分析青少年特别是重点青少年群体的成长需求,找准目标定位,既要提供福利救助、就业创业等物质帮扶,还要提供亲情陪护、心理疏导、社会化技能培养等关爱支持;既要关注青少年的受保护权、生存权,还要关注他们的发展权、参与权,避免他们在成长道路上陷入困境而迷失方向。

三、突破重点难点问题，努力把预防工作推上新台阶

根据2015年党中央文件和党内法规制定计划，年内将以中央名义出台《关于进一步深化预防青少年违法犯罪工作的意见》，这是2000年以来时隔15年、中央再次出台预防工作的指导性文件。结合文件起草，我就专项组下一阶段的重点工作讲几点意见。

关于重点青少年群体第三轮推开工作。重点青少年群体的服务管理和预防犯罪，始终是专项组的基础性工作。以五类重点群体为牵动，专项组各成员单位制定出台一系列政策措施，一些专项行动取得较大突破。随着工作在县级行政区全面推开，各级党委政府也更加重视，有力推动了专项组的组织建设和工作活跃。根据实施方案，第一轮、第二轮推开工作已经基本结束，我们决定从现在起、再用一年时间开展第三轮县级推开工作。请各地按照省级指导、市级统筹、县级铺开的总体要求，及时部署开展第三轮推开工作，并将第二轮考评不合格的地区纳入第三轮重新进行，确保实现所有县级行政区全面推开的工作目标。

关于专门学校建设和专门教育工作。目前各地保留的专门学校数量萎缩、功能退化，大量有严重不良行为青少年处于脱管失教状态。加强专门学校建设，解决宽容而不纵容的问题，一是要实现该进来的人进的来。各地要积极探索专门学校入学招生的有效路径，特别是认真研究如何通过司法程序把不捕、不诉和判处非监禁刑的涉案未成年人送至专门学校接受教育矫治。二是进来之后确实能教育好。要注重健全专门学校运行机制，加强课程教材和教师队伍建设，完善经费保障，不断提高教育质量和矫治水平。对一些散落在社区的有严重不良行为青少年，要发动社会组织、企事业单位以及社工、志愿者等，配合政法机关、司法部门做好教育转化和矫正工作。要推广在中职学校设立专门班级的做法，让有严重不良行为的青少年能够学到一技之长，顺利步入社会。中央综治办近期和团中央选取部分专门学校、职业学校、基层社区开展社会力量参与专门教育试点工作，努力形成可推广、可复制的教育模式。

关于建设青少年事务专业社工队伍。社工的专业技能和精细服务，是解决社会教育缺乏专业支撑、志愿帮扶难以持续、基层工作力量不足等难题的有效渠道，也是承接政府购买服务的有效载体。在预防青少年违法犯罪领域，社工在重点群体法治教育和心理疏导、健全未成年人社会观护体系、落实未成年人司法保护制度等方面，都有着不可或缺的作用。相关部门要抓住人才培养、岗位设置、薪酬保障等关键环节，健全激励保障措施，打通职业晋升通道，确保到2020年建成20万人青少年事务专业社工队伍的目标。要统筹综治、民政、共青团等不同条线的社工队伍建设，加大对困难青少年群体救助帮扶、青少年禁毒戒毒、未成年人社区矫治等公共服务项目的支持、培育。要采取资金资助、提供服务场所、购买服务等方式，支持社会力量兴办社工服务机构，带动相关社会组织开展社工服务项目。

关于强化青少年毒品预防教育。毒品是人类社会的公害，不仅损害身体健康、败坏社会风气，更是导致一系列违法犯罪活动的重要诱因。当前我国青少年吸食毒品问题日益严峻，全国35岁以下吸毒人员占在册吸毒人员总数的57.1%，占滥用合成毒品人员的79.2%。抓好青少年毒品预防教育，要发挥学校的主渠道作用，加强家庭、社区的衔接配合，引导青少年充分认识毒品特别是新型毒品危害，增强识毒防毒拒毒的意识和能力。要建好用好青少年禁毒教育阵地，依托媒体特别是新媒体平台广泛开展毒品知识宣传，同时引导青少年积极参与禁毒志愿服务活动。对于闲散青少年、经常出入娱乐场所的青少年等易染毒群体，要帮助他们树立良好生活习惯，脱离不

良环境影响。对于涉及青少年的毒品犯罪,包括引诱、教唆或者强迫青少年吸食毒品,利用、教唆青少年走私、贩卖、制造毒品等,要坚决"零容忍"并予以严厉打击。

关于建设青少年综合维权平台。为把青少年权益和预防犯罪工作有效衔接起来,今年团中央开通了"青少年维权在线"网络平台,在网上第一时间为青少年提供专业的法律和心理咨询服务,努力做到"疑难有答复、求助有回应"。下一步,这个平台还将与"青年之声"互动社交平台有效链接,做好线上咨询的同时,重点开展线下权益服务,组织公益律师、心理咨询师和检察官、法官、公安干警等专门力量,对于需要帮助的青少年实施一对一个案帮扶。以这个平台为牵动,将会有力带动社会化的机制、队伍、阵地建设。希望各地的专项组和成员单位积极支持平台建设,帮助实现后台专业队伍的组建和对接,构建起社会化的青少年权益维护和预防犯罪体系。

年初专项组会同各成员单位制定了涉及13个方面、40项具体任务的年度计划,并下发各地参照执行。专项组的其他重点工作,如思想道德和法治宣传教育、社会环境净化、未成年人司法保护等,这里由于时间原因不再展开,请各地严格按照年度计划逐项抓好落实。

秦宜智在全团"青年之声"建设推进工作电视电话会上的讲话

2015年10月22日

再过几天,"青年之声"就半岁了。在全国省级团委班子学习中央4号文件和党的群团工作会议精神主题读书班期间,我们召开全团"青年之声"建设推进工作电视电话会,总结交流前一阶段工作情况,研究部署下一步工作任务,把学习中央精神与指导推动工作结合起来,进一步扎实推进"青年之声"建设,以改革创新的实际行动落实中央党的群团工作会议精神。

在全团建设"青年之声"互动社交平台,是团中央贯彻落实中央4号文件和党的群团工作会议精神、推进共青团改革创新的一项重要举措。这项工作自今年五四前夕正式启动到现在已近半年时间。刚才,我们一起观看了"青年之声"视频短片,团中央网络影视中心介绍了"青年之声"建设的总体进展,团河北省委、中铁装备集团公司团委、哈尔滨工程大学团委以及团贵州思南县委分别介绍了有关工作情况,听了以后很受鼓舞、很受启发。半年来,全团按照团中央统一部署,大胆探索、勇于实践,做了大量深入细致的工作,推动"青年之声"建设取得了阶段性成果。

第一,初步探索了"青年之声"互动社交平台建设的基本模式。"青年之声"互动社交平台建设是一项开创性工作。全团运用互联网思维和技术,在平台建设的很多重要环节实现了突破。一是初步建立了密切联系青年的网络渠道,形成了以"三微一端"为主体的多个便捷途径,使青年随时随地可以找到团组织并进行互动。二是自主研发了比较完善的技术系统,推出了具有自主知识产权的V3.0工作平台,形成了有别于一般社交和商业网站的特色功能。三是组建了服务青年的联盟体系，通过“团帮青、专帮青、青帮青、政帮青、社帮青”等多种方式，成立了青年就业、婚恋、心理、维权等多个服务体系，使服务工作真正落到实处。目前，全团已有4万多名各领域专家入驻“青年之声”，组建各类线下服务实体500多个，广泛开展了各类主题活动和实地帮扶。四是探索了比较科学的运行机制，建立了问题接收、审核、分办、回复、考核等一系列制度，实现了平台有序运转。五是初步构建了一体化的工作格局，按照试点先行、全团协同的原则，日前31个省级团委、3个行业团委都已正式上线并实现互联互通，300多个地市级团委正在扎实推进，县区、企业、学校工作也在有序展开，形成了全团集中推进的工作态势。

第二，“青年之声”联系服务青年的积极作用正在逐步显现。目前，“青年之声”平台累计访问量达6.5亿人次，其中绝大多数是青年，涵盖大中专学生、创业青年、进城务工青年、社会组织成员等各类青年群体；接受咨询、求助和问题反映15万条，团组织有效回复2.2万条，向有关职能部门转办问题线索1000多条，涉及青年创业、交友、心理、维权等各个领域；各地开展主题活动2000多次，实地帮扶青年1.5万多人次。“青年之声”在倾听青年呼声、反映青年诉求、维护青年权益、服务青年成长中发挥了积极作用，在青年中的影响力和感召力不断增强，得到青年的信任和社会各界的肯定，充分展示了这一“共青团+互联网”创新工作模式的显著活力。

第三，“青年之声”建设对共青团改革创新带来若干重要启示。“青年之声”所蕴涵的工作理念、工作方式、运行机制，体现了青年群众工作的一些基本要求，对祛除“四化”现象，增强共青团的政治性、先进性、群众性都有积极影响。比如，青年工作必须充分运用互联网即时性、互动性、隐匿性等特点，解决团组织找不到青年的问题，更好地联系各界普通青年；青年工作必须落细落实，真心实意关心青年现实利益诉求，才能不断增强团组织吸引力凝聚力，使青年主动来找团组织；青年工作必须善于运用大数据等技术手段来打捞青年“沉默的声音”，准确把握青年脉搏，使团的工作从供给主导转变为需求主导；青年工作必须注重线上线下相融合，既要“键对键”、也要面对面，更好地服务青年的实际需求；青年工作必须重视资源整合，充分利用“众筹”和“共享”理念，实现全团资源集约共享，推动团的各级组织重心下移、面向基层，等等。这些启示，直接关系共青团工作思路、理念和方式的转变，代表了共青团改革创新的基本方向，为团组织正本清源、克服“四化”问题提供了有益思路。

半年来，“青年之声”以创新的思维和务实的工作，初步探索了共青团在互联网条件下开展青年工作的有效模式，破解了当前共青团工作中面临的一些突出问题。“青年之声”建设的进展，是全团上下共同努力的结果，也是同社会各界的大力支持分不开的。今天参加会议的，除了各级团组织的同志，还有来自社会各界参与“青年之声”建设的代表，大家以高度的责任感、使命感，以极大的工作热情和奉献精神，为“青年之声”建设付出了辛勤劳动，推动这项工作在较短时间内实现了突破。在这里，我代表团中央书记处向大家表示衷心的感谢！

“青年之声”建设和发展取得的成效，进一步坚定了我们推进工作的信心和决心。但同时必须认识到，“青年之声”是一项开创性的工作，也是一项极具挑战性的探索，在推出这项工作之初，我们就对可能遇到的困难和问题做了较充分的估计和预判，正是“青年之声”所蕴含的重要意义和价值，以及“青年之声”建设发展的实践，让我们坚定不移地把这项工作做好。当前，“青年之声”建设进入向基层延伸推广、线上线下深度融合、全团统筹推进的新阶段，“青年之声”建设和发展面临的任务将更加艰巨。比如,“青年之声”如何实现供需有效对接,满足青年不断增长的个性化、多样化需求;如何改革创新团的运行机制和工作方式,更好地适应共青团工作的新常态,推动平台建设可持续发展;如何提供富有特色功能的技术支持,保持技术引领的优势;如何保障平台安全,有效规避各种技术和运行风险,等等。面对“青年之声”建设的形势和任务,全团要进一步统一思想、坚定信心,攻坚克难、锐意进取,推动“青年之声”在共青团改革创新中取得更大发展。下面,我讲三个方面的意见。

一、充分发挥“青年之声”在全团四维工作格局中的牵动效应,努力推动共青团改革创新不断取得新突破

推进改革创新是共青团落实中央党的群团工作会议精神的紧迫任务。今年以来,我们在深入调研和论证基础上,集中全团智慧形成了以“凝聚青年、服务大局、当好桥梁、团要管团”为主要内容的共青团四维工作格局,这是我们贯彻落实中央精神、推进共青团事业改革发展的总体思路,团的各项工作与活动都要自觉融入和服务这一格局。实践证明,“青年之声”涉及团的工作理念、组织体系、运行机制、方式方法等方方面面的变革,对贯彻落实四维工作格局具有牵一发而动全身的牵动效应,是共青团深化改革的重要突破口。

“青年之声”是凝聚青年、密切团青关系的重要平台。我们强调,共青团吸引凝聚青年,要突出思想政治引领这一灵魂、突出服务青年这一生命线、突出青年社会组织这一伙伴、突出新兴领域青年群体这一关键,这是我们吸引凝聚青年的核心要求、基本手段和工作重点。当前,共青团吸引凝聚青年存在着两个方面的突出问题,一是团组织难以有效联系覆盖青年,二是团的工作难以有效引导感召青年。我们看到,一方面,“青年之声”依托实时互动的互联网技术,打破了时空限制,成为青年随时随地找得到的“身边共青团”,进而通过负责、严谨、务实的服务和互动,赢得了各界青年的信赖,实现了从“团找不到青年”到“青年主动找团”的转变。同时,“青年之声”的公益性特色,吸引了更多有困难的普通青年,改变了团组织联系青年精英化、圈子化、小众化等弊端。目前,平台日均访问量稳定在500万人次左右,成为互联网上青年自发聚集的重要空间,为我们凝聚青年提供了条件。另一方面,“青年之声”秉承寓引导于服务的理念,通过有效服务,引导青年在感情认同的基础上实现理性认同,顺应了青年引导工作的内在规律。同时,各级团组织在工作中传播正面信息、主动设置议题、开展主题活动、放大网络自净功能,通过营造向上向善的舆论氛围,对广大青年产生了吸引和感召。目前,在“青年之声”网站上,主流和正面的声音占了90%以上,被誉为用正能量吸引正能量的青年大本营。

“青年之声”是服务大局、有效组织动员青年的重要渠道。当前,共青团服务大局的核心任务,就是带领青年在推进“四个全面”战略布局中,在推动经济建设、政治建设、文化建设、社会建设、生态文明建设中发挥生力军作用,在改革发展稳定第一线建功立业。一定意义上讲,“青年之声”具有资源和信息配置的重要功能,它通过互联网技术和手段,提高了对青年组织动员的效率。自开通以来,各地“青年之声”围绕全面深化改革、推进依法治国、促进创业创新创优等主题,开展了一系列网上活动,解读中央政策、发出行动倡议,在青年中产生了积极反响。近期,团中央“青年之声”与劳动就业部门合作推出全国200多个城市的就业岗位信息,为促进青年就业作出了贡献。河南“青年之声”多次开展社会救助、协助抢险救灾,在参与社会治理方面发挥了重要作用。河北“青年之声”围绕全省“美丽乡村”建设计划,在农村青年中开展了富有特色的活动。这些都充分说明,拥有庞大受众群体和先进传播手段的“青年之声”在服务中心大局、组织动员青年方面大有作为、大有可为。

"青年之声"是当好桥梁、及时准确反映青年诉求的重要依托。发挥好党联系广大青年的桥梁作用,是党章赋予共青团的职能地位。我们强调,做好这一工作,一方面要着眼于把党的主张和任务转化为青年的自觉行动,加强思想政治引领和形势政策教育,引导广大青年自觉用党的科学理论武装头脑、指导实践;另一方面要着眼于把青年的呼声诉求反映给党和政府,密切关注青年思想、学习、工作、生活等方面的变化,倾听青年心声、回应青年关切。实事求是地讲,长期以来,我们对党政要求的贯彻执行是坚决的,但在对青年诉求的把握上还存在信息不对称、反映不及时等问题,直接影响了代表青年的实效。在"青年之声"平台上,因为网络匿名等特点,青年更愿意发出真实心声,反映出我们平时在正式座谈和调研中听不全、听不到的问题。青年在平台上留下的鲜活个案和海量数据,为共青团通过大数据分析精准掌握青年动态,及时反映青年诉求创造了条件。同时,"青年之声"平台通过设置"问计青年"等意见征集栏目,常态化征集青年的意见建议,在冬奥会申办、"9·3"阅兵、习主席访美等重要节点和重大问题上,向有关部门报送信息,及时传递党和政府的声音,在党和青年之间架起了信任的桥梁。

"青年之声"是团要管团、倒逼制度改革和作风转变的重要动力。我们强调,共青团要向全面从严治党的标准看齐,从严从实管团治团。改革团的组织设置,推动团干部转变作风是其中的重要内容。一方面,"青年之声"的参与者很多是团员,他们在共青团主办的网络平台上聚集,实现了团组织对团员的二次联系覆盖,一定程度上为"互联网建团"提供了基础,这对管好团的组织、创新组织设置具有积极作用。另一方面,在"青年之声"这个公开透明的平台上,团的工作与活动全景式展现在普通青年面前。团组织、团干部干得好不好,青年用户可以通过留言点评、访问次数、@上级团组织等多种方式给出评价,拥有了话语权,倒逼团组织树立以青年为主体的工作标准,为团干部走出"高墙大院""文山会海",从青年之外走到青年之中提供了切实的路径。

二、准确把握"青年之声"建设的基本规律和重点要求,着力打造富有时代特色的共青团工作新品牌

习近平总书记明确指出,"每个群团组织都要打造几个有影响力的服务品牌"。建设工作品牌,是共青团工作的良好传统和有效方式。长期以来,希望工程、青年文明号、青年志愿者等响亮品牌已经成为展示不同时期共青团形象的"名片",它们都集中体现了时代要求、青年期待和青年群众工作的规律。

当前,推进共青团改革创新,建设共青团工作新品牌更具有重要意义。"青年之声"顺应了网络化社会迅猛发展的时代潮流,满足了当代青年渴望平等交流、需要精准服务的群体特征,对团的各项重点工作具有较强的兼容性,这奠定了建设共青团工作品牌的重要基础。我们要按照"布局科学、功能完善、技术优良、运行高效"的原则,把握规律特点,突出主攻方向,抓好重点环节,努力把"青年之声"建设成为共青团新的时代品牌。

一是要构建全团统一的工作格局。这是品牌建设的基本要求,也是实现"青年之声"功能的基础。目前,31个省级平台已经建立并联通,接下来要重点推进包括全国300多个地市级、2800多个县级平台在内的基层平台建设,各省要在建好本级平台的基础上,督促市县(区)尽快纳入全团总体格局,目前我们已具备了相应的技术条件。要按照团中央平台为中枢、省级平台为骨干、地市级平台为节点、基层平台为终端的功能划分,形成总分结合、各司其职、共建共享、互联互通的工作格局。要统一平台形象,通过统一视觉标志、平台界面等方式,在青年中强化"青年之声"统一品牌形象的强大合力。要统一技术系统,在优势互补、功能兼容的前提下,让分散的资源集聚、流动起来,在用户、数据、后台力量等方面形成规模效应。要形成团内新型工作关系。一方面,要通过做"减法",缩短反应链条,按照属地原则因地制宜地开展活动、提供服务,实现规范"公转"与漂亮"自转"相统一。另一方面,要通过做"加法",解决基层服务需求和服务能力不匹配的问题,引导上级组织的资源和力量向基层一线配置。不久前,重庆"青年之声"向团中央"青年之声"转发了彭水县一位青年教师的问题,希望机关部门帮助回答,这个做法就很好。如果"青年之声"的基层终端主动把上级组织视作后盾和依靠,上级平台自觉把基层终端视作前方和窗口,共青团的组织优势就一定能转化为平台联系凝聚青年的强大力量。

二是要不断强化平台核心功能。核心功能是"青年之声"竞争力吸引力的基础,是平台建设的关键环节。与一般商业、社交平台相比,"青年之声"有互动交流、信息传递等一般功能,同时又有自身特殊的核心功能。发展壮大"青年之声",就是要在巩固一般功能的同时强化核心功能,提高平台的吸引力和竞争力。

要聚焦服务青年成长这一首要功能。"青年之声"反映了青年多种多样的需求。我们在提供服务时要有所侧重、适当聚焦,把主要精力放在为青年健康成长释疑解惑、想招出力上。平台开通以来,在回答的两万多条问题中,80%以上的问题涉及就业创业、情感困惑、学业咨询等成长性问题,开展的大量线下主题活动,大多也集中在青年成长领域。我们要明确,共青团创办的"青年之声",不能办成知识百科全书,也不能办成生活服务热线,而要办成促进青年健康成长的"青年之家",这是与知乎、百度知道等商业类社交网站的本质区别。

要做实线下服务这一特色功能。线上线下相融合,为线上需求提供就近就便的线下服务,是"青年之声"的特色功能,也是我们强调形成全团统一格局的初衷所在。做好线下服务,资源整合是关键。一方面,要进行团内整合,把现有各类服务资源和项目纳入"青年之声"线下活动体系,构建起以平台上的青年需求来统筹各项工作和活动的机制。另一方面,要加强团外整合,用好"众筹"思维,实施社会化动员,广泛组建联合服务体系,为平台线下服务活动提供有力支撑。

要做精思想政治引领这一根本功能。思想政治引领的要求贯穿于团的各项工作与活动,"青年之声"也不例外。同时,"青年之声"又有别于团的其他思想舆论阵地,应更加重视柔性引导。这就要求我们用好大数据分析,注重通过对平台海量访问信息的科学分析,找准引导青年思想意识关键点,提高引导的针对性。同时,要组织共青团网上工作力量进入平台,通过留言互动、设置议题等方式传播正能量、弘扬主旋律。

三是要不断提高技术创新和支撑能力。"青年之声"是一项系统的网络应用工程,技术水平决定着平台的建设水平。在所有技术要素中,"便利"和"安全"是最核心的。前一段时间,团中央网络影视中心在多次技术升级的基础上,为平台量身订做了 V3.0 系统,较好满足了现阶段的便利性和安全性要求。网络影视中心和各级平台技术部门,要在充分应用 V3.0 平台功能的基础上,紧跟技术发展趋势,围绕"更便捷""更安全"两个要求,提高技术研发水平,推进技术迭代,力争在 APP 软件开发、界面模块优化、互动功能设计、智能语义分析、大数据分析、系统安全保障、运行质量监测等关键领域取得新突破,不断强化平台发展的技术支撑。

四是要建设务实管用的长效机制。机制建设关系着"青年之声"全团协同的效率、关系着服务质量、关系着团的整体形象。通过全团的共同努力,目前"青年之声"初步探索形成了一套行之有效的工作模式,但还不够完善和稳定。下一步，要把具有规范和“定型”作用的制度建设摆在更加突出的位置，抓好日常运行机制、资源整合机制、层级协调机制、风险预警机制、考核评估机制、工作结合机制等基础制度建设。当前，特别要注意探索建立专家答题激励机制，确保专家参与答题的积极性和可持续性。此外，还要注意加强与党政职能部门的沟通联系，及时转办青年问题、跟进办理情况、反馈办理结果，有条件的地方团组织还可探索建立制度化的协调机制，更好履行青少年合法权益“代言人”的职责。

三、坚持难事长做、久久为功，集全团之力扎实推进“青年之声”建设深入发展

当前，“青年之声”建设的方向已经明确、布局已经展开，全团要以强烈的责任意识、机遇意识和担当精神，凝聚起齐心推动平台建设的牢固共识和强大合力。

一是要集中全团力量抓落实。“青年之声”涉及面广、牵动性强，做好这项工作需要汇聚全团力量。在前天的读书班上，我曾经谈到，要自觉认识和融入共青团工作新常态。“青年之声”的工作理念与运行模式，是共青团工作新常态的集中体现之一。各层级、各战线团组织和团干部都要克服把“青年之声”视作某个部门、单位的单项工作的片面认识，积极融入“青年之声”的工作链条，主动通过网上平台参与青年群众工作。要促进“青年之声”与全团重点工作有机结合，使青少年思想政治引领工作、创业创新创优工作、维护青少年合法权益工作、基层服务型团组织建设、青少年综合服务平台建设、青年网络文明志愿者行动、青年社会组织工作等都能在平台上找到结合点和发力点，把这些领域的工作资源融合为平台建设发展的资源。同时，还要把“青年之声”作为团干部锤炼群众工作本领的训练场，每一位团干部都要通过“青年之声”把自己摆在青年面前、接受群众工作检验，从“键对键”、“面对面”实现“心连心”，锻炼提高线上线下群众工作本领。

二是要求真务实、保证质量。在青年中，“青年之声”代表着共青团的公信力；在团内，“青年之声”代表着一级团组织的公信力。真情、实用是平台的生命力所在。因此，无论是对内对外，“青年之声”工作都要求真务实、真诚守信。目前，基层平台建设已经全面启动，各地团组织要结合本地实际，务实建设平台，务实开展服务，不能脱离实际情况搞“贪多求快”，更不能为显示成绩玩“数字游戏”。在平台运行中，要把提高答问质量、确保内容真实放在首位，完善内容审核机制，加强专家队伍建设，构建质量评估体系，努力使每一个回答、每一条信息都尽可能权威可靠，不辜负广大青年对团组织的信任。

三是要敢于担当、攻坚克难。建设“青年之声”是全团深化改革的突破口，尽管没有明显的利益关联和直接的矛盾冲突，但因涉及团的工作理念、思想认识和工作方式变革，带来了一定的挑战，也存在一些困惑和质疑。我们也注意到，有人提出，青年需求的无限性与团的服务能力有限性之间存在矛盾，担心“青年之声”会不会出现应接不暇、后继乏力的问题，对长期推进这项工作底气不足。需要强调的是，服务青年是我们的生命线，这不能成为一句空话。服务青年的能力要在供需对接的过程中得到检验和提高，而绝不是万事俱备以后才行动；同时，我们追求服务青年的权威性和实效性，但也要向青年讲明白，团的服务不可能包打天下，不可能把每件事情都做得尽善尽美，我们提倡在“众筹”理念下为青年提供更多的帮助，这也体现了大家都是平台的服务对象、但又都是平台的主人，建好平台青年都有一份力量，而不能只是旁观者、受益者，这样平台才能“众人拾柴火焰高”。还有人担心，让团干部直接面对青年，是否存在所谓的“政治风险”，怕给自己惹麻烦，这种说法更反映出我们有的团干部“不求有功、但求无过”的不作为心态。推进改革创新必然会遇到这样那样的困难，这些问题应该成为我们改进工作、奋发进取的动力，而不能成为推卸责任、消极懈怠的借口。在前一阶段工作中，一些欠发达地区平台建设和运行克服了种种条件局限，走在了全团前列，就是以担当精神激发动力、推动工作的有力印证。各级团干部要充分认识到，我们回应的每一个问题背后，都是一个个青年，都是一份份信任和期待，我们必须要以如临如履的敬畏来回应每一个问题。我们要引导广大团干部在“青年之声”建设运行这个新战场上，培养起、发挥好直面矛盾问题、勇于接受挑战、大胆开拓创新、保持工作定力的作风，埋头苦干、真抓实干，努力把“青年之声”打造成为一个经得起时代、实践和青年检验的工作品牌。

四是要科学考核、严格问责。中央党的群团工作会议指出，脱离群众是群团组织最大的问题；不“严”不“实”则是问题的根源所在。“青年之声”建设体现了全团的意志和行动，既然看准了，就要一抓到底，决不能虎头蛇尾、半途而废。我曾经说过，“青年之声”建设“开弓没有回头箭”，这样一项体现青年工作本质要求的工作如果不抓，是我们的失职；如果抓了结果虎头蛇尾、半途而废，是我们更大的失职。下一步，我们要建立起科学严格的考核机制，合理设置考核指标，引入第三方评估，发展青年用户评价，用好实时监测手段，开展大数据分析，在兼顾差异的基础上，不断提高科学性和精准性。需要强调的是，认真值守、及时更新是实现平台互动功能的基本要求。我们既然提出了建设让青年触手可及的共青团的目标，就要扎实抓好值守、回应工作，让青年感到共青团就在身边，尤其在平台建设、运行初期，这是树立口碑、赢得信任的关键。团中央对这项工作的组织推动也作了具体安排，前不久专门印发了平台建设的考核办法，有相应的部门组织考核督导。下一步，我们要以严的作风和实的态度抓好落实。在考核督导过程中，要注意形成良性压力传导机制，努力做到层层压紧、层层尽责，避免失之于宽、失之于松，对长期存在更新不及时、回应不主动、责任心不强等情况的地方和部门，要及时进行通报，必要时向同级党委通报，确保平台稳定、规范、可持续发展。

同志们，“青年之声”包含着共青团积极适应时代潮流的不懈努力、全面深化自身改革的坚定决心、努力为党做好新时期青年群众工作的奋发作为。建好、用好、发展好“青年之声”，是我们的时代机遇、改革责任和使命担当。我相信，在全团共同努力下，“青年之声”一定会在共青团改革创新的进程中发挥重要作用、作出积极贡献，成长为崭新的时代品牌。

秦宜智在中央第二巡视组专项巡视共青团中央工作动员会上的讲话

2015年10月30日

刚才，黎晓宏同志、李五四同志分别代表中央巡视工作领导小组和中央第二巡视组作了重要讲话，深刻阐述了开展巡视工作的重大意义，明确提出了这次巡视工作的总体要求、目标任务、基本步骤和方式方法，就配合做好巡视工作提出了具体要求，讲话充分体现了中央关于巡视工作的精神要求，这不仅是对这次巡视工作的深入动员，也为我们上了一堂生动的党风廉政教育课，具有很强的指导性和针对性。我们一定要认真学习领会，抓好贯彻落实。

下面，我根据中央精神和五四、晓宏两位领导同志的讲话要求，结合团中央工作实际，就坚决落实好中央要求、配合做好专项巡视工作讲三点意见。

一、统一思想、提高认识，深刻领会中央巡视组到团中央开展专项巡视工作的重要意义

党中央高度重视巡视工作，习近平总书记多次发表重要讲话，强调巡视是党章赋予的重要职责，要把巡视作为党内监督的战略性制度安排，突出重点，创新形式，发挥巡视震慑作用和遏制作用，坚决遏制腐败现象蔓延势头。10月23日，王岐山同志出席中央巡视工作动员部署会议并发表重要讲话，对做好今年第三轮巡视工作提出明确要求。我们要认真学习习近平总书记系列重要讲话精神，尤其是关于巡视工作的重要讲话精神，认真学习王岐山同志的重要要求，充分认识到开展巡视工作是我们党的一大创举，是严明党的纪律、改进党的作风、加强党的建设的重大举措，是推动落实党的路线方针政策和重大部署的重要手段，是推动落实党风廉政建设主体责任和监督责任的重要载体，也已经成为保持党的先进性和纯洁性的重要途径。

当前，全团上下正在深入学习贯彻落实中央党的群团工作会议精神，奋发推进共青团改革发展，中央第二巡视组到团中央开展专项巡视，充分体现了党中央对共青团的高度重视和深切关心。我们真诚欢迎中央第二巡视组对共青团中央进行专项巡视。专项巡视将帮助我们做一次全面的CT、X光检查，发现病灶、查找病源，有助于我们更好地领会中央决策部署，贯彻落实好中央的各项要求；有助于我们更好地发扬党的优良传统，进一步改进作风，全面做好党的青年工作；有助于我们更好地维护党的政治纪律和政治规矩，按照党的要求抓好团干部的教育管理和监督，加强团中央直属机关各级党的建设、班子建设，尤其是党风廉政建设，促进领导班子和领导干部廉洁从政。我们一定要把思想和行动统一到习近平总书记重要讲话精神上来，深刻认识加强巡视工作、开展专项巡视的重大意义，以高度的政治责任感和使命感，以严肃认真负责的态度对待巡视工作、支持巡视工作，共同努力把团中央专项巡视工作完成好。

二、加强领导、明确责任，全力支持和配合中央巡视组的各项工作

配合中央巡视组开展巡视工作，是我们共同的政治责任和应尽义务。团中央书记处各位同志和各部门各单位主要负责同志要以高度的政治自觉，切实把思想和行动统一到中央的决策部署上来，把配合好巡视工作作为履行党风廉政建设主体责任的重要抓手，认真抓好落实。

10月26日晚，书记处已经专门召开会议，成立了团中央巡视工作领导小组，由我担任组长，书记处各位同志担任副组长。同时成立了团中央巡视工作联络组，由罗梅同志牵头，承担专项巡视日常协调保障任务。领导小组和联络组要严格按照巡视组的工作计划，全力做好综合协调服务工作，为巡视组真实了解情况、高效开展工作提供便利。要尽快使各部门各单位和全体同志及时了解巡视安排，积极履行义务，配合做好巡视工作。

巡视期间，巡视组的领导同志要与干部群众进行个别谈话、查阅文件资料，各部门各单位要严格按照巡视组要求，精心组织、做好准备，认真完成巡视组交办的各项任务。要严格遵守党的政治纪律和政治规矩，诚恳接受专项巡视和监督检查，畅通信访渠道，决不允许指使、强令有关单位或者人员干扰、阻挠巡视工作，决不允许对反映问题的干部群众进行打击报复。对违反巡视纪律的情况要严肃问责。

直属机关广大党员干部要讲政治、顾大局，切实提高主动接受监督和检查的自觉性，积极配合中央巡视组开展工作。要根据巡视工作的要求，紧密围绕全面从严治党、严格政治纪律和政治规矩、开展党风廉政建设等方面，本着对党负责、对事业负责、对同志负责的精神，实事求是、客观公正地反映情况。

三、狠抓整改、注重实效，以巡视监督为动力扎实推动共青团改革发展

这次巡视，对团中央直属机关来说，是一次“全面体检”。全体党员干部要增强机遇意识，闻过则喜，对巡视组指出的问题，要诚恳接受、深刻反思，切实提出解决问题的思路、办法；对巡视组提出的整改意见，要狠抓整改落实，确保取得实效，真正做到以巡视监督为动力，扎实推动共青团各项工作，积极稳妥推动共青团改革发展。

1. 进一步落实党风廉政建设“两个责任”。书记处和各部门各单位都要高度重视党风廉政建设和反腐败工作，进一步增强党要管党、从严治党的政治自觉，带头履行主体责任。主要负责同志要切实履行“一岗双责”，既要抓业务工作，又要抓党建、抓作风、抓廉政，努力形成风清气正的良好环境。直属机关各级纪检组织要认真落实监督责任，坚持把纪律和规矩挺在前面，强化日常执纪监督和教育，防止小错酿成大错、违纪走向违法。要深入推进岗位廉政风险排查和岗位风险等级评定，开展党风廉政建设专项约谈和集体约谈，督促指导工作、及时提醒警示，严肃追究责任。

2. 深入开展“三严三实”专题教育。要将专项巡视工作与正在开展的“三严三实”专题教育相结合，认真贯彻落实中央要求，深入推进习近平总书记系列重要讲话精神的学习贯彻，坚持问题导向，继续扎实抓好第三专题的学习研讨，开好专题民主生活会和组织生活会，认认真真做好整改落实和立规执纪，推动专题教育取得实实在在的成效。

3. 进一步推动共青团改革创新。要坚持统筹兼顾，把接受巡视作为推动共青团工作和本部门本单位中心任务的重要动力。要把接受巡视与深入学习贯彻习近平总书记系列重要讲话精神，尤其是总书记对青少年和共青团工作的重要指示精神和在中央党的群团工作会议上的重要讲话精神结合起来，与学习贯彻《中共中央关于加强和改进党的群团工作的意见》结合起来，与推进共青团事业改革创新发展结合起来，保持和增强政治性、先进性、群众性，扎实推进“凝聚青年、服务大局、当好桥梁、团要管团”四个维度的工作，以此次专项巡视为契机，力争把巡视成果转化为工作成果，实现巡视和工作两手抓、两不误、两促进。

同志们，以今天的动员会为标志，中央第二巡视组对团中央开展专项巡视工作正式启动了。请巡视组各位领导对我们的工作多批评指导，多提宝贵意见。我们将全力支持配合巡视组的各项工作，同时珍惜和把握好这次巡视的重要机遇，坚持虚功实做、难事长做，全面推进团中央直属机关党的建设和党风廉政建设，以良好的政治生态保障共青团各项事业实现新发展，绝不辜负党中央的期望和广大青年的重托。

秦宜智在第十六批博士服务团成员行前培训班上的讲话

2015年11月23日

在全党全国各族人民认真学习领会、深入贯彻落实党的十八届五中全会精神、共同谋划全面建成小康社会决胜阶段——“十三五”时期的各项工作之际，今天我们第16批博士服务团近四百名同志济济一堂、整装待发，大家怀着深厚的家国情怀、真挚的为民之心和对未来的美好憧憬，即将奔赴西部地区和革命老区挂职服务。首先，我代表中央组织部、共青团中央，向大家表示崇高的敬意，也向为博士服务团工作付出辛劳的地方和部门的同志们表示衷心的感谢！

千秋基业，人才为先。党中央、国务院一直高度重视人才工作。刚刚结束的党的十八届五中全会审议通过的《中共中央关于制定国民经济和社会发展第十三个五年规划的建议》，进一步重申强调要深入实施人才优先发展战略，强调要优化人力资本配置，清除人才流动障碍，提高社会横向和纵向流动性；完善人才评价激励机制和服务保障体系，营造有利于人人皆可成才和青年人才脱颖而出的社会环境，健全有利于人才向基层、中西部地区流动的政策体系。博士服务团自1999年实施以来，连续选派了16批共2426名优秀青年人才到西部地区和革命老区服务锻炼。15年的实践证明，博士服务团正是中央组织部、共青团中央贯彻落实中央关于加快建设人才强国战略，支持西部等地区经济社会发展的一项重要措施，是坚持理论与实践相结合、培养锻炼优秀人才的一条有效途径。

刚才，宁夏吴忠市委书记赵永清同志介绍了地方党政工作的特点，王海、初军威、邓先德、刘桂芝4位博士服务团老成员谈了自己挂职锻炼、服务奉献的收获和体会，第16批成员张胜代表大家表达了报国之心、为民之情。正像大家在发言中所讲到的，总的看，博士服务团工作体现了两个方面的重要价值：一是有力促进了西部地区和革命老区经济社会发展。博士服务团成员不仅带去了先进的理念、知识和技术，也发挥了东西部地区资源互通、交流合作的桥梁和纽带作用，为西部地区和革命老区群众谋福祉、办好事，所做的工作产生了良好的经济效益和社会效益。二是培养锻炼了一批高层次青年人才。博士服务团成员带着渊博的知识，走进了基层实践这个大熔炉、大课堂、大学校，在改革发展的主战场、服务群众的最前沿积累了经验、增长了才干，成长出一大批党和人民需要的好干部好人才。大家一批又一批的接续奋斗，为博士服务团赢得了社会各界的广泛赞誉。今年初，中共中央政治局委员、中央书记处书记、中央组织部部长赵乐际同志作出批示，充分肯定“‘博士服务团’项目实施了十五年，成效显著”，要求“今后加大力度，继续搞好”。今天，中央组织部副部长潘立刚同志专门出席会议，给大家鼓劲送行。

各位博士服务团成员，到岗以后将成为地方的领导干部，如何当好干部？党的十八大以后，习近平总书记既对好干部的标准做了精炼形象的概括，又在不同场合对不同战线的干部提出过许多具体要求。在大家即将履新赴岗、担当干部职责之际，我想和大家一起重温总书记提出的5条20字的好干部标准，希望大家把这20字作为挂职锻炼的座右铭，在履职尽责的过程中时刻牢记在心、认真对照执行。

第一条，信念坚定

崇高的理想和坚定的信念，是当好一名共产党干部的灵魂。习近平总书记把信念坚定排在好干部标准的第一条，在不同场合对不同领域干部提出了具体要求，如政法干部，第一条提出的是政治过硬、信念坚定，国家安全干部是坚定纯洁，县委书记是心中有党、做政治上的明白人。对共青团干部，总书记强调要坚定理想信念、心系广大青年、提高工作能力、锤炼优良作风，对全国广大青年强调要坚定理想信念、练就过硬本领、勇于创新创造、矢志艰苦奋斗、锤炼高尚品格。信念坚定始终摆在第一条。这充分说明，信仰信念这个“总开关”的重要性。正如总书记讲的，如果理想信念不坚定，不相信马克思主义，不相信中国特色社会主义，政治上不合格，经不起风浪，这样的干部能耐再大也不是我们党需要的好干部。

信念坚定，首先源自对党的科学理论的学习践行。各位博士服务团成员都是高级知识分子，在学好用好马克思主义、毛泽东思想，学好用好中国特色社会主义理论体系，特别是学好用好

习近平总书记系列重要讲话方面，增进思想理论自觉、做到真信真懂，是容易的。关键是要把改造主观世界与改造客观世界统一起来，把思想认识上的清醒自觉和躬身实践上的求真实干统一起来，把真懂真明白和真用真实践统一起来。信念坚定，不仅要体现在踌躇满志奔向基层实践的时候，还要体现在基层实践摔打中经受挫折磨练的时候。注重在基层一线和艰苦地区摔打和锻炼干部，是我们党培养好干部的重要导向。希望大家带着知识、带着理论，融入实际、融入实践，真正在经济建设的主战场、科技创新的最前沿、重点项目的第一线、基层实践的大熔炉中，践行党的科学理论，升华自己的思想认识，坚定对党的忠诚，坚定对中国特色社会主义共同理想的信念。

信念坚定，既有始终同中央保持一致、不折不扣落实中央决策部署的统一要求，也要结合不同岗位的实际，增强针对性。比如，到民族地区挂职的博士服务团成员，要自觉加强对马克思主义国家观、民族观、历史观、文化观、宗教观的学习，谙熟党的民族政策、宗教政策，在促进民族团结、反对民族分裂等重大政治问题上旗帜鲜明、立场坚定。

第二条，为民服务

全心全意为人民服务，是我们党的根本宗旨，是当好一名干部的最高价值取向。党的十八大后，中央政治局带头，自上而下分两批在全党开展了党的群众路线教育实践活动，形式主义、官僚主义、享乐主义和奢靡之风得到有力整治，广大党员、干部贯彻党的群众路线的自觉性和坚定性显著增强。博士服务团成员到西部地区和革命老区任职，一定要时刻牢记“一切为了群众，一切依靠群众，从群众中来，到群众中去”这条党的生命线和根本工作路线，满腔热情地做好服务群众工作，实实在在地为群众办几件实事儿。

群众需要的帮助和服务涉及方方面面，博士服务团成员要自觉践行党的群众路线，注重发挥自身的专业优势，争取服务群众的最佳效果。要注重深入群众，多到基层调研，多到群众中去，用自己的眼睛看最真实的情况，用自己的耳朵听最真实的声音，用自己的理论知识分析把准群众需求的脉搏，把群众的意愿、诉求、困难了解掌握起来，望闻问切、找到症结，在自己职责范围内的事就抓紧办，在自己职责范围内不能办或者办不了的事要满腔热情、积极主动地帮助联系沟通、协调落实。要坚持身在一线，率先垂范。刚才发言的西藏自治区卫计委副主任王海挂职期间，不忘医生本色，始终不愿离开患者，坚持亲自操刀做手术，这种精神值得我们大家学习。

当前，做好扶贫开发工作，支持困难群众脱贫致富，使发展成果更多更公平地惠及人民，是我们全面建成小康社会的重点和难点，也是我们坚持为人民服务宗旨的重要体现。现在，全国还有7000多万贫困人口。博士服务团挂职锻炼很多是在贫困落后地区，要把扶

贫攻坚这场硬仗打好。一方面，要帮助当地落实政策、对接资源，发挥熟悉中央政策和宏观经济的优势，把党和政府强农惠农富农政策和扶贫开发政策转化为带动当地乡亲致富的具体帮助，依靠原工作单位，多帮助争取各方面资金、技术、项目参与扶贫开发。另一方面，要坚持从实际出发，找准当地比较优势，因地制宜，帮助完善规划、形成特色、找准突破口，抓住用好产业结构梯次转移、农村务工青年返乡等机遇，把脱贫致富奔小康扎实建立在当地特有资源禀赋、有利条件的基础之上，扎实建立在影响和带动当地干部群众增添信心、自力更生、艰苦奋斗的基础之上。

第三条，勤政务实

勤政务实，是我们党的优良传统，也是个人工作进步、事业发展的重要前提。博士服务团成员到西部地区和革命老区挂职锻炼，应当保持夙夜在公、勤政务实的精神，警惕过客心理、看客心态，不能心思不在事业，工作不在状态。

坚持勤政务实，需要大家脱下博士帽、甘当小学生，发扬求真务实精神，树立正确的政绩观，防止急功近利、短期行为，把精力集中到打基础、利长远的工作上来。博士服务团，挂职有期限，但服务没有期限。大家要有“功成不必在我”的宽阔胸襟，发扬“钉钉子”精神，不能幻想短平快，一拳砸出一个金娃娃来。现在各地正在紧锣密鼓编制“十三五”规划，大家要发挥人才智力优势，学通吃透党的十八届五中全会精神，学通吃透创新、协调、绿色、开放、共享发展新理念，积极帮助当地政府明确发展思路，编制好科学管用、务实长远的发展规划。要更多关注教育、医疗等民生问题，针对西部地区普遍存在的上学难、看病难、饮水难、行路难等现实问题，发挥好桥梁纽带作用，促进东中西部医疗机构、大中专院校建立合作机制，帮助当地实实在在地解决一些群众最关心、最直接、最现实的利益问题。

坚持勤政务实，也需要大家戴上博士帽、做好传帮带。博士服务团成员大多来自中央国家机关、高校、科研院所、骨干企业和沿海开发开放地区，年纪轻、学问多、见识广，思想活跃，眼界开阔。大家要注意在干部群众中宣讲中央精神，传播新发展理念，讲授现代科学技术、经济管理、城市规划、信息技术等方面知识，帮助当地干部群众增强市场意识、竞争意识、互联网意识。大家既要把工作干好，又要把队伍带好，发挥自身对人才队伍建设的示范和带动作用，采取开讲座、办培训、带徒弟等方式，把自己的专业本事传给周围有发展潜力的年轻人，为地方培养人才、集聚人才。

第四条，敢于担当

为官避事平生耻。敢于担当，是党的干部的基本素质，也是我们党不断强化问题导向对干部的鲜明要求。习近平总书记指出，担当大小，体现着干部的胸怀、勇气、格调，有多大担当才能干多大事业。

敢于担当，要有强烈的事业心、责任感，坚持原则、认真负责，不能“为官不为”。我国经济发展进入新常态，正处在“三期叠加”阶段，经济增长新旧动能转换，经济下行的压力和经济运行中的困难，在基层感受会更加直接、更加敏感。越是困难的时候，越需要担当向前、干事创业。大家到西部地区和革命老区基层一线，要主动谋事、积极干事，多当“运动员”、少当“评论员”，多“踩油门”、少“挂空挡”，发扬认真精神，主动履行岗位职责，兢兢业业对待各项工作，做到敬业守责、尽心竭力、任劳任怨。第15批博士服务团服务锻炼中，许多工作都是靠着主动开拓、敢于担当的精神谋划推动的。事实说明，发展要靠人，人要有精神、敢担当。

敢于担当，需要勇气，更需要能力。大家要树立问题导向，敢于直面问题，多到那些矛盾多、困难大、任务重的地方，多承担一些急难险重任务，多经历一些大事要事，冲在重点工程、重要改革、突发事件、信访维稳、抢险救灾的最前沿,在处理各种矛盾、应对复杂局面中锻炼自己的本领。

第五条,清正廉洁

在任何国家地区、任何文化背景,清正廉洁都是公职人员的基本道德操守。作为我们党的干部,更要体现出先进性和纯洁性,在清正廉洁上作出表率。当前,全党上下正在深入开展"三严三实"专题教育。大家到西部地区和革命老区工作岗位后,要切实履行"两个责任",积极参与和推动所在党组织的专题教育,在实际工作中践行好"三严三实"。

做到清正廉洁,要敬畏权力、慎用权力。担任领导职务,意味着责任和担当大了,而不是权力和自由多了。大家要视权力为"公器",带头执行民主集中制,主动接受党政、社会、舆论、群众等方方面面的监督,决不能搞以权谋私、权力寻租。要注重防微杜渐,时刻把自己的所作所为、一举一动同党的形象、同自己派出单位的形象联系起来,时刻警醒和鞭策自己做到心有所畏、言有所戒、行有所止,严防一念之差、一时糊涂。最近,中央审议通过了《中国共产党廉洁自律准则》和《中国共产党纪律处分条例》,前者重在立德、加强正面倡导,树立了一个看得见、够得着的高标准,后者重在立规、开列负面清单,划出了不可触碰的底线。大家要认真学习贯彻这两部法规,把新风正气蕴含胸中,把纪律规矩挺在前面,以清正廉洁的人格力量,赢取同事的认可、百姓的信任,为博士服务团这块招牌增光添彩。

同志们,博士服务团实施15年来,中央组织部和共青团中央不断总结经验、改进工作,在深入调查研究、广泛征求意见的基础上,年初制定了《博士服务团工作管理办法》,从博士服务团选派、接收、管理、考核、待遇等方面做出工作部署,这是博士服务团项目实施以来第一份制度性文件,提高了博士服务团工作科学化规范化水平。制度确立了,关键在于抓好落实。

一要严格抓好管理。选派单位要按照管理办法规定,严格履行选派程序,加强对人选条件的把关,保障成员在服务锻炼期间学习培训、探亲休假、地区补贴、人身保险等待遇落实,对于接收单位需要、成员表现优秀且愿意延长服务锻炼期或留在当地工作的,应予以鼓励和支持。今年,我们尊重选派和接收双方的实际需求,扩大了人员规模,从第15批的210人增加到第16批的395人,是历年人数最多的;同时,将服务锻炼时间由原来的1年调整为1至2年,更加灵活,有利于工作持续稳定。虽然人员增加了一倍,但组织部门和选派单位都严格按照管理办法实施,保证了人选质量。接收单位要按照管理办法规定,加强对成员的日常管理和考核,深入了解成员工作、生活情况,及时帮助解决服务锻炼期间的实际困难和问题。

二要切实做好服务。博士服务团工作能够取得良好成绩,与选派单位大力支持、接收单位放手使用分不开,与各方面各负其责、协调配合分不开。选派单位要做好博士服务团成员的坚强后盾,帮助他们协调社会、人才和信息资源服务当地发展,关心他们及家人的生活困难,解决他们的后顾之忧。接收单位要加强对博士服务团成员的工作指导,根据他们的专业特长和工作经历,安排最适合他们的岗位,让他们有其位、有其用、有成就,为他们干事创业创造良好环境。组织部门和共青团要做好跟踪服务,为他们更好地发挥作用做好后勤保障。

三要加强社会宣传。人才工作是全社会广泛参与的事业,需要加强舆论宣传工作,调动方方面面的积极性。年初,我们在《组织人事报》《中国青年报》等媒体上刊发了博士服务团系列报道,推出了一批典型人物和典型经验,取得了良好的效果。各有关地方和部门要进一步重视对博士服务团的宣传,及时发现工作中出现的典型人物，要特别注重运用新媒体手段，广泛宣传博士们在基层工作的感人事迹和工作成绩，让品德优秀、业绩突出的人才脱颖而出，在社会形成鼓励更多优秀青年人才加入博士服务团队伍的良好氛围，带动更多的有志青年到西部去、到基层去、到祖国和人民最需要的地方去，在实现中国梦的征程中自觉奉献、挥洒青春。

同志们，今年是“十二五”规划收官之年，明年是“十三五”规划开局之年。希望大家在开局之年，奋发进取、苦干实干，展现新气象、争创新业绩，在西部地区和革命老区为自己的人生写下一段难忘的回忆，为党和人民的事业留下一份让自己欣慰的贡献。我们期待大家捷报频传，载誉而归。最后，祝愿大家在服务锻炼期间身体健康、工作顺利！

贺军科同志讲话

贺军科在全国城市街道区域化团建工作现场推进会上的讲话

2015 年 1 月 23 日，根据录音整理

刚刚召开的团十七届三中全会对今年工作做出了部署，提出了“以深化为目标、以创新求突破、以制度作保障，推进新常态下的共青团工作实现新发展”的工作要求。以基层服务型团组织建设为统揽、继续深入推进区域化团建就是城市战线今年的重要任务之一。上海市对我们今天的会议十分重视，市委副书记应勇同志百忙之中专门出席会议并讲话，我们表示感谢！

一年多来，城市战线各级团组织把开展区域化团建作为激发基层组织活力、扩大组织有效覆盖的重点任务来抓，取得了阶段性成果。一是工作信号普遍传导。所有省份第一批推进的街道全面开展了区域化团建工作，形成了整体推进的工作态势；二是工作实效普遍提高。各地在推动组织共建、凝聚社会组织、配备骨干力量、整合社会资源、建设青少年综合服务平台等方面做了大量扎实有效的工作；三是建立了一些有效的工作机制。北京、四川等省份及多个地市级团委与党委组织部门联合发文，出台了行业系统团组织参与区域化团建工作意见、团的领导机关和团干部到基层“双报到”制度等等；四是探索了一些有用的工作方法。比如，党建带动、区街联动、双网互动、平台促动、资源撬动、项目驱动等等。成绩来之不易，在这里，我代表团中央书记处向团的城市战线全体同志表示衷心的感谢！

上海团市委在推进区域化团建方面一直走在全团前列，相信大家今天上午到现场观摩以后感受更直观了。其他地方也都有一些好做法，刚才七位同志的发言就从多个角度介绍了他们的经验和体会，都很好。借此机会，受宜智同志委托，我就进一步深入推进区域化团建工作，谈几点意见。

一、增强做好区域化团建工作的信心

什么是区域化团建？这项工作与我们过

去做的乡镇街道大团委建设、行业团组织建设、非公企业建团是什么关系？这些问题大家去年可能就已经搞清楚了。接下来我们的主要任务是“怎么做”的问题，坚定信心很重要。

第一，信心坚定是因为推进区域化团建符合中央对共青团当前工作方向的要求。

党的十八大以来，习近平总书记在对共青团工作的系列指示中，明确提出提高团的吸引力凝聚力和扩大团的工作有效覆盖的“两大战略性课题”以及大力推进团的组织创新和工作创新的“两个重要工作方向”。前不久，中央印发的《关于加强和改进党的群团工作的意见》，又特别强调了群团组织必须解决基层组织薄弱、有效覆盖不足、吸引力凝聚力不够以及组织工作和活动方式单一等问题。强调推动群团组织改革创新、增强活力。推动区域化团建，就是根据我国社会变革、青年流动等新变化新要求，着眼于基层团的组织方式创新、资源配置方式创新，归根到底是为了增强基层团组织的吸引力和凝聚力。区域化党建的进展也为开展区域化团建提供了经验借鉴和力量支持。我们推动区域化团建，与党建在基层形成的新格局、新成果主动衔接、努力跟进，就能使团建与党建在工作内容和工作空间上紧密结合。

第二，信心坚定是因为多年加强团的基层组织建设的经验教训为推进区域化团建提供了滋养。团的十六大以来，全团坚持不懈建组织、抓基层、支持基层，为推进区域化团建打下了坚实的基础。几年的实践告诉我们，只要基层强大，团的影响力就会强大，同时有些问题也困扰着我们：比如孤立的、封闭的、狭小的基层团组织生命力大多不强，“原子化”散布的青年如何组织起来，团的重点工作项目在单个基层团组织如何落实是比较困难的，破解这些问题就要考虑区域化团建。推进区域化团建，将普遍增强基层团组织之间的横向联系，促进团内资源和工作信息跨层级、跨区域、跨行业的流动和共享，弥补单个基层团组织的“短板”；将推动基层团组织拓展工作对象，适应青年学习工作生活的新特点，在活动开展上打破固有的组织边界，最大限度的凝聚和服务不同的青年群体；将构建实体化、区域型的服务大平台，开展常态化服务项目，增强团组织在青年中的存在感；将拉近团干部和基层青年的距离，打通服务青年工作的“最后一公里”。

第三，区域化团建是个系统工程，常抓不懈、久久为功符合工作的一般规律。区域化团建工作不是一般的小打小闹，而是团的基层组织方式、活动方式的革命性变化。这项工作目前仍处于一边探索总结、一边扎实推进的阶段。工作中，一些地方会存在认识上的偏差，一些地方会存在畏难情绪，一些地方会受客观条件的制约，一些行业团组织会找不到参与的具体路径等等，可能让有些团干部尤其是基层团干部感到困难很大。有困难、有问题很正常，关键是不能等、不能躲。我们要进一步坚定信心，充分认识这项工作的长期性和艰巨性，做好“打持久战”的准备。

二、大胆创新，持续深化区域化团建工作

区域化团建的主要内容是以建成基层服务型团组织为目标，打破行业、层级、所有制界限，促进区域内组织共建、资源共享、阵地共用、工作联动，健全和完善以团组织为核心，由青少年服务阵地、各类青年社团和青少年社会服务机构等有机结合的工作网络，形成网格化管理、阵地化服务、社会化运作、功能化发展的区域整体性工作格局。今天上午的实地观摩，对这项工作有了进一步的认识，概括为四句话：即党建带动是保障；组织发育是基础；机制建设是核心；贴近青年是关键。今年的工作要在深化、创新、制度等方面着力。

1. 坚持党建带动。一是要牢牢抓住党中央出台《关于加强和改进党的群团工作的意见》的契机，将区域化团建纳入党建整体格局。各级团组织要积极争取党政的支持，在党建格局中找准区域化团建的定位,从领导机制、工作载体、增强合力等方面全面实现“带”和“促”。要把党建的工作要求变为团建的工作任务,把区域化团建和区域化党建结合起来,借助区域化党建工作的有利工作态势,为工作提供有力组织保障。二是要充分借鉴党建的有益探索和宝贵经验。要紧扣基层服务型党组织建设工作,加强服务型团组织建设,强化团组织服务青年的功能,争取党政的支持。充分借助党建全覆盖的党群服务中心,加强团的阵地建设,为区域内团员青年开展活动提供场地和条件,特别是为“原子化”状态的青年寻找团组织提供标识,实现党建、团建的资源互动。三是要发挥团组织的积极性和创造性,以区域化团建的成果服务于党建。通过推进区域化团建工作,充分发挥团组织的积极主动性,创新组织方式和工作方式,探索在培育社会组织、承接政府事务、参与社会治理创新等新领域开展工作,提升吸引凝聚青年的能力,更好地服务于党建,服务于社会建设。

2. 推动组织活动机制创新。一是要建立区域性联建共建的组织格局。区域青年工作共建委员会是一个创新性的工作机制,是一个更加开放包容的工作平台。通过这一架构和平台,更多地把企业、机关事业单位、学校团组织、青年社会组织、甚至未建团的单位吸引过来,实现各类组织之间的共建、共赢、共享,推动团组织从单兵作战向整体联动转变。二是要形成广覆盖、横向到边、纵向到底的组织网络。横向到边,要求我们既巩固加强已有的基层组织,又不断培育新的组织载体。纵向到底,首先是要求团的各级领导机关重心下移,切实支持和服务基层,形成市区级统筹、街道层级互联共建、社区层级网格化的组织体系。三是要探索双网互动的组织新方式。充分运用好各类新媒体手段,并把它与传统的组织联系方式有效结合起来,对青年实现“网上 + 网下”、现实与虚拟的多重覆盖。浙江在这方面做出的探索就很有借鉴意义。

3. 加强工作统筹。一是团的领导机关要主动参与。在区域化团建推进中,重心在基层,但不是把任务甩给基层,团的领导机关要切实履行职责,重心下移,注重政策设计、制度保障、骨干培养,注重将工作项目和工作资源向基层注入,为基层开展区域化团建工作创造更好的条件。要建立制度性安排,如借鉴条管团组织和团干部到基层“双报到”制度、机关干部到基层驻点制度,让团的领导机关动起来,切实参与到区域化团建工作中。二是要加强团内条块统筹。区域化团建不是单一的基层组织建设工作,也不是一两个战线单打独斗可以完成的工作。要从整体的角度、用系统的思维来思考、设计,强化引条入块、区域整合。各条战线都要参与进来,看看哪些重点工作与区域化团建有联系,梳理一下哪些工作项目可以在区域化的工作机制和平台上进行落地。三是加强对社会资源的动员。要依托区域化工作平台,实现对各类资源的有效动员,挖掘新的资源、盘活存量资源。要转变工作理念和工作方式,遵循社会化的理念,通过合理的活动设计和工作模式,撬动和对接各种社会资源,整合各方面力量开展工作。四是要注重工作内容统筹。将区域化团建与青少年综合服务平台建设、新媒体工作、青年社会组织工作、青年志愿者工作等团的各项重点工作统筹推进;将非公团建、驻外团组织建设等纳入区域化团建整体格局,协同推进。我们要看到,共青团的根本职责是团的组织体系全链条共同完成的,比如有的团组织擅长兴趣吸引,有的团组织擅长思想引导,这两类组织要结合好,这是工作策略上要注意的问题,工作中要做到心中有数。

4. 要注重机制建设。一是参与机制。要推动建立条管团组织参与区域化团建的工作机制,协调各条管团组织的力量和资源推动区域化团建工作,同时在具备条件的地方,探索区、街两级区域化团建工作机制；推动建立团组织和团干部到基层“双报到”制度，实现团干部、团员青年在所在团组织、社区团工委的双重覆盖、双重管理。二是共建机制。要完善共建委员会的运行机制，如区域青年工作联席会议制度、共建委员会轮值主席制度。积极探索形成区域化的议事协商、资源整合、人才培养、活动共联、信息共享等运行机制。三是激励机制。要将参与区域化团建工作情况纳入五四奖章先进集体、五四红旗团委、青年文明号等评选表彰；将青少年社工、青年社团骨干、青年志愿者纳入青年岗位能手等评选表彰活动。在评选表彰过程中，注重听取所在街道团工委的意见，充分调动他们的工作积极性、主动性、创造性，为区域化团建工作源源不断地注入活力。各级青联组织要注重对区域化团建过程中出现的优秀青年代表和青年社会组织的引领、吸纳。四是考核评价机制。要树立日常化、过程化、实效性导向，科学设立和实施重点工作项目核查督办和评价通报机制，切实提高考核评价的质量和效率。要注意对基层首创精神的保护和鼓励。

需要强调的是，区域化团建不是把现有团的组织格局全部推倒重来，这项工作的主战场是基层，目的是为了活跃基层，特别是大型团组织参与这项工作是着眼增量，比如要解决单位依托型团组织视野和活动空间不够开阔，青年社会化受到限制的问题，以及对于农民工等没有单位的青年，如何解决社会归属感问题等等。强调组织联动，时刻不能忘记团组织发挥主导作用和核心作用，将各种社会组织纳入团的工作体系中，核心是增强团的吸引力和凝聚力；强调统筹，在基层是活动资源的叠加，不改变行业、系统团组织发挥专业化特长的定位；强调共享，前提是有得享，具备独立建团条件和生存条件的单位，建立团组织的工作不能停滞。

三、切实转变作风

1. 要坚持虚功实做、难事长做。城市共青团要将虚功实做的要求一以贯之，通过贴近实际、贴近生活、贴近青年的方式，不断深化青年文明号、青年岗位能手等品牌工作，做到品牌工作与思想引导工作相结合、相促进。要坚持难事长做。许多事情的价值与难度是正相关的，把难事分成若干小事，一步一步、一件一件长期坚持做下去就能取得实效。城市战线要按照既定的工作方向、工作重点、工作格局抓好落实，切实加强制度建设，拿出驰而不息、久久为功的韧劲，发扬“钉钉子”的精神，把重点工作一项一项做深、做细、做持久、做出实际成效。

2. 要加强工作研究，深刻把握城市青年工作的新特点、新变化。一是要研究新的青年群体。伴随社会新的流动分布趋势，青年又形成很多新的青年群体，比如新生代农民工、新生代白领、自由职业者以及“蚁族”等。城市共青团必须高度关注和研究这些青年群体的新特点、新变化，并以此作为工作创新发展的着力点。北京共青团在这方面做了很好的工作，研究成果学术理论性和实际操作性都很强。二是要探索新的工作领域。就城市战线而言，要特别注意研究创业规律和市场机理，进一步提高服务青年创业就业工作能力。要立体化、多层面扩大组织覆盖，重点向非公有制经济组织、社会组织、城市社区等领域延伸组织体系。三是要改进工作方式方法。要重视调研、加强统筹、抓好基层、强化督导，以科学的方法落实好各项工作。

3. 要改进作风，锤炼一支过硬的团干部队伍。团的十七届三中全会明确提出要从严治团。从严治团就包括切实改进作风，锤炼一支过硬的团干部队伍。一是要坚定理想信念。团的干部必须坚定理想信念，时时刻刻都要做到心中有党、心中有团、心中有青年。要加强对习近平总书记系列重要讲话精神的学习，高扬理想信念的旗帜,坚定自觉地同党中央保持一致。二是要强化基层导向。要通过制度性安排,使更多团干部日常性到基层调研、工作成为常态,把团干部推向基层、推上一线,使团干部在实践中接受锻炼、经历考验、得到提高,防止“机关化”“娱乐化”倾向发生。三是切实改进作风。大兴直接联系青年之风、学习研究之风、求实创新之风、清正廉洁之风,始终做到“好青年之所好,恶青年之所恶”,树立团干部在青年当中的实干形象。要珍惜在团的岗位上工作的机会,在共青团这所大学校里,扎扎实实地干工作、练本领、长本事。

同志们,去年一年,城市战线各级团组织取得的成绩,团中央书记处是充分肯定的。当前城市共青团工作面临难得的发展机遇,也面临很多新的挑战和课题。希望城市战线各级团组织深入贯彻落实党中央和习近平总书记系列重要指示精神,抢抓机遇,大胆创新,以更加奋发的精神状态、更加扎实的工作作风,深入推进区域化团建等全团重点任务,努力推动城市共青团工作实现新的发展。

贺军科在中华全国青年联合会第十二届委员会全体会议上的工作报告

2015 年 7 月 24 日

各位领导,各位委员,同志们:

受中华全国青年联合会第十一届常务委员会委托,我向大会报告工作,请各位委员审议,欢迎学联代表提出意见。

一、过去五年的青联工作

过去五年,我们党高度重视青年一代的健康成长,高度重视青联组织的工作和建设。党的十八大以来,以习近平同志为总书记的党中央进一步指明了坚持中国特色社会主义群团发展道路的前进方向,鲜明提出了中国青年运动的时代主题,明确指出了青联组织改革创新的重要任务。各级青联组织认真贯彻党中央要求,把握中国特色社会主义青年运动方向,紧紧围绕巩固和扩大党领导的青年爱国统一战线,高举爱国主义、社会主义旗帜,适应经济社会发展的新要求和青年的新变化,汇聚青春力量,汇聚青年智慧,积极开拓进取,推动各项工作扎实开展。

1. 以增进中国特色社会主义认同为核心,打牢各族各界青年团结奋斗的共同思想基础。思想认同是紧密团结的根本保证。五年来,各级青联坚持爱国主义与拥护社会主义、拥护中国共产党的领导相统一,以中国特色社会主义教育为重要内容,分群体、分领域、分界别组织开展理论学习、国情考察、形势政策报告等活动;广泛开展“我的中国梦”主题教育实践活动,吸引 2.4 亿人次青年参与,在社会体验、历史对比、国际比较中增强了对党的信任、对中国道路的信念、对中国未来的信心,增强了把个人建功立业梦想融入实现中国梦的生动实践的自觉性。发动各级青联以教育、交友、文艺、联谊和对口帮扶为重点,深入实施“民族团结代代传”交流计划,400 多万名各族青少年结对交流思想、增进了解。组织宗教界青年代表人士学习考察和培训交流活动,充分发挥他们在促进社会和谐中的积极作用。

2. 以学习习近平总书记系列重要讲话精神为重点，引导广大青年找准人生成长的正确航向。我们充分认识到，习近平总书记系列重要讲话是新的历史条件下党治国理政的行动纲领，是坚持和发展中国特色社会主义的最新理论成果，是实现中华民族伟大复兴中国梦的强大思想武器，也是当代青年健康成长的根本指引。各级青联组织广泛开展座谈交流、专题讲座、基层分享等活动，引导各族各界青年深刻领会讲话的重大意义、精神实质和丰富内涵。针对青联委员先学一步、学深一层、学实一些的要求，举办学习讲话系列活动，通过邀请专家讲解、论坛沙龙等载体，帮助青联委员真正理解党情、世情、国情，真正理解党中央对经济社会发展的形势判断和科学决策，进一步增强道路自信、理论自信、制度自信。充分运用网络新媒体手段和文化载体加强学习，开设"学习天天见""早安，青春""学习总书记北大讲话"等报刊专栏、微博话题和网络文化产品，超过亿次的青年点击阅读，在各族各界青年中形成了学讲话、树理想、立信念、比成才的热潮。

3. 以经济社会发展大局为广阔舞台，汇聚广大青年建功立业的磅礴力量。促进海内外青年在实现中华民族伟大复兴的生动实践中建功成才，是青联感召力凝聚力的标志。五年来，各级青联坚持服务大局与服务青年相统一，充分发挥组织动员优势、人才智力优势和社会资源整合优势，集中力量支持青年创业就业，面向大学毕业生、归国留学青年和城乡青年，通过举办见习、大赛、展会、推介会等活动，吸引18万个青年团队和6300余名留学人才参加创业，对接创投资金26.4亿元；各级青联委员、青企协会员累计为青年提供见习岗位43万个，数千名青联委员成为青年创业导师，为有志青年创造机会、提供帮助。继续扎实推进"科技之光"青年专家服务团、"博士服务团"项目和志愿服务西部计划，8.7万名优秀青年扎根贫困地区乡村支教支医，挥洒汗水、服务人民。组织动员广大青年投身社会公益事业，针对农村留守儿童、进城务工人员子女、残疾青少年等群体的需求，发动11万个志愿服务社团开展经常性结对帮扶；青基会、青创会等筹集资金20多亿元，资助22万余人次贫困学生完成学业，直接扶持数万名青年创业，累计动员和支持近千个青年社团参加扶贫济困、生态建设、抢险救灾等公益实践，服务实效进一步增强。

4. 以新兴青年群体和青年社会组织为增长点，壮大青年爱国统一战线。在党的领导下不断巩固和扩大对青年的团结，是青联组织立身发展的时代要求。五年来，各级青联积极发挥大团结大联合的组织优势，按照摸清底数、搭建平台、健全机制、合作参与的思路，大力加强对新兴青年群体和青年社会组织的政治引领、联系服务、示范带动，与10.3万家青年社会组织建立机制化联系，增设新界别并通过地方青联吸纳1100余名新兴青年群体中的优秀代表人士；充分发挥枢纽作用，通过争取政府购买社会公共服务项目经费等途径，筹措2.3亿元资金支持青年社会组织开展青年参与度高、公益性强的活动；培训新兴青年群体代表人士和青年社会组织骨干1.5万人，努力延伸青联的工作手臂。

5. 以有效发挥桥梁纽带作用为着眼点，代表、表达和维护青年权益。青联是青年的组织，是党和政府联系广大青年的桥梁和纽带，把青年成长发展的利益诉求和具体需求代表好、表达好、维护好，始终是青联的重要职责。五年来，各级青联依托"共青团与人大代表、政协委员面对面"活动载体，组织担任各级人大代表、政协委员的青联委员走进青年、了解需求，围绕完善青年就业创业政策、健全未成年人保护法律体系、进城务工青年权益保护、青少年成长社会环境优化、困境青少年救助帮扶等主题，在各级"两会"上以团体或个人名义提出议案提案4000余件，推动有关青少年政策不断完善。同时，各级青联委员和会员团体密切与青年的联系，发挥各自特长，积极开展社会倡导，积极参与各种形式的协商民主实践，努力营造关心青少年成长的社会氛围。

6. 以增强国家归属感和民族认同感为关键点，深化两岸四地青少年的交流合作。推进"一国两制"、早日实现祖国完全统一，是海内外中华青年的共同心愿。五年来，各级青联不断深化两岸青年联欢节、海峡青年论坛、内地杰出青年赴港交流等大型活动，不断完善两岸四地青少年社团的交流议事机制，注重突出思想沟通、情感融合和文化交流。积极促进港澳台青少年到内地创业发展，累计组织6000多名香港大学生到内地企事业单位开展暑期实习，积极服务台湾青年到福建、江苏、上海等地投资创业。继续组织实施香港青年培训计划、澳门青年议政能力训练计划和多种内容的港澳青少年国情考察活动，积极培养爱国爱港爱澳、推动两岸关系和平发展的青年力量。

7. 以服务党政外交大局为立足点，拓展中国青年对外交往。青年是和平友好的使者，青联是青年国际交往的桥梁。五年来，各级青联按照中央要求，围绕党政外交大局，推动青年民间外交实现新发展。举办"中欧青年交流年""中俄青年友好交流年"等国家级主题年，在中美、中俄、中欧、中英、中法、中韩、中印尼等国家级人文交流机制平台中切实履行成员单位职责。与印度、巴基斯坦、蒙古等14个周边国家开展大型青年交流活动，累计组织225个团组8352人次出国访问，接待242个国外青年团组来访，在双边、多边青年交流活动中积极传播中国声音，向全世界展示中国青年的良好精神风貌。

8. 以提升青联组织的凝聚力为目标，不断健全组织制度规范。针对青联组织自身建设实际，着力健全制度规范，对各级青联的组织设置、委员会规模、委员的条件标准和作用发挥等方面作出明确规定，完善主席会议、界别秘书长会议、省级青联秘书长会议制度和界别秘书长轮值制度等，保障青联有效规范运行。严肃处理违法违纪委员，维护青联组织纪律的严肃性。举办专题报告会、学习会、青年讲坛等，拓宽青联委员跨行业、跨学科、跨领域交流，努力将青联建设成委员相互学习、碰撞思想、共同进步的精神家园。

各位委员、同志们，过去五年的成绩，是党中央亲切关怀、坚强领导的结果，是各级党委政府和社会各界热情帮助、大力支持的结果，是青联委员和青联工作者履职尽责、真诚付出的结果。在这里，我代表全国青联第十一届委员会常委会表示衷心的感谢！向卸任的老委员们致以最美好的祝福！

回顾过去五年，在总结成绩的同时，青联自身建设和工作中的问题和困难必须引起我们高度重视。我们清醒地看到，青联组织和工作的创新步伐还没有跟上青年社会组织蓬勃发展和新兴青年群体不断涌现的时代趋势，影响了青年爱国统一战线的广泛性；青联组织代表和表达青年诉求的职能履行不足，脱离广大青年的问题较为普遍，影响了作为各类青年团体联合性组织的吸引力凝聚力；青联工作方式有待改进，存在机关化思维和娱乐化现象；青联组织建设还不完善，委员结构不尽合理，代表面不全，代表性不够；内部运行机制不够规范，各级青联组织、各团体会员、各级委员之间还没有形成联动整体；个别委员不珍惜青联委员荣誉，甚至违法违纪，影响青联组织形象。我们要以自我革新的巨大勇气和巨大决心直面问题、解决问题。

二、牢牢把握为中国梦而奋斗的时代使命

青联是党领导下的青年爱国统一战线组织，把各族各界青年团结凝聚在爱国主义、社会主义旗帜下，始终是青联的首要政治责任。随着改革开放和社会主义市场经济的不断深化，青年的价值观念更加多元，社会流动更加频繁，职业分布更加广泛，利益诉求更加多样。团结各族各界青年、凝聚青年人心的任务比以往任何时候都要迫切、都要艰巨。青联组织要深入贯彻习近平总书记系列重要讲话精神，切实保持和增强政治性、先进性、群众性，把青年最广泛最紧密地团结在党的周围，真正成为实现中国梦的坚实依靠力量、强大支持力量、深厚社会基础。

做好新形势下统战工作，必须正确处理一致性和多样性关系，不断巩固共同思想政治基础，找到最大公约数。中华民族伟大复兴中国梦的提出，抒发了海内外中华儿女深植血脉的百年情怀，是全国各族人民团结奋斗的最大公约数。青联组织要把伟大中国梦作为新时期青年爱国统一战线工作最鲜明的主题、最响亮的号角和最重要的资源，不断巩固和扩大实现中国梦的青年社会基础。

这一青年社会基础，核心是引导青年坚持中国道路，增强广大青年对中国特色社会主义的道路自信、理论自信和制度自信；灵魂是激励青年弘扬中国精神，在伟大的民族精神和时代精神指引下，始终团结一心、自强不息、朝气蓬勃；关键是凝聚青年的磅礴力量，推动各族各界青年焕发创造活力和奋斗精神，充分发挥生力军作用。这就是新形势下青联组织必须牢牢把握的时代使命。

肩负时代使命，青联必须始终高扬爱国主义、社会主义伟大旗帜。在当代中国，爱国主义与社会主义统一于中国特色社会主义事业之中。要把坚持爱国主义、社会主义与党的领导有机统一起来，引导青联委员和广大青年深入学习中国特色社会主义理论体系，深入学习习近平总书记系列重要讲话精神，把思想共识建立在对科学理论的理性认同上，建立在对历史规律的正确认识上，建立在对基本国情的准确把握上。

肩负时代使命，青联必须牢牢把握大团结大联合主题。青联自成立之日起，就始终把“团结”鲜明地写在自己的旗帜上。在新的历史条件下，青联要正确处理一致性和多样性关系，坚持聚同化异，用共同的思想基础凝聚青年，用共同的爱国情怀感召青年，用共同的奋斗目标激励青年，用共同的文化血脉联结青年。要把团结和引导结合起来，以鲜明的引导促进坚强的团结，以广泛的联系服务有效的引导，实现有方向、有立场、有质量的大团结大联合。

肩负时代使命，青联必须充分发挥在青年社会组织中的枢纽作用。在青年社会组织快速发展的背景下，巩固和扩大实现中国梦的青年社会基础，不仅要加强对青年个人的团结，也要加强对青年团体的联合。青联要进一步强化共青团的核心作用，强化作为各青年团体的联合组织的基本定位，发挥好会员团体数量多、界别设置广等独特优势，加强对现有各会员团体的联系和指导，注重吸纳社会功能强、辐射影响大的青年社会组织，广泛吸引和团结各类青年团体，构建起覆盖广泛、联系紧密的青年社会组织工作格局。

肩负时代使命，青联必须鲜明体现代表性和广泛性。代表性强是青联组织的存在基础和力量源泉。青联既要联系好、服务好青联委员，更要善于通过委员影响带动广大青年。要密切与广大青年的联系，组织青联委员、活动载体、工作资源走进基层、深入青年。要拓宽优化委员结构，广泛吸收来自基层一线的优秀青年代表，加强对新兴青年群体及其代表人士的联系引导和政治吸纳。要发挥青年合法权益“代言人”作用，有序反映青年利益诉求，努力为青年群众排忧解难，竭力为青年人才成长铺路搭桥。

肩负时代使命，青联必须始终保持改革创新的锐气。改革创新是青联事业发展的不竭动力。在青联工作的环境、任务和对象发生深刻变化的今天，必须正视面临的挑战和存在的不足，适应社会新变化，顺应青年新期待，不断推进青联工作和组织建设的实践创新、制度创新，在履行基本职责、扩大组织影响、体现青年特点、提高工作实效等方面实现突破。特别是要顺应网络新媒体快速发展的时代潮流，运用互联网思维探索工作新格局、新思路、新方法。

三、在协调推进“四个全面”战略布局中奋发有为

未来五年，是全面建成小康社会的决定性五年。青联要深入学习贯彻习近平总书记系列重要讲话精神，认真贯彻党的统一战线工作条例和中央关于加强社会主义协商民主建设的意见、关于加强和改进党的群团工作的意见，紧紧围绕“四个全面”战略布局，引领各族各界青年坚定理想信念、练就过硬本领、勇于创新创造、矢志艰苦奋斗、锤炼高尚品格，在实现中华民族伟大复兴中国梦的征程上作出积极贡献。

1. 打牢各族各界青年团结奋斗的思想根基。团结凝聚青年，第一位的任务是有效引导青年。青联要努力打牢各族各界青年为推进中国特色社会主义事业、实现中国梦而团结奋斗的共同思想根基。

用科学理论增进理性认同。组织各族各界青年深入学习中国特色社会主义理论体系，学习习近平总书记系列重要讲话精神，坚持读原著、学原文、悟原理，巩固思想理论基础；加深对党和国家大政方针的理解，增强立足本职贯彻落实讲话精神的自觉性和坚定性；掌握贯穿讲话始终的立场、观点、方法以及宽广视野和担当精神，努力做到学而信、学而用、学而行。

用共同梦想激发奋斗意识。深入开展“我的中国梦”主题教育实践活动，帮助青年了解党领导全国各族人民取得的伟大历史功绩，增进对祖国、对人民、对中华民族的热爱和对党的信赖，让更多青年敢于有梦、勇于追梦、勤于圆梦，自觉把个人追求与国家前途命运紧密结合。

用核心价值构筑道德支柱。着力推动社会主义核心价值观融入青年的生产生活、社会交往和精神世界，坚持宣传教育、榜样引领、实践养成相结合，大力推进青年道德教育实践活动，帮助青年明辨是非、善恶、美丑，积极向上向善、追求美好、传播美德。青联委员要带头在深入基层一线、服务广大普通青年中增进对人民群众的感情。要带头发出青年好声音，在网上唱响主旋律、弘扬正能量，带动更多的青年加入网络文明志愿者行列、争当中国好网民，为构建清朗网络空间贡献力量。

用民族团结强化精神纽带。以加强各民族青少年交往交流交融为工作着力点和出发点，广泛开展“民族团结代代传”等活动，落实好对口支援民族地区工作任务，做好宗教界青年代表人士工作，引领各族青年成为民族团结的坚定拥护者和有力推动者，坚决与民族分裂思想和行为做斗争。

2. 汇聚各族各界青年服务大局的智慧力量。青联组织汇聚着来自各个领域、各条战线的青年人才，具有较强的组织动员优势、人才智力优势、广泛联络优势，必须充分调动蕴含在广大青联委员和青年之中的活力和潜能，在服务经济社会发展中建功立业。

动员青年创新创业创优。进一步推动传统品牌项目与社会资源的有机结合，努力形成组织动员青年创新创业创优的整体功能、整体力量、整体形象。激励青年发挥乐于创新的特质，广泛开展青年科技创新、“挑战杯”竞赛等工作，继续建设和用好海外高层次人才联系窗口。帮助青年焕发勇于创业的锐气，深入开展博士服务团、西部计划、“科技之光”青年专家服务团等工作，带动更多青年到贫困地区、到基层一线艰苦创业；帮助更多青年投身大众创业、万众创新热潮；加强创业孵化，拓宽青年创业融资渠道，培育青年创业组织，推动促进青年创业立法工作和相关政策的完善。动员青年强化岗位创优的意识，开展好青年岗位能手、培养农村青年致富带头人等工作，激励青年立足岗位、争先创优。

组织青年为改革想招发力。着眼于破除制约发展的体制机制障碍，组织各行业青联委员结合自身实际积极建言献策，最大限度地贡献青年人才的智慧。着眼于为各领域深化改革提供鲜活经验，及时总结各级青联委员和广大青年在改革实践中的积极探索，反映给各级党政部门参考。着眼于推进法治社会建设，组织相关专业背景的青联委员和青年人才在开展立法评估、提交立法建议、监督法律落实等方面充分发挥作用。

引导青年倡行文明新风。着眼参与社会公益，深化学雷锋、志愿服务等活动，组织开展青年便于参与、乐于参与的“微公益”活动。着眼推进职业文明，深化青年文明号等岗位成才活动，在青年中营造起比学赶帮超的浓厚氛围。着眼倡导生态文明，深化保护母亲河行动，广泛宣传生态环保理念，倡导文明消费观念，引导青年积极建设美好家园。

3. 代表、维护、发展好青年权益。只有竭诚服务青年、切实维护青年合法权益，才能赢得各族各界青年的信任。当代青年在就业创业、交流交友、社会融入等方面面临不少困难，这也正是各级青联组织大有作为之地。

反映和表达青年普遍性利益诉求。坚持分散化、多频次、小规模原则，深入开展社会实践、国情考察等活动，组织青联委员加强对所代表青年群体的调查研究，了解和掌握他们的诉求。充分利用各级党代会、人大、政协以及青联的组织化渠道，深化“与人大代表、政协委员面对面”等活动，反映和表达青年声音。面向出任各级政协委员的青联委员出台专门规定，对任期内提出提案的方向、数量、质量等提出要求，加强集体提案工作。在有条件的地方设立青联委员青年事务基层工作站，探索建立党政充分授权下的青少年权益典型案件和热点事件响应机制。

有效服务青年成长发展的现实需求。继续把服务青年就业创业作为工作重点，发挥组织优势、动员社会力量，努力帮助解决青年在就业创业过程中遇到的技能、经验、信息、资金等问题。要为青年交流交友拓展渠道，注重运用青年喜欢的联络、沟通方式，积极搭建网络交流和信息服务平台。要为青年参与实践创造机会，广泛组织青年参加各类健康向上的社会活动，引导他们在实践锻炼中经风雨、长才干、强体魄。

有针对性地帮助青年解决具体困难。针对未就业大学毕业生，帮助他们树立正确的择业观念，提供更多专业辅导、资金支持的机会。针对青年农民工，大力开展职业培训、心理咨询、法律援助、文化娱乐、权益维护等工作，帮助他们融入城市生活。针对农村留守儿童、城市流动儿童，动员青联委员、青年社团与他们“手拉手”结对，做好经常性的学业辅导、亲情陪伴、感受城市、自护教育、爱心捐赠等工作。针对少数民族地区和贫困地区青少年，积极开展扶贫济困、捐资助学、医疗服务、慰问演出等各类公益活动，帮助他们解决学习、工作、生活中的现实困难。

4. 发挥在社会主义协商民主中的积极作用。代表和组织青年积极参与社会主义协商民主，既是青联履行基本职能、践行群众路线、增强组织生命力的重要途径，也是青联发挥桥梁纽带作用、组织青年实现有序政治参与的重要渠道。青联要努力探索行之有效的工作模式，在推动协商民主中发挥积极作用。

加强调查研究，提高建言献策水平。着眼于国家发展的重大战略问题，在言之有物、言之有理、言之可行上用心，为党政决策提供参考。加大对青年工作研究力度，主动提出工作建议，积极争取立法和政策支持。构建各层级青联组织的青年工作智库，为设计和推进工作提供决策参考和智力支撑。

开展政策倡导，有效用足已有渠道。梳理

和提炼各级青联开展政策倡导和推动政策出台的有效做法,积极争取面向青年的普惠性优惠政策和项目纳入规划,加大青年政策的呼吁力度,使之成为青联组织常态化的工作项目和履行职责的基本制度。

组织青年有序参与民主实践。积极协助推进人民陪审员、人民监督员、人民调解员选任工作,有意识地发掘培养具备良好素质、必备知识和参与热情的适任青年。引导和组织青年积极参加推进村民(居民)自治实践。积极参加推进企事业单位民主管理,引导青年职工通过职工代表大会等合法渠道表达诉求和意愿。

5.强化在青年社会组织体系中的枢纽地位。立足社会治理体制创新实践,青联要认真思考和谋划在青年社会组织体系中充分发挥枢纽作用的内容和机制,不断加强联系、服务和引导,努力在基层社会建立与青年社会参与方式相适应、以共青团为核心、以青联为枢纽、各类青年社会组织协同合作的青年工作体系。

拓展对青年社会组织的联系覆盖面。发挥青联组织的公信力优势和青联委员的专业性、广泛性优势,探索组织法律界别委员与权益类社团交流,新闻出版界别委员与传媒类社团交流,宗教界别委员与信教青年社团交流等工作模式。拓宽青联组织的"朋友圈",关注青年社会组织发育,加强对价值追求正面、社会功能强、覆盖青年广、热心青少年事业的青年社会组织的政治吸纳。

提高对青年社会组织服务的有效性。积极争取政府购买公共服务项目,与符合条件、有意愿、有能力的青年社会组织合作开展工作。动员青年社会组织参与青联开展的日常性公益项目。将青年社会组织的好想法好项目与青联委员做好事的意愿和资源、广大青年的爱心和时间充分结合起来,放大服务的惠及面。

增强对青年社会组织的价值影响力。动员更多的青年社会组织参与志愿服务、社区建设、生态环保等工作。不断挖掘社会迫切需要、青年乐于参与的日常性活动项目,让青年社会组织在青联的引导帮助下有更合适的舞台展示风采、更便捷的途径实现价值、更丰富的载体放大工作效益。

6.广泛凝聚和培养各方面优秀青年代表和青年人才。青联要广泛联系各方面的优秀青年,最大限度地发现、团结、培养、举荐青年人才,努力打造各族各界青年人才宝库。

发挥好联系凝聚功能。善于发现工人、农民、农民工等群体中的优秀青年代表。善于培养民族和宗教界、港澳台侨界杰出青年,积极联系吸纳其中的领军人才。学会同各类新青年打交道特别是沟通思想的方法,建立与归国留学青年、新媒体从业青年的经常性联系,深入"城漂"、"蚁族"等青年的工作生活,善于发现、鉴别新兴青年群体中的代表人士,择优政治吸纳。推动各级青联组织增设青年社会组织界别,及时吸纳积极向上、影响力强的青年社会组织骨干加入青联。

发挥好组织育人功能。以青联委员以及青联会员单位成员为重点,广泛开展实效性强的学习交流活动和实地考察活动,帮助各领域青年人才在实践中经受考验、增长才干。组织开展多种形式的学习活动,促进青年共同进步。认真倾听青年人才的呼声、需求和建议,努力为他们成长发展提供支持。大力宣传优秀青年人才,推动形成全社会关心重视青年人才、鼓励支持青年人才的良好氛围。

发挥好举荐人才功能。深化青年五四奖章、青少年科技创新奖、青年创业奖等评选表彰活动,配合实施好"千人计划"等人才培养项目工作,为青年人才更好发展牵线搭桥、提供机会。善于运用党政和社会组织人才库的对接机制,推荐青年人才到更高平台和更广空间发挥积极作用。

早日实现祖国的完全统一,是海峡两岸青

年的共同心愿；持续推进“一国两制”、保持港澳地区繁荣稳定，是港澳和内地青年的共同责任；实现中华民族伟大复兴，是海内外中华青年的共同梦想。要不断提高和扩大与港澳台青少年、海外青年侨胞的交流质量和规模，促进内地与港澳台青年、海外青年的大团结。要拓展加强与港澳台专业人士、社会基层代表人士的交往交流，加强与港澳台青年社团和社会组织的沟通、联络，加强爱国爱港、爱国爱澳骨干人才队伍培养，增进港澳青少年的国家归属感和台湾青少年的民族认同感。要拓展与海外留学人员的沟通联系，发挥好“海外学人回国创业周”“海外杰青汇中华”等工作项目的载体作用，用中国梦感召海外留学人员和青年侨胞。

当代中国青年更加自信地走向世界，是实践和平发展道路的生力军。要围绕党和国家外交工作大局，服务“一带一路”战略构想，进一步加强与世界各国青年和青年组织的友好交流与合作，增进了解，加深友谊，为推动建设持久和平、共同繁荣的和谐世界而努力！

四、大力推进青联工作改革创新

自身建设是做好新形势下青联工作的基础。各级青联必须坚持中国特色社会主义群团发展道路，坚持政治性、先进性、群众性相统一，坚持工作对象与时代要求相统一、队伍基础与组织性质相统一、工作方式与工作目标相统一、运行机制与发挥作用相统一、工作创新与工作规范相统一，着眼突出问题，坚持不懈推进、与时俱进加强自身建设。

1. 突出政治性，着力建设旗帜鲜明、团结奋进的青联组织。青联最核心的凝聚力和战斗力，来自于成员的共同理想以及为之奋斗的坚定信念。青联各会员团体、各位委员，来自不同领域、代表不同界别，正是在爱国主义、社会主义旗帜的感召下，共同团结汇聚在青联组织之中。这是青联组织必须始终坚持、不断传承的精神基因。青联必须把拥护党的领导，坚持爱国主义、社会主义作为巩固共同思想政治基础的主轴和底线。青联委员要增强政治意识，自觉把凝聚共识、增进团结作为履职的根本追求，始终与我们党同心同向同行。

2. 扩大代表性，着力建设覆盖广泛、结构合理的青联组织。青联作为统战组织，要敏锐把握青年群体日益分化、新兴领域青年大量出现的新特点，在界别设置特别是委员队伍结构上改革创新。优化青联委员职业结构，提高留学归国青年、新媒体从业者、青年教师、社会工作师等青年群体和新社会组织中优秀人士比例，提高科技、教育、医疗卫生、律师、会计师等专业技术人员比例，提高工农业和商业服务业一线优秀劳动者比例。严把入口关，建立更加科学明确的委员遴选标准、更加规范的委员推荐程序，以在广大青年中的代表性、示范性、影响力为重要标准，努力发现和吸收各个界别、各个领域的优秀青年。

3. 增强群众性，着力建设扎根青年、作风优良的青联组织。青联是党联系各族各界青年的桥梁和纽带。增强群众意识、践行群众路线、密切联系青年，应当成为青联组织和广大青联委员的思想自觉和行动自觉。青联组织要尊重青年主体地位，以普通青年需要不需要、喜欢不喜欢为基本标准，设计开展各项接地气、有影响的活动；积极走进基层、走进青年，努力契合基层青年的所思所想所求，尽力帮助有困难的青年解决实际困难；加强组织内部严格的纪律约束，锤炼求真务实的工作作风，形成团结进取的组织氛围。青联委员要增强界别意识和代表意识，经常性地深入各自所代表和联系的青年群体；模范遵守职业道德、社会公德、家庭美德，主动承担社会责任，始终保持积极的人生态度、良好的道德品质、健康的生活情趣，以模范的思想和行为带动更多青年共同成长进步。

4. 提升规范性，着力建设制度完备、机制科学的青联组织。青联作用的发挥靠完备的制度、科学的机制来保障。要坚持以章程为遵循,以更好发挥作用为目标,着力构建规范、管用、易行的制度和运行机制。要加强对地方会员团体换届的指导和监督,规范换届审批和报备程序,层层示范,提高各级青联建设的规范化水平。适应县域青年群体分化、青年统战工作必要性日益凸显的趋势,进一步完善组织体系,坚持团体会员制,规范县一级青联组织的设置。着眼于遴选出符合时代要求的青联委员队伍,建立梯度选拔机制,形成层层储备、重点培养、逐层推荐的格局。着眼于提高委员履职能力和水平,建立完善委员建议制度和履职考核制度,创造条件更好地发挥委员的建言献策作用。着眼于发挥青年参与协商民主的重要平台作用,探索实行青联常委会界别委员代表会议发言制度,为各界别青年反映诉求、提出建议、交流协商提供条件。

5.体现时代性,着力建设与时俱进、富于创造的青联组织。青联要积极适应互联网时代的特点,改造青联工作方式,通过网络更为广泛地了解青年、联系青年、服务青年,以互联网为平台更为便捷地部署和推进工作,努力实现工作效率和覆盖面的大幅提升。树立开放、平等、互动理念,组织活动请青年一起设计,部署任务请青年一起参与,表彰先进请青年一起评议,切实增强青联工作和组织在青年中的吸引力、亲和力。充分调动青联委员的主观能动性,发挥委员在青联工作中的参与和推动作用,提高青联组织的凝聚力和向心力。充分借助市场化、社会化的力量,发挥青联自身优势,努力形成有效利用党政资源、社会资源、组织内生资源的资源整合机制。

各位委员、同志们,当代青年是亲身参与中国梦实践的“奋斗一代”,也将是亲眼见证中国梦实现的“幸运一代”。民族复兴的伟大梦想催人奋进,青联的光荣使命激励我们戮力前行。让我们紧密团结在以习近平同志为总书记的党中央周围,以邓小平理论、“三个代表”重要思想、科学发展观为指导,深入学习贯彻习近平总书记系列重要讲话精神,高举爱国主义、社会主义旗帜,最广泛地团结凝聚海内外中华青年,在全面建成小康社会、实现中华民族伟大复兴中国梦的进程中书写壮丽青春!

贺军科在全国青联十二届一次常委会议上的讲话

2015年7月26日,根据录音整理

在党中央的亲切关怀下,在全体委员和工作人员的共同努力下,中华全国青年联合会第十二届委员会全体会议昨天胜利闭幕了。这次大会全面总结了过去五年青联的工作,研究提出了今后五年的工作任务,修改通过了新的全国青联章程,选举产生了新一届全国青联领导机构,完成了各项议程,取得了圆满成功。

党中央对这次大会高度重视。习近平总书记专门发来贺信,殷切寄语全国各族各界青年,对做好新时期青年爱国统一战线工作提出新的希望和要求。中共中央政治局常委、中央书记处书记刘云山等党和国家领导同志出席大会开幕式。中共中央政治局委员、国家副主席李源潮代表党中央向大会致祝词。刚才,源潮同志又亲切接见了全体青联常委并作了重要讲话。我们要认真学习领会,深入贯彻落实。下面,围绕贯彻中央要求和大会精神,我讲几点意见。

一、深入学习贯彻中央重要指示和全国青联十二届全委会精神,切实统一思想和行动

深入学习贯彻党中央和习近平总书记关于做好青年统战工作的一系列重要指示精神,在新的起点上大力推动青联组织、青联工作和青联事业发展,是今后一个时期各级青联组织和全体青联委员的首要任务。

要认真学习习近平总书记贺信和党中央祝词精神。习近平总书记的贺信思想深刻、饱含深情,对全国广大青年学习成才、健康成长、更加踊跃地投身全面建成小康社会和实现中国梦的伟大实践提出了殷切期望,为做好青联工作进一步指明了前进方向。党中央祝词充分肯定了广大青年在社会主义现代化建设中发挥的重要作用,充分肯定了各级青联组织按照党的要求,团结带领青年围绕改革发展稳定各项任务做出的积极贡献,对开创青联工作新局面提出了明确要求。总书记的贺信和党中央的祝词,为我们做好工作提供了基本遵循。

要深刻把握党中央对新时期青年爱国统一战线工作的重要要求。党的十八大以来,中央对做好新形势下的青年群众工作提出了许多新思想、新论断、新要求。青联作为党领导的青年统一战线组织,最重要的就是要坚定不移走中国特色社会主义群团发展道路,通过发挥青联作用、做好青联工作,实现各族各界青年的大团结大联合,努力团结一切可以团结的青年力量、调动青年中一切可以调动的积极因素,最广泛地、最紧密地把青年汇聚在党的旗帜下,肩负起不断巩固和扩大实现中国梦的社会基础的光荣使命。我们必须牢牢把握党的要求,紧紧围绕党的中心任务开展工作。

要统筹抓好全国青联十二届全委会精神的学习。今年以来,中央先后出台了关于加强社会主义协商民主建设的意见、关于加强和改进党的群团工作的意见,召开了中央统战工作会议、中央党的群团工作会议,颁布了党的统一战线工作条例,这些对做好青联工作具有十分重要的指导意义和很强的现实针对性。要把学习习近平总书记贺信和党中央祝词精神,同学习这些重要政策文件和会议精神紧密结合起来,通过专题学习、座谈交流、媒体宣传等多种方式,抓好各级青联组织和面向青联委员的学习宣传,切实把思想和行动统一到中央对青联工作的指示要求上来,增强做好工作的思想自觉、行动自觉。

二、在新的起点上,深入思考谋划青联工作发展中的重大问题

在筹备、召开这次会议的过程中,特别是最近几天以来,我的心情和大家一样,一直无法平静。我们深切感受到党中央对青联工作的殷殷厚望,也深知肩负的重要责任。青联新一届领导机构的产生,意味着历史的接力棒传到了我们手里。按照党的要求,努力接好这一棒、跑好这一棒,传承弘扬青联的光荣传统,把青联事业不断推向前进,这是我们的职责所在,也是对我们的信念、智慧、能力和作风的全面考验。

不久前,习近平总书记在中央党的群团工作会议上强调,要切实保持和增强党的群团工作和群团组织的政治性、先进性、群众性。对青联而言,政治性就是要把各族各界青年团结在爱国主义、社会主义旗帜下,引导青年听党话、跟党走;先进性就是要弘扬进步、向上、向善、向前的组织追求,发挥好人才智力优势,带动广大青年走在时代前列;群众性就是要广泛代表青年、始终植根青年、真诚服务青年。我们各位常委和各级青联组织尤其要深入思考、准确把握三个基本问题。

"统战谁"的问题。今天,我们正经历着经济社会的深刻变革,青年群体不断分化,新产业、新行业、新职业不断涌现,各类青年社会组织迅速发展,而我们的青联组织和人员组成还不能适应新的形势。既然是青年广泛的爱国统一战线组织，青联自然必须团结各个民族、各个界别、各个阶层、各个领域的青年和青年组织，否则就谈不上广泛性，也就无法发挥应有的作用。我们既要团结“体制内”的青年，也要团结“体制外”的青年；既要团结传统领域的青年，更要团结新兴领域的青年，比如，新媒体从业青年、新生代农民工、留学归国青年、青年社会组织骨干等。这次会议对青联的一些工作界别进行了更名、调整、合并或取消，就是要体现这样的工作方向，而不是仅局限于某些领域。

“统战什么”的问题。我们理解，简单来说是两条，一是汇聚思想共识，二是实现行动同向。习近平总书记强调，政治性是群团组织的灵魂，是第一位的。可以说，思想上的统战是最根本的统战，思想上的团结是最牢固的团结。我们工作的目标是团结凝聚广大青年，首要任务就是引导各族各界青年增强对党的科学理论、发展道路、政治方向和价值追求的认同，把追求一致性和尊重多样性统一起来，不断增强广大青年团结奋进的精神纽带和共同思想基础。思想上的共识最终要体现在行动中。青联的作用就是要通过工作和活动，把蕴藏在广大青联委员和青年中的潜能活力调动起来、激发出来，在“四个全面”的战略布局中发挥作用，在促进改革发展稳定各项工作中发挥作用，在民主协商、建言献策中发挥作用，在不同岗位、从不同角度为国家发展、社会进步和实现“两个百年”的奋斗目标做贡献，努力使青联组织成为推进国家治理体系和治理能力现代化的重要力量。

“怎么统战”的问题。完成好党交给的任务，履行好青联的职责，方向要明确、方法要对路。不代表青年、不替青年说话就无法团结青年、赢得青年，这就要求青联必须主动反映青年的利益诉求，服务青年成长发展的现实需求，解决青年面临的具体困难，当好青年的“代言人”。各行各业、各个领域都有很多拔尖人才、优秀青年，青联要善于发现人才，把他们选拔出来、培养起来、吸纳进来。青联组织有了各领域、各界别的代表还不够，关键是我们的青联委员要走到青年中去、与自己代表和联系的青年融在一起、打成一片，带着青年一起走，领着青年一起干，引领青年的思想和行动。青联的工作和活动要植根于丰厚的群众土壤，以广大青年为中心，让青年当主角，不能只限于少部分人，不能自我封闭、自娱自乐。

三、认真履职尽责，积极为推进青联建设和事业发展出计献力、添砖加瓦

青联事业是党的事业的重要组成部分，青联工作是党的统战工作的重要方面。长期以来，青联事业总是在一届又一届青联委员和青联工作者的接力奋斗中不断前进发展的。青联委员都是各族各界青年中的杰出代表，在座的231名青联常委更是经过层层推荐、优中选优、协商酝酿、大会选举产生的。在很大程度上，大家代表的不仅是个人，而是所在的团体、界别、行业。我们身上肩负着党的重托，肩负着全国广大青年和全体青联委员的期待，这既是荣誉、也是鞭策，既是信任、更是责任。我们应该增强“三种意识”。

增强使命意识。功崇惟志，业广惟勤。大家都是各个领域的佼佼者，都开创了一片天地。但无论什么时候都应当铭记，是党领导的改革开放和中国特色社会主义事业为我们建功立业、成长发展提供了广阔舞台，创造了人生出彩的最大机会。“计利当计天下利”。我们要坚定跟党走中国特色社会主义道路的信念，坚定在党的领导下实现“两个百年”奋斗目标的信心，勇挑重担、做好表率，引领广大青年把个人的梦想追求融入实现中国梦的伟大实践，始终与党同心、与人民同向，为国家发展尽责、为民族复兴出力。

增强创新意识。不日新者必日退。随着经济社会发展，青联的工作环境、工作对象、工作条件都发生了并且仍在发生着许多重要变化，青联的工作、活动和建设也面临着诸多挑战。我们要按照党的要求，紧跟时代步伐和青年发展变化，既要继承发扬青联工作中形成的好传统、好方法、好作风，更要以革故鼎新的勇气和锐气，改革创新我们的工作思路、工作理念、工作方式，深入思考、努力破解制约青联工作和青联事业发展的重大问题，使青联组织和青联工作永葆生机活力。希望各位常委发挥优势，积极为青联贡献智慧、出谋划策。

增强律己意识。不患位之不尊，而患德之不崇。做青年的表率，要体现在专业上、事业上，更要体现在人品修养上、立德做人上。青联要在社会上叫得响，青联委员要在青年中立得住，就必须加强约束。组织要规范管理，个人要严于律己。一段时间以来，一些社会公众人物疏于自律乃至违纪违法，给广大青少年带来了很大负面影响，其中也有青联委员。我们要在纷繁复杂社会环境中保持定力，培养良好品行，远离低级趣味，严格自我约束，不能“因为走得远而忘了当初为何出发”，更不能做不合法不合规的错事。

各位常委，这次大会选举我担任新一届全国青联主席，我深感重任在肩。在今后的工作中，我将按照党的要求，努力加强学习，认真勤勉工作，遵守组织规则，带头做好表率，与全国青联各位常委和副主席一起，紧紧依靠全体委员，为青联事业发展贡献力量。

青联的历史是光荣的历史，青联的事业是崇高的事业。让我们紧密团结起来，在党中央坚强领导下，务实进取，履职尽责，共同建设一个满怀理想、朝气蓬勃、奋发有为的青联集体，努力把党的青年统一战线工作不断推向前进！

罗梅同志讲话

罗梅在全团基层服务型团组织建设工作推进会暨全团组织工作会议上的讲话

2015 年 1 月 30 日，根据录音整理

今天上午，宜智同志亲自出席会议并作了重要讲话，鲜明提出“一个中心、三项基本工作”的任务要求。他强调，要抓住思想政治引领这个思想建团的中心，坚定广大团干部和团员青年的理想信念；要大力推动共青团组织创新，大力推进基层服务型团组织建设，狠抓团干部作风建设。宜智同志的讲话具有很强的思想性和针对性，对做好今后一个时期全团组织工作具有重要指导意义。

下午，同志们围绕学习宜智同志讲话精神进行了交流讨论。大家表示，通过学习讨论进一步深化了对习近平总书记关于共青团工作一系列重要要求的认识，增强了做好共青团组织工作的责任感和使命感；进一步深化了对今后一个时期全团组织工作要求的认识，明确了“一个中心、三项基本工作”的努力方向；进一步深化了对狠抓团干部作风建设重大意义的认识，坚定了从严治团、锤炼过硬团风的决心

和信心。

根据团十七届三中全会作出的工作部署，贯彻宜智同志讲话精神，我就做好2015年共青团组织工作讲四点意见。

一、深刻把握团的组织建设和工作面临的形势和机遇

1. 全面建成小康社会、全面深化改革、全面依法治国、全面从严治党为加强团的组织建设和工作提供了广阔空间和重要机遇。党中央确定的战略布局，为共青团围绕中心、服务大局，加强思想政治引领，团结带领广大团员青年投身全面建成小康社会实践提供了新舞台；为共青团适应全面深化改革要求，改革和改进机构设置、管理模式、运行机制，推动组织和工作创新，提供了新空间；为共青团依法依章程开展工作，加强制度建设和制度落实，提供了新遵循；为共青团落实团要管团、从严治团要求，锤炼过硬团风提供了新契机。我们必须把共青团组织建设和工作放到党和国家工作大局中去思考和把握，紧紧围绕当前和今后一个时期的中心任务，坚持在深化中提高、在创新中转型、在规范中发展，为共青团在落实中央重大战略部署中更好发挥作用，打牢组织基础、提供组织保障。

2. 中国特色新型工业化、信息化、城镇化和农业现代化发展进程为加强团的组织建设和工作带来了新的挑战和重要机遇。“新四化”的快速发展，深刻影响和改变着当代青年。青年大量快速流动，农村青年向城镇聚集，一产青年向二、三产转移，传统领域青年向新兴领域扩散。青年深度融入网络，工作在网上、社交在网上、购物在网上、娱乐在网上，成为互联网的“原住民”。青年社会聚集明显，突破传统单位和居住地，形成以业缘、趣缘、网缘等为纽带的新聚集方式。青年发展需求突出，学习成才、就业创业、婚恋交友、权益维护成为青年最关心、最现实、最迫切的需求，部分有困难的青年群体还需要帮助。经济社会发展和青年的变化，既给传统团的组织建设和工作方式带来挑战，同时也为我们创新发展带来重要机遇。青年在哪里，团组织就建在哪里；青年有什么需求，团组织就开展有针对性的工作。共青团组织战线要适应工作环境和工作对象的新变化、新特点，积极推动组织和工作创新，扩大组织覆盖，增强组织活力，努力使团组织成为联系和服务青年的坚强堡垒。

3.《中共中央关于加强和改进党的群团工作的意见》对加强团的组织建设和工作提出了更高要求，也带来了重要机遇。党中央最近下发了《中共中央关于加强和改进党的群团工作的意见》，从巩固和扩大党治国理政的群众基础出发，站在推进国家治理体系和治理能力现代化的高度，深刻阐述了新形势下加强和改进党的群团工作的重要性紧迫性，首次鲜明提出中国特色社会主义群团发展道路，明确了做好新形势下群团工作的主要任务和政策措施，充分体现了以习近平同志为总书记的党中央对群团工作的高度重视，是在新的历史起点开创群团工作新局面的纲领性文件。这是我们党历史上对群团工作最全面、最系统、最集中的一次部署，为我们做好新时期共青团工作，特别是团组织建设和工作带来了重大机遇。机遇来了，必须抓住。不论是推动党建带团建制度的贯彻落实、推动支持保障政策的细化落实，还是立体化多层面扩大组织覆盖、健全依靠团员青年推进工作制度，还是加强领导班子和干部队伍建设，都需要组织部门牵头落实。要强化机遇意识，积极担当作为，扎实推动这些政策举措落地生根。

二、清醒认识团的基层组织建设和基层工作存在的困难和问题

团十七大以来，全团高度重视基层，坚持狠抓基层、支持基层，把团的基层组织建设和基层工作作为团的“生命力工程”扎实推进。一是积极推动党建带团建制度安排有效落实，推动97%的地市和89%的区县召开了党建带团建会议或出台文件，强化了基层共青团工作的制度保障。二是在巩固传统领域团建基础上，着力推进非公企业、农村合作组织、驻外团组织、青年社会组织、行业和园区、互联网行业等新兴领域团建，进一步扩大了基层组织覆盖面。三是加强城乡区域化团建，努力推动实现区域内组织共建、资源共享、阵地共用、工作联动。四是推动青少年综合服务平台建设，在全团建设了一大批青少年之家、青年汇、亲青家园、市民学校、青年中心等综合服务平台，推动团的组织网络、工作力量、服务项目在青少年身边实现有形化、日常化。五是大力加强团干部队伍建设，深入开展大宣传大调研活动，建立基层联系点制度，初步形成全团下基层、调研到支部的态势；市县团的领导机关干部配备率大幅提高；大规模培训团干部成为常态。六是坚持不懈支持基层，坚持眼睛向下、重心下移，持续把工作资源、工作项目、工作力量、工作经费向基层倾斜，努力促进基层工作活跃。在全团上下的共同努力下，团的基层组织建设和基层工作取得了一定成效。但要清醒地看到，团的基层薄弱的现状没有发生根本改观，我们的工作距离中央要求和青年需求还有较大差距，主要表现在5个方面。

一是团的组织覆盖薄弱的问题依然突出。一方面，基层组织设置模式相对滞后，在非公企业、青年社会组织等新兴领域，在流动青年、自由职业者等青年群体中，还存在较多组织覆盖“空白点”，大量团员青年游离于团的组织覆盖之外。另一方面，部分基层团组织活力不足，有的甚至处于“瘫痪”状态，实际覆盖到的团员青年数量有限，部分团员青年慢慢从团的组织覆盖中“脱离”。

二是基层团组织工作资源和力量不足。虽然近年来全团不断加大支持基层力度，但由于基层团组织量多面广，缺钱、缺人、缺阵地、缺资源的现状依然普遍。在工作资源方面，借助党政资源不充分，承接政府职能转移缺少制度安排，社会化、市场化整合资源能力不足，整体上尚未形成持续有效的资源供给保障机制。近年来我们进行了不少面向“最后一公里”的制度设计，但有些制度安排还没有在基层得到落实。在工作力量方面，基层团干部配备不足、身兼数职、在编不在岗的问题较为突出。

三是基层团组织联系服务青年能力不足。部分基层团组织工作缺乏思想性、普遍性、针对性，导致工作实效性不够、吸引力影响力不足。有的工作偏离团的根本任务，一味迎合青年，成为青年的“尾巴”，产生“娱乐化”倾向；有的服务内容宽泛，不能结合青年特点和实际需求，难以得到青年认可；有的重形式轻内容、重开头轻过程、重宣传轻实效，简单地以“热热闹闹的活动”代替“实实在在的服务”，形式上很红火，但实际效果不好。部分基层团干部群众工作能力和水平有待提高，兼职团干部缺乏有效激励和约束，作用发挥受到影响。

四是团员的团员意识和先进性有待提高。部分团员理想信念淡化、团员意识弱化，在青年中的模范作用体现得不明显，导致团组织先进性受到影响。有的地方发展团员和团员管理工作抓得不严、不实，发展团员存在标准不严格、程序不规范，突击发展、低龄入团等问题，某省13岁入团的比例高达33.9%，12岁以下入团的比例高达12.3%；有的地方发展比例过高，存在全员入团等现象；“三会两制一课”这一基本组织生活制度执行得不好，有的基层团组织长期不召开组织生活会，疏于对团员的日常管理。

五是团干部作风需要改进。前不久，党中央书记处在听取团中央工作汇报时，指出共青团工作存在“机关化”倾向的问题，这实际上是团干部的作风问题。目前团干部队伍建设中存在的主要问题，就是宜智同志指出的抓而不实、缺乏实干，抓而不长、缺乏韧劲的问题。有的团干部把自己当“青年官”，而不是青年友，对青年没有深厚感情，融不到青年中。这些问题在实际工作中，有着不同的表现形式，严重影响了团的工作和形象，必须高度重视，下决心解决。

三、以建设基层服务型团组织为统揽，大力推进团的组织和工作创新

今年和今后一个时期，全团组织工作要紧紧围绕宜智同志提出的“一个中心、三项基本工作”的任务要求，以建设基层服务型团组织为统揽，大力推进组织和工作创新，抓好推动制度落实、健全组织体系、丰富服务内容、建设服务队伍、打造服务平台、强化基础保障六个方面的工作，深入推进区域化团建，扩大组织覆盖、增强组织活力，在破解两大战略性课题方面取得新进展。

建设基层服务型团组织，是建设学习型、服务型、创新型马克思主义青年组织的基础工程，是引领和统揽共青团全部基层建设和基层工作的重要载体。去年，团中央下发了《关于加强基层服务型团组织建设的意见》，明确了基层服务型团组织建设的总体要求、主要任务、方法举措等。在这里，我再重点强调几个工作原则。

第一，在服务目标上，坚持提供有效服务与加强组织引导相结合。培养中国特色社会主义事业建设者和接班人是根本任务，巩固和扩大党执政的青年群众基础是政治责任，围绕中心、服务大局是工作主线，共青团谋划推进工作不能偏离这三个根本性问题。共青团做服务的工作不能简单地为了服务而服务，而是要紧紧围绕思想政治引领这个思想建团的中心，将引导青年寓于服务之中，通过服务联系青年、凝聚青年，进而在青年中传播党的科学理论和政治主张，引导青年坚定理想信念。因此，既要把服务作为基层团组织建设的鲜明主题，为团员青年成长成才提供实实在在的服务，又不能掉入服务“陷阱”，要强化思想政治引领意识，要搭建有效载体促进团员青年更好地服务大局、服务社会。

第二，在推动力量上，坚持突出基层主体地位与强化团的领导机关责任相结合。基层团组织直接面对广大团员青年，是团的全部工作和战斗力的基础，是服务团员青年和团结带领团员青年服务大局的主体力量。加强基层服务型团组织建设，首要的就是要强化基层主体地位，充分发挥基层的首创精神，鼓励基层创造性地开展工作。同时，由于服务的资源更多集中在团的领导机关，服务政策的协调也主要靠领导机关争取，各级团的领导机关都要强化责任意识，坚持重心下移、资源下沉，加强指导和协调，努力实现资源整合、工作设计在领导机关，资源使用、工作落实在基层。

第三，在服务手段上，坚持线上对接需求和线下提供服务相结合。加强基层服务型团组织建设要特别注重线上工作，通过推进“双网互动”、电子团员证系统等信息化建设，建立网络青少年综合服务平台，扩大服务工作覆盖面、提高服务效率，尽可能多地联系和服务生活于“虚拟社会”的青年。同时，要注重将线上工作与线下工作相结合，下大力气强化线下工作的基础和支撑作用，使线上的想法、动议能够真正落实到线下的实际工作之中。

第四，在服务资源上，坚持“眼睛向内”与“眼睛向外”相结合。基层服务型团组织建设是一项团的建设的基础性工作，线长面广且对资源供给的要求非常高，需要整合多方面的资源实现对这项工作的持续稳定的支持。这就要求各级团组织既要“眼睛向内”，着眼于增强基层团组织的服务能力，把内功练好，把基础打牢；又要“眼睛向外”，善于借助和争取党政、市场、社会等方方面面的资源和力量。

第五，在服务内容上，坚持突出重点需求、重点群体与争取普遍性强的服务政策相结合。要看到不同领域、不同群体的青年在服务需求上存在着较大的差异性，同时也要看到青年在成长发展中遇到的困难存在一定的共性。因此，在设计服务内容时，既要体现针对性，特别是要着力服务农民工子女、残疾青少年、民族地区青少年、闲散青少年等困难青少年群体，突出服务青年就业创业等最紧迫最现实的重点需求；也要针对青年的普遍化需求争取覆盖全体青年的公共服务政策和服务项目，增强服务的普遍性和实效性。

第六，在服务路径上，坚持借鉴党建经验与突出团的特色相结合。基层服务型党组织建设的深入推进，给推进基层服务型团组织建设提供了参照系。各级团组织要坚持党建带团建，用好党建资源和党建载体，学习基层服务型党组织建设在总体布局、方法路径、项目设计方面的经验，确保基层服务型团组织建设保持正确的方向、取得更大实效。同时，由于党团组织之间在服务对象、服务资源、服务载体、服务内容上存在明显差别，团组织必须在工作中充分体现自身特色，提高工作针对性、有效性和持续性。

第七，在服务项目上，坚持按需设项与力所能及相结合。团员青年等服务对象的实际需求是加强基层服务型团组织建设的出发点和切入点。加强基层服务型团组织建设要做到问计于团员青年，从实际需求出发设计服务内容。要首先弄清楚哪些事情是共青团“应该做”“能够做”“做得好”的，在此基础上全力以赴，尽力而为，发挥共青团组织优势，挖掘整合资源，充分运用政府、市场和社会等多方面的力量有针对性地开展服务工作。

2015 年，共青团组织战线要重点做好以下几项工作。

1. 以学习贯彻《中共中央关于加强和改进党的群团工作的意见》为契机，进一步落实党建带团建制度安排。群团工作意见对加强党对群团工作的领导、推动群团工作改革创新做出了全面部署，很多内容是对党建带团建要求的深化和强化，有非常高的含金量，对于我们推动党建带团建落实、完善共青团工作制度保障具有重大意义。比如，《意见》明确提出，各级党委要加强对群团工作的组织领导，强调要建立和完善党委研究决定群团工作重大事项制度，把群团建设纳入党建工作总体部署；强调要统筹管好用好现有的群众活动阵地和设施，完善群团工作经费保障制度；强调要选好配强基层群团组织负责人，更多采用兼职、聘用等方式吸引优秀社会人才加入群团工作队伍。这些重要要求为进一步贯彻落实党建带团建制度安排提供了重要遵循。全团组织战线要抓住《意见》出台的重要契机，认真学习、深入研究《意见》精神，将贯彻《意见》精神与进一步贯彻落实党建带团建制度安排紧密结合，着力构建基层组织建设和基层工作的资源、项目、经费、力量等制度保障体系。

2. 统筹抓好传统领域和新兴领域团建工作，进一步健全组织体系。传统领域，以规范化建设和提升活力为重点，进一步加强农村、社区、国有企业、学校基层团组织建设，制定出台有关领域基层团组织工作规则或细则。新兴领域，继续狠抓非公企业团建、农村合作组织团建、驻外团组织建设、行业园区团建不放松，着力抓好互联网行业团建、青年社会组织团建工作。团中央与中央网信办去年底联合下发了《关于大力推进全国互联网行业团建工作的通知》，今年要推动在互联网产业集中的地区建立互联网行业团工委，推动重点龙头企业、行业影响较大的互联网企业，特别是商业网站、门户网站建立团组织。对于自由职业者等新兴青年群体，要积极创新基层组织设置，立体化、多层面扩大组织覆盖、延伸组织体系。思考如何充分利用同学情、校友情的社会机理，加强对毕业生团员的组织覆盖。要大力开展城乡区域化团建工作，强化引条入块、引外入内、区域整合，实现区域内组织共建、资源共享、阵地共用、工作联动。

3. 从严做好发展团员和团员管理工作。加强发展团员和团员管理工作，是落实从思想上建团要求的重要举措，是保持团员队伍先进性的关键所在。一是抓思想，加强团员政治引领。坚持贴近团员、贴近实际，组织团员积极参加理论武装、主题教育、实践锻炼，引导广大团员切实在思想上入团，在行动上发挥模范作用。二是抓源头，做好团员发展工作。按照2015年底将初中、高中阶段毕业班团青比分别控制在45%、85%以下，到2017年底实现初中、高中阶段毕业班团青比分别不高于30%、60%的目标，控制团员发展规模；严格执行年龄在14周岁以上方可申请入团的规定，规范发展程序、强化入团教育、保证发展质量。三是抓管理，增强团员意识。严明团的政治纪律和组织纪律，抓好组织生活会这个关键载体，严格执行“三会两制一课”制度，创新团内组织生活形式。

4. 大力推动团员成为注册志愿者工作。推动团员成为注册志愿者是增强团员的团员意识、提高团员队伍先进性的重要载体。推动团员成为注册志愿者要坚持“四个结合”，即：坚持组织推动与调动个人意愿相结合，逐步壮大队伍；坚持全面推进与重点先行相结合，发挥先进团组织和专兼职团干部的示范引领作用；坚持履行义务与力所能及相结合，从身边小事做起，从就近就便做起；坚持推动工作与加强组织建设相结合，增强基层团组织活力、提升团员队伍先进性。今年，要实现全部专兼职团干部和40%以上的团员成为注册志愿者的目标。这里要强调一点，就是要动员广大团干部和团员加入网络文明志愿者队伍，先当好网民，发出好声音，传播正能量，充分体现团组织思想上和政治上的先进性。做好这项工作，要抓同步，在团员成为注册志愿者的同时，同步注册成为网络文明志愿者；要抓骨干，首先抓好专职团干部队伍，然后带动兼职团干部队伍，最后影响带动普通团员。今年，要实现至少10%的团员成为网络文明志愿者的目标。这是全团当前的一项重点任务，也是各部门、各战线的共同任务，请组织部门和宣传部门、志愿者工作部门做好沟通和衔接，切实抓好落实。

5. 深入推动青少年综合服务平台建设。青少年综合服务平台是一定区域内团组织联系青少年和开展活动的依托、整合各类资源的载体、开展服务青少年工作的阵地、共青团服务社会和青少年参与社会实践的平台。其目的是解决基层缺乏阵地依托、服务能力不足的问题。各地在建设过程中，一是要注重“量”，积极建设一大批在青少年身边的有形化、日常化服务阵地，要在考虑每个阵地服务半径的基础上，通过大量的服务阵地，实现对青少年的全覆盖，今年要完成工作进度的40%；二是要注重“质”，不但“建起来”，更要“活起来”，要能够为广大团员青年提供实实在在的服务，把青年参与频度作为衡量工作成效的主要标准；三是要注重资源整合，发挥好团中央和各地专项支持经费的撬动作用，拓宽整合市场资源、社会资源的渠道，为建设平台和建成后持续发挥作用提供保障。今年，团中央将认定100个左右的全国示范性青少年综合服务平台，各省也要做好示范性服务平台创建活动。

在这次会议筹备过程中，宜智同志专门强调，组织部门要注重统筹、打通战线，对城市、农村、学校团组织建设应该统筹说任务、一并提要求。贯彻宜智同志要求，组织部门要发挥好四个作用。一是要发挥牵总作用，协调推进城市、农村、学校团组织建设和工作，既做到分工明确、相互配合，又做到方向统一、步调一致。二是抓重点难点。针对互联网行业等新兴领域基层组织薄弱，自由职业者等重点群体组织覆盖“空白点”较多等难点问题，组织部门要瞄准目标、迎难而上、重点突破。三是抓探索创新。既要注重追求建团数量、扩大组织覆盖，更要注重总结推广基层探索形成的经验，大力创新团的组织设置方式和工作方式，从方法论层面推动基层团建工作。四是抓规范和活力。要着眼于推动基层组织建设和日常工作的规范化，着眼于加强团员队伍先进性建设，着眼于提升组织活力的制度建设，多做打基础利长远的工作。今年，团中央将对《中国共产主义青年团地方各级代表大会组织选举规则（暂行）》和《中国共产主义青年团基层组织选举规则（暂行）》进行修订。

四、认真落实从严治团要求，锤炼过硬团风

团十七届三中全会提出，要坚持从严治团，锤炼过硬团风。上午宜智同志又从组织部门应承担的职责和工作角度，对坚持从严治团、锤炼过硬团风提出了明确要求，对在全团开展“团干部如何健康成长”大讨论活动作出初步安排。全团组织战线要深刻认识从严治团的重要性和紧迫性，认真贯彻落实宜智同志关于从严治团的一系列重要要求，锤炼团干部直接联系青年之风、学习研究之风、求实创新之风、清正廉洁之风。

1. 全团组织部门要切实担负起从严治团的责任。各级团的组织部门负有加强团干部和团员队伍建设的重要职责，也是从严治团的主要责任部门，必须树立强烈的使命意识、责任意识，认真履职，自觉担当，敢抓善管，作好表率。要把严格管理与关心爱护结合起来，既要要求团干部严格自律，对苗头性问题早发现、早提醒，也要多为团干部提供舞台，帮助团干部增强本领、成长锻炼。要加强对下级团组织的协管力度，一级管一级、一级抓一级，着力做好团干部选拔配备、教育培训和监督考核。

2. 聚焦突出问题，着力改进工作作风。要坚持问题导向，结合党政要求、社会反映、青年期望，认真梳理共青团作风建设方面存在的突出问题。对于形式主义、脱离群众、浮躁不实，以及共青团工作“机关化”“娱乐化”倾向等突出问题，要采取针对性措施加以改进。要严格落实团干部直接联系团员青年制度、基层联系点制度、调查研究制度，推动团干部在深入基层中改进作风。

3. 强化教育锻炼，打牢改进作风的思想基础。去年，全团加大了团干部培训力度，扩大了培训覆盖面，提高了培训效果。今年，要继续开展大规模团干部教育培训和实践锻炼，扩大覆盖面，提升培训效果。突出党性锻炼和理想信念教育，继续以深入学习习近平总书记系列重要讲话精神为重点，严格政治纪律、政治规矩和组织纪律。加强从思想上建团，不断坚定团干部的道路自信、理论自信、制度自信。强化实践锻炼，引导团干部在深入基层、深入青年中砥砺品质、改进作风。开展警示教育，使团干部摒弃“保险箱”意识、清水衙门意识，始终紧绷拒腐防变这根弦。

4. 加强制度建设。要制定和完善科学合理、务实管用的从严治团制度体系，坚持用制度管人、按制度办事，使制度成为刚性约束。着力建立完善组织生活制度、政治学习制度、密切联系青年制度、党风廉政建设制度、工作督导考核制度等，为建设优良团风提供坚实制度保障。要注意总结在党的群众路线教育实践活动中形成的好经验、好做法，注意吸收“团干部如何健康成长”大讨论活动中的好经验、好做法，注意发掘日常加强团干部队伍建设中形成的好经验、好做法，及时上升为制度安排，不断丰富管团治团的制度体系。

上午，宜智同志对在全团开展“团干部如何健康成长”大讨论活动作出了总体部署，这里我再谈几点具体安排。大讨论活动既是对党的群众路线教育实践活动的巩固，也是针对当前部分团干部存在的作风问题开展的一次教育实践活动，目的是引导广大团干部自省自励、懂得感恩，克服缺点、虚功实做，坚定信念、远离贪腐，树立正确的成长观。活动总体分三个阶段推进。

一是学习教育，听取意见阶段。在这个阶段，要注重抓好“一学三听一交流”。“一学”是学好中央要求和习近平总书记系列重要讲话精神，特别是习近平总书记关于青少年和共青团工作的一系列重要指示要求。“三听”是认真听取党政领导意见、听取基层团员团干部意见、听取普通青年意见。“一交流”就是举办“团干部如何健康成长”专题学习交流活动,覆盖全体专职团干部,同时也要将兼职团干部纳入活动范围。

在这个阶段,省市县三级团委还要完成“五个一”的规定动作:一场党的理论学习活动;一次党史、团史学习活动;邀请党政领导围绕团干部如何健康成长讲一次党课;团委书记分享一次成长感悟;搞一次“反面案例”警示教育。“五个一”活动要覆盖到辖区内的所有专职团干部和重点企业、高校的兼职团干部。

二是深入讨论,对照检查阶段。在这个阶段,注重抓好“一会三查一推荐”。“一会”是指开好组织生活会。“三查”指对照“自省自励、懂得感恩,克服缺点、虚功实做,坚定信念、远离贪腐”三项要求认真查找自身存在的不足。“一推荐”就是推荐身边的榜样。大讨论活动讨论是关键环节。各地要以党支部或团支部为单位,通过一对一谈心交心和内部讨论、联合讨论、交叉讨论,甚至跨区域(领域)结对讨论等多种方式,让每位团干部都能充分讨论、深入思考,找到自己的不足,发现别人的优点,学习身边的榜样。

三是承诺践诺,建章立制阶段。这个阶段重点在于“一建三促一落实”:“一建”是指建立规章制度。各地要围绕解决团干部普遍存在的突出问题,建立健全一批符合实际、工作需要、长期管用的制度规定,推动团干部健康成长常态化长效化。这是大讨论活动能否取得成功的重要标志。“三促”是指帮助促进改善或解决干部自身存在的突出问题、联系青年“最后一公里”问题和团组织创新发展问题三个关键性问题。“一落实”就是上级团组织要督促下级团组织将大讨论活动真正落到实处,取得成效。

大讨论活动是加强团干部队伍建设、推进从严治团的一项重要举措,全团要高度重视。各级团组织负责人不但要亲自组织、直接参与,更要率先垂范、以上带下。要把活动本身作为检验各级团组织及其负责人工作作风的重要载体,看思想是否重视,看责任是否落实,看推动是否有力,看效果是否明显。对在活动中工作怠慢、敷衍塞责、弄虚作假、流于形式的团组织和团干部,要敢于批评和处理,确保大讨论活动顺利推进、取得实效。相信经过全团努力,大讨论活动一定能起到统一思想、提振信心、改进作风的明显作用。

同志们,2015 年共青团组织战线使命光荣、任务艰巨。我们的工作面临许多挑战,但更充满机遇。我们要认真学习贯彻习近平总书记系列重要讲话精神,认真贯彻落实《中共中央关于加强和改进党的群团工作的意见》,按照“一个中心、三项基本工作”的任务要求,坚持虚功实做、难事长做,坚持狠抓作风,努力推动全团组织工作实现新发展。

罗梅在全国少工委六届六次全会上的讲话

2015 年 2 月 2 日,根据录音整理

这次会议的主要任务是:深入学习贯彻党的十八大和十八届三中、四中全会精神,认真

学习贯彻习近平总书记系列重要讲话精神，学习贯彻《中共中央关于加强和改进党的群团工作的意见》，学习贯彻中央对少先队工作的要求，学习贯彻共青团十七届三中全会精神，总结2014年少先队工作，研究部署2015年工作。

2014年，各级少先队组织认真学习贯彻习近平总书记系列重要讲话精神，学习贯彻中央对少先队工作要求，在各级共青团组织带领下，在各级教育部门大力支持下，牢牢把握组织属性，落实组织定位，开展了大量工作，取得积极成效。争取到31个省级党委下发加强少年儿童和少先队工作的政策文件，深入开展“红领巾相约中国梦”主题教育实践活动，开展少年儿童社会主义核心价值观教育实践系列活动，深入推进少先队活动课程和载体建设、辅导员专业化职业化建设、学科建设，深入开展少先队工作调研，切实加强少先队辅导员培训，不断增强基层少先队组织活力，各级少工委和少先队工作者队伍的凝聚力、战斗力不断提高，少先队专业化建设取得新发展。中央文明办、国家体育总局等多个部委都给予我们重要的工作支持。在此，我代表团中央书记处，向关心支持少先队工作的各级教育部门、中央和国家机关有关部委、部队、有关高校的同志们、专家学者，表示衷心的感谢，向广大少先队工作者致以诚挚的问候。

按照共青团十七届三中全会部署，根据2015年全国教育工作会议精神，按照团中央书记处和宜智同志的总体要求，我讲四点意见。

一、深入学习贯彻中央对少先队工作的要求，切实增强做好少先队工作的责任感、使命感

少年儿童的健康成长，是国家和民族的希望所在。少先队事业是党的事业、团的事业、教育事业的重要组成部分。大家都能深切地感受到，党的十八大以来，以习近平同志为总书记的党中央对少年儿童和少先队工作，给予了极大的关怀、厚爱和殷切的期望，提出了明确要求。各级少先队组织和广大少先队工作者要认真学习、深刻领会，将党的要求全面贯彻落实到少先队工作之中。

要深入学习贯彻习近平总书记等中央领导同志对少年儿童和少先队工作的重要指示精神。2013年、2014年，习近平总书记连续两年“六一”亲自参加少先队主题队日活动，发表重要讲话。在参加“快乐童年 放飞希望”主题队日活动时，希望少年儿童从小就要“立志向、有梦想，爱学习、爱劳动、爱祖国”，指出少先队组织要更好地为少年儿童服务。在参加“红领巾相约中国梦”主题队日活动时，习近平总书记在少先队入队仪式上亲手为新队员戴上红领巾，并主持召开座谈会，指出让社会主义核心价值观的种子在少年儿童心中生根发芽、真正培育起来，指出少年儿童培育和践行社会主义核心价值观，要做到“记住要求、心有榜样、从小做起、接受帮助”，少先队要坚持开展组织教育、自主教育、实践活动，更好为少年儿童培育和践行社会主义核心价值观服务，把广大少年儿童团结好、教育好、带领好。习近平总书记在多个重要场合，在中国梦教育、民族团结教育、中华优秀传统文化教育等方面，都对少年儿童工作提出希望和要求。习近平总书记的一系列重要指示精神为新时期少年儿童的健康成长和少先队工作的发展指明了方向，是做好新时期少先队工作的根本遵循。

中共中央政治局委员、国家副主席李源潮对少先队工作高度重视，多次提出重要要求。指出少先队是党领导下的少年儿童群众组织，是少年儿童思想品德教育和精神素质培养的大学校，是中国特色社会主义事业的战略预备队。指出用中国梦激发孩子们的理想梦、科学梦、创造梦、报国梦。指出让社会主义核心价值观成为引导少年儿童健康成长的星星火炬，坚持民族传承性、时代进步性、教育针对性、思想有效性和教育要形象化、情感化、榜样化、行动化。在共青团十七届三中全会上，李源潮同志要求，要加强团、队法治宣传教育，引导青少年增强法治意识、养成守法习惯，在法治中国建设中发挥积极作用。

我们要努力工作，把学习习近平总书记等中央领导同志对少年儿童和少先队工作的重要要求不断引向深入，结合实际抓好贯彻落实。

要认真学习贯彻中央书记处的重要指示精神。去年 12 月，中央书记处在听取共青团中央关于 2014 年工作情况和 2015 年工作安排的汇报时，提出重要要求。与少先队工作紧密相关的要求是，要牢牢扭住思想政治工作这个生命线，突出抓好理想信念教育，深入学习习近平总书记系列重要讲话特别是关于青少年和共青团工作指示精神，深入推进中国特色社会主义和中国梦宣传教育，引导青少年学而信、学而用、学而行，坚定道路自信、理论自信、制度自信。要抓紧抓好青少年的社会主义核心价值观建设，为树立正确的世界观人生观价值观打好基础。要认真做好第七次全国少代会筹备工作，尤其要充分体现党的十八大以来中央关于群团工作的新精神新要求。要认真谋划、精心准备，真正把会议开好。我们要结合少先队工作实际，认真思考研究有针对性的措施，落实好中央书记处重要指示精神。

要学习宣传贯彻《中共中央关于加强和改进党的群团工作的意见》精神。今年 1 月 8 日，党中央下发了《中共中央关于加强和改进党的群团工作的意见》，首次鲜明提出中国特色社会主义群团发展道路，明确了做好新形势下群团工作的主要任务和政策措施。以中共中央文件的形式，专门对群团工作进行部署，这是我们党历史上最全面、最系统、最集中的一次。习近平总书记特别强调，新形势下党的群团工作只能加强，不能削弱，只能改进提高，不能停滞不前。中央对新时期群团工作的高度重视，为我们全面推进少先队工作的新发展提供了重大机遇。《意见》明确指出"加强和改进未成年人思想道德建设，开展好少先队组织教育、自主教育和实践活动，帮助少年儿童养成好思想、好品格、好习惯。"我们要结合自身实际，认真学习、深入研究《意见》精神，找准结合点、切入点和着力点，将中央的要求变成少先队工作实实在在的成效。

我们初步考虑，要围绕以下四个方面抓好学习贯彻。一是认真学习领会《意见》中对少先队组织的要求，结合贯彻落实习近平总书记关于少年儿童和少先队工作的重要指示，统一思想，把好方向，抓好落实。二是坚持少先队组织属性，强化机遇意识、责任意识、服务意识，推进工作创新，增强组织活力。三是充分发挥少先队组织教育、自主教育、实践活动的特点优势。四是加强对当代少年儿童思想意识、行为规范形成规律的研究，把握新时期少年儿童的新特点、新需求、新变化，加强学科建设，提高少先队工作的专业化水平。

各位委员、同志们，我们正在面对和亲身参与一个重大的历史进程。中央提出实现中华民族伟大复兴的中国梦，全面建成小康社会、全面深化改革、全面依法治国、全面从严治党，当代少年儿童的成长历程和这一历史进程紧紧相连。习近平总书记提出，孩子们成长得更好，是我们最大的心愿。党赋予我们神圣的职责和重要的使命，就是要通过我们实实在在的工作，将党的关怀和厚爱送到孩子们身边、送到孩子们心上，就是要通过我们科学有效的教育，将党的希望和要求转化为孩子们成长的方向、发展的动力。我们必须始终保持坚定的立场和清醒的头脑，保持忧患意识和进取精神，承担起这份重任。全国少工委是全国少先队经常性工作的领导机构，每一位全国少工委委员都肩负着重要的职责。希望同志们团结一心、共同努力，落实好党交给的光荣任务，做出无愧于人民、无愧于历史的应有贡献。

二、以中国梦和社会主义核心价值观教育为主线，加强少年儿童思想引导工作

少年儿童时期是人生起步阶段。孩子就像小树一样，长正了才能成才，这就要靠正确的教育引导。少先队是党创立和领导的少年儿童群众组织，和新中国同步伐、共命运。少先队60多年的历史，积淀了很多宝贵的实践经验和教育理论，而少先队教育最重要的一项任务就是思想引导，就是将做人做事的道理教给孩子们，将跟着党报效祖国和人民的追求教给孩子们，将人类社会的美好理想教给孩子们。

要把思想引导作为少先队教育的灵魂和主线。团的十六大以来，我们一再强调，要牢牢把握少先队的组织属性。我们不能在剧烈的社会变革中迷失航向，不能在纷繁复杂的现象中迷失双眼。儿童性是少先队的基础属性，少先队是孩子们自己的组织，要尊重孩子们的主体地位，发挥孩子们的自主性。政治性是少先队的本质属性，少先队工作的全部目的就是为中国特色社会主义事业培养合格建设者和可靠接班人，用习近平总书记的话讲，就是要教育引导孩子们树立远大志向，培育美好心灵。

今天的孩子，既是国家建设和改革开放成果的受益者，更是中国未来发展的创造者。我们党作为中国工人阶级、中国人民和中华民族先锋队的性质，全心全意为人民服务的根本宗旨，终将由这一代孩子中成长起来的先进分子去传承，党和人民的事业终将由这一代孩子去开拓，中华民族伟大复兴的中国梦终将在这一代孩子手中变成现实。教育引导当代少年儿童从小听党的话、跟党走，逐步认识、深化理解、不断坚定走中国特色社会主义道路的理想信念，关系到国家和民族的未来。在少先队全部工作中，我们都要始终牢牢把握自身的组织属性，自觉用组织属性的立场和标准认识现象、把握本质、明确方向、安排措施，让我们的全部工作为孩子们所欢迎，更能帮助孩子们成长得更好。符合组织属性的工作，我们要多做、实做；不符合组织属性的工作，我们要少做，错误的坚决不做。我们要把思想引导作为少先队教育的灵魂和主线，按照宜智同志提出的“虚功实做、难事长做”的要求，理直气壮、旗帜鲜明、坚持不懈、持之以恒地抓好思想引导工作，把少年儿童团结好、教育好、引导好。

要以中国梦教育和社会主义核心价值观教育为重点，把握好思想引导的内容。重点抓好五个方面的教育内容。一是加强党、团、队组织意识和教育内容的衔接，培养少年儿童对党的朴素感情，开展跟党走中国特色社会主义道路理想信念的启蒙教育。要深入开展“红领巾心向党”等活动，将少先队的信仰启蒙教育与我们党带领全国各族人民进行革命、建设、改革开放的丰功伟绩，我们党在各个历史时期形成的宝贵精神财富，我们党战胜前进道路上一切艰难险阻获取的强大精神力量，带领广大干部群众坚定中国特色社会主义道路、实现中华民族伟大复兴的信念和信心等教育内容紧密结合。教育引导孩子们切身感受到党、团、队特殊而紧密的关系，增强对少先队组织的归属感、光荣感，立志做好接班人。

二是加强中国特色社会主义和中国梦教育，教育引导少年儿童从小为实现中华民族伟大复兴的中国梦做好全面准备。今年我们开展这项教育的重点是讲故事。习近平总书记指出，讲好故事、事半功倍。我们要深入开展“红领巾相约中国梦”等活动，组织动员孩子们寻找、讲述党和国家的历史故事、身边的故事、集体的故事、自己的故事，通过一个个鲜活、形象、有意义的红色故事、改革故事、劳动故事、奋斗故事、榜样故事、身边故事等，引导少年儿童认识中国梦，表达“我的梦”，特别是将自己小小的心愿、憧憬、向往和梦想，融入敢于有梦、勇于追梦、勤于圆梦的生动实践，为实现中国梦汇聚起强大的少年志向。要深入开展“少年军校”活动，教育引导少年儿童了解和认识“强军梦”，了解和认识人民军队和人民子弟兵，从小培育牢固的国防意识。要从正确认识个人和集体、自由和规则、权利和义务开始，培养孩子们对自己、对他人、对集体和社会的责任感，培养法治意识。

三是加强社会主义核心价值观教育，教育引导少年儿童认知、理解、践行“富强、民主、文明、和谐，自由、平等、公正、法治，爱国、敬业、诚信、友善”和“记住要求、心有榜样、从小做起、接受帮助”的要求，让社会主义核心价值观的种子在少年儿童心中生根发芽。每个社会都有自己的价值观，社会主义核心价值观是当代中国、今天社会孩子们健康成长的思想和道德指引，要告诉孩子们党领导人民要建设一个什么样的国家、一个什么样的社会，自己应该成为一个什么样的人，引导孩子们扣好人生的第一粒扣子。去年团中央、教育部、全国少工委联发了在中小学少先队员中开展社会主义核心价值观教育活动的意见，包括开展“核心价值观记心中”、选树最美少年、“争当美德小达人”、“说优点、讲不足，手拉手、同进步”等活动，帮助孩子们记住和践行习近平总书记“记住要求、心有榜样、从小做起、接受帮助”的要求。各级少先队组织要持续开展好，重在深化，重在普及，重在入心，重在践行。深化开展“学雷锋”活动，倡导开展“小手拉大手”亲子活动和“小小志愿者”活动，引导少先队员做好自己，影响家长和身边的人。

四是加强中华优秀传统文化教育。中华优秀传统文化体现了中国人的精神追求，蕴涵着非常宝贵的价值观教育资源。全国少工委已经部署，在今年寒假、春节期间开展“优秀传统文化在我身边”实践体验活动，动员少年儿童在大人的帮助下，从参加一项传统民俗活动、参观当地一个历史名胜、学讲一个传统故事、为长辈做一件事情、做一次文明宣传员等方面，体验中华传统美德，感悟中华优秀传统文化中蕴含的价值观。开展中华优秀传统文化教育，关键是取其精华、去其糟粕，发掘其重要的时代价值。要丰富优秀传统文化教育的基本内涵和教育形式、有效载体。要注意发掘中华民族优秀典籍、篇章的育人作用，帮助孩子们读好经典、讲好故事，得到教益。

五是加强民族团结教育。习近平总书记指出，要把爱我中华的种子埋在每个孩子的心灵深处。去年，19个省市和新疆、兵团的少先队组织，共同发起开展了“百万新疆少年儿童与内地少年儿童书信手拉手”活动，取得初步成效，得到中央领导同志的充分肯定。这项活动要细致、深入、科学地抓下去，从一封封连接各民族孩子们的信件开始，相互了解，结交朋友，互相帮助，相亲相爱，为长大以后手拉手、心连心，共同建设祖国大家庭打牢思想基础。今年，还要进一步促进辅导员之间、学校少先队组织之间的交流、交往。这几年，团中央、全国少工委和各级团组织、少先队组织举办了很多“各族少年手拉手”夏令营活动，要重在基层，注重普及，扩大参与，坚持将这项活动开展好，让更多的、越来越多的各族孩子受益。各省级少工委要按照团中央、全国少工委的统一部署，认真做好援疆、援藏和民族地区工作。要用好《民族团结十知道》读本、《民族团结一家亲》动漫、《相亲相爱一家人》微电影等文化产品，普遍推广到中小学校园少先队组织中间，让孩子们了解、喜欢，还要积极创新更多有地方特点的文化艺术形式和载体，不在大而全，重在有意义、有意思、效果好。

要运用和创新好少先队思想引导的方式和载体。做好少年儿童思想引导工作，既要靠教育内容本身的内涵，也要注重方式和载体，特别是要符合不同年龄段孩子们的特点。一是要坚持组织教育。发挥好少先队队章的教育功能，发挥好少先队大、中、小队集体和红领巾小社团的作用，发挥好少先队队会、队课、仪式、制度、鼓号等礼仪的作用，培养孩子们基本的认知和真挚的情感,加强基本知识教育。二是要坚持自主教育。发挥少年儿童的自主性、少先队小干部小骨干的带头作用,开展好少先队集体教育和队员之间的同伴教育。三是要坚持实践活动。要以每周1课时的少先队活动课为载体,普及少先队活动课程指导纲要,鼓励基层少先队组织大胆创新。要以清明节、“五四”、“六一”、“七一”、“八一”、中国人民抗日战争胜利70周年、烈士纪念日和国庆节、“十·一三”少先队建队纪念日、国家宪法日、国家公祭日等为契机,倡导各地少先队组织开展集中活动,给孩子们以集体的教育,增强少先队组织的影响力。少先队有很多品牌活动,现在的重点是品牌活动要品牌化,突出活动本质内涵,明确活动核心机制,增强活动内在吸引力,形成活动系统标识,让少先队的品牌活动在孩子们中间真正受欢迎,在学校、家庭、媒体和社会上扩大影响。比如,“少年科学院”活动已经有30多年历史了,对于培养孩子们的学习态度、创新意识、激发创新潜能非常重要,符合国家创新战略的要求,要科学研究,结合新的时代特点,面向基层,生动活泼地开展好。创新没有止境,“红领巾相约中国梦”“争当美德小达人”等活动,都是大家根据新的时代特点探索出来的,要坚持创新、务实创新、不断创新,增强少先队思想引导的吸引力、感染力、影响力。要重视少先队文化艺术活动的育人作用。少先队的实践活动要坚持公益性,引导孩子们在实践中体验,在体验中成长,采取符合规定的激励措施。

三、以深化为目标、创新求突破、制度作保障,全面巩固和活跃少先队工作

在共青团十七届三中全会上,宜智同志要求深入学习贯彻习近平总书记系列重要讲话精神,认真领会中央精神,深刻把握新常态下的共青团工作,要求全团必须树立“新常态思维”,以深化为目标,以创新求突破,以制度作保障。2015年全国教育工作会议提出,坚持稳中求进工作总基调,主动适应经济发展新常态,全面深化综合改革,全面推进依法治教,全面加强教育系统党的建设。结合少先队工作的实际,今年我们要重点做好以下工作。2014年少先队工作情况和2015年工作要点草案已经印发给大家,在这里,我就工作重点点一点题。

1.大力深化少先队专业化建设。去年11月,在上海召开的少先队活动课程和学科建设研讨交流会上,我们就有关工作进行了比较全面的研究和部署。这里不再详细阐述。加强少先队专业化建设,当前的重点主要是三个方面,一是少先队活动课程和载体建设,二是少先队学科建设,三是少先队辅导员专业化职业化建设。这三项建设是我们这几年一直坚持不懈努力的,取得了很好的成效。我们要很好地坚持和深化。

在少先队活动课程和载体建设方面,一是要在各级教育部门的支持下,继续深入落实《教育部关于加强中小学少先队活动的通知》,将每周1课时少先队活动课普遍落实到中小学课表和实际的教育教学实践中,体现在少先队工作和教育督导中,体现在即将修订的国家义务教育课程设置方案和各地的课程设置方案中。二是要推广普及少先队活动课程指导纲要(试行)。去年以来,根据党的十八大以来中央的新要求,研究课程规律和少先队教育规律,总结提炼各地在基层实践中得出的成果、反映的意见和建议,全国少工委组织多方面的专家学者对少先队活动课程指导纲要进行了修订。这次全会上请大家进行讨论,将根据大家和各地、各有关方面的意见修改后印发。三是区域化推进少先队活动课程建设。四是着眼于构建少先队活动课程体系,建立教研机制,研发教育资源,建设交流平台,做好评价考核。五是以少先队活动课为牵动,开展好少先队课内外、校内外、节假日活动。

在少先队学科建设方面,重点是发挥好开

设“少年儿童组织与思想意识教育”二级学科的40多所高校的作用，发挥好各级少先队工作学会的作用，发挥好科研机构的作用。要把握好学科建设的政治方向、学术方向、实践导向，大力开展质量和效益好的少年儿童和少先队工作重点课题研究，推进构建知识体系，形成精品课程和教材，培养学术学位和专业学位人才，深化少先队辅导员和少先队工作者培训，形成有少先队特点的“人才梯队”和“新型智库”。要探索在师范院校本科阶段开设“少年儿童组织与思想意识教育”必修课或选修课，让师范类学生在本科阶段有机会学习少先队教育理论和实践。要开展好少先队自己的史、论、法研究，也要开展好国际比较研究。

在少先队辅导员专业化职业化建设方面，主要是四项任务：一是深入贯彻落实团中央、教育部、人力资源和社会保障部、全国少工委《关于进一步加强少先队辅导员队伍建设的若干意见》。二是大力加强少先队辅导员分级全员培训。全国少工委将出台总体培训意见和培训课程内容，各级少工委要各负其责，今年面向全体辅导员特别是新任职的总辅导员、大中队辅导员，开展不同层级、不同方式的培训。同时，全国少工委将支持在全国建立起100个少先队名师工作室、100个少先队辅导员培训基地，并带动建设100个少先队小干部培训基地。三是深入推动少先队辅导员参评中小学教师职称“双线晋升”。全国少工委将研究制定少先队辅导员专业标准。四是深入落实团中央、教育部、全国少工委少先队总辅导员设置管理办法，配齐配强省级、地市级、区县级总辅导员。

2. 创新工作领域和工作方式。重点是做好“两个结合”、拓展“两项服务”。一是校内校外相结合：校内要增强活力。要建设好少先队大、中、小队集体，发挥少先队小干部小骨干的作用，小队活动要活跃、中队活动要经常、大队活动要规范，创新开展红领巾小社团活动，创建快乐、自主、友爱、向上的集体。今年，要适应中学生身心发展变化，根据需求，把握特点和规律，研究做好中学少先队工作，破解这道题，切实加强团队衔接和团前教育。校外要拓展领域。要结合团十七大以来城乡区域化团建的部署和格局，结合基层服务型团组织建设的条件，充分借助团的组织、城市、农村、权益、志愿者等战线力量，积极拓展社区和校外少先队工作，开展试点，努力突破。要重视保证安全，保证质量，建设少先队志愿辅导员队伍。要继续深化公益性、普惠性的夏冬令营和假日活动，为少年儿童创造更多的接触社会生活、接触大自然的机会。青少年宫协会、各地青少年宫和青少年活动阵地，要再接再厉，进一步发挥更好的作用。探索建立夏冬令营社会组织。一些地方少先队组织开展的“快乐活动日”“四点半学校”“知心家庭学校”“雏鹰假日小队”活动都很好，要继续探索，科学推广。

二是线上线下相结合：线上重在建设队伍、完善体系。要组织动员少先队辅导员加入网络文明志愿者队伍，推荐和选拔优秀代表做网络宣传员、网络评论员，动员和支持辅导员在网上开展少先队工作，敢于和善于开展舆论引导和舆论斗争。动员和鼓励少年儿童从小争当“中国好网民”。要以中国少年先锋队网和未来网红领巾集结号为枢纽，推进各级少先队组织网站建设和升级。建立全国少工委和各级少工委微信、微博体系。各级少工委要争取党政有关部门的支持，合理探索与互联网企业的公益合作。团的网络影视工作机构要再加把劲，发挥更大作用。加强中国少年报、辅导员杂志、中国少年儿童杂志、少先队小干部杂志等全国性队报队刊和各级少先队报刊建设、管理和推广，推动少先队新媒体和传统媒体相融合。线下重在创造内容、丰富产品。要围绕少先队思想引导的内容，整合资源，创作、征集和推广优质的、孩子们喜闻乐见的故事、童谣、歌曲、儿童画、图书、绘本、动漫、微电影、微视频、游戏等文化艺术产品。各级团属新闻出版机构要继续配合各级少工委，满足基层需要，做好研发推广工作。还要坚持眼睛向外，充分运用社会力量、专业力量，探索合作内容和路径。

拓展“两项服务”：一是关爱义务教育阶段农村留守儿童和进城务工人员随迁子女工作。团中央书记处决定，由团的少年工作部门牵头，农村、学校、权益、志愿者等部门和有关事业单位共同参与，统筹推进关爱义务教育阶段农村留守儿童和进城务工人员随迁子女工作。各地要建立相应的工作机制。我们要以这项工作为切入点，带动农村少先队工作。要配合党委政府有关部门，认真研究，发挥优势，统筹资源，量力而行，有针对性、重实效地开展好相关工作。少先队组织要继续深化城乡少年手拉手等活动，争取“流动少年宫”项目。“手拉手红领巾书屋”“平安行动”等项目和活动也要向这方面倾斜。二是开展群众性少年儿童体育活动。对于今天孩子们的体质和体育锻炼，习近平总书记非常关心，团中央书记处和宜智同志非常重视。少先队组织要认真研究切入点和发力点，积极争取政府有关部门支持，开展“我与运动交朋友”等群众性少年儿童体育活动，引导城乡少年儿童锻炼身体、增强体质，养成好习惯。

3. 强化少先队工作的政策保障。一要结合贯彻中央关于加强和改进党的群团工作的意见，一并考虑落实各省级党委已下发的加强少年儿童和少先队工作的政策文件，抓深入、抓细化、抓落实。这项工作去年大家付出了很多努力，非常不容易，现在看来取得了非常好的实效，为各地少先队工作提供了实实在在的支持。今年，要推动省级党委文件政策一个地市一个地市、一项政策一项政策地落实下去，在基层普遍落地，让孩子们和辅导员普遍受益。二要争取承担政府职能转移和政府购买服务项目。在全面深化改革的进程中，这是一个大机遇，我们要很好地抓紧研究、系统梳理、积极探索少先队承接政府职能转移的政策、项目、内容和机制，力争接得住、接得好。全国少工委将出台指导意见。各地要结合本地实际，积极探索，主动作为，科学推进。要注意的是，在这项工作中要融入思想引导，着眼长效机制，不图一时一利，重在增强服务能力。

4. 开好第七次全国少代会。中央书记处已经原则同意今年召开中国少年先锋队第七次全国代表大会，这是全国少年儿童和少先队组织政治生活中的一件大事。我们要认真筹备，把这件大事办好。进行系统总结和未来五年的工作规划，做好思想准备。坚持基层导向，选好代表委员，做好组织准备。全国少工委将在会议文件、人事安排、活动策划等各方面，充分征求各地意见，请大家集思广益，群策群力，把我们自己的大会开好。各地要结合贯彻少代会精神，坚持全团带队，密切团教协作，争取党政支持，加强各级少工委建设，加强少先队各项基础建设，完善制度机制。今年，全国少工委还将评选表彰全国优秀少先队员、少先队辅导员、志愿辅导员和先进集体。各地要注意发现和宣传先进典型。

四、落实从严治团要求，加强少先队工作者队伍建设

团中央书记处对落实从严治党、从严治团的要求是非常明确的。教育部对加强教育系统党的建设有非常明确的要求。全国少工委委员和广大少先队工作者必须认真落实。这里我提三点要求。

1. 增强政治素质。少先队工作者要牢牢把握少先队的组织属性，忠诚党的事业，认真贯彻中央精神，认真学习贯彻习近平总书记系列重要讲话特别是对少年儿童和少先队工作的重要指示精神，切实提高思想政治素质。少先队工作者中的每一名团干部，要带头严格自律，以好的思想、好的作风、好的品格，做少先队辅导员的表率，做孩子们成长的榜样。广大少先队辅导员要在孩子们日常的学习、生活中做良师益友,在互联网上也要做孩子们的保护、教育、引导者。

2. 提高工作能力。一是要调查研究。调查研究始终是我们工作的基本功和生命线,也是养成好思想、好作风、好品格的源泉。各级少先队工作干部都要主动、经常、积极地到孩子们中间去、到辅导员中间去、到中小学少先队组织中间去,努力认识和把握当代少年儿童的新特点、新需求、新变化,与孩子们交朋友,与辅导员交朋友,与校长和教师交朋友,真心关心、帮助少先队员和辅导员,提高做群众工作的能力。今年新学期开学初,各级少工委的同志要全员到中小学调研蹲点一周以上,扎扎实实开展调查研究。二是要用心学习。用心学习中央精神,善于认识大局、了解大局、服务大局,多学习一些教育学、心理学、政治学、社会学、管理学、传播学等有益知识,认识和学习经济发展新常态,多学习一些历史,静下心来读书,安下心来钻研,提高自己的修养、素质和能力,朴素做人,扎实做事,务实进取,健康成长。

3. 始终爱岗敬业。一生中有一段时间从事少先队工作是非常难得的,也是格外值得珍惜的。有很多老少先队工作者,为少先队工作奉献了一生,我们要向少先队工作的前辈学习,真心热爱孩子们,尊重孩子们,保护孩子们在自己组织中的主体意识,扩大孩子们在自己组织中的话语权,让少先队的时光成为孩子们一生中最难忘的时光,让少先队的教育成为孩子们一生宝贵的财富。我们要以对党的忠诚、对孩子们的爱心、对教育科学的尊重和执着,书写新时期少先队工作的新篇章。

汪鸿雁同志讲话

汪鸿雁在2015年全团青年志愿者工作座谈会上的讲话

2015年5月7日,根据录音整理

党中央对青年志愿者工作高度重视。去年五四青年节前夕,习近平总书记给河北保定学院西部支教毕业生团体回信,希望越来越多的青年人到基层和人民中去建功立业。去年7月,习近平总书记寄语南京青奥会志愿者,勉励大家积极传播中华文化、讲好中国故事,用青春的激情打造最美的"中国名片"。习近平总书记的重要指示和殷切期望,为青年志愿者事业长远发展指明了正确方向、提供了根本遵循。去年以来,李克强、李源潮等中央领导同志以各种方式多次参加志愿服务活动,并对做好志愿者工作作出重要指示。去年12月底,党中央书记处听取共青团工作汇报时,对青年志愿者工作给予充分肯定。这些,都为我们深入推进青年志愿者工作指明了方向。

团中央书记处就深入贯彻落实党中央重要指示精神,加强青年志愿者工作作出了部署。去年以来,宜智同志多次出席青年志愿者活动,并与志愿者亲切交流,先后就研究生支教团、志交会、暖冬行动、青年志愿者禁毒宣传教育等工作作出批示，我们要认真落实。刚才，几位同志分别从创新社会治理、志愿服务体系建设、信息平台、政府购买、文化宣传等角度谈了新思路、新做法、新成果，讲得很好。关于2015年全团青年志愿者工作安排，年初已与大家作了沟通。这里，受宜智同志委托，就青年志愿者工作，讲三点意见。

一、2014年全团青年志愿者工作实现创新发展

1.青年志愿者工作思路进一步明晰。我们抓好《中国青年志愿者行动发展规划（2014—2018）》的分解落实，通过深入开展工作调研，客观分析面临的机遇和挑战，明确了工作思路，形成了发展共识，提出了当好中国志愿服务事业“排头兵”的工作定位，不断增强工作的原则性、系统性、科学性和预见性。通过中国青年志愿者协会第四次会员代表大会对工作定位进行了解读和阐释，为各级团组织开展工作提供了遵循和指导。全团形成了“抓项目建设、抓基础建设”并重的“一体两翼”的工作思路。一方面，不断夯实基础建设。在团中央层面，强化了部门设置，增设组织培训处、文化宣传处，并对相关项目处室设置进行调整，为顶层设计汇聚了最优合力。在各地，大家加强流程管理，有力提升了在实施规模、组织覆盖、队伍建设、机制标准、影响力、公信力等方面的核心竞争力。另一方面，继续完善项目体系，以重点品牌项目为牵动，以志交会为平台，引领其他项目同步成长，形成了“3+1+X”的工作体系。体系中的“3”是指三个在全团部署，全团考核的重点项目，即阳光行动、关爱行动和西部计划。“1”是指依托志交会和项目大赛而建的项目库，“X”是指非全局性、非全年性部署的项目。通过抓基础建设为项目发展提供保障，同时抓项目建设又促进基础性工作建设，两者相互促进，如“鸟之两翼，车之双轮”，共同驱动事业发展。

2.青年志愿者行动的重要品牌得到深化。去年，我们不断在“创新”上做文章，逐步扩大志愿服务领域。联合中国残联，启动实施了“阳光行动”，通过层层发动和社会动员，征集并遴选首批100个示范项目，动员志愿服务团队66737个，招募助残志愿者126.8万人，结对残疾青少年212.2万人，覆盖残疾青少年比例达45.5%，实现了这项工作的良好开局。天津、上海、浙江、湖北、广东、重庆、四川、陕西等8省市党政领导同志还对工作提出明确要求。北京、辽宁、重庆等省区市和兵团把“阳光行动”纳入到共青团、残联考核范畴。联合国家发展改革委、公安部、交通运输部、中国民用航空局、中国铁路总公司，启动中国青年志愿者服务春运“暖冬行动”，组织动员12.7万名志愿者在全国各大火车站、机场、道路、港口等2.7万多个服务岗位开展志愿服务，服务时长达918万个小时。国家发展改革委在春运总结中提出，今年的工作较之往年有一个最大的不同，就是“暖冬行动”实现了志愿服务活动对交通站点的全覆盖。继续在“深化”上动脑筋，加强对固有品牌项目的统筹规划、宏观管理和协同推进。深入实施“关爱行动”，通过提升摸底结对率、壮大服务队伍、推进“七彩小屋”等阵地建设，拓展“七彩课堂”服务模式，全面深化了机制、队伍、阵地、内容“四位一体”的工作格局。目前，这项工作已在全国2856个县市区旗广泛实施，结对农民工子女学校5.6万所，共动员590万青年志愿者与1500多万农民工子女建立长期帮扶关系。扎实推进大学生志愿服务西部计划，全年共招募志愿者19067人，在22个省区市和新疆生产建设兵团的2100多个县市区旗开展服务，建立了志愿者人身保险和安全健康管理体系。持续实施海外服务计划，向毛里求斯、塞舌尔等非洲国家接力派遣志愿者33名，健全《中国青年志愿者海外计划操作规程》。加强与公安部禁毒办等部门的合作，推进了青年志愿者禁毒宣传教育工作。

3. 志愿服务平台建设实现突破。去年，我们联合民政部、中国志愿服务联合会，会同广东省人民政府、中共广州市委举办了志愿服务广州交流会暨首届中国青年志愿服务项目大赛，通过省市项目申报、全国赛项目评审、现场集中展会、颁奖礼等活动，共评选出金奖项目100个，银奖项目405个，资助项目897个，现场签约额达3784万元，牵动了全国3万多个志愿服务组织、社会组织，超过500万名的志愿者参与到大赛和展会中，实现了“志愿服务组织、志愿服务项目、志愿服务资源”有效对接，志交会成为共青团抓青年志愿者工作的一个创新、创业、创优之举。初步推动了信息平台建设。“互联网+”已经成为时代发展不可逆转的潮流，如何响应时代号召，这是我们面临的重要课题。目前，中国青年志愿者管理信息系统建设已经筹划起步，通过走访运营商、相关部委和科研机构，形成了信息平台建设的思路和方案。同时，各地也有了相应的探索，北京的“志愿云”、上海的“我志愿”、江苏的“志愿者打卡器”、浙江的“志愿浙江”、四川的“志愿四川”、广州的“志愿时”、杭州的“志愿汇”等管理信息系统上线运行，青年志愿者信息化建设得到了明显加强。有效拓展了实体平台。去年，我们还围绕重点项目，扎实推进“七彩小屋”等终端服务阵地标准化建设，目前已建成“七彩小屋”1141个，有效推动服务常态化发展，牵动各地建设规范化服务阵地近4.9万个。北京青年汇、上海青年家园、重庆市民学校等实体化阵地建设，打造了便于参与、开展志愿服务的平台。

4. 中国青年志愿者协会建设取得新进展。通过加强组织领导，凝聚各方资源，形成了事业发展的强大合力。依托协会成立了中国青年志愿者事业发展基金，有序梳理近年来合作单位、项目情况，实现了资源整合。去年实施的重点项目、志交会和协会换届等工作，基金在其中发挥了不可替代的作用。在协会换届中，调整了成员组织结构，吸纳了发展势头好、社会功能强的青年公益社会组织加入协会，使之成为团属志愿服务组织可覆盖、可影响、可协调的社会正能量。同时，通过组织发现、活动吸引、社会推荐等方式，凝聚了一批积极向上、影响力强的公益组织负责人和社会青年团体骨干成为协会理事，进行长期联系和培养。这充分体现了我们社会化的工作思路和方法，既坚持多方参与，广泛吸纳了各类社会组织，又保持了我们在青年公益社会组织中的主体地位。为推动协会实体化运转、专业化提升和社会化动员，专门成立了基金管理与社会合作委员会、项目发展委员会、权益保护工作委员会、文化宣传工作委员会、理论研究工作委员会、高校志愿者工作委员会、企业志愿者工作委员会等7个专门工作委员会，汇聚了各个领域、地区、部门的精英人才400多名，工作力量得到了极大加强。

青年志愿者事业得到各级党委、政府的高度重视。31个省区市、兵团和中央有关部门、中央金融机构、国有大型企业党政领导同志通过开展调研、出席活动、作出批示等方式，多次对青年志愿者工作给予明确指导，北京、天津、上海、浙江、湖北、西藏、陕西、新疆等省区市和兵团党政主要领导同志还多次与青年志愿者专题座谈，倾听青年志愿者意见建议。辽宁、上海、江苏、浙江、河南、新疆等省区市出台了志愿服务事业发展规划纲要。吉林、河南等地团组织积极会同财政、国资委、银监等机构，对联合实施专项行动作出制度性安排。各地各系统团组织深入推进了青年志愿者工作发展。河北省启动实施了“太行山—燕山扶贫攻坚计划”，山西省将“七彩课堂”与维权工作有机结合，内蒙古自治区组织了西部计划十周年文艺汇演，黑龙江省加强了对民间志愿者组织的吸纳和指导，福建省注重做好民间青年公益组织凝聚服务工作，江西省启动实施了“防艾志愿服务行动”，山东省强力推动了社区志愿服务阵地建设，海南省大力推动了旅游、交通志愿服务常态化，贵州省实施了绿丝带行动，云南省开展禁毒宣传教育活动，甘肃团省委与中央企业团工委联合举办捐资助学活动，青海省实施“志愿服务英才培养计划”，宁夏回族自治区团区委与区民政厅联合开展了政府购买志愿服务项目工作，铁道团委扎实开展客运志愿服务，民航团委大力推行了“红马甲”机场志愿服务活动，等等。

二、深刻把握“四个全面”战略布局中青年志愿者工作面临的新形势、新任务

我们要按照中央“四个全面”战略布局，找准青年志愿者工作的战略方向、重点领域、主攻目标，把握工作发展内在逻辑，努力做到观念上相合、认识上到位、方法上对路和工作上得力，在服务改革发展大局和加强自身建设上有新作为。

1. 全面建成小康社会为推动青年志愿者工作注入了新的内涵。习近平总书记深刻指出：“中国已经进入全面建成小康社会的决定性阶段。”全面小康的核心，就在“全面”，这不仅意味着人群的全覆盖，还意味着领域的全覆盖，也就是立足“五位一体”谋小康。人民群众不仅期望物质富裕，还期待精神富有，这是全面小康社会的重点和关键点，更是开展志愿服务的需求点和着力点。社会物质文明提升，人们生活方式的多元化，也带动了社会对服务需求的多样化。以往单纯的捐赠钱物、看护帮扶等志愿服务项目已经不能满足日益增长的社会需求。志愿服务领域要求分布到群众日常生活的方方面面；志愿服务时间要求细化到某个特定的具体时间点或时间段；志愿服务的形式不再局限于现实生活，可以通过“互联网+”形式实现，随手公益、随时公益正被倡导为一种社会服务新时尚，志愿服务呈现出了就近、就便、贴紧生活的新特征。

2. 全面深化改革为推动青年志愿者工作赋予了新的特征。党的十八届三中全会作出了推进国家治理体系和治理能力现代化的战略部署，并明确提出：“激发社会组织活力”，“支持和发展志愿服务组织”。目前，志愿服务工作已上升为社会治理的重要内容。虽然定位的变化为志愿服务组织发展壮大、充分发挥作用提供了前所未有的空间，但是我们也面临着各类社会组织前所未有的竞争压力。如何在共同参与社会治理的过程中凸显团的特色、强化团属志愿服务组织的作用，是一个具有挑战性的课题。例如，我们在承接政府职能转移过程中，一些政府职能被其他社会组织抢了先手，会不会出现我们一招落后，招招落后的局面？例如，我们的品牌项目是在配合政府的“拾遗补缺”中发展起来的，一些新增或强化的政府职能，会不会挤压我们的工作空间？例如，社会组织承担政府购买服务会不会对我们开展青年志愿者工作造成影响等等。

3. 全面依法治国为推动青年志愿者工作提出了新的遵循。党的十八届四中全会为全面推进依法治国勾画了清晰框架和路线图，并指出要切实加强普法志愿者、法律服务志愿者队伍建设。我们要紧紧抓住依法治国对加强社会组织立法，规范引导各类社会组织健康发展要求的契机，加速志愿服务全国立法进程和推动志愿服务法制建设，为青年志愿者工作开展创造良好环境，奠定坚实基础。要发挥好对社会组织行为导引、规则约束、权益维护作用，积极发挥在社会组织引领中的核心作用，并建立起相关制度。虽然我们的队伍建设、组织建设、项目建设、机制建设等方面多年来积累了一些制度性成果，但也面临着管理制度较为琐碎、不简便易行，激励保障措施不多等问题。我们要进一步系统梳理多年来工作积累的典型做法，吸收借鉴各社会组织的成果经验，形成一整套系统完备、运转有序、标准科学的制度体系。

4. 全面从严治党为推动青年志愿者工作提出了新的要求。团干部是党员，是党的干部。调研显示，大多数社会组织在开展志愿服务项目时，要团干部帮助打前站、理顺关系、把握方向，尤其在进社区和群众打交道、开展群众性活动等协调工作方面，团干部发挥了领导核心、政治引领的作用。各级团组织和团干部必须担负从严治党、从严治团的责任，坚持不懈地抓好团干部队伍建设。按照“三严三实”要求，把党的主张、意志贯彻到共青团、青年志愿者工作全局、全过程。主动适应当代青年特点和志愿服务事业发展规律，建立学习提升、自我督导的长效机制。不断调整、优化联系青年志愿者、联系志愿服务组织的工作方式，把更多价值理念和社会服务送到青年中去。尊重基层首创精神，尊重志愿者主体地位，落实团干部对基层服务组织的联系制度，经常参与一线服务，走进志愿者，更广泛联系志愿组织。

三、当前推动青年志愿者工作需要统筹兼顾的几个问题

在团的十七届三中全会上，宜智同志指出，经济社会发展进入了新常态，我们要树立青年志愿者工作的新思维，以深化为目标，以创新求突破，以制度作保障，这是今年共青团工作的主基调，需要大家增强机遇意识、担当意识和改革创新意识。推动青年志愿者工作科学化、规范化，不断提升工作能力和水平，在这里跟大家交流几个问题。

1. 注重在全面深化共青团改革中谋划青年志愿者工作格局。《中共中央关于加强和改进党的群团工作的意见》的出台，为共青团深化改革提供了难得的契机。我们要按照宜智同志“7个搞清楚”的要求，当好党的助手，抓住发展机遇，强化改革意识，站在推进国家治理体系和治理能力现代化的高度，认识到改革不是简单的缝缝补补，而是要敢于破中求立，把创新作为破解长期困扰志愿服务事业发展难题的重要武器，有力度、动真格的推进青年志愿者自身建设和工作的改革创新，发挥在青年社会组织工作格局中的“国家队”的作用，把广大青年和团员团结和凝聚在党的周围，夯实党治国理政的青年群众基础。目前，在社会服务领域开展活动的主体有团干部、社工、志愿者和大量社会组织，服务各具特色。团干部在开展活动的时候，擅长思想引领、把握方向、策划活动，但是基层服务相对薄弱、专业性较弱；社工在服务领域注重专业化、职业化，可以驻点长期服务，缺点是人数少、成本高；志愿者队伍人数众多、成本低，但是服务不专业、时间不固定、持续性差；社会组织服务能紧贴需求、创新形式并善于做个案，但是活动整体性不足，社会公信力较弱，等等。由此可见，只有将各个主体结合起来，才能实现优势互补。这就需要团组织发挥主导性作用。不断加强团属青年志愿者协会建设，发挥枢纽性作用，通过重点引导，积极孵化和有效培育，使之成为开展社会购买服务的主体。进一步强化对社工团体的联系，通过“培养一批、吸引一批、联络一批”整合好青年社工力量。推动顶层设计创新，在团的领导机关构建起“团组织为核心、团属志愿者协会、社工协会、社会组织为枢纽，基金会、研究会等专委会为保障”的工作格局。在基层建立起“团干部为核心、社工和公益人才为骨干、志愿者为主体”的工作队伍，不断扩大在社会治理领域的主导权和影响力。

2. 把项目建设和基础建设结合起来，打造“面向社会、开放创新、上下互动”的志愿服务项目库和阵地库。目前“3+1+X”项目发展思路，是全团一起创造的，我们要发展好、运用好，形成全团同频共振、互联共促的良性局面。一是继续加强“3”个重点品牌建设，做到位置不动、目标不改、频道不变，真正在深化上下足功夫，将各地在重点项目上探索的活动收入全国项目库中去，在社会上形成声势，有效扩大品牌影响。二是全力抓好“1”个项目库建设，坚持资源向基层倾斜，加大对各地，尤其是对县级以下青年志愿者组织实施项目的支持、引导力度，主动加强对高校、企事业单位和各类青年公益社会组织指导和服务，发现、培育、推广一批能创新、易操作、可复制的基层服务项目,从而真正把基层的活力调动起来。目前,大赛每年遴选的项目有1000—1500个,并精选金银奖项目500个,相信经过几年的努力,全国项目库一定能成为事业发展的重要依托。明天我们将专门部署志交会的工作,今天在此作强调,目的还是想让大家将项目大赛与抓项目建设、抓基础建设实现结合,并将这种互动互促模式向下延伸。三是逐步丰富多元项目,这里讲的多元主要是按照党政要求,社会发展需要发展起来的项目。这些项目具有阶段性、即时性和突发性,主要在重点省份,重点区域分层分类推进。比如我们的暖冬行动,禁毒宣传教育,还有刚启动的"节水护水"项目。四是在建设项目库的同时,启动阵地库建设。项目执行之后,能为共青团、志愿者组织留下什么,这是我们要思考的问题,阵地就是一个重要的建设成效。比如关爱行动,经过五年的发展就建成了五万多个关爱阵地,这已成为青年志愿者事业的重要资源。下一步,团中央将加强对不同类型服务阵地的汇总、整合,打造面向广大志愿者和社会各界的全国性志愿服务地图,有效解决"志愿者去哪服务"和"志愿需求在哪对接"的问题。

3. 积极推进信息平台和组织体系建设,打造志愿服务组织库和人才库,为青年志愿者工作发展提供支撑和保障。《关于推动团员成为注册志愿者的意见》中明确提出"要把团员成为注册志愿者情况纳入基础团务工作内容,列入团务工作统计和相关考核"。这就需要我们将信息平台及数据库建设作为开展工作的基础性平台,进而推动志愿者注册和管理工作便利化、信息化。一是积极探索信息平台建设。各部委、各地团组织在这方面做了很多探索,取得了一定的成效,我们全团的信息平台尚未建成。面对"中央部门有竞争、各地之间有推动"的局面,目前,团中央主要从三个方面考虑。要运用大数据思维,扎实推进基础数据统计。信息管理系统作为全团青年志愿者统一的政务管理平台,要实现与各地志愿服务信息平台的数据对接,建立全国青年志愿者的大数据库。各地要不折扣按照全团"统一标准"进行落实,千万不能为了一些眼前利益,而造成顾此失彼、本末倒置。要建立评价机制。通过构建科学的评价标准与指标,实现全团青年志愿者数据的统计分析和对各地团员成为注册志愿者工作指标的考核功能,指导已建好省份继续完善信息平台的功能,对尚未建设省份推荐使用全团的信息系统。在做好全员注册的同时,结合青年信用体系试点,推进系统开发。要反哺志愿者,通过加强应用系统建设,对青年志愿者在求学、就业、创业、婚恋、融资、消费等方面提供支持。我们做这个大数据平台,主要还是基于实现共青团对青年人才、青年群体的思想引领,推动与组织库、人才库、队伍库进行有效融合。二是推动团员注册成为志愿者,这是全团着力推动的重点工作。按照"县有协会、基层建队"的目标,县级团组织要普遍成立经过规范注册的县级志愿者协会,乡镇、街道要广泛建立志愿服务组织,高校团委要建立青年志愿者协会,院系要成立青年志愿者协会分会。社区、机关团体、企事业单位和中学要成立志愿者团队或工作机构。在基层有条件的团支部设立志愿服务委员,逐步实现"县级以上团组织有协会、县级以下团组织有服务队、基层支部有志愿服务委员"的目标。同时,还要推动符合条件的基层志愿者组织中建立团组织,进一步扩大团的组织有效覆盖。三是全力建设青年志愿者人才库。去年协会换届,我们对协会架构进行改革,成立了七个专委会,把社会各领域优秀人才凝聚在协会周围。下一步,我们要将人才库打造成为青年志愿服务人才基础数据的统计、分析、利用平台。首先要运用好全团志愿者管理信息平台上的注册志愿者数据;同时还要发挥好各专项志愿者骨干队伍和典型,各志愿队伍中的骨干志愿者、领袖志愿者数据的作用；进而要借用好志愿服务外围智库数据，把志愿服务理论研究专家、志愿服务培训师资、社会公益人士数据信息进行分类，成立专家库、培训联盟和师资库、法律专家库、媒体记者库等等。各地要结合团中央对人才库建设要求，加强对志愿服务人才联系、凝聚和培育，并使之成为全国人才库的重要组成部分。

4.要切实加强文化宣传和理论研究工作，打造志愿服务文化产品库，坚持不懈地提升社会影响力。我们要尽快适应新常态下"互联网+"给青年志愿服务工作带来的新情况、新挑战，努力扩大青年志愿服务社会影响，塑造青年志愿服务品牌形象。要全面推进中国青年志愿者媒体中心建设，运用好新媒体和传统媒体。这两年，我们抓新媒体建设成效显著，但还需要在网络、微博、微信等新媒体的用户体验、信息传播、互动交流、数据容纳及综合服务等方面动脑筋、下功夫，努力占据在社会服务领域信息传播的制高点。一是加强各大平面媒体的联动，用报纸、期刊、广播、电视台等向社会传递志愿服务"好声音""正能量"。在这个方面，团中央探索了两个举措，一方面成立文化宣传专委会，把各大媒体负责同志和记者纳入到协会会员，调动了广大媒体工作者的积极性和主动性。另一方面，成立了青年志愿者媒体中心，加强自媒体建设，一个声音多种渠道，立体化地对外宣传，目前已经形成了"一刊两网三微"的工作架构，实现对现有全国青年志愿者工作现有的网络、刊物和媒体的有效整合。二是建设好文化产品库。通过与专业机构和人员合作创作、向社会征集、开展评选和推荐作品等方式，积极打造一批贴近青年、贴近生活、引领时代潮流的志愿服务文化产品。这里面要有各地的服装、徽章等附属物态文化产品，要有歌曲、宣传片等流媒体产品，还要有书籍、图册、新闻作品等纸媒产品。文化产品库建设为我们梳理发展脉络，推动工作交流，实现共建共享，具有十分重要的意义，各地团组织一定要加强重视、协同推进，把成果有效积累起来，建好青年志愿者文化产品库。三是加强品牌标识统一。"心手标识"是中国青年志愿者协会成立之初发布的，这个标识引领着一代又一代的青年接续奋斗，也在社会群众心中深深扎下根来。所以我们的品牌标识需要全团进一步统一认识，共同维护。四是加强理论研究，广泛与高校、社科院、文化馆等第三方研究机构开展合作，推动将工作的阶段性成果实现理论化、课题化创新，并及时向社会各界进行传播。目前，我们正扎实推动三个课题研究，一个是"社会主义核心价值观与青年志愿者行动"专题，已经面向社会开展征文活动，条件成熟后，将开展座谈会、书籍出版等工作。第二个是志愿服务社会影响力研究，目前已经依托协会的理论研究专委会召开了一次研讨会。还有个是企业的志愿服务指数研究，也在有计划推进之中，并拟于第二届青年志愿服务交流会上向社会发布。希望大家重视理论研究，把我们的经验、理论、制度沉淀下来，扎实推进、久久为功，形成持久长远的社会影响。

同志们，今年的青年志愿者工作，站位要求高、机遇空间大、难点亮点也会多。希望大家进一步增强政治意识、大局意识、改革意识，推动青年志愿者行动在"四个全面"的战略布局中取得新发展、作出新贡献。

汪鸿雁在全国非公有制经济组织团建工作推进会上的讲话

2015 年 10 月 16 日，根据录音整理

这次会议是在全党学习贯彻《中共中央关于加强和改进党的群团工作的意见》和中央党的群团工作会议精神，共青团组织积极稳妥推进改革、工商系统深化商事制度改革的大背景下召开的。这次会议也是共青团中央、国家工商总局专门就非公团建工作召开的首次工作会，会议将对贯彻落实《关于发挥工商行政管理职能作用加强新形势下非公有制经济组织团建工作的通知》要求，创新非公团建体制机制，全面加强非公团建工作进行研究部署。一会儿，玉亭同志还要对此项工作提出重要要求，希望同志们认真学习领会，抓好贯彻落实。

这次会议安排紧凑、内容丰富。上午，大家现场观摩了济南市非公企业、经济园区团建工作，详细了解了山东省非公团建领导机构的设置及运行情况。看后我很受启发，也让我进一步感到，共青团的全部力量都源于紧紧依靠党、深深根植于青年，只要我们充分尊重青年的主体地位，通过合理的体制机制设计，充分整合团内、团外各类资源，非公有制经济组织团的建设一定能顺应新形势、取得新作为。刚才，山东、湖南、甘肃、浙江等地的工商和共青团系统代表、专业市场代表做了很好的发言，从不同角度介绍了发挥工商职能作用，围绕党政中心和企业、青年需求，创新开展非公团建的做法和经验，对全团都具有重要的借鉴意义。这次会议在济南召开，得到了山东省、济南市工商系统的大力支持，在此我代表团中央书记处表示衷心的感谢！

下面，我结合此项工作讲三点意见，与大家交流。

一、准确把握当前做好非公团建工作的新要求

今年 7 月，党中央召开了党的历史上首次党的群团工作会议，习近平总书记发表了重要讲话。他强调，群团事业是党的事业重要组成部分，群团工作是我们党的一大创举，也是我们党的一大优势。新形势下，党的群团工作只能加强、不能削弱，只能改进提高、不能停滞不前。学习贯彻这一重要讲话精神，关键是深刻认识保持和增强共青团组织的政治性、先进性、群众性这一根本要求，不断提高对于非公有制经济组织团建工作的重要性、紧迫性、必要性的认识。

1. 新形势凸显了推进非公团建工作的重要性。改革开放的三十多年是我国非公有制经济从无到有、从小到大、从弱到强，实现迅猛发展的时期。这一历史进程深刻地改变了当代青年群体的分布情况。在计划经济时期，农村和国有企业是职业青年分布的主要领域。随着非公有制经济的迅速发展，大量青年到非公有制经济领域就业。同时，新社会阶层人士大量分布在非公有制经济组织，高知精英青年、创客青年、青年农民工等新兴青年群体也在非公有制经济组织中大量分布，青年分层分化的趋势日益明显，迫切需要在他们中间凝聚最大公约数，切实提升他们对团组织的归属感、认同感，进而不断增强他们对党的向心力。因此，新形势下加强和改进非公有制经济组织共青团和青年工作，对于保持和增强共青团工作的政治性、先进性、群众性，发挥好联系青年的桥梁作用，扩大党执政的青年群众基础，巩固党的执政地位，具有非常重要的意义。

2. 新形势凸显了推进非公团建工作的紧迫性。在各方大力支持下，经过各级团组织多年的共同努力，非公有制经济组织团建工作取得了不少成绩，也积累了一些经验。早在上世纪80年代中期，团中央就提出要在青年个体劳动者中加强团的组织建设，并于1987年联合中国个体劳动者协会制定了《关于加强青年个体劳动者中共青团组织建设的暂行办法》；2000年初，团中央相继出台了《关于加强非公有制经济组织团的建设的意见》等文件；近些年来，特别是团的十六大以来，全团集中发力、层层发动，把非公团建作为加强团的基层组织建设的重要突破口和工作着力点，先后提出了"达标创优、四有四好"、"建活并重、以活促建"非公团建"活力工程"建设年等年度工作主线。目前，全团已经初步探索出了非公有制经济组织团建的工作路径，初步形成了"抓大带小"、跨层级直接管理联系的框架体系，初步建立了信息管理、数据分析、考核督导等方面的工作机制。截至2015年9月底，全国共建立非公企业团组织63.98万家，累计覆盖35岁以下青年2745.75万人，其中团员1248.57万人。同时我们也清醒地认识到，在非公有制经济发展对当代青年的影响日趋深刻的背景下，在我们党更加重视非公有制经济组织党建和群团工作的要求面前，从全国范围来看，非公团建工作仍然与传统领域团建、非公党建工作有较为明显的差距，还存在许多"盲区"和"飞地"，是亟待加强的"短板"，需要进一步统一思想、提高认识，切实增强责任感和紧迫感，做好打持久战和攻坚战的准备。

3. 新形势凸显了推进非公团建工作的必要性。我们对非公有制经济地位的认识，经历了从"不可缺少的补充"，到"重要组成部分"，再到十八届三中全会提出的"公有制经济和非公有制经济都是社会主义市场经济的重要组成部分，都是我国经济社会发展的重要基础"论断的过程。这个过程中，非公有制经济在支撑经济增长、促进科技创新、扩大社会就业、增加税收、扩大开放等方面发挥了突出作用，也成为广大青年就业创业的重要领域。同时我们也注意到，当前非公企业的发展出现了新变化，整体呈现出了6个方面的新特点。我们要敏锐地把握这些趋势，与时俱进地推进团的建设，促进企业的可持续发展。一是企业多元化发展趋势越来越明显，开启了向高端制造业、高端服务业等多领域进军的进程，逐步走上集团化、国际化发展道路。二是企业的自主创新能力不断增强，产业结构升级明显加快。三是产业资本和金融资本加速融合。四是产业转移的趋势明显。五是现代企业制度正在建立。六是"接班潮"正在到来。第一代非公企业家的子女正在陆续接过父辈的接力棒，全面参与企业经营管理。此外，从工商行政管理工作实际来看，通过抓团建更好地促进党建工作，更好促进企业发展，对实现当前国家稳增长、保就业、调结构的目标，同样具有十分重要的意义。特别是商事制度改革后新生了大量市场主体，同步抓好党团组织组建工作，将会更好地促进它们"活下去""活得好"，并不断发展壮大。实践证明，非公党团建设工作搞好了，有利于增强市场主体的自律意识，有利于商事制度改革向深度广度不断推进，符合商事制度改革"宽进严管"的现实需要。

二、共同推进新形势下非公有制经济组织团建工作

工商部门是政府负责市场主体准入和监管的职能部门，也是参与推动、具体指导非公党建工作的重要部门。近年来，国家工商总局在全国范围内广泛建立非公党建工作联系点，形成了"五个新"的工作成效和"五个坚持"的有益经验。去年8月，中央编办正式批复在工商总局设立"非公经济组织党建工作办公室"，明确赋予工商部门指导非公经济组织特别是小微企业、个体工商户和专业市场党建工作的职能。我们感到，抓好非公党建工作，要运用党的执政资源，充分发挥政府部门的职能作用，齐抓共管、协同推进。同样，抓好非公团建工作也需要、甚至更需要工商等职能部门的积极参与。前不久，国家工商行政管理总局和共青团中央联合下发了《关于发挥工商行政管理职能作用加强新形势下非公有制经济组织团建工作的通知》，这是新时期推动全国非公有制经济组织团建工作的重要指导性文件，也是非公团建工作组织机构创新和管理模式创新的重大探索。各地共青团组织要按照文件要求，积极主动与当地工商部门联系对接，重点从以下三个方面进行探索，努力把非公团建工作做扎实、做活跃、做出成效。

1. 共同探索推进非公团建工作的新体制、新机制。制度是保障工作持续开展的原动力。非公有制经济组织点多、面广、量大，决定了其团建工作不同于传统领域。一方面，非公有制经济组织经营机制灵活，业主可以随时根据生产经营的需要增加或减少员工，尤其是非公企业中的青年，流动非常频繁。另一方面，非公企业中集中了大量的中小企业，组织化程度较低，团建工作难度加大，团员青年的作用发挥也受到了一定影响，不少企业存在“有团员无组织”“有组织无活动”的现象。同时，非公有制经济组织对于团组织等不直接产生经济效益的机构往往关注较少，缺乏工作主动性，更缺乏必要的工作指导。我们在调研中发现，工商系统作为政府行政管理部门，在指导非公企业党团建设工作中具有一些“先天的优势”。一是工商部门与非公企业具有天然的紧密联系，在企业中具有较强的公信力。二是工商系统具有五级贯通、运转协调的组织体系，随着工商部门“小局大所”工作格局的形成，基层工商干部覆盖辖区乡镇街道，工作力量较为充实。三是工商部门对非公企业有全程服务、监管的优势，可以掌握非公经济组织团建的第一手资料。

基于上述考虑，我们考虑把非公团建职责“嵌”入各级工商部门非公党建和服务管理的各项职能当中，紧跟党建步伐建组织，借助党建机制活组织。一是建立党建带团建工作制度，依托党建工作指导站建立团建工作指导站，在组织领导、督查考核、统计申报等方面，实现党建团建同加强、同推进。二是发挥工商部门对企业登记注册以及交易、竞争、退出行为全程监管的职能优势，把行政监管、行政指导与团建工作有机结合，统筹安排部署。同时，借助非公有制经济领域团组织和广大团员青年的力量，及时传递工商监管服务信息，激发非公有制经济活力，着力引导企业守法经营，促进市场秩序持续好转。三是省、市、县三级工商部门、团委要主动对接、协商，今年年底前，要在条件成熟的地区成立非公团工委，研究制定本地区非公有制经济组织共青团和青年工作的规划，组织实施重要工作项目，指导各级非公团组织加强组织建设。

2. 共同探索扩大非公企业团的组织和工作有效覆盖面的新路子、新途径。非公企业团建工作基础在“建”，关键在“活”，更要通过不断地推陈出新和活动植入让它“火”。近几年的工作实践证明，只有坚持服务企业发展与服务青年成长相结合，以企业生产经营为前提找准团的工作切入点，聚焦青年群众工作，才能实现非公企业共青团工作的整体活跃。一要强化基础数据的采集和利用，将覆盖关口前移。充分发挥工商登记等职能作用，认真做好非公企业团建数据收集、分析利用工作，在充分掌握本地区非公有制经济组织行业分布、构成特点、运营状况、青年数量等基本信息的基础上，有针对性地建立起团组织与非公有制经济组织的联系渠道。各级团组织要与工商部门加强沟通，共享非公团建数据信息，为推动工作提供决策依据。二是大胆创新团建新模式。首先要把规模以上非公有制经济组织和青年骨干纳入区域化团建、行业团建总体工作格局，调动其积极性，引导参与团的工作和活动,吸纳成为团的工作资源和工作力量。各级工商部门要联合各地团组织在自身联系管理且工作基础较好的非公有制经济组织中率先建立团组织。要推动各级个私协会员、青联委员以及青年企业家协会会员、青年科技工作者协会会员所在的非公企业建立团组织。可采取区域共建、企业联建等方式,灵活设置团的组织;面向专业市场,可考虑依托市场管理机构,联合建立团组织。三是抓大带小,实现行业、区域联动。发挥重点企业和重点经济园区团建示范作用,率先推动龙头企业、社会渗透力强、社会关注度高、从业青年多的非公有制经济组织以及规模以上非公有制经济组织建立团组织,带动其他工作难度较大的单位以及中小企业逐步实现全覆盖。四是争取支持,服务团员青年成长发展。要积极争取党政有关部门的支持,制定有关政策,努力营造良好的工作氛围。同时要注重加强与其他群团组织的联系,在建立组织、开展活动、发挥作用等方面密切配合,共同发展。要按照建设基层服务型党组织、团组织的总体要求,以青年为中心,围绕现实需求,精准发力,设计有针对性的工作项目,真正做到团的工作和活动向专业化、事业化方向发展。要多做统一思想、凝聚人心、化解矛盾、增进感情、激发动力的工作,特别是在搭建青年职业发展平台、增进青年交流交往交友、丰富青年精神文化生活等方面积极开展工作,结合青年文明号、青年岗位能手、创新创效等团的品牌活动,把青年中蕴藏的创新创业创优潜能释放出来。五是树立互联网思维,广泛灵活地运用新媒体工具,积极探索"青年之声"非公企业团组织互动社交平台建设,努力使非公有制经济组织团组织成为联系凝聚青年的坚强堡垒。

3. 抓住干部队伍建设这一关键,共同探索培养锻炼干部的新方式、新手段。干部的工作动机、组织归属感和做好群众工作的能力、水平在很大程度上决定了团组织的发展水平,非公企业团建工作必须牢牢抓住干部队伍这一关键要素,把注意力聚集到培养锻炼干部的工作中来。一是切实加强基层团组织班子建设。破除对团干部教育培养范围过窄、只关注团组织负责人而忽视团委成员特别是基层团委委员的问题,切实加强委员会班子建设。二是创新选任方式,切实加强培训。要把非公经济组织团干部纳入各级干部年度培训计划,不断提高他们的工作能力。要为非公团工委配备专门工作力量,推动把各级优秀后备干部作为各级团工委负责人的重要来源。要重点把那些热心共青团和青年工作,在青年中有较高威信的优秀团员和党员选拔、推荐为基层团组织负责人。三是重点解决持续动力源问题。团干部的激励问题,特别是兼职团干部的持续激励问题,是非公企业团组织下一步发展的关键课题。目前,在非公企业团组织中,推动工作主要是靠兼职团干部,他们本身都有各自的主业且都有比较刚性的考核,而兼职团的工作很多并没有刚性的考核,更多需要依赖团干部的主动自觉,存在"工作时间难开展、业务时间开展难"的现实困境,如果没有十足的责任心,工作势必无法推动。无论是从信仰的角度、利益的角度、还是感情的角度,当前最核心的问题是要在制度设计中关注他们的成长和发展,在团的工作中激发他们的素质提升,持续增强他们的组织归属感,真正使他们的正能量与团组织紧密相连,同时也使他们的提升和未来的发展、幸福的生活紧密相连。

三、以改革的精神抓好非公团建各项工作

此次团中央、工商总局共同推动非公有制经济组织团建工作,是双方贯彻落实中央群团工作会议的一项具体的举措和抓手,是共青团基层组织建设工作中的一次突破和尝试,也是共青团和工商系统深化改革的一部分,是一项系统工程,特别需要双方各级干部树立起政治意识、大局意识,切实认识到非公团建工作是大家的共同责任,不断凝聚共识,汇集改革合力。应该讲,未来三年的非公团建工作任务是很明确的,也是很艰巨的。《通知》中提出了“要共同建立非公有制经济组织团工委”、“要推动符合建团条件的非公有制经济组织建立团组织,确保规模以上非公有制经济组织实现团组织全覆盖”“要在全国范围内构建起较完整的工作框架和工作机制,努力使非公团建跟上非公党建的步伐”等工作任务,这就要求各级团组织、工商部门要携起手来,共同担负起工作责任。一是要在认真研究本地区非公有制经济组织发展基本情况的基础上,定期研究推进工作,不断加大对团的工作物质支持和经费保障,不断优化工作环境,及时组建务实管用非公团建机构,发挥具体作用。二是各级团的领导机关要主动推动工作落实,进一步加强对工商部门开展非公团建工作的业务支持,加大对共青团工作的培训力度,设计科学有效的工作联系机制,按照“凝聚青年、服务大局、当好桥梁、从严治团”的四维工作格局,努力形成工作合力。三要及时总结梳理有效的工作方法,推广有益经验,深入挖掘、树立在非公团建工作中涌现的先进典型。同时,借助各类媒体,广泛开展多种形式的宣传教育活动,形成积极的社会导向。

希望通过此次会议,我们能够推动各地深入领会中央党的群团工作会议精神,不断加强对习近平总书记系列重要讲话精神的学习和贯彻,进而大力推动全国非公有制经济组织团建工作,抓住工商总局、团中央联合下发《通知》这样一个好的契机,把工作进一步推向深入。

最后,再次感谢工商系统党政领导长期以来对共青团和青年工作的关心、支持和帮助,感谢各级工商系统干部和团干部的辛勤付出和努力探索。我们有理由相信,在全国各级共青团组织和工商部门的共同努力下,新时期非公团建工作一定能有新的亮点,非公经济组织的党团建设工作也一定会迈上一个新的台阶。

周长奎同志讲话

周长奎在第二届世界互联网大会中美大学生互联网论坛上的致辞

2015 年 12 月 16 日

尊敬的各位来宾,各位青年朋友:

今天,来自中美两国的 400 余位大学生代表汇聚第二届世界互联网大会(乌镇峰会),共话互联网梦想。

互联网作为 20 世纪最伟大的发明之一,把世界变成了“地球村”,深刻改变着人们的生产生活,有力推动着社会发展,具有高度全球化的特性。网络信息的跨国界流动,让国际社会越来越成为你中有我、我中有你的命运共同体。一个安全、稳定、繁荣的网络空间,对一国乃至世界和平与发展越来越具有重大意义。中美都是网络大国,中国是世界上最大的网络市场,美国有最先进的网络技术,双方拥有重要共同利益和合作空间。中国国家主席习近平一贯主张,中美两国本着相互尊重和相互信任的原则,就网络问题开展建设性对话,打造中美合作亮点,让网络空间更好地造福两国人民和世界人民。美国总统奥巴马也高度赞同中美共同努力,并与其他国家一起倡导规范网络空间行为的国际准则。

在汉字中,“人”字就是一个相互支撑的形状。中美友好,根基在民众,希望在青年。青年学生既是互联网最活跃的用户,又是互联网文化的参与者、创造者。有什么样的青年学生,就会呈现出什么样的互联网文化。作为致力于发展同世界各国青年友谊的组织,中华全国青年联合会希望借助这次互联网文化与传播论坛,促进中美两国青年学生在互联网文化领域加强交流,扩大共识,增进友谊。希望中美两国的大学生朋友能在论坛上敞开心扉、碰撞思想,真诚沟通、互学互鉴,共同为建立多边、民主、透明的国际互联网治理体系,构建和平、安全、开放、合作的网络空间贡献青年力量!

各位嘉宾、青年朋友们!

我们本次论坛的举办地——千年水乡乌镇,曾借助发达的水系,与中国和世界联通,犹如互联网的一个节点。今天,我们在乌镇共同交流互联网文化与传播,共话互联网梦想,既是科技与人文的交流,更是历史与未来的对话。互联网与梦想相伴而生,青年与互联网相随成长。唯以心相交,方能成其久远。让我们以此次互联网大会为契机,一起携手共进、追梦未来,推动互联网文化发展繁荣,书写中美大学生互联网梦想新篇章!

最后,预祝本次论坛圆满成功!

谢谢大家!

徐晓同志讲话

徐晓在2015年共青团农村工作会议上的讲话

2015年1月29日,根据录音整理

这次会议是贯彻落实团十七届三中全会精神、推进共青团农村工作的一次重要会议。主要任务是,总结交流2014年工作,研究部署2015年工作,着力推动共青团农村工作在巩固中不断深化、在创新中稳步发展。

刚才,6个省级团委作了经验发言,给了我们很多启发。在大家共同努力下,2014年共青团农村工作取得了较为丰硕的成果,主要体现在五个方面。一是农村青年思想引导工作作出新探索。以联系服务农村青年月活动作开局,以寻找乡村好青年活动为重点,以农村共青团微信体系建设为基础,形成了具有农村特点的引导路径和活动载体。二是农村基层团组织建设实现新发展。以农村区域化团建为抓手,农村合作组织共青团工作抓示范、重联合、强服务,乡镇实体化“大团委”抓整顿、促巩固，村团组织集中统一换届，在组织覆盖、干部配备、活动开展、阵地建设等方面有了新的加强。三是促进农村青年创业就业工作取得新成效。“领头雁”培养计划顺利实施，小额贷款和技能培训扎实推进，涉农产业创业创富大赛成功举办，与邮储银行体系化合作全面展开，农村青年创业服务体系逐步完善。四是青少年生态环保工作取得新进展。春季植树活动形成社会声势，京津冀晋蒙“增绿减霾”共同行动起步顺利，与知名企业和社会组织的新型合作机制初步形成，保护母亲河行动社会化得到稳步推进。五是农村战线工作作风有了新加强。通过强化研究部署、指导推动、督导考核，以及深入开展“走转改”活动，团干部攻坚意识和执行能力不断增强。这些成绩的取得，是团中央书记处正确领导的结果，是农村战线各级团组织和广大团干部共同努力的结果，是兄弟战线和部门配合支持的结果。昨天，秦宜智同志代表团中央书记处对2014年共青团农村工作给予了充分肯定。我们要倍加珍惜、继续努力。

昨天，中共中央政治局委员、国务院副总理汪洋与全国农村青年致富带头人和全国乡村好青年代表座谈，对广大农村青年提出了勇于创业、敢于创新、着力创优的殷切希望，对共青团农村工作和致富带头人协会工作提出明确要求。秦宜智同志在开幕式上发表讲话，为致富带头人协会发展和共青团农村工作指明了方向。他强调，要坚持育人为本、引导为要，坚持虚功实做、难事长做，坚持走进基层、走进青年，推动新常态下共青团农村工作创新发展。我们要深刻领会讲话精神，切实抓好贯彻落实。会前，印发了2015年共青团农村工作要点，以及即将推出的几项重点工作初步方案。请大家认真研究、提出宝贵意见。这里，我讲几点意见，供大家参考。

一、适应经济新常态，把握共青团农村工作面临的新形势

当前，我国经济发展进入新常态，呈现出新的阶段性特征。团十七届三中全会强调，要树立共青团工作新常态思维，以深化为目标，以创新求突破，以制度作保障，推进新常态下共青团工作实现新发展。这是2015年全团工作的总基调。在这一背景下推进共青团农村工作，必须结合农村改革发展、农村青年变化、农村团建现状，把这些重要要求理解透、把握准，进一步找准工作着力点和突破点。

1. 深刻把握中央关于农村改革发展的新要求。当前，我国农业农村进入到新的发展阶段。党的十八大以来，中央对农业农村发展作出了一系列重大部署。深入贯彻落实这些重要会议精神，针对性地做好农村青年工作，是农村各级团组织重要的政治任务。十八届三中全会明确了全面深化农村改革的方向和重点，强调要加快构建新型农业经营体系、赋予农民更多财产权利，推进城乡要素平等交换和公共资源均衡配置、完善城镇化健康发展机制体制。中央城镇化工作会议分析了城镇化发展形势，明确了推进城镇化的指导思想、主要目标、基本原则、重点任务，作出了推进城镇化的具体部署。在2013年底召开的中央农村工作会议上，习近平总书记提出了一系列新判断新思想新要求，特别是在强调“谁来种地”问题时指出，要提高农民素质，培养造就新型农民队伍，把培养青年农民纳入国家实用人才培养计划，确保农业后继有人。去年底召开的中央农村工作会议，分析了新常态下农业现代化面临的形势，强调要以改革创新为动力，加快推进农业现代化，提出了大力发展农业产业化、积极发展多种形式适度规模经营、促进农业可持续发展、加大农业政策支持和资金投入力度、用好两个市场两种资源五大任务，并强调发挥好新型城镇化对农业现代化的辐射带动作用。中央这些重大战略部署和政策措施的推出，必将极大释放农村改革红利，推动农村生产关系和生产方式变革。做好新常态下共青团农村工作，面临着新的机遇和挑战。

2. 深刻把握农村青年思想行为的新变化。党的十八大以来，随着农村改革不断深化，新型城镇化建设稳步推进，农村青年生产生活方式也在发生着新的变化。一是流动分布呈现新特点，加快向城镇和产业聚集。当前，我国城镇化率每年增长约一个百分点，对应着一千多万农民到城镇就业和生活，其中约70%是农村青年。城镇户籍制度改革、农民用益物权改革、社会保障制度接轨等改革举措陆续出台，农村青年流向城镇条件更加宽松，保障更加有力，人的城镇化呈现出加速态势。另一方面，我国产业梯度转移和农业经济发展，使得越来越多农村青年进入工业园区、涉农企业、农村合作组织中创业就业，农村青年生产组织形态呈现出新变化。二是创业形式呈现新趋势，返乡创业和农村电商兴起。随着农村各项改革措施落地、农业比较效益提高、农村创业条件改善以及城市生活成本上升，农业日益成为新的机遇产业，农村日益成为新的创业沃土，农村青年返乡创业的热情在持续提高，规模也在逐步扩大。在实际工作中大家也有这样的感受，很多农村创业青年都曾经有过外出务工的经历。与此同时，互联网技术快速发展，农村信息基础设施不断完善，电商巨头纷纷抢滩布局农村，农村电商呈现出蓬勃发展态势，其参与主体绝大部分是青年。三是思想观念呈现新特征，更加追求时尚和个性。随着工农互动推进、城乡一体发展，农村青年的成长环境更加开放，从业更加广泛，流动日益频繁，他们的就业观念、交往方式、价值取向都发生着新的变化。农村青年精神文化生活的需求日益增多，对网络新媒体依赖程度逐渐加深，思想观念更趋时尚化和个性化。这些变化，对农村团的工作方式提出了更高要求。

3. 深刻把握共青团农村工作的新常态。通过近年来持续努力，共青团农村工作呈现出一些积极变化，但农村基层组织整体薄弱、服务能力不强的状况没有根本改变。一是组织基础有强化但依旧薄弱。农村战线先后推动了乡镇组织格局创新、乡镇实体化“大团委”建设、农村区域化团建和农村合作组织团建等工作，基层组织数量有了一定增长，活力有了一定提升，但基层组织空白现象、空壳现象和休眠状况还较为普遍，大量农村青年还游离在团的组织之外。二是工作载体有创新但依旧单一。顺应农业农村新变化，围绕农村青年的现实需求，农村战线先后探索推进了小额贷款、技能培训、领头雁培养、创业创富大赛、寻找乡村好青年等工作，但这些工作的基础还不够扎实，农村青年受益面还不够宽，社会影响力还不够强。面对农村情况千差万别、农村青年需求多样的现实，普遍性强的工作载体仍旧十分欠缺。三是资源力量有改善但依旧匮乏。在各级党委政府重视和支持下，全团上下坚持狠抓基层、支持基层，先后出台了党建带团建、落实乡镇团委2万元工作经费等文件，选拔了西部计划志愿者、高校团干部、金融干部到基层团委挂职，面向社会筹集经费支持基层团组织，等等。想了很多办法，下了不少功夫，但基层资源匮乏的情况还没有根本性改善。因此，持续抓攻坚、抓深化、抓创新，就是当前共青团农村工作的新常态，我们既要树立打攻坚战的决心，更要树立打持久战的恒心，坚持虚功实做、难事长做，持续用力、久久为功。

二、结合农村青年认知特点，增强思想引导的针对性和有效性

引导青年树立正确的理想信念，是党中央对共青团最鲜明、最集中的要求。秦宜智同志强调，共青团农村战线要坚持育人为本、引导为要，切实做好农村青年思想引导工作。农村战线在推进各项工作时，都要注重体现思想引导的要求，把思想引导寓于活动和服务之中，增强思想引导工作的针对性和有效性。

1. 抓榜样示范，深化寻找乡村好青年活动。农村是典型的熟人社会，有着村看村、户看户的传统，抓典型、作示范，是做好农村青年思想引导工作的有益经验。去年，全团开展了寻找乡村好青年活动，取得了很好的效果。我们要总结经验、持续深化，力争将其打造成为引导农村青年争先创优的品牌。一要完善争创标准。寻找乡村好青年活动，需要进一步拓展活动内涵，完善争创标准，努力形成人人都想参与、人人都愿争创的良好氛围。好的标准怎么确定？选树类别怎么把握？争创流程怎么规范？需要各地结合实际，去探索和完善，不断增强活动的针对性。二要丰富活动载体。寻找乡村好青年活动目标在于思想引领，路径载体是关键所在。要围绕寻找、推荐和认定等环节，创新活动形式，丰富活动载体，大力开展寻找推荐、故事分享、价值传递等活动，做到寓教于乐，让农村青年便于参与、乐于参与。三要加强后续培养。乡村好青年是创业致富的领头雁，是道德风尚的好标杆，要注重培养使用。要将乡村好青年吸收进农村基层团干部、网络宣传员等骨干队伍，更好地发挥他们的示范带动作用。要建好乡村好青年人才库，积极向组织人事部门推荐，择优纳入农村基层政权建设的后备力量。要将乡村好青年作为"领头雁"重点培养对象，切实帮助他们在农村建功立业、成长成才。

2. 抓网络覆盖，强化农村共青团微信体系建设。基层实践证明，网络社交媒体是农村青年沟通交流的重要载体，也是团组织动员农村青年的有效手段。去年以来，我们探索推进了农村共青团微信体系建设，许多基层团组织把团支部建在微信朋友圈里，通过线上和线下互动方式，在联系服务农村青年上发挥了积极作用。今年，要继续深入推进农村共青团微信体系建设，努力提高其覆盖面和活跃度，将其建成农村团组织联系服务青年、促进思想引导的重要渠道。一要拓展团青微信群。毛细血管通畅，组织肌体才有活力。要在层层建立团干部微信体系的基础上，重点加强乡镇以下团青微信体系建设，打通联系团员青年的"最后1公里"。注重依托业缘、地缘、趣缘等社交纽带，建设不同类型和功能的微信群，增强对农村青年的凝聚。注意把外出青年吸纳到微信体系中来，借助信息化手段加强对其联系服务。二要建好微信公共号。一些县（乡）级团组织通过建立微信公众号，发布活动信息，收集青年需求，加强工作宣传，取得了很好的效果。各地要认真学习借鉴，大力推动县（乡）级团组织微信公众号建设，努力提高微信公众号的订阅人数，扩大思想引导的受众面和影响力。三要提升内容质量。"内容为王"是网络新媒体的重要特征，内容质量决定着成员活跃程度。各级团组织要善于依托微信体系，发起好话题，讲述好故事，传递好声音，引导青年在互动参与中共同成长。上级团组织要结合青年需求，应用青年喜爱的话语体系和表达方式，为基层团组织提供更多高质量的内容产品。

3. 抓载体创新，丰富农村青年思想引导路径。农村青年思想引导要体现"农味"，围绕我的中国梦和社会主义核心价值观教育的要求，把"大道理"讲实讲近讲细。在内容载体上，要贴近青年思想认识实际。要注重政策宣讲，认真解读农村改革、城镇化建设、三农工作等重要精神，帮助农村青年理解并拥护党的农村政策。注重释疑解惑，结合农村青年生产生活中的困惑，引导农村青年认清国情现实，保持理性预期，增强奋斗精神。注重文化引领，发挥中华优秀文化的涵养作用，引导农村青年传承中华民族传统美德，传递公益理念，养成优良品德。注重典型引路，通过树立青年身边的典型，讲述身边的故事，在家长里短中传递正能量。在渠道载体上，要注重创新传播路径和表达形式。既要运用"面对面"传统方式，抓好座谈和交流；也要运用"键对键"新媒体手段，抓好传播和分享。注意引入文化艺术时尚元素，借助文艺作品、动漫、微电影等表达形式，让思想引导工作更贴人心、更接地气。要大力培养思想引导工作骨干，根据全团统一部署，切实加强网络宣传员和网络志愿者队伍建设。

三、深入推进农村区域化团建，着力建设基层服务型团组织

基层是农村共青团全部工作和战斗力的基础，重视基层、狠抓基层、支持基层要成为共青团农村工作的新常态。团十七届三中全会对深化城乡区域化团建、加强基层服务型团组织建设作出了整体安排。农村战线要守土有责，大胆探索，持之以恒地抓基层打基础。

1. 强化区域化团建工作理念。农村区域化团建整体上还处于探索阶段，各地也创造了不少好经验。由于我国城乡之间、地区之间差异较大，农村区域化团建要立足实际、因地制宜，不能搞一刀切。从农村区域化团建总体目标导向看，需要强化三个工作理念。一是坚持区域统筹。根据组织和资源分布的现状，农村区域化团建的核心在于乡镇层级，要着力把乡镇团委做强做大，不断增强其枢纽功能，使之真正成为农村基层团的组织枢纽、工作枢纽和资源枢纽。乡镇团委要切实担负起统筹各方、整体推进的工作责任。二是坚持多元协同。农村区域化团建涉及许多主体，必须坚持多元参与、协同作战，才能形成工作合力。既要动员团组织主动参与，也要动员社会组织共同参与，实现联动发展、整体活跃。三是坚持资源共享。农村基层团组织整体上较为薄弱，任何单个组织都难以保持足够的活力，难以满足青年多样化需求，只有把组织资源聚集起来，把比较优势发挥出来，才能产生 1 + 1 > 2 的聚合效应，提升基层团组织整体活力和综合服务能力。

2. 把握区域化团建主要任务。秦宜智同志就农村区域化团建工作提出了“四个区域化”的目标任务，我们要围绕这个要求抓好落实和深化。一是组织要联建。推进农村区域化团建，基层组织是基础。我们要大力推进乡镇直属团组织、农村合作组织团建工作，力争组织数量在调整巩固中稳定增长，县域农村合作组织团(工)委实现全覆盖。要进一步巩固行政村、学校、机关、企事业单位团建，夯实传统领域的组织基础。要积极推进基层团组织之间、团组织与青年社会组织之间的联合联动，形成整体性工作力量。二是干部要联管。着力完善乡镇团委定期换届机制和委员动态调整机制，注重把农村青年致富带头人、金融机构年轻干部、大学生村官、乡村好青年等吸纳进乡镇团委班子，增强工作力量。坚持分层负责的原则，加大基层团干部培训力度，提高他们的工作能力和水平。建立和完善区域团组织负责人联席会议、分工协作、工作述职等制度，提升区域化议事决策能力。三是活动要联办。既要坚持各美其美，鼓励基层团组织立足实际，自主开展团的活动，增强其内生活力；也要坚持美美与共，策划开展一些牵动力强、参与面广的区域性活动，促进区域整体活跃。比如，志愿服务、寻找乡村好青年、扶贫助困、关爱留守儿童等，都是很好的活动载体。四是阵地要联建。依托党员活动室、文体活动站、农家书屋、远程教育点等资源，以及青年中心、青年汇、市民学校等阵地，拓展区域内面向农村青少年的综合性服务平台。注重把区域内团组织和青年社会组织的资源力量整合起来，培育一些青年欢迎的服务项目，增强基层团组织的服务供给能力。

3. 完善区域化团建运行机制。推进农村区域化团建，完善运行机制是关键。一要完善组织联动机制。依托团的组织体系，推动区域内基层组织、辖区单位、社会组织之间联合联动。借助网络新媒体手段，完善社会化动员机制，建立线上与线下互动参与的工作格局。建立双联系制度，推动辖区单位团干部和团员青年到辖区报道，积极参与基层活动，实现团员双重联系，工作双重覆盖。二要完善资源配置机制。一方面，要发挥乡镇团委专兼职委员作用，调动基层团组织的主动性和积极性，整合利用好辖区单位的工作资源。另一方面，要坚持公益性与市场化相结合，提供区域性活动载体和工作项目，面向社会筹集工作资源。上级团组织要注重采用项目申请、活动承办、以奖代补等方式，向区域或网格中配置工作资源。三要完善激励约束机制。围绕区域化团建的工作任务，明确乡镇团组织及负责人的主体责任，严格工作考核评价机制。明确基层团组织和团干部的参与责任，将基层团组织参与区域化团建工作的情况，作为对其工作考核和评选表彰的重要参考内容。争取将区域化团建纳入区域化党建整体格局，力求同步部署、同步推进、同步考核。

今年，团中央初步考虑以“百县千乡”分类示范创建活动为抓手，深化推进农村区域化团建。根据“分类指导、示范创建、整体推进”的原则，明确县乡团组织的任务和要求，通过“对标整改、巩固提升、检验评估”三个阶段，整体性巩固农村团的基层组织建设和基层工作。在此基础上，树立一批区域化团建工作典型，不断积累和推广基层团建的有益经验。这项工作，希望各省尽早谋划。

四、大力培养农村青年创业致富“领头雁”，为农业现代化提供青年人才支撑

经过近年来的实践探索，大家普遍感到，促进农村青年创业就业要立足“育人”这个根本，集中力量培养一大批农村青年创业致富领头人，示范带动更多青年创业致富，在培育新型农业经营主体、推进农村改革发展中，更好地体现共青团的组织价值。今年，农村战线要着力深化农村青年创业致富“领头雁”培养计划，瞄准“五年百万”的培养目标，加强农村青年创业服务体系建设，力争实现培养并凝聚20万名“领头雁”的工作任务。

1. 以返乡创业青年为重点，着力深化“领头雁”培养计划。“领头雁”培养计划是促进农村青年创业就业工作的纲，既是工作目标，也是工作主线。要着力抓好三个环节。一要选准骨干。培养农村青年创业致富带头人，要突出返乡创业青年这个重点群体，这是在实践中得出的结论。返乡创业青年眼界相对开阔，市场意识相对较强，积累了一定的社会资本，优先支持他们实现创业致富，并通过他们的市场、品牌、技术、信息等优势，带动更多农村青年创业致富，可以达到事半功倍的效果。同时，青年返乡创业也利于解决农村“三留守”的社会问题。二要做实服务。农村青年创业普遍面临的难题，还是缺乏资金、技术、人才和项目，我们要围绕青年创业所需，提供针对性服务，并努力提升服务专业化水平。需要特别强调的是，促进农村青年创业不能摆花架子，更不能玩数字游戏，有多少力量就办多大的事，关键是看干部是否尽力，工作是否扎实。要把工作成效落实到对青年的具体服务上。三要加强凝聚。培养和凝聚农村青年创业致富的骨干力量，既是共青团组织的职责所在，也是服务农业现代化的大局所需。县级团委和具备条件的乡镇团委，要积极建立创业青年组织，把农村创业青年有效凝聚在团组织的周围。

今年，在普遍深化“领头雁”培养计划的基础上，要重点推进“一个行动”和“一个工程”。“一个行动”就是大学生返乡创业行动。有效整合涉农高校、农业产业化龙头企业、各级创业就业基金会、地方政府、银行业金融机构等资源，通过提供创业培训、金融支持、导师辅导等服务，支持大学生返乡创业，培养一批有理想、有追求、有知识的新型青年职业农民。“一个工程”就是农村青年电商培育工程。抓住农村电商快速发展的机遇，着力推动各地团组织联合商务部门和金融、电商机构，通过技能培训、金融支持、跟踪服务等途径，大力培育农村青年电商。这两项工作，与相关部委的前期沟通基本完成，年后将大力推进，请各省做好相关准备。

2. 着力强化金融支持。近年来，各级团组织联合金融机构，开展农村青年创业小额贷款工作，取得了扎实的成效。今年重点在两个方面深化：一要开发专属金融产品。把团组织增信、担保方式创新、贷款贴息等服务整合起来，开发青年创业专属金融产品，为创业青年提供便捷普惠的金融服务。有些地方创造的“邮青时贷”“鲁青农信贷”等专属金融产品，实施效果不错，大家要认真学习，相互借鉴。二要深化与邮储银行体系化合作。围绕青年创业贷款、创业创富大赛、致富带头人协会建设、电商培育等领域，创新合作模式，完善合作机制，通过团银体系化合作，为农村青年创业提供更好的金融服务。

3. 着力强化智力支持。技术难和人才难，也是农村青年创业的拦路虎。调研中发现，许多创业青年都有过因为不懂技术、缺乏指导而经受挫折的经历。今年要做好三件事。一要开发示范培训项目。在团中央层面，一方面加强与政府涉农部门的合作，为基层开展培训营造政策环境；另一方面整合社会资源，联合农业企业开发示范培训项目，为基层开展培训提供资源条件。各省也要结合本地实际，联合农业科研院所、培训机构、龙头企业等，开发一些具有共青团特点的示范培训项目。二要抓好金融干部挂职。深化推广金融干部赴基层团组织挂职工作，力争向县级团组织选派1500名金融挂职干部，为促进农村青年创业引入专业力量，为青年金融人才成长搭建实践舞台。要建立和完善人员选拔、在岗管理、评价激励等措施，形成长效工作机制。三要成立创业导师队伍。组织农业技术专家、金融市场专家、致富带头人、政府涉农部门干部，担任农村青年创业导师，开展创业结对帮扶，解决农村青年创业中遇到的技术缺乏、经验不足等难题。

4. 着力强化平台支持。一是办好赛会。广泛开展各级涉农产业创业创富大赛，促进项目、资金、技术、人才、信息等创业要素的有效对接，大力激发青年创业活力和潜能。结合全国性、地方性的农业行业展会和各地农产品博览会，开展产品展示展销、农超对接、技术合作等活动，帮助带头人提升品牌价值、拓宽营销渠道。二是抓好协会。着力加强各级涉农创业青年（协会）组织建设，为创业青年提供相互学习、深化合作、共拓市场的平台。此外，具备条件的地方，鼓励依托农业产业化龙头企业、涉农高校和科研院所，建设青年涉农创业园区，为青年创业提供见习、实战和孵化等服务。

五、深化保护母亲河行动，创新推进青少年生态环保工作

生态环境事关国家持续发展、人民幸福安康。党的十八大把生态文明建设纳入了“五位一体”建设总体布局，提出要建设美丽中国。生态环保历来都是共青团的重要工作领域，保护母亲河行动取得了良好的社会效益和人才效益。近年来，社会环境安全事件不断增多，环境保护日益成为党政关心、社会关注和青年关切的重大问题，青少年生态环保工作面临着新的发展空间。今后一段时期，要按照秦宜智同志提出的“打造拳头产品、推动工作创新、扩大青年参与”的工作要求，以保护母亲河行动为牵动，建设绿色工程、践行绿色生活、倡导绿色生产、培育绿色队伍，加强活动载体和工作方式创新，构建参与面更加开放的社会化工作格局。

深化青少年生态环保工作，要着力构建“四绿”工作格局。一是建设绿色工程。牢牢把握“树”在山水林田湖整个生态体系中的本源意义，广泛开展示范青年林建设、青少年植树行动和各类青少年爱绿植绿护绿活动，努力让青少年生态环保工作成果有形化。团中央确定了“县县青年林、村村青年路”5年工作计划，希望通过五年努力，县级团委新增一片青年林，村级团组织新建一条青年路。各地要筹集资源、抓好落实。二是践行绿色生活。引导青少年增强生态环保意识，养成绿色生活理念，是我们重要的工作目标。要通过广泛开展绿色承诺、低碳出行、光盘行动、节水节电等主题实践活动，引导青少年养成节约、环保的消费理念和生活习惯，使参与生态环保成为一种自觉行为、一种生活时尚、一种生存状态。三是倡导绿色生产。工农业生产是造成生态环境隐患的主要原因之一,引导青年立足岗位投身生态环保实践,是我们重要的工作领域。在农村,要动员青年推广生态农业技术和生产模式,控制农业化学物使用量,减少农村面源污染。在企业,要动员青年围绕清洁生产、修旧利废、节能减排等主题,开展形式多样的争创活动,减少污染物排放量。四是培育绿色队伍。青年社会组织是推动生态文明建设的重要力量,也是共青团的重要工作对象。各级团组织要加强青少年生态环保组织的培育和引导,加大青少年生态环保骨干培养力度,完善工作联动机制和资源支持机制,引导更多青少年和青年社会组织投身生态文明建设。

深化“四绿”工作格局,要注重抓好三个重点。一是加强品牌建设。品牌就是公信力和影响力。要通过深度开发和有效宣传,擦亮保护母亲河行动这个老品牌,并围绕“四绿”培育一些品牌子项目,形成纲举目张的品牌项目体系。要在深化解放军青年林、绿色家园等品牌项目的基础上,继续拓展活动内涵,创新活动载体,打造一些青年乐于参与的活动载体。去年团中央探索推出了京津冀晋蒙“增绿减霾”共同行动,现在正在研究环保创意大赛、绿色机关建设、环保健步走、公益“晒光盘”等活动载体。各地也要加大探索力度,努力打造一批区域性、流域性的长线品牌项目。二是注重社会动员。生态环保工作具有很强的社会性,只有面向全社会的青年进行组织动员,才能扩大工作参与面和影响力。这也是希望工程、青年志愿者等工作取得成功的重要经验。下一步,要注重引入知名企业的公益资源,联合社会组织的工作力量,借助大众媒体的传播优势,构建共同参与、协同推进的社会化工作格局。今年,团中央与中国银联开展的“Union - Tree 微捐”项目,联合部分金融和通信企业开发的微公益产品,都将先后上线推出,希望各省积极参与、广泛动员、共推共享。三是形成整体力量。青少年生态环保工作涉及面宽,参与主体较多,需要我们把组织联合起来,把资源联通起来,形成整体性工作力量。团的各个层级、各条战线要按照全团整体部署,打破条块局限,结合工作实际联合发力。各地团组织要深化与环保、林业、水利等部门合作,设计工作载体,争取更多资源。要积极发挥青少年生态环保组织作用,延伸工作手臂,壮大工作力量。

农村共青团工作链条较长,条件相对艰苦,扎实做好今年工作,必须强化工作责任。一要开拓创新破难题。当前,农村基层团组织面临着很多现实难题,需要我们去研究和破解。工作中我们要有更大的价值追求,不能只满足于简单地落实任务,更不能躺在过去成绩上睡大觉,而是要结合自身特点和优势,加大组织创新和工作创新力度,努力解决一些长期存在的工作重点难点问题。特别是,我们正处于开放型社会和互联网时代,农村青年的沟通、交流和聚集方式发生了巨大变化,需要我们树立互联网思维,善于应用新媒体手段等开展工作。二要久久为功促深化。逆水行舟,不进则退。近年来,我们加大了工作探索力度,在一些工作上取得了一些突破,但工作基础并不牢固,稍一放松又会回到原点。如何把区域化团建做实,如何把创业服务做专,如何把思想引导做深,如何把生态环保做强,都需要我们坚持虚功实做、难事长做,一张蓝图绘到底,一茬接着一茬干,毫不松懈地抓巩固、促深化。三要求真务实转作风。共青团主要任务是做青年思想工作,没有特定的工作界定和硬性要求,导致有些工作容易浮在面上。农村战线的全体同志要养成求真务实的作风,坚持“实”字为先,“干”字当头,“转”字为要,努力做到工作研究求实,工作谋划务实,工作推进扎实,成果检验严实,让各项工作更接地气,更贴近基层和青年实际。四要统筹兼顾抓落实。当前,农村战线工作面不断扩大,工作项目不断增多，必须统筹起来抓落实，避免顾此失彼、疲于应付。要合理摆布好重点工作、推进节奏和组织资源之间的关系，努力提高抓落实的科学化水平。特别是对基层工作指导和考核，要避免“大忽悠”，力求做到一市一策、一县一计，增强工作导向的精准性。

农业最讲农时，抓农村团的工作也是如此。希望各省结合团中央总体部署，制定好本省工作计划，完善好有关工作方案，尽早部署、尽快推动，以时不我待、求真务实的良好作风，以虚功实做、难事长做的实际行动，扎扎实实把今年各项工作任务落实好。

徐晓在中国农村青年致富带头人协会第二届会员代表大会闭幕式上的讲话

2015年1月29日，根据录音整理

经过大家的共同努力，中国农村青年致富带头人协会第二届会员代表大会的各项议程顺利完成，选举产生了第二届理事会和工作机构。衷心感谢大家的信任与支持，选举我担任协会会长。在此，我代表本届理事会向为协会发展奠定坚实基础的一届理事会表示衷心的感谢！我将与大家一道，尽心尽责，开拓进取，真抓实干，努力把协会工作不断推向前进。

昨天，中共中央政治局委员、国务院副总理汪洋与大家座谈并作了重要讲话，勉励广大农村青年要勇于创业、敢于创新、着力创优，争做发展现代农业的领头羊，建设社会主义新农村的排头兵，引领农村文明新风尚的先行者。团中央书记处第一书记秦宜智对协会工作提出了明确要求：要坚持服务“三农”大局，成为传递中央政策、反映农民心声的桥梁和纽带；坚持服务会员发展，成为农村青年致富带头人的加油站和避风港；坚持服务农村青年，成为共青团农村工作的重要延伸和有益补充；同时，要求协会加强自身建设，更加注重思想性、整体性、专业性和带动性，更广泛地凝聚推进农业现代化、促进农村改革发展的青年骨干力量。这些重要讲话精神，是协会做好工作的根本遵循。下面，围绕贯彻落实汪洋副总理和秦宜智同志讲话精神，结合大家讨论时的建议，谈几点意见，供同志们参考。

第一，聚焦农村改革发展，引领会员建功立业。民之大事在于农。党的十八届三中全会明确了全面深化农村改革的方向和重点，去年底召开的中央农村工作会议提出，要深刻认识新常态下农业农村外部环境和内部结构的重大变化，以改革创新为动力，加快推进农业现代化。农业现代化是国家现代化的基础和支撑，目前仍是突出“短板”，全面建成小康社会的重点难点仍然在农村。在转变农业发展方式、深化农村改革的推动下，农村正在成为经济发展新常态下的重要新增长点、重要消费挖潜区和重要投资投放地。把握时代脉搏，才能彰显组织作为。中国农村青年致富带头人协会凝聚着一大批敢闯敢试、有胆有识、有资本有知识的有为青年，协会有责任、也有条件引领会员在带领农民增收致富中主动作为，在推进农业现代化中施展才华，在建设和谐美丽新农村中大显身手。一方面，要在农业现代化中创业创新创优。围绕发展农业产业化、发展多种形式适度规模经营、建设资源节约型和环境友好型农业等重点领域先行先试。带头弘扬创业精神，投身创业实践，抓住全面深化改革的机遇，在推动农村经济社会发展中创佳绩。带头树立创新思维，大力推进农业科技创新、产业组织创新、商业模式创新，在转变农业发展方式中作贡献。带头强化创优意识，培育优良品种，打造优质产品，争创优秀品牌，打造舌尖上的安全和美味，在推动农业提质增效中有作为。另一方面，要在新农村建设中求美求善求和。把握“物的新农村”与“人的新农村”建设齐头并进的机遇，努力建设美丽幸福新家园。带头参与环境整治，美化村容村貌，减少面源污染，让农村看得见山、望得见水、记得住乡愁。带头修炼道德品行，自觉崇德向善，传承中华民族传统美德，践行社会主义核心价值观，引领社会文明新风尚。带头履行社会责任，积极参与社会公益，关爱留守儿童，扶助贫困家庭，促进农村社会和谐稳定。

第二，夯实服务平台，增强协会专业服务能力。专业化服务能力是协会核心竞争力所在，更是协会本质吸引力所在。处在开放型社会和互联网时代，协会要强化开放、合作、共赢的理念，着力提升服务能力和专业水平。一是搭建学习提升的平台。既要着眼于农村青年创业需要，开展前沿性的农业科技和现代知识培训，引导会员加强知识技能积累；也要帮助会员了解世情国情、吃透政策精神、紧跟市场变化，全面提升经营管理能力。二是搭建交流合作的平台。既要坚持内部发力，整合会员自有资源，发挥专业委员会的独特作用，针对性开展同业交流和考察等活动，打通产业链、价值链上下游关系，促进会员间事业合作和产业融合；也要坚持眼睛向外，拓宽交流合作渠道，组织会员参与全国性的农业行业展会和地方性农产品博览会，帮助会员展销产品、推介企业、拓展业务。三是搭建促进发展的平台。既要加强政策扶持，争取农业、科技、扶贫等职能部门的惠农政策和项目支持，联合农行、邮储行、农信社等金融机构为会员提供优惠、便捷的金融服务；也要拓宽宣传渠道，广泛开展“倾听心声 共促发展”活动，深化农村青年致富带头人评选表彰，加大媒体宣传力度，将协会打造成有影响、有形象、有号召力的青年组织。

第三，加强自身建设，提升协会工作科学化水平。打铁还要自身硬。协会成立四年来，做了不少工作，取得了显著成绩。适应协会工作新要求，顺应会员发展新期待，我们还需要更高的组织目标、更专业的人才队伍、更健全的组织体系和更完善的制度机制，在加强自身建设上聚焦聚力。一是强化智力支撑。协会最大优势是人才荟萃、智力密集。要充分发挥这一独特优势，把指导委员会中党政领导与专家学者的理论功底、实务经验等个体智力资本转化为组织智力资本，努力建设“智慧型”组织。要通过活动设计和工作安排，联合专业社会机构开展针对性的课题研究，推出一批有领域权威性、有专业话语权的智力成果，为政府职能部门制定宏观政策建言献策，为会员微观决策提供理论参考。二是形成体系力量。协会影响力和话语权的形成，关键在于广泛集合各个层级的涉农青年协会组织的力量，产生聚合和裂变效应。要采取项目支持、资源配置、工作督导等方式，推动省、市、县三级协会建设与发展，形成体系化的组织格局，覆盖和凝聚更多的涉农青年人才。要积极探索不同层级、不同区域、不同特色的协会组织联合和互动的方式方法，实现横向和纵向的组织联合、团内和团外的资源联通、全国和地方的工作联动，形成体系化工作合力。三是完善运行机制。机制管根本、管长远。要完善副会长轮值、省级会员召集人、专业委员会同业交流等制度，使协会走上公转自转相结合、工作建设相统一、规范活力相促进的良性轨道。要注重发挥秘书处统筹作用，优化工作流程，提高办事效率，用优质的服务吸引凝聚会员，提高协会的认可度和美誉度。要发挥会员主体作用，引导会员增强协会归属感，积极为协会发展建言献策，积极参与协会事务，让协会真正成为会员之家。

蓝图已经绘就，责任已然在肩。让我们一起携起手来，抢抓改革机遇，点燃创业创新创优激情，引领广大农村青年在推进农村改革发展和农业现代化进程中建功立业，为全面建成小康社会、实现中华民族伟大复兴中国梦作出新的更大的贡献！

傅振邦同志讲话

傅振邦在学校共青团创新试点工作总结会暨2015年重点工作部署会上的报告

2015年1月30日，根据录音整理

同志们：

刚才十位同志做了非常精彩的发言，可以看出创新试点工作可圈可点，确实取得了非常丰硕的成果，过去一年大家都是蛮拼的。交流发言是一个很好的缩影，生动反映了学校战线过去一年大家共同奋斗取得的成果。回顾过去一年，我认为确实是十分繁忙的一年，是非常充实的一年，也是令人感动的一年。

在过去一年里，习近平总书记先后与北京大学、北京师范大学师生亲切座谈，与澳门大学学生共同参加活动，还给河北保定学院西部支教毕业生群体代表、南京青奥会大学生志愿者等回信，充分体现出党中央对包括学生在内的广大青年的高度重视和亲切关爱，给广大团学干部和青年学生带来巨大鼓舞。在过去一年里，团中央书记处专门召开会议研究学校共青团工作，宜智同志多次就学校共青团工作作出重要指示，对学校共青团2014年工作给予了高度肯定，对2015年的工作提出了殷切期望。过去一年，学校战线坚决贯彻落实习近平总书记和党中央的有关指示精神，坚决贯彻落实团中央书记处的相关部署，坚决融入国家教育改革的大局，开拓进取，努力创新，众志成城，推动了工作新的发展。

1. 明确了战略新定位。团中央书记处第一次非常系统明确地强调学校共青团在全团具有基础性、战略性、源头性的地位和作用。宜智同志提出，希望学校战线要带头破解团的两大战略性课题，要在增强思想引导工作实效、运用网络新媒体、建设基层服务型团组织以及推进团的工作改革创新等四个方面走在全团前列。对学校共青团“三性”战略定位的理论概括，以及对学校共青团要在四个方面走在前列的工作要求，为学校共青团在新时期提供了战略定位和政治要求。全团上下对学校共青团“三性”的地位和作用形成了共识，为学校共青团工作的推进创造了良好的政治生态。

2. 确定了发展新格局。按照全团五年发展规划纲要精神，去年年初学校共青团制定了学校战线五年规划纲要。这个五年规划纲要是抓根本管长远的文件，凝聚了学校战线的集体智慧和力量。这个规划纲要提出要以立德树人为核心,以实施大中学生“中国梦”成长工程为统揽,提出了构建思想引领行动、素质拓展行动、权益服务行动、组织提升行动四位一体的工作模型,提出要加强团学干部队伍建设、加强网络新媒体建设、加强工作体制机制建设,提出了“一个核心、一个统揽、四大行动、三项建设”的“1143”学校共青团的基本工作格局,符合团中央的五年发展规划纲要要求,符合学校共青团时代发展的需要。各地各校根据这个五年规划纲要积极谋划自身工作,形成相应的战略共识,共同开创了工作的良好局面。

3. 丰富了工作新内涵。学校共青团有非常优秀的传统,我们在既有基础上进一步加强了相关工作。过去一年,推动了“青马工程”提档升级,进一步完善课程设置和课程体系,全国、省、校三级培训大学生骨干超 160 万人次。社会实践继续深化,600 万大学生参与其中,成功举办“新疆学子百村行”“大学生‘紫光阁’实习计划”“井冈情 · 中国梦”等专项实践活动。在思想引领方面,我们继续深化“与信仰对话”“与人生对话”“彩虹人生”等品牌活动。深入贯彻习近平总书记系列重要讲话精神,在大中学生中广泛深入开展社会主义核心价值观的培育活动,取得了较好的初步成效。

4. 开创了活动新品牌。突出创业这一时代主题,举办首届“创青春”全国大学生创业大赛,探索了青年大学生创业板等机制。围绕加强中学中职工作,召开中学实践教育活动座谈会,举办首届全国中学生商业大赛、模拟联合国大会,拓展了实践教育活动新载体。尤为值得指出的是“三走”活动,这是宜智同志亲自提出和推动的,经过一年发展,“三走”品牌已深入人心,活动取得了深远影响。据资料统计,有 2300 多所高校参与其中,也得到了刘云山、刘延东、李源潮等党中央相关领导的认可和教育部、国家体育总局的支持,形成了制度化、规范化的文件。

5. 拓展了事业新领域。对于工作中的一些薄弱环节,去年我们也取得了突破。比如对独立院校、民办高校团的工作进行了一些机制化的探索,成立了工作联盟。对海外留学生的联系从零起步,去年全国学联已经跟二三十个国家或地区相关高校的留学生建立了工作联系。在网络新媒体领域,团的十七届二中全会正式提出要进军网络新媒体,学校战线按照这一精神要求推动网络新媒体战略转型。去年 1 月 8 日,在福州召开了会议,发表了福州宣言,学校部制定了网络新媒体实施战略路线图。在参与网络斗争方面,去年学校战线为全团做出了应有的贡献,组建了 40 万宣传员的队伍,在相应的内容生成、机制建设方面都做了积极的探索。

6. 建立了工作新机制。根据工作新要求,我们在完善学校战线考核通报机制、建立信息报告制度方面都有新进展。团十七届二中全会上秦宜智同志批评过学校战线在媒体信息方面显示力度不够,一年后这方面已经有了大的改观。在工作机制建设方面,我们重视和基层直接联系的制度,建立中学中职学校、部分高校直接联系点制度,取得了较好效果。创新试点机制也是一个很重要的机制探索。

7. 锤炼了干部新风貌。按照全团加强队伍干部建设的要求,去年加强了团委书记培训,团中央学校部全年共举办 11 期培训班、培训团学干部 2000 余人次,并带动各省级团委推动开展培训。通过这样高强度的培训,及时传达了党中央、团中央的相关指示精神,同时也搭建了一个工作交流平台,加强了团学战线的队伍建设,大家相互更了解,感情更深厚,能够更加齐心协力推进我们共同的事业。

以上是简要地概述我们过去一年的工作成绩。实际上我们工作的对象——广大青年学生的表现更好。过去一年里,清华大学学生对 PX 词条的保卫战,新疆大学生们在暴恐猖獗之际集体发声“我们不再沉默”,各类英雄式的大学生人物不断涌现，如获得第九届中国青少年创新奖的清华大学吴佳俊同学，北科大号称学霸主席的王端，扬州大学的仲磊寒冬跳进水里救人，新疆农业职业技术学院的阿尔巴提在暴恐袭击前自救群众、见义勇为，河南郑州的底慧敏同学带着植物人妈妈上学，中南大学张贵生同学三年做城管调研，给习近平同志寄出相关的建议和报告。还有在创新创业方面涌现的一大批当今的时代英雄人物，比如最近到中南海向总理进言的广东“创青春”金奖获得者王锐旭，还有南开大学的郭鑫等，都是在校大学生在创业上取得了骄人的成绩。从当代大学生群体身上，能够看出满满的青春正能量，体现了社会责任感、创新精神和实践能力。

过去一年学校战线能取得比较好的成绩和社会影响，得益于党中央的正确领导，得益于团中央书记处的高度重视，得益于包括教育部在内的相关国家部委的大力帮助，得益于团内兄弟战线的支持，得益于我们在座各位和学校战线所有团学干部的顽强拼搏。在这里，我代表秦宜智同志、代表团中央书记处，向大家表示衷心的感谢！过去一年，大家辛苦了，谢谢大家！

在总结成绩的同时，我们要保持清醒的头脑。应该说，我们的工作还有很多不足，包括思想政治引领的吸引力和感染力不够，基层组织建设依然薄弱，在具备忧患意识和以更大的改革创新力度攻坚克难方面还存在不足，对青年学生成才规律的把握和提供更多的服务供给方面还存在着不足等。新的一年，我们需要更清醒的头脑、更主动的作为去克服这些不足，勇敢地继续向前进。借此机会，我讲四个方面，和大家交流。

一、关于创新试点工作的总结与运用

总的来看，经过一年努力，创新试点工作可以说成果丰富、圆满成功。通过创新试点，大家更新了观念、锻炼了队伍、创造了成果，也振奋了精神。这项工作至少有四方面特点：一是坚持问题导向，针对性强。创新试点工作是通过团中央办公厅正式发文来明确的，学校部经过调研提出来的 4 大类、17 小类、70 项具体的试点内容，涉及思想引领、组织建设和工作机制，都是针对我们组织和工作中需要攻坚克难或比较薄弱的环节。二是坚持基层导向，覆盖面广。全国层面 499 家单位承担了 489 项试点。每个省均参与其中，直接参与的大学、中学、中职数量都较大，这是我们充分尊重基层、发动基层的体现，也是我们的一种工作机制，让更多学校和单位能直接汇入到我们改革创新洪流中，并在一定程度上实现扁平化的推进。三是坚持务实导向，保质保量。很多项目的试点时间虽然是一年，但不可能在一年的时间里实现这么多的任务。它是在已有的积淀基础上，通过创新试点这个契机，去进一步有目的、有计划、有针对性地深化，然后总结提炼。我们坚持了务实导向，不摆花架子、不做假文章、不走虚过程，要实实在在地确定有资格的单位承担试点。在过程中间加强推进督导，在总结成果的时候坚持实事求是、公正客观、讲原则，只有认真完成创新试点任务，才能发结项书。四是坚持改革导向，动真碰硬。刚才有同志讲得好，不是为试点而试点，要真正有一些突破和创新，能给全国层面提供一种可参考借鉴和复制推广的成果。要有相应的案例成果、理论成果、机制成果和产品成果。

今天的总结是初步的，下一阶段我们还要做好三个方面的工作。

1. 进一步总结好创新试点成果。在全国层面，我们要精选相应的案例进行汇编，并正式出版。我也建议在省级层面，大家根据工作需要再深度总结凝练。对于做得好的创新试点项目，要进行总结、提炼、深化，实现一种理论的高度、案例借鉴的高度。今天的总结会只是一个阶段性的结束，大家要继续探讨，共同总结，发掘成果，进度要服从质量。

2. 进一步传播好运用好创新试点成果。

过去几个月,学校部已陆续利用新媒体对创新试点成果做了些展示和推广,这种方式我们还要接着做。我们更要从100个优秀项目中优中选优,在全国层面力推,真正形成制度化成果。有的成果可直接吸纳到我们工作活动的安排中,有的是形成一些样板案例,有的是一些机制体制性的成果,到时候要在全国范围内推广,比如刚才西南交大讲的高校第二课堂成绩单。下一步,我们要优中选优、精中选精,下功夫挖掘至少20项能在全国层面推广的项目,重点抓住几项制度机制建设性成果。

3. 进一步推动团学工作改革创新。试点有阶段,改革创新没有休止符。我们要弘扬改革精神,将其根植到团学工作基因中,以创新精神和改革思维谋划、推动工作,去解决总书记提出的两大战略性课题。要继续在团学工作理论、工作资源、工作载体、工作方式、工作手段中全面贯彻改革创新思想,这也是在我们工作领域落实全面深化改革的思想。要强调一点,过去我们经常说"高位徘徊",这种说法我建议以后少说或不说。前不久开团中央书记处民主生活会,军科同志提了意见,这也是对团学战线提的,他不建议提"高位徘徊"。团学战线是不是高位要打问号,不能自我满足。学校和其他战线相比一定是处在高位吗?应该说发展日新月异,其他战线与时俱进,也有很多好的品牌、好的项目、好的作风、好的传统在积累。我们自己跟自己比,现在一定是在高位吗?我们不要总认为处在高位,无非是徘徊而已。认为高位徘徊容易自满自足。如果能在破除"高位徘徊"上形成共识,会更有利于我们解放思想、更有利于改革创新,更好地把创新试点的改革精神成果弘扬、坚持到未来工作中。

二、关于2015年学校战线工作的总体考虑

2015年对国家而言,是十二五规划收官之年和十三五规划制定之年,是全面深化改革、全面建成小康社会、全面推进依法治国、全面从严治党的关键之年。对团学战线而言,如果说2014年是战略元年,重在战略谋划、拓点布局,那2015年是基础深化之年,要巩固和深化我们已有的格局和成果。今年还是全国学联26大召开之年,做好今年工作,意义非常重大。我们要根据当前学校共青团面对的一个总背景来谋划今年工作。

1. 习近平总书记和党中央对共青团的重要指示精神给我们提供了重要的政治机遇。习近平总书记去年6月27日对共青团工作作了非常重要的200多字的批示,对共青团当前和今后工作如何把准脉搏、找准方向,加强对青年成长成才特点的研究,以及推进组织和工作创新,团结带领广大青年坚定理想信念、践行社会主义核心价值观、走在创新创优创业前列等做了非常明确的要求,这是学校共青团和全团应该坚决贯彻落实的。最近,中央层面有两个重要文件,对我们做好今年乃至今后工作至关重要。一个是中央发的4号文件,即《关于加强和改进党的群团工作的意见》,这是时隔25年后党中央面向群团发的一个纲领性文件。这个文件鲜明提出走中国特色社会主义群团发展道路。文件中和我们直接相关的一句话是要加强高校群团组织建设。工会、妇联不是高校群团的主体,这句话实际上是指共青团。第二个重要文件是两办发的《关于进一步加强和改进新形势下高校宣传思想工作的意见》,这个文件直接对学校共青团提出相应要求,包括对加强高校共青团建设以及把高校团干部作为宣传思想的骨干力量都有非常清晰的描述,像"青马工程"这样的品牌项目直接纳入。对这两个重要文件我们要认真学习,领会精神,要把其看成推进工作的宝贵政治机遇、最根本的战略法宝和遵循。

2. 要深刻领会团十七届三中全会所做的部署及宜智同志对团学工作的重要批示精神。宜智同志在团十七届三中全会上作了重要的

报告,提出了共青团新常态思维,明确了2015年团中央7个方面的重要工作,对加强制度建设和保障做了相应要求,对如何贯彻好中央4号文件也做了具体部署。在宜智同志作的专门批示中,提出2015年学校共青团要在思想引领、成长服务、权益维护等领域继续大胆探索、扎实奋斗,特别要在“团干部如何健康成长”大讨论和网军建设中走在前列,为全团工作作出新贡献。团十七届三中全会精神和宜智同志对学校共青团的重要批示,为我们谋划做好今年工作提供了基本依据。

3.要深刻了解和认识教育领域综合改革带来的机遇和挑战。在国家全面深化改革大背景下教育领域的综合改革方兴未艾。去年推出了考试招生制度改革方案,其配套方案包括普通高中学生综合素质评价方案在内的四个文件。高等学校的章程和大纲正在制定中。去年召开了全国职业教育工作会议,职业教育迎来了新的发展态势。对这些新的改革动态和改革要求,我们要自觉学习,更好地和国民教育体系融合。我理解,学校共青团本身也是改革的一部分,我们要积极跟进。教育改革带来了机遇,但如果我们处理不好就会对我们的工作方式和空间带来新挑战。

4.要把握青年成长成才的新规律。去年是中国移动互联网元年,移动互联网对生产生活和思维带来巨大冲击,也改变着青年学生的特点。廉思同志说现在青年思想意识变动的波长越来越短,就是说思想越来越多变。现在青年的追求、自我意识、参与度越来越强,对精神、娱乐的追求越来越高,情感化具象化倾向越来越明显。我们要做学生工作,需要把准青年学生时代脉搏,学校的团委书记走进学生内心、了解学生成长成才的客观规律是非常重要的。

基于以上四个方面的考虑,今年我们整体工作的思路要与全团的工作部署相衔接,与战线的五年规划纲要相衔接,也与2014年奠定的工作基础相衔接。2015年的总体工作思路是:全面贯彻党的十八大和十八届三中、四中全会精神,深入学习贯彻习近平总书记系列重要讲话精神,贯彻中央关于加强和改进党的群团工作及进一步加强和改进新形势下高校宣传思想工作的指示要求,按照团十七大和十七届二中、三中全会的工作部署,坚持立德树人,深入实施大中学生“中国梦”成长工程,以思想引领为首要任务,以服务学生成长为出发点和落脚点,紧扣时代主题,紧扣全团大局,紧扣教育改革,狠抓基层组织和从严治团,狠抓品牌深化和难题破解,狠抓制度建设和机制创新,虚功实做、难事长做,稳中求进、乘势而上,力争在增强思想引导工作实效、运用网络新媒体、建设基层服务型团组织、推进团的工作改革创新等方面走在全团前列。

对这一总体思路要重点把握三个方面。一是把握“稳中求进、乘势而上”的总基调。“稳”是指工作主题和格局要稳,这是已经既定和明确的。“进”是指我们在工作水平上出成绩、出影响,见实效,去推动、去深化。我们要乘势而上,趁着整个共青团得到党中央高度重视,包括中央4号文件等在内的战略引领的机遇,积极融入全团整体发展中去,积极融入教育改革大局中去,让我们学校共青团工作整体水平再上新台阶。二是把握共青团的新常态思维。按照宜智同志的阐述,这种新常态思维就是坚持虚功实做,在工作深化中下功夫;就是要适应新时代青年成长新规律,大力推进团的组织和工作创新,力求破解共青团面临的两大战略性课题,实现新进展;就是要适应法治化进程,强化制度意识,完善制度保障,落实制度安排,实现新发展。简而言之就是以深化为目标,以创新求突破,以制度作保障。新常态思维要体现在我们今年的具体工作中。三是把握代表服务青年学生、维护青年学生权益这一学校共青团工作的生命线。中央4号文件提出群团工作的生命线是代表和维护群众权益，对学校共青团来说，学生是我们工作服务的对象，我们全部工作必须围绕学生来做，真正做到以青年学生为本，代表和维护好青年学生的利益。

三、关于 2015 年重点工作

关于今年主要的工作任务，团中央学校部制定了全年工作要点，共五个方面 21 项。要点已发给大家，希望同志们结合实际创造性地抓好落实。对全年的工作进行梳理，主要有以下四个大的方面。一是牢牢抓住首要任务，做好思想政治引领；二是抓好两大基础工程，即中学中职“强基固本”工程和高校团支部“活力提升”工程；三是深化三个方面的工作；四是做好四类制度建设和制度创新。

1. 突出一项首要工作任务，即抓好思想政治引领。去年 12 月党中央书记处听取团中央汇报时，刘云山同志代表党中央书记处作工作要求，再次提出思想政治引领是共青团第一位任务。团十七届三中全会再次明确提出抓思想政治引领是第一任务，全团都要抓。中央下发的《关于进一步加强和改进新形势下高校宣传思想工作的意见》明确提出要牢牢把握高校思想意识形态的主动权。所以，学校共青团要始终意识到抓思想政治引领是我们的主业，是我们的本分，重视抓是我们履职，抓得不好是我们失职。

对于思想政治引领，我们首先要有一个基本判断，即大中学生思想意识的基本面是好的，总体而言拥护党的领导，支持中国特色社会主义道路，对党领导全国人民取得的成绩是认可的。尤其是以习近平同志为总书记的党中央励精图治，得到了国内外，也包括大中学生的广泛认同。“习大大”这一称呼在学校里面是非常亲切的，反映了大家内心的认同感。我去年在河南安阳师范学院调研时，感觉学生内心是认可习近平同志和党中央的理政思路的。我今年看到一篇文章，是美国乔治华盛顿大学艾奇奥尼教授去年在中国一个论坛上做的一个演讲。文章写道学生毫无例外都在捍卫中国政府的立场，表明学生是真的具有爱国情怀。这个教授是从第三方客观的角度看待问题，说明中国青年学生的基本面是好的，我们的思想政治引领工作效果是不错的，基本面是巩固和稳定的。

新时期要进一步明确思想政治引领工作的基本思路，结合学校共青团的情况，就是要坚定不移地以“我的中国梦”为主题，以学习贯彻习近平总书记系列重要讲话精神为统揽，以培育践行社会主义核心价值观为主线。

中国梦是当代青年运动的时代主题。习近平总书记系列重要讲话集中体现了党的十八大之后治党治国治军的最新思路，是中国特色社会主义发展的最新成果。我们要以更高的政治敏锐度和责任感持续深入地学习习近平总书记系列重要讲话精神，既要求团学干部带头学，真正学懂学通，学而信、学而用、学而行，也要依靠组织推动引导广大青年学生学。今年我们要在高校推进“四进四信”的学习宣传贯彻活动，使总书记系列讲话精神进支部、进社团、进团课、进网络，坚定广大学生在中国特色社会主义道路上实现中国梦的信念，增强对党和政府的信任，增强对以习近平同志为总书记的党中央的信赖，这是具有重要的现实意义和政治意义的。“四进四信”活动是在去年各地实践基础上进一步凝结凝练的，北京团市委、重庆团市委在这些方面已经有一些探索和积累，今年要把它作为重中之重，以总书记系列讲话精神的学习宣传贯彻统领思想政治引领工作。

去年五四习近平总书记在北大讲话的主题是社会主义核心价值观，提出“勤学、修德、明辨、笃实”的要求。去年团中央和全国学联下发了《关于在大中学生中深入开展培育和践行社会主义核心价值观活动的通知》，团中央和教育部联合下发了《关于在各级各类学校推动培育和践行社会主义核心价值观长效机制建设的意见》，今年要重点落实好这两份文件，真正让培育和践行社会主义核心价值观常态化、机制化，这不是一时的权宜之计，而是长远之计。我们提出它是主线是因为它贯穿学校共青团全部，从中学、大学到研究生都需要。为什么总书记一而再、再而三地提社会主义核心价值观的培育和践行？我的理解是，在中国发展的现阶段确实需要更加具有全社会最大公约数的价值凝聚和价值共识来为我们实现两个一百年目标、实现中国梦提供足够的价值信念。目前，中国在经济上已崛起，在思想凝聚意识形态价值观念方面需要更强大的价值观作保障，否则中国不是乱在经济，而是乱在人心，乱在思想，所以我们一定要高度重视社会主义核心价值观的培育践行，把它真正贯穿团学工作全过程，渗透到整个工作中。

做好思想政治引领工作要结合学校、个人实际，运用好思想育人、文化育人、实践育人、服务育人、网络育人等各种方式，生动活泼地开展理想信念教育、价值观教育、中华优秀传统文化教育、民族团结教育、国防教育、法治教育等内容。要提高思想政治引领的专业化水平，将其作为一门专业抓，把准学生的思想动态和脉搏，提升吸引力感染力。

一要把思想政治引领的漫灌和滴灌相结合。面上的思想政治引领一般需要漫灌，但是我们也要强调精细化有针对性的滴灌，对思想政治引领工作对象要有分类分层和分群，目标体系不能过于理想化，个个当马克思主义者不可能也没必要，要比较现实地确立工作目标和策略。

二要把显性引领和隐性引领相结合。我们比较习惯显性引领和灌输式教育，这也需要，尤其是对中学中职学生。但是随着时代的发展变化和青年学生心态认知的变化，我们要增强隐性引领。在《星际穿越》这部电影里，出现了两面美国国旗在外星球上，这就是一种隐性引领，是一种植入式的营销和广告效应，润物无声。我们的思想政治引领需要有更多这样的思维和方式，才能契合青年学生内在需求，而不是简单直白机械僵化地灌输。

三要把内容产品的生产与传播形式的创新相结合。内容为王非常重要，就是要求在引领时有武器弹药，这种武器弹药也要与时俱进，要有新内容，不能老是小米加步枪。在传播方式上，要根据青年学生的聚集特点、流动分布等变化，积极创新。刚才几位同志的发言，从生动性角度看，陈志勇同志讲得最生动，他用了全媒体的展示方式。现在流行图解这种形式，去年五四，总书记在北大讲话之后，北大团委做了一张解读的图，我认为做得非常好。我们在内容生产和传播形式上要有这个结合。我想起一个故事，二战时罗斯福总统提出著名的四大自由，即“言论自由、信仰自由、免于匮乏的自由、免于恐惧的自由”，得到了广泛的认同，为什么有那么大影响？是美国一个艺术家画了四幅画，非常简单明了，跟美国人生活直接相关。比如讲言论自由的画是镇上的公民在小镇的议会上发言，讲信仰自由的画是不同宗教的人在做祈祷，讲免于匮乏的自由的画是一家人在感恩节时围着餐桌吃东西，讲免于恐惧的自由的画是妈妈和爸爸守护着一个酣睡的小孩儿。就是这种形象直观的形式，使罗斯福总统的四大自由在二战期间形成了强大力量和共同的信念。现在习近平总书记有那么多的好想法、好观念、好论述，希望大家要在生产和传播形式上去创新、去下功夫。

四要做好第一课堂和第二课堂的结合。比如，去四川大学调研时，我专门找了思政课老师座谈，他在学校有一个实践，在第一课堂采取一些实践或分组讨论的形式，这样第一课堂就更生动。大家要为了一个共同的思想政治大局去想办法，抓住主阵地、主渠道。今年思想政治引领的具体安排，学校部在要点上说得比较清楚，大家要结合抗日战争胜利70周年、“一二·九”运动80周年等重要时间节点去开展相应的引领活动。对于思想政治引领这一任务，我们还要把握底线。这个底线是我们政治的阵地底线、责任底线，一定要在党领导下，坚定不移地维护思想稳定的大局，发挥组织优势，巩固已有阵地。从党对我们的要求角度看，这些底线体现在如下几点：第一是稳固思想领域的阵地；第二是民族团结的思想教育和实践。这是总书记在新疆工作座谈会讲话中直接提到的，涉及新疆、西藏团组织及内地援藏援疆省区的一些学校，目前已经开了头；第三要在第一时间掌握学生思想动态，加强相应的舆情监测和思想动态的把握。大家一定要树立底线思维，确保校园不会出现大问题，或者校园出现一些问题，我们能够积极协助去化解疏导。

2. 扎实推进两大基础工程，即中学中职“强基固本”工程和高校团支部“活力提升”工程。要重视基层组织建设和基础工作。对学校共青团来说，巩固基础性战略性源头性地位最重要的是把基础组织建设好，把团员意识培养好。

实施中学中职“强基固本”工程。至少做到四个重视：一要重视把好入口关，入团要严肃，要坚持标准、提高质量、控制数量、规范程序；二要重视团员意识培养，通过学习团章，开展活动时举团旗、唱团歌、戴团徽和参加必要的团的教育，从一开始就培养好团员意识；三要重视基本的团学实践，包括团课、团日活动等，教育改革中学生综合素质评价明确将党团活动、社会实践纳入综合素质评价，这为我们提供了契机，中学要设计好团学基本实践，并争取纳入未来综合素质评价范畴中；四要重视制度保障，在中学中职抓基础团建工作，要有机制性制度性的保障，比如可以探讨教育团工委制度，依托教育团工委发挥作用，比如可以探索中学班主任兼任团支部辅导员制度，这在沧州一所中职学校已有实践，比如对中学中职团委书记的岗位技能提升要形成机制性安排等。

实施高校团支部“活力提升”工程。对高校而言，最核心的是把团支部这个细胞抓好。要破解“二八现象”，支部没有活力是不行的。希望大家做到五个强化。

一是强化支部覆盖。如果在校园内不能做到支部覆盖，就是我们的无能。在支部覆盖上，不管教育改革怎么改，团组织该覆盖的就要覆盖，社团宿舍建团等可以同时开展，不怕多重覆盖。

二是强化基础。对于高校团支部到底要规范多少基本职责、开展什么样的基本活动、团支部书记不如班长有影响力等问题，大家要高度重视。说得严肃一点，要跟党的执政体制呼应起来。这不能含糊，要旗帜鲜明。从我们自身来说，需要对班级团支部的基本团务、基本职责等有更明确的认识。

三是强化服务功能。班级团支部要有威信、有影响，就需要在促进学生创业就业等方面做相关工作，或者说要为学生创造一些展示的机会，要给学生带来实际的好处和利益。比如说搞志愿服务公益实践，班级团支部可以固定对口做一个困难老人或学生的帮扶，给学生们提供参与的机会，不需太大付出，但是这些机会对他未来的就业升学来说是很重要的，要积极在这些方面进行探索。

四是强化民主参与。团支部书记要民主选举产生，要增强学生的参与感和民主话语权。我在调研中发现一个团支部书记干了3年，我认为这样不好，要有任期限制，不能一个人干三四年团支书，是有要一定任期，比如一两年，让更多民主参与进来，共同发展。

五是强化典型示范。在班级团支部建设方面要形成一些优秀的范例，从全团层面加大对其表彰力度。现在不允许搞太多评选，我认为在这一点上大家要统一思想，表彰是团组织开展工作一个基本的手段，思维不能机械化。中央做这些规定其本质是防止一些部门的行为，我们作为群团组织不能自捆手脚。当然在规定没变之前，该遵守的还要遵守，但是要灵活变通一下。我们去年对社会实践的通报，内部也有不同意见，我说这个责任我可以承担，最终得到了认可。

以上是对高校团支部“活力提升”工程强调的五个强化，希望大家要进一步丰富其内涵，积极加以推动。

3.深化三方面工作，即深化优势品牌项目、团学网络新媒体战略转型，以及青年学生的利益代表和权益维护工作。

一要深化优势品牌项目。对于已经形成的工作格局、工作品牌，如“三走”、“三下乡”社会实践、“创青春”、“挑战杯”、小平基金等，要一年年地坚持下去。比如“三走”活动，我们要真正引导青年学生养成终身爱好体育的习惯，将其融入每一个学校的校风里去，这不是拍几张照、做一两场活动的事，我们四部委联合下发的文件就是要形成机制化的安排。关于“创青春”，去年湖北团省委做了很大贡献，开了一个好头，办了一场关键的大赛，突出了创业实践，突出了和市场的对接，引入了市场化社会化的机制。今年年初我们已经下发了高校共青团促进创业的意见，各地要抓好落实。促进创业就业是我们服务大学生根本利益的一个核心立足点，是党政关心、社会关注、团组织能努力的一个结合点。高校共青团在这方面不要有思想顾虑，也许其他部门也在抓创业就业，这没什么问题。国家有一个教育改革领导小组，我是成员之一，我们专门讨论过高校的创业创新教育，教育部也发过类似文件。我在会上提出过，行政部门是做不好创新创业尤其创业工作的，一定是共青团这样的非官非民组织才有活力去凝聚资源、关爱学生个性化发展，去发挥最大的作用。希望大家不要受条条框框束缚，大胆地去做，创新地去做，总理提出要打造众创空间，希望高校同志能够理解得更深更透，掌握最前沿信息，积极在创业意识培养、创业能力提升、创业实践深化等方面，发挥我们的特有优势，整合各方资源，迈开步伐。

二要深化团学工作网络新媒体战略转型。有一个数据说，我国已有6.5亿网民，其中5.3亿是移动互联网网民，初中学生70%上网，高中生比例达到100%。我们的工作对象是学生，他们每天可能有2—3个小时在网上，而且网络也是思想政治斗争最激烈的场所，我们要进一步加强对网络新媒体工作的认识，要坚决占领这个阵地。同时，我们要了解网络新媒体工作的格局，对学校共青团来说，要做好以下四方面工作。

第一是开展网络斗争，发挥生力军作用。去年我们组建了40万网络宣传员队伍，今年按照全团统一部署，还要组建网络志愿者，进一步扩大规模。同时在实践基础上，我们要在四五十所高校探索建立网络文明促进会。开展网络斗争，我们要有指挥参谋系统、武器装备系统、战斗队伍系统、基地平台系统，网络文明促进会就是我们的网军指挥部。

第二是促进团学工作线上线下有机融合。我们所有的工作都可以利用微博、微信、APP、网站等去部署，去与学生互动，不只是搞思想网络宣传或参与舆论斗争的时候才用。我们所有的工作环节、项目，都可以用新媒体去推动。如果说思想政治引领是一个灵魂，要渗透到所有环节的话，那网络新媒体作为一种方式、手段和思维，一样要渗透到我们团学工作立体化的所有环节中。

第三是推动青年学生互联网创业就业。把网络作为服务青年学生发展的一个手段，尤其是互联网时代创业门槛降低，互联网创业是青年学生一个重要的能力。我们今年要在浙江举办全国大学生互联网大赛，希望以这个为契机促进大家把互联网作为学生发展手段和创业空间上下功夫。

第四是引领青年学生健康网络生活方式。青年学生这么多时间和依托都在网络上，网络上的一切影响着青年学生，要让学生健康成长。所以我们要推动国家网络公共政策更有利于青年学生,减少网络上负面东西对学生的影响。同时我们要维护青年学生在网络上各种正当的权益。

三要深化学生利益代表和权益维护。维护学生权益是我们工作的生命线。在这方面我们有一定基础,但是大家的意识还不够。我曾专门调研学生会学联的工作,有的学生会主席讲半天,一句话都没涉及维护学生利益,这就丢掉了自己的主题。对于整个团学组织,要进一步深化利益代表机制。

我认为至少有五类学生权利。一是基本人权,即生存安全的权利;二是受教育的机会平等权,比如考试是否公平,选拔是否公平等;三是经济权,学生在学校里也是一种教育消费者,包括教育直接的消费;四是民主权,学生作为校园主体,在学校治理中要有民主参与权;五是就业创业的发展权,在就业创业方面有没有得到公平对待、不受歧视等。我们不能简单认为学生在学校里所有的权利自动就得到了保护。不是!团学组织要坚定不移地做学生利益的代言人,为学生撑腰,为学生办事。

在维护学生权益方面,要增强我们代表维护的自觉性,同时也要突出重点,这个重点就是就业创业、民主参与、学习生活权益和困难帮扶四方面。团学组织的力量是有限的,但我们的意识和能力要跟上去。就算有时候我们解决不了相应问题,一定要有人文关怀,或者说强大的舆论支持,让有些学校的行政方或当地政府不敢为非作歹。我们既要有对普遍性利益诉求的收集和反应机制,也要关注典型事件的个案,即使没有力量去解决,我们作为一种组织,要有鲜明的态度,要让相关不合理的行政执行者有压力,要让学生感到我们确实是站在他们一边的。所以在青年学生利益维护方面,要进一步健全工作体系,突出工作重点,要见事见人,不能空泛。很多学校有好的探索,包括和校长的午餐会,或通过学生代表大会提案等,这些都是很好的办法。

4. 加强四类制度建设和创新。有四类机制建设,大家要共同努力。一是党团的关系方面,二是团和教育部门的关系方面,三是团和学生组织的关系方面,四是团内横向纵向的关系方面。

第一是涉及党和团的关系方面的制度创新。团中央将出台贯彻落实中央4号文件的具体实施办法,要努力推动一些学校共青团的制度安排体现到全团实施方案中。各省级团委分管书记要积极关注推动辖区内涉及学校共青团工作格局、党建带团建的一些重大制度安排。党团的关系具体到学校,就是团组织要在学校党委领导下,争取更多支持和资源。如果说中国共产党的领导是中国特色社会主义最核心、实质的内容,共青团制度也是中国特色社会主义重要的组成部分。学校团委要理直气壮地找党委争取资源、争取政治领导、工作安排。同时也要站在学校工作大局角度,为党政分忧出力,不能只开口。这方面的体制机制我们要积极探索。

第二是涉及团和教育部门的关系方面的制度创新。学校共青团一定要加强和教育部门的协同配合,既要发挥好国民教育体系的战略配合者角色,也要充分发挥青年学生先进群众组织的作用,要积极地向教育部门争取相应的制度和机制合作。我知道在学校层面有的工作存在一定矛盾,这没有关系,我们要尊重教育行政的主导,但也要发挥自己优势,坚持自己的政治属性和群众基础的地位。比如说学生会、研究生会归学校哪个部门管理?我们出台了加强高校学生会、研究生会的指导意见,是教育部门认可的,相关规定很明确,要严格执行。我们在工作姿态上一定要低,多跑其他部门办公室多沟通。我们是为了学生的利益,为了组织的利益,而不是为了我们个人,没有什么面子可丢。

第三是涉及团和学生组织的关系方面的制度创新。团学组织的格局是明确的,是同心多圆。团组织是核心枢纽，学生会在外边第一圈，学生社团是更外围的一圈，社团联合会绝不能和学生会平起平坐，学生会具有唯一性、法定性。下一步，我们要在全国层面积极推进学生会的法定定位。在一个学校里面，学生会是唯一代表学生的组织。学生会是学生自我服务、自我管理、自我教育的学生组织，学生社联主席只能做学生会副主席，我们要明确这样的格局。对学生社团，要规范发展，促进其健康发展，尤其是在思想斗争越来越激烈、各种势力向校园渗透的时候，处理共青团和学生组织、学生社团的关系，要理清格局，负起应该承担的责任。但同时对学联、学生会要给予足够的工作自由度，发挥他们的主观能动性，团组织不能完全包干。我碰到过一个最极端的案例是中学团委书记兼任学生会主席，这反映出我们对学生的不信任。这是不对的，我们一定要信得过我们的青年学生，真正把学联学生会看作是培养学生的重要载体和平台，把握好大的政策方向，让学生发挥作用。要借全国学联26大召开的契机，加强相关制度研究和规范性建设，也希望大家共同关心和支持全国学联26大的召开，争取把这次大会开成一个民主、团结、奋进的大会，真正地为青年学生提供新时期的指引。在这方面，大家要放眼看看台湾的太阳花和香港占中事件，这些给我们的启示是，在政治把控上要坚定不移地引领，但在具体工作中，要适应青年学生的诉求和需要。

第四是涉及团内横向纵向的关系方面的制度创新。横向是学校战线和其他战线的关系，学校共青团要积极支持配合其他战线工作，更加自觉主动地做好相应的协调和配合。纵向是从全国、省、学校三个层面来说，要有更好的良性工作机制，包括信息报送机制及工作督导机制等，要更多地支持基层，更多地发挥基层职能和主动性创造性。

以上四方面工作，概言之，要在首要任务上强认识，在基础上下功夫，在深化上动脑筋，在制度上求突破。

四、落实从严治团要求，加强团学干部队伍作风建设

团学干部是推进学校共青团事业的核心依靠力量，这支队伍的素质和作风，直接关系我们事业的发展。源潮同志在团十七届三中全会上提出要从严治团，大兴直接联系群众之风、学习研究之风、求实创新之风、清正廉洁之风。宜智同志提出政治生活要严肃、执行纪律要严明、改进作风要严格、工作督导要严实、拒腐防变要严厉和理论武装求实、调查研究笃实、工作设计扎实、干部作风务实、考核评价落实“五严五实”的要求。团学战线要认真落实从严治团的要求，认真参加即将在全团开展的“团干部健康成长大讨论”和“大宣传大调研”活动，以作风建设为重点，锤炼学校共青团干部的过硬团风。

1. 要充分认识作风建设的必要性紧迫性。对学校共青团来说，团学干部的作风会影响各项工作的开展和学生对团学组织的认知，同时专职团学干部是老师，其作风更会直接影响学生的思想意识和行为习惯养成。所以，加强团学干部作风建设，既是推动工作的需要，又是学为人师、行为世范的需要。我们要清醒地看到虽然团学干部作风整体较好，但也存在些问题。有的干部心态浮躁，急于表现出成绩，一项工作刚启动就总结经验，一遇到难啃的骨头就遇难而退、切换频道；有的干部身上骄、娇、矫三气重，或安于现状，或回避矛盾，缺乏真抓实干、敢抓敢管的魄力和能力；有的干部“眼睛向上”，乐于当“官”，不关心学生、不深入学生，不会做学生群众工作，高高在上，尸位素餐；有的干部疏于学习，钻研不深，学习不紧，要求不严。团学干部身上的这些坏习气，迫切需要通过作风建设来克服。

2. 要鲜明确立团学好干部的基本标准。一名团学好干部要具备忠诚的政治品质、担当的工作意识、专业的能力素质、清正的人格做派。一要忠诚。对党忠诚，在思想上、行动上与党中央保持高度一致，遵守党的政治纪律、组织纪律和工作纪律，坚决听党的话，干好党交办的事；对团的事业和自身岗位忠诚，学校共青团工作是一份光荣和崇高的事业，团学干部要为之倾心尽力。二要担当。面对急难险重任务不回避、不退让，敢于迎难而上；面对工作失误不逃避不推诿，敢于承担责任；面对不良风气，不做老好人，敢于批评驳面子。团学战线各级领导干部要锤炼担当的意识，切实承担起推进工作、管好队伍的责任。三要专业。现在团学工作的专业性越来越强，如开展思想政治引领要具备一定的社会学、心理学等人文社科理论功底，熟悉各种社会思潮，促进大学生就业创业要掌握一定的经济金融知识，了解市场前沿信息。团学干部只有不断提高专业化能力，让自己更厚重厚实，才能更好地服务引领学生。四要清正。要从细节从身边小事做起，始终绷紧廉洁拒腐这根弦，尤其在一些资源分配、评优表彰工作中，要做到公道正派，透明坦荡，严把廉洁自律关。

3. 切实把握作风建设的关键内容。一要加强思想政治作风建设。思想决定行动，思想政治作风是作风建设最根本的内容。各级团学干部要抓好政治理论学习和党性修养，坚定理想信念，讲政治，遵纪律，守规矩。今年我们要开展学习宣传贯彻习近平总书记系列重要讲话精神“四进四信”活动，团学干部要带头学习，做到先学一步、学深一点、学实一些；要认真开展组织生活，通过党内政治生活的锤炼，切实改进思想政治作风。二要加强学习研究作风建设。面对团学工作不断出现的新领域、新问题、新挑战，需要加强学习研究来明确工作的方向和重点。广大团学干部要认真落实全团关于加强和改进调查研究工作的决定，加强学习，深入实际，把更多时间和精力放在学习研究上，掌握科学的方法，增强学习研究的能力，提高工作的专业化和科学化水平。三要加强工作执行作风建设。一分部署，九分落实。工作执行力是提升学校共青团战斗力的重要保障。广大团学干部要牢固树立执行意识，踏石留印、抓铁有痕，对上级团组织部署的任务要抓好落实，提高执行效率，不推卸、不拖延。各级团学组织要强化工作纪律要求，加强督导，对于执行不力的，需要批评的就批评，需要通报的就通报，要通过加强工作执行的作风建设，确保学校共青团各项工作落地生根、取得实效。四要加强联系服务学生作风建设。团学干部要把注意力和工作重心始终放在广大学生身上，竭诚为学生服务。要按照全团统一部署，扎实开展处级以上干部基层联系点工作，结合实际推动建立学校直接联系点，确保团学干部深入基层、深入学校的时间。学校战线各级干部要走进团支部，与学生结对子、交朋友，培养与广大普通学生的感情，切实为学生办实事。对学生干部既要关心爱护，也要严格要求，形成“从学生中来、到学生中去，联系学生、服务学生”的好风气。

4. 建立健全作风建设的长效机制。要落实党建带团建制度，争取党政重视和支持，把团学干部的作风建设纳入党的作风建设整体格局，一起部署、一起推动、一起考核，尤其在团学干部选拔上要争取支持，把作风好作为重要标准，把好作风建设初始关。要建立团学干部作风建设的责任制度。各级团组织负责团学工作的领导干部要作为作风建设第一责任人，切实抓好作风建设。要建立更为完备的教育培训制度，将作风建设作为教育培训的重要内容，提高团学干部作风建设的理论和行动自觉。要完善优秀典型选树制度，各地各校要积极选树作风扎实的团学干部典型，充分发挥示范引领作用。要完善监督考评制度。加强团学干部作风的日常监督，把作风建设情况作为各级团学组织工作考核的重要内容，完善考核方式，扩大学生参与，形成团学干部作风建设的倒逼机制。

同志们，学校共青团面对很多挑战，但不管有什么风雨挑战，我们要有战略定力，要明白党团的特殊政治关系不会变，共青团作为青年先进性群众组织的定位不会变，整个社会发展由青春力量推动不会变。我用一句话和大家共勉，“因为我们心中充满希望，没有什么能够把春天阻挡”。学校共青团一定会有更加美好的明天。我希望大家齐心协力，群策群力，在新的一年里打基础，固根本，强深化，早行动，争取胜利完成今年的各项工作任务。

在这里，我也跟大家提前拜个年。谢谢大家！

傅振邦在高校“青年马克思主义者培养工程”工作推进会上的讲话

2015年12月23日，根据录音整理

值此岁末年终，专门召开高校“青年马克思主义者培养工程”工作推进会，对相关工作实施情况进行总结交流和部署推动，既是对过去8年来“青马工程”实施情况的总结会，也是分享经验的交流会，更是新形势下以改革创新精神深化实施“青马工程”的动员部署会，具有里程碑意义。今天上午，宜智同志在讲话中对“青马工程”进行了系统总结和部署，中宣部、教育部的有关负责同志从各自角度提出了相关指导意见，各个方面的代表交流了经验体会，会议还专门为28家“青马工程”全国研究培训基地授牌。刚才大家围绕主题又进行了认真讨论，会议取得了积极成果。下面，结合学习贯彻宜智同志重要讲话精神，结合大家的交流情况，谈几点意见。

一、提升认识，坚定深化实施高校“青马工程”的信心决心

经过各级团学组织8年的共同努力，“青马工程”已成为开展青年思想政治引领工作的重要品牌。面向未来，我们要提高认识、凝聚共识，坚定信心和决心，不断深化实施“青马工程”。

深化对“青马工程”取得成效的认识。宜智同志对高校“青马工程”实施以来，在培养青年人才、传播党的科学理论、创新工作机制以及争取各方重视支持等方面取得的重大阶段性成果给予充分肯定。8年以来，各地各高校团学组织也探索积累了形式多样、行之有效的经验做法，呈现出百花齐放的良好局面，这从我们这次印发的各省级团委、参会高校团委的材料汇编可以看出。我们要以此次会议为契机，既要将已有的好经验好做法延伸到整个高校共青团，又要在今后的工作中继续挖掘、及时提炼各个层面的鲜活经验和有效举措，为“青马工程”深化实施提供与时俱进的参考借鉴。

深化对实施“青马工程”的战略性必要性紧迫性的认识。党中央高度重视高校宣传思想和意识形态工作，要求用马克思主义武装青年、赢得青年。宜智同志上午的讲话，充分体现了习近平总书记和党中央的明确要求，阐述了实施“青马工程”的战略性必要性紧迫性，提出要将“青马工程”打造为全团思想政治引领工作的龙头工程、为党培养青年马克思主义者的战略工程。这是基于学校共青团基础性战略性源头性的地位作用提出的明确要求，也是对学校共青团战斗力在新形势下的新考验。希望大家拿出“舍我其谁”的劲头，不断提高思想认识的高度、谋划工作的深度、落实工作的力度，不负重托、不辱使命。

深化对“青马工程”基本定位及目标任务的认识。宜智同志的讲话鲜明指出了“青马工程”的基本定位、目标任务、基本原则、工作路径、关键环节和工作格局。中宣部、教育部的有关负责同志也阐明了高校“青马工程”本质上也是中央马克思主义理论研究和建设工程的组成部分，是高校“立德树人”整体工作格局的组成部分。我们要全面、系统地学习领会和贯彻落实。当前，尤其要注重以问题为导向，着力解决容易将“青马工程”等同于学生干部培训、等同于一般性的思想政治引领工作，培养目标和方式上缺乏系统性、长期性，制度保障不够健全、师资队伍参差不齐、人才跟踪培养渠道不够畅通等问题，不断强化和提升“青马工程”培养对象的“政治性”“高端性”和工作设计的“实效性”“专业性”。

二、改革创新，把握新时期高校“青马工程”提档升级的重要要求

在新的形势下，“青马工程”需要提档升级，进一步提高质量、进一步提升实效、进一步扩大影响。我们要在把握好中央党的群团工作会议关于群团组织、群团工作要保持和增强政治性先进性群众性的要求，把握好中央关于牢牢掌握意识形态主导权的要求，把握好教育领域综合改革的部署要求等基础上，着重统筹好4个方面的关系。

一是统筹好创新发展与经验传承的关系。既要总结以往的成熟经验，更要根据新形势新任务新要求，在工作思路、举措和机制上改革创新。比如，在选拔学员的对象以及方式、程序上，要更加增强公信力、精准性、透明度；在培养过程中避免以往全员“轻松拿证结业”的现象，实行考核更严、标准更高的淘汰机制；在形式载体上紧跟“互联网+”等时代发展的步伐，避免单纯的、灌输式的说教，而要突出青年学生主体地位，多运用青年学生喜欢的方式。值得指出的是，无论如何改革创新，都要坚持用马克思主义中国化时代化的最新成果——习近平总书记系列重要讲话精神来武装青年学生骨干的头脑，紧紧围绕为实现中华民族伟大复兴中国梦而奋斗是当代青年运动的时代主题，确保正确的政治方向。

二是统筹好全团部署与各地实施的关系。“青马工程”是全团重点考核项目，团中央层面有统一要求，学校部正在修订实施细则。但各地各学校地域不同、基础不同、条件不一，一方面在完成统一规定动作的前提下，可结合实际、因地制宜开展工作；另一方面也不要等、不要靠，努力先行先试，作出探索。比如有的省级团委联合党政部门出台制度文件，有的地方将“青马工程”纳入到省级人才培养战略或争取到政策支持，有的地方以高校为依托成立了“青马工程培训基地”，有的地方每年定期召开“青马工程”研讨会，这些都是非常好的尝试和做法。我相信，各地各高校的积极探索下，将进一步带动“青马工程”展现出新的格局、新的气象、新的面貌。

三是统筹好短期培养与长期育人的关系。目前，在中国大学生骨干培养学校为期一年的培养中，有近一个月的集中学习，其中安排了理论学习、实践锻炼、对外交流、总结提升等环节。这个时间是有限的，不足以充分支撑我们的培养目标。这就要求我们必须抓好培养对象在更长时间的非集中阶段的培养。团中央学校部和各地各学校要发挥督导督进的作用，组织全国、省、高校的各级学员参与一定数量的课题研究、志愿服务、挂职锻炼、活动实施和工作锤炼等工作，促进他们将短期集中培训与长效自我学习和自我提升相结合。在此我也强调一点，“青马工程”在育人方面最鲜明、最本质的特征就是政治性，就是要高扬马克思主义、共产主义、中国特色社会主义的旗帜，就是要锻就培养对象对于马克思主义虔诚而执着、至信而深厚、坚决而果敢、力行而奋斗的品格品质、实践追求。在座各位作为“青马工程”的领导者、组织者、推动者、实施者，自身更要带头垂范，在信仰上、行动上、工作上、人格上，树立标杆、以身作则，这样才能真正引领培育青年学生。

四是统筹好整合资源与自力更生的关系。“青马工程”的实施离不开相关部门和党政领导的支持，我们一方面要在横向上争取政治、行政、社会等方面资源支持，在纵向上实现团内上下的协同配合。近期中央及有关部门出台了《关于进一步加强和改进新形势下高校宣传思想工作的意见》、《关于领导干部上讲台开展思想政治教育的意见》等文件，我们要充分抓住党中央格外重视意识形态工作、格外重视共青团和青年工作、格外重视高校学生工作等契机，加大整合资源的力度。另一方面，要以此次会议召开为契机，通过“青马工程”的实施，通过扎实的、具体的、细致的工作，以我们培养的人才成果说话、以我们取得的研究成果说话、以我们的工作效果说话，增强团学工作的核心竞争力，用“有为”实现“有位”，通过“有位”更多地争取对于“青马工程”的资源支持。

三、突出重点，抓好当前推进“青马工程”的重点工作

通过召开本次会议，我们对“青马工程”的目标任务更加清晰，方向路径也更加明确。同时，需要我们以高度的责任意识、机遇意识、担当意识将工作不断引向深入。下一阶段我们要着重抓好5个方面工作。

一是加强制度建设等保障工作。团中央学校部将围绕贯彻落实本次会议精神，加紧修订“青马工程”实施细则和全国“大骨班”教学管理大纲，以及包括“青马工程”全国研究培训基地工作细则等在内的相关政策文件。我们也将尽量吸收大家在小组讨论中提出来的意见建议，为省级、校级实施“青马工程”创造更好的条件。希望大家结合自身的工作基础和实际情况，结合自身实际，抓紧建立健全各自在“青马工程”方面的制度设计和政策安排；对于已经出台的政策制度文件，大家也要继续争取党政部门的支持，该抓落实的抓落实，该修改调整的修改调整。

二是抓好全国第九期“大骨班”以及省级校级的相应工作。前不久，刚刚举办了全国第九期“大骨班”的理论学习周活动，接下来还将有暑期的集中实践锻炼、日常的学员自我学习、年末的分享总结等环节。团中央学校部要按照宜智同志的讲话精神，抓好“大骨班”工作的谋划改进提升；同时，各地各高校也要抓好自己的培养载体建设，办出新气象新水平，共同推进“青马工程”的提档升级。

三是强化省一级对“青马工程”的统筹推进。全国“大骨班”终究是示范性的工作，培养人数也不可能过多。“青马工程”要取得更加长远、更具实效的成果，还是要依靠各地各高校的协同推进，尤其是需要各省级团委发挥统筹协调的作用。上午，宜智同志也点到了很多省份的经验做法。在争取全国层面出台政策文件的同时，要充分发挥省级统筹资源的优势，在促进省域范围内争取党政领导支持、制订政策制度、加大资源投入、指导高校培养等方面多下功夫、多出成果。

四是发挥研究培训基地的作用。这次，我们从全国遴选了28家高校作为首批“青马工程”全国研究培训基地，就是为了聚集专业资源，提高工作的科学化、专业化水平。下一步，一方面团中央将充分发挥基地的智力支持作用，为“青马工程”在理论研究方面提供支撑；另一方面基地自身要充分发挥本校在青年马克思主义人才培养方面的示范带头作用，在师资建设、内容供给、人才“出品”等方面树立标杆。这28家高校覆盖到26个省份，今后我们还将在保证质量的前提下适当扩大范围。相关地区要充分借助研究培训基地的力量并继续拓展，没有覆盖到的省份要在这方面积极作为。近些年来，一些高校涌现出不少学生理论学习社团，在校园里积极学习研究传播党的科学理论。首批研究培训基地也要把握好这一群体，从各个方面给予鼓励支持，为他们创造条件、搭建平台，引导促进他们发挥传播践行马克思主义的积极作用。

五是突出培养对象的实际锤炼。“青马工程”成果怎样衡量？核心是要看我们为党和国家培养了多少真正的青年马克思主义者。我们也要看到，对于培养对象来讲，成为青年马克思主义者是需要为之长期不懈奋斗的目标，需要靠不断地学习研究来提升自己，更需要靠实践来检验。对于大学生骨干，就要在校园中勤于学习传播党的理论，在网络中敢于弘扬主旋律、传播正能量，在团学工作中甘于担当奉献，真正起到骨干中坚的作用。对于青年教师骨干，就要以身作则、以行示范，在课堂内外与学生教学相长、共同提高，在自己的专业领域积极地研究、宣传、维护党的科学理论。对于投身实践的“大骨头”们，就要在实际工作中彰显共产党人的先锋模范作用，坚决拥护党的领导，在实现中国梦的伟大实践中创新创业创优创造。我们对大学生骨干的培养不仅体现在校内筛选进入“青马工程”，更要在培养的全过程以及结业之后，包括未来的发展方向设计上，都要积极地、尽可能地为其创造条件，让他们真正学有所成、学有所获。特别是要按照党的要求，更多地鼓励他们到基层、到改革开放最前沿、到创新创造创业最前沿去发挥作用和作出贡献。

同志们，“青马工程”是立德树人的“高大上”事业，使命崇高，任务艰巨。我们要坚决贯彻习近平总书记系列重要讲话精神，以本次会议为新的起点，创新进取，扎实工作，推动“青马工程”再上新的台阶，为铸就一批批信仰、传播、践行、捍卫马克思主义的青年核心骨干作出新的贡献！

第三部分

重要文件

一、综合

共青团十七届三中全会关于加强和改进全团调查研究工作的决定

（中国共产主义青年团第十七届中央委员会第三次全体会议通过）

2015年1月20日

为深入贯彻落实党中央关于青少年和共青团工作的一系列重要指示精神，贯彻党的群众路线要求，努力破解提高团的吸引力凝聚力和扩大团的工作有效覆盖这两大战略性课题，有效提高团的工作和建设科学化水平，进一步密切团组织、团干部与青年的联系，中国共产主义青年团第十七届中央委员会第三次全体会议认真研究共青团加强和改进调查研究工作的有关事项，作出如下决定。

一、深刻认识共青团加强和改进调查研究工作的重要性、紧迫性

重视调查研究，是推动共青团事业不断向前发展的传家宝。长期以来，共青团创造的具有较高知名度和持续影响力的品牌工作，都是在敏于发现社会新变化、青年新特点的基础上，通过深入的调查研究，不断总结、提炼和开创出来的。同时，经常性、制度化地开展调查研究，是共青团贯彻落实党的群众路线的重要体现。团干部只有加强调查研究，才能深入了解青年群众的所思所想、所急所盼，才能准确把握工作落实的效果，才能做到有的放矢、科学决策。

深入研究当代青年成长的新特点和新规律，是新的历史条件下党中央对共青团的明确要求，是共青团顺应时代发展和青年变化履行好自身职责的必然要求。党的十八大以来，中央提出了实现中华民族伟大复兴的中国梦、培育和践行社会主义核心价值观、全面深化改革、全面推进依法治国、全面从严治党等一系列重大理论创新和重大决策部署。随着经济社会的深刻变革，当代青少年的思想观念、群体结构、行为方式、利益诉求都发生了深刻变化。面对新形势新任务、新特点新规律，共青团必须进一步加强和改进调查研究，增强工作的前瞻性、主动性和针对性。

近年来，全团调查研究工作不断加强，形成了一些好经验好做法好成果，但必须清醒地看到，同党的要求相比，同共青团事业发展的需要相比，还存在不少亟待解决的问题，主要表现为：有的团干部思想上不重视调研在决策中的先导性作用，存在“机关化”“行政化”倾向，习惯于凭经验办事、拍脑袋决策；有的团干部作风上不够务实，有官气、不接地气，搞调研蜻蜓点水、浮光掠影；有的团干部方法上不对路，调研手段单一、针对性不强，先入为主、浅尝辄止。克服这些问题，迫切需要进一步加强和改进调查研究工作。

全团要按照中央要求，大兴调查研究之

风，推动形成“全团抓研究”的生动局面。要进一步健全和落实各项调研和联系青年的制度，使调查研究真正成为经常性工作，成为推动团的组织和工作创新的先导。各级团干部要树立“机关下基层、调研到支部”的意识，努力使调查研究成为一种思想作风、一项工作习惯、一样贴身本事，不断提高为党做好青年群众工作的能力和水平。

二、共青团加强和改进调查研究工作的总体思路

共青团加强和改进调查研究工作总体思路是：深入贯彻落实党对青少年和共青团工作的指示精神，深入研究青年工作面临的新形势和新问题，深入研究团的工作和建设中的重大理论和实践问题，深入研究事关青少年成长发展的热点难点问题，全面了解实际情况，认真总结基层经验，深入把握问题不足，科学谋划对策建议，使调查研究工作同团的重点工作和决策部署紧密结合起来，成为提高团的工作和建设科学化水平的重要支撑。

——坚持围绕中心、服务大局。立足发挥党的助手和后备军作用，紧紧围绕各级党政的中心任务开展调查研究，努力找准共青团服务大局的工作结合点和切入点，不折不扣、创造性地抓好有关要求的贯彻落实。

——坚持走进青年、深入基层。充分尊重青年的主体地位，深入基层了解青年的思想、学习和工作实际，努力把青年的特点和需求准确反映到具体的工作设计中来。

——坚持问题导向、攻坚克难。紧扣当前共青团事业面临的一系列新情况、新问题，紧扣全团重点工作在推进过程中遇到的瓶颈和难题，深入开展调查研究，有针对性地提出对策建议，把推动解决问题作为工作的着力点。

——坚持领导带头、全员参与。团的各级领导干部要发挥示范带头作用，不折不扣地落实调查研究工作制度。广大团干部要进一步提高认识，积极主动地开展调查研究，将其作为转变作风、推动工作、提升能力的基本途径。

——坚持改革创新、科学高效。坚持从实际出发、从青年出发，不断加强和改进调查研究的方式方法，注重总结和借鉴行之有效的工作经验，以改革创新的精神不断提高共青团调查研究工作的专业化、科学化水平。

三、完善调查研究工作机制

1. 加强团内工作部署调研论证。各级团组织在作出工作部署之前要开展充分的调查研究和咨询论证，尊重青年主体地位，广泛听取各方面青年意见，形成调研指导意见或建议方案，作为决策的基本依据。

2. 加强团干部日常调研制度。团的各级领导机关要按照全团集中调研、专题调研和团干部基层联系点制度等有关要求，结合实际对调查研究的时间、地点、次数、内容等作出硬性规定。团的各级领导机关干部每年应抽出不少于2个月的时间结合本职工作开展专题调查研究。全团处级以上干部每人至少联系2个县（区）联系点，每年深入每个联系点不少于2次，每次不少于5天。

3. 加强重点调研课题规划管理。坚持围绕实际工作中亟待解决的课题开展调研，切实提升调研的针对性和实效性。团中央牵头规划部署全团重点调研课题。省、地市级团委结合本地实际部署实施区域重点调研课题。团的各级领导机关要深入推动本级重点调研课题的实施，细化工作流程，强化指导支持，严格督促落实，拿出能够有效指导工作开展、反映工作成效和体现研究水平的调研报告。

4. 强化成果转化和应用。要抓好目标设计，在启动阶段就明确预计解决的问题和应用途径，从源头上提高工作针对性。要抓好成果梳理，注意发掘调研成果中有参考价值的素材和可行性建议，及时转化为可操作的具体措施。要抓好报送交流，通过一定的平台设计把调研成果及时报送给上级团组织及政府相关部门参阅，促进青少年社会政策出台。探索建立调研成果信息检索库。

5. 加强考核和激励。要建立调研成果的验收标准，重点围绕对客观情况的反映程度、对存在问题的研究深度、对决策部署的参考价值等要素，设计切实可行的量化指标。要把成果考核与过程考核结合起来，既要看调研成果的质量，又要看调研过程中使用的方式方法和作风表现。要灵活采取成果展示、推荐发表、评选表彰等方式对表现优秀的调研人员及成果给予激励。

6. 严肃调研纪律。严格落实中央八项规定精神，切实反对"四风"。调研要轻车简从，不影响群众正常的生产生活，不增加基层负担，不搞层层陪同。要简化接待工作，下级团组织不安排班子成员到机场、车站、地界等接送；不张贴标语，不悬挂欢迎横幅，不使用电子显示屏，不组织列队欢迎，不赠送各类纪念品或土特产，不安排到名胜古迹、风景区参观；不组织、不参加宴请。要广泛深入地接触各领域普通青年，与青年交朋友，在谈心聊天中了解情况、发现问题。各类调研点一律不做预先安排，不摆展板，不弄虚作假，避免不同层级团的领导机关负责同志重复到同一个工作示范点调研。

四、改进调查研究工作的方式方法

1. 把文献调研与实地调研结合起来。文献调研和实地调研都是调研活动不可或缺的环节。一方面，要对已有同类研究成果进行梳理分析。另一方面，要深入一线开展面对面调研，直接听取普通青年的真实想法，切身感受基层的真实情况。要注意在调研中做好对两方面信息的对比分析。

2. 把剖析典型个案与广泛收集信息结合起来。剖析典型个案强调的是深入性，重在反映问题的深层次原因；广泛收集信息强调的是普遍性，重在反映面上的一般情况。在具体的调研活动中应当结合实际各有侧重，综合使用好两种调研方法。侧重个案分析的调研，要注重用面上的信息作为基础支撑；侧重普遍情况的调研，要注重用典型个案来深化对问题的研究。

3. 把完成规定动作与设计自选动作结合起来。调研要有明确的目的性。在调研活动中应当尽力掌握主动权，避免出现"被调研"现象。既要完成有关方面结合实际安排的"规定动作"，又要通过适当方式实施一定量的"自选动作"。特别是看一些没有准备的地方，搞一些不打招呼、不作安排的随机性调查，力求准确、全面、深透地了解情况，防止调查研究走过场。

4. 把用好传统方式与创新方法手段结合起来。要注重调研方式的与时俱进。在认真用好座谈会、发放问卷、一对一访谈、实地考察等传统方式基础上，主动适应青年群体发展变化的新情况和当今社会信息网络化的新特点，进一步拓展调研渠道、丰富调研手段、创新调研方式，逐步把现代信息技术引入调研领域，提高调研的效率和科学性。

要在强调团干部亲自参与调研的基础上，注重借助和吸收党政职能部门、科研机构、高校等专业化力量参与调研工作。要在强化调研为解决实际问题服务的同时，注意总结、梳理和提炼具有普遍性、规律性的思想认识成果。

五、加强开展调查研究工作的组织协调

1. 加强组织领导。团的各级领导机关要明确领导责任，一把手亲自抓，分管领导具体抓。要把调查研究工作列为领导班子重要议事内容，定期听取工作汇报和开展督促指导。要把调查研究工作成效作为干部绩效考核的一项重要指标。上级团组织要加强对下级团组织调查研究工作的指导和支持。

2. 加强统筹部署。团的各级领导机关办公室、研究室要结合实际认真做好年度规划设计，组织各方力量有序参与调查研究活动。要加强与党政有关部门和各类社会组织的协调联系,探索在调查研究方面开展合作。要准确把握调查研究工作的整体进展情况和存在问题,及时进行汇报并积极推动解决。各级团属研究机构要在同级团委的统一部署下参与相关调研活动。

3.加强交流共享。团的各级领导机关办公室、研究室要立足强化全团交流,着力加强在信息、资料、资源等方面的共建共享。要严格落实信息报送工作办法的有关要求,不断提高信息报送工作的质量和水平。要发挥好各级团报团刊特别是研究类刊物的作用,为全团的调查研究工作提供展示交流平台。

4.加强队伍建设。各级团组织的办公室、研究室是共青团调查研究工作的归口管理和统筹实施机构。团的各级领导机关应当指定专门机构或专门人员负责调查研究工作。县级以下团组织的调查研究工作由书记直接负责。积极整合团内外研究资源,从机关、企事业单位、科研机构、高校中综合选择一批青少年问题和青少年工作研究专家、共青团工作和建设研究专家,组成团青新型智库,通过专题研讨、委托课题和联合攻关等形式,引导他们积极发挥决策咨询作用。

各级团组织要全面准确贯彻本决定精神,认真研究有关要求,健全相关工作机制,结合实际制定实施方案,确保各项部署落到实处。

各级团组织和广大团干部要切实担负起时代赋予的责任,认真贯彻中央关于青少年和共青团工作的一系列重要指示精神,切实加强和改进全团调查研究工作,深入研究当代青年成长的新特点和新规律,把准方向、摸准脉搏,大力推进团的组织和工作创新,以扎实的工作成绩推动共青团事业实现新的更大发展!

共青团中央办公厅印发关于在全团推进“青年之声”互动社交平台建设的通知

2015年7月15日

共青团各省、自治区、直辖市委,解放军总政治部组织部,全国铁道团委,全国民航团委,中直机关团工委,中央国家机关团工委,中央金融团工委,中央企业团工委,新疆生产建设兵团团委:

为深入贯彻习近平总书记关于共青团做好网络新媒体工作的一系列重要指示精神,探索运用“互联网+”思维创新共青团工作的有效方式,今年五四前夕,共青团中央建设开通了“青年之声”互动社交平台,直接面向广大青年开展联系与服务。随后,北京等12个省级团委相继启动了“青年之声”试点工作。经过一段时间的运营和建设,平台在完善工作机制、搭建服务体系和推广技术应用等方面取得了积极成效,各项功能趋于平稳,在 广大青年和社会上产生了积极影响。

为深入贯彻落实中央党的群团工作会议精神,探索建立各级团组织联系和服务青年的长效机制,共青团中央决定在全团推进“青年之声”互动社交平台建设工作。现将有关内容通知如下。

一、基本思路

坚持试点先行、梯次推进,广泛覆盖、协调联动,以团中央“青年之声”互动社交平台为统揽，由试点省份向所有省级团委、地市级和县级团委、基层团组织依次推进，努力实现对各领域青年的广泛覆盖。各级团组织紧密结合自身实际制定工作方案、选择接入方式、探索工作载体、完善服务能力，形成步调统一规范“公转”与突出特色漂亮“自转”有机结合、相互促进的工作体系。

二、工作任务

各级团组织落实“青年之声”平台建设的任务要求，重点要抓好五个方面的工作。

1. 建设面向青年的便捷渠道。建设便捷的联系沟通渠道是平台发挥作用的基础条件。要以便捷联系青年为目标，紧密结合工作实际，充分考虑本地青年网上聚集的特点和规律，科学制定建设方案和落实措施，综合运用门户网站、H5 页面、微博、微信、微邦、手机 APP、O2O、新媒体矩阵内容聚合等互联网新技术新业态，选择建立最适当的接入和运行模式，搭建起青年便于参与、乐于参与的网上交流渠道。

2. 建设系统完善的服务体系。面向青年提供有效服务是平台的活力源泉。要围绕青年在学习成才、创业就业、权益维护、情感婚恋等方面的现实需求，灵活运用“团帮青、专帮青、青帮青、政帮青、社帮青”等方式开展工作。要主动加强与党政部门、专家学者、企事业单位、青年社会组织等方面的合作，广泛招募有相关专业和工作背景的志愿者，组建一支有专业能力、了解团的工作、熟悉网言网语、政治坚定、业务精湛的运行服务团队，经常性开展业务培训和问题研究，不断提升服务青年多样化需求的能力。要着眼建立与互联网相匹配的线下服务体系，组织各领域专家和志愿者有计划地走进各地青年群体，对接青年的具体需求，经常性开展在线解答和面对面沟通。

3. 建设高效有序的运行机制。高效管理、顺畅衔接、有序流转的工作机制是平台运行的坚实保障。要主动借鉴已有的成熟经验，以可持续运行为原则，建设一套能够对平台信息进行高效收集梳理、筛选分类、转接督办、反馈归档的工作机制。要综合运用考核评估、团队协作、技术支持等手段，推动各项制度真正落实到位、发挥作用。各级团组织要配合团中央和上级团组织的制度设计，主动建立配套承接、有效互补的协作机制。

4. 建设互促共融的工作模式。实现与现有工作有效融合是推进平台建设的重要内容。要着眼于最大限度地融入现有工作格局，紧密结合“三创”工作、维权工作、基层服务型团组织建设、青少年综合服务平台建设、12355 服务台等重点工作，在充分研究论证的基础上找准结合点和切入点，积极推动有关工作资源和工作载体共建共享，实现平台建设与其他重点工作互促互融、共同发展。

5. 建设全团统一的网络格局。“青年之声”是全团着力建设的工作平台，既要分工合作，又要统筹推进。各级团组织要着眼全局，找准定位，积极主动地发挥作用。团中央本级“青年之声”Web3.0 平台的建设和运营由团中央网络影视中心负责，为各级团组织开展建设提供技术和信息支持。省级团委要在整体工作格局下做好本地区、本系统的统筹设计和推动落实。地市级和县级团委要按照统一部署，结合实际积极探索开展工作的有效方式，有条件的可独立开展建设或由第三方承接建设。基层团组织要通过平台及时与青年诉求和服务资源进行衔接，努力成为直接联系和服务青年的前沿阵地和基础力量。高校团委、大型企业团委等基层团组织中，具备条件的也可以主动开展建设。

三、推进步骤

拟用半年左右的时间在全团推开这项工作，基本建成有效覆盖各级团组织和各领域青年的“青年之声”工作体系。

1. 第一阶段（2015 年 8—10 月）：主要任务是在省级团委全面铺开。各省级团委开通本级“青年之声”端口，面向青年开展工作。制定在本地区、本系统内开展建设的实施方案，及时与各级团组织进行充分沟通，认真抓好落实。已经开展试点工作的省级团委要把提升服务能力作为工作重点。

2. 第二阶段（2015 年 10 月—2015 年 12 月）：主要任务是向基层团组织延伸。面向地市级以下团组织全面推开“青年之声”建设工作，引导找准各自的工作目标和重点，形成上下联动、协调推进的工作体系。鼓励各级团组织主动开展探索，及时总结推广好经验好做法，不断提升工作的科学化水平。

四、工作要求

1. 高度重视，加强领导。各级团组织要高度重视这项工作，列入当前和今后一个时期的重点工作内容，以等不得、慢不得、应付不得的态度完成好各项任务。要成立由主要负责人牵头、各方力量联动配合的领导机构，建立切实可行的工作机制，认真抓好各项工作在基层的贯彻落实。

2. 精心部署，科学实施。各级团组织要准确把握工作思路，明确工作目标，细化建设方案，按要求、依标准、有步骤地推进“青年之声”的落地工作。要着眼工作的规范化、机制化建设，结合工作中出现的新需求、新特点，及时完善相关的制度建设，不断提高工作的科学化水平。

3. 明确责任，务求实效。各级团组织要指定专人负责平台建设的组织协调、推进落实和督导执行等工作，确保守土有责、守土尽责。要以解决问题为牵引，切实服务广大青年的现实需求，实现长期可持续发展。团中央将结合工作推进情况，以平台活跃度和青年满意度等为指标，适时开展督促和考核。

共青团中央办公厅关于印发《2015 年全团“走进青年、转变作风、改进工作”大宣传大调研活动方案》的通知

2015 年 7 月 16 日

共青团各省、自治区、直辖市委，解放军总政治部组织部，全国铁道团委，全国民航团委，中直机关团工委，中央国家机关团工委，中央金融团工委，中央企业团工委，新疆生产建设兵团团委：

现将《2015 年全团“走进青年、转变作风、改进工作”大宣传大调研活动方案》印发给你们，请遵照执行。

为深入贯彻落实中央党的群团工作会议精神和《中共中央关于加强和改进党的群团工作的意见》（以下简称《意见》）精神，推动形成“全团抓研究、抓改革、抓落实”的氛围，根据团中央书记处的要求，今年在全团继续开展“走进青年、转变作风、改进工作”大宣传大调研活动。有关安排如下。

一、活动主题

深入宣讲中央党的群团工作会议精神和《意见》精神，征求基层团干部和团员青年对共青团改革创新的意见建议，努力将中央精神讲细讲明，有效地帮助基层团干部和广大团员青年将中央精神学深学透，进一步将全团的思想和行动统一到中央精神上来。

二、主要任务

1. 面向基层团干部和广大团员青年广泛宣讲中央党的群团工作会议精神和《意见》精神，宣讲团中央贯彻落实中央精神的总体考

虑，进一步统一思想、明确方向。

2. 指导推动各地落实中央精神和团中央部署，紧紧围绕中央党的群团工作会议精神和《意见》精神，与调研地团干部一起，全面了解贯彻落实中面临的现实问题和可行方向，充分弘扬改革创新精神，研究制定具体推进举措。

3. 征求基层团干部和团员青年对共青团改革创新的意见建议。

4. 开展重点工作督导，了解各地团组织落实团十七届三中、四中全会明确的各项重点工作的基本情况，发掘和梳理好经验、好做法，查找工作中存在的问题和不足，深入分析原因，提出改进措施。

5. 认真贯彻落实党的群众路线，督导并参与调研地“团干部如何健康成长”大讨论活动。

三、时间安排

团中央机关调研组分两批开展调研。第一批：8 月 10 日至 8 月 30 日，按调研实施方案分赴各地开展调研；9 月 14 日前，完成调研报告，汇总到办公厅。第一批人员相对集中，各部门除留一名局级干部在机关处理日常工作外，其余局级干部均参加第一批调研。第二批：9 月 7 日至 9 月 27 日，按调研实施方案分赴各地开展调研；10 月 12 日前，完成调研报告，汇总到办公厅。

四、工作任务

具体包括以下七个方面：

1. 搞系列宣讲。每个调研组都要面向调研点不同领域的团干部和团员青年作深入的系列宣讲活动，宣讲的内容主要包括：中央党的群团工作会议精神和《意见》精神；团十七届四中全会精神。

2. 广泛征求意见建议。每个调研组都要向调研点的基层团干部和团员青年广泛征求关于共青团深化改革不断创新的意见和建议。

3. 办几件实事。深入了解基层团组织在贯彻落实中央党的群团工作会议精神和《意见》精神、深化自身改革工作中遇到的难题，深入了解基层团员青年在工作学习生活中存在的困难，力所能及地帮助协调解决，扎扎实实办几件实事。

4. 参加一次劳动。深入企业、农村、社区等基层单位，与普通青年一起至少参加一次劳动，实地了解青年工作生活情况，增进与基层青年的感情，增加对基层共青团工作环境的感性认知。

5. 交一批朋友。对各领域青年、团干部进行有针对性的一对一交流。每个调研组至少访谈 30 名以上普通青年和 20 名以上基层团干部，争取与 15 名以上普通青年和 10 名以上基层团干部交朋友，要保持经常性的联系和沟通。

6. 结一个对子。每个调研组都要与至少 1 个基层单位（如村、社区、企业、班级等）结成对子，开展实地调查，“解剖麻雀”，深入了解青年工作学习生活状况，了解基层团组织状况和工作开展情况。结合部门工作，保持长期联系。宣传战线要注重深入新媒体领域有代表性的单位，城市战线要注重深入街道、社区，农村战线要注重深入村和专业合作社，学校战线要注重深入大学、中学（考虑到暑假的因素，学校战线可以待开学后再到学校进行调研）。同时，调研组每一个成员都要在“结大对”的基础上，与结对基层团组织的团员青年结成“小对子”，交流学习体会、查找自身不足、制定改进措施。

7. 做一次沟通。在调研的基础上，与当地党政领导做一次深入有效的工作沟通，争取他们进一步重视和支持共青团工作。

五、调研要求

1. 认真落实作风要求。认真贯彻和体现“三严三实”要求，严格遵守有关团干部下基层调研的规定，不走形式，不搞排场，扎扎实实地深入基层、走进各类青年之中。调研组一行吃、住、行等所有费用均由派出单位按规定标准承担，不可以增加基层负担。

2. 注重形成声势。各省级团委配备 1 名处级干部，协助团中央调研组开展工作。各省级、地市级团委要参照团中央机关做法，结合自身实际，集中不少于三个星期的时间，围绕工作中面临的突出问题，抽调精干力量开展调查研究，形成全团上下抓调研、走进青年转作风的生动局面。

3. 树立问题意识。要针对深化共青团改革面临的突出问题开展调研，一方面要全面真实地掌握第一手资料，另一方面要探索解决问题的办法措施。每个调研组都要紧扣调研主题，在认真梳理调研中获得的第一手资料的基础上，写一份基础材料扎实、思考研究深入、对策措施可行的调研报告。

4. 掌握方式方法。认真准备，细化调研具体方案，全面掌握调查研究的方法，既要做到工作有计划，又要根据实际及时调整方案。

共青团中央办公厅关于印发《“青年之声”互动社交平台建设指导意见》的通知

2015 年 8 月 19 日

共青团各省、自治区、直辖市委，解放军总政治部组织部，全国铁道团委，全国民航团委，中直机关团工委，中央国家机关团工委，中央金融团工委，中央企业团工委，新疆生产建设兵团团委：

现将《“青年之声”互动社交平台建设指导意见》印发给你们，请遵照执行。

“青年之声”互动社交平台建设是新时期共青团具有全局性、战略性和基础性的一项重点工作，是贯彻落实习近平总书记关于做好网络新媒体工作系列重要指示精神，贯彻落实中央党的群团工作会议精神，构建“凝聚青年、服务大局、当好桥梁、团要管团”四维工作格局的重要举措，是共青团全面深化改革的重要突破口。为落实《关于在全团推进“青年之声”互动社交平台建设的通知》（中青办发〔2015〕15号）要求，加快推进平台有效延伸、发挥作用，实现规范“公转”与漂亮“自转”有机结合、相互促进，现提出以下指导意见。

一、加强技术支撑，建设便利青年参与的多终端平台

充分利用原有工作基础、工作特色，在 9 月底之前，完成以“一网三微”为重点的省级技术平台建设（确有困难的，应按期建成微博、微信平台，PC 端建设可适当延后）。要综合运用官方网站、微博、微信、微邦、手机 APP、H5 页面、手机报、12355 热线电话等多个接入口，方便青年通过计算机、固定电话、手机、邮箱、平板电脑等媒介随时随地找到和使用“青年之声”。

1. 建设网站主入口。“一网”指依托本级团组织官方网站或当地有影响力的门户网站，独立开展或由第三方承接“青年之声”PC 端网上平台建设。团中央本级“青年之声”PC 端 Web3.0 平台依托中国青年网建设，可为各地各系统平台提供技术接口，向有技术需求的省级团委提供 PC 端开发和运行服务。各地各系统建设的“青年之声”PC 端平台，在功能设计上，要注重突出“听”“说”“答”“问”功能，设置接受提问和公开答复的功能板块。平台应遵循统一理念、统一品牌、统一形象的要求，名称可冠以“青年之声 · 地方或系统名称”（如“青年之声 · 河南”）；域名可采用官方网站的二级域名（如 qnzs. hnyouth. org. cn），其中，互动版块可嵌入团中央本级“青年之声”Web3.0 版，域名可采用该平台下的三级域名（如 henan. qnzs. youth. cn）；地市级和县级团委“青年之声”平台，可冠名“青年之声 · 市县名称”（如“青年之声 · 郑州”“青年之声 · 兰考”等）；乡镇街道一级基层团组织要通过上级团组织的平台及时与青年沟通对接，成为联系和服务青年的前沿阵地和基础力量。高校团委、大型企业团委等基层团组织中，具备条件的也可以主动建设本单位“青年之声”PC 端平台。

2. 综合发挥“三微”作用。“三微”指依托微博、微信和微邦，开展“青年之声”移动互联网平台建设。要充分依托微博平台信息传播速度快、受众面广的优势，建立本地本系统“青年之声”微博矩阵。可在官方微博下开设“青年之声 · 地方”微话题（如“青年之声 · 河南”），公开征集、解答、分办问题；并将微博话题墙嵌入本级“青年之声”PC 端页面。要发挥微信平台针对性、实效性、互动性强的优势，拓展全面、及时的交流沟通渠道，可申请本级团组织“青年之声”微信公众号，也可在原有公众号上增加“青年之声”栏目和内容。要发挥微邦层次性、组织性、保密性强的优势，建设系统化、层级化、网格化的“青年之声”专属即时通讯工具，及时通过移动端开展沟通联络、问题回复、志愿帮扶等服务。

3. 加速技术平台迭代。在保障现有技术平台平稳运营的基础上，鼓励有条件的地方先行先试，加速技术研发和应用，进一步强化移动端布局，充分运用 H5 语言，优化页面设置、深挖网络语言，使平台技术更具逻辑性、整体性和系统性。努力提升后台大数据分析技术，探索建立即时更新的网络青年大数据库，为相关问题、政策的研究提供数据支撑和决策参考。在技术迭代过程中，要高度重视和同步升级网络安全系统，提升平台防护等级，预防黑客入侵、DDOS 攻击，确保用户个人注册信息、大数据统计信息等安全可控。

二、提高服务能力，构建线上线下有机融合的工作格局

各级团组织要准确把握平台作为直接联系服务青年的“窗口”定位，以基层服务型团组织建设为统揽，以综合性服务平台为依托，充分整合各方资源，实现全团联动、内外互动，灵活运用“团帮青、专帮青、青帮青、政帮青、社帮青”等多种服务模式，切实提高服务能力，构建“听—答—办”的完整服务闭环。

1. 提高“团帮青”能力。各级团组织要组建涵盖各部门、各战线的回复团队，动态倾听、及时回复“青年之声”平台上的各类问题。精心设计、大力开展“青年之声”推广活动，组织各类“进校园”“进社区”“进工厂”“进农村”等活动，扩大平台知名度。要紧密结合“三创”工作、维权工作、基层服务型团组织建设、青少年综合服务平台建设、12355 服务台等全团重点工作，实现线上平台与线下既有工作的深度融合。针对青年普遍性的线上需求提供线下服务，切实帮助青年群众解决实际困难。要有序安排各级团组织负责人定期以个人名义回答网友提问，强化示范带动作用。

2. 整合“专帮青”资源。积极引进“外脑”，组建“青年之声”成长、创业、就业、法律、心理、健康、婚恋、公益等专家服务团队。组织专家线上解答青年疑问、线下解决青年困难，确保“青年之声”平台“有问有答有办”常态化、专业化。各省级团委要安排专人负责相关服务体系专家团队的组建、管理以及和团中央“青年之声”服务体系专家团队的对接工作。

3. 探索“青帮青”模式。要充分发挥青年的主体作用，以实现互助为目标，通过平台呈现青年所思所想、所需所求，围绕青年学习、工作、生活中遇到的疑惑和困难，广泛调动团员、青年志愿者、青年网民、社工等内生资源，提升青年帮助青年的积极性和创造性，促进青年之间的沟通交流和互帮互助。

4. 畅通“政帮青”渠道。要在及时发现青年共性问题的基础上，针对青年集中反映的教育、就业、健康等问题，主动联系党政部门，反映青年真实诉求，提出有关政策建议，协调党政部门对普遍性问题给予帮助引导，对迫切的具体困难开展救助帮扶，促进有关政策制定、落实。

5. 搭建“社帮青”平台。要坚持“眼睛向外”，以平台为依托，有效整合网络新媒体和传统媒体力量，引导社会舆论共同关心关注青年成长。主动联合企事业单位、行业协会、青年社会组织等社会力量，经常性开展公益沙龙、座谈会、交流会、面对面分享会等，为青年提供更加多元的帮助和支持。

三、着眼高效管理、有序流转，建立健全平台运行机制

各级团组织要在充分借鉴已有成熟经验的基础上，结合自身工作实际，坚持可持续、可推广原则，探索形成一整套涵盖信息收集、筛选分办、答复办理、督办反馈等各环节、全流程的工作运行机制，努力推动各项工作制度落实到位、发挥作用。

1. 信息收集、汇总机制。加强统筹整合，将微博、微信、12355、公共信箱、移动终端等平台收集的信息统一纳入“青年之声”入口管理，形成统一的团青互动渠道。设计科学合理的用户注册管理办法，规范入口管理。建立值班制度，加强日常运营维护，及时跟踪收集信息。

2. 信息筛选分办机制。各级团组织特别是省级团委要成立由相关部门组成的工作协调小组，明确信息筛选部门，按照内容和紧急程度对信息进行分类，对敏感或无效信息进行过滤；明确信息分办部门，及时、准确对信息进行分办或转送。

3. 信息答复办理机制。按照“于法周延、于事简便”的原则，建立答复工作的标准化流程，明确不同信息的答复口径、反馈周期、主责部门等，确定回复内容的审批层级和审批流程，切实做到所有回复有人把关、有人负责。要突出服务落地，努力为有困难和诉求的青年提供有效服务，增强团员青年对“青年之声”的黏性。

4. 督办落实机制。对经办的重点问题和重大事项进行实时跟踪和销号管理，对已经答复或办结的问题采取随机回访，探索建立青年满意度评价体系和第三方评价机制，以高度的责任感应答好青年的诉求和问题，把每一项工作做到青年心中。

5. 数据分析管理机制。充分挖掘平台数据价值，定期开展青年舆情动态监测、青年诉求大数据分析及对青年某方面问题的定向调研等，重点分析青年群体的普遍性政治诉求和利益表达，为团组织开展有针对性的工作提供依据。

四、加强组织领导，确保平台建设扎实推进

各级团组织要高度重视此项工作，将其列入当前和今后一个时期的重点工作内容，以等不得、慢不得、应付不得的态度完成好各项任务。

1. 加强领导机构建设。各级团组织要成立由主要负责同志牵头的“青年之声”工作领导小组，负责统筹推进、督导考核平台各项建设工作，同时负责与上级团组织的配合协同。领导机构要形成责任分工、定期议事、工作协调等具体制度。

2. 强化工作督导考核。团中央将把“青年之声”平台建设作为全团重点工作，对各地各系统平台推进和运行情况进行测评。10 月中旬，团中央将对各省级团委“青年之声”互动社交平台建设情况进督导。11 月中旬，各省级团委将对地市级以下团组织“青年之声”互动社交平台建设情况进行考核。各级团组织都要参照其他窗口行业的服务测评标准，结合实际，建立定期督导考核机制。

3. 建立完善培训制度。从提升平台建设

管理维护的技术能力，提高专业化收集和分析信息的专业能力，提高用心理、法律等专业知识开展服务的综合能力等多个角度，加强对各级“青年之声”运营团队的长效培训。要建立定期培训机制，推出统一培训教材，注重理论与实战相结合，努力培养一支政治坚定、业务精湛、贴近青年的骨干队伍，为“青年之声”平台持续健康发展提供人才支撑。

“青年之声”互动社交平台建设既是共青团工作内容和载体的创新，也是共青团工作思维和理念的革新，是共青团全面深化改革的集中体现。全团要进一步增强责任意识、合作意识和问题意识，坚持虚功实做、难事长做，积极探索，大胆实践，推动“青年之声”互动社交平台建设工作深入发展、再上台阶。

共青团中央关于在青少年中开展“严实”品德教育活动的通知

2015年9月21日

共青团各省、自治区、直辖市委，解放军总政治部组织部，全国铁道团委，全国民航团委，中直机关团工委，中央国家机关团工委，中央金融团工委，中央企业团工委，新疆生产建设兵团团委：

为了认真贯彻落实习近平总书记在中央政治局第二十六次集体学习时提出的“抓好广大青少年的教育，使他们从小就养成严和实的品德”的重要要求，团中央决定在全国青少年中广泛开展“严实”品德教育活动。现就有关事项通知如下。

一、总体思路

围绕从小养成严和实的品德这一目标，注重与“我的中国梦”主题教育实践活动、社会主义核心价值观建设等工作相结合，运用青少年喜闻乐见的载体形式、易于接受的话语体系开展专题教育，引导广大青少年从自身做起、从小事做起，志存高远、德才并重、情理兼修、勇于开拓，努力在立志、修德、成才等方面以“严”的精神要求自己，在做人、干事、创业等方面以“实”的品格要求自己，打牢成长发展的牢固根基。

二、主要内容

1. 抓主题活动，开展“从严从实、向上向善”——争做新时代的好青年、好少年活动

——开展主题讨论。以主题团日、主题队日为基本载体，开展“从严从实、向上向善”主题讨论活动，引导青少年深刻认识在思想品德、业务学习和工作、事业发展、日常生活等方面“不严”“不实”的危害，在头脑中将严的精神、实的品格牢固树立起来。

——开展传统文化宣传教育活动。通过经典诵读、名篇赏析、古人格言推荐等方式，引导青少年积极传承中华传统文化中立志向、强奋斗、严修身、实干事等优秀思想元素。

——开展优秀文化产品推广活动。通过举办主题青少年微电影大赛、青少年书画美术大赛，以及优秀图书、歌曲、影视作品等推广活动，促进青少年在潜移默化中形成从严从实、向上向善的价值取向。

——在全国基层少先队组织和少先队员中普遍开展“我是向上向善好队员”主题活动。围绕习近平总书记“从小学习做人、从小学习立志、从小学习创造”的希望和要求，在少年儿

童中开展严和实的品德教育。在学校，倡导开展“日进一步”活动，遵守校规校纪，遵守队章规定，通过少先队活动课、队组织生活、主题队会，学习严和实的榜样，查找严和实的不足，克服不严不实的缺点，分享严和实的快乐。在家庭，倡导开展“日尽一责”活动，力所能及地帮助父母或长辈做一些事。在社会，倡导开展“日行一善”活动，在自己接触的社会生活的方方面面，从点点滴滴践行严和实的要求。

2. 抓工作结合，融入全团已经开展的各项品牌工作之中，实现教育的常态化

——面向各级团干部，在继续深入开展“三严三实”专题教育的基础上，用好“团干部如何健康成长”大讨论活动、常态化下沉基层、向基层服务对象报到等工作载体，贯穿严和实的要求，按照这一要求真正走进青年、转变作风、改进工作；在团干部培训中纳入“严实”教育，教育广大团干部努力成为“严实”品德的积极传播者和坚定践行者。

——面向共青团员，以严格团员发展和管理为核心，深入推进先进性建设。在团员发展环节，严把团员标准，控制发展比例，真正把严以律己、求实务实的青年发展到团员队伍中来；在团员管理环节，严格落实三会两制一课制度，推动团员积极参与网上网下志愿服务，自觉在工作、生活、学习中比普通青年更严一点、更实一点，以此来体现团员的先进性。

——面向大学生骨干，在全国、省、校等各级大学生骨干培养工作中，将“严实”教育作为大学生骨干集中学习和日常自学的重要内容。在今年年底中国大学生骨干培养学校第九期学员理论学习周活动中，重点开展“严实”品德学习教育。

——面向大中学生，结合高校共青团学习宣传贯彻习近平总书记系列重要讲话精神“四进四信”活动，通过“进支部、进社团、进网络、进团课”，组织开展有形化、经常化的工作和活动，在青年学生中加强“严实”教育；结合学风校风和校园文化建设，把“严实”要求融入日常规范，引导青年学生自觉以严和实的标准要求自己；结合大学生“与信仰对话”、中学生“与人生对话”等主题教育实践活动，组织开展“严实”专题教育，引导青年学生以严的标准、实的精神培育践行社会主义核心价值观，为实现中国梦努力奋斗。

——面向少先队员，围绕严和实深化雏鹰争章活动，鼓励基层少先队组织，根据本地实际和乡土特点普遍设立修身、律己、做人、务实等方面的雏鹰奖章，自主开展雏鹰争章活动，进行过程化、有形化的评价激励，引导少先队员深入认识严和实的要求，人人争做向上向善好队员。编制推广面向少年儿童开展严和实品德教育的大纲和读本，普遍推广到中小学和社区、青少年校外活动场所，供全国基层少先队组织使用。

——面向少先队辅导员，研究形成严和实教育大纲和培训课程，纳入全国、省、地市、区县各级少先队辅导员分级全员培训之中；组织少先队辅导员开展向吴芸红、张先翱等老一辈优秀少先队工作者学习活动，学习他们的优秀事迹、严和实的作风、为党的少年儿童工作无私奉献的精神，传承少先队组织的优良传统；以解决不严不实的问题为重点，开展少先队辅导员严和实教育大讨论；修订《少先队辅导员管理办法（试行）》，制定少先队辅导员工作标准，突出落实严和实的要求。

3. 抓榜样带动，选树体现“严”“实”品德的青少年典型

——开展“向上向善”好青年推选及故事分享活动。团的各个层级、各条战线广泛动员团员青年参与，深入开展“中国大学生自强之星”“最美中学生”“最美中职生”“最美青工”等寻访活动，推选厉行严的精神和实的品格、做出向上向善感人事迹的身边好青年，并组织好青年深入到各个领域基层青年中开展故事分享活动，营造广大团员青年从严从实、向上

向善的鲜明导向和浓厚氛围。

——树立体现“严”“实”品德的最美少年。通过各级少先队报刊、团属少年儿童报刊、网站,联合广播、电视、报刊等大众主流媒体,深化推进选树“最美少年”活动,宣传从小践行严和实的好少年。

4. 抓舆论宣传,努力在青少年中营造崇严求实的良好氛围

——开展新媒体宣传教育活动。在团属网站和微博、微信、手机报等平台,利用博文、漫画、图片、视频等形式,广泛传播“从严从实、向上向善”话题,组织力量对“严实”的相关理论、报道、正反典型进行解读编排和内容产品制作,使青少年在新媒体互动中加深对活动主题的理解、自觉践行“严实”品德。

——争取主流媒体宣传。通过新华社、人民日报、中央人民广播电台、中央电视台、中国教育报等主要新闻单位及其网站、微信公众号,进行重点宣传。

共青团中央关于认真学习贯彻中央扶贫开发工作会议精神组织动员广大团员青年在脱贫攻坚战中充分发挥生力军作用的通知

2015 年 12 月 11 日

共青团各省、自治区、直辖市委,解放军总政治部组织部,全国铁道团委,全国民航团委,中直机关团工委,中央国家机关团工委,中央金融团工委,中央企业团工委,新疆生产建设兵团团委:

在全面建成小康社会进入决胜阶段、脱贫攻坚进入冲刺阶段之际,中央召开扶贫开发工作会议,充分体现了党中央对扶贫开发工作的高度重视。习近平总书记从战略和全局高度,深刻阐明了推进脱贫攻坚的重大意义,对当前和今后一个时期脱贫攻坚任务作出部署,明确了新时期扶贫开发工作的大政方针、目标任务、总体要求,对带领全国各族人民共同迈入全面小康社会、实现第一个百年奋斗目标具有重大指导意义。各级团组织要牢牢把握围绕中心、服务大局的工作主线,把学习宣传、贯彻落实会议精神作为一项重大政治任务,组织引导广大团员青年认真学习贯彻中央扶贫开发工作会议精神特别是习近平总书记重要讲话精神,切实把思想和行动统一到党中央的决策部署上来。要充分发挥共青团工作的优势,立足实际、大胆探索,团结带领广大团员青年积极参与脱贫攻坚任务,为齐心协力打赢脱贫攻坚战贡献智慧和力量。

一、组织引导广大团员青年认真学习、深入把握中央扶贫开发工作会议精神

1. 要引导广大团员青年深刻理解中央扶贫开发工作会议的精神实质和深刻内涵。各级团组织要紧密结合青年思想认识特点大力开展宣传工作,重点在解读有关精神实质和深刻内涵上下功夫,努力把会议精神及时、有效地传递到团员青年中去,让他们听得到、听得懂、听得进。要引导广大团员青年深刻理解打赢脱贫攻坚战的重大意义,充分认识消除贫困、改善民生、逐步实现共同富裕,是社会主义的本质要求,是全面建成小康社会的内在要

求，是贯彻落实党的十八届五中全会精神的必要要求，不断增强参与脱贫攻坚任务的思想和行动自觉。要引导广大团员青年深刻理解新中国成立来我们党带领人民向贫困宣战、成功使7亿多农村贫困人口脱贫致富的辉煌成就，不断坚定对中国特色社会主义的道路自信、理论自信、制度自信。要引导广大团员青年深刻理解当前我国脱贫攻坚所面临的严峻形势，特别是在啃硬骨头、攻坚拔寨的冲刺阶段需要完成的一系列艰巨任务，进一步增强为全面建成小康社会贡献力量的责任感和使命感。要引导广大团员青年深刻理解中央关于坚持精准扶贫、精准脱贫的重要要求，深刻理解“扶持谁”“谁来扶”“怎么扶”三个关键性问题和实施“五个一批”工程等重点举措，找准参与脱贫攻坚任务的结合点和着力点，立足自身实际积极发挥作用。

2. 要在广大团员青年中迅速掀起学习宣传中央扶贫开发工作会议精神的热潮。各级团组织要立即行动起来，创新开展形式多样的学习宣传活动，把广大团员青年的积极性和参与热情充分调动起来，掀起广泛关注、深入学习中央扶贫开发工作会议精神的热潮。要丰富宣传渠道，在用好用活座谈交流、专题讲座、团日活动等传统手段的基础上，积极探索视频、漫画、音乐、曲艺等新的传播形式，努力用团员青年喜闻乐见的方式把会议精神讲清、讲透。要突出典型示范，大力发掘和宣传团员青年中扶贫、脱贫的典型案例，用身边人、身边事来教育和感染广大团员青年，迅速凝聚起积极参与扶贫开发工作的思想共识。要坚持分层分类，面向不同年龄、不同领域青年的具体特点，分别设计开展有针对性的学习宣传活动，不断拓展工作覆盖面，力争把更广泛的青年组织起来、发动起来，汇聚起万众一心打赢脱贫攻坚战的强大青春合力。

3. 要推动学习宣传工作与团的既有项目载体紧密结合。各级团组织要充分发挥既有项目载体的作用，把学习宣传工作纳入正在开展的各项重点工作和项目，努力实现相互融合、相互促进。要推动学习宣传工作与“青年之声”互动社交平台、“青年之家”综合服务平台建设工作相结合，注重通过互联网手段扩大活动覆盖面，注重把学习宣传内容融入具体的服务青年工作之中。要推动学习宣传活动与“三严三实”专题教育、“团干部如何健康成长”大讨论活动相结合，组织各级团干部和团员青年围绕扶贫开发工作开展专题学习交流，进一步统一思想、提高认识，不断增强推进工作的主动性和自觉性。要推动学习宣传活动与团的领导机关干部常态化下沉基层、向基层服务对象报到等制度相结合，力争让每个深入基层的团干部都成为直接面向团员青年开展宣传的主体，持续不断地把学习宣传工作引向深入。

二、组织动员广大青少年在脱贫攻坚战中充分发挥生力军作用

各级团组织要认真学习贯彻中央扶贫开发工作会议提出的一系列重要要求，一方面组织动员团员青年立足实际广泛参与各项扶贫开发工作，在急难险重任务面前勇当生力军，积极主动为党政分忧解难；另一方面要及时发现和服务青少年中的脱贫需求，以精准扶贫、精准脱贫为目标，努力把会议精神真正落到基层、落到实处。全团要重点围绕以下三个方面开展工作。

1. 帮助贫困青少年早日脱贫。要抓住制约青少年实现自我脱贫的重点环节积极开展工作，引导和支持贫困青少年依靠自己的双手开创美好明天。一是帮助青少年教育脱贫。把发展教育作为阻断贫困代际传递的有效手段，瞄准贫困青少年在学业方面的现实需求，深化实施希望工程“圆梦行动”、书海工程等品牌项目，为贫困地区青少年提供切实有效的助学服务，带动贫困地区通过发展教育脱贫致富。二是帮助青年就业脱贫。实施贫困地区青年转移就业行动,通过订单培训、工岗快递等方式,动员发达地区青年企业家吸纳贫困家庭青年(两后生)转移就业,增加贫困家庭青年的工资性收入。通过发布就业信息、组织技能培训、开展指路服务、提供见习岗位等方式,积极为贫困青年就地就业提供帮助。三是帮助青年创业脱贫。实施贫困地区青年创业行动,深入推进农村青年创业致富"领头雁"培养计划,通过提供小额信贷、开展创业培训、建设青创空间、举办创业大赛、培育创业组织等途径,大力支持贫困地区青年创业致富。重点支持贫困地区实施好"大学生返乡创业行动""农村青年电商培育工程"等工作项目。

2. 带领广大团员青年参与扶贫。要从共青团参与扶贫工作的实际出发,进一步梳理和细化工作领域,明确发挥作用的具体方式和载体。一是广泛开展民生扶贫。充分发挥青年志愿者作用,开展留守儿童关爱行动,以贫困地区农村留守儿童为重点,在学业辅导、亲情陪伴、感受城市、自护教育、爱心捐赠等方面加强工作力度。深入推进中国青年志愿者阳光助残行动,进一步提升与残疾青少年的结对率,扎扎实实地帮助他们解决生活和学习中的实际困难。二是创新实施生态扶贫。深化保护母亲河行动,积极创新项目实施方式,通过帮助贫困群众种植经济林等方式,在保护生态的同时增加生产收入。在植树造林、青少年生态环保社团培训和项目资助等方面对贫困地区予以倾斜,带动贫困地区通过保护生态环境,利用生态补偿政策脱贫致富。三是配合做好产业扶贫。在适合发展特色农业和畜牧业的地区,组织青年集中开发农业种植和养殖项目,在产品的包装设计、检验检疫、物流销售等重点环节切实做好服务。在旅游和文化资源较为丰富的地区,组织引导青年立足特色农业、旅游服务、文化产品开发等领域积极开展创业探索。四是大力推动人才扶贫。深入实施大学生志愿服务西部计划和西部建功计划、金融干部到县级团委挂职项目,广泛开展大学生暑期"三下乡"社会实践、"科技之光"专家服务团、博士服务团等活动,引导广大青年人才到贫困地区贡献聪明才智、创造青春业绩。五是积极探索定点扶贫。团中央机关要做好山西灵丘县、石楼县定点扶贫工作。各地要积极探索由省级团委定点扶贫 2 个乡镇、地市级团委定点扶贫 2 个村的常态化工作机制。参照对口援疆、援藏的模式,探索建立经济发达省份与重点扶贫省份团组织之间的对口支援机制。

3. 积极整合共青团扶贫工作资源。要着眼扩大资源总量、优化资源配置,通过机制化手段把团内外资源有效整合起来,为深入参与扶贫开发工作提供有力支持。一是积极对接政府资源。抓住青年脱贫的普遍性利益诉求,推动有关部门及时出台相关扶持政策,为青年创业致富提供良好的外部环境。积极承接政府职能转移和参与政府购买公共服务,立足实际主动对接扶贫开发项目,争取在一个或若干重点领域率先实现突破。二是广泛整合社会资源。依托各级团属媒体持续开展对共青团扶贫工作的宣传报道,广泛争取社会各界的关心和支持。积极稳妥地支持由共青团发挥主导作用的基金会、青年社会组织等参与扶贫开发工作,为他们发挥作用提供必要的物质支持和服务保障。有计划地招募青年志愿者参与扶贫开发工作。三是大力挖掘内生资源。鼓励和引导各级青联委员、青企协会员、农村青年致富带头人协会会员所在企业到贫困地区投资兴业、招工就业,参加村企共建、结对帮扶等扶贫工作,带动贫困地区群众通过发展生产增收致富。组织贫困地区和不同地区之间的团员青年开展形式多样的结对互助活动。

三、工作要求

1. 高度重视,层层发动。各级团组织要高度重视,及时建立完善有关领导机制,结合实际制定方案和措施,确保各项工作落到实处。

要层层发动青联、学联，青企协、青创协等团属青年组织以及各类青年社会组织参与扶贫开发工作，最大限度地汇聚广大团员青年投身扶贫开发工作的合力。要有序衔接、统筹协调，加强与各级扶贫主管部门的联系沟通，将有关工作纳入当地扶贫工作总体格局。

2. 突出重点、及时总结。各级团组织要抓住重点环节和重点领域，坚持难事长做、久久为功，精心设计工作内容，力争做实做细做好每一项具体活动。各省级团委要系统梳理共青团参与扶贫开发工作情况，及时总结工作经验，加强对工作的研究和指导。向中央签署了脱贫攻坚责任书的中西部22个省区市的省级团委，要进一步突出扶贫开发的责任，拿出切实可行的工作举措。

3. 广泛宣传、营造氛围。各级团组织要充分发动团属媒体，通过专题电视节目、微博微信、网络宣传片等方式，大力宣传鲜活事例，及时推广共青团参与扶贫开发工作的好经验、好做法，引导社会各界特别是广大团员青年关注贫困问题、关爱贫困人口、关心扶贫工作、参与社会扶贫，积极营造全社会共同关注和支持扶贫工作的浓厚氛围。

二、组织

共青团中央、中央网络安全和信息化领导小组办公室关于大力推进全国互联网行业团建工作的通知

2015年1月19日

各省、自治区、直辖市团委，网信办，全国铁道团委，全国民航团委，中直机关团工委，中央国家机关团工委，中央金融团工委，中央企业团工委，新疆生产建设兵团团委：

互联网行业发展迅速，从业青年数量众多，是共青团工作的重要领域。加强互联网行业团建工作，对于共青团履行组织职能，做好新形势下党的青年群众工作，对于推进网络社会化治理、促进互联网行业健康发展，具有十分重要的意义。共青团中央、中央网信办决定在全国推动互联网行业团建工作，有关事项通知如下。

一、目标任务

在互联网企业、事业单位、社会组织建立基层团组织，在互联网产业集中的地区、园区建立行业团组织。探索团组织和团员发挥作用的有效途径，服务青年需求和行业单位发展，提高团组织对行业团员青年的吸引力和凝聚力，巩固和扩大党执政的青年群众基础。

二、工作内容

1. 加强沟通联系。在充分了解和掌握本地区互联网行业单位分布、构成特点、运营状况等基本信息的基础上，发挥网信办等行业主管部门的管理职能，借鉴非公企业团建经验，

建立起团组织与互联网行业单位的联系渠道。要把互联网行业单位及青年骨干纳入区域化团建总体工作格局，调动其积极性，引导其积极参与团的工作和活动，吸纳其成为团的工作资源和工作力量。

2. 成立行业团组织。条件成熟时，成立全国互联网行业团工委，设在中央网信办，为共青团中央派出机构，受中央网信办和共青团中央双重领导。条件成熟的地区，要成立互联网行业团工委或共青团工作指导和推进委员会（以下简称"团指委"），按职责开展行业团建工作。

互联网行业团工委（团指委）主要职责如下：研究制定行业共青团和青年工作的规划、制度、政策，组织实施重要工作项目；开展行业青年思想工作状况调研，加强行业青年的素质培养、思想引导；代表和维护行业青年的合法权益；指导行业团组织加强组织建设工作；完成网信办和共青团交办的其他工作。

若成立团工委，可将团员青年数量达到一定规模或者在行业内有较大影响力的行业内所属单位团的组织关系划归行业团工委。若成立团指委，则不改变行业所属单位团的组织隶属关系。互联网行业单位团组织无论组织隶属关系如何，都应参加行业团工委（团指委）开展的工作和活动，都要接受行业团工委（团指委）的工作指导。

3. 建立基层组织。凡有 3 名以上团员的互联网企业、事业单位、社会组织应按照团章规定建立团组织。已建立党组织的单位要在党组织的指导和帮助下建立团组织。推动互联网领域各级青联委员以及青年企业家协会会员、青年科技工作者协会会员、青少年新媒体协会会员所在单位建立团组织。网信办以及行业管理部门要帮助团组织在其直接联系管理、工作基础较好的单位建立团组织。对于暂不具备建团条件的互联网单位，要创新团的组织建设和设置方式，既可以先行建立青年社团、青年工作委员会等，再适时建立团组织；也可以采取区域共建、企业联建等方式，灵活设置团的组织。

在互联网产业集中的工业园区、科技园区、经济技术开发区建立团组织，明确园区团组织关于互联网行业团建的工作职能，推动园区相关单位建立团组织。

4. 选优配强团干部。要创新选任方式，把那些热心共青团和青年工作、思想素质高、工作能力强、在青年中有较高威信的优秀团员或青年党员选拔为基层团组织负责人，充实基层团的委员会，壮大互联网行业团干部力量。要为互联网行业团组织配备专门工作力量。

把新任职互联网行业团干部纳入各级团干部年度培训计划，帮助他们掌握团的基本知识和工作方法，明确工作任务和要求，提高服务团员青年和行业发展能力。建立符合行业特点的管理考核和激励约束办法，特别要围绕增长才能、拓展交往、获得认同、融入组织等方面，设计有针对性的激励措施，激发团干部的工作积极性。

5. 开展服务团员青年等工作。按照建设基层服务型团组织的总体要求，结合互联网行业及其从业青年特点，以扩大联系和有效服务为重点，围绕青年成长成才、身心健康、就业创业、社会融入、婚恋交友等开展有针对性的服务，特别是在搭建青年职业发展平台、增进青年交流交往交友、丰富青年精神文化生活等方面积极开展工作，努力使互联网行业团组织成为联系和服务行业内青年的坚强堡垒。充分利用行业特点和优势，创新服务团员青年载体，通过建立网络团组织、运用新媒体工具等途径，扩大服务团员青年的覆盖面和影响力。

三、工作方法

1. 突出重点。发挥重点单位团建示范作用，率先推动互联网行业龙头企业、影响较大的互联网企业以及规模以上互联网企业建立团组织。积极推动已建立党组织，有一定工作基础、建团积极性较高的单位建立团组织。带动其他工作难度较大的单位以及中小企业建立团组织，逐步实现行业全覆盖。

2. 党建带动。坚持党建带团建，借助党建工作在互联网行业取得的新格局和新成果，紧跟党建步伐建组织，借助党建机制活组织，争取将互联网行业团建纳入行业党建工作考核。对于没有建立党组织或者不具备建立党组织条件的，可以先建立团的组织。

3. 行业推动。互联网行业管理部门要积极配合共青团组织推动互联网行业团建工作。要充分发挥对互联网行业的联系、指导和监管作用，直接推动部分互联网企业、事业单位、社会组织建立团组织。

4. 区域联动。地方团组织要运用区域化团建工作的经验，把互联网行业团建工作融入区域化团建工作格局，努力实现组织互通、资源共享、活动同办、人员相融，帮助互联网行业团组织更快活跃工作，为互联网行业团建注入动力、增添活力。

5. 抓住关键。抓住企业负责人这个关键，主动加强联系沟通、增进工作了解，加强组织吸纳，积极争取他们的认可和支持，为开展工作创造良好环境氛围，争取必要的人员、资源和制度保障。

四、工作要求

1. 建立工作机制。各级团组织、网信办等行业管理部门要在认真研究本地区互联网行业发展基本情况的基础上，成立互联网行业团建工作领导小组，建立工作机制，定期研究推进工作，明确工作举措，细化考核措施，为互联网行业团建工作提供组织制度保障。

2. 明确工作职责。各级团组织、网信办等行业管理部门要各司其职，共同做好互联网行业团建工作。团组织要加强与网信办等行业管理部门的沟通，深入开展摸底调研，对互联网行业团建提出工作方案，积极推动互联网行业团建工作，并将其纳入共青团工作整体格局。各级网信办等行业管理部门要帮助团组织建立与互联网行业单位的联系，积极推动在互联网产业集中的重点地区建立行业团工委，加强对行业团建工作的领导，提供必要的工作保障。

3. 把握工作进度。2015 年，重点推动在互联网产业集中的地区建立互联网行业团工委，推动已建立党组织的互联网企业建立团组织，推动重点龙头企业、行业影响较大的互联网企业建立团组织。2016 年，将重点发挥互联网行业团工委（团指委）的统筹指导作用，持续推动符合建团条件的互联网行业企业、事业单位和社会组织建立团组织。

共青团中央办公厅印发《关于在全团开展“团干部如何健康成长”大讨论活动的方案》的通知

2015 年 3 月 27 日

共青团各省、自治区、直辖市委，解放军总政治部组织部，全国铁道团委，全国民航团委，中直机关团工委，中央国家机关团工委，中央金融团工委，中央企业团工委，新疆生产建设兵团团委：

经团中央书记处同意，现将《关于在全团开展“团干部如何健康成长”大讨论活动的方案》印发你们，请结合实际，研究制定具体实施方案，切实抓好贯彻落实。

为了落实全面从严治党要求，大力推进从严治团，共青团中央决定于 2015 年 4 月至 12 月在全团开展“团干部如何健康成长”大讨论活动（以下简称“大讨论活动”），具体安排如下。

一、活动主题

自省自励、懂得感恩，克服缺点、虚功实做，坚定信念、远离贪腐

二、总体要求

深入学习贯彻习近平总书记系列重要讲话精神，贯彻落实习近平总书记提出的“信念坚定、为民服务、勤政务实、敢于担当、清正廉洁”的好干部标准、对作风建设提出的“三严三实”的重要要求和对团干部提出的“坚定理想信念、心系广大青年、提高工作能力、锤炼优良作风”的指示精神，全面落实《中共中央关于加强和改进党的群团工作的意见》精神，聚焦团干部成长中存在的突出问题，以省市县团的机关干部和各领域专职团干部为重点，带动各类兼职团干部广泛参与，坚持正面教育，强化问题导向，突出实践特色，克服机关化娱乐化倾向，大兴直接联系青年之风、学习研究之风、求实创新之风、清正廉洁之风，使广大团干部树立正确的成长观，打造一支让党放心、让青年满意的团干部队伍，以作风建设的新成效推动共青团事业创新发展。

三、目标任务

1. 进一步坚定理想信念，着力解决认清正确成长方向的问题。进一步引导团干部高扬理想旗帜，坚定对中国特色社会主义的道路自信、理论自信、制度自信，自觉在思想上政治上行动上与以习近平同志为总书记的党中央保持高度一致，不断增强团干部党的意识、组织意识、责任意识和大局意识，使广大团干部在围绕中心、服务大局和竭诚服务青年中健康成长。

2. 进一步密切联系青年，着力解决联系服务团员青年“最后一公里”的问题。巩固和扩大党的群众路线教育实践活动成果，引导团干部把密切联系青年作为工作常态，真正做到心系广大青年，坚持以青年为本，深深植根青年、充分依靠青年、一切为了青年，做青年友，不做青年“官”，努力增强党对青年的凝聚力和青年对党的向心力。

3. 进一步提高工作本领，着力解决团干部能力知识储备不足的问题。引导团干部刻苦学习、勤奋工作，向书本学习，向实践学习，向青年学习，强化基本素质，提高工作本领。要着力提高团干部把握新时期青年工作规律的能力，提高团干部运用互联网等新媒体开展工作的能力，提高团干部依法履职的能力，全面提升团干部队伍能力和水平。

4. 进一步锤炼优良作风，着力解决反对“四风”和践行“三严三实”重要要求中存在的突出问题。深入持久地在反对“四风”上下功夫，引导团干部践行“三严三实”重要要求，坚决反对抓而不实、抓而不长的不良倾向，引导团干部虚功实做、难事长做。加强廉洁自律教育，引导团干部养成慎始、慎独、慎微的意识，始终绷紧反腐倡廉这根弦，筑牢拒腐防变的思想防线。

四、活动安排

大讨论活动总体上划分为“学习”“讨论”“落实”三个阶段，各阶段相互联系、相互促进，依次压茬进行。从 4 月份开始，到 12 月份结束。各省级团委在完成“规定性动作”的同时，要结合实际有针对性地设计开展“自选性动作”。

（一）“学习”阶段(4 月至 6 月)

重点抓好“一学三听一交流”。组织广大团干部认真学习习近平总书记系列重要讲话精神，特别是习近平总书记关于青少年和共青团工作的一系列重要指示要求；认真听取党政领导意见、听取基层团员团干部意见、听取普通青年意见；举办“团干部如何健康成长”专题学习交流活动。

1. 深入学习习近平总书记系列重要讲话精神。团的领导机关要举办“学习贯彻习近平总书记系列重要讲话精神”专题培训班，对各领域专职团干部进行全覆盖。要组织广大兼职团干部认真学习习近平总书记系列重要讲话精神，确保讲话精神能够传达到每位团干部。省市县三级团的领导机关干部和各领域专职团干部要在“全国团干部教育培训平台”上完成专题学习培训任务。团中央将编发《团干部健康成长教育读本》，作为学习培训必读教材。

2. 认真听取意见建议。各级团组织要结合落实团干部直接联系服务团员青年制度、调查研究制度、基层联系点制度，组织团干部认真听取党政领导、基层团员团干部和广大普通青年的意见建议。各省级团委要组织开展1次“团干部如何健康成长”专题调研，深入了解党政领导和团员青年对团干部的真实看法及建议，认真梳理团干部队伍思想状况及普遍性问题、困难，做到有的放矢。

3. 开展“团干部如何健康成长”专题学习交流活动。各级团组织要通过组织开展专题学习、专家访谈、主题团日、网络分享等丰富多彩的形式，增强活动的吸引力和感染力，使团干部的思想真正有所触动。团的领导机关要组织各类专职团干部和重点企业、高校等单位的兼职团干部完成“七个一”活动：开展1次“从严治党”专题学习活动；参加1次“学习团的历史，传承优良作风”为主题的团课；邀请党政领导围绕团干部如何健康成长讲1次党课；团委负责同志或已转岗的老团干分享1次成长感悟；邀请长期扎根基层、无私奉献的先进模范典型分享1次工作体会；开展1次“廉政建设”反面案例警示教育活动；落实团员成为注册志愿者制度，组织专职团干部集中开展一系列志愿服务活动。

（二）“讨论”阶段(7月至9月)

重点抓好“一会三查一推荐”。认真开好组织生活会；对照“自省自励、懂得感恩，克服缺点、虚功实做，坚定信念、远离贪腐”三点要求，组织团干部进行充分讨论和深入谈心，认真查找自身存在的不足；开展“我身边的榜样”推荐活动。

1. 深入开展各类讨论活动。大讨论活动讨论是关键环节。各级团组织要以党支部或团支部为单位，通过内部讨论、联合讨论、交叉讨论，甚至跨区域（领域）结对讨论等多种方式，让每位团干部都能充分讨论、深入思考，找到自己的不足，发现别人的优点。各级团组织要认真组织好三类讨论活动：一是本单位内部讨论，按照内设职能部门、党（团）支部和小组、同职级（类别）干部等分别组织开展讨论；二是分层级、分领域讨论，组织下级团委领导班子主要负责同志集中开展讨论，组织本辖区内农村、城市、学校、国有企业、非公企业、新社会组织等团委班子成员分别开展讨论；三是“开门”讨论，邀请优秀党员干部、先锋模范人物、基层兼职团干部、团员青年代表与本单位团干部开展讨论。

2. 广泛开展谈心交心活动。各级团组织要围绕“团干部如何健康成长”主题，广泛开展“一对一”谈心交心活动，把每个人的思想谈深谈透，肯定优点，发现不足，努力营造“知无不言、言无不尽，有则改之、无则加勉”的良好氛围，使团干部自觉接受党内团内政治生活的锻炼。各级团的领导机关要认真开展好四类不同层级干部之间的谈心交心活动：一是班子成员之间；二是班子成员与所分管部门全体同志之间；三是班子成员与下一级团委主要负责同志之间；四是本单位中层干部之间、一般干部之间。

3. 扎实开好组织生活会。各级团组织要在进行充分讨论谈心的基础上，以党支部或团支部为单位，组织开好高质量的组织生活会，在批评与自我批评的过程中，引导团干部查找差距、触动灵魂。省级团委和地市级团委班子成员要在开好班子民主生活会的同时,分别指导好分管部门(领域)的组织生活会。每位专职团干部要在召开组织生活会前,认真撰写一篇心得体会文章,逐条梳理自身存在的突出问题、产生问题的根源,并提出切实可行的改进提高承诺,特别是在提高能力、联系青年、推进工作方面要提出具体措施。

4. 开展"我身边的榜样"推荐活动。各级团组织要充分运用新媒体手段,利用微信群、QQ 群等方式,组织团干部推荐身边的榜样,通过"每周之星"多媒体展示等活动,发掘身边同志可学可敬的闪光点,增强大讨论活动的感染力,形成相互学习、自我教育、共同提高的浓厚氛围。同时,各级团组织要集中选树一批自觉践行习近平总书记"好干部"标准、长期扎根基层作出显著成绩的团干部先进典型,加大宣传引导力度,形成强大的正能量。开展"向袁雅逊同志学习"活动,通过网上纪念馆、"我为舍己奉公模范点赞"、朋友圈分享等多种方式,宣传袁雅逊的先进事迹,引领和激励广大团干部扎根基层、心系青年、无私奉献。

(三)"落实"阶段(10 月至 12 月)

注重抓好"一建三促一落实"。各级团的领导机关要围绕解决团干部普遍存在的突出问题,建立健全一批符合实际、工作需要、长期管用的规章制度;促进改善或解决干部自身存在的突出问题、联系青年"最后一公里"问题和团组织创新发展三个关键性问题;上级团组织要督促下级团组织将大讨论活动真正落到实处、取得成效。

1. 建立健全从严治团规章制度。制定和完善科学合理、务实管用的从严治团制度体系,推动团干部健康成长常态化长效化。这是大讨论活动能否取得成功的重要标志。各级团的领导机关要着力建立完善组织生活制度、政治学习制度、密切联系青年制度、党风廉政建设制度、团员青年监督评议制度等,坚持用制度管人、按制度办事,使制度成为刚性约束。同时,要着力强化中央关于从严治党一系列制度、党建带团建制度和团的自身建设相关制度的执行落实,有条件的地方要积极争取党委组织部门重视支持,联合开展专项督查,坚决纠正有令不行、有禁不止的现象,使各项规章制度都能有部署、有实施、有考核、有成效。

2. 促进解决突出问题。团的领导机关要针对团干部队伍建设中存在的突出问题、团员青年反响强烈和反映集中的问题、制约团组织创新发展的突出问题,进行深入分析研究。对于短期内能够解决或明显改善的问题集中力量打"歼灭战",努力尽快见到成效;对于成因复杂短期不易解决的难点问题,要难事长做、久久为功,制定工作推进"时间表",分步骤分阶段逐一解决。各级团组织和团干部要在大讨论活动中扎扎实实地为基层、为青年办一批实事好事。

3. 推动大讨论活动的目标任务落到实处。各级团组织要督促和指导专职团干部将个人改进提高承诺,量化为可检验的工作目标,制定"承诺践诺一览表",并在一定范围内公开,完成一条销号一条,使团干部的改进提高过程"人人有监督,事事能落实"。同时,要积极创造条件引导和带动广大兼职团干部承诺践诺改进提高。各级团组织负责人要率先垂范、以上带下。对于在活动中工作怠慢、敷衍塞责、弄虚作假、流于形式的团组织和团干部,要敢于批评和处理,并对活动进行必要"补课",确保活动顺利进行、取得实效。

五、工作要求

1. 高度重视,从严要求。大讨论活动实行"一把手"责任制,各级团组织主要负责同志要亲自动员、亲自组织、直接参与,做到思想高度重视、责任落实到位、推动扎实有力。团中央将成立大讨论活动领导小组,各省级团委要抽调力量成立专门工作机构。各省级团委大讨论活动成效将作为 2015 年度工作考核的重要内容。活动开展情况要定期向同级党委组织部门汇报。要把活动本身作为检验各级团组织及负责人工作作风的重要载体。要结合“两制度一活动”(基层联系点制度、调查研究制度、“走进青年、转变作风、改进工作”大宣传大调研活动),建立大讨论活动督导联系制度。团中央书记处和机关干部参加联系点和蹲点基层团组织的大讨论活动,局级干部督导联系点所在省份活动,处级干部督导联系点所在地市活动。各省级团委要建立督导机制,责任分工落实到人,每个县区团委要安排一位副处级以上干部督导,确保活动顺利有序进行。

2.统筹实施,精心组织。各地大讨论活动要积极争取党政领导重视支持,与本地区(系统)党的“三严三实”专题教育工作相结合,借势而为形成工作合力。注重将大讨论活动与共青团各项重点工作紧密结合、统筹实施,努力把活动成果转化为工作成果,把作风改进转化为工作推进。要坚持把学习教育贯穿始终,坚持把深入基层、走进青年贯穿始终,坚持把典型引路贯穿始终,确保活动有效覆盖各级各类专兼职团干部。要在做好“规定动作”的基础上,围绕主题结合本地实际策划开展形式多样的“自选动作”,突出团的特色,抓实和丰富活动的实践载体。各地要及时将大讨论活动进展情况和好经验好做法逐级报告活动领导小组办公室。

3.加强宣传,营造氛围。各地要充分运用新闻媒体,做好宣传动员和活动推动,特别是要运用好新媒体手段,加强对团干部先进榜样典型事迹的发掘和报道,努力营造“比学赶帮超”的良好氛围。团中央将在中国青年报、中国青年网、“中国共青团”网站等媒体上开设专栏,刊发一系列评论员文章、优秀心得体会文章,定期编发专题工作简报,充分利用团中央官方微博、微信公众号,宣传推广各地的好经验好做法,增强活动的实效。

各省级团委要根据大讨论活动总体要求,结合实际制定本地区(系统)大讨论活动的实施方案,并于4月10日前报活动领导小组办公室审核。

共青团中央关于开展示范性青少年综合服务平台创建活动的通知

2015年6月15日

共青团各省、自治区、直辖市委,全国铁道团委,全国民航团委,中直机关团工委,中央国家机关团工委,中央金融团工委,中央企业团工委,新疆生产建设兵团团委:

按照《共青团中央关于全面推进青少年综合服务平台建设的通知》(中青发〔2014〕24号)精神,团中央决定,在全团开展示范性青少年综合服务平台创建活动。有关事项通知如下。

一、目标任务

通过广泛开展创建活动,促进青少年综合服务平台的规范化建设和工作活跃,推出一批联系服务青少年作用突出的示范性服务平台,带动全国青少年综合服务平台蓬勃发展,把服务平台打造成承载团的工作和活动、整合社会资源和力量、联系和服务青少年的“共青团门店”。

示范性青少年综合服务平台分为国家级、省级、地市级三级,分别由团中央、省级团委、地市级团委认定。从 2015 年起，连续 3 年每年建设 100 个左右全国示范性青少年综合服务平台、1000 个左右省级示范性青少年综合服务平台和一大批地市级示范性青少年综合服务平台。到 2017 年底，力争实现全国每个区县都有省级以上示范性青少年综合服务平台。

二、创建方式

创建活动采取广泛参与、逐级创建、择优认定的方式。全国所有的青少年综合服务平台都应按照相应创建活动管理办法积极参与创建活动，不断提升平台建设水平，努力联系服务青少年。应先争创地市级示范性青少年综合服务平台，地市级示范性青少年综合服务平台可争创省级示范性青少年综合服务平台，省级示范性青少年综合服务平台可争创全国示范性青少年综合服务平台。团中央、省级团委、地市级团委根据本级示范性青少年综合服务平台创建活动管理办法，对下级申报的服务平台进行综合评价、认定。

三、全国示范性青少年综合服务平台创建活动

1. 分配名额。团中央综合考虑各省份、各系统服务平台建设工作基础等情况，以及服务平台的地域分布和建设工作的推进步骤，分配 2015 年全国示范性青少年综合服务平台申报名额（附件 1）。

2. 组织申报。各省级团委按照《全国示范性青少年综合服务平台创建活动管理办法（试行）》（附件 2，以下简称《办法》）要求，从省级示范性青少年综合服务平台中严格考核、择优申报。各省级团委要严格把关，在对拟申报的服务平台进行深入考察基础上，在平台所在地区或单位进行不少于 5 个工作日的公示。公示无异议后方可确定为创建单位。要组织和指导创建单位如实填写申报表（附件 3）并附相关证明，于每年 12 月 15 日前报送团中央。

3. 审核认定。各省级团委上报申报单位后，团中央对照全国示范性青少年综合服务平台的创建条件和标准，统一对申报单位进行资格审查和认定，以全国申报总数 1.2 : 1 的比例差额确定全国示范性青少年综合服务平台。

四、省级示范性青少年综合服务平台创建活动

1. 制定创建活动管理办法。各省级团委要根据《办法》，结合实际情况，制定本地区、本系统创建活动管理办法，于 2015 年 9 月 30 日前报团中央组织部备案。

2. 明确创建任务。各省级团委要结合全国每年建设 1000 个左右示范性平台的目标，有步骤地推动省级示范平台的创建活动。根据本地区、本系统实际情况，合理确定创建名额，对创建活动进行动员部署，并指导地市级团委开展创建活动。

3. 开展省级示范性平台认定工作。各省级团委于每年 10 月 31 日前完成本年度省级示范性青少年综合服务平台的认定工作，报团中央组织部备案。

五、工作要求

1. 高度重视。在全国大力推进青少年综合服务平台建设，实现团的组织网络、工作力量、服务项目在青少年身边有形化、日常化，是建设基层服务型团组织，加强对青年吸引凝聚的重要载体。开展示范性创建活动对于促进这项工作的开展具有重要意义。各级团组织要加强示范性创建活动统筹规划和精心组织，通过活动开展推动青少年综合服务平台上规模、上水平。

2. 注重实效。创建活动，重在过程，重在实效。各级团组织要动员所有青少年综合服务平台积极参与各级示范性青少年综合服务平台创建活动，把创建过程作为推动各类平台加强基础建设、活跃日常工作、提高服务质量的过程，把更多青少年吸引凝聚起来，形成“比、学、赶、超”的良好氛围。要严格把关，确保认定的示范性平台管理规范、工作活跃、青年认可。

3. 加强宣传。各级团组织要注意挖掘工作中的好经验好做法，探索形成工作案例、宣传手册等，提供给各级团组织和平台相互借鉴学习，充分发挥示范性平台的示范带动作用。要加强媒体宣传，使更多青少年了解走进青少年综合服务平台。

附件1

2015年全国示范性青少年综合服务平台申报名额分配表(略)

附件2

全国示范性青少年综合服务平台创建活动管理办法(试行)

第一章　总则

第一条　为扎实推进基层服务型团组织建设，推动青少年综合服务平台向着标准化、规范化、实用性和可持续的方向发展，通过示范创建、典型选树，带动服务平台的整体建设和发展，特制定本办法。

第二条　青少年综合服务平台是共青团组织使用管理的公益性、综合性的服务场所，是一定区域内团组织开展工作和活动、整合社会资源和力量、联系和服务青少年的平台。全国示范性青少年综合服务平台是在全国范围内，在开展联系和服务青少年工作、整合各类资源等方面成效突出、具有全国示范作用的青少年综合服务平台。

第三条　共青团中央组织部负责全国示范性青少年综合服务平台创建活动的组织实施。

第二章　创建条件和标准

第四条　全国示范性青少年综合服务平台创建对象为示范作用突出的省级示范性青少年综合服务平台，运行时间2年以上，同时应具备和达到以下条件和标准：

1. 场所。场所应位于青少年相对集中、交通便利、具有一定辐射面的地区，面积一般不低于100平方米，团组织能够对场所进行长期有效的使用和管理(产权归团组织所有或拥有不少于5年的使用权)。在显著位置悬挂青少年综合服务平台牌匾，悬挂或布置有团旗、团徽等共青团元素的标识，内外装修体现实用和时尚元素，主题鲜明，对青少年有吸引力。配备电脑、电视机、音响、无线网络和其他必要的服务设施。

2. 工作机制。运行机制完备，建立有内部工作职责、运行规则、活动流程、管理办法等。资源保障有力，能够有效整合社会和市场资源，各级团组织或财政配套经费支持每年不少于5万元。区域化工作机制健全，能有效吸纳区域内学校、企业、机关事业单位以及各类青年社会组织等参与服务平台的建设、使用和管理。

3. 服务项目。结合本地实际，针对区域内青少年特点和实际需求，围绕基础团务类、阵地功能类、整合资源类、就业创业类、文化学习类、公益服务类、专业咨询类、休闲娱乐类、体育健身类、便捷服务类等基本服务项目类别，开展其中4类以上服务项目。有详细的项目实施计划，活动计划、活动图片、活动总结、参加活动人员名单等，资料详实，保存完整。

4. 服务队伍。配备1名以上专职工作人员或者3名以上以服务平台工作为主的兼职工作人员；能吸纳专兼职团干部、青少年事务社工、志愿者、大学生村官等力量，定期参与服务平台管理运营工作。

5. 服务对象。稳定联系一定数量的服务对象，东部地区的平台联系服务不少于800名青少年，中部地区的平台联系服务不少于600名青少年，西部地区的平台联系服务不少于400名青少年。发挥平台枢纽功能，与4个以上青年社会组织建立紧密联系和合作关系。

6. 活动频度。每月开展活动不少于6次，全年累积开展活动不少于80次；每次活动参与人数不少于20人。

第三章　创建单位申报与认定

第五条　全国示范性青少年综合服务平台原则上每年认定一次，每次100个左右。

第六条　团中央在综合考虑各省(自治区、直辖市)、各系统工作情况和青少年综合服务平台地域分布等因素的基础上,对全国示范性青少年综合服务平台申报名额进行分配。具体名额将根据工作情况每年进行调整。

第七条　由创建单位提出申请,经县、市、省三级团组织审核后,上报团中央。拟申报的创建单位要在所在地区或单位进行不少于5个工作日的公示,公示无异议方可确定为申报对象。

第八条　团中央组织部对申报的创建单位进行综合评估,形成建议名单,报团中央书记处审定。

第四章　命名与奖励

第九条　对认定的全国示范性青少年综合服务平台进行命名、授牌。

第十条　总结全国示范性青少年综合服务平台的先进经验和成功做法,进行重点宣传和示范推广。

第十一条　为全国示范性青少年综合服务平台的负责人和工作骨干提供学习和锻炼机会。

第十二条　全国示范性青少年综合服务平台的创建情况将作为创建团组织和平台负责人参加团内评选表彰的重要参考依据。

第五章　考核与管理

第十三条　省级团委要负责本地区、本系统的全国示范性综合服务平台的日常管理,每年进行绩效考核,考核情况于每年12月31日之前上报团中央。团中央每年进行抽查。

第十四条　对达不到要求的服务平台进行限期整改,对整改期满仍不合格的予以摘牌。对问题突出的省份、系统,减少下一年度申报名额。

第六章　附则

第十五条　本办法的修改、变更、解释权归共青团中央组织部。

第十六条　本办法自发布之日起生效。

附件3

全国示范性青少年综合服务平台创建申报表(略)

三、宣传

共青团中央关于在广大青少年中进一步深化中国梦学习宣传教育的通知

2015年2月15日

共青团各省、自治区、直辖市委,解放军总政治部组织部,全国铁道团委,全国民航团委,中直机关团工委,中央国家机关团工委,中央金融团工委,中央企业团工委,新疆生产建设兵团团委:

中国梦是全国各族人民的共同理想。为实现中国梦而奋斗,是当代中国青年运动的时代主题,也是新形势下共青团工作的时代主题。为贯彻习近平总书记对共青团和青少年工作的重要要求，引导青少年牢固树立中国梦的远大理想，坚定跟党走中国特色社会主义道路的信念，增强将个人梦想融入中国梦、勇于奋斗圆梦的信心，共青团中央决定在近年来全团广泛深入开展“我的中国梦”主题教育实践活动的基础上，进一步将中国梦学习宣传教育引向深入。有关工作通知如下。

一、基本思路

按照习近平总书记提出的“讲好中国故事，事半功倍”的要求，与在青少年中培育和践行社会主义核心价值观工作相融合，与青年创新创业创优行动等团的品牌工作相互动，以广泛开展丰富多彩的中国故事、青春故事学习、讲述、分享、传播活动为基本途径和主要载体，引导广大青少年学习了解中国历史，深刻感受中国成就，大力弘扬奋斗精神，坚定在党的领导下实现中国梦的信心，坚定“三个自信”。

二、工作安排

1. 以“勿忘历史 · 圆梦中华”为主题，广泛开展党史国史学习教育。围绕学习中国近现代以来的历史特别是党史国史，开展富有特色的团队主题活动，引导青少年读历史故事、知历史人物、晓历史脉络、明历史走向。重点结合纪念中国人民抗日战争暨世界反法西斯战争胜利70周年、纪念红军长征胜利80周年等契机，发动广大基层团组织开展“四个一”活动（阅读一本优秀故事图书，观看一部优秀影视剧，开展一场主题学习交流，传播一个感人的党史国史故事），帮助青少年加深对中国梦历史源起、发展脉络的认识理解，加深对党和人民为之进行的接力奋斗的认识理解，增进对党的领导的认同，增强“三个永远热爱”。每个基层团支部（团总支）要围绕“四个一”内容，至少分别组织开展1至2次活动。发动基层少先队组织继续深入开展“红领巾相约中国梦”活动。县级和县级以上团委领导班子成员都要参加基层的活动。省级、地市级团委要组织开展示范性活动。

2. 以“我看中国新变化”为主题，广泛开展形势政策教育。通过邀请党政领导、专家学者举办形势政策宣讲会、报告会，在团员青年和少先队员中开展主题演讲、故事分享、参观寻访、图片展览、书画展示等活动，讲述改革开放以来国家面貌、家乡面貌和人民生活不断发生的巨大变化，引导青少年从雄辩的事实、鲜活的事例、具体的数字、切身的感受中，深刻认识党领导人民创造的“中国奇迹”，全面客观看待我国经济社会持续深刻转型过程中遇到的困难和问题，进一步增强对改革开放和中国道路的认同和信心，增强对全面建成小康社会、全面深化改革、全面推进依法治国、全面从严治党等党中央重大战略部署的认同和信心。面向高校、中学和中职学校，分别以“与信仰对话”“与人生对话”“彩虹人生”等品牌活动为载体，各学校团组织至少开展1至2次报告会、分享会、主题团日等活动。县（区）级团委和各行各业基层团委，至少组织开展1至2次主题活动。省级、地市级团委要组织开展示范性活动。

3. 以“奋斗的青春最美丽”为主题，持续深化青春奋斗故事分享活动。重点围绕学习成才、献身祖国、扎根基层、创新创业、奉献社会等专题，有针对性地遴选组织各类青年典型深入基层开展系列青春故事分享活动，引导青年敢于有梦、勇于追梦、勤于圆梦。

“学习成才——奋斗的青春最美丽”专题，侧重分享传播青年学生、青年工人等群体中勤奋学习、钻研技术、苦练本领的青春故事；

“献身国防——奋斗的青春最美丽”专题，侧重分享传播青年官兵、大学生等群体中投笔从戎、忠于职守、爱军精武的青春故事；

“扎根基层——奋斗的青春最美丽”专题，侧重分享传播青年志愿者、大学生村官、支边援边等群体中在艰苦地区、社区农村等基层一线甘于付出、勤恳工作、艰苦奋斗的青春故事；

“创业创新——奋斗的青春最美丽”专题，

侧重分享传播各类青年群体中艰苦创业、勤劳致富、矢志创新的青春故事；

“奉献社会——奋斗的青春最美丽”专题，侧重分享传播各类青年群体中助人为乐、扶贫济困、热心公益的青春故事。

今年要把在基层深化分享活动作为重点。省级、地市级团委在抓好示范带动的同时，着力在青年典型推荐、活动组织等方面加强指导。基层团组织要注重发现“草根榜样”，用好身边各类“向上向善好青年”。学校团组织要发挥好“挑战杯”“创青春”“中国青少年科技创新奖”“中国大学生自强之星”等学生典型的同伴教育作用。县(区)级团委和各行各业基层团委，至少开展3场不同类别的分享活动。团中央将组织开展示范性活动。

三、工作要求

1.加强工作统筹。贯彻“全团抓引导、种好责任田”的要求，宣传战线要履行好统筹推动职责，学校、少先队战线要抓好各类大中小学活动的开展，城市战线要抓好城市(社区)、机关和事业单位、国有和非公企业活动的开展，农村战线要抓好县级、乡镇一级活动的开展，组织、统战等战线要做好推荐典型、专家支持等方面的工作。各级团委主要负责人要加强领导协调，切实履行好青少年思想引导工作第一责任人职责。

2.强化媒体联动。在做好团属传统媒体宣传报道的同时，大力强化新媒体宣传。中青网等团属重点网站开设活动专题页面，深化“千网联动”，交流展示活动情况。充分发挥全团微博微信矩阵的作用，充分发挥共青团网评员、网宣员、青年网络文明志愿者等队伍的作用，策划推出“中国故事青年说”“我看中国新变化”“奋斗的青春最美丽”等重点话题，积极编创、传播图文微博、微视频等网络文化产品，形成网上活动热潮。进一步加强对各类青少年典型的宣传报道，扩大社会影响。

3.抓好工作落实。要用好清明、“五四”、“六一”、“七一”、“八一”、抗战胜利纪念日、“十一”、南京大屠杀死难者国家公祭日等重要时间节点，逐次形成活动热潮。要大力发动基层，落实各项任务，确保青少年受教育、活动有实效。3月下旬前，各省级团委要结合各自实际制定实施方案。各战线要提出各自的目标任务，协同抓好工作督导。7月上旬和12月上旬，各省级团委、各战线要结合年中、年底工作总结，分别报送阶段性工作情况。

在解放军和武警部队团员青年中深化中国梦学习宣传教育的有关安排，由解放军总政治部组织部根据本通知精神作出部署。

共青团中央关于在全体共青团员中开展争当“中国好网民”活动的通知

2015年10月25日

共青团各省、自治区、直辖市委，解放军总政治部组织部，全国铁道团委，全国民航团委，中直机关团工委，中央国家机关团工委，中央金融团工委，中央企业团工委，新疆生产建设兵团团委：

为深入贯彻习近平总书记重要指示精神，动员广大团员青年将先进性和担当精神延伸到互联网，积极构建清朗网络空间，共青团中央研究决定，从2015年10月起在全体共青团员中开展争当“中国好网民”活动。有关通知如下。

一、活动宗旨

党中央始终高度重视网上青年工作。习近平总书记明确指出，全体共青团员要发挥积极作用，争当“中国好网民”，发出“青年好声音”，壮大网上正能量，坚决抵制各种错误思想的侵蚀。中央党的群团工作会议强调，群团组织要大力开展网上工作，亮出旗帜、发出声音，让群众能在网上找到自己的组织、参加组织的活动。各级团组织必须认真贯彻这些重要要求，充分发挥团员青年生力军作用，引导全体共青团员争当“中国好网民”，坚持不懈弘扬主旋律、抵制负能量，努力构建清朗网络空间。这是共青团作为党的助手和后备军必须履行的政治责任和光荣使命，也是共青团全面深化改革、有效应对工作挑战的重要抓手，不仅关系到青少年的健康成长和共青团事业的与时俱进，更关系到中国特色社会主义事业后继有人，必须举全团之力抓紧抓好。

二、基本要求

各级团组织要牢牢把握共青团的政治性、先进性和群众性，引导团员青年成为“中国好网民”，在网络空间遵守以下基本要求：

1. 爱党爱国。团员青年要牢固树立团员意识，坚定跟党走中国特色社会主义道路的理想信念，自觉同党中央保持一致，坚决维护国家安全、社会稳定，汇聚实现中华民族伟大复兴中国梦的强大力量。

2. 依法上网。团员青年要自觉对网上行为负责，讲诚信、守底线、不信谣、不传谣，远离网络欺诈、网络暴力，从自身做起，为法治网络、法治国家建设贡献力量。

3. 文明上网。团员青年要坚守和传递向上向善的精神力量，积极弘扬社会主义核心价值观，为励志进取点赞，为好人善举点赞，对假恶丑现象坚决说不，推动网络空间风清气正、充满阳光。

4. 理性上网。团员青年要加强学习、勤于思考，提高辨别是非真假的能力，具备青年应有的正义感和担当精神，理直气壮地倡导正确思想、驳斥错误言论，帮助青少年形成客观、科学、理性的认识。

三、活动安排

1. 学习宣传。广泛开展“中国好网民”学习宣传活动，帮助团干部、团员青年理解习近平总书记系列重要讲话精神，特别是关于“中国好网民”的深刻论述，增强争当“中国好网民”的积极性、主动性；加强团员意识教育，号召团员青年在参与网络舆论引导中体现先进性和担当精神。团中央将开设微信专栏、微博话题并在中国青年网推出活动专题，推送“中国好网民”学习宣传内容，各地团组织积极转发推广并开展各类新媒体活动，吸引团员青年学习讨论。

2. 动员参与。各级团组织动员团员青年成为共青团中央（微信账号：gqtzy2014，微博账号：@共青团中央）及本地团组织微信、微博的粉丝，并通过网站、微信、微博、客户端等平台普遍参与“清朗网络·我来护苗”青年网络文明志愿行动、“阳光跟帖”行动、“我们是共产主义接班人”等全团重点活动，传播好声音，抵制负能量，以实际行动争当“中国好网民”。

3. 推广典型。各级团组织对工作中的好做法、好经验进行总结推广，对涌现出来的优秀典型进行示范宣传，形成鲜明的舆论导向和强大的活动声势，实现对全体共青团员的广泛覆盖，影响带动更多青少年积极参与，使“中国好网民”成为当代青少年的时尚追求，使“中国好声音”在全社会普遍唱响。

四、工作要求

各级团组织要高度重视，把推动全体共青团员争当“中国好网民”作为贯彻落实中央党的群团工作会议精神和深化共青团改革的重要内容，认真研究、科学统筹、全力推进。各级团干部尤其是团的领导干部要发挥带头作用，积极宣传正面声音、敢于批驳错误言论，以开拓进取和担当精神为团员青年树立良好榜样。请各地结合实际细化方案，认真贯彻落实，于2015年12月15日前上报工作开展情况。团中央宣传部将此项工作列入年度重点任务，加强工作督导，并根据共青团中央微信、微博后台数据进行工作考核。

四、城市

共青团中央办公厅印发《关于做好当前驻外团组织工作的意见》的通知

2015年3月30日

共青团各省、自治区、直辖市委，新疆生产建设兵团团委：

《关于做好当前驻外团组织工作的意见》经团中央书记处同意，现印发你们。请结合实际，严格按照《意见》要求，切实抓好贯彻执行。

为贯彻落实团的十七届二中、三中全会精神和团中央书记处工作要求，现就做好当前驻外团组织工作提出如下意见。

一、进一步规范驻外团工委组织运转

1. 理顺工作体制。2014年，根据驻外团组织建设的实际，团中央书记处将驻外团组织工作体制由“组织部牵头、城市部和农村部配合”调整为“城市部牵头、组织部和农村部配合”。各流入地团组织要根据这一要求，及时理顺工作体制，明确牵头部门和配合部门；流出地团组织主要负责建组织、管干部，可以保留原来的工作体制。驻外团工委工作作为建设服务型团组织的内容之一，纳入团中央对流入、流出地省级团委统一考核。

2. 明确以流入地为主的管理机制。已建立的驻外团工委以流入地团组织管理为主，流出地团组织配合。流入地团组织要参照直属团组织管理模式，分别确定省、市、县三级团组织与各级驻外团工委的工作对应关系，将全部驻外团工委纳入自身组织管理体系，做到工作同部署、同推进、同考核，在工作项目承接、干部培训考核、开展表彰激励等方面给予同等对待。要依托驻外团组织开展至少一项经常性服务务工青年的工作，并给予驻外团组织一定的经费支持。每季度要召集驻外团工委负责人举行联席会议或工作会议，保证驻外团工委与流入地团组织工作协调一致、共同推进。已开展区域化团建的地区要将驻外团组织吸收进区域青年共建委员会。有条件的流入地团组织应当通过建立驻外团组织联络服务中心等方式，为没有办公场所的驻外团组织提供集中办公场地。支持驻外团组织孵化培育、注册成立以服务流动青年为宗旨的公益类民办非企业单位或青年社会组织，探索承接政府购买服务。青少年综合服务平台以及青年中心、青年汇、青年家园等阵地要向驻外团组织开放，开放时间要与流动青年的活动时间相吻合。

3. 充分发挥流出地团组织的积极作用。在建立驻外团组织的过程中，流出地团组织要发挥主导作用，流入地团组织要积极参与。驻外团工委成立后，流出地团组织要帮助驻外团工委建好组织体系、配好配齐领导班子、建立基本规章制度，与对应层级的流入地团组织进行对接并签订共管协议。在日常工作中，流出地团组织要积极争取党委、政府和社会力量支持，密切与流入地团组织配合，为驻外团组织提供工作指导、必要的人力物力保障、激励措施和工作经费支持，并与驻外团工委保持经常性沟通联系。

4. 完善驻外团工委自身运转机制。同一流出地的市、县级驻外团工委接受省级驻外团工委的工作指导并建立工作整合联动机制，没有省级驻外团工委的同一流出地的驻外团工委之间要建立沟通协调机制。各级驻外团工委要建立班子分工及考核细则、委员议事规则、工作例会制度。有条件的驻外团工委可以灵活设置活动组织、权益维护、就业创业、志愿服务等工作部门。驻外团工委负责人要在每季度联席会议或工作会议上向流入地团组织报告本季度工作情况和下一季度工作安排，每年要向流入地团组织和流出地团组织书面述职，可以依托互联网等方式将述职报告在流动团员青年中进行公示并听取意见。

5. 规范驻外团工委基础团务。驻外团工委要定期维护团员台账、建立基本规章制度、经常开展活动(每个驻外团工委每季度要开展1次以上有一定规模的活动)、联系一定数量的流动团员青年。对于存在“班子人员流失严重、组织运行停滞、基层组织涣散”等严重问题的驻外团工委，如不具备整改条件或经整改仍达不到基本要求、无法正常运转的，由流入地团组织商请流出地团组织予以撤销。驻外团工委要规范使用团徽、团旗、机构牌匾等标示标牌，严禁用于商业、个人等用途和不适宜的场所。

二、突出驻外团工委重点工作内容

1. 进一步拓展联系渠道。驻外团组织工作重点以扩大有效覆盖、增强活力为主，工作对象以普通务工青年为主，同时进一步拓展对同一流出地的创业青年、自由职业青年等各类流动青年群体的联系。要依托政府驻外机构、企业、劳务品牌、社区、产业园区、商会、行业协会等各类载体，充分利用青年自发成立的同乡联谊组织、兴趣联盟等青年自组织，建立多行业交叉、多群体互联的联系渠道。要在非公企业、居住公寓、休闲集散地等流动青年聚集区域建立基层团组织、青年社会组织、工作联系点并定期开展活动，扩大组织覆盖和工作影响。要加强新媒体工作平台建设，依托QQ群、微信群、手机APP、专题网站等，形成与各类青年的良性互动。积极探索“流动青年网络团支部”等互联网团建形式。要把普通青年作为联系和服务的重点，在组织开展日常活动中切实增强活动的普遍性，避免工作的“高端化”。

2. 加强教育引导工作。广泛开展“我的中国梦”主题教育实践活动和践行社会主义核心价值观等活动，帮助流动团员青年正确理解党和政府的政策方针，引导他们坚定跟党走的信念。以“培育新市民、服务第二故乡”等为主题，开展好“爱驻地、爱企业，争当技术能手、争当致富标兵、争做优秀团员青年”等活动。关注流动团员青年的思想动态和心理健康问题，通过开展思想交流、心理咨询等活动，了解和疏导他们的思想困惑，帮助他们保持积极健康的心态。在务工流动团员青年中择优建立网络志愿者队伍，引导更多的进城务工青年发出青年好声音、成为中国好网民。积极探索流动团员青年便于参与的活动机制，让流动团员青年在活动中接受教育，增强组织观念和光荣感、归属感、责任感。

3. 做实做好关爱服务和社会融入工作。组织开展进城务工青年技能培训项目，为务工青年就业提供培训、见习、信息咨询等服务。通过小额贷款、项目援助、技术指导、导师带徒等方式,帮助各类青年在合适领域积极创业。开展好“关爱农民工子女志愿服务行动”,深化“七彩小屋”、志愿者结对帮扶等措施。在务工青年集中返乡时段开展“我们一起回家”等主题活动。组织开展青年喜闻乐见的社交活动,为务工青年婚恋交友提供帮助。通过城市体验、社会考察等形式,为务工青年享受各种市民文化服务,更好融入城市生活创造条件。扶持务工青年创办兴趣爱好类社团组织和活动小组,丰富务工青年业余文化生活。通过组织化的渠道反映务工青年普遍性诉求,推动有关制度和政策的制定出台。

三、进一步规范驻外团组织领导班子的配备管理

1. 规范选拔配备。驻外团组织负责人和班子成员的选拔、配备和调整要由流出地与流入地团组织共同协商后,由流出地团组织发文任免。要探索通过区域内竞聘选任、务工流动团员青年民主推荐等形式,重点选好优秀青年骨干担任驻外团工委负责人。流入地团组织要安排团干部兼任驻外团组织的副书记或委员,实质性参与和指导驻外团工委工作,也可将驻外团组织负责人吸收到流入地团的委员会任职。有条件的流出地、流入地团组织可以派出专职或挂职干部到驻外团工委工作,指导和规范驻外团工委工作。省级驻外团工委委员一般不少于 13 人,地市级一般不少于 11 人,县级一般不少于 7 人。

2. 加强教育培训。加强驻外团干部队伍作风建设,树立驻外团干部在流动团员青年中的良好形象。驻外团干部要按照《关于推动团员成为注册志愿者的意见》(中青发〔2014〕29号)要求,注册成为志愿者,带动更多务工团员青年参与志愿服务。流入地团组织要把驻外团干部培训纳入相应层级团干部培训规划,并提供有针对性的新任职培训。驻外团工委负责人可列席流入地团组织相关工作会议。

3. 完善激励保障。流入地、流出地团组织要建立多种形式的激励机制,增强驻外团干部荣誉感和责任感。进一步加大对优秀驻外团干部加入流入地、流出地青联、青企协等组织的推荐力度。将驻外团组织、驻外团干部纳入五四红旗团委(团支部)、优秀团员、优秀团干部等团内评选表彰。推荐优秀驻外团干部参与人大代表、政协委员提名。

4. 规范考核管理。对驻外团干部的年度工作考核由流入地团组织负责,流出地团组织配合。考核要广泛听取流动团员青年对驻外团干部的评价意见,重点考核工作实绩,考核结果通报流出地团组织,并作为驻外团干部奖惩和任免的依据;对考核不合格的驻外团干部,由流入地协商流出地团组织予以调整。

五、农村

共青团中央、环境保护部关于开展“青春建功美丽中国”活动的通知

2015 年 5 月 22 日

各省、自治区、直辖市团委，环保厅(局)，全国铁道团委，全国民航团委，中直机关团工委，中央国家机关团工委，中央金融团工委，中央企业团工委，新疆生产建设兵团团委、环保局：

建设生态文明是关系人民福祉、关乎民族未来的长远大计。党的十八大以来，习近平总书记从中国特色社会主义事业“五位一体”总体布局的战略高度，对生态文明建设提出一系列新的论述，将建设美丽中国作为实现中华民族永续发展的根本要求。青少年历来是生态文明建设的有生力量，开展环境保护工作是共青团的优良传统，也是团组织有所作为、大有可为的重要工作领域。今年初，中央下发了《关于加强和改进党的群团工作的意见》，对共青团组织动员青少年助力美丽中国建设提出了明确要求。为贯彻党中央指示精神，共青团中央、环境保护部决定开展“青春建功美丽中国”活动，组织动员广大青少年和社会公众积极投身国家生态环境建设和保护，为建设美丽中国作贡献。现将有关事项通知如下。

一、主办单位

共青团中央、环境保护部

二、活动时间

每年开展，以 4 月至 12 月为重点时段。

三、活动内容

1. 开展“绿色长征”公益健走活动。联合专业运动社交软件开展健走捐树活动，参与者健步行走每累计一定公里，合作企业即捐植 1 棵树。以跑步捐树、绿色传递、爱心健走等青少年喜闻乐见的方式，组织机关、企事业单位青年职工开展“绿色长征夺标赛”，按照大致里程绘制标有长征关键节点的路线图，集中 100 天时间开展团队竞赛。组织大学、中学、中专广大师生开展“三走活动挑战赛”，以个人或团队为单位参加里程挑战赛和捐树记录挑战赛。组织青少年环保组织和志愿者开展“乡村环境科考”，分流域、分阶段就农村环境现状和乡村居民环保行为开展科考调研和环教宣传。组织爱心人士开展“全国青少年环保公益健走活动”，募集资金支持甘肃生态环境建设和助学扶贫。每年世界环境日前后，以“百城百湖、百团联动”的公益健走形式，发动当地团组织和青少年生态环保组织，围绕世界环境日年度主题，结合地理水文特色、自然人文景观，集中开展环保健走活动和环保宣传实践活动，形成统一声势。运动社交软件合作方将所有团队和个人健走里程数按照一定比例兑换成树苗捐献活动主办方，次年春季建设“绿色长征青年林”。活动主办方根据团队和个人参与情况、走路里程，评选“绿色长征英雄团队”和“绿色长征超级英雄”。

2. 开展“绿色团队”争创活动。在全国以

35岁以下青年为主体的基层单位中普遍开展“绿色团队”争创活动。在机关事业单位中，围绕办公和生活中的细节，号召单位青年从小事做起，养成节俭、低碳好习惯。在工业生产型企业中，号召青年职工通过管理和技术创新，在生产过程中减少废、污物的排放，提高能源和原材料利用率，提升产品的安全性和与环境的相融性。在农业生产和农产品加工企业中，鼓励采用高新农业技术、改变农业生产经营方式，实现化学农业向生态农业转变，减少生产过程对环境的破坏。在大中小学中，倡导学生利用宿舍、教室、图书馆、食堂等校园空间，积极开展低碳节能、健康生活、清洁美化、环保宣传等。在城市社区，组织青年环保志愿者参与环境绿化、美化、净化，鼓励居民利用屋顶阳台、建筑外立面、室内空间等栽植绿植，创造生态宜居的美好家园。活动主办方每年各认定一批“绿色团队”，纳入“母亲河奖”评选范围，并向全国推广好做法好经验。

3. 开展环保创新创效竞赛活动。以创新、创意、创效、创优为主题，围绕加快推动生产方式绿色化和生活方式绿色化，开展青少年环保主题竞赛、征集活动。联合汽车、餐饮、家居等行业协会举办行业性“环保创新创效竞赛”活动，每年聚焦一个行业，征集生产、流通、消费等各环节中节约资源和减排降耗的创意发明。面向民间环保组织和青年环保人士举办“青年环保公益创业大赛”，征集经济生产领域和社会文化领域具有公益性、创业性和实践性的生态环保项目。面向广大青少年和社会公众开展“为绿点赞”网络征集活动，征集与环保节能相关的文字类作品（诗歌、散文、感言等）、书画摄影类作品和生活小窍门等。活动主办方将通过层层选拔、专家评审、公众投票等方式，按照一定比例评选获奖创意、项目、作品。

四、2015年度活动推进步骤

——2015年5月，共青团中央与环境保护部联合下发通知，统一部署相关工作。

——2015年6月，共青团中央与环境保护部联合举办示范活动，并启动各项子活动。省、市两级团组织同步开展全国统一活动（相关要求见附件）。

——2015年4月至12月，共青团中央各部门持续推动和跟踪指导各战线团组织开展活动，协调媒体单位加强活动宣传，定期汇总通报活动进展情况。

——2015年12月底，总结各项活动成果。活动主办方召开部门联席会议，总结各战线团组织开展活动情况，发布各项活动获奖名单，统一颁发证书。

——2016年3月，将筹备开工建设“绿色长征青年林”，遴选获奖组织和个人代表参加春季植树活动。

五、工作要求

1. 高度重视，广泛动员。“青春建功美丽中国”活动是各级团组织和环保部门体系化合作打造新的活动品牌的重要探索，是共青团服务国家生态环境建设大局的务实举措，是动员广大青少年和社会公众以实际行动参与美丽中国建设的实践平台。各地团组织和环保部门要切实加强组织领导和统筹协调，按照活动统一部署，扎实推动各项工作。要注重普遍性、整体性，着力牵动基层，充分激发基层团组织和广大青少年的主动性、积极性和创造性，创新活动形式和载体，努力提升活动覆盖面和活跃度。

2. 分工协作，完善机制。各级团组织和环保部门要建立常态化的沟通联络和分工协作机制，发挥各自优势，精心组织，协同推进。环境保护部负责发动各级环保部门层层开展活动，在政策、资源、项目等方面提供倾斜支持，在专业人才方面提供智力支撑。共青团中央负责协调本系统宣传部、城市部、农村部、学校部、少年部、统战部、志工部等战线部门，搭建活动平台、组织实施项目、统筹总体宣传和落实青年林建设等工作，同时推动各战线基层团组织结合实际设计开展活动。

3. 加强宣传,扩大影响。各级团组织和环保部门要发挥各自的媒体资源优势,加强与主流媒体和网络新媒体的合作,充分借助主流媒体的品牌影响力和专业性优势,发挥新媒体的实时性、交互性等优势,积极面向青少年和社会公众发布活动信息,普及环保知识,宣传生态文明理念。要及时总结推广各地的好做法、好经验,挖掘和树立优秀典型,推动各项活动广泛开展,形成统一声势,扩大活动影响力,营造“人人行动 美丽中国”的良好氛围。

各省(自治区、直辖市)团委、环保厅(局)关于本省份开展“青春建功美丽中国”活动的实施方案或工作计划,请于6月5日前分别报共青团中央农村青年工作部、环境保护部宣传教育司。各地活动信息和进展情况请及时报送共青团中央农村青年工作部。

附件

2015 年度全国统一活动方案

一、时间

2015 年 6 月 13 日

二、活动主题

践行绿色生活

三、活动内容

各级团组织联合环保部门,结合各地地理水文特色、自然人文景观,发动青少年沿所在城市湖泊(江、河)周边开展环保健走(跑步)活动,并融入环保公益元素,开展定向竞赛、环保宣教、清洁环境、环境监测等,形成统一声势。

1. 环保健走。组织动员当地机关企事业单位青年职工、在校学生、环保社团和社会组织成员等各界青少年组建 20—30 支健走(跑步)团队。在规定的起止时间、路线开展健步走活动,并由计步器或手机记录步行里程数。健走(跑步)沿途设置若干个趣味性环节,打出统一旗帜,展示环保口号,张贴环保宣传海报。争取爱心企业支持,依据参与活动的团队里程数奖励优秀团队,并按比例换算捐赠“青年林”公益资金。

2. 环保宣传实践。健走(跑步)过程中,自觉集中处理活动产生的垃圾,并组织青少年沿途清洁环境,捡拾白色垃圾,随手去除街头小广告。积极运用新媒体手段,普及环保知识,有条件的地区在广电媒体播放公益广告、举办小型文艺晚会等,以各种形式传播生态文明理念。组建青少年生态环保监测队,在沿江河、湖泊关键区域设立监测岗,监测江河、湖泊的生态环境状况。

四、有关要求

共青团中央和环境保护部将于 6 月在北京启动“青春建功美丽中国”活动,各地要提前谋划、精心组织,把开展“百城百湖、百团联动”公益健走活动作为重要任务落实好,形成全国联动、整体活跃的工作局面。要统一标识、统一旗帜、统一口号(另行通知),形成声势,活动前后要注重发挥媒体作用,扩大社会影响。要注意安全保障工作,远离交通安全设施不健全的区域,线路安排以 5 公里以内为宜,沿途设立青年志愿者服务站,如遇恶劣天气应缩减路程或取消活动。

共青团中央等八部委《关于进一步深化保护母亲河行动的意见》的通知

2015 年 7 月 28 日

各省、自治区、直辖市团委、绿委、人大环境与资源保护委员会(或相关委员会)、政协人口资源环境委员会、环保厅(局)、水利(水务)厅(局)、农业(农牧、农村经济)厅(局、委)、林业厅(局):

为深入贯彻党的十八大、十八届三中、四中全会精神,广泛组织动员青少年以实际行动投身美丽中国建设,共青团中央、全国绿化委员会、全国人大环境与资源保护委员会、全国政协人口资源环境委员会、环境保护部、水利部、农业部、国家林业局共同制定了《关于进一步深化保护母亲河行动的意见》,现印发给你们,请结合工作实际,认真贯彻落实。

保护母亲河行动是 1999 年初共青团中央、全国绿化委员会、全国人大环境与资源保护委员会、全国政协人口资源环境委员会、环境保护部、水利部、农业部、国家林业局等八家部委,共同发起实施的一项群众性生态环保公益活动,为推动国家生态环境建设和保护作出了积极贡献。

党的十八大站在实现中华民族永续发展的战略高度,把生态文明建设纳入中国特色社会主义事业总体布局,提出建设美丽中国目标。党的十八届三中全会就生态文明建设体制机制改革作出了专门部署。近期,党中央、国务院下发《关于加快推进生态文明建设的意见》,强调协同推进新型工业化、城镇化、信息化、农业现代化和绿色化,要求全党上下要把生态文明建设作为重要政治任务来抓。党中央下发《关于加强和改进党的群团工作的意见》,明确要求群团组织"大力宣传生态文明理念,广泛发动群众,共建美丽中国"。为深入贯彻落实党中央、国务院重要要求,广泛组织动员青少年以实际行动积极投身美丽中国建设,共青团中央、全国绿化委员会、全国人大环境与资源保护委员会、全国政协人口资源环境委员会、环境保护部、水利部、农业部、国家林业局决定,就进一步深化保护母亲河行动,开创青少年生态环保工作新局面提出如下意见。

一、指导思想

深入贯彻党的十八大、十八届三中、四中全会和习近平总书记系列重要讲话精神,把握保护母亲河行动"生态 · 文明 · 公益 · 责任"的时代内涵,教育引导青少年推动生产方式绿色化,践行生活方式绿色化,养成人人、事事、时时崇尚生态文明的价值观;坚持理念育人与实践育人相结合,组织动员广大青少年积极传播绿色理念、践行绿色生活、培育绿色队伍、倡导绿色生产、建设绿色工程,投身美丽中国建设,做生态文明的实践者和推动者;坚持组织化动员与社会化动员相结合,不断深化保护母亲河行动的运行机制,努力形成政府引导、部门联动、社会协同、青年参与的工作格局。

二、主要任务

1. 传播绿色理念。通过丰富多彩的教育活动,引导青少年树立爱绿植绿护绿意识、生态环保意识和节约节俭意识,养成生态文明价值观。

——开展绿色教育。把生态文明作为青少年思想引导的重要内容,在大中小学生和青年职工中大力开展生态文明教育。根据中小学生身心特点,广泛开展环保第二课堂、绿色夏令营、环保知识竞赛、主题团队日等活动,引导少年儿童养成热爱自然、爱护环境的良好习惯。根据大学生成长需求,广泛开展环保社会实践、环境调查监护、环保科技创新等活动,引导大学生增强生态文明建设的责任感和使命感。结合企事业单位青年实际,大力宣传资源环境国情、普及环保法律法规、传授环保科技知识。

——弘扬绿色文化。挖掘我国传统文化中的生态文化内涵,传承"人与自然和谐统一"生态道德观念,发展生态文化创意产业,推动生态文化普及场所建设,开展生态文化公益活动,为青少年提供形式多样的生态文化服务。把握文化传播的群众性、时尚性特点,丰富生态文化载体,出版科普读物及影像制品,推出更多文学、平面设计、歌曲、动漫、微视频等青少年喜闻乐见的文化产品,增强生态文明理念传播效果。整合全媒体传播手段,通过主流报刊、广电传媒、门户网站、户外广告、微信、微博和手机APP游戏等多元渠道,加强生态文化公共宣传,传播生态文明正能量。充分运用社会公众人物的影响力,发挥其示范引领作用,引导青少年积极参与生态文明实践。

2. 践行绿色生活。积极倡导简约生活新风尚,引导青少年养成勤俭节约、绿色低碳、文明健康的生活方式和消费模式,践行生活方式绿色化。

——倡导低碳消费。大力提倡以"低碳"为导向的共生型消费方式,教育引导青少年抵制炫耀性、奢侈性消费,反对无节制的物质享受,养成俭朴、低碳的消费习惯。广泛开展"光盘"行动、垃圾分类回收、物品循环利用等主题实践活动,使节水、节电、节粮、节材等环保行为成为青少年日常生活习惯。引导社会公众使用高能效家电、节水型器具等节能环保产品,使消费行为和消费结构更加绿色化。

——推广绿色出行。鼓励选择公共交通工具、骑车、步行、拼车等出行方式,降低出行中的能耗和污染。探索将互联网动员与环保公益有机结合,依托跑步社交软件、户外交友社区等平台,以跑步捐树、绿色传递、公益健走等新颖、时尚的方式,动员广大青少年参与"绿色长征"等公益健走活动。发动各级团组织和青少年生态环保组织,在世界水日、世界环境日前后,结合当地地理水文特色和自然景观,集中开展沿湖(江、河)骑行健走、交友联谊、环保实践等亲水护水活动。

3. 培育绿色队伍。发挥团组织的枢纽作用,加强对青少年生态环保组织、高校环保社团的联系和服务,汇聚推动生态文明建设的青春力量。

——健全组织体系。充分利用全国青少年生态环保组织圆桌会议机制,加快推进省、市两级青少年生态环保组织联盟建设,适时成立全国青少年生态环保组织联盟,形成系统性力量。积极争取党政支持,加大社会资源整合力度,挖掘团组织内生资源,服务和支持青少年生态环保组织发展壮大。在全国和省级层面着力培育有牵动力的环保活动品牌,调动各类青少年生态环保组织共同行动,扩大社会影响,形成整体声势。

——加强服务引导。联合国内农林类高校和科研机构,筹备建立全国青少年生态环保工作智库,适时开展生态环保重点问题研究,发布相关研究报告,为青少年生态环保组织提供智力支撑和理论指导。继续开展全国示范性青少年生态环保组织骨干培训和项目资助,推动各地举办环保组织骨干培训班,不断扩大环保公益项目的小额资助范围,引导青少年生态环保组织健康发展。

4. 倡导绿色生产。围绕绿色发展、循环发展、低碳发展,鼓励青少年立足岗位创新创效创优,推动生产方式绿色化,助力国家经济结构调整和产业转型升级。

——鼓励青少年立足岗位创效创优。以35岁以下青少年占主体的基层单位或群体为参与对象，突出清洁生产、节能减排、环境治理、生态改善等主题，广泛开展“绿色团队”争创活动。加强“绿色团队”事迹宣传和经验推广，引导工业、农业、服务业的从业青年推广应用节能减排技术、优化生产经营方式，带动机关事业单位、学校、城乡社区青少年养成绿色低碳行为习惯，形成节能减排“人人有责、人人可为”的生动局面。

——推动青少年生态文明领域创新创业。充分发挥市场对绿色产业发展方向和技术路线选择的决定性作用，围绕生产、流通、消费等环节，联合相关行业组织开展青年环保创新创效竞赛等活动，提高经济绿色化程度，降低发展的资源环境代价。激发青少年创新精神与创业潜能，面向环保社会组织和环保人士，开展青年环保公益创业培训、创业大赛和成果转化等活动，遴选和扶持生态文明领域具有前瞻性、引领性的公益创业项目。

5. 建设绿色工程。把握“树”在生态系统中的基础作用，以“县县青年林，村村青年路”为工作目标，开展各类青少年植绿护绿活动。

——建设示范性绿化项目。积极整合社会资源，每年启动一批青年林、青少年绿色家园、共青团绿化带等示范性工程，支持青年绿化示范村、共青团（青年）路等绿化项目建设。发动企事业单位履行社会责任，冠名建设公益林；顺应社会公众情感需求，组织建设感恩林、亲子林、成长林、爱情林等主题林；做好解放军青年林等全国资助项目的审批立项、施工验收、资金管理等工作。

——组织青少年植绿护绿。抓住重要绿化、环保纪念日等有利契机，结合全民义务植树，以统一行动周为抓手，深入开展青少年植树行动。组织动员青少年因地制宜、因时制宜，广泛开展种植纪念树、领养绿地、保护古树名木等多样化、小型化的植绿护绿活动。引导城市青少年利用家居、办公场所内外空间，重点开展身边增绿、立体绿化等活动，力所能及参与城市绿化；引导农村青少年按照乡村绿化美化有关规范要求，重点开展四旁植树、清洁家园等活动，促进乡村生态美、生活美、生产美和行为美。

同时，结合领导小组成员单位现有工作载体，整体谋划、系统推进各项工作。协同做好全国人大环境与资源保护委员会牵头开展的“中华环保世纪行”活动、全国政协人口资源环境委员会等部门倡议开展的“童眼观生态”——全国青少年生态文明教育体验活动、水利部牵头开展的全国水情教育、农业部牵头开展的青年万亩示范草场建设等工作。扎实推进共青团中央、环境保护部联合实施的“青春建功美丽中国”活动，加强体系化合作，深入开展各类青少年生态环保宣传实践活动。持续深化共青团中央、全国绿化委员会、国家林业局共同开展的年度青少年植树行动和青春绿动丝绸之路治沙止漠活动。深化推进京津冀晋蒙青少年增绿减霾共同行动、“母亲河奖”评选表彰等品牌活动。

三、工作机制

1. 健全组织领导机制。充分发挥全国保护母亲河行动领导小组的制度化平台作用，建立领导小组联席会议制度，每年适时召开工作会议，通报工作情况、研究工作思路、明确工作措施，做好顶层制度设计，提高工作系统性、整体性和科学性。充实领导小组办公室工作力量，完善工作调研制度、沟通协调制度、工作督查制度和情况反馈制度等，加强工作调度，明确任务分工，具体抓好领导小组决策部署的落实和督导。各级绿委、人大和政协相关委员会、环保、水利、农业、林业等部门要加强对保护母亲河行动的领导、指导，积极建言献策，纳入各自工作整体安排。各级团组织要把深化保护母亲河行动作为今后一个阶段的重点工作，加强团内横向协调和战线联动，建立分管领导牵头，宣传、城市、农村、学校、少年、统战、志工和基金会等部门负责同志组成的协调指导委员会，一级抓一级，一级带一级，逐级抓落实。

2. 健全资源统筹机制。注重牵动各方力量，优化资源配置，实现人财物资源的跨领域跨层级整合，形成党政资源、社会资源和团组织内生资源多元协同的资源保障机制。加强部门联动，争取党政部门在政策、项目、资金上给予工作更多支持和倾斜。坚持眼睛向外，强化与金融、通讯、民航、传媒等大型企业合作，依托商业模式、“互联网＋”、新媒体等路径，发挥企业的网络渠道优势和产业链资源动员优势，探索面向普通社会公众的社会化筹资机制，提高工作覆盖面和社会资源整合能力。按照资源与职责相对等的原则，注重资源向基层团组织和青少年生态环保组织倾斜，促使资源效用最大化，推动工作整体活跃。

3. 健全宣传动员机制。遵循互联网时代信息传播和社会动员的基本规律，发挥好新闻媒体在引导动员社会力量上的优势，不断加强与传统媒体合作，积极运用新媒体，强化团属媒体和领导小组成员单位下属媒体的阵地作用，切实把宣传动员引向深入，为进一步深化保护母亲河行动提供强大动力和舆论支持。最大限度激发社会内生动力，调动各系统基层组织积极性、主动性和创造性，发挥青少年生态环保组织的重要作用，围绕生态文明建设工作大局，开展多方面的联动与合作，吸引更多青少年自觉参与保护母亲河行动，营造“人人行动、美丽中国”的良好氛围。

六、学校

团中央等四部委关于印发《关于深入开展大学生“走下网络、走出宿舍、走向操场”主题群众性课外体育锻炼活动的指导意见》的通知

2015年1月22日

各省、自治区、直辖市、新疆生产建设兵团团委，教育厅(局、教委)，体育局，学联：

为进一步推进“三走”活动的深入开展，共青团中央、教育部、国家体育总局、全国学联共同制定了《关于深入开展大学生“走下网络、走出宿舍、走向操场”主题群众性课外体育锻炼活动的指导意见》。现将文件印发你们，请结合实际认真贯彻落实，并按照相关要求，尽快制定本地区、本系统深入开展“三走”活动的实施意见。

关于深入开展大学生“走下网络、走出宿舍、走向操场”主题群众性课外体育锻炼活动的指导意见

近年来，围绕贯彻落实《中共中央国务院关于加强青少年体育增强青少年体质的意见》，各地各高校广泛开展了“全国亿万学生阳光体育运动”等工作和活动。2014年，为贯彻落实党的十八届三中全会关于“强化体育课和

课外锻炼，促进青少年身心健康、体魄强健”的精神，共青团中央、教育部、国家体育总局、全国学联在全国高校开展了大学生“走下网络、走出宿舍、走向操场”主题群众性课外体育锻炼活动（以下简称“三走”活动）。“三走”活动启动以来，已取得了阶段性成果。为深入推进“三走”活动广泛开展，现提出以下指导意见。

一、深入开展“三走”活动的重要意义、指导思想和工作原则

1. 进一步提高对开展“三走”活动重要性的认识。提高大学生身心健康素质对于实现中华民族伟大复兴中国梦具有重要的战略意义。开展“三走”活动对共青团组织破解团两大战略性课题，服务大学生健康成长具有时代意义。深入开展“三走”活动对于改善青年大学生体质现状具有现实意义。

2. 深入开展“三走”活动的指导思想。高举中国特色社会主义伟大旗帜，以邓小平理论、“三个代表”重要思想、科学发展观为指导，深入学习贯彻落实习近平总书记系列重要讲话精神，围绕“立德树人”的根本任务，积极融入社会主义核心价值观教育，以促进大学生意识提升、习惯养成、意志磨练、体质增强、健康成长为主要任务，通过加强顶层设计，丰富实践载体，完善配套保障，协同配合，形成合力，推动“三走”活动深入开展，切实提高大学生群体的身心素质。

3. 深入开展“三走”活动的工作原则。坚持群众性原则，充分依托各级各类基层团学组织，广泛引导和发动大学生参与体育锻炼；坚持自主性原则，充分尊重大学生在体育锻炼活动中的主体地位，引导大学生将体育锻炼作为内在需求和行为自觉；坚持课外性原则，推动课内和课外资源形成合力，使体育锻炼成为学生课外活动的主流选择；坚持创新性原则，紧贴当代大学生实际特点和需求，积极创新活动的内容、形式和载体；坚持长效性原则，注重总结活动经验，探索促进大学生参与体育锻炼的长效机制。

二、牢牢把握深入推进“三走”活动的重点工作

4. 做好组织发动。在高校党政领导下，充分依靠基层团学组织，依托团支部、班级、专业、年级、学院等传统组织形式，以及宿舍、实验室、兴趣小组、体育社团等“微组织”，广泛发动学生参与活动，尽可能帮助每位学生至少培养一项体育爱好，掌握一项体育技能，形成“班班有体育活动、人人有体育项目”的生动局面。邀请学校领导、教师、校友和运动达人参与大学生“三走”活动，开展体育明星进校园活动，与学生互动，面对面分享体会，发挥示范引领作用，带动和激发学生参与体育锻炼的积极性。通过开展主题班会、主题团日活动、朋辈教育等多种形式，结合新生入学和毕业离校等关键时间节点，集中开展动员和体验主题体育活动，激发学生的健康及锻炼意识。

5. 加强宣传引导。开展《国家学生体质健康标准》测试并及时通报结果，使大学生了解自身体质现状，增强对“三走”活动重要性的认识。举办健康知识讲座、体育运动科普等活动，并通过正反面效果对照宣传的方式，帮助大学生认识体育锻炼对于生命的意义。借助校内外媒体加强对活动效果和典型人物的宣传，通过树立形象大使、设立主题宣传月等形式，积极传播健康理念。鼓励开展主题征文、动漫、微电影等原创活动，使体育锻炼的重要意义深入人心。充分发挥新媒体在贴近青年、互动传播、可视化技术方面的优势，综合运用微博、微信、社交网络等平台，设立“三走”专题，号召学生分享体育锻炼的情景和体会，组织学生设计开发“三走”主题 APP 和应用软件，构建传统媒体与新媒体相融合、线上和线下全覆盖的立体式宣传格局，形成“线上互动、线下运动”的浓厚氛围。

6. 注重功能融入。注重培育社会主义核心价值观，把开展“三走”活动作为建设校园文化、开展大学生思想政治教育的有效途径，作为学生班团支部建设重要内容和团组织发挥思想引领作用的重要阵地，引导学生把坚定理想信念与练就强健体魄相结合。注重服务学生素质拓展，进一步丰富活动内涵，创新活动载体，把促进大学生增强身体素质与锻炼意志、砥砺品格、陶冶情操统一起来，实现学生的全面发展。注重塑造健康生活方式，引导学生以正确的方式利用网络而不沉溺其中，选择健康向上的体育活动作为休闲娱乐方式，广泛倡导"每天锻炼一小时，健康工作五十年，幸福生活一辈子"的健康生活理念。

三、广泛搭建推进"三走"活动深入开展的实践载体

7. 开展系列主题课外体育活动。紧紧围绕"中国梦"，在"五四"青年节、"十一"国庆节、"一二·九"运动等重要纪念日，结合爱国主义教育开展体育活动。与公益活动结合，积极倡导"以运动助力公益，以公益募集梦想"的理念，引导大学生关注和参与社会公益事业，增强社会责任感。主动与国家体育事业重大规划相结合，配合校园足球运动的发展、奥运会冬奥会、世界和国内的重大体育赛事等的举办，开展专项主题体育活动。推动民族特色运动项目进"三走"活动，因地制宜举办民族特色主题体育活动。开展如"阳光运动陪伴""早起、早餐、早读"等健康生活主题活动，使强健体魄、健康生活成为校园新风尚。

8. 开展体育文化创建活动。立足学校实际和地域特点，与文化创建活动相结合，拓展"三走"活动的领域和空间，开展武术、太极拳、空竹、毽子、风筝等体现传统文化精髓的体育活动。结合红色文化、非物质文化遗产以及民俗和历史文化资源，开展具有地方文化特色的体育活动。结合践行大学校训和大学精神，开展体现校园文化特色的体育活动。通过开展体育文化节、我为"三走"活动代言及主题分享会、交流会等活动，将"向上向善""更高更快更强""超越融合共享"的拼搏精神和团队精神传递给广大学生。

9. 开展趣味性体育竞赛活动。以运动会、广播操比赛、集体舞大赛、校园体育吉尼斯等趣味性强的竞赛活动为牵引，建立群众体育项目赛制，设计形式新颖活泼的评比方式，激发学生参与热情。通过宿舍、社团、俱乐部等组织各种小型比赛和趣味运动会，扩大活动的覆盖面，打造校内和区域性的活动品牌。

10. 开展优秀典型寻访和先进集体创建活动。开展各级"大学生百炼之星"寻访活动，选树积极组织集体锻炼、团结向上，每人每天坚持锻炼 1 小时以上的优秀宿舍，广泛传播优秀事迹，发挥"百炼之星"宿舍在创建宿舍体育文化、打造团队凝聚力方面的示范作用。鼓励学生创建各类体育学生社团，鼓励一批优秀学生社团创建"全国优秀体育公益社团"。

四、积极构建推进"三走"活动深入开展的长效机制

11. 构建协同工作机制。各高校应加强对活动的组织和领导，组建活动工作机构，建立教学、体育、学工、共青团和学生组织共同参加的联席会议制度，多部门分工合作，齐抓共管，统筹协调开展工作。将"三走"活动纳入学校年度工作计划，与学校体育、教学工作统筹安排部署，确定工作重点，充分发挥团学组织的主体作用。

12. 完善配套保障机制。各地各高校应结合实际，对基层活动给予必要的经费支持，应积极争取社会力量支持，多渠道筹措活动经费。各高校应依据实际需要为活动配置体育设施和器材，优化活动场地、设施的开放与使用制度，尽可能为学生体育活动提供便利的条件和保障。各高校应通过调整课时、课程安排，引导教师参与"三走"活动等举措，确保学生参与课外体育锻炼的必要时间，形成与课堂体育互相衔接、相得益彰的工作机制。做好各项活动的指导工作，为"三走"活动配备必要的指导教师，尽可能为学生参与活动提供必要条件和支持。

13. 建立考评通报机制。各高校应综合运用设置课外学分、课外活动积分、奖励加分等多种形式，调动学生参与体育锻炼的积极性。有效利用大学生体质健康测试平台，将测试成绩作为学生综合素质评价、评奖评优等方面的重要依据。各地应构建学生体质健康动态监测工作平台和公布制度。共青团组织应会同教育部门建立必要的考核通报体系。

七、少年

共青团中央、全国少工委关于认真学习宣传贯彻习近平总书记在接见中国少年先锋队第七次全国代表大会全体代表时的重要讲话的通知

2015 年 6 月 5 日

各省、自治区、直辖市团委、少工委，解放军总政治部组织部，全国铁道团委，全国民航团委，中直机关团工委，中央国家机关团工委，中央金融团工委，中央企业团工委：

六一国际儿童节到来之际，中共中央总书记、国家主席、中央军委主席习近平在人民大会堂亲切接见出席中国少年先锋队第七次全国代表大会的全体代表并发表重要讲话，深情寄语全国各族少年儿童“从小学习做人、从小学习立志、从小学习创造”，强调“童年是人的一生中最宝贵的时期，在这个时期就注意树立正确的人生目标，培养好思想、好品行、好习惯，今天做祖国的好儿童，明天做祖国的建设者，美好的生活属于你们，美丽的中国梦属于你们。”

习近平总书记的重要讲话站在实现“两个一百年”的奋斗目标、实现中华民族伟大复兴中国梦的高度，深刻论述了当代少年儿童的成长方向，深刻论述了培养好少年儿童的重大意义，充分体现了以习近平同志为总书记的党中央对少年儿童健康成长和少先队事业的高度重视和亲切关怀。讲话思想深刻、情真意切、语重心长，是对全国亿万少年儿童、少先队辅导员和少先队工作者的极大鼓舞，对于在新的起点上做好少先队工作、推进少先队事业发展，具有十分重要的指导意义。各级共青团、少先队组织要高度重视、迅速行动，把学习宣传贯彻习近平总书记重要讲话精神作为当前和今后一个时期的一项重大任务，切实抓紧抓好。

一、深入学习领会习近平总书记重要讲话的丰富内涵，切实把思想和行动统一到讲话精神上来

第七次全国少代会开幕前，习近平总书记等中央领导同志专程到人民大会堂，同各族少先队员、老少先队工作者们亲切握手，并合影留念。在会见和活动中，习近平总书记表示，今天是全国各族少年儿童的好日子，是六一国

际儿童节，也是第七次全国少代会开幕的日子。习近平总书记代表党中央，向全国各族少年儿童致以节日祝福，向大会的召开表示热烈的祝贺，向全国各族少先队员、少先队辅导员、少先队工作者表示诚挚的问候。这进一步表明了党中央和习近平总书记对各族少年儿童和少先队组织的亲切关怀。

要深刻领会当代少年儿童的成长方向。习近平总书记强调“人们想起童年都是美好的、最难忘的，童年也是人的一生中经常会回忆的时光。我看到你们，就想到了我们民族的未来。我国社会主义现代化、中华民族伟大复兴的中国梦，将来要在你们手中实现，你们是未来的主力军、生力军。希望全国各族少年儿童都‘好好学习、天天向上’。”这深刻指明了当代少年儿童在实现中国梦的历史进程中的光荣责任。

要深刻领会从小学习做人的重要要求。习近平总书记强调“要从小学习做人。世界上最难的事情，就是怎样做人、怎样做一个好人。要做一个好人，就要有品德、有知识、有责任，要坚持品德为先。你们现在都是小树苗，品德的养成需要丰富的营养、肥沃的土壤，这样才能茁壮成长。现在把自己的品德培育得越好，将来人就能做得越好。要学会做人的准则，就要学习和传承中华民族传统美德，学习和弘扬社会主义新风尚，热爱生活，懂得感恩，与人为善，明礼诚信，争当学习和实践社会主义核心价值观的小模范。”这深刻指明了少年儿童从小培育和践行社会主义核心价值观的重要意义和实践要求。

要深刻领会从小学习立志的重要要求。习近平总书记指出“要从小学习立志。志向是人生的航标。一个人要做出一番成就，就要有自己的志向。一个人可以有很多志向，但人生最重要的志向应该同祖国和人民联系在一起，这是人们各种具体志向的底盘，也是人生的脊梁。你们要注意培养追求真理、报效祖国的志向，爱祖国、爱人民、爱劳动、爱科学、爱社会主义，时刻把祖国和人民放在心中，从小听党的话、跟着党走，努力做祖国和人民需要的好孩子，做祖国和人民事业发展的接班人。”这深刻指明了树立远大志向对少年儿童成长发展的重要指引作用。

要深刻领会从小学习创造的重要要求。习近平总书记强调“要从小学习创造。幸福不是毛毛雨，幸福不是免费午餐，幸福不会从天而降。人世间的一切成就、一切幸福都源于劳动和创造。时代总是不断发展的，等你们长大了，生活将发生巨大变化，科技也会取得巨大进步，需要你们用新理念、新知识、新本领去适应和创造新生活，这样一个民族、人类进步才能生生不息。从现在起，你们就要争当勤奋学习、自觉劳动、勇于创造的小标兵。”这深刻指明了学习、劳动和创造对于少年儿童健康成长的重要意义。

要深刻领会对少先队组织的重要要求。习近平总书记指出“培养好少年儿童是一项战略任务，事关长远。长期以来，一代又一代少先队辅导员、少年儿童工作者为国家和民族未来、为亿万少年儿童健康成长，作出了重要贡献，党和人民感谢你们。希望少先队组织牢记使命，教育引导亿万少年儿童为实现中华民族伟大复兴的中国梦时刻准备着。”这深刻指明了党赋予少先队组织的光荣使命和少先队事业的发展方向。

习近平总书记在讲话中指出“各级党委和政府、社会各界都要重视培育未来、创造未来的工作，关心爱护少年儿童，重视支持少先队工作，为少年儿童办实事，让孩子们成长得更好。每一位家长、每一个成年人都要为孩子们做出榜样。”这对推进少先队工作更好地发展、服务少年儿童更好地成长，具有重要意义。

二、认真组织开展形式多样、生动有效的学习宣传活动，帮助广大少年儿童、少先队辅导员和少先队工作者学习理解习近平总书记重要讲话精神

要开展好各级共青团、少先队组织的学

习。团的各级领导机关、少工委和团干部、少工委干部要带头学习、学习原文、学深学透，采取中心组学习、集中学习、个人自学等方式，认真学习讲话，深入交流体会，加深理解认识。要把学习讲话精神，同学习党的十八大以来习近平总书记关于少年儿童和少先队工作的一系列重要讲话、重要指示结合起来，深刻理解饱含其中的无限关爱、殷切期望和一脉相承的重要要求。各级团属队属媒体要围绕学习宣传讲话精神，策划推出一批专栏、专题、专版、理论文章，推动深入学习讲话精神。各级团校、团属研究机构、少先队工作学会要加强对讲话精神的深入研究，开展理论课题科研。

要开展好全体少先队辅导员的学习。抓好少先队辅导员队伍这个重点，将讲话精神作为辅导员分级全员培训的重要内容，通过学习会、座谈会、专题培训等方式，帮助全体少先队辅导员、少先队工作者学习好、领会好讲话精神。要帮助大家深刻领会习近平总书记对少先队辅导员工作的充分肯定，进一步增强责任感、使命感，学习优秀少先队工作者的品德和作风，更加热爱红领巾事业，不断提高素质能力，努力把少先队工作做得更好。

要开展好面向广大少年儿童的学习宣传。广泛开展少先队组织教育和特色活动，通过少先队活动课、主题队日、主题队会、演讲比赛、故事分享等方式，帮助少年儿童感受党中央和习近平总书记的亲切关怀，特别要学好记牢习近平总书记向少年儿童提出的从小学习做人、从小学习立志、从小学习创造的三点希望。要着力抓好新媒体宣传，充分发挥全团全队的微信、微博、网站等各类新媒体平台的作用，推出一批少年儿童喜闻乐见的宣传海报、图片、绘画、微视频、歌曲等文化产品，将讲话精神更加生动、直观、普遍地传播到广大少年儿童中去。各级少先队组织要大胆探索、积极创造，采取各种行之有效的方式，帮助少年儿童学习了解讲话精神。

三、要把习近平总书记重要讲话精神贯彻落实到共青团、少先队工作之中

习近平总书记的重要讲话，为共青团、少先队组织做好党的少年儿童工作提供了根本遵循。要深刻领会习近平总书记对少年儿童的殷切期望，用习近平总书记的重要讲话精神统一思想和行动，增强历史使命感和政治责任感，把总书记对少年儿童的殷切期望传导到孩子们身上、转化为孩子们成长的力量，教育引导广大少年儿童按照党期望的方向健康成长。

要牢牢把握习近平总书记对少先队工作的重要要求，切实把少先队工作提高到新水平。坚持开展组织教育，引导少年儿童培养集体主义精神，听党的话，跟党走。坚持开展自主教育，引导少年儿童培养自主意识和自主能力，特别要培养依法文明用网的意识。坚持开展实践活动，引导少年儿童加强课外体育锻炼，德智体美全面发展。各级少工委要加强自身建设，更好肩负起指导推动少先队事业发展的历史责任。

要深刻认识全团带队是党交给共青团的光荣职责。各级团组织要进一步加强对少先队工作的具体领导，主动带思想、带组织、带工作、带队伍、带作风。要围绕深化教育综合改革，密切团教合作。各级少先队组织要在党中央的领导下，虚功实做，难事长做，肩负起属于这一代人的历史重任，在新的起点上把星星火炬事业推向前进。

各地学习宣传贯彻习近平总书记重要讲话精神的情况，请及时报全国少工委办公室。

八、青年外事

共青团中央办公厅关于印发《共青团青年外事工作服务"一带一路"战略工作规划》的通知

2015 年 8 月 3 日

共青团北京、天津、内蒙古、黑龙江、上海、江苏、浙江、福建、山东、广东、广西、重庆、贵州、云南、陕西、甘肃、青海、宁夏、新疆省(区、市)委,中央金融团工委,中央企业团工委,团中央青年志愿者行动指导中心、中国青年政治学院、中国青年报社、中国国际青年交流中心、团中央网络影视中心、中国青年企业家协会:

现将《共青团青年外事工作服务"一带一路"战略工作规划》印发你们,请结合实际,认真贯彻执行。

2013 年 9 月和 10 月,习近平主席在出访中亚和东南亚国家期间,先后提出共建"丝绸之路经济带"和"21 世纪海上丝绸之路"(以下简称"一带一路")战略构想,受到国际社会高度关注。"一带一路"战略是我国在新形势下扩大全方位开放的重要战略举措,是党中央、国务院统筹国内国际两个大局作出的重大决策,契合中国和沿线国家发展需要,符合有关各方共同利益,顺应了地区和全球合作潮流,是对国际合作以及全球治理新模式的积极探索,必将为开创我国全方位对外开放新格局、促进世界和平发展增添巨大正能量。

"一带一路"建设秉持共商、共建、共享原则,积极推动沿线国家实现发展战略相互对接、优势互补,将为中国及沿线各国青年提供建功立业、交流合作的广阔舞台,对共青团青年外事工作长远发展具有重要指导意义。青年外事工作要创新工作思路、工作方式、工作内容,与时俱进,奋发有为,引领中国及沿线各国青年积极投身"一带一路"建设这一宏大实践。

青年外事工作服务"一带一路"战略的指导思想和总体目标是:在党的领导下,服务党政外交大局、服务国家经济建设、服务青年发展,努力构建覆盖广泛的青年伙伴关系网络,深入宣传"中国梦"和"一带一路"战略,积极培育具有国际视野和国际合作能力的青年人才,引领广大青年积极投身"一带一路"建设,为沿线国家的持久和平和共同繁荣贡献青春力量。

一、准确把握青年外事在"一带一路"战略中的角色和定位

青年外事工作是国家总体外交的有机组成部分,党政外交的有效补充,民间外交和公共外交的重要领域,共青团工作的重要战线。要深刻领会习近平总书记外交战略思想和中国特色大国外交理论的深刻内涵和实质,积极适应对内、对外工作面临的新形势、新变化、新要求,充分发挥青年外事工作优势,在服务党政中心工作和外交大局中实现新的更大作为。"一带一路"战略是青年外事工作服务国内国际两个大局的重要抓手和重大契机。要通过

“一带一路”建设广泛吸引凝聚各界青年,服务青年创业创新和成长发展,增进沿线各国青年之间的友谊,促进国家关系发展,与沿线各国共同打造政治互信、经济融合、文化包容的利益共同体、命运共同体和责任共同体。

青年外事工作要准确把握在“一带一路”建设中的角色和定位,努力在以下方面发挥积极作用。

1. 做“一带一路”战略的宣传员。要面向国内外青年深入做好宣传引导工作,使其真正理解并认同“一带一路”战略的深刻内涵和对沿线国家实现和平发展、合作共赢的重大战略意义,积极传承并发扬“一带一路”所承载的文化价值,全面参与“一带一路”规划实施和各国由此进行的新一轮改革开放。

2. 做“一带一路”建设的排头兵。要发挥示范引领作用,吸引凝聚带领各类青年社会组织和广大青年积极投身“一带一路”建设。要顺应时代发展和青年特点的新变化,以近年来团的组织格局创新成果为基础,实现与青年社会组织的有效对接,扩大青年外事工作有效覆盖面,建立联系服务青年的长效机制,充分发挥青年社会组织和青年群体在“一带一路”建设中的积极作用。

3. 做“一带一路”民心工程的生力军。民心相通是“一带一路”建设的社会根基,也是青年外事工作的着力重点。要担当起民心相通的桥梁和纽带,通过共建“一带一路”,推动各国青年发掘沿线国家深厚的人文资源,传承和弘扬丝绸之路精神,开展文化交流等多领域交流合作,促进不同文明的互学互鉴,增进理解、互信与友谊。

长期以来,共青团不断拓展交流渠道、创新交流形式、厚植人脉网络,积累了丰厚的对外交流资源。迄今受邀来华访问和培训的国外青年政要、商业精英、专家学者、媒体人士、学生领袖等重点人群中,已涌现出一大批活跃于各国政治、经济、社会领域的青年领袖,成为促进中外关系长远发展的宝贵财富。共青团完善的组织体系、专业的外事干部队伍、广泛的外事工作渠道、丰富的外事工作资源,将有利于青年外事工作在服务“一带一路”战略中更好地发挥作用,担当起“一带一路”建设的宣传员、排头兵和生力军。

二、重点工作领域

国家发展改革委、外交部、商务部经国务院授权发布的《推动共建丝绸之路经济带和21世纪海上丝绸之路的愿景和行动》指出,在“一带一路”建设中,中国政府倡议,秉持和平合作、开放包容、互学互鉴、互利共赢的理念,全方位推进务实合作,打造政治互信、经济融合、文化包容的利益共同体、命运共同体和责任共同体。青年外事工作要在政治互信、经济融合、文化包容、社会参与、对外传播等方面服务“一带一路”建设。

1. 加强青年政治互信。通过扎实开展青年之间的友好往来,深化思想交流,打造覆盖“一带一路”沿线国家的青年伙伴关系网络,增进友谊、凝聚共识,为加强沿线各国政治互信奠定坚实的青年群众基础。

——加强青年人员交往。充分利用中俄、中英、中法、中欧、中印尼、中韩等政府间人文交流机制,以及上海合作组织、亚太经合组织、中国与东盟(10+1)、东盟与中日韩(10+3)、亚欧会议、亚信会议、中阿合作论坛、中非合作论坛、大湄公河次区域经济合作等多边合作机制,加强与沿线国家的双边和多边青年政策对话与协商,开展多层次、宽领域、广覆盖的青年交流活动。巩固和拓展青年交流渠道,加强与长年开展交流的各国青年组织和机构的联系,深化与上合组织青年委员会、亚信青年委员会、亚洲青年理事会、“丝绸之路”国际青年联盟(阿塞拜疆)等沿线区域性国际组织和机制的合作。加强与各国青年政治家、青年企业家、青年学者、青年媒体人士、青年社团领袖、大学生骨干、在华留学生等各个青年群体之间的交流对话，深入进行思想碰撞和情感交流，以青年喜闻乐见的方式开展活动，增进相互理解和信任。今后5年，在继续办好与越南、印度、巴基斯坦、蒙古等国的大规模青年互访交流基础上，精心实施"'一带一路'青年领导者峰会""筑梦丝路—中国中亚青年领导人友好会见""牵手未来—中欧青年友好500伙伴项目""相知万里—中非青年友好交流计划""中国—东盟青年友好交流计划"等大型青年交流项目，将现有每年4000人次左右的交往规模扩大至每年8000人次左右。

——做好青年人才培训。继续开展对东盟、上合组织、南亚和非洲国家青年干部培训项目，探索开展面向欧洲国家青年领导人的研修交流项目，整合各方面资源，扩大培训规模，提升培训质量，不断培育知华友华力量；加强中国(广西)国际青年交流学院、中国新疆国际青年交流学院建设，加快在广西筹建中国—东盟青少年交流活动中心，推动在上海、贵州建设国际青年交流学院，打造高水平、有特色的人才培训和交流基地。在此基础上，拟开展俄罗斯和中亚国家青年领导人研修、"'求知东方'阿拉伯青年培训计划"等培训项目，争取今后5年内培训6000名各国知华友华的青年骨干。

——构建青年人脉网络。推动建立丝绸之路青年领导人交流合作网络，不断完善中国—东盟青年联谊会、中国—东盟青年企业家协会、中英青年领导者友好之会、中俄青年企业家俱乐部等联谊合作组织建设，增强吸引力和凝聚力，为"一带一路"战略的实施厚植人脉。通过建立新媒体"朋友圈"、粉丝群，开展定期回访、资料交流和在线互动，加强对重点人物和重点组织的密切跟踪、定期维护，注重做好在华留学生工作，深入开展思想交流，使知华友华青年心有所依、情有所系。

2. 推动青年经贸合作。坚持开放合作、互利共赢原则，将"请进来"和"走出去"相结合，加强沿线国家青年在经贸领域的务实合作，为促进沿线各国经济融合贡献力量。

——加大青年企业家交流合作。推动建立丝绸之路青年企业家合作平台，加强中国—东盟青年企业家协会、中俄青年企业家俱乐部、中日青年经济领袖对话等平台和机制建设。充分发挥青年企业家的创新创造和合作潜力，整合对接国内外各种资源，推动在沿线国家广泛开展经贸领域的政策研讨、经验交流和项目合作。

——加强青年就业创业领域合作。与沿线国家开展青年就业服务、创业扶持等领域的交流研讨和务实合作，借鉴各国先进理念和实践经验，培育、推广中方项目和经验，为促进各国青年参与经济建设创造条件。探索与沿线国家合作开展青年实习计划。鼓励中国青年到沿线国家创业和沿线国家青年来华创业，提供政策咨询、信息服务、项目孵化等配套服务。

——对接国内外经贸合作平台。在博鳌亚洲论坛、欧亚经济论坛、中国—东盟博览会、中国—俄罗斯博览会、中国—阿拉伯国家博览会、中国—东北亚博览会、中国—南亚博览会、中国—亚欧博览会等国际性论坛、展会平台下，支持各地团组织积极策划和举办相关青年领导人论坛、峰会、项目洽谈会等，鼓励各国青年企业家参加展会并对接合作项目，为"一带一路"各项经济合作机制注入青春动力。

3. 增进青年文化认同。秉持求同存异、和谐包容的原则，促进沿线各国青年之间开展跨文化交流和对话，为在沿线国家树立开放包容文化发挥青年作用。

——加强文化交流，推动青年理解文化多样性。积极与沿线国家开展艺术节、图书展、电影节、旅游节等青年文化交流、展示和体验活动。充分利用我国地缘和文化底蕴优势，举办沿线国家青年参与的夏令营、联欢节等活动，宣传展示各国优秀文化，促进沿线国家青年对不同文明兼容并蓄、交流互鉴重要性的认同，增进彼此间的相互认知和理解。

——促进包容合作，在青年中培育命运共同体意识。举办“一带一路”青年文化活动，扎紧青年文化纽带，积累青年情感基础，塑造沿线国家包容合作的青年文化特征。通过开展青年文化研讨、文化项目合作，帮助青年超越意识形态和社会制度差异，从彼此封闭到开放包容，从猜忌隔阂到互信认同，不断培养沿线国家青年的命运共同体意识。

——推动继承创新，扩大中国文化软实力。举办重走“丝绸之路”、丝绸之路文化展览等活动，挖掘和传播“丝绸之路”的文明理念和文化内涵，展示中国坚持和平发展、合作共赢战略的国际形象，促进沿线国家青年对丝路文化的传承与发扬。积极参与“丝绸之路（敦煌）国际文化博览会”相关活动，大力支持并推动以丝路文化为核心的中国青年优秀文化创意产品“走出去”，进一步提升中国在沿线国家的文化软实力。

4. 推动青年社会参与。鼓励和支持沿线国家青年积极参与社会建设，为社会发展进步贡献正能量，为沿线国家交流交融奠定社会基础。

——推动青年参与生态环保建设。实施丝路青年环保行动，组织青年参与跨境河流生态调查与保护等区域性生态环保主题实践活动；继续开展“中韩青年绿色长城—拯救地球绿色团”项目和日本日中绿化交流基金援建项目，打造绿色工程；积极参与“生态文明贵阳国际论坛”有关活动，举办“传承丝路绿色文明”青年环保论坛等研讨交流活动，传播绿色理念；开展“丝绸之路绿色大使”寻访活动，加强青年环保人才培训，鼓励和支持成立区域性青年环保组织。

——鼓励青年投身志愿服务活动。加强与相关部委的协调和合作，不断强化中国青年志愿者海外服务工作。与丝路沿线国家开展青年志愿者互派项目，鼓励和推动各国青年积极参与文化传播、社区建设、环境保护、减贫开发、灾害救援等领域志愿服务活动，大力宣传优秀青年志愿者典型，传播志愿服务崇高理念，推广成功经验。

——促进青年社会组织广泛参与。鼓励各国青年社会组织积极参与沿线国家的青年发展、医疗卫生、减贫开发、生态环保等社会公益行动。统筹国际国内资源，强化对各国青年社会组织的支持和培训。开展青年社会组织交流研讨项目，为分享经验、探讨合作提供有效平台。

5. 加强对内对外传播。借助各种形式和载体，加强国内外青年之间的沟通交流，引导国内外青年正确认识“中国梦”精神实质，积极参与“一带一路”建设，共同促进区域合作发展。

——加强对国内青年的宣传和引导。举办“一带一路”青年研讨会、征文比赛等活动，将新媒体与传统媒体相结合，对国内广大青年进行“一带一路”战略的宣传，提高广大青年对“一带一路”建设战略内涵的基本认识与认同。

——加强对国外青年的宣讲和沟通。做好青年公共外交工作，开展形式多样的对话和宣讲活动，通过国内外主流媒体提高“中国梦”及“一带一路”战略在沿线各国青年中的认知度和美誉度。充分运用新媒体手段，举办丝路青年大使评选、丝路青年优秀文艺作品征集、丝路青年交流主题标语及 logo 设计评选等互动性强、传播范围广的人文交流活动，引导国外青年正确理解并积极支持“一带一路”建设。

——充分利用国际组织、机制平台宣传“一带一路”建设。进一步利用好欧盟委员会、亚洲青年理事会、上海合作组织青年委员会、亚信青年委员会、亚洲政党国际会议青年论坛、丝绸之路国际青年联盟等国际组织、机制平台，加大对国际多边青年交流机制和活动的参与力度，广泛深入宣传“一带一路”建设，塑造中国青年组织和中国青年良好形象，团结凝聚各方力量，为共建“一带一路”奠定良好舆论氛围。

三、交流基地和信息平台建设

1. 积极推进中国—东盟青少年交流活动中心建设

要紧紧抓住中央加强周边外交的战略机遇，积极推进“中国—东盟青少年交流活动中心”建设，做好对东盟国家青年交流，助推“21世纪海上丝绸之路”建设。中心建成后不断加强其教育培训、交流合作、青年研究、信息咨询等功能，使其成为东盟青年干部来华培训的固定场所，培训对象逐步扩大至南亚、西亚、非洲等海上丝绸之路沿线国家，争取今后5年内培训3000名各国知华友华的青年骨干。

2. 建设“丝绸之路经济带”国际青年培训基地

为响应“丝绸之路经济带”战略构想，促进丝路沿线国家民心相通，依托中国新疆国际青年交流学院和西北省份青年交流基地，建设“丝绸之路经济带”国际青年培训基地，重点面向俄罗斯和中亚国家开展青年人才培训，争取今后5年内培训2000名各国知华友华的青年骨干。

3. 合作建设“中欧青年牵手网”信息合作平台、中国—东盟青年企业家协会网站

为吸引更多青年组织和青年参与中欧青年交流，扩大中欧青年交流规模，与欧方合作建设“中欧青年牵手网”，并链接欧盟、德国等欧洲青年门户网站，设立中欧、中英、中法、中德友好伙伴项目等专题，定期发布交流信息，促进中欧青年组织对接合作，展示中欧青年交流成果。

为加强中国—东盟青年企业家协会建设，促进中国与东盟青年企业家之间的交流合作，与相关企业合作建设协会网站，提供高质量信息咨询服务，构建高效率项目对接交流渠道，展示协会重要活动成果和会员企业风采，将之打造成为中国与东盟之间务实合作的重要平台。

四、工作机制与保障

在“一带一路”战略框架下，主动参与各级政府协调机制，有效利用现有双边多边合作机制，争取经费保障，鼓励社会参与，搭建服务平台，打造标准阵地，孵化示范项目，推动中国与沿线国家青年交流迈上新台阶。

1. 参与国家及各级政府协调机制，争取政策支持和公共资源

发挥共青团组织优势和特色，围绕中心、服务大局，积极参与“一带一路”战略规划实施。团中央层级重点加强与相关中央部委、中央管理企业及有关行业协会的联系合作，各地共青团组织积极参与地方政府统筹协调机制，搭建多部门联合工作平台，努力争取政策支持，整合公共资源，组织动员广大青年积极参与“一带一路”建设，力争形成内外呼应、上下联动、整体推进的工作局面。

2. 建立服务“一带一路”战略共青团统筹机制，充分发挥各级团组织的参与和联动作用

团中央加强顶层设计，优化资源配置，统筹协调共青团系统各项资源，研究制定“一带一路”框架下青年交流重大方针、政策，编制青年交流实施方案。准确把握共青团工作与各级团组织在“一带一路”建设中的角色定位、发展目标，鼓励支持中国国际青年交流中心、中国青年企业家协会、中国青年志愿者协会等团属事业单位、协会组织积极参与、主动承接“一带一路”框架下青年交流合作项目，发挥各级团组织在青年交流中的枢纽作用，密切联系行业协会、产业园区、青年社团等各类社会力量，搭建务实开放的合作平台，努力提升共青团服务“一带一路”战略的能力和水平。

3. 完善项目实施机制，注重效果评估和品牌建设

以国际青年交流基地为依托，积极开拓与沿线国家在就业服务、创业扶持、技能开发、项目孵化等领域的务实合作，对接各地各类开发

区、产业园区对外合作需求，形成国际青年交流基地与青年产业园区相互补充的合理布局。以各地举办的国际性会展活动为依托，配合举办投资、贸易、文化、环保等青年交流活动，做好项目对接工作。以友城合作为依托，配合友城间人文交流规划，找准切入点，打造友城青年交流平台。以开展项目绩效评估为基础，建立长效交流机制，推动形成一批覆盖面广、影响力强的青年交流品牌活动。

4. 主动争取各类经费支持，做好资源统筹和项目保障

在"一带一路"战略框架下，加强统筹协调和资源配置，积极争取国家和地方各级政府资金支持，引导社会资源和市场主体积极投入，促进"一带一路"青年交流实现长足发展。主动谋划青年交流项目，支持地方各级团组织承接当地政府相关项目，积极寻求丝绸之路基金、中国—中东欧合作基金、中国—东盟投资合作基金、中国—东盟海上合作基金、亚洲区域合作专项资金、周边友好交流专项资金、对外援助资金、地方重大项目资金等专项经费支持。创新资源募集方式，争取和鼓励基金会、智库、国有及民营企业等各种社会力量在支持开展"一带一路"青年交流方面发挥积极作用。

本规划是今后一个时期共青团青年外事工作服务"一带一路"战略的总体规划，是指导共青团青年外事工作迈上新台阶的重要文件。面对新形势、新任务，各级团组织和广大团干部要以良好的精神状态和过硬的工作作风，努力完成本规划提出的各项任务，以改革创新精神团结带领广大青年积极投身"一带一路"建设，为实现中华民族伟大复兴的中国梦，为人类和平发展事业作出新的更大的贡献。

九、志愿者

共青团中央等四部委关于印发《关于进一步加强大学生志愿服务西部计划工作的意见》的通知

2015 年 11 月 11 日

各省、自治区、直辖市团委、教育厅（教委）、财政厅（局）、人力资源社会保障厅（局），新疆生产建设兵团团委、教育局、财务局、人力资源社会保障局：

现将《关于进一步加强大学生志愿服务西部计划工作的意见》印发给你们，请结合实际，认真抓好贯彻落实。各地相关工作进展情况及时报送西部计划全国项目办。

实施大学生志愿服务西部计划（以下简称西部计划）是贯彻落实党中央、国务院关于引导和鼓励高校毕业生服务基层战略部署的重要举措。自 2003 年以来，各地按照中央要求，结合西部基层需求，扎实有序推进工作，形成了一整套行之有效的项目实施机制和管理模

式。一大批优秀志愿者通过西部计划扎根西部、扎根基层，扎根民族地区和艰苦地区，为促进西部经济社会发展作出了积极贡献，得到了西部基层干部群众的普遍认可和社会各界的广泛赞誉。为健全和完善西部计划工作的组织领导、政策保障、管理体系和运行机制，不断提升项目效能和活力，共青团中央、教育部、财政部、人力资源社会保障部决定从2016年起将对西部计划项目执行方式进行调整。现就有关工作提出如下意见。

一、加强组织领导，进一步明确工作任务

自2016年1月1日起，西部计划项目将由目前的中央部门直接组织实施调整为中央部门和地方政府共同组织实施。调整项目执行方式是新形势下全面落实相关政策、提升项目科学化水平、维护志愿者合法权益、推动项目持续健康发展的一项重大举措，对于引导广大高校毕业生到西部基层建功立业、成长成才具有重要意义。各地要进一步提高认识，加强组织领导，明确工作职责和工作任务，做好统筹谋划，密切协同配合，精心组织安排相关调整工作。

各省级团委作为牵头部门要主动加强沟通，完善工作机制，协调同级教育、财政、人力资源社会保障部门做好年度计划制定、相关政策落实、项目资金使用、日常管理服务等工作，负责西部计划志愿者工作生活补贴发放和参加社会保险工作。各省级教育部门要协调高校做好西部计划宣传动员，把好项目入口关，提高志愿者的招募质量。各省级财政部门负责本地区西部计划专项经费管理、拨付、使用和监督检查工作。各省级人力资源社会保障部门要配合做好政策协调、社保手续办理、就业服务等工作。各相关部门要各司其职、密切协作，努力形成工作合力，确保西部计划项目执行方式顺利调整并取得更大实效。

二、强化绩效考核，提升项目管理科学化水平

各地要坚持“谁用人、谁受益、谁负责”和“培养与使用并重”的原则，加强管理服务，强化绩效考核，健全安全健康管理制度，确保项目运行顺利过渡，不断提高项目管理科学化水平。

各省级项目办根据地方财政配套保障能力和实际工作需要，科学合理确定西部计划项目年度计划，于每年3月上旬上报全国项目办审核。全国项目办根据各省上报项目年度计划，参考各地项目执行情况确定各省项目实施规模，在已确定的1.83万志愿者总规模内制定年度招募计划下达各省项目办。各省项目办按照招募计划制定本地区西部计划具体实施方案，严格规范选拔招募流程，切实提高招募质量。各省级项目办要按月制作西部计划志愿者工作生活补贴和艰苦边远地区津贴发放明细表及社保资金缴纳明细表，于每年7月前汇总项目全年情况报全国项目办备案。

全国项目办于每年4月开放网上报名系统，启动招募工作。各地要在6月底完成志愿者的招募，7月底完成服务期满志愿者离岗工作和新招募志愿者的培训和派遣工作，8月中旬完成新招募志愿者的补录及二次注册工作。大学生志愿服务西部计划信息系统相关数据是中央财政补助经费拨付、项目日常管理和志愿者享受相关优惠政策的重要依据，各地要指定专人负责管理和使用，严格按照信息上报的审核流程，及时准确做好各类信息的采集、上报和更新工作。

三、做好经费保障，规范专项资金管理

西部计划所需经费由中央和地方财政共同承担。中央财政按照西部地区每人每年2.5万元、中部地区每人每年1.8万元的标准，给予西部计划志愿者工作生活补贴以及参加社会保险等费用补助，通过一般性转移支付体制结算方式拨付省级财政部门；地方财政负担组织实施西部计划必要的工作经费、培训费用以及工作生活补贴和社会保险补贴等不足部分。各地要根据实际，按照西部计划志愿者工作生活补贴及参加社会保险等相关政策，建立保障制度，完善工作机制，严格经费管理和使用，确保西部计划专项经费及时到位、专款专用。

财政部每年 6 月底前根据全国项目办审核通过的各省年度延期和新招募志愿者人数预拨部分专项经费，次年年初据实结算拨付剩余专项经费。

为做好过渡期相关工作的衔接，中央财政根据团中央核实的在岗志愿者人数，于 2015 年 12 月提前下达 2016 年部分西部计划中央补助专项经费。

四、健全工作机制，落实志愿者参保及待遇相关政策

按照《关于统筹实施引导高校毕业生到农村基层服务项目工作的通知》（人社部发〔2009〕42 号）等文件要求，西部计划志愿者在岗服务期间，按照当地规定参加相应的社会保险。各省级团委要会同同级人力资源社会保障、财政部门制定符合本地实际的西部计划志愿者参加社会保险方案，报送西部计划全国项目办备案。志愿者社会保险的单位缴纳部分从各级财政安排的专项资金中统筹解决，个人缴纳部分从志愿者个人工作生活补贴中代扣代缴，具体手续由各县级团委到当地社保经办机构统一办理。原则上由各县级团委代表各用人单位负责志愿者参加社保的账户建立、费用缴纳等相关工作，各地亦可根据实际由省级团委或地（市）级团委直接办理。

西部计划大学生志愿者工作生活补贴标准参照本地乡镇机关从高校毕业生中新录用公务员、事业单位从高校毕业生中新聘用工作人员试用期满后的工资收入水平确定。西部计划执行方式调整后，各地要统筹中央补助和自身财力，综合考虑经济社会发展、物价水平和生活成本等各项因素，建立与其他高校毕业生服务基层项目一致的工作生活补贴动态调整机制。

五、突出教育引导，发挥党、团员志愿者模范带头作用

服务地项目办要按照相关规定做好志愿者党、团组织关系转接工作，志愿者所在用人单位没有建立党、团组织的，要纳入所在地区（系统、行业）基层党、团组织进行统一管理。志愿者中团员人数在 3 人以上的，要建立志愿者临时团支部开展组织活动，其组织关系隶属所在地县级团委。要发挥志愿者临时团支部凝聚志愿者团队的核心作用，经常性组织志愿者参加当地学习交流和教育培训等活动，重视党、团员志愿者的培养并发挥其骨干带头作用，不断提高志愿者的综合素质和服务能力。

六、完善志愿者多渠道流动机制

志愿者服务年限计算工龄，服务期满不再按应届毕业生身份就业。各地要认真梳理、落实西部计划实施以来出台的相关优惠政策，统筹实施高校毕业生基层服务项目相关政策，进一步畅通志愿者在公务员考录、事业单位工作人员招聘和继续学习深造等方面的发展渠道。按照“大众创业、万众创新”要求，优化自主创业环境，为有创业需求的志愿者提供政策、资金、信息等方面的服务。为服务期满未就业的志愿者提供岗位信息、就业指导、职业培训等服务，提升就业能力，落实好相关就业扶持政策。

第四部分

重点工作概述

2015年全团重点工作综述

2015年共青团工作的总体思路是，全面贯彻党的十八大和十八届三中、四中全会精神，贯彻习近平总书记系列重要讲话精神，贯彻中央加强和改进党的群团工作的部署，牢牢把握青年运动时代主题，注重思想引导、坚持改革创新、狠抓制度建设、强化从严治团，动员广大青年在全面建成小康社会、全面深化改革、全面推进依法治国、全面从严治党实践中作出更大贡献。

一、深入学习贯彻习近平总书记系列重要讲话精神，切实加强对广大青年的思想政治引领

深入学习习近平总书记系列重要讲话特别是关于青少年和共青团工作指示精神，牢牢把握引导青年这个第一位的任务、根本任务，以坚定理想信念为核心，以培育践行社会主义核心价值观为主线，以提高吸引力感染力为重点，全面深化引导青年各项重点工作。突出强化“全团抓思想政治引领”，各级团委书记是第一责任人，宣传战线履行统筹推动职责，各条战线主动承担、自觉融入、重点通过组织化方式抓好工作落实，共同种好青年思想政治引领的“责任田”。

（一）深化中国特色社会主义和中国梦学习宣传教育

1. 加强青年理论武装

——把握核心内容。引导团员青年深入学习中国特色社会主义理论体系，深入学习党的十八大和十八届三中、四中全会精神，特别是将学习习近平总书记系列重要讲话精神作为重中之重，努力做到学而信、学而用、学而行。

——抓住重点群体。以团干部和团员为重点群体，持续深化“学理论·强党性·铸信仰”“青年马克思主义者培养工程”等活动。深入开展高校共青团学习习近平总书记系列重要讲话精神“四进四信”活动，开展好大学生理论学习讲座、理论社团等活动。抓好各领域青年骨干的理论学习活动。

——注重创新表达。适应当代青年特点，推出一批立场观点鲜明、具有思想力量、生动活泼的动漫、短视频、图文微博等产品，借助新媒体等各类渠道广泛传播。

2. 深化中国梦宣传教育

——讲好党史国史故事。通过讲述中国近代以来一个个重要历史事件、历史人物，让青少年了解中国梦的源起、党和人民为之进行的接力奋斗。

——讲好发展成就故事。通过讲述国家、社会、家乡的发展进步和面貌变化，讲述人民生活水平的变化，引导青年增强对改革开放和中国道路的信心。

——讲好青春奋斗故事。组织青年典型开展青春故事分享，用青年身边榜样奋斗、创业、成才的故事，激励青年敢于有梦、勇于追梦、勤于圆梦。

3. 加强民族团结教育和对口支援工作

——以加强各民族青少年交往交流交融

为工作着力点和出发点，不断深化青少年民族团结教育工作。继续开展新疆和内地各族少年儿童、中学生结对子活动。持续深化“民族团结代代传”青少年万人交流活动，注重内容、形式和载体的创新。民族地区团组织要深入开展普遍性的民族团结主题教育活动，做好青少年思想状况调查研究和信息报送工作。

——做好支持民族地区共青团工作。进一步梳理对口支援工作项目，严格按照“销号式管理”的方式狠抓落实、务求实效。加大对民族地区共青团工作的支持力度。巩固西部计划服务新疆、西藏专项。

（二）深入推进社会主义核心价值观培育践行

围绕“勤学、修德、明辨、笃实”的要求，坚持宣传教育、示范引领、实践养成相结合，突出具体化、生活化，努力把培育践行核心价值观的要求落细、落小、落实。

1. 强化正面宣传教育

——抓住抗日战争胜利70周年、“一二·九”运动80周年等重大契机和“五四”、“六一”、“七一”、“十一”等重要时间节点，开展主题团队日、仪式教育等特色活动，发挥青少年教育基地等阵地作用，帮助青少年加深对核心价值观内涵要求的认识理解。

——切实加强青少年国防教育，引导广大青少年增强总体国家安全意识，为建设祖国、保卫祖国贡献力量。

2. 深化青年典型引领

——开展好青年五四奖章、优秀团员、优秀少先队员和少先队辅导员等评选表彰。

——继续开展面向各领域青少年的“最美”系列推选活动。

——发动基层广泛开展“争做向上向善好青年”活动，挖掘宣传青年身边人身边事中的精神闪光点，激励青少年身体力行核心价值观。

——加大宣传力度，推动各类青少年典型事迹广泛传播，影响带动更多青少年成长进步。

3. 分层分类开展活动

——深入开展大中学生培育践行社会主义核心价值观活动，深化“与信仰对话”“与人生对话”“彩虹人生”“迈入青春门，走好成人路”等活动，帮助青年学生树立正确的世界观、人生观、价值观。

——面向少年儿童，紧扣习近平总书记提出的16字要求，有针对性地开展“核心价值观记心中”“争当美德小达人”等活动。

——各战线面向各自联系的机关事业单位青年、国企和非公企业青年、农村青年、进城务工青年、新社会组织青年、IT行业青年等群体，具体化、有形化、生活化地引导各类青年群体培育践行核心价值观。

4. 发挥文化涵育功能

——围绕“向上向善”主题，广泛开展青少年中华优秀经典“诵·讲·传”活动、传统节日文化活动及仪式教育、国学讲堂等活动，引导青少年学习了解、传承弘扬中华优秀传统文化。

——积极向青少年推荐富有思想文化内涵的图书、影视、歌曲、戏剧等优秀文化作品，推动基层广泛开展青少年阅读、科普等群众性文化活动，继续面向全国举办青少年微电影赛事。

5. 加强实践育人工作

——深化各战线开展的团的实践类品牌活动，注重在活动中紧密结合24字要求，突出精神内核和价值导向，让青少年在实践体验中感知感悟核心价值观。

——积极开展“光盘行动”、绿色出行、清洁家园、植绿护绿、节水节能等青少年便于乐于参与的“微公益”活动。

二、深入学习贯彻党的十八届四中全会精神，组织引导广大团员青年为建设法治中国贡献力量

按照“树立法治思维、共建法治社会、加强

法治教育、完善依法活动”的思路，从四个方面学习贯彻四中全会精神。

1. 大力加强青少年法治宣传教育。贯彻依法治国和以德治国相结合的要求，在青少年中广泛开展社会主义法治宣传教育，引导青少年认同拥护中国特色社会主义法治道路和党的领导，自觉学法尊法守法用法。

2. 组织青年参与共建法治社会实践。充分发挥共青团、青联所联系的人大代表、政协委员作用，积极参与立法协商、立法咨询等方面的工作。深化拓展“共青团与人大代表、政协委员面对面”等活动，引导青少年有序政治参与、理性表达诉求。引导青年把树立法治理念、坚定法治信仰、增强法治思维作为人生必修课，在法治中国建设中勇担当、有作为。

3. 推动完善落实与青少年有关的法律法规。突出源头参与、提前介入，在全国及地方人大立法修法过程中，争取纳入有利于青少年成长发展的条款。积极推动《未成年人保护法》《预防未成年人犯罪法》等法律法规的贯彻落实。

4. 依法依规加强团的自身建设。把党的要求、法律规定和团的职能统一起来，进一步完善团的制度，强化制度执行和制度落实，提高团的工作和建设科学化规范化水平。

三、深入学习宣传、研究贯彻《中共中央关于加强和改进党的群团工作的意见》

1. 把文件学习好。全团要切实强化机遇意识、担当意识和改革创新意识，全面准确地把握中央对群团工作的新思想、新任务、新要求，结合团的工作实际，深入研究新时期青年工作的特点，适应社会环境和青年生产生活方式新变化，突出问题导向，体现共青团特色，积极推进团的组织设置和运行机制的改革创新，使共青团工作更好贴近青年实际、贴近青年需要。

2. 把文件宣传好。全团要认真抓好文件精神的解读和传播，引导团组织和团干部深刻领会中国特色社会主义群团发展道路的基本特征和核心要义，坚持自觉接受党的领导、团结服务所联系群众、依法依章开展工作相统一，最广泛把青年群众团结组织起来，奋力推进中国特色社会主义伟大事业。

3. 把文件贯彻好。团中央将按照中央要求研究制定共青团系统的实施方案，适时召开专门会议在全团部署落实。省级团委要主动加强与同级党委的沟通，争取出台一批切实、管用、好用的制度措施。

四、动员组织广大青年积极投身全面深化改革实践，走在创新创业创优的前列

着眼动员广大青年更好服务党和国家工作大局，引导青年正确认识我国经济发展的阶段性特征，正确认识经济发展进入新常态带来的新机遇新挑战，增强创业勇气、创新锐气、创优志气，自觉投身改革、积极参与改革，为落实全面深化改革各项任务作贡献，更好发挥在提升经济发展质量和效益中的生力军作用。

1. 深化青年创新行动。以培养青少年的创新意识和创新习惯为重点，深化“挑战杯”全国大学生课外学术科技作品竞赛，发挥中国青少年科技创新奖励基金的激励作用，推广小发明、小创造、小革新、小设计、小建议“五小”活动，深化企业青年创新创效活动，营造创新氛围，带动更多青年创新人才脱颖而出。

2. 深化青年创业行动。全年目标：开展高校和城乡青年创业就业意识教育400万人次，帮助24万名城乡青年获取创业贷款，帮助青年参加见习20万人次，培养20万名农村青年创业致富“领头雁”、6000名开办中小企业的城市青年创业人才、10000名返乡创业的大学毕业生和5000名中国青年留学归国创业人员，建设200个青年创业园区，其中全国级示范园区20个。

——建设青年创业项目展示和资源对接平台。办好“中国青年创新创业大赛”等项目，合理整合全团创业类赛事，打造统一名称、赛制和申报平台的赛事品牌。丰富日常化的资源对接平台，借鉴会展经济模式，联合地方政府、金融机构、创业服务机构，结合全国性、地方性和行业性展会，共同举办青年创业博览会、创业项目交易会和海外学人回国创业周等活动。

——搭建青年创业项目孵化平台。推进青年创业园区建设。完善政策咨询、融资服务、跟踪扶持、公益场地等孵化功能。强化青年创业园区的思想引导功能。

——加大青年创业金融服务力度。继续深化青年创业小额贷款工作，不断扩大工作覆盖面。深化金融干部赴基层团组织挂职工作。拓宽股权投资等直接融资渠道，探索建立青年大学生创业板等股权交易平台，帮助创业青年获得便捷高效、低成本的直接融资。

——组建青年创业导师团和创业辅导团队。从青年企业家、天使投资人中选荐一批青年创业导师，开展对接指导服务。依托科研院所、高校，选荐研究水平高、对青年有热情的专家学者，开展政策解读、创业指导等辅导。

——加强青年创业教育和培育。完善青年创业课程体系，引进或开发具有共青团属性、线上线下相结合的培训课程。实施“大学生返乡创业行动”，通过课程培训、金融扶持、创业实训、跟踪服务等方式，引导和支持大学生返乡从事涉农创业。实施乡村青年电商培育工程，积极开展电商培训，助推农村青年通过开办特色农产品网店、创办电子商务服务点等方式创业致富。

——建立青年创业人才汇聚平台。发挥促进青年创业工作的“育人”作用。培育城市青年创业者联盟、农村青年致富带头人协会、大学生创业协会、中国青年留学人员协会等社会组织，凝聚青年创业人才，选树各类青年创业典型，使创业工作成为共青团思想政治教育工作的重要载体。

——发挥中国青年创业就业基金会的基础性平台功能。建设青年创业项目库、政策信息展示服务平台，发挥杠杆作用，撬动金融机构支持初创项目，为中国青年创新创业大赛提供资金支持。

3. 深化青年创优行动

——立足岗位建功，深化青年文明号、青年岗位能手、青工技能振兴计划、农村青年致富带头人培养等工作，推动青年争创一流业绩。

——着眼奉献社会，深化青年志愿者、保护母亲河行动，动员青年为促进社会和谐作出贡献。

——承担急难险重任务，广泛组织青年突击队，发挥各领域优秀青年人才的作用，在重要领域和关键环节攻坚克难。

五、坚持竭诚服务青年的生命线，努力实现好、维护好青年的发展权益

1. 服务青少年的迫切需要

——深化青少年“走下网络、走出宿舍、走向操场”主题活动，建立考评体系，构建长效机制，努力拓展成为团结和引导青少年成长进步的有效载体。

——服务青年就业。深化青年见习工作，开发一批技术含量高、职业发展前景好的见习岗位，完善岗前培训、在岗管理、劳动保障等机制；深化青年就业培训，科学设置课程体系，依托青少年综合服务平台开展专项就业培训，帮助青年提升就业技能；加强岗位对接工作。

——继续集中开展中高考减压“阳光行动”和青少年自护教育等活动，加强 12355 青少年服务台建设，提高品牌效应和社会影响。

2. 切实服务困境青少年群体

——大力开展关爱服务城乡义务教育阶段农民工子女工作，深化希望工程、“圆梦行动”，推动共青团关爱农民工子女志愿服务行动在优化结对覆盖、提升服务能力、推动常态服务、强化阵地建设等方面取得实效。

——大力开展志愿助残阳光行动,加强工作指导、扩大结对覆盖、培育骨干队伍、规范服务标准、提升品牌影响力。

——加强对进城务工青年、“蚁族”等青年群体的联系和服务。

——加强对闲散青少年等重点青少年群体的关爱帮扶,为他们办实事、解难题、送温暖。

3. 维护青少年的合法权益

——推进青少年权益工作创新试点。

——切实履行各级综治委预防青少年违法犯罪专项组组长职责,活跃各级未成年人保护工作机构。

——进一步探索共青团在反映诉求、协调矛盾、维护稳定等方面发挥作用的渠道。

——深化各级“青少年维权岗”创建活动。

——充分发挥团学组织在大中学校治理中的应有作用,建立健全学生校园正当权益维护的体制机制。

六、举全团之力推进网络新媒体工作(略)

七、以建设基层服务型团组织为统揽,进一步扩大组织覆盖、增强组织活力

1. 进一步落实党建带团建制度安排

——将团建纳入党建总体部署和工作考核,开展党建带团建制度落实情况督查。

——继续推动全国所有地市和95%以上的区县召开党建带团建会议、出台党建带团建工作文件,推动省市两级团组织制定下发加强基层服务型团组织建设意见或工作方案,推动乡镇街道将每年2万元工作经费纳入财政预算。

——推动落实党章关于县级以下共青团组织主要负责人列席同级党组织有关会议的规定。

——推动将团干部培训纳入党组织干部培训整体规划。

2. 健全组织体系

——巩固传统领域团建工作,夯实国有企业和机关事业单位团建工作基础,重点推动市属以上国有企业建立团组织,探索加强混合所有制企业团建工作;突出学校共青团基础性、战略性、源头性地位,努力实现“团建全覆盖、工作到支部”。

——继续深化团建创新工作,扩大非公企业团建覆盖面,全年新增建团3万家,规模以上企业建团率达到90%以上;深入推进驻外团组织建设;持续深化乡镇街道组织格局创新,继续推进乡镇实体化“大团委”、农村合作组织团建工作,新增农村基层组织5万家。大力推进新兴领域团建创新,开展互联网行业团建工作;积极推进行业建团、园区建团和青年社会组织、自由职业者群体等团建工作。针对学生团员从学校毕业走向社会的环节大量流失的问题,试点推进毕业生群体团建工作。

——持续推进城乡区域化团建工作,强化引条入块、引外入内、区域整合,实现区域内组织共建、资源共享、阵地共用、工作联动。推动第二批3000条街道开展城市区域化团建工作,开展“百县千乡”农村区域化团建分类示范创建活动。

3. 强化服务职能

——代表和反映青年普遍性利益诉求,争取普遍性强的服务政策和项目,特别是推动各地在本地区“十三五”规划中出台牵动性强、服务面广的服务政策,打造符合青年需求的工作品牌,构建覆盖广泛、快捷有效的服务青年体系。

——找准重点方向,提高服务的针对性和有效性。农村团组织要围绕创业致富、文化生活、关爱留守儿童等搞好服务,街道、社区团组织要围绕经济社会发展、建设文明和谐社区搞好服务,企业团组织要围绕生产经营、学习成才、文化生活、权益维护搞好服务,学校团组织要围绕思想引领、学习成才、就业创业、身心健康、困难帮扶搞好服务,机关团组织要围绕服务中心、建设队伍搞好服务,事业单位团组织要围绕深化分类改革、促进事业发展搞好服务,青年社会组织团组织要围绕凝聚青年、激发活力、促进发展搞好服务。

4. 建设服务队伍

——以强化团员意识和先进性为重点大力加强团员队伍建设。全面开展推动团员成为注册志愿者工作,积极参与网络宣传志愿服务和日常志愿服务。全年实现全部专兼职团干部和40%以上团员成为注册志愿者的目标,把志愿服务作为入团教育和团员日常教育的重要内容,把参与志愿服务作为团的组织生活的重要内容。把中学作为调控团员发展数量的主要领域,做好县域统筹,严格执行年龄在14周岁以上方可申请入团的规定,2015年底将初中、高中阶段毕业班团青比分别控制在45%、85%以下。

——大力加强团干部队伍建设。完善团组织代表大会制度和委员会制度,建立重大事项报告制度,代表和委员履职述职制度和直接联系青年、接受青年评议制度。加强和改进团干部协管工作,深化市县两级团干部配备督导,开展乡镇、街道团干部配备统计,进一步改善基层团干部在岗情况。扎实做好团干部教育培训工作,提升培训效果,运用好全国团干部教育培训网络平台。强化团干部的法治思维,把依法履职作为培养团干部的重要内容,不断提高团干部运用法治思维和法治方式开展工作的意识和能力。推进大学生村官和"西部计划"等志愿者兼任基层团干部工作。

5. 打造服务平台

——全面落实团中央关于推进青少年综合服务平台建设的任务要求,2015年完成工作进度的40%。

——积极争取在基层党组织活动阵地、党员服务站点的规划建设中,建设面向青少年的综合服务平台。

——团的领导机关、基层团组织、团属单位要创造条件开辟场所向青少年开放。

——既要发挥好全国专项经费支持的撬动作用,更要注重整合社会资源推动平台建设。

——开展示范性青少年综合服务平台创建活动,建设100个左右的全国级、1000个左右的省级示范性青少年综合服务平台。

6. 强化基础保障

——制定落实《关于加强新形势下发展团员和团员管理的意见》,进一步加强中学中职共青团基层组织建设。

——强化基础团务工作,改进和严格落实"三会两制一课"制度,严格组织关系转接和团籍档案管理,推进基层团组织规范化建设,完善团费收缴、管理和使用。

——积极稳妥推进电子团员证系统建设试点工作。

八、积极拓展团的社会职能

1. 探索承接政府职能转移。按照有利于扩大团的吸引力和凝聚力、能够发挥团的组织动员优势、具备一定工作基础的标准,积极承接政府职能转移和参与政府购买服务。

——进一步加强与政府有关部门的沟通协调,继续深化已有合作领域的工作机制,进一步明确工作边界,加强顶层设计,为承接政府职能转移、参与政府购买服务奠定基础。

——坚持政府意愿、团的能力、青年需求相结合,积极参与承接政府购买服务项目,重点在促进青年创业就业、青年志愿服务、青少年校外教育、青少年公共服务设施管理、青年社会组织联系引导、青少年事务社工人才队伍建设、预防青少年违法犯罪、青少年对外交流等领域力求突破。

——积极培育以青年为主体、团组织发挥主导作用、具有法人资格的社会组织,着力提升专业化能力,为承接政府职能转移打牢组织和能力基础,不断提高团组织自身的承接能力。

——主动联系有影响的青年社会组织,建

立伙伴关系，加强业务合作，共同参与有关政府购买服务项目的承接。

2. 推进青年社会组织工作

——继续把地市级以上团组织开展这项工作作为重点，探索向有条件的县级市与县推进；联系一批公益类、兴趣类、互助类的青年社会组织；在发育尚不健全的地区，团组织要主动孵化成立与青年社会参与方式相适应的青年社会组织。

——针对提升自身专业化、规范化水平的现实需求，加强对青年社会组织骨干的培训，力争年内实现对团组织所密切联系的青年社会组织骨干在省级全覆盖、在地市级达到50%以上，在培训中强化联系，在联系中促进引导。

——以全国青联和地方青联换届为契机，建立青年社会组织界别，吸纳一批影响力大、能量正向的青年社会组织及其骨干作为团体会员和青联委员。

——实施“伙伴计划”公益实践项目，重点开展针对留守儿童的“成长陪伴”和进城务工青年子女的“城市融入”等活动，评选优秀青年公益项目，形成共青团主导、青年社会组织参与、青年受益的良性互动。

3. 加强青少年事务社会工作专业人才队伍建设

——推动民政、人社等部门健全岗位设置标准、人才培养体系、考核评估制度、薪酬保障机制等，完善运行管理机制和配套政策体系。争取财政部门把青少年事务社会工作纳入政府购买服务重点支持范围，同时积极培育、扶持一批青少年事务社工服务机构，为政府和社会购买相关服务提供承接平台。

——在各级团组织特别是基层团组织以及青少年服务机构开发设置社工岗位，力争5年内实现社工队伍在团属服务平台的全覆盖。

——依托相关大专院校、继续教育基地、人才培训基地开展青少年事务社工队伍培训、实训，确保队伍建设年度规划目标任务的完成。主动对接综治、民政、司法、教育等部门的基层社工力量，争取做到“为我所用”。

——以共青团中央、民政部组织实施全国青少年事务社会工作示范项目为导向，建立省级、地市级示范项目，推动青少年事务社工进驻青少年聚集的重点或特殊场所，广泛开展安全自护、禁毒、法治宣传、行为矫治、社会观护等工作。

——鼓励筹集社会资金设立青少年事务社会工作专业人才基金，推动设立青少年事务社会工作行业协会。

九、落实全面从严治党要求，大力推进从严治团，广泛开展“团干部如何健康成长”大讨论活动

紧密结合共青团实际，分阶段开展、分层级推进“团干部如何健康成长”大讨论活动。

——推动团干部从思想上认清正确成长方向。持续加强团干部理想信念和党性教育，不断提高团干部的思想政治素质。通过交流谈心、专题学习、团史教育、典型示范、警示教育等多种方式，在互动交流碰撞、批评与自我批评的过程中做到自省自励、懂得感恩，克服弱点、虚功实做，坚定信念、远离贪腐。

——引导团干部在行动中落实正确成长观。坚持问题导向，进一步加强教育、严格要求、积极培养，引导广大团干部自觉践行正确的成长观、事业观，在巩固和拓展党的群众路线教育实践活动成果、深入抓好整改落实和专项整治的基础上，有针对性地解决自身存在的实际问题，切实做到“三严三实”。

——注重突出团的领导机关干部这一重点群体。在团的各级领导机关干部中大兴直接联系群众之风、学习研究之风、求实创新之风、清正廉洁之风，引导和带动各级专兼职团干部广泛参加活动、深入开展讨论、切实改进作风，用过硬的团风坚决抵制“机关化”“娱乐化”等现象。

十、推动团的各项事业全面发展

——进一步加强青联、学联建设，不断提升工作的针对性和影响力。认真做好青学联换届大会筹备工作。注重优化青联人员构成，体现广泛的代表性和思想政治上的先进性；继续加强对新兴领域优秀青年的联系和培养，择优政治吸纳。进一步完善学联功能和运行机制，提升学联服务引领学生的能力和实效，大力改进学生干部作风形象。

——坚持全团带队，巩固深化学校少先队工作，积极拓展社区和校外少先队工作，深入推进少先队专业化建设，推进省级党委政策文件的深入落实，推进少先队活动课程建设、学科建设、辅导员专业化职业化建设等工作。认真做好少代会筹备工作。

——深入开展港澳台青少年工作（略）。

——认真贯彻中央外事工作会议精神，服务党和国家外交工作大局，大力宣传中国梦，多领域、多渠道、多层次开展青年对外交流，促进国家整体形象和软实力进一步提升，努力推动青年外事工作向深处和广度拓展。

加强团的基层组织建设和基层工作

2015 年，着眼扩大团的工作有效覆盖面，全团按照“青年在哪里，团组织就建在哪里；青年有什么需求，团组织就要开展有针对性的工作”的目标要求，着重从党建带团建制度落实、健全组织体系、建设团员队伍、打造服务平台、强化基础保障五个方面，扩大组织覆盖、增强组织活力，切实增强基层团组织的吸引力凝聚力。

1. 进一步落实党建带团建制度。以贯彻落实中央 4 号文件和中央党的群团工作会议精神为契机，推动把团建纳入党建总体规划，争取党组织在思想建设、组织建设、干部队伍、阵地共享、工作保障等方面的支持带动。继续推动落实党章关于县级以下共青团组织主要负责人列席同级党组织有关会议的规定。继续推动地市和区县召开党建带团建会议、出台党建带团建工作文件；推动乡镇街道将每年 2 万元工作经费纳入财政预算。

2. 进一步健全团的组织体系。在传统领域，通过不断完善基层组织设置和基层组织覆盖、创新开展工作和活动的方式，国有企业、机关事业单位、学校、村镇等传统领域基层团组织活力得到进一步提升。在新兴领域，大力推进新兴领域团建工作创新，持续深化乡镇街道组织格局创新，继续推进非公有制企业团建、驻外团组织建设、乡镇实体化“大团委”、农村合作组织团建工作以及城乡区域化团建工作。把互联网行业团建作为突破口，联合中央网信办下发《关于大力推动互联网行业团建工作的通知》，大力推动已建立党组织的互联网企业和重点龙头企业、行业影响较大的互联网企业建立团组织。联合工商总局下发《关于加强新形势非公有制经济组织团建工作的通知》，积极推动非公企业团建工作。积极推进行业建团、园区建团和青年社会组织、自由职业者群体等团建工作。指导人民网、中央团校、中国青年网组织开展第一届“全国基层团建创新典型案例征集展示活动”，共征集案例近 1000 个、全程展播近 600 个，评选出创新典型案例 100 个，并启动第二届团建创新案例征集展示活动。

3. 大力加强团员队伍建设。按照坚持标准、控制规模、提高质量、发挥作用的总要求，制定团员发展10年规划，坚持有计划有步骤地发展团员，逐步降低团青比，到2025年将全国团青比控制在30%以内。把中学作为控制团员发展数量的主要领域，要求各地严格控制团员发展规模，2015年底将初中、高中阶段毕业班团青比分别控制在45%、85%以下。以强化团员意识和先进性为重点，下发了《关于推动团员成为注册志愿者的意见》，全面部署开展推动团员成为注册志愿者工作。各地团组织在组织发动注册、志愿服务宣传、项目载体设计等方面做了大量工作，开展了一系列丰富多彩的志愿服务活动，团员的团员意识和荣誉感得到加强，全年实现43%的团员成为注册志愿者。推动山东、江苏等地出台了加强发展团员和团员管理的举措。

4. 全面推进青少年综合服务平台建设。团中央划拨1100万元专项经费，在全国重点支持115个青少年综合服务平台建设。各级团的领导机关积极争取支持、整合资源，统筹青年中心、青年汇、市民学校、亲青家园、12355青少年服务台、七彩小屋等已有阵地，在青少年集中的地区新建了12800多家青少年综合服务平台。下发《共青团中央关于开展示范性青少年综合服务平台创建活动的通知》，对全国示范性服务平台创建作出具体部署，对各省、自治区、直辖市开展示范性服务平台创建提出明确要求。

5. 进一步强化基础团务工作。在征求省级团委意见的基础上，按照中央党的群团工作会议精神有关要求，进一步完善了《关于加强新形势下发展团员和团员管理工作的意见》。加强2014年度团内组织信息统计工作，于五四期间公布了全国团员、团组织的基本数据。积极推进基层团组织规范化建设，对《团费收缴、管理和使用的规定》进行修订完善。积极稳妥推进智慧团建系统建设试点工作，福建、广州、中山的试点稳步推进，将智慧团建系统建设纳入全团网络新媒体事业发展三年规划。指导编撰《团务漫画》用于帮助基层团组织提高基础团务水平。翻译出版蒙古、藏、维吾尔、朝鲜、哈萨克文版《团章》，免费提供给相关民族地区团员使用。

6. 开展“团干部如何健康成长”大讨论活动。2015年4月至12月，“团干部如何健康成长”大讨论活动在团的省市县机关干部、各领域专职团干部和各类兼职团干部中广泛开展。大讨论活动落实全面从严治团要求，以“自省自励、懂得感恩，克服缺点、虚功实做，坚定信念、远离贪腐”为主题，分为“学习”、“讨论”、“落实”三个阶段。团中央组织部对大讨论活动全程进行跟踪指导，并对省级团委和地市、县区团委大讨论活动开展情况进行督导，派员参与了全部省级团委大讨论活动专题民主生活会，推动省级团委将大讨论活动要求落实到位。

7. 建立团干部“8+4”、“4+1”工作机制。在团中央、省级团委机关干部中建立“常态化下沉基层”制度，每年上、下半年各选派25%的机关局级及以下干部到区县团委工作4个月，实现每年50%的干部在机关工作8个月、在县区团委工作4个月，建立机关干部“8+4”工作机制。2015年9月，团中央机关、省级团委机关共选派386名干部参加第一批常态化下沉基层工作。在团中央机关干部中开展“向基层服务对象报到”工作，机关局级及以下干部在做好本职工作的同时，每周安排1个工作日到居住地或工作地周边、青年数量较多的企业、农村、机关、学校、科研院所、街道社区、社会组织等基层单位报到，直接帮助基层团组织开展工作，直接服务团员青年，实现干部每周干部每周在机关工作4天、在基层工作1天，在团中央机关干部中形成“4+1”工作机制。

8. 继续抓好团干部配备工作。指导各级团组织切实履行团干部协管职责，推动配齐配强各级团的领导班子。截至2015年12月底，全国市级团委书记、班子和机关干部平均配备率分别为88.9%、90%、91.5%；县级三项指标分别为87.1%、87.2%、88.9%。

团干部培训工作

2015年，组织部积极推进全团分级分类大规模培训工作，直接组织实施省级团委班子、新任地市级团委班子和县级团委书记等群体培训，统筹推动机关各部门和各地团干部教育培训工作，扎实推进团干部教育培训网络平台的建设和应用，工作取得积极成效。

1. 直接组织开展省、地市和县级团委班子等群体培训。2015年，组织部直接组织开展省、地市和县级团委班子成员等重点团干部群体培训班次14期，共计培训近2000人次，覆盖省、地市级团委班子成员和县级团委书记，省级团委办公室、组织部、宣传部主要负责同志，全国优秀团干部和五四红旗团委负责同志，全国团校校长和骨干教师等群体。

2. 指导推动各地各部门开展团干部培训工作。2015年，组织部指导各地举办培训班788个、累计培训团干部11.3万人次。同时加强了对机关各部门培训工作的指导推动和培训班次的统筹，共举办各类团干部培训班45期，培训人数近8000人，培训对象涵盖地市、县级团委班子成员，乡镇街道、村社区、非公企业、社会组织、学校等领域的基层团干部。

3. 建成并推广使用全国团干部教育培训网络平台。2015年，组织部在前期工作的基础上，进一步就网站功能进行了完善。5月份在山东进行了试点运行，7月份正式在中青网上线运行，结合全团“团干部如何健康成长”大讨论活动，组织全国省级团委副处级以上干部、地市和县级团委班子成员7000余人进行了在线学习和考试，对网站进行了全国范围内的推广使用。

中国梦与社会主义核心价值观教育实践活动

实现中华民族伟大复兴的中国梦是中国青年运动的时代主题，要靠一代一代有理想、有追求的青年接力奋斗。加强青年政治引领和价值引领，是共青团的根本任务。2015年，共青团坚持实践育人、文化育人、榜样育人，推动中国梦和社会主义核心价值观教育更接地气、贴近青年。

1. 深化“我的中国梦”主题教育实践活动。印发《共青团中央关于在广大青少年中进一步深化中国梦学习宣传教育的通知》，抓住重要时间节点,以“勿忘历史·圆梦中华”、“我看中国新变化”、“奋斗的青春最美丽”等为主题开展中国故事和青春故事分享传播活动,引导广大青少年了解中国历史,感受中国成就,弘扬中国精神,打牢紧跟党走中国特色社会主义道路、为实现中国梦而奋斗的共同思想基础。据统计,2015 年各地共开展各类教育实践活动 4.5 万多场,现场参与青少年超过 2700 万人次。

2. 开展纪念抗日战争胜利 70 周年主题教育活动。按照中央统一部署,以“勿忘国耻 圆梦中华”为主题,利用清明、“五四”、“六一”、“七七”、“八一”、“九三”、烈士纪念日等重要时间节点,开展“清明祭英烈”“重走抗战路·青春向延安”等学习宣传和实践体验活动,以团队仪式、报告宣讲、分享交流、故事讲述、征文演讲、微博微信传播等形式,在线上线下引导青少年铭记历史、缅怀先烈、珍爱和平、开创未来。主题教育活动累计超过 5 万场,覆盖青少年超过 1 亿人次。

3. 开展“争做向上向善好青年·争做文明守法好网民”主题宣传教育实践活动。牢牢把握培育和践行社会主义核心价值观的重要任务,多形式、多渠道开展教育实践,帮助青少年形成积极健康的品格。一是选树主旋律青年人物,推选 100 名“全国向上向善好青年”和 20 名“文明守法好网民”代表,并通过主流媒体与新媒体广泛宣传。二是开展“全国向上向善好青年”分享团走基层活动,在全国 29 个省 56 个地市举办了 167 场分享会。据统计,各级团组织紧紧围绕“双争”主题开展各类分享交流、实践活动超过 63 万场次,现场参与青年超过 1000 万人次。三是普遍开展社会主义核心价值观主题团、队日活动,推进青年网络文明志愿行动、“阳光跟帖”行动、保护母亲河、环保公益健走等系列活动。四是注重文化产品创作传播,制推出活动宣传片、专题网页和手机 H5,摄制《中国好青年》专题电视节目及《大漠青春》、《水滴之梦》电影和《青春传递》歌曲,举办第二届“向上向善”中国青少年微电影大赛和“诵经典·讲礼仪·传美德”活动。

4. 扎实做好军地共建共育工作。与解放军总政治部联合印发《深化共建共育做好青年官兵与青少年学生社会主义核心价值观培育工作的意见》,组织地方 100 所高校团组织和军队 100 个英模单位结成对子,开展“少年军校”、“走进军营”参观见学、话剧《英雄 24 小时》走进阅兵村、强军目标青年典型宣传、军地青少年学雷锋志愿活动等,形成了军地活动共建、精神共育,资源互补、协同推动的良好局面。

共青团网络新媒体工作

2015 年,全团认真学习贯彻党中央和习近平总书记对共青团参与网络舆论引导工作的一系列重要指示和要求,把网络舆论引导工作作为青年思想引导的主阵地、践行群众路线的练兵场、锤炼理想信念的大熔炉,召开了 10 万人规模的青年网络文明志愿行动电视电话会议和专题年中工作交流会,切实把全团的思想和行动统一到中央精神上来,努力在构建清朗网络空间中发挥积极作用。

一、强阵地，拓展工作平台

着力建设以团中央微博微信为龙头、覆盖全团的微博微信矩阵。目前，团组织和团干部认证微博达12.8万个，位居全国政务微博之首；微信公众平台规模以上账号超过4000个；在人民日报与新浪微博联合发布的排行榜中，10余个共青团微博进入全国政务微博百强行列。加强具有全国影响力的团属网站建设，中国青年网、未来网分别进入国内网站排名50位和100位区间。

二、建队伍，壮大工作力量

深化网络宣传员队伍建设，动员广大团员成为青年网络文明志愿者，引导他们把共青团员的先进性和担当精神延伸到互联网上，影响带动广大团员青年争当“中国好网民”，做清朗网络空间的建设者、维护者和受益者。实施“青微工程”，全年在中央团校、全国井冈山革命传统教育基地、共青农场等地举办多期学习培训班，不断提高工作队伍的政治素质和能力水平。

三、发声音，弘扬新风正气

主动融入全党网络舆论引导的总体格局，在坚持正面引导的同时，针对网络上攻击党的领导、诋毁共产主义、虚无革命历史、抹黑英雄模范等歪风邪气，敢于鲜明亮剑，团结广大团员青年旗帜鲜明地开展针锋相对的斗争。一是在“3·5”前后集中开展“为雷锋精神点赞”网络活动，大力弘扬雷锋精神，驳斥网上诋毁、抹黑雷锋形象的噪音杂音。二是在“加多宝侮辱英烈”事件中，组织网宣员对加多宝公司和@作业本无底线商业营销，以及部分“公知”与媒体的配合炒作行为进行持续发声反击，赢得了各界的充分肯定。三是“文登7·22案件”发生后，积极与中央网信办、公安部进行沟通联系，举报事件背后的“纳吧”等网上黑恶平台及其长期反党反社会的罪恶言行，积极营造风清气正的网络空间。四是针对攻击共产主义的言论，广泛开展“我们是共产主义接班人”主题宣传教育活动，在网上针锋相对地批驳错误言论，捍卫共产主义理想信念。同时，将活动延伸到线下，帮助广大青少年领会中国梦与中国特色社会主义、共产主义的内在统一关系，进一步树立和坚定远大理想。此外，还针对一些重点和热点事件积极发声，弘扬网络正能量。

四、广联络，汇聚强大合力

积极利用各领域网络资源，巩固扩大与互联网领域专家、学者、青年人才的交流合作。一是加强中国青少年新媒体协会建设，吸收460余名互联网业界知名和骨干人士参加，规范和活跃协会工作，加强成员联络，举办沙龙、座谈活动，发起“阳光跟帖”行动，不断壮大网上正面舆论宣传的专业力量。二是组建中国青年网络智库，首批成员40名，通过约稿、邀请讲课等方式发挥专家作用，为共青团网络舆论引导工作提供优质内容和专业指导。三是加强对网上爱国青年的联系，邀请参加“重走抗战路·青春向延安”纪念抗战胜利70周年主题活动和共青团网络宣传骨干培训，在网络思想引导中相互配合，赢得了他们的认可。

五、设议题，开展系列活动

主动设置议题，认真谋划开展了“青年好声音”系列网络文化行动，集中推出了10余个全国性网络活动，点击量均达数亿次，多次登上微博热门话题榜，持续掀起弘扬主旋律热潮。一是开展“学习总书记系列讲话精神”主题活动，设立“早安·青春”“学习总书记北大讲话”等微博话题，总阅读量超过1亿人次；二是开展“我为核心价值观代言”主题活动，吸引102万青年主动秀出自己对核心价值观的理解和感悟，话题总阅读量达3.97亿人次；三是清明节期间，联合中央网信办开展“清明祭英烈·共铸中华魂”主题活动，213.4万人在线留言献花、祭奠英烈，主网页浏览量达3.2亿人次；四是五四青年节期间，开展“争做向上向善好青年·争做文明守法好网民”主题活动，设立“中国好网民”和“青年节”微博话题，总阅读量超过1亿人次；五是开展“清朗网络·我来护苗”主题活动，号召青年网络文明志愿者积极行动，为未成年人营造安全健康的网络环境，总阅读量超过1亿人次；六是开展“我和国旗合个影”主题活动，吸引30万青年晒出和国旗的合影，总阅读量超过4.8亿人次；七是开展“我和红领巾”、“守护未来”等主题活动，总阅读量超过1亿人次；八是开展“阳光跟帖”行动，面向青少年倡导依法上网、文明上网、理性上网，总阅读量超过1.2亿人次。

六、做产品，增强工作实效

实施宣传思想工作产品化战略，抓住网络舆论“内容为王”的特点，运用青年喜爱的话语体系、表达方式、时尚元素，联合专业机构制作推出《我和我的国家引擎》动漫、“清明祭英烈·共铸中华魂”专题H5、《你好，青年》宣传片，邀请迟浩田将军及姚明、吴京、韩庚等青少年偶像拍摄新版少先队队歌MV、纪念抗战胜利70周年的摇滚版《黄河》等，点击量均达到500万以上，吸引了数亿人次青少年，在网上掀起了爱国主义热潮。目前，全团已初步形成涵盖宣传片、专题短片、动漫图集、游戏等形式的网络产品体系。

七、建组织，推进网界团建

加强同互联网业界团员青年的联系，按照《共青团中央 中央网络安全和信息化领导小组办公室关于大力推进互联网行业团建工作的通知》、《关于推进全国互联网行业团建工作的实施方案》的部署，开展互联网企业状况摸底调研，推动各地在重点互联网企业建立团组织。宣传部直接推动腾讯、新浪、百度、搜狐、小米等企业建立团组织。各地共推动8000多家互联网企业建立团组织或青年组织，增长31.6%。

深化非公团建工作

为创新工作机制，拓展团组织在非公企业中的有效覆盖，2015年8月，工商总局、共青团中央联合下发《关于发挥工商行政管理职能作用 加强新形势下非公有制经济组织团建工作的通知》（工商个字[2015]117号），对进一步加强非公有制经济组织团建工作作出部署和要求。《通知》指出，要发挥工商系统指导推进非公有制经济组织党建工作和对企业登记注册以及交易、竞争、退出行为全程监管的职能优势，把非公团建职责“嵌”入非公党建以及服务管理职能。要进一步扩大团的组织和工作有效覆盖面，加强调查摸底，建立起团组织与非公有制经济组织联系沟通渠道。

10月，全国非公有制经济组织团建工作推进会在山东省济南市召开。国家工商总局党组副书记、副局长刘玉亭，团中央书记处书记汪鸿雁出席会议，山东省副省长季缃绮代表山东省委、省政府出席会议并致辞。会上，汪鸿雁书记、刘玉亭副局长先后作出重要讲话，山东省工商局、团山东省委、湖南省工商局、团湖南省委、甘肃省非公企业团工委、浙江中国小商品城集团公司团委、长沙市个体私营经济组织团工委等7家单位以大会发言或书面交流的方式在会上交流了经验。

开展“团建优品汇”活动

为进一步落实“三严三实”专题教育的相关要求，推动机关事业单位基层团的工作增添新活力、创造新经验、贡献新力量，7 月起，城市青年工作部联合人民网在各级机关事业单位团组织中开展首届“团建优品汇”活动，动员机关事业单位基层团组织紧扣工作本职、职能特点、青年需求，围绕思想引导、组织建设、服务大局、服务群众、服务青年等工作方向，培育有形有效的团的工作项目。活动采取组织推荐、网上自荐互荐等多种途径，共征集了来自 27 个省（区、市）的近 500 个项目，涵盖了公共服务、行政执法、政策研究等多个领域。线上线下的动员评优机制引发了机关事业单位团员青年的热情参与，微信投票得票数超过 10 万的项目达 42 个，其中得票数超过 20 万的有 12 个，官网点击率达 600 多万次。最终，通过组织推荐、网络投票、专家审核等多方评价机制，共产生“团建优品”项目 100 个。通过专项评审会无记名投票，10 个项目被评选为“团建精品”项目。

青年文明号活动

1. 青年文明号创新创效创优活动。2015 年 4 月，全国青年文明号活动组委会下发《关于开展“青年文明号创新创效创优活动”的通知》，组织各级各类青年文明号围绕惠民服务、精细管理、社会共治等行业发展方向，立足本职工作，围绕服务内容、工作流程、营销模式、管理机制、操作技术等方面，开展创新创效创优实践活动，培育实用性推广性强的项目成果。活动共收集项目成果和成果展示作品 500 余个，并通过青年文明号官方微信、微博、工作群等持续推送各级青年文明号集体的优秀创新成果，促进经验广泛传播，推动行业改革发展。

2. 全国青年文明号评选和创建工作。评选产生“2013—2014 年度全国青年文明号”，共有来自 38 个行业（领域）的 1442 个一线青年集体获得团中央与 17 家部委的联合命名。2015 年 7 月，启动新届次全国青年文明号创建工作并下发《关于开展“2015—2016 年度全国青年文明号”创建工作的通知》，对基层创建活动、管理重点环节、名额调节办法等提出明确要求。13000 余个集体完成创建工作。

3. 青年文明号工作培训。5 月，全国青年文明号活动组委会办公室举办“青年文明号创建实务培训”，组织注会、快递、餐饮、电商、汽车等新兴领域行业团组织和龙头企业团干部，部分青年文明号集体代表参加工作培训。9 月，全国青年文明号活动组委会办公室举办“青年文明号创建工作培训班”，组织全国青年文明号组委会成员单位、支持单位，省级团委和部分行业团组织有关同志，青年文明号集体代表共120余人，就管理实务、发展思路、工作重点等开展集中培训。

4. 强化青年文明号创建基础。一是在传统领域延伸工作手臂。联合国家发改委、国家海洋局等行业主管单位，在发改系统的物价、能源、粮食等一线服务窗口开展创建工作；在海洋系统的海洋行政管理、维权执法、生态环保、预报减灾、载人深潜、大洋极地科考等领域开展创建工作。二是探索海外青年文明号创建工作。以部分央企驻外机构青年文明号活动实践为基础，开展海外青年文明号创建工作专项调研，推动相关央企加大探索力度。

区域化团建工作

2015年1月，团中央召开全国城市街道区域化团建工作现场推进会，对全面深化区域化团建工作进行了部署。第二批城市街道区域化团建工作随之启动，进一步构建扁平化、网络化的组织体系和社会化、常态化的工作项目体系，扩大团组织对各类青年群体的有效覆盖，打通服务青年工作的"最后一公里"。

1. 推动共建联建。一是坚持党建带动。指导各地借鉴区域化党建经验，在区域化大党建的格局下推动区域化团建。二是强化组织培育。各地或通过签订共建协议，推动驻外团组织融入区域化团建；或吸纳没有建团的非公企业加入共建委员会；或成立企业团建联盟、驻地企业联席会、城区村居连片共建委员会等多种形式，进一步壮大了组织。三是推动系统（行业）团组织对区域化团建工作实现"双融入"。指导中央金融团工委、中央企业团工委、全国铁道团委、注册会计师行业团委、汽车行业团指委等系统行业团组织动员全系统各级组织参与所在街道区域化团建工作。

2. 激发基层活力。一是进一步巩固和扩大工作阵地，增强服务供给能力。各地依托青年汇、青春家园、青年中心、亲青家园、青年空间、市民学校等青少年综合服务平台实体化建设，吸引各类青年和青年社会组织广泛参与。二是推广"双网互动"工作模式，启动"青年之声"试点工作。6月，在杭州举办全国城市街道区域化团建骨干培训班，推广"网上＋网下"、"网格＋网络"双网互动工作模式。9月，启动城市"青年之声"试点工作，结合区域内网格化工作空间，做好"青年之声"网络平台的落地服务。三是进一步打造和树立品牌工作项目。依托区域化团建构建的组织网络和资源平台，形成了一批如广东"粤团聚"、云南"七彩工程"、广西"社区微公益行动""新市民培训计划"等区域品牌项目。

3. 完善工作机制。一是建立示范带动机制。4至6月，分片区开展区域化团建"双学双促"（学经验，学创新；促建设，促活力）活动及督导调研，组织片区骨干进行现场观摩、交流讨论、学习借鉴，推广经验。选树首批200条区域化团建示范街道，发挥示范带动，推动区域化团建工作全面开展。二是建立各方参与机制。推动各地探索建立团的领导机关、系统（行业）团组织参与区域化团建的工作机制。三是完善工作协调机制。巩固和创新区域化的议事协商、资源整合、人才培养、活动共联、信息共享等运行机制。四是改进评价机制。制定《城市街道区域化团建工作考评指标》，科学设立和实施重点工作项目核查督办和评价通报机制，推动各地将参与区域化团建工作情况纳入五四红旗团委（团支部）、青年文明号等团内重要评选表彰，并注重听取所在街道团工委的意见。

截至2015年底，全国共有7365条街道开展区域化团建工作，共建成员单位总数超过15万家。其中，累计新建直属团组织12.94万个，联系青年社会组织3.44万个，新建各类青少年工作阵地1.82万个，建立新媒体平台1.72万个，开展区域性活动11.61万余次。

驻外团组织工作

驻外团组织工作着力以乡情这一社会机理为纽带，强化对进城务工青年的组织化梳理，不断提升驻外团组织服务流动青年、服务重点青年群体的能力和水平。

一是出台《关于做好当前驻外团组织工作的意见》（中青办发〔2015〕11号），将驻外团工委工作由“组织部牵头”调整为“城市部牵头”，进一步理顺工作体制。二是依托驻外团组织实现对进城务工青年群体有效引导的工作路径进行研究，进而调整思路、细化措施。三是推动驻外团组织融入流入地团的工作体系，逐步实现组织、干部和工作的融入，普遍将驻外团组织吸收进区域青年共建委员会。四是推进驻外团组织实体化建设，孵化培育、注册成立以服务流动青年为宗旨的公益类民办非企业单位、青年社会组织共50多家。五是举办2015年全国驻外团组织负责人骨干培训班，来自全国主要省市负责驻外团建工作的部门同志以及各级驻外团组织骨干近100多人参加培训。六是坚持“建、管、活”并举，对“班子人员流失严重、组织运行停滞、基层组织涣散”的驻外团工委开展整顿工作。经规范，现有驻外团工委省级120多家、市级750多家、县级2600多家，覆盖团员青年350多万。

青年就业创业见习基地建设工作

围绕“岗前对接、在岗管理、全程培训”三个关键环节，开展“见习助就业·牵手毕业生”岗位对接活动，清理整改见习基地、加强见习岗位对接、加强见习过程管理、开展见习评估与鉴定。截至2015年10月底，全团共有见习基地3.33万个，开展各类见习对接活动2100余场次，5.3万余家企业提供见习岗位80万余个，直接联系青年约102万人，帮助58万余名青年获得见习机会，其中约5.5万名青年在见习结束后实现就业。

农村青年思想引导工作

按照全团统一部署,针对农村青年思想实际,以中国梦和社会主义核心价值观宣传教育为重点,创新工作载体,务实推进农村青年思想引导工作。

1. 大力推进"寻找乡村好青年"活动,用身边榜样激励农村青年践行社会主义核心价值观。一是加强榜样选树。举办全国乡村好青年评审会,经过省级推荐、网络投票、评委评审三个环节,产生全国101名乡村好青年名单。2015年1月28日,国务院副总理汪洋在人民大会堂与全国乡村好青年代表进行了座谈交流。二是强化宣传推广。编辑出版《青春·沃野·希望——全国乡村好青年风采录》书籍,并免费发放到县乡一级;拍摄乡村好青年事迹及活动专题片,在全国党员干部现代远程教育网播出,推动各级团组织广泛举办乡村好青年分享会3.6万场。三是开展跟踪培养。指导各级团组织争取相关党政部门支持,将寻找发现与培养使用结合起来,促进好青年成长发展。天津、福建、河南、重庆、云南等省份对乡村好青年在培训、项目、资金等方面予以扶持。

2. 集中开展"共青团联系服务农村青年月"活动,探索建立联系引导农村青年新机制。一是举办各类文化艺术活动。各级团组织广泛动员青联委员、青年致富带头人、青年志愿者等力量,开展文艺演出、体育比赛、民间歌会等形式多样、富有地方特色的乡村青年文化活动39462场,参与青年超过200万人。江西、河南、广西、四川、云南、新疆等省份开展科技惠农、植绿护绿、村容治理等活动。二是积极推进春运志愿服务。各省广泛整合资源,为农民工提供代购车票、车辆接送、开通专列等服务。辽宁、湖北、广东、重庆、贵州推出春运志愿者、"农民工高铁专列"等服务。三是大力开展真情助困活动。江苏、浙江、重庆、四川、广西、宁夏等省份开展结对帮扶活动,帮助有困难的农村青年解决实际困难。黑龙江发放慰问金114.5万元,内蒙古联合人社部门提供就业岗位2000个。

3. 着力加强农村共青团微信体系建设,打通联系服务农村青年"最后一公里"。一是构建"两群一号"微信工作体系。全国共成立团干部微信群7.8万个、联系基层团干部198.3万人,成立团青微信群20.2万个、联系农村青年518.3万人,各级团组织开通微信公共号1.1万个,成为联系服务农村青年的新纽带。二是打造"青农"系列工作交流展示平台。成立新媒体工作小组,联合北京林业大学加强内容供应。将"青农"系列微信订阅号、微信群打造为传递工作信息、展示基层经验、交流工作情况、督促工作进度的重要平台。三是打通线上联系线下服务农村青年渠道。推动各级团组织运用微信群传递活动信息、收集青年普遍性需求,利用农村青年碎片化的闲暇时间开展活动、提供服务。河南封丘运用微信帮助当地村民销售辣椒6万余斤。

促进农村青年创业就业工作

以农村青年创业致富“领头雁”培养计划为统揽，启动实施“大学生返乡创业行动”“农村青年电商培育工程”等重点项目，累计推动发放创业小额贷款100.9亿元，获贷农村青年16.4万人，培训农村青年144.7万人，实现就业人数36.7万人；确认农村青年创业致富“领头雁”培养对象12万人。

1. 着眼资金难题，强化金融支持。一是积极创新信贷模式。探索符合青年需求、操作性强、聚合各类创业优惠政策的“青”字号专属金融产品，广泛开展联保、互保、抵押担保、信用担保及青年互助型、导师帮带型、基金支持型等新型担保方式。四川开发“蜀青邮贷”产品，广西推进“信贷扶持+财政贴息+技能培训+绿色通道”四位一体创业扶持模式。二是努力争取政策支持。积极争取政府资源，通过贷款贴息、风险投资、股权基金、信贷保险等方式，努力完善创业贷款优惠政策。江苏、安徽、四川等省份争取资金力度大。三是着力提升金融服务专业水平。联合银监会及金融机构召开电视电话会议，全面铺开选派银行业金融机构优秀青年干部赴县级团委挂职工作。与104家银行业金融机构合作，选派1893名优秀金融青年干部赴1806个县级团委挂职。山东金融挂职干部争取省财政1500万元专项资金为创业青年再补贴50%的利息；福建实现全省县（市）挂职全覆盖，并创建金融青年博士服务团。

2. 着眼技术难题，强化智力支持。一是不断加强与政府部门合作。与农业部、科技部、扶贫办、人社部合作开展“青年星火带头人培训工程”、“农村青年科技特派员创业行动”等示范培训项目，为基层开展培训营造政策环境。开展第四届“倾听心声 共促发展”活动，深入基层、走访青年、听取意见、把握需求。广西举办750余场座谈会，湖北举办各类分享交流活动152场次。二是积极整合市场资源。与微软、北方汽修等企业合作，为基层开展培训提供资源条件。天津、安徽、河南在争取资金、联合企业开展培训方面力度较大。三是着力加强专业辅导。整合高校、农业部门、农村青年创业协会等各方力量，聘请专家建立科技专家服务团，对协会会员和创业青年提供培训和咨询服务。江苏、湖北、湖南等省导师团发挥作用较好。

3. 聚合创业要素，强化平台建设。一是着力搭建创业展示平台。联合中央网信办、浙江省政府举办中国青年互联网创业大赛，全国共有1.2万个项目参赛；联合农业部、邮储银行、江苏省政府举办中国青年创新创业大赛（现代农业组），4.3万个项目、5万余名青年参加；组织19个省近百名农村青年致富带头人参加“第七届海峡两岸现代农业博览会·第十七届海峡两岸花卉博览会”。二是积极建设创业孵化平台。借助党政、高校、社会力量，推进青年创业园区、创业基地的规范化建设，为创业青年提供综合性创业服务。吉林、福建、陕西、青海等省工作力度较大。三是大力建设创业组织平台。加强省、市、县青年涉农创业协会组织建设，组织会员开展产业交流、信息互享、互惠担保等活动。全国层面组织会员200余人次赴共青农场、天津进行考察交流和产业对接。河南推动108个县成立涉农青年协会、覆盖80万人；广西14个地市均成立青年创业协会。

4. 强化示范引导，深化专项行动。一是联合农业部、中国农业银行实施“大学生返乡创业行动”。确定20个省作为第一批实施单位，为每个实施单位提供50万元的资金支持。省市两级共筹集配套资金3617万元、培养返乡创业大学生15506人。吉林、河南培训力度较大。二是深入推进“农村青年电商培育工程”。加强与商务部合作，资助31个省份举办39期示范培训班，带动各省举办95期省级培训班、766期市级培训班，培训农村青年10.7万人。联合中国邮政电子商务局、中国邮政储蓄银行三农金融部，在12个省试点启动农村青年电商培育工作。陕西联合省农业厅开展一村一品电商培训工作，累计培训6500人；天津举办青年电子商务创业训练营，培训1857人。三是广泛选树“领头雁”典型。邀请历届农村青年致富带头人、协会优秀会员、“大学生返乡创业行动”培养对象和优秀农村青年电商代表，以“青春创富故事汇”为主题，启动优秀返乡创业青年走进农林院校百场报告会。

青少年生态环保工作

以保护母亲河行动为牵动，围绕绿色理念、绿色生活、绿色队伍、绿色生产、绿色工程，积极树立“互联网+”思维，坚持组织化动员和社会化动员相结合，大力创新工作载体，推动全国31个省份争取资金及物资4.45亿元，组织动员青少年植树造林54.3万亩，开展宣传实践活动5042次，举办环保组织骨干培训895场次，共吸引1149.19万青少年积极参与。

1. 以青少年植树行动和示范性工程为载体，积极参与国家生态建设。一是连续五年联合相关部委发文部署推动青少年植树行动，集中开展流域性或区域性的各类青少年植树造林活动。山东、湖北等省份开展了“青春绿色行动”“绿满荆楚”等具有地方特色的植绿护绿活动。二是启动新疆库车项目等14个保护母亲河全国资助项目，资助总额达850万元，总面积1.7万亩。三是调度5省份12市91县团组织通过6轮次统一活动，扎实推进京津冀晋蒙青少年增绿减霾共同行动。四是开展植树交友活动。广西桂林、广东清远、山东日照、河北邯郸等地团组织立足青年情感需求，以“小树做媒 约吗”、“共植爱情树”等为主题，开展了各类植树交友活动。

2. 以品牌项目为依托，深化“青春建功美丽中国”主题活动。一是开展“六·五”世界环境日统一行动。全国30个省份、231个市、833个县团组织联合环保部门开展了以“青春建功美丽中国”为主题、形式多样的统一行动，吸引1886个青少年生态环保组织和116.7万余名青少年参与。二是开展“寻找身边的绿色卫士”活动和“绿色团队”争创活动。自乡镇团委起，逐级选树推荐“绿色卫士”、“绿色团队”，目前全国已评选产生县、乡两级“绿色卫士”60838人、县级“绿色团队”5909个，覆盖2115个县、17336个乡镇。三是启动首届京津冀晋蒙青年环保公益创业大赛。以“创意美丽中国 绿色红星生活”为主题，通过举办大赛推介会、挂牌建立项目孵化基地、开启大赛“伙伴计划”等方式，面向五省份青少年遴选和扶持一批优秀环保公益创业项目。

3. 以“互联网+环保公益”为模式，拓展青少年参与美丽中国建设的路径。一是启动

"绿色长征"公益健走活动。依托"悦动圈",以"用户健走40公里、赞助方捐1棵树"的方式,探索"互联网+环保公益"新路径。通过开展线上大PK、举办全国百余场线下冲关赛等方式,吸引27.1万余人注册参赛,组建了3.2万支队伍,覆盖2711个县及港澳地区。二是开展"健步走 晒家乡 绿色生活更健康"活动。2月至3月,通过跑步(健走)里程赚红包、捐绿树的形式,吸引2.55万名青少年自愿自发参与,募集红包4.4万个。三是培养青少年志愿精神。浙江、湖南、陕西等地团组织结合当地实际,激发和利用青少年的公益参与意识,深入开展小鱼治水微公益、万人清洁海滩、"竞走"募捐等各类生态环保志愿活动。

4. 以微公益项目为平台,建立动员公众常态化参与环保新机制。通过网络信息手段,动员青少年以"微捐"方式参与生态环境保护。截至目前,银联"Union - Tree微捐"、邮储行"绿动邮你"、农行"小积分大梦想"、东航"积分换爱心"、红星美凯龙绿色生活等保护母亲河系列微捐项目,完成70.2万余台支付终端改造,吸引79万余人次参与,筹资189万余元。江苏、广东、广西等地发挥自身优势,开发了团团菌3月专属绿色表情包、常青藤生态联盟线上众筹、"乐Tree乐趣""Tree - Flower微捐"等2100余个新媒体和微公益产品。

5. 以完善组织体系、培育组织骨干为抓手,服务和引导青少年绿色队伍健康发展。各地团组织通过建平台、促培训、强考核等举措,构建绿色队伍体系和定期交流机制。山东、河南、湖北、湖南等26个省份以青少年生态环保组织为对象,不断完善省、市、县三级联盟建设,集中开展环保组织"骨干特训营"、"城乡环境同治"、"美丽我家园"、"兴绿护绿行动"、"治污降霾 青年先行"等宣传实践活动。陕西开展2015年青少年公益项目竞争性选拔活动,举办第八届青年环保年会。安徽发动沿长江5地市启动青少年节能环保共同行动。

农村基层团建工作

按照"四个区域化"的要求,坚持普遍整顿与典型示范相结合、规范提升与整体活跃相结合的原则,以"百县千乡"分类示范创建为抓手,促进基层团组织建设规范、干部配齐配强、活动经常开展、机制不断完善,进一步夯实农村共青团的组织基础。

1. 以"八查八看"为重点,推动县乡团组织普遍开展对标整改,促进基层团组织规范提升。一是加强高位推动。制定下发操作指南、活动参考表,在井冈山、北戴河基地举办培训班,通过定期通报、编发专题简报、集中调研督导推动各省工作。浙江、山东、甘肃等24个省份召开现场推进会;江西、湖北、四川等省将分类示范创建活动纳入考核。二是注重层级联动。根据时间节点,通过选派干部参加下级团组织活动、省市县乡村统一行动等方式,明确各级任务分工,集中组织、同步行动,形成整体推进态势。24个省份、308个地市、2277个县、23106个乡镇召开对标整改阶段工作动员会。三是强化规范整顿。推动各级团组织围绕"八查八看",对照创建活动参考表,集中开展规范整顿,全国共新建直属团组织15985个、撤销7469个、整顿3.6万个。黑龙江梳理五方面100多个问题并逐个制定整改措施;山西为各乡镇发放管理制度手册。四是优化工作环境。推动26134个乡镇落实2万元工作经费,各省整合资金、物资共6000余万元支持基层。内蒙古制定"百企强百乡"共同行动22项工作任务目标责任状,上海、河南、广东、重庆、宁夏等省份开展青年汇、青年爱里、亲青家园、青年中心建设。

2. 以统一活动为抓手,推动县、乡、村团组织积极开展活动,促进基层团组织整体活跃。一是开展"温暖家园·关爱留守儿童行动"。各地结合暑期学生集中的契机,积极整合资源,广泛开展自护教育、学业辅导、爱心捐赠、结对帮扶等关爱留守儿童活动。全国共开展关爱留守儿童活动3.4万场、参与人数71.7万,整合资金5115万元。河北、江苏、浙江、四川、陕西、青海等力度较大。二是开展"互动青春·乡村青年交流联谊活动"。结合七夕节和农闲时节,积极整合资源组织乡村青年广泛开展相亲会、红歌会、球类比赛、游戏挑战等活动,丰富乡村青年文化生活。全国共举办青年联谊活动23772场、参与总人数146万。北京、黑龙江、广西、宁夏、新疆等省份举办青歌赛、三人篮球争霸赛、阳光体育项目等活动。三是举办"创梦未来·乡村好青年分享会"。结合国庆节,围绕大众创业、万众创新话题,组织"乡村好青年"和团员青年进行分享交流,引导广大农村青年立足农村创新创业。吉林拍摄视频宣传片在电视台连续播出;宁夏开展乡村好青年进农村、进校园活动。

3. 以集中述评会为统揽,推动各级团组织互查互比、互学互促,示范带动农村共青团工作水平整体提升。一是分级述评。11—12月,推动省、地市、县团委按照时间节点,分别举办"百县千乡"分类示范创建活动分级述评会,展示分类示范创建活动成果,帮助农村战线团干部熟悉工作、开拓视野、交流互助。通过召开述评会,在省、地市、县层面分别认定一批农村基层团建示范团委、创新项目,形成了一批规范化、可复制的具有区域特点的分类创建成果和工作典型。二是成果展示。开通专题网页,展示各省报送的示范县、示范乡镇、优秀项目,邀请网友、农村团员青年在线浏览、点赞,召开评审会,认定全国100个农村基层团建示范县、100个示范乡镇、100个农村团建创新项目。同时,通过制作颁发证书、列为"全国百名优秀团县委书记讲堂"候选人、在中央媒体报道等方式,加强奖励、宣传、推广。

中华全国学生联合会第二十六次代表大会

经党中央批准,中华全国学生联合会第二十六次代表大会于2015年7月24日至25日在北京召开。

会议期间,学联代表认真学习习近平总书记贺信和党中央祝词,审议通过了《关于中华全国学生联合会第二十五届委员会工作报告的决议》《关于中华全国学生联合会章程修正案的决议》和《关于践行"勤学修德明辨笃实"要求大力弘扬社会主义核心价值观的决议》,确定了中华全国学生联合会会徽,选举产生了全国学联第二十六届委员会和主席团。成功举办了"梦想与责任:青春的对话"分享活动、"教育部领导专题报告"、纪念抗战胜利70周年和港澳特邀代表活动等主要活动。

本次大会创新性开展了提案工作。为深入贯彻落实中共中央《关于加强和改进党的群团工作的意见》和《关于加强社会主义协商民主建设的意见》有关要求，发挥学联学生会组织代表、维护和反映青年学生普遍性利益诉求的作用，本次大会首次实行提案工作制度。一是做好制度设计，让提案工作有章可循，团中央书记处对大会提案工作高度重视，多次听取和研究提案工作，指导全国学联秘书处扎实开展相关工作，制定了提案工作办法，成立了提案工作委员会和提案工作指导委员会。二是做好审查立案，让代表提案合理有序。大会提案工作充分发扬民主，广开言路，得到了基层学联学生会组织的广泛响应，共收到代表提交的团体和多人联名提案217件，208件通过全国学联秘书处预审，206件经提案工作委员会审议正式立案。三是做好分类整理，让提案办理掷地有声。本次大会立案的提案，内容主要包括学联建设、思想引领、成长成才服务、权益维护、教育改革与发展、其他领域建议等6大类。大会闭幕后，提案工作委员会委托全国学联秘书处在提案工作指导委员会的支持帮助下，提请有关方面开展提案办理工作。提案的办理情况将在下一年度的全国学联主席团会上进行报告。

本次大会体现了青年学生共同参与的群众性和广泛代表性。在671名代表中，正式代表540名，特邀代表47名，列席代表84名。540名正式代表中，高等学校学生会代表357名，占正式代表人数的66.1%；高等学校和科研机构研究生会代表29名，占正式代表人数的5.4%；中等学校学生会代表119名，占正式代表人数的22.1%；民办学校与独立学院学生会代表26名，占正式代表人数的4.8%；留学生组织代表9名，占正式代表人数1.6%。特邀代表中，解放军院校（含武警院校）代表10名，宗教类院校代表5名；为贯彻落实中央党的群团工作会议精神，还专门由每个省级学联推荐1名，共32名普通同学作为特邀代表参会。此外，大会还邀请了港澳部分高校学生组织组成31人的观摩团列席会议。

本次大会完善了新一届全国学联组织机构。全国学联着眼于贯彻落实中央党的群团工作会议精神，紧扣当前自身建设中的突出问题，依法依章程创新组织架构，改进工作方式方法。一是着眼推动重点工作，在全国学联第二十六届主席团中成立了学术与科技创新工作委员会、校园文化建设工作委员会、社会实践与志愿服务工作委员会、创业就业促进工作委员会、学生社团组织工作委员会、合作交流工作委员会、权益维护与自律工作委员会等7个专门工作委员会；二是着眼加强同类别高校学生会组织间的交流和工作协同，在全国学联第二十六届委员会中成立了普通本科院校学生会工作委员会、高等院校与科研教育机构研究生会工作委员会、普通中学学生会工作委员会、中等职业学校学生会工作委员会、高等职业学校学生会工作委员会等5个工作委员会。按照《中华全国学生联合会章程》有关规定，通过自愿报名、组织遴选、委托考察等程序，确定了2015—2016年度全国学联驻会执行主席8名。

高校共青团宣传思想工作

掀起宣传贯彻落实中央党的群团工作会议、中央4号文件精神以及团十七届四中全会精神热潮。在中央党的群团工作会议召开后，高校共青团通过举办专题培训班、座谈会等方式，以宣讲、分享、交流等形式迅速在高校战线形成全员学习氛围，共组织全国层面各类团学干部专题读书班、培训班10场次，覆盖约1800人，带动各地举办省级、市级、校级相关培训班3500多场次，覆盖约50万人次。

扎实推进高校共青团学习宣传贯彻习近平总书记系列重要讲话精神“四进四信”活动。2015年3月中旬，高校学习宣传贯彻习近平总书记系列重要讲话精神“四进四信”活动全面启动。团中央学校部设计研发上线“‘四进四信’学习”专用APP和微信游戏，在官方微信、微博平台开设“学习天天见”等专栏；组织撰写9篇系列评论文章，全网阅读量超过1.5亿人次；开展了全国高校“四进四信”优秀项目评选及百佳学生理论学习社团创建、百篇优秀理论成果文章遴选活动。各地各高校广泛开展各类学习活动，截至年末，活动共覆盖高校2431所，开展主题团日活动58.8万余场，开展社团活动6.8万余次，开展主题线上活动1000余个，创作相关文化产品1.4万件，省级层面开展专题培训近200次，充分实现了学习“进支部、进社团、进网络、进团课”的目标，形成了广泛的社会影响。

深入开展培育和践行社会主义核心价值观活动。2015年3和9月，结合开学季在全国大、中学校开展了“社会主义核心价值观主题宣传月”活动；五四期间集中开展了“如何练好习大大传授的‘八字真经’”主题团日活动20余万场；在暑期“三下乡”活动中专门组建100支重点实践团队开展“社会主义核心价值观”专题宣传；结合中国电信奖学金评选，遴选产生50名“践行社会主义核心价值观先进个人标兵”、1700名“践行社会主义核心价值观先进个人”；在高校开展了1000个践行社会主义核心价值观“示范团支部”创建遴选和100名“百佳团支书”寻访活动；完成百个军队英模单位和百所地方高校共建共育工作。

深化创新各类主题教育活动。组织开展学校共青团纪念中国人民抗日战争暨世界反法西斯战争胜利70周年主题宣传教育活动，在北京、辽宁、河北等8省份开展祭扫烈士陵墓、瞻仰历史遗址、寻访老战士和慰问军烈属等形式多样的主题宣传教育接力活动，开展“勿忘国耻·圆梦中华”口号传递、“祭英烈·寄哀思”点亮蜡烛等线上活动；召开纪念“一二·九”运动80周年纪念座谈会，在大中学校广泛开展“致敬‘一二·九’，共筑中国梦”主题演讲、征文等系列活动。继续开展“与信仰对话”主题教育活动，支持开展200场全国重点报告会，邀请复旦大学教授张维为、中央电视台主诗人张泽群、尼格买提及国家级残疾运动员王家超等一批在学生中有一定影响力的人士深入大学校园，各地各高校共开展省、校级“与信仰对话”报告会超过1万场，线上线下覆盖学生超过700万人次。

持续拓展网络新媒体宣传领域。制定高校“青年之声”平台建设实施方案，召开专题工作启动推进会，遴选100所重点试点高校，推动各地近1000所高校开通了校园“青年之声”平台；组建约457万人的高校青年网络文明志愿者队伍，巩固40万人的高校网络宣传员队伍，在50所直接联系高校组建学生“网络文明促进会”并发起成立工作联盟；筹建全国学校共青团新媒体运营中心，发布新媒体排行榜，推动全国、省级、校级微博、微信、APP等新媒体矩阵互联互动，推进掌上校园（Myouth）试点；目前，省级团委学校部均建立微信公众号，全国建立校级团组织微信公众号近3000个，团中央学校部官方微博粉丝数超过280万、微信公众号关注量约20万；抓住五四、开学季、毕业季、抗战胜利70周年等时间节点，开展“清明祭英烈”、“勿忘国耻·圆梦中华”等线上主题活动，组织编发正能量转播内容产品近万条，累计阅读量超过2亿。

高校共青团学习宣传贯彻习近平总书记系列重要讲话精神“四进四信”活动

2015年3月，按照全团部署，高校共青团结合举办2015年首期高校团委书记学习习近平总书记系列重要讲话精神专题培训班，全面启动学习宣传贯彻习近平总书记系列重要讲话精神“四进四信”活动，团中央书记处第一书记秦宜智出席开班仪式并讲话。

注重加强顶层设计，总体成效显著。团中央学校部组织撰写了9篇“四进四信”活动系列评论文章，全网阅读量超过1亿人次；联合团中央网络影视中心开展“四进四信”活动网络访谈，设计研发上线“‘四进四信’学习”专用APP和微信游戏，在官方微信、微博平台开设“学习天天见”等专栏；开展了全国高校“四进四信”优秀项目评选及百佳学生理论学习社团创建、百篇优秀理论成果文章遴选活动等。截至年末，活动共覆盖高校2431所，开展主题团日活动58.8万余场，开展社团活动6.8万余次，开展主题线上活动1000余个，创作相关文化产品1.4万件，省级层面开展专题培训近200次，充分实现了学习“进支部、进社团、进网络、进团课”的目标，形成了广泛的社会影响。

省级层面重点示范，确保落实力度。团北京市委启动“四进四信鲛争做四可青年”活动，重点推进“基层团支部思想领航工程”、“首都高校理论社团成长季”、“高校新媒体互动平台建设”、“首都高校团学骨干培养计划”等4方面专项行动。团重庆市委按照高校团委形成特色品牌、院系团组织主抓团学骨干、基层团支部抓主题团日活动进行分层级部署。团湖北省委发动所有高校团支部、学生社团开展“百生讲坛”项目竞赛，并组建报告团开展团课巡讲活动。团广东省委动员141所高校党政主要负责同志为团员学生上团课，解读总书记系列重要讲话精神。团河南省委以“勤学习、铸信仰、促成长”为主题，面向全省高校学生集中开展学习总书记系列重要讲话精神征文暨演讲比赛。团福建省委重点以学习总书记在闽工作期间撰写的《摆脱贫困》一书为抓手，开展学习读后感和“八字真经”青春故事汇作品征集活动。

学生团支部广泛发动，扩大覆盖广度。华东政法大学团委在全校235个团支部中开展微电影拍摄大赛，以身边故事为切入点，通过学生的镜头和视角阐释总书记讲话精神，吸引超过5000人次参与拍摄制作，受众近10万人次。南京师范大学团委开展“部步为营”青春学“习”汇活动，组织团支部结合专业特点学习宣传讲话精神。南开大学历史学院各团支部专门组建党史理论学习小组，研究总书记讲话精神的历史脉络与理论渊源。北京财贸职业学院团委组织全院137个团支部与东城区、通州区的社区对接开展践行“八字真经”志愿活动等。

学生理论社团重点突破，提升学习热度。河北农业大学团委举办学生社团“学‘习’心得文艺作品展示月”，实施“理论学‘习’图书漂流计划”，在校园中营造浓厚学“习”氛围。东南大学、厦门大学等团委推动成立多个学生理论社团，并提供活动场地、工作经费等支持。浙江大学团委在学校理论社团中培育学生宣讲团，开展理论社团宣讲“进支部”活动，既壮大了理论社团的发展，也使其成为校园理论宣传的重要力量。北京高校成立“首都大学生‘中国梦鲛社会主义核心价值观’学习践行团联盟”，在全市高校启动首都大学生“四进四信”知识竞赛，通过情景演绎、知识问答等环节，对总书记讲话精神进行广泛传播。

网络新媒体创新发力，拓展空间维度。北京师范大学团委成立“网上理论研究室”，构建团学理论研究O2O模式。福建师范大学团委、河北大学团委围绕总书记讲话精神设计了“扣好人生第一粒扣子”“我与中国梦”等若干子主题，每周围绕一个主题在微博、微信等平台发起集中讨论。上海高校学生自发开展“学习习大大讲话，点赞‘四个全面’”网络宣传活动，转发量在两天内即达到一万余条。北京科技大学团委设计网络文明大使动画形象，创作3部动画片、50余幅动漫组图、50余篇脱口秀贴文，用生动鲜活的语言和妙趣横生的卡通形象传播讲话精神。重庆邮电大学“红岩网校”工作站自主开发了“学用典·赞习大大”、“重邮问问答”等手机游戏，访问量在半个月时间内超过了5万次。

团课内容不断丰富，强化学习深度。清华大学、吉林大学、北京中医药大学等团委组建青年教师宣讲团。东华大学团委从关工委老教授、学校理论宣讲团、优秀青年教师中招募“团学合伙人”，建立讲师团队。郑州大学团委组织学生骨干开展“新角度鲛新视野鲛新思维”时政观察活动。江苏大学团委组织青年教师和团学干部，到周边的淮安周恩来总理纪念馆、镇江世业洲等基地开展学习和重走“习大大”路线，帮助青年师生在实践中进一步加深对党的历史的学习、对总书记讲话精神的领会。

全国大中专学生暑期“三下乡”社会实践活动

突出鲜明主题，打造品牌专项。2015年“三下乡”社会实践活动紧密围绕学习贯彻习近平总书记系列重要讲话精神，以“践行‘八字真经’投身‘四个全面’”为主题，组建了全国、省级、校级重点实践团队共9.8万支，共动员860多万人次学生参与，广泛开展理论宣讲、实践观察、科技支农、教育关爱、文艺服务、爱心医疗等志愿服务活动。联合中央国家机关工委继续在暑期实施中央国家机关大学生（“紫光阁”）实习计划，在2014年试点基础上扩大了参与学校范围和实习岗位，来自全国22所高校的93名大学生在13个中央国家机关的业务、综合、党群等岗位开展实习工作。开展“新疆学子百村行”社会实践活动，组织新疆各高校172支实践团队、1.2万余名大学生分赴北疆、南疆、东疆等10个地州50余个县市，深入基层300个村（社区）开展民族团结政策宣讲、基层社情调查等活动。动员对外经贸大学、石河子大学等发起实施了“丝路新世界，青春中国梦”专项实践行动，100多所高校的300多支团队参与，首次探索了大学生社会实践首席专家制度。此外，与中国电信、辽宁省旅游局、井冈山全国青少年革命传统教育基地等合作开展5大类专项行动，组织重点团队近700支。

紧扣时政热点，突出思想引领。2015年正值纪念抗日战争暨世界反法西斯战争胜利70周年，各地各高校紧紧把握教育契机，开展抗战英雄寻访、“抗战精神”宣讲等实践活动，深化爱国主义教育。上海团市委组织20余所大中专学校近700名学生拍摄录制“歌声穿越70年”主题音乐宣传片。天津大学“建功立业”暑期社会实践服务团走进潜山革命老区，开展以“铭记历史，开创未来”为主题的爱国主义系列调研实践系列活动。团中央学校部还在全国高校大学生骨干培训班和学生理论学习社团中招募组建了150支实践团队，结合全国高校共青团学习宣传贯彻习近平总书记系列重要讲话精神“四进四信”活动，深入农村乡镇、城市社区、厂矿企业等，结合时政热点，围绕习近平总书记系列重要讲话精神和社会主义核心价值观开展形式多样的普及宣传活动。

服务经济社会，凸显活动价值。在2015年暑期社会实践中，全国各类高校、中职学校，在广泛动员的基础上，深入企业、社区开展社会实践，积极投身经济社会建设。海南团省委打造以“互联网+”思维推动“三农”服务项目，组织大中学生走访了2104个行政村，调查了5649个农村致富能人和3522位返乡大学生，收集了9438份调查问卷，做了373场互联网+、电子商务知识宣讲，为1405名村民做了一对一培训，帮助农户建设和试运营了434家网店。江苏团省委针对基层经济社会发展和干部群众生产生活中的实际需求，发挥高校智力优势，组织相关专业力量，与服务对象结成对子，建立长效机制，切实解决当地困难。云南团省委通过多种方式，大力宣传《禁毒法》，让人们了解新型毒品和艾滋病知识及其危害。福建省大中专学生印发了10万份农技知识、环保知识等宣传资料，为农村和企业发展提出了200多条合理化建议，解决120多个农业和企业技术难题。吉林团省委组织了10所高校医疗专业学生分赴全省350余个农村社区开展医疗质询、体检等服务，服务群众10000余人次，赢得了群众的赞许。

融合第一课堂，深化育人实效。在今年的活动开展中，各地各高校注重主动融合第一课堂教育教学，结合第一课堂教学内容设计项目，开展实践。北京航空航天大学将社会实践与专业学习相结合，开展“千人百厂”主题社会实践。河北工业大学开发“第二课堂”质量监控体系，有效融合一二课堂教育教学内容，推进了实践育人工作科学化。西安电子科技大学利用学校信息技术优势，组织学生为数字新长安青年信息化示范网长安区一级网站、乡镇青年中心二级网站的规划、设计和建设贡献力量。重庆大学将社会实践贯穿学生学习、生活，指导留守儿童学习并建立“一对一”作文辅导模式，长期进行心灵沟通和交流。上海各大中专学校通过团课、主题团日教育活动，让社会实践走进课堂，使社会实践项目产生持续影响。

注重新媒体宣传，扩大品牌影响。各省突出实践特色，在充分发挥传统媒体作用基础上，积极探索新媒体宣传。上海团市委组织开展了最佳社会实践宣传作品评比，鼓励学生通过讲述实践故事辐射更多同学，创作、发布社会实践宣传作品5000多个，阅读量突破400万。江苏团省委通过PU平台，开展实践成果展示和经验交流，907个优秀团队和个人在PU平台上共享了影像材料，分享了特色做法和先进经验，44.7万名同学参加了“三下乡”网络实名投票和观摩交流。重庆“三下乡”社会实践活动受到纸质媒体宣传报道2889次、网络报道13341次、电视报道893次，各高校发布原创微博11818条，原创微信3923条，微电影3部。山东大学“调研山东”活动规模从首届的50支团队、400余人发展到今年的813支团队、1.1万人，累计形成调研成果1000余篇。

青年马克思主义者培养工程

专业水平和资源支撑持续加强。一是团中央、全国学联于2015年12月召开了高校“青年马克思主义者培养工程”工作推进会。团中央书记处第一书记秦宜智出席会议并讲话。团中央书记处书记傅振邦主持会议。中央宣传部、教育部等有关司局负责同志出席会议并讲话，部分高校党委分管领导、各省级团委负责同志及学校部部长、部分高校团委书记、中国大学生骨干培养学校学员代表等140余人参加会议。会议总结了青马工程实施8年来的经验和成果，为下一步工作的有力推动指明了方向。二是面向全国高校遴选“‘青年马克思主义者培养工程’全国研究培训基地”，借助学校的专业力量和智力资源，承担“青马工程”理论研究、课程开发、示范培训、咨询智库等职责。经过申报、专家评审等环节，确立北京大学、中国人民大学等29所高校为首批青马基地。

大学生骨干培养深入推进。一是2015年7月开展了中国大学生骨干培养学校第八期学员暑期实践锻炼活动。实践活动以“青春梦中国心江苏行”为主题，历时11天，分为统一教学、实践锻炼和集中总结三个阶段进行。在统一教学、集中总结阶段，学员们在南京师范大学听取了《大学生成才与成功》、《统一认识、推进工作的行动指南和根本遵循——学习习近平总书记系列重要讲话》、《“一带一路”背景下我国海洋安全战略》等报告。在实践锻炼阶段，学员分成4个实践分团，分别赴徐州市、苏州市、连云港市、盐城市开展了为期7天的基层实践锻炼。二是2015年12月7日至15日，举办了中国大学生骨干培养学校第八期结业暨第九期学员理论学习周，第九期共招收学员217人，并且首次尝试通过网络新媒体直接遴选17名优秀大学生。理论学习周期间，学员们进行了《马克思主义基本观点原理和方法》、《“四个全面”战略布局》、《党的十八大后我国外交战略》、《当前我国国防战略》等课程学习，组织了“TED演讲：大学生骨干如何践行‘严实’”、SEED青年发展论坛等主题活动，并赴全国人大、新华社、国家海洋局等中央国家机关进行政务参访。

青年教师工作不断拓展。2014年12月下发通知，由每个省级团委选取本地一所工作基础较好、具有一定代表性的高校进行共青团加强青年教师联系服务工作示范点建设。2015年全国共有32所高校开展此项工作，内容主要包括健全青年教工团组织、搭建青年教师交流沟通平台、推动青年教师与学生间教学相长、服务青年教师发展等。部分高校通过加强教工团组织建设、成立高校青年联合会、设立青年工作委员会等方式，努力搭建高校团组织与青年教师的联系平台、青年教师之间的交流平台。2015 年，继续联合教育部从全国高校中选派 400 名团干部和青年教师到基层团组织挂职锻炼，为他们了解国情民情、提高能力素质提供机会。

全国各民族学生暑期同心营活动

为深入贯彻落实中央民族工作会议精神和习近平总书记关于加强民族团结进步教育系列重要讲话的相关要求，帮助各民族青少年加强民族交往交流交融，牢固树立“三个离不开”和“五个认同”思想，按照全团“青少年民族团结交流万人计划”的有关安排，由团中央、全国学联主办，面向各民族大学生、中职生、中学生组织开展了暑期同心营活动。

全国各民族大学生暑期同心营。活动于 2015 年 7 月 30 日启动、8 月 8 日结束，为期 10 天，350 名来自新疆、西藏、内蒙古、宁夏、广西等 5 个少数民族自治区，甘肃、云南、四川、青海 4 省藏区，以及天津市的各民族大学生代表共同参与了本期“同心营”。天津市委常委、市委组织部部长尹德明，团中央书记处书记傅振邦出席启动仪式并致辞。

活动期间，营员们同吃、同住、同学习、同实践，共同参加“同心共筑中国梦”主题报告会、“奋斗的青春最美丽”故事分享会，加强理想信念教育；聆听“天津青年大讲堂 · 海河讲坛”，开展“国学达人”挑战赛，接受优秀传统文化教育熏陶；互学民族语言、共学民族礼仪，促进民族文化交流和民族团结；赴天津滨海新区参观知名企业和产业园区，感受深化改革的发展形势。通过活动开展，营员们增进了解、加深友谊、相互尊重、相互包容、共同成长，感受了祖国的灿烂文化和日新月异的改革新貌，理解了各民族共同团结奋斗、共同繁荣发展的时代内涵，也增强了对伟大祖国的认同、对中华民族的认同、对中华民族文化的认同、对中国特色社会主义道路的认同。

全国各民族中职学生暑期同心营。活动于 7 月 27 日—8 月 5 日在广西举行，共有来自 5 个自治区和四川、云南、甘肃、青海等 4 省藏区的 300 名各民族中职学生参加，少数民族类别和人数为历年最多。

全国各名族中学生暑期同心营。活动主体由 300 余名中学生组成，共同参加为期 10 天的同心营活动。活动期间，营员们听取了习近平总书记系列重要讲话精神的主题教育讲座，听取了民族团结主题讲座，更加深刻地认识到了民族团结的重要意义；聆听了“北京近代历史风云”讲座，参观了国家博物馆，观看“复兴之路”主题展览，游览了故宫博物院，感受了首都悠久的历史文化底蕴，激发了营员的强国梦；参观了中国科技馆、北京天文馆，体验了现代科学技术的魅力，激发了营员绚丽的科技梦；开展了素质拓展、分组交流、趣味运动会等交流联谊活动，释放了激情，展示了风采，激发了营员的青春梦；参观北京大学、清华大学校园，访名校风华，开展“我的青春我的梦”分享会、“与人生对话——我的中国梦”主题团日等活动，引导营员牢记习近平总书记的教导。这些活动让营员们充分感受到了祖国悠久灿烂的历史文明和日新月异的发展变化，深刻理解了共同团结奋斗、共同繁荣发展的多元一体格局。

中华学子青春国学荟

为引导激励青少年学生继承和弘扬中华优秀传统文化，培育和践行社会主义核心价值观，增强青少年学生的文化自信和价值观自信，2015 年团中央、全国学联、全国少工委、山东省人民政府联合主办了中华学子青春国学荟，主要内容包括“国学达人”挑战赛，面向全国大、中、小学校和地市或县级团委遴选优秀国学社团和优秀国学项目，以及中华学子青春国学荟展示活动。中华学子青春国学荟活动拟在山东永久落地，举办周期为两年一届。

“国学达人”挑战赛分为网络挑战赛和地面挑战赛两部分。在网络挑战赛中，共有全国 32 个省级单位、1862 所高校、19399 所中小学的 156.8 万余名青少年实名注册参赛；“国学达人”地面挑战赛包含了基层、省（区、市）、全国三个层级，参与规模超过千万人次，共授予 3400 余名青少年“国学达人”称号。遴选优秀国学社团和优秀国学项目主要面向全国大、中、小学校和市县级团委来开展。通过基层申报、专家评审和网络投票，共面向全国遴选了 100 个优秀大学生国学社团、100 个优秀中学生国学社团、100 个优秀红领巾国学小社团、100 个优秀国学教育文艺作品、50 个地市或县级团委面向区域内中小学生开展的国学教育项目。

按照习近平总书记“讲清楚每个国家和民族的历史传统、文化积淀、基本国情不同，其发展道路必然有着自己的特色；讲清楚中华文化积淀着中华民族最深沉的精神追求，是中华民族生生不息、发展壮大的丰厚滋养；讲清楚中华优秀传统文化是中华民族的突出优势，是我们最深厚的文化软实力；讲清楚中国特色社会主义植根于中华文化沃土、反映中国人民意愿、适应中国和时代发展进步要求，有着深厚历史渊源和广泛现实基础”的重要论述，着重从权威性、群众性和导向性三个维度，开展和推进第一届中华学子青春国学荟有关工作。

新疆、西藏与内地各族少年儿童“书信手拉手”、“中学生结对子”活动

为深入贯彻中央民族工作会议、中央新疆工作座谈会和西藏工作座谈会精神，贯彻落实党中央和习近平总书记关于加强各族青少年民族团结进步教育、深入培育和践行社会主义核心价值观的重要指示，结合青少年特点和工作实际，团中央、全国学联、全国少工委自2014年7月起，先后组织开展了新疆、西藏与内地各族少年儿童“书信手拉手”、“中学生结对子”等活动。

新疆与内地各族少年儿童“书信手拉手”、“中学生结对子”进展情况。2014年7月，团中央启动百万新疆各族少年儿童与内地少年儿童“书信手拉手”、“中学生结对子”活动。截至目前，在“书信手拉手”活动中，共有280.1万名少年儿童参与，发信总数230.6万封，其中，新疆（含兵团）3366所中小学、96.4万少年儿童参与结对，向内地发信54.1万封；内地19个对口支援省市，共有3972所中小学、183.7万名少年儿童参与结对，向新疆（含兵团）发信149.9万封；疆内有34.5万各族少年儿童参与，发信26.4万封。在“中学生结对子”活动中，新疆有1127所中学、120.5万名学生参与，向内地发信34.1万封；内地有1215所中学、52.4万名学生参与，向新疆发信61.3万封。

西藏与内地各族少年儿童“书信手拉手”“中学中职学生结对子”进展情况。在深化新疆活动的同时，2015年7月，团中央启动了西藏与内地各族少年儿童“书信手拉手”和“中学中职学生结对子”活动。截至目前，在“书信手拉手”活动中，西藏和内地有21.7万各族少年儿童参与结对，发信总数12.8万封；其中，西藏570所小学、2.75万名少年儿童参与结对，向内地发信1.86万封；内地17个对口支援省市，有725所小学、18.95万名少年儿童参与结对，向西藏发信10.97万封。在“中学中职学生结对子”活动中，西藏和内地共有23.6万学生参与，发信总数6.1万封；其中，西藏129所中学中职学校、17.6万学生参与，向内地发信1.58万封；内地113所中学中职学校、6.05万名学生参与，向西藏发信4.66万封。

全国中学生模拟联合国大会

为进一步促进模拟联合国大会活动在中学的广泛开展，促进全国各地中学生彼此交流和学习，增强中学生思辨能力，拓展国际视野，勇于追求梦想，打造有影响力的中学共青团工作品牌，发挥共青团实践教育活动在助推中学生成长成才方面的作用。2015年8月，团中央学校部、全国学联秘书处联合河南团省委学校部，共同举办全国中学生模拟联合国大会。

本次模拟联合国大会活动由从全国选拔的50支中学代表队组成，每队8名参会学生、1名指导教师。活动共设置8个委员会，包括3个英文委员会，4个中文委员会和1个主新闻中心。本次模拟联合国大会为参会的中学生们提供了一个学习探讨有关和平与冲突、政治经济发展、疾病、人权、环境可持续性等全球焦点话题的平台。

模拟联合国大会对于青年学生更好地分析和把握世界格局和国际关系，拓宽国际视野、增强参与国际事务的能力提供了一个很好的平台。广大青年学生通过参加模拟联合国大会不断增强了对国际组织的历史分析能力、对国际规则的批判分析能力、对国际制度的比较分析能力和对国际治理的实践参与能力。

“彩虹人生——奋斗的青春最美丽”优秀中职毕业生校园分享活动

为深入推进中职学校“我的中国梦”主题教育实践活动及培育和践行社会主义核心价值观活动，2015年4月，团中央学校部部署在全国中职学生中继续开展“彩虹人生——奋斗的青春最美丽”优秀中职毕业生校园分享活动。活动开始以来，一大批优秀中职毕业生典型走进校园、走进班级团支部，讲述分享自己的青春奋斗故事，积极为社会主义核心价值观代言，取得良好的育人效果。

在2015年首届全国职业教育活动周期间和“一二·九”前后，团中央学校部组建由冯鸿昌、刘娟、罗兵、谢海波、杨璐凯、郑久强、周旺、聂凤、惠希奇、高举、陈平、王海东、林莲妹、钟振华、邵旭鹏等16名优秀中职毕业生组成的“彩虹人生——奋斗的青春最美丽”优秀中职毕业生全国校园分享团，先后赴北京、贵州、广西、甘肃、宁夏、内蒙古、山西、江苏、安徽等省市的中职学校开展校园巡回分享，期间开展集中校园分享会32场，班级团支部分享交流活动113场，现场听众2万余人，在广大中职学生中旗帜鲜明地弘扬了“奋斗成就彩虹人生”的价值导向。

在全国分享活动的示范带动下，各地各中职学校统一抓手、上下联动，分层级、有步骤、全方位地推广开展分享活动。全年共组织开展分享活动3万余场，直接受益学生达1300万人次。

中国少年先锋队第七次全国代表大会

在党中央的高度重视和亲切关怀下，中国少年先锋队第七次全国代表大会于2015年6月1日至2日在北京召开。习近平总书记亲切会见全体代表并发表重要讲话，寄语全国各族少年儿童从小学习做人、从小学习立志、从小学习创造，对少先队组织提出要求，为当代少年儿童的健康成长和少先队工作指明了前进方向。中共中央政治局委员、国家副主席李源潮代表党中央致祝词。团中央书记处第一书记秦宜智、教育部部长袁贵仁分别代表团中央、教育部致辞。团中央书记处书记、全国少工委主任罗梅作工作报告。会议期间，全体代表认真学习习近平总书记“六一”重要讲话和党中央祝词，认真学习团中央、教育部致辞，审议通过了工作报告，选举产生了新一届全国少工委。

深化少年儿童思想引导工作

一是深化“红领巾相约中国梦”活动。“六一”期间，发动基层中小学少先队组织以“红领巾相约中国梦——关注少代会，当好小主人”为主题，普遍开展入队仪式、红领巾小心愿传递、主题队日等活动。二是开展“我是向上向善好队员”主题活动，引导少先队员在学校“日进一步”、在家庭“日尽一责”、在社会“日行一善”。建队66周年纪念日期间，全国中小学少先队组织普遍开展“我是向上向善好队员”、“我们是共产主义接班人”主题活动。三是加强选树宣传典型。依托未来网持续开展“最美少年”选树活动，各地推荐“最美少年”个人和集体21674个。

“优秀传统文化在我身边”活动

利用假期和地方优秀传统文化资源，组织引导少先队员开展“参加一项传统民俗活动”、“参观当地一个历史名胜”、“学讲一个传统故事”、“为长辈做一件事情”、“做一次文明宣传员”等活动，通过开展主题队会、分享活动体会，加深孩子们对中华优秀传统文化的体验感悟。组织参与“中华学子青春国学荟”。发动少先队员参与“国学达人”挑战赛网上答题。

在各地推荐基础上，全国推选出“优秀红领巾国学小社团”。建设优秀传统文化网络学习宣传教育平台。支持未来网建好“中国少年国学院”。

少先队活动课程建设工作

持续推动基层中小学落实每周1课时少先队活动课，15万余所中小学将少先队活动课列入课表。根据中央要求、第七次全国少代会精神，组织修订颁行《少先队活动课程指导纲要(试行)》，指导基层少先队组织学好用好，鼓励创新创造，研发配套课程资源。发动区县、地市和省级少工委层层开展“星星火炬杯”少先队活动课说课展示活动。

少先队辅导员队伍建设

根据团中央、教育部、全国少工委《少先队总辅导员设置管理办法(试行)》，重点推动地市级、县区级总辅导员的配备。

开展辅导员分级全员培训。在全国青少年井冈山革命传统教育基地举办学习贯彻第七次全国少代会精神全国少先队地市级以上总辅导员培训班，在团中央北戴河培训基地举办2015年全国优秀少先队小干部和辅导员培训班，在中国青年政治学院举办“国培计划(2015)”——中小学骨干少先队大队辅导员培训班。全国省市两级开展大规模集中培训10424次，共培训辅导员46.4万人。

中华全国青年联合会第十二届委员会全体会议

2015年7月24日，中华全国青年联合会第十二届委员会全体会议在北京人民大会堂开幕。中共中央总书记、国家主席、中央军委主席习近平发来贺信，代表党中央向大会召开表示热烈祝贺，向全国各族各界青年和青年学生、向广大海外中华青年表示诚挚问候。中共中央政治局常委、中央书记处书记刘云山出席大会开幕式。赵乐际宣读了习近平的贺信。李源潮代表党中央向大会致祝词。刘延东、刘奇葆、孙春兰、杜青林、赵洪祝、杨晶、沈跃跃、陈晓光出席开幕式。

团中央书记处第一书记秦宜智向大会致辞。中国科协书记处第一书记尚勇代表人民团体向大会致贺词。团中央书记处常务书记、十一届全国青联主席贺军科代表全国青联第十一届委员会常务委员会作工作报告。开幕式由贺军科主持,团中央书记处书记罗梅、汪鸿雁、周长奎、徐晓、傅振邦参加开幕式。出席全国青联十二届全委会的委员1311名。中央和国家机关及军队有关部门负责同志,首都各界青年和青年学生代表等参加了大会开幕式。

7月25日下午,全国青联十二届全委会完成各项议程后在京闭幕。这次大会总结了全国青联5年来的工作,研究确定未来5年的工作任务,修改了《中华全国青年联合会章程》,选举产生全国青联新一届领导机构。贺军科当选为十二届全国青联主席,罗梅、汪鸿雁、周长奎等20名同志当选为十二届全国青联副主席。会议选举产生了243名全国青联第十二届委员会常务委员会委员。

台港澳青年交流工作

开展大陆青年科技工作者赴台交流活动。2015年1月21日至24日,应台湾青创总会邀请,全国青联组派"大陆青年科技工作者交流团"赴台访问交流。中国青年科技工作者协会会长、中国科学院院士、中国科学技术大学副校长潘建伟担任交流团团长。交流团拜会了台湾著名的科技园区、医院及高科技企业,并与台湾科技领域专家和台湾青商总会、台湾青创总会、中华青年企业家协会等台湾青年社团进行交流。

赴港澳出席"五四"青年节纪念活动。5月2日至6日,应香港各界青少年活动委员会和澳门青年联合会邀请,全国青联交流团赴港澳参加活动。交流团参加了香港金紫荆广场五四升旗礼、香港福建同乡会"五四"菁英论坛、澳门青年联合会"我最喜爱的中国好故事"评选启动礼等活动,并与部分港澳地区全国青联委员座谈交流。

赴港澳出席博鳌亚洲论坛系列活动。5月18日至21日,应博鳌亚洲论坛组委会、澳门青年联合会和香港菁英会邀请,全国青联副主席、中国工程院院士邓中翰先后赴澳门、香港出席"博鳌亚洲发展论坛(澳门)"和"2015博鳌亚洲青年论坛"活动,并作为演讲嘉宾,分别就"青年创智—亚洲新未来"和"亚洲的创新时代、创新人才与创新文化"等议题发表主旨演讲。

开展大陆青少年事务社会工作赴台交流活动。8月9日至13日,2015年大陆青少年事务社会工作赴台交流团一行15人赴台湾开展交流。

开展内地大学生赴港交流实践项目。由全国青联举办的"内地大学生赴港交流实践"活动于8月24日至30日在香港举行。来自内地18个省区市的68名优秀大学生与香港大学生和各界青年代表进行了深入交流。两地大学生共同拜会了香港立法会、民政事务局等机构以及外交部驻港公署,听取立法会议员黄定光、民政事务局林文明主任、外交部驻港公署负责人等介绍有关情况,参观了中银香港及新世界集团、香港童军总会等机构。

开展2015年"香港大学生暑期内地实习

计划”。由团中央、全国青联和香港中联办共同举办的2015年“香港大学生暑期内地实习计划”于6月6日至8月15日在北京、上海、天津、重庆、山东、江苏、浙江、广东、福建、广西、湖南、内蒙古、宁夏等全国13个省、自治区、直辖市举行。来自香港各高校的1300多名大学生到内地开展为期一个月的暑期工作实习。实习期间,还组织香港学生开展了丰富多彩的交流活动。

举办第十三届海峡青年论坛暨第七届两岸青年社团负责人圆桌会议。6月11日至14日,第十三届海峡青年论坛暨第七届两岸青年社团负责人圆桌会议在厦门举行,包括两岸青年金融峰会、两岸学生“起点营”交流分享会、海峡青年创业论坛、海峡两岸青年农业电商项目交流对接会、两岸青年骑行最美福建活动和咖啡会商活动等。

内地与香港高校首次联合举办“挑战杯”香港地区选拔赛。大赛由广东工业大学和香港科技大学联合举办,包括“智慧城市”国际专项竞赛和国际大学生创新创业峰会,来自11个国家和地区的近千名大学生代表参加了活动。7月27日至28日,应香港科技大学邀请,全国青联负责人傅振邦率交流团赴港出席“智慧城市”国际专项竞赛决赛。

开展香港青年创新创业交流活动。8月6日至9日,“四海一家·香港青年创新创业交流团”一行1700人在北京开展交流。国家副主席李源潮、国务委员杨洁篪分别会见交流团成员,傅振邦参加会见。交流团还参观了北京航天城、社区青年汇、新农村建设等,并与阿里巴巴董事局主席马云互动交流。

举办第十届两岸青年联欢节暨第三届海峡青年节。8月8日至9日,第十届两岸青年联欢节暨第三届海峡青年节在福州举行,团中央书记处第一书记秦宜智出席联欢节有关活动。联欢节活动以“中国梦·中华情”为主旋律,主要包括海峡青年(福州)峰会、“青年携手·青春圆梦”青年联欢会、两岸青少年志愿者生态保护共同行动、海峡青年交流营地奠基等活动。

举办第二届两岸学生起点营活动。8月18日至27日,第二届两岸学生起点营在福建举行,该活动由全国学联、台湾中华杰出青年交流促进会主办,福建省学联承办。来自台湾地区35所高校的50名学生组织负责人以及大陆39所高校的50名学生会负责人参加了两岸学生未来领袖圆桌会、两岸校园歌手赛等39场活动。

举办港澳青少年国情之旅系列活动。4月21日,澳门中华总商会青委会交流团到访团中央,秦宜智、贺军科会见了该团,交流团还参观考察了中粮集团。5月22日至25日,香港青商总会一行34人在北京、天津举办国情研习班。研习班全体学员参加了以“香港基本法与行政长官普选”和“一带一路是中国的国家战略”为主题的学习研讨会,拜会了中央统战部、国务院港澳办和全国政协港澳台侨委员会,参观考察了武清开发区、第三届绿化博览会展园等。交流团还拜访了全国人大港澳基本法委员会、外交部、国务院港澳办等机构,并赴井冈山基地和江西南昌市交流考察。

民族宗教工作

一、青少年民族团结交流万人计划

2015年青少年民族团结交流万人计划包含8个交流项目,共有2700余名青少年参加活动。

一是全国少数民族大学生骨干社会实践与社会观察活动。2015年7月28日至8日,全国少数民族大学生骨干社会实践与社会观察活动在天津市举办。本次活动以"团结凝聚民族心·青春共筑中国梦"为主题,来自新疆、西藏等10个省、自治区22个民族的350名大学生骨干参加了活动。期间,各族大学生聆听了知名专家和中国青年五四奖章获得者的辅导报告,组织了"民族团结一家亲"主题辩论赛,参观了东北民族民俗博物馆、朝鲜族民俗展览等少数民族博物馆,拜谒了东北抗联烈士陵园,举办东北抗联革命史专题讲座,参观了伪满皇宫博物院、朝鲜族革命斗争史展览、珲春口岸等爱国主义和革命传统教育基地,开展了各民族学生"一对一"结伴行动、"精品文化惠青年"、"万人计划延边情"民俗体验活动,举办了"三走"大学生校园趣味运动会、"校园好声音"青春歌会,参观了长东北核心区规划建设展览馆、长影电影博物馆、吉林青年创业园、延边朝鲜族自治州成果展览,参与了"碧水蓝天环保行"、"绿色环保我先行"等志愿服务活动。

二是全国各民族中学生暑期同心营活动。7月28日,由共青团中央、全国学联主办,中央民族大学承办的2015年全国各民族中学生暑期同心营活动在北京拉开帷幕。来自内蒙古、广西、西藏、宁夏、新疆和北京的264名中学生齐聚一堂,共同参加为期10天的同心营活动。各民族中学生同心营活动已连续举办6期,本次同心营活动的主题是"民族团结一家亲,同心共筑中国梦"。活动期间,营员们将通过聆听专家讲座、举办"我的青春我的梦"主题分享会、走访知名高校、参观博物馆、体验民宿、学习民族韵律操、观看少数民族文艺展示、参加趣味运动会等活动。

三是全国各民族中职学生暑期同心营。2015年7月28日至8月4日,全国各民族中职学生暑期同心营活动在广西南宁举办。来自内蒙古、广西、西藏、宁夏、新疆等5个自治区和四川、云南、甘肃、青海等4省藏区的300名各民族优秀中职学生代表欢聚一起,围绕理想信念教育和民族团结交流主题,通过理论学习、民族民俗风情体验、家庭生活体验、现代职业教育体验、现代广西体验、践行社会主义核心价值观志愿服务等活动,开展国情考察和民族文化交流,充分了解国情、广西区情、民情、社情,零距离感受丰富多彩的多民族文化。

四是"红领巾相约中国梦"交流体验活动。2015年8月10日至14日,"各族少年手拉手"夏令营活动在山东青岛举办,来自各地56个民族的少先队员代表参加了夏令营活动。本次夏令营以"各族少年手拉手,共圆美丽中国梦"为主题,少先队员走进海军,体验部队生活,接受国防教育,增进民族感情,开展了形式多样的学习交流和实践体验活动。举办了"各族少年手拉手,共圆美丽中国梦"主题队会,各族营员相互介绍风土人情、表达对解放军的热爱和敬意,战士们讲述从军经历、与营员们一起交流。

五是新疆青少年融情夏令营活动。2015年暑期,新疆团区委组织全疆14个地州市和兵团部分师市的720名各族青少年开展"民族团结好伙伴”融情夏令营活动,依托各地青少年活动和爱国主义阵地,开展了形式多样的参观、交流、素质拓展等活动。同时,12个地州市在援疆省市团组织的支持下,组织2200余名少先队员赴内地参加了融情夏令营,促进各族青少年从小学在一起,玩在一起,成长在一起。2015年,疆内疆外融情夏令营人数达4000余人。同时,继续深化“我在农村(城里)有个家”、“你来我家吃馓子,我到你家吃粽子”等日常化融情实践活动,引导各族青少年在交流交往交融过程中结下民族团结的深厚友谊。开展“民族团结好伙伴”评选表彰活动,对30个维护和践行民族团结的伙伴、对子、圈子、集体等先进典型进行表彰。

六是西藏青少年民族团结交流活动。2015年下半年,来自西藏7个地市的近400名各族青少年,分8批次赴北京、河北、上海、湖南、湖北、安徽、广东等对口援藏省份开展了主题交流活动。来自西藏各行各业的青年代表和中学(中职)生走进内地高校,与内地青年学生进行面对面地互动交流;走进爱国主义教育基地,加深对党领导各族人民取得革命胜利伟大历程的认识;走进知名企业和各地乡村,直观感受改革开放以来国家社会发展取得的伟大成就;走进青年文明号、团委行政服务中心、青少年活动场所等共青团组织的品牌和阵地,了解各地共青团和青少年工作情况;走进各类文化场馆,聆听主题讲座和报告,品读中华文化的内涵和精髓。

七是藏传佛教青年代表人士学习考察活动。11月8日至14日,团中央、全国青联组织开展的2015年西藏藏传佛教青年代表人士学习考察活动在江苏举行,来自西藏自治区各地州市的藏传佛教青年代表人士、活佛共30余人参加了活动。期间,学习考察团一行拜会了江苏省佛教协会,参观了牛首山佛顶宫、古鸡鸣寺、扬州大明寺、无锡灵山等佛教场所,同江苏省佛教协会负责人和佛教青年代表人士开展了座谈交流;听取了江苏省经济社会发展和民族、宗教事务管理等专题讲座;参观了南京博物院、中山陵等历史文化场所和爱国主义教育基地;考察了扬州东关街文化街区、无锡华西村新农村建设,实地感受江苏经济社会发展成就。

八是伊斯兰教青年代表人士学习考察活动。10月25日至31日,11月15日至21日团中央统战部、全国青联秘书处分别在上海市、广东省举办2015年新疆伊斯兰教青年代表人士学习考察活动,来自新疆维吾尔自治区各地州市伊斯兰教优秀青年教职人员、新疆伊斯兰教经学院教师和部分宗教培训点学生共60人参加了活动。

二、共青团对口支援新疆、西藏和四省藏区工作

民族地区工作领导小组办公室与各对口支援省市和受援地反复沟通,进一步明确了2015年计划实施的工作项目,其中援疆工作项目334个,援藏工作项目289个,支援四省藏区工作项目97个。工作推进有序,能够按照工作进度计划逐项落实。

三、培养计划

2015年团中央继续从新疆、西藏等11个民族地区各级专兼职团干部和党政机关、事业单位、高等院校、科研机构、国有企业等选拔了150名优秀年轻干部,分两批赴中东部9个省(直辖市)进行为期三个月的挂职锻炼。

四、支持民族地区工作

在团中央民族地区工作领导小组的统筹推动下,团中央机关各部门、各直属单位围绕民族地区共青团工作实际和青少年成长需求,突出民族团结教育和青少年交流活动、服务青年创业就业、青年人才培养等重点,提出支持民族地区工作的具体举措并形成《团中央支持民族地区工作方案》,2015年确定支持民族地区工作项目68个。

截至2015年底,团中央机关各部门、各直属单位共完成民族地区基层组织建设、民族地区青年创业就业、民族团结主题教育实践活动、民族地区各类青年人才培养、民族地区助学助教、民族地区青少年活动阵地建设、其他项目等7大类,76个支持项目,超额完成了全年支持民族地区工作。

五、宗教界青年代表人士学习考察活动

10月18日至23日,由共青团中央、全国青联组织的第十五次全国宗教界青年代表人士学习考察活动在北京举办,共有来自佛教、道教、伊斯兰教、天主教、基督教的50余名全国、省级青联宗教界委员参加了考察交流活动。

青年社会组织“伙伴计划”

“伙伴计划”是团中央、全国青联的一个品牌系列项目。该系列项目立足于社会治理体制创新实践,认真思考、探索和谋划共青团、青联在青年社会组织体系中充分发挥枢纽作用的内容和机制,不断加强联系、服务和引导工作,努力在基层社会建立与青年社会参与方式相适应、以共青团为核心、以青联为枢纽、各类青年社会组织协同合作的青年工作体系。

2015年春节期间,全国青联在全国范围内开展了“春暖童心”青年社团陪你过年活动。活动一方面充分发挥青年社会组织类型多样、服务多元的优势,引导他们有序参与到服务留守儿童、进城务工人员随迁子女等困难青少年群体的事业中来,另一方面还广泛动员青联委员“下基层、接地气”,更加贴近困难青少年群体。各省青联组织积极行动,与当地青年社会组织协同合作,开展了以成长陪伴、城市融入和捐赠助困为主要内容的各具特色的活动。

2015年暑期,团中央、全国青联在全国范围开展了“缤纷夏日·快乐童年”——青年社会组织为留守儿童暑期送欢乐公益行动,广泛动员青年社会组织参与,为农村留守儿童和进城务工人员随迁子女提供“接力式”服务。各级团青组织通过网络体系,收集到当地最需要帮助的留守儿童和进城务工人员子女的需求信息,同时以自由自愿、优中选优的原则,动员积极向上、服务能力强的青年社会组织积极参与,确保供需信息有效对接,提升了服务质量。在统一主题、统一标识下,青年社会组织发挥了服务精细化、专业化优势,广泛开展有益于少年儿童身心健康的各类活动。活动中,直接以承接项目形式参与活动的青年社会组织共704家,服务项目数902个,覆盖地区683个,服务青少年14万余名。

两个活动均是与青年社会组织建立伙伴关系,对留守儿童和进城务工人员随迁子女困难青少年群体开展持续性、日常性服务的公益活动。共青团、青联组织通过该项目努力打造了资源整合平台,把青年社会组织的好想法好项目与广大青年的爱心、资源和时间充分结合起来,让青年社会组织在青联的帮助下有更适合的舞台展示风采、更便捷的途径实现价值、更丰富的载体放大工作效益。

科技与海外学人工作

1. 博士服务团。2015 年,中央组织部、共青团中央从中央国家机关和东部省市选派 390 名具有博士学位的优秀青年人才,组成第 16 批博士服务团赴西部地区、革命老区和边疆民族地区服务锻炼。中中央组织部、共青团中央按照《博士服务团工作管理办法》,坚持“按需选派、人岗相宜、重在服务、加强锻炼”原则,尊重选派和接收双方的实际需求,今年继续扩大选派规模,增加近一倍,为历年之最。服务锻炼时间由原来的 1 年调整为 1 至 2 年,更加灵活,有利于工作持续稳定。重点向西藏、甘肃、青海、新疆等地倾斜,选派人数占总数的 41.6%。人员结构更加合理,大多是当地经济社会发展急需紧缺的各类专业技术人才,其中 82% 以上具有副高以上专业技术职称,是既有业务专长又有一定管理经验的复合型人才。

2. 海外学人回国创业周。2015 年,海外学人回国创业周活动紧密围绕党和国家大局,紧扣地方政府需求和青年留学人员需要,按照“小规模、高频次”原则,先后在江苏苏州、淮安、四川成都、广东珠海、天津、河北张家口举办。活动期间,举办了“菁蓉镇杯”创新创业大赛、“中国梦,创业梦”主题演讲、“双创特区直通车”、“东学西读”汉语文化大赛、创新创业环境特装展和创新创业项目路演等活动,收到来自世界各地的海外学人发来的各类项目 6600 多个,正式签约或达成活动意向的 1400 余个,吸引了 9600 多名海外学人参加了活动。

3.“科技之光”青年专家服务团。青年专家服务团走进新疆和西藏,开展了 21 场青少年健康专题讲座,发放了 2 万册各类青少年科普书籍,在西藏林芝市巴宜区疾病预防控制中心和新疆喀什市第一人民医院设立了 2 个青年专家诊室,向西藏和新疆捐赠了价值 90 万元的医疗设备、30 万元的常用药品和 30 万元的手术治疗费用,举办了 5 场青年医生培训讲座,为 370 余名青少年进行了义诊,为 40 名肾结石患儿免费手术,为 162 名师生免费验光配镜,取得了良好的成效。

青少年维权权益工作

开展“共青团与人大代表、政协委员面对面”活动。围绕“健全青少年社会化服务体系”主题,各级团组织深入开展主题调研和集中活动,推动人大代表、政协委员在同级“两会”上发出集中呼吁。2015 年 2 月 13 日,团中央召开“面对面”活动座谈会,邀请部分全国人大代表、政协委员研究提出政策建议。十二届全国政协三次会议上,贺军科同志代表团中央、全国青联以“加快社工队伍建设,为困境青少年成长提供专业服务”为题作大会发言。下半年,各地围绕 2016 年“面对面”活动主题“促进青年创业”,深入开展调研并向团中央推荐优秀调研报告606篇。

建设“青少年维权在线”平台。按照专业、有效、公益、便捷的要求,组织公益律师和心理咨询师为后台专业力量,第一时间答复青少年网上咨询,同时延伸线下服务功能,对于进一步的求助实现网下对接,提供专业的法律和心理服务,做到“疑难有答复、求助有回应”。5月,召开“青少年维权在线”网络平台建设工作研讨会。此后,由各省级团委权益部牵头,在每个地市(有条件的在每个县区)明确12355服务台等线下对接机构,在后台注册的法律专家和心理专家有6387人。截至年底,关注“青少年维权在线”微信公众号的用户已达12432人,咨询提问总数243件。

深化“青少年权益工作创新”试点工作。在全国45个试点城市继续探索拓展共青团权益工作空间的有效途径,围绕9个试点方向,重点推进活跃未成年人保护机构、构建社会化维权工作体系、针对热点事件和典型案例稳妥发声、建立青少年权益状况监测研究体系等。结合各地自评材料、实地考核督导情况和日常工作了解,对各试点城市进行中期考核评估。鼓励各地争取配套资金、重点工作项目等,加大试点工作力度。

推进12355青少年服务台建设。结合全团基层综合服务平台建设,鼓励各地拓展已有12355服务台功能,建设社区、学校、商圈工作站点。与全国律师协会未保委合作,在17个城市试点建设青少年法律服务中心,对合作律师承办的青少年权益个案给予补助资金。开展“轻松备考·12355与你同行”中高考减压行动,动员8000余名心理咨询师、教育专家和其他专业志愿者举办减压活动近9000场次,覆盖581.66万人次的考生和家长。团中央12355新浪微博已有粉丝265万,各地权益部门和12355服务台开通工作微博800余个。

开展青春自护专项活动。寒暑假期间,以“青春自护·平安春节”和“青春自护·暑期安全”为主题,动员各级团组织和12355青少年服务台,围绕道路交通安全、防火防灾、防范烟花爆竹意外伤害、食物中毒、防溺水、假日娱乐场所安全、女童保护、留守儿童心理健康、禁毒、防拐反拐等内容开展自护教育活动。探索将“生命教育”主题作为自护教育的重要内容。委托专业机构创作《青少年自护宝典》四格漫画366幅,在微博微信等平台推送,并与中国少年儿童出版社合作出版。

深化预防青少年违法犯罪工作。在全国1155个县级地区开展重点青少年群体服务管理和预防犯罪第二轮推开工作,对工作成效进行等级评估,相关青少年和未成年人涉罪、犯罪数据明显优化。10月,中央综治委预防青少年违法犯罪专项组首次以电视电话会议形式召开重点工作推进会,中央、省、市、县四级综治委“预青”专项组成员单位近7万人参会,部署第三轮推开工作。牵头起草《关于进一步深化预防青少年违法犯罪工作的意见》,推动以中办、国办名义印发。与中央综治办联合开展专题调研,推进专门学校建设和专门教育工作,开展社会力量参与有不良行为或严重不良行为青少年专门教育第一轮试点。

加强青少年事务社工队伍建设。联合民政部开展全国首批青少年事务社会工作示范项目评选工作,评选出101个示范项目。举办全国青少年事务社工队伍建设专题培训班,对省市两级团委、青少年事务社工服务机构人员进行培训,提升团干部、实务工作者专业能力。指导推动各地围绕目标任务,大力建设青少年事务社会工作服务网络和工作体系,目前全国青少年事务社工已达5.6万人,青少年事务社工机构4174个,青少年社会工作逐步从制度创制向专业实践拓展,从点上开花向全国全面推进,从服务特殊青少年向惠及更多普通青少年延伸。

完成相关答复和征求意见工作。认真完成交由团中央答复办理的全国人大代表、政协委员所提议案、建议、提案共142件，其中人大建议57件，政协提案85件。答复全国人大法工委、国务院法制办对于《国家安全法》、《慈善法》、《反家庭暴力法》等法律法规的征求意见，在参与法律制定过程中代表和反映青少年权益。对《残疾人事业“十三五”纲要》、《国务院关于加强困境儿童福利保障工作的意见》、《国务院关于加强农村留守儿童关爱服务工作的意见》等政策文件提出修改意见。参与起草《国家中长期青年发展规划（2016—2025年）》。

青年对外交流工作

一、中日青年交流

2015年4月22日至26日，应日本东京青年会议所、日本《每日新闻》社邀请，以全国青联主席助理万学军为团长的工作组一行4人访问日本东京。代表团拜会了日本内阁府，会见了日本国会议员小渊优子、日本农林水产大臣林芳正。5月26日至30日，应全国青联邀请，以日本青年会议所2015年度会头柴田刚介为团长的日本青年会议所代表团一行60人访问了北京、郑州两地。团中央书记处书记徐晓会见代表团主要成员。11月2日至5日，以副党首福岛瑞穗为团长的日本社民党代表团一行来华访问。在京期间，团中央书记处书记、全国青联副主席周长奎宴请代表团。11月16日至19日，应全国青联邀请，以理事长鸠山由纪夫率团为团长的日本友爱协会代表团一行8人来华访问，出席第二届“友爱国际摄影大赛”颁奖仪式。团中央书记处书记罗梅出席颁奖仪式并宴请代表团。此外，在日本政府实施的21世纪东亚青少年大交流计划框架下，派遣了60人规模的中国青年代表团访日，并与日本外务省、创价学会、日本青年团协议会等组织开展了人员交流。

二、中韩青年交流

根据两国政府的相关协议，全国青联和韩国女性家族部负责实施了中韩青少年500人互访项目。2015年，全国青联先后分两批接待韩国青少年共500人访华，分两批派遣中国青少年共400人（另100人由外交部派遣）访韩。

全国青联和韩国国际交流财团负责实施中韩青年100人互访和中韩青年领导者论坛项目。8月17日至21日，应全国青联邀请，以韩国国际交流财团理事长柳现锡为团长的韩国青年代表团一行93人对我国北京、青岛进行了友好访问。在京期间，团中央书记处第一书记秦宜智会见了代表团主要成员，团中央书记处常务书记、全国青联主席贺军科与代表团团长签订了两组织友好交流协议，并宴请代表团全体成员。10月31日至11月4日，以共青团中央书记处第一书记秦宜智为总团长的中国青年代表团99人赴韩访问。期间，李克强总理与黄教安总理共同出席了首届“中韩青年领导者论坛”活动并分别致辞。

三、中蒙青年交流

2014年8月，习近平主席访问蒙古国期间，中蒙两国领导人达成共识，宣布自2015年起连续5年，中方每年邀请100名蒙古国青年代表访华，蒙方每年邀请50名中国青年代表访蒙。5月21日至27日，以蒙古国外交部新闻宣传局局长卡丹巴特尔·漫达胡其其格为团长的蒙古国青年代表团一行86人访问了北京、张家口、南京和扬州。在京期间，全国青联副主席周长奎会见代表团主要成员。2015年8月16日至24日，以团中央书记处书记徐晓为团长的中国青年代表团一行48人访问了乌兰巴托。在蒙古国期间，蒙外交部国务秘书德·嘎恩乎雅格，矿业部副部长、人民党青年联盟主席特穆仑，以及人口发展与社会保障部青年发展司司长孟河图新分别会见了代表团主要成员。蒙古国青年联合会总秘书长阿拉坛·苏和、副主席侧仁·巴图等主要负责人与代表团主要成员进行了工作会谈。

四、东盟青年干部培训班

为贯彻落实党和政府的周边外交政策，培养东盟各国知华友华的青年一代，全国青联自2002年3月起，在广西设立中国（广西）国际青年交流学院，并启动了东盟青年干部培训班。2015年共举办4期培训班，为东盟4国（越南、老挝、柬埔寨、缅甸）培训青年干部149人。

五、中国—东盟青年营

为落实国家领导人在历次中国与东盟领导人会议上关于"邀请东盟青少年访华，主办青年营、夏令营、青年企业家论坛等交流对话项目"的倡议，自2006年起，全国青联每年邀请东盟十国青年代表来华参加中国—东盟青年营。8月2日至9日，应全国青联邀请，来自东盟十国的80名青年代表来华参加第九届中国—东盟青年营活动，并访问了贵州和广东。团中央书记处书记、全国青联副主席周长奎会见了各国代表团团长。

六、中印尼青年交流

根据习近平主席2013年10月访问印尼期间与印尼时任总统苏西洛达成的共识，以及两国政府随后发表的《中印尼全面战略伙伴关系未来规划》有关精神，双方于2014年至2018年每年互派100名青年访问对方国家。9月3日至12日，应全国青联邀请，以印尼青年与体育部副部长助理伊玛姆·古纳文为团长的印尼青年代表团一行100人访问了北京、宁夏和福建。在京期间，共青团中央书记处第一书记秦宜智会见代表团主要成员。

七、中越青年友好会见

"中越青年友好会见"是共青团中央与越南胡志明共青团中央共同举办的大规模青年友好交流活动。活动发起于2000年，迄今已成功举办15届。4月5日至14日，应共青团中央邀请，以越南胡志明共青团中央第一书记阮得荣为团长、书记邓国全为副团长的越南青年代表团一行98人来华参加第15届中越青年友好会见，并访问了北京、上海、陕西和广西。在北京，中共中央总书记、国家主席习近平和越共中央总书记阮富仲共同会见了两国青年代表。11月4日至9日，应越南胡志明共青团中央邀请，以共青团中央书记处第一书记秦宜智为团长的中国青年代表团一行199人赴越南参加第16届中越青年友好会见，并访问了河内和广宁。在河内，中共中央总书记、国家主席习近平与越共中央总书记阮富仲共同会见了两国青年代表。

八、中缅青年交流

2014年11月，李克强总理赴缅甸出席第9届东亚领导人峰会并访问缅甸期间，宣布2015年邀请100名缅甸青年访华。9月21日至25日，应全国青联邀请，以缅甸外交部东盟司副司长敏都为团长的缅甸青年代表团一行100人访问了北京和上海。

九、中柬青年交流

2014年5月，习近平主席在上海主持亚信峰会期间同柬埔寨首相洪森进行会谈，双方一致肯定2013年洪森之子洪玛尼率柬青年百人团访华取得的良好成效，要求进一步加强中柬青年交流，继续开展柬青年百人团访华交流。2015年6月21日至25日，应全国青联邀请，以柬青年联合会主席、国会议员洪玛尼为团长的柬埔寨青年代表团一行97人访问了北京和天津。在京期间，中联部副部长刘洪才、外交部副部长刘振民、全国青联主席贺军科分别会见了代表团主要成员。

十、中印青年交流

2014 年 9 月习近平主席访印期间，中印两国发表《联合声明》，充分肯定中印青年交流对增进相互了解的重要意义，宣布延续青年互访活动并扩大青年代表团规模。2015 年 8 月 19 日至 27 日，应全国青联邀请，以政府青年事务和体育部副部长拉吉夫·古朴塔为团长、以尼赫鲁青年中心联盟主任迪拉瓦尔·辛格少将为副团长的印度青年代表团一行 189 人访问了北京、上海、浙江、陕西和广东。在北京，全国青联主席贺军科会见了代表团主要成员。11 月 16 日至 25 日，应印度政府青年事务和体育部邀请，以全国人大代表、共青团中央书记处书记傅振邦为团长的中国青年代表团一行 186 人访问了德里、北方邦、古吉拉特邦、马哈拉斯特拉邦、奥里萨邦和西孟加拉邦。在德里，印青体部国务部长索诺瓦尔会见了代表团主要成员，副部长古朴塔宴请了代表团全体成员。

十一、中巴青年交流

根据中巴两国《联合声明》，中国与巴基斯坦于 2015 年继续开展百名青年互访交流。12 月 21 日至 27 日，应全国青联邀请，以省际联络部联秘阿弗塔·贾马勒为团长的巴基斯坦青年代表团一行 93 人访问了北京、四川和河南。在北京，中共中央政治局委员、国家副主席李源潮会见了代表团。

十二、中尼青年交流

根据中尼两国政府《联合声明》，中尼双方于 2015 年继续开展青年互访交流。4 月 18 日至 23 日，应尼泊尔政府邀请，以全国青联副主席汪鸿雁为团长的中国青年代表团一行 49 人访问了加德满都、蓝毗尼、博卡拉和奇特旺。在加德满都，尼青体部部长鲍德尔会见并宴请了代表团。在蓝毗尼，尼青体部副部长巴特尔宴请了代表团。12 月 11 日至 17 日，应全国青联邀请，以内政部移民办公室主管官员拉尔·布达索奇为团长的尼泊尔震区青少年疗养团一行 83 人访问了四川。

十三、中俄青年友好交流年

团中央认真贯彻落实中俄两国政府间协议和两国领导人指示精神，在 2014 年至 2015 年"中俄青年友好交流年"框架下开展各类交流活动，实施项目 78 个，实施单位 23 个，参与人数 3900 余人次。

以全国青联名义与俄罗斯教育和科学部继续开展了中俄百名青年代表团互访活动。7 月 5 日至 13 日，应俄罗斯教育和科学部邀请，以十一届全国青联副主席、中科院院士、中科院微系统与信息技术研究所所长王曦为团长的中国青年代表团一行 98 人对俄罗斯进行了友好访问。在俄期间，代表团参加了俄总理梅德韦杰夫出席的"创新工业"国际展览会等活动。12 月 11 日至 18 日，应全国青联邀请，以俄罗斯青年事务署署长波斯佩洛夫·谢尔盖为团长的俄罗斯百名青年代表团来华访问。

中俄青年友好交流年闭幕式暨中俄媒体交流年闭幕式。12 月 17 日，中俄青年友好交流年闭幕式暨中俄媒体交流年开幕式在人民大会堂举行，中国国务院总理李克强与俄罗斯总理梅德韦杰夫共同出席并致辞，国务院副总理刘延东与俄罗斯副总理戈洛杰茨出席上述活动。团中央书记处书记、全国青联副主席周长奎、俄罗斯青年代表团全体成员参加了上述活动。在华期间，团中央书记处常务书记、全国青联主席贺军科会见了俄罗斯青年代表团主要成员并宴请了全团。

此外，团中央积极在"交流年"框架内发挥协调统筹作用，开展"中俄青年友好伙伴"地方青年组织结对交流活动；实施"未来之桥——中俄各界优秀青年交流计划"，开展中俄青年政治家和专家互访交流、中俄青年企业家交流合作、中俄青年文化艺术专题交流等活动。4

月21日，中俄友好、和平与发展委员会青年工作分委会主席会议在京召开。团中央书记处书记、全国青联副主席、中俄友好、和平与发展委员会青年工作分委会中方主席周长奎与俄罗斯战略倡议署署长、中俄友好、和平与发展委员会青年工作分委会俄方主席安·谢·尼基京共同出席会议，宣告该机制中断5年后重启。12月17日至21日，应全国青联邀请，俄罗斯青年联盟主席克拉斯诺鲁茨基·巴维尔率俄青盟代表团访华，两组织主席在年内实现互访。9月26日至29日，内蒙古青联举办了“草原丝路——中俄蒙青年领袖圆桌会议”，中俄地方青年组织签署了友好交流协议，在俄注册了中俄蒙毗邻地区青年企业家俱乐部，这成为中俄青年交流史上第一个具有法人资格的企业家俱乐部。

十四、中俄人文合作委员会青年合作分委会会议

7月27日，中俄人文合作委员会青年合作分委会第五次会议在京召开。团中央书记处书记、全国青联副主席、中俄人文合作委员会青年合作分委会中方主席周长奎与俄罗斯教育和科学部第一副部长、分委会俄方主席特列琪娅克出席了会议。10月8日至9日，团中央书记处书记傅振邦赴西安出席了中俄人文合作委员会第十六次会议。

十五、“筑梦丝路”欧亚青年领导人研修交流活动

2014年9月，习近平主席在上合组织杜尚别峰会上宣布，未来5年内每年邀请50名上海合作组织国家青年领导人来华研修。2015年11月18日至29日，应全国青联邀请，来自俄罗斯、白俄罗斯、哈萨克斯坦、吉尔吉斯斯坦、塔吉克斯坦、乌兹别克斯坦、土库曼斯坦等上合组织成员国、观察员国、参会伙伴的欧亚青年领导人代表团一行48人来华参加以“构建青年伙伴关系”为主题的“筑梦丝路”欧亚青年领导人研修交流活动。11月20日，中共中央政治局委员、国家副主席李源潮在人民大会堂会见了欧亚青年领导人代表团。

十六、上合组织青年委员会会议

7月8日至12日，应上海合作组织青年委员会俄罗斯联络处邀请，以全国青联副秘书长董霞为团长的中国青年代表团一行6人赴俄罗斯乌法市参加了上合组织青年委员会第八次会议。

十七、中英高级别人文交流机制青年领域交流

9月15日至19日，在中英高级别人文交流机制框架下，应英国英中协会邀请，以团中央书记处书记周长奎为团长的中国青年代表团一行13人访问英国，并参加了第五届中英青年领导者圆桌会，围绕“建设中英创新创业领域伙伴关系”进行讨论。9月17日，刘延东副总理和斯维尔国务大臣出席圆桌会闭幕式并致辞。9月13日至19日、10月25日至31日，由全国青联支持、中青报与英国共同目标基金会合作举办的中英大学生领袖创新体验营分别在英国和中国举办。在英期间，代表团参加了中英高级别人文交流机制第三次会议并在现场向中英部长们进行了提问。1月28日，由欧美同学会留英分会主办的中英青年创新创业高峰论坛在京举办，中英青年领导者友好之会作为论坛合作单位，积极发挥网络桥梁作，协助邀请了部分中外嘉宾参会。

十八、中欧高级别人文交流机制青年领域交流

9月13日至16日，在中欧高级别人文交流对话机制框架下，应欧盟委员会教育文化总司邀请，以团中央网络影视中心党组书记金东为团长的中国青年代表团一行18人赴比利时参加第三届中欧青年政策对话暨青年问题专家研讨会。9月15日下午，中欧高级别人文交流机制第三次会议结束后，刘延东副总理与欧盟委员会教育、文化、青年和体育委员蒂博尔·瑙夫劳契奇共同会见了参会代表。9月13

日至20日，应俄罗斯青年联盟、芬兰教育与文化部邀请，团中央书记处常务书记、全国青联主席贺军科访问了俄罗斯和芬兰。在俄期间，贺军科与俄罗斯国家杜马第一副主席梅利尼科夫·伊万等进行了会谈。在芬期间，贺军科会见了芬兰教育与文化部部长萨尼·格兰—拉森农并共同签署了合作备忘录。此外，全国青联继续与欧盟委员会合作开展“中欧青年友好伙伴”项目，与中青网合作于9月试运行了“中欧青年牵手网”平台，促进中欧青年组织、青年企业家等结对开展交流合作。

十九、中法高级别人文交流机制青年领域交流

5月15日，刘延东副总理主持召开中法高级别人文交流机制第二次会议，青年领域被纳入中法高级别人文交流机制。团中央书记处书记、全国青联副主席周长奎出席了该会议及相关配套活动。8月21日，团中央书记处第一书记秦宜智与法国城市、青年与体育部部长帕特里克·卡内进行了工作会谈，就进一步加强中法高级别人文交流机制框架下青年领域合作进行了磋商。

2010年11月，时任国家主席胡锦涛倡议实施“法国500名青年访华”项目。4月13日至17日，应全国青联邀请，以法国展望与创新基金会法人代表伊蕾娜·科尔内为团长的法国青年科技工作者代表团一行49人访问了北京和广东。11月1日至6日，应全国青联邀请，以法国展望与创新基金会法人代表伊蕾娜·科尔内为团长的法国青年医务工作者代表团一行30人访问了北京和广东。至此，“法国500名青年访华”项目顺利完成。

二十、“中德未来之桥”青年领导者交流营

2011年，时任国务院副总理李克强与德国副总理兼外交部长韦斯特维勒会晤时，共同提出举办“中德未来之桥”青年领导者交流营的倡议。该项目由全国青联和德国墨卡托基金会合作实施，自2012年起将连续举办10届，为中德青年领导者建立交流互鉴、共同发展的平台。2015年10月11日至20日，应德国墨卡托基金会邀请，中国青年代表团一行17人访问了德国柏林和慕尼黑，并与德方选派的15名德国青年代表共同参加以“实现中德创新伙伴关系”为主题的第四届“中德未来之桥”青年领导者交流营项目。

二十一、中土青年交流

2014年5月11日，习近平主席在会见土库曼斯坦总统别尔德穆哈梅多夫时表示，希望邀请土库曼斯坦100名政府、政党、企业青年代表团来华培训，让更多的土库曼斯坦年轻人投身到中土友好事业中。为贯彻落实中土两国领导人达成的上述共识，8月2日至7日，应全国青联邀请，以土库曼斯坦部长会议青年事务部部长阿纳穆哈梅多夫·尤素卜为团长的土库曼斯坦青年代表团一行97人访问了北京、新疆。团中央书记处书记徐晓会见代表团主要成员并宴请全团。

二十二、中美高级别人文交流机制青年领域交流

5月23日至6月4日，美国青年政治领袖理事会代表团一行7人访问了北京、青海、上海。在京期间，团中央书记处书记、全国青联副主席周长奎会见代表团。6月22日至26日，第六轮中美人文交流高层磋商在华盛顿举行，国务院副总理刘延东和美国国务卿克里共同主持磋商。团中央书记处书记、全国青联副主席周长奎出席有关活动。6月20日至21日，应美国常青藤联盟学生理事会邀请，周长奎率工作组一行4人顺访波士顿。9月5日至18日，以全国青联秘书长刘佳晨为团长的中国青年代表团一行6人访问了美国华盛顿、佛罗里达和俄克拉荷马州。9月23日至26日，应美国创新空间组织邀请，以团中央国际联络部巡视员、全国青联副秘书长董霞为团长的中国青年代表团一行6人访问了美国。10月12日至23日，应美国耶鲁大学邀请，全国青联副秘书长张朝晖率中国青年代表团一行14人赴美参加第三届“中国—耶鲁青年领袖对话”暨中国青年领导人研讨培训项目。墨西哥前总统埃内斯托·塞蒂略和澳大利亚前副总理韦恩·斯旺等10名耶鲁大学教授分别为代表团授课。11月6日至13日，应美国常青藤联盟学生理事会邀请，以全国学联驻会执行主席姜昊旻为团长的全国学联代表团一行10人访问了美国波士顿、纽黑文和纽约。

二十三、中澳青年交流

4月18日至24日，应全国青联邀请，以澳大利亚自由党成员、澳新银行国际监管部负责人约翰·阮为团长的澳政治交流理事会代表团一行7人访问了北京、厦门和上海。在京期间，全国青联副主席周长奎会见代表团。11月9日至13日，应澳大利亚政治交流理事会邀请，以全国青联副秘书长董霞为团长的中国青年代表团一行6人访问了澳大利亚墨尔本、堪培拉和悉尼。

二十四、“未来之桥”中拉青年领导人培训交流营

5月31日至6月11日，应全国青联邀请，来自阿根廷、巴哈马、巴西、智利、哥斯达黎加、古巴、多米尼加、厄瓜多尔、墨西哥和乌拉圭等十国的拉美青年领导人代表团一行49人来华参加了第一期“未来之桥”中拉青年领导人培训交流营，并访问了北京、江西和上海。在京期间，中共中央政治局委员、国家副主席李源潮会见了代表团并合影留念，团中央书记处第一书记秦宜智陪同会见。团中央书记处书记、全国青联副主席周长奎陪同会见并宴请代表团。

二十五、中拉青年交流

团中央和全国青联还与拉美国家青年组织开展了双边交流。3月22日至28日，应共青团中央邀请，以阿根廷当代基金会副主席马丁·波卡西为团长的阿根廷当代基金会代表团一行6人访问了北京、海南和上海。在京期间，团中央书记处书记周长奎会见了代表团。6月28日至7月6日，应共青团中央邀请，以秘鲁首都利马市圣胡安区区长哈维尔·阿塔米拉诺(基督教人民党)和阿普拉党塔克纳大区委员会组织部部长吉列尔莫·罗哈斯为轮值团长的秘鲁政党青年干部代表团一行6人访问了北京、山东和上海。在京期间，团中央国际联络部部长万学军会见了代表团。9月26日至10月1日，应古巴共产主义青年联盟(简称“古共青盟”)邀请，以团中央国际联络部巡视员、全国青联副秘书长董霞为团长的中国青年代表团一行6人访问了古巴。在古期间，古共中央对外联络部副部长阿里亚斯会见了代表团。古共青盟全国局第一书记尤妮亚斯琦·克雷斯波在哈瓦那会见并宴请了代表团，第二书记苏赛丽·莫尔法在西恩富戈斯市宴请了代表团。11月22日至29日，应全国青联邀请，以阿根廷拉美中国政治经济研究中心(简称“中研中心”)执行主任迭戈·马索孔内为团长的阿根廷拉美中研中心代表团一行5人访问了北京和上海。在京期间，全国青联主席助理万学军会见了代表团。

此外，7月29日至8月10日，应中共中央对外联络部和共青团中央邀请，来自巴西、厄瓜多尔、墨西哥、秘鲁和委内瑞拉的政党青年干部、政府青年事务机构负责人和全国性青年组织领导人一行20人来华访问并参加了主题为“中拉合作与青年创业”的第六期拉美青年干部研修班。在京期间，研修班成员出席了以“促进青年参与，服务青年创业”为主题的第二届中拉青年政治家论坛，与中国各领域青年代表开展了深入对话与交流。团中央书记处书记周长奎出席论坛开幕式并致欢迎辞。

二十六、亚信青委会第一次会议

中国是亚信青委会2014年至2016年主席国，全国青联积极参与筹建亚信青委会，并于8月10日至13日在北京召开了亚信青委会第一次会议。来自阿塞拜疆、巴基斯坦、巴勒斯坦、巴林、哈萨克斯坦、吉尔吉斯斯坦、柬埔寨、蒙古国、孟加拉国、泰国、土耳其、以色列、越南、中国等亚信成员国的政府青年事务负责人、青年组织负责人,以及亚信秘书处代表共27人参加了会议。此次会议主题为“促进青年发展,共建美好亚洲”。外交部副部长程国平,全国青联副主席周长奎,亚信秘书处执行主任宫建伟,亚信青委会联合主席、哈萨克斯坦教育与科学部青年事务委员会主席罗扎·卡里布扎诺娃出席了11日上午的开幕式并致辞。

二十七、联合国青年领域相关活动

2015年是联合国成立70周年,也是联合国《世界青年行动纲领》20周年,可以说是联合国青年事务的重要纪年。2015年,全国青联积极参与联合国框架下的青年主题会议,先后派代表参加了2月3日至14日在联合国总部举办的联大社会发展会议、2月1日至5日由经社理事会召开的联合国青年论坛、5月28日至6月3日由联大主席召集的联大青年事务高级别会议,以及人口红利与青年就业高级别会议,并主动争取在3次论坛上发言。我们在中青网发文展示中国青年与青年工作的发展和成就,纪念联合国《到2000年及其后世界青年行动纲领》实施20周年。此外,全国青联还为第70届联合国大会报告提供了《中国青年参与政策制定与发展计划的报告及案例分析》,得到了中国驻联合国代表团的肯定。

二十八、首届金砖国家青年事务部长会议

7月5日至10日,由全国青联自2013年起推动的首届金砖青年部长会议在俄罗斯举办,书记处书记、全国青联副主席周长奎出席会议并做主旨讲话,并在乌法应邀参加了俄总统普京为金砖国家和上合组织领导人举办的欢迎晚宴。

二十九、“与世界对话”系列活动

2015年,全国青联与中国青年报社、中国高校国际交流社团联谊会继续合作举办“与世界对话”活动,全年共举办对话活动及人文交流配套活动21场,选派49名优秀青年代表出境出席各类国际会议,直接或间接参与青年外事相关活动人数2000多人次。

大学生志愿服务西部计划

继续保持实施规模。2015年是团中央、教育部、财政部、人力资源社会保障部联合组织实施西部计划的第13年,整体实施规模为1.93万人(含第17届研究生支教团2063人)。实施内容包括基础教育、农业科技、医疗卫生、基层社会管理、基层青年工作、服务新疆、服务西藏7个专项。服务新疆专项志愿者4000人,服务西藏专项志愿者2000人,其他民族地区实施规模3500人,保持民族地区近万人实施规模。

推动落实社保政策。团中央联合财政部等部委对志愿者上社保问题开展了专题调研、召开座谈会并设定方案,确定采取中央财政转移支付的方式于2016年1月1日开始为西部计划志愿者交纳社会保险。专门召开视讯会、下发文件部署志愿者上社保工作。

加强日常管理和宣传培训。年初认真制定西部计划全年工作规划和方案,召开视讯会议部署全年工作。完善绩效考评机制,加强常规督导检查,层层签定志愿者安全管理责任

书,加强志愿者的安全管理。对 19 个省(区、市)的 144 个县级项目办、381 名志愿者进行了安全管理工作电话调查,及时发现和杜绝各类安全隐患。组织服务县和项目办开展绩效考核工作,推动日常管理工作实现可持续发展。在井冈山革命传统教育基地举办西部计划优秀项目办骨干人员培训班,培训骨干 482 人次。用好微博、微信、网页等新媒体平台。联合全国学联、中国青年志愿者协会通过“青年之声”举行西部计划志愿者在线访谈,进一步解答青年朋友对西部计划的提问,号召广大高校毕业生积极参加西部计划。“西部志愿汇”微信订阅号全年累积推送图文 101 期,吸引 7 万余粉丝关注。与人民日报、光明日报、中青报等媒体合作,在报名启动、招募、志愿者到岗等关键时间点刊发多篇新闻报道,展示西部计划志愿者风采。

探索社会化方式加强对志愿者的服务保障。全国项目办通过公开招投标的方式,为志愿者统一购买了商业保险,人身意外险最高可达 90 万,门诊医疗费 0 元起步,大病医疗最高额赔付达 200 万。与东航公司签订了诚信机票合作协议,3 年内为志愿者提供 2700 套往返限额 500 元的机票。鼓励志愿者在团中央“志愿中国”网络平台注册,获得最高赔付额为 60 万元的意外身故保障、意外伤残保障等保险。

中国青年志愿者研究生支教团

以全国项目办的名义发出了招募派遣通知,在中央财政转移支付大框架下对研究生支教团的补贴和社保问题予以落实。加强对 2014—2015 年度(第十六届)研究生支教团 1826 名在岗志愿者的管理服务和绩效考核工作。顺利完成了 2015—2016 年度(第十七届)研究生支教团 2063 名志愿者的培训和派遣工作。顺利完成了 2016—2017 年度(第十八届)研究生支教团的组建,共招募 2135 名志愿者(招募指标 2118 人,其余 17 人占用本校研究生推免指标)。在全国青少年井冈山革命传统教育基地对来自全国 184 所高校的第十七届研究生支教团队长开展培训。收集上报往届研究生支教团信息库。对研究生支教团的服务地与服务单位设置、组织培训、信息注册、安全健康管理等工作进行规范,加强对研究生支教团的年度工作规划。联合光明日报开展“镜头中的最美支教团”主题宣传活动,全方位、多角度呈现支教团志愿服务风采。

中国青年志愿者海外服务计划

2015年中国青年志愿者海外服务计划主要针对工作面临的阶段性瓶颈问题，以维护好既有国别项目、稳妥发展新项目、注重机制再设计的思路，加强对海外计划的情况梳理、研究规划和顶层设计。向2个国家派遣了27名志愿者，确定新增4个国家57名志愿者派遣任务。完成了由团广东省委承办的第六批援毛里求斯项目（17人）、重庆团市委承办的第二批援文莱项目（10人）的接力派遣任务。新增由贵州团省委承办的第三批援缅甸项目（17人）、广东团省委承办的第七批援塞舌尔项目（共13人）、上海团市委承办的第八批援老挝项目（22人）和由陕西团省委承办的第一批援柬埔寨项目（5人）。积极协商商务部援外司、培训中心等相关部门，继续做好志愿者招募、培训、考察、派遣等有关工作。充分利用微信、QQ等新媒体平台对援外志愿者进行远程联络和信息沟通。在商务部和团中央联合主办，中国青年志愿者协会承办的总体框架下，进一步优化了各地团委作为具体派出单位申报、审核、评估确认流程，增强了工作的公正性、透明度和效率。

第五部分

重要表彰

中国青年五四奖章

第十九届"中国青年五四奖章"

（共25名，按姓氏笔画为序）

丁　赟（女）　陕西省南郑县新集镇木坪村村民

于　黎（女）　云南大学生命科学学院副院长、研究员

马瑞强　内蒙古分享农业科技有限公司总经理

王偏初（藏族）　四川省木里藏族自治县俄亚纳西族乡九年制学校校长、中学高级教师

冯占山（蒙古族）　黑龙江省农垦总局九三管理局尖山农场场长

刘　洋　中国人民武装警察部队北京市总队特种作战大队特战二队副队长

邢翠翠（女）　安徽省潜山县黄铺镇鲍岭村党支部第一书记、潜山县绿野畜禽合作社理事长

祁发宝　中国人民解放军69310部队80分队分队长

孙　刚　大庆油田有限责任公司勘探开发研究院采收率研究一室副主任

杨　普（女）　河北省石家庄常山纺织股份公司恒盛分公司织造车间技术员

李冬浩　中国电子科技集团公司第五十四研究所卫星通信与广播电视专业部七室副主任、党支部书记、高级工程师

吴书香（女，锡伯族）　辽宁省沈阳市苏家屯区八一街道党群办主任、官立堡村党支部第一书记

忻　皓　浙江省绿色科技文化促进会秘书长、党支部书记

张海娟（女）　福建省尤溪县特殊教育学校校长

阿腾都西（蒙古族）　内蒙古自治区乌审旗阿腾莎民族金银器具加工厂厂长

陈伟星　浙江省杭州泛城科技有限公司董事长、杭州快迪科技有限公司创始人

周啟龙（藏族）　青藏铁路公司格尔木工务段探伤工长

迪力夏提·克尤木（维吾尔族）　新疆维吾尔自治区公安厅十六处民警

段海滨　北京航空航天大学自动化科学与电气工程学院副院长、教授、博士生导师

郭　鑫（藏族）　南开大学周恩来政府管理学院政治学与行政学专业本科四年级学生、天津高维创业岛运营管理有限公司董事长

桑　武　辽宁省大连市公安消防支队沙河口大队政治教导员

彭钦军　中科院理化所激光物理与技术研究中心主任、研究员、博士生导师

蒋佳冀　中国人民解放军95478部队部队长

焦　翔　人民日报社国际部西亚非洲编辑室副主编

管庆泉　江苏省南通中远船务工程有限公司国家级海工研发中心总体设计室主任

“中国青年五四奖章”集体

（共3个）

保定学院西部支教毕业生群体

中国移动通信集团海南有限公司三沙网络建设维护团队

中国人民解放军海军372潜艇

第十九届“中国青年五四奖章”提名奖

（共5名，按姓氏笔画为序）

王　俊　深圳华大基因研究院院长、研究员、博士生导师

叶虎林　青海省水文水资源勘测局沱沱河水文站站长

刘运宝　海南残友信息技术研究院副院长、党支部书记，海南残友科技发展有限公司总经理

程　然（女）　湖北省孝感市孝南区人民检察院党组成员、检察委员会委员

薛龙超　安徽省合肥市殡葬管理处业务科科长助理兼火化班班长、遗体整容师

加授“中国青年五四奖章”集体

（5个）

西藏自治区公安边防总队吉隆边防检查站监护中队

聂拉木边防检查站监护中队

天津港公安局消防支队

天津市开发区公安消防支队

天津市保税区公安消防支队

全国优秀共青团员、全国优秀共青团干部、全国五四红旗团委（团支部）

2014年度“全国优秀共青团员”名单

（共197名）

邵博韬（女）　外交学院国际经济学院金融学专业学生

孙　想（女）　北京工业大学附属中学高二7班学生

安　辰（女）　北京市西城区悦群社会工作事务所项目主管

张宏博（女）　天津市第一中心医院护士

王　玮　天津海鸥手表集团有限公司设备制造厂铣工

贾亦凡（女）　天津市第四中学高二9班学生

梅鑫洋（女）　河北省衡水中学文科实验530班学生

张珊珊（女）　中国移动河北有限公司石家庄分公司服务主管

白海涛　中国国电集团公司华北电力有限公司滦河发电厂锅炉分场转机班技术员

李泽婷（女）　河北省唐山市人民医院护士

郝　爽　团河北省廊坊市委学少部工作人员、河北青基会志愿者

王　健　河北省邢台特殊教育中等专业学校

学生

籍秋枫　中国大唐集团公司大唐河北发电有限公司大唐武安发电有限公司化学点检员

王向明(女)　河北省唐县第一中学高三5班学生

焦路路　山西兰花集团北岩煤矿有限公司东峰煤矿开拓一队班组长

赵　芳(女)　山西省大同市市政管理综合执法支队办公室副主任

李振卓(女)　内蒙古自治区呼和浩特市第二中学高二3班学生

徐阳婷(女)　内蒙古自治区四子王旗第三中学初三15班学生

陈志明(蒙古族)　内蒙古大学蒙古语言文学系蒙古语言文学专业文理综合班学生

田俊杰　辽宁省抚顺市中级人民法院书记员

谢桂森　中国石油天然气股份有限公司辽河油田分公司辽河石油报社记者

赵毓伟　鞍钢集团鞍钢股份有限公司鲅鱼圈钢铁分公司热轧部调度员

宋增人　大连交通大学电气信息学院电子信息工程专业学生

周子博　武警吉林省公安消防总队通化市支队新岭路中队班长

杨铭伟　吉林省白城市洮北区金祥乡铁子农副产品购销农民专业合作社理事长

龙　芸(女)　东北电力大学经济管理学院会计114班学生

张怀天　黑龙江工程学院2014级计算机科学与技术专业2班学生

任国旭　中国大唐集团鸡西第二热电有限责任公司能耗管理部集控副值班员

陈　余　哈尔滨电气集团公司哈尔滨汽轮机厂有限责任公司核电设备分厂低加工段低压加热器四班班长

扈晓静(女,回族)　上海市杨浦区市东医院血透室护士

李振东　上海电气风能有限公司工程服务部商务管理科室主任

汪思亦(女)　上海市黄浦区文化公益事业促进会会长

郑　斐　江苏省常州外国语学校九年级7班学生

嘎玛白姆(女,藏族)　南京航空航天大学经济与管理学院信息管理与信息系统专业学生

阮泽来　南京森林警察学院警务技战术系特警1201区队学生

凌　圆(女)　南京中医药大学外国语学院2011级英语1班学生

黄　岳　南京晓庄学院商学院11级物流管理班学生

柏书仙　江苏省扬州市公安局巡特警支队二级警员

吴　东　江苏省徐州工程机械集团有限公司徐工基础工程机械有限公司矿机分厂装配钳工

梁晟杰　国家电网江苏省电力公司南京供电公司配电运检室配电运检工

梅淑昕(女)　江苏省江阴初级中学初三6班学生

宁　丹(女)　南京理工大学环境与生物工程学院环境工程专业学生

乔　东　江苏建筑职业技术学院矿井建设12—3班学生

汪　翔　杭州师范大学体育与健康学院体育教育(师范)专业2011级3班学生

李圭昊　浙江省宁波北仑国际集装箱码头有限公司高级技术员

包孟娜(女)　浙江省舟山市彩虹堂特殊儿童关爱中心创办人

胡雪林　温州大学机电工程学院制造业信息化技术专业研究生

刘　亮　浙江省湖州市公安局吴兴区分局网

络警察大队科员
杨天昊 浙江省嘉兴市建筑工业学校建筑工程技术专业学生
陈一鸣 浙江省衢州第二中学2017届17班学生
宋雨润(女) 浙江省金华第一中学高二16班学生
刘永鑫 安徽省淮北市公安局烈山分局海孜派出所民警
温冬华 安徽省地矿局第一水文工程地质勘查院测绘分院测绘技术员
张玉杰 武警安徽省公安消防总队芜湖市支队金马门中队战士
戴 忠 安徽省定远县第二中学高三20班学生
索凌峰 安徽建鑫投资集团有限公司办公室秘书
胡达凤(女) 安徽高速公路控股集团有限公司宁国管理处歙县东所代理核销员
肖仁丽(女) 安徽省石台县横渡镇民政事务所民政助理员
刘观圣 安徽省安庆市安徽盈创石化检修安装有限责任公司制造分公司焊工
卞 鹏 安徽省寿县一中高二21班学生
曾达铭 中国移动福建有限公司厦门分公司社区经理
范成炜 武警福建省公安消防总队周宁县大队狮城中队战士
黄一璐(女,壮族) 福州大学至诚学院计算机工程系2012级网络工程专业学生
陈 钻(女) 福建省龙岩市龙岩行政服务中心国税窗口协税员
游 霄 中国华电集团公司福建分公司福建华电永安发电有限公司维修部电气专业技术员
郑 勇 国家电网福建省电力有限公司建瓯市供电有限公司运维检修部电网建设班班长
袁 奇 江西省都昌县青年创业协会秘书长
余 冲 团江西省高安市委工作人员、西部计划志愿者
曾菲菲(女) 江西省峡江县职业中等专业学校2013级计算机2班学生
杨 俊 南昌铁路局南昌南车辆段货车检车员
张游龙 江西农业大学经济管理学院2011级营销1班学生
张立威 九江职业技术学院船舶工程学院2012级空调01班学生
孔海涛 山东省济南市杂技团演员
张明月(女) 山东省淄博市特殊教育中心聋部中专一年级学生
袁 权 山东省枣庄市山亭区龙潭家农场场长
韩 克 山东省莱芜市钢城区蟠龙梆子剧团团长
张 嵩 山东省阳信县职业中专教师
魏 硕 山东省郓城县唐塔街道党政办公室科员
刘馨遥(满族) 济南铁路局青岛动车段青岛动车所助理工程师
陈乐乐(女) 山东省青岛公交集团有限责任公司李沧巴士分公司109路队106路线乘务员
史存青(女) 山东省东平县关心下一代工作委员会办公室科员
王国英(女) 山东省潍柴动力股份有限公司二号工厂工人
张 瑞 山东省德州交通职业中等专业学校2013级秋季电大3班学生
田 野(女) 山东省莱芜市第十七中学高三7班学生
李 行 烟台大学光电信息科学技术学院电子信息工程专业2011级学生

拜　林(回族)　国家电网河南省电力公司新乡供电公司营销部专责

于诗萌(女,蒙古族)　河南省平顶山市公安局治安和出入境管理支队户政大队科员

王三红　中国石油天然气第一建设公司313工程队工人

李　昂　团河南省许昌县委工作人员、西部计划志愿者

刘泽康　河南省濮阳市第一高级中学高三3班学生

左媛媛(女)　河南省息县职业教育中心教师

李　琳(女)　河南省长垣县第一中学2012级36班学生

许梦娇(女)　河南省焦作市龙翔学校八年级2班学生

郭文生　河南中烟工业有限责任公司南阳卷烟厂技工

陈晓寒　河南省兰考县第一高级中学高三2班学生

苗　懿(女)　河南大学附属中学高三3班学生

裴嘉伟　河南省武陟县兴华中学初三7班学生

王深贝(女)　湖北省武汉市汉阳区洲头街建港社区青少年事务社工

蒋家明　湖北省十堰市电商协会副会长

周　超(土家族)　湖北省建始县官店镇车营村党支部书记、村委会主任

贺　根　湖北省罗田县民生养牛专业合作社理事长

曹萍萍(女)　湖北工程学院经济与管理学院经济学专业学生

朱晓露(女)　湖北省荆州市荆州区东城街东门社区网格员

沈永强　湖北省利川市第一中学教师

骆群曙　武汉生物工程学院机械与电子工程学院2012级机械设计制造及其自动化专业10班学生

黄钰涵(女)　湖北省老河口市第一中学高三16班学生

张　黎(女)　湖北省京山县中等职业技术学校财会专业三6班学生

汤　昭(女)　湖南省浏阳市奥地瑞草农业开发有限公司总经理

钟快乐(女)　湖南中医药高等专科学校附属第一医院手术室科员

刘军风　湖南省邵阳市义工联合会会长

石维迪(侗族)　湖南省通道侗族自治县第一中学1205班学生

刘梦洁(女)　湖南省娄底市工贸职业中专学校幼师专业309班学生

冼星文　广东省广州市工贸技师学院教师

喻晓梦(女,满族)　中国建筑股份有限公司中建钢构有限公司市场商务部业务经理

欧效智　广东省河源市阳光义工服务队外联部副部长

廖　曦(女)　广东省大埔县青少年文化宫主任

沙丽佳(女,回族)　广东省东莞市松山湖高新技术产业开发区管委会组织人事办公室科员

李宏进　武警广东省公安消防总队江门市支队开平中队火场文书

刘浩生　武警广东省公安消防总队茂名市支队茂港中队司务长

张俊杰　广东省旅游职业技术学校酒店服务与管理专业学生

杜金淼(女)　广东省罗定市罗定实验中学高三6班学生

张　森　广州工商学院美术设计系环境艺术设计专业2班学生

李陈华　广西壮族自治区钟山县石龙镇党政办公室科员

陈金兰(女)　广西壮族自治区梧州市岑溪中学1402班学生

陈春林(女)　广西壮族自治区贺州高级中学1426班学生

刘少春　广西壮族自治区融水苗族自治县教育局资助办干事、西部计划志愿者

钟日娟(女)　广西卫生职业技术学院药学系2013级药学1班学生

郭晓非　广西壮族自治区北海南坡腕网络技术有限公司董事长

黄帆帆(女,黎族)　海南省海南生态软件园投资发展有限公司行政人力资源主管

白旭彬　重庆精一民族小学校体育教师

孙林凯　重庆市南岸区城南家园市民学校专职志愿者

李　程　重庆新华传媒有限公司渝北新华书店教材科主办

马秋霞(女)　中国石油化工集团公司四川维尼纶厂分检车间高级工

赵　伟　重庆青年职业技术学院旅游与人文艺术系2012级会展策划与管理专业学生

谭媛元(女)　重庆市巴蜀中学高2017级6班学生

吴　豪(女)　重庆市开县丰乐中学高2016级6班学生

黄　真(女)　四川省蒲江县青年志愿者协会理事长

阳宗灏　四川省成都市树德中学外国语校区高2013级5班学生

姚　萍(女)　四川省攀枝花市经贸旅游学校艺术师范部2013级学前教育8班学生

牟　飞　四川省古蔺县护家乡工作人员、西部计划志愿者

王　翔　四川航天技术研究院总体设计部设计师

陈行行　中国工程物理研究院机械制造工艺研究所高级技师

孟　祥(藏族)　四川司法警官职业学院法学系法律事务专业学生

梁桃玮　中国航空工业集团公司中国燃气涡轮研究院强度传动试验研究室助理工程师

扎西机(女,藏族)　四川省若尔盖县人民法院监察室副主任

杨晓霞(女)　四川省内江职业技术学院经济管理系13会计9班学生

阿木曲热(彝族)　团四川省甘洛县委工作人员、西部计划志愿者

张舒凤(女,藏族)　四川省巴塘县中咱乡人民政府科员

王　鑫　四川省乐至县帅乡"萤火虫"返乡大学生志愿协会创始人

黎兰阳(女)　四川省洪雅县洪雅中学校高三15班学生

邓博林　四川省南充高级中学嘉陵校区高2013级22班学生

陈　勇　武警四川省公安消防总队广安市支队华蓥市大队通讯员兼文书

李应干(苗族)　贵州理工学院机械工程学院机械设计制造及其自动化专业131班学生

代鸿宇　贵州省遵义市第三中学高三6班学生

吴配勇(侗族)　团贵州省玉屏侗族自治县委工作人员、三支一扶计划志愿者

王振兴　中国邮政集团公司云南省邮政公司信息技术局管理员

杨双龙　云南冶金集团股份有限公司文山铝业有限公司西畴矿业有限公司综合办公室主管

江　楠(女)　云南大学旅游文化学院旅游管理系2011级旅游管理1班学生

张　晨　玉溪师范学院美术学院 2011 级艺术设计专业学生
杨健翔（佤族）　云南省保山市第八中学高三 1 班学生
陈　靖　楚雄师范学院物理与电子科学学院 2011 级物理 1 班学生
李曦悦（女）　西藏自治区拉萨市城关区金珠西路街道办事处科员
桑　姆（女，藏族）　西藏自治区日喀则市第一高级中学高三 6 班学生
刘　凡　陕西省洛南县洛源镇惠民豆制品专业合作社销售部经理
王艳菊（女）　陕西省高速公路建设集团公司西宝分公司杨凌管理所杨凌西收费站票证员
陈亦新　陕西省杨凌示范区方元华诚农业科技有限公司总经理
白培芬（女）　陕西省洋县志建药业科技有限公司总经理助理
赵富升　甘肃省酒泉钢铁（集团）有限责任公司宏兴钢铁股份有限公司检修工程部焊工
赵顺福　甘肃省天祝藏族自治县华藏寺镇华藏寺村农民
王　超　兰州铁路局兰州电务段骆驼巷信号工区工长
石瑞雪（女，藏族）　青海省黄南藏族自治州中学高三 1 班学生
田占龙　青海电子材料产业发展有限公司制一部溶铜工段班长
才仁杨格吉布（女，蒙古族）　青海省都兰县香加乡艾力斯台村农民
蔡　婕（女）　宁夏银行股份有限公司营业部国际业务柜职员
成娟娟（女）　宁夏回族自治区中卫市职业技术学校学前教育专业 2012 级学前教育 4 班学生
李　辉　新疆师范大学美术学院 2014 级工艺美术方向研究生
巴哈尔古丽·许库尔（女，维吾尔族）　新疆维吾尔自治区哈密地区伊吾县苇子峡乡中心村主任助理
阿迪莱·艾斯凯尔（女，维吾尔族）　新疆维吾尔自治区墨玉县第一中学高三 1 班学生
袁　越　中国人民解放军理工大学国防工程学院学员大队学员 1 营 2 连学员
孙小婷（女）　白求恩医务士官学校学员十二队学员
陈文博　中国人民解放军 93617 部队 61 分队收信台台长
刘加通　国防科学技术大学指挥军官基础教育学院学员 1 旅 2 营 4 连学员
张二霞（女）　北京铁路局北京西站售票车间售票员
孙妲妮（女）　上海国际机场地面服务有限公司浦东运营 部旅客服务中心国际值机班主任
黄周明　中国青少年发展基金会高级助理
董　芳（女，蒙古族）　人民画报社采访中心记者
蔡　舰　国家民族事务委员会民族理论政策研究室研究一处副主任科员
夏　雨（女）　中国农业发展银行海南省分行澄迈县支行执行业务经理
刘彦龙　中国核工业建设集团公司中国核工业二四建设有限公司海阳核电项目部工人
杜永利　中国核工业建设集团公司中国核工业二四建设有限公司海阳核电项目部工人
张永星　东风汽车公司东风商用车有限公司总装配厂调检一车间汽车调整工

杜　杰　中国国电集团公司国电大渡河流域水电开发有限公司国电大渡河检修安装有限公司龚电检修项目部机械主管
郭志国　新疆生产建设兵团阿拉尔市鼎源果业农民专业合作社理事长
陶　康　重庆钢铁(集团)股份有限责任公司维检部烧结站机械班长
陈嘉挺　广东省汕头市汕头港务集团集装箱服务分公司维修工
张　健　中汇会计师事务所助理经理
屈艾龙　北京汽车集团有限公司北京奔驰汽车有限公司党委干事

2014 年度“全国优秀共青团干部”名单

（共 138 人）

陈　皞　首都医科大学附属北京天坛医院团委书记
石　柱　北京市地铁运营有限公司团委书记
姜晓颖(女)　北京市大兴区西红门镇团委书记
郑　冲(女)　北京市中关村中学团委书记
王　攀　天津市建筑设计院团委书记
吕　静(女)　天津大学团委书记
刘　洋　天津市南开区慧翔职业中等专业学校团委书记
马　然(女)　团河北省石家庄市鹿泉区委书记
吴　磊(满族)　团河北省滦平县委书记
张明莉(女)　燕山大学团委书记
李国华　河北省吴桥县东宋门乡团委书记
高　梅(女)　河北省辛集中学团委书记
王　栋　山西省山西建工集团总承包公司团委书记
谢任之　团山西省石楼县前山乡团委书记
白　云(女,蒙古族)　团内蒙古自治区呼和浩特市玉泉区委书记
郭黎明(女,蒙古族)　内蒙古自治区锡林浩特市教育局团委书记
孟　萌(满族)　内蒙古自治区呼和浩特市第二中学团委书记
孙晓雷(女)　鞍钢集团公司团委处长
李久余　团辽宁省北票市委书记
李巍团　辽宁省盘锦市委组织部部长
任丽娜(女)　团吉林省长春市双阳区委书记
王陈雷　团吉林省梅河口市委书记
庞长亮　吉林财经大学团委书记
李天涛　团黑龙江省望奎县委书记
何显贵　黑龙江省哈尔滨市第三中学团委书记
于兴业　东北农业大学团委书记
梁　宇　黑龙江中医药大学团委干事
张　奕(女)　上海报业集团团委书记
胡娴静(女)　上海市静安区南京西路街道团工委书记
高　天(女)　复旦大学团委书记
郁媛媛(女)　上海航天局团委书记
王伟强　团江苏省常州市武进区委书记
张　燕(女)　团江苏省苏州市吴江区委书记
侍　旭　南京航空航天大学团委书记
李清湘(女)　南通大学团委书记
王　炜　江苏省扬州市邗江中学(集团)北区校维扬中学团委书记
吉俊峰　国网江苏省电力公司团委书记
王啸啸(女)　团浙江省台州市椒江区委书记
陈　英(女)　杭州市中策职业学校团委书记
季湘荣　团浙江省温州市委宣传部部长
蔡丽青(女)　浙江省嘉兴市教育局团委书记
陈海波　团浙江省宁波市江北区委书记
王　旭　中国电子科技集团公司第三十八研究所团委书记
汪　键(女)　黄山职业技术学院团委书记
李　静(女)　中国十七冶集团有限公司团委书记
姜　琦　安徽省阜阳市颍东区口孜镇团委书记

叶　勇　福建省福州市鼓楼区软件园团工委书记
孙炳章　福建省泉州市德化憨鼠网络团工委书记
林　雄　福建驻广东团工委书记
刘荣宗　福建省东山第二中学团委书记
涂怀猛　团江西省安义县委书记
赖华新　江西省新余钢铁集团有限公司团委副书记
罗金平　江西省宜春中学团委书记
尹梅青(女)　山东省济南市教育局团委书记
周　晓　山东省青岛市卫生和计划生育委员会团委副书记
王　辉(女)　团山东省潍坊市委办公室主任
丁　萌(女)　山东能源新汶矿业有限责任公司团委副书记
姚　鹏　团山东省高唐县委书记
马晓琳(女)　山东大学团委书记
冷　冰　山东航空集团山东航空股份有限公司工程技术公司青岛维修基地团委书记
贺延潇(女)　山东省烟台市公安局团委副书记
梁　朗　河南工业大学团委书记
刘　枫(女)　团河南省商丘市委办公室主任
吕　鹏(女)　团河南省陕县委副书记
华　剑　团河南省郏县委书记
孙前进　河南驻湖北团工委书记
郭金玲(女)　河南省鹤壁市机电信息工程学校团委副书记
陈　彬　东风汽车公司团委书记
吕　鹏　湖北省武汉经济技术开发区团工委副书记
胡　晶　团湖北省罗田县委书记
张清林(女)　湖北省宜昌市财政局团委书记
程祝新　湖北省通山县九宫园蔬菜专业合作社团支部书记
曹　鑫　衡阳师范学院团委书记
郑海芳(女)　湖南省邵阳市希望工程基金管理中心主任
王赛芬(女)　湖南省衡阳市第八中学团委书记
梁雄文　广东省广州市志愿者行动指导中心主任
管耀华　团广东省深圳市委统战与联络部部长
尹　喜　广东海洋大学团委书记
杨志欣(女)　广东电网有限责任公司团委书记
温祥彬　广州中医药大学团委书记
蔡志海　广东省潮州市湘桥区磷溪镇团委副书记
路其昌　广东肇庆中学团委书记
徐立鹏　团广西壮族自治区南宁市江南区委书记
黄婉儒(女)　广西壮族自治区桂林市公安局秀峰分局团总支书记
李宇杰(女)　广西师范大学团委书记
王飞瑕　广西华锡集团股份有限公司团委副书记
罗　典(壮族)　广西壮族自治区来宾市第四中学团委书记
许昌斌　海南职业技术学院团委书记
吉训循(女)　海南省技师学院团委书记
张玉婵(女)　团重庆市合川区委书记
田　军　团重庆市城口县委书记
杨　懿　重庆市司法局团委书记
邓安平　重庆邮电大学团委书记
王珊珊(女)　重庆市能源投资集团有限公司团委书记
张　军　电子科技大学团委书记
王海燕(女)　团四川省大竹县委书记
杨永军　团四川省马边彝族自治县委书记
周　莉(女)　团四川省高县委书记
张潇文(女)　四川理工学院团委副书记
何晓燕(女,彝族)　团四川省攀枝花市委组织

和统战联络部部长

康　强　四川省北川中学团委书记

王三刚　四川省档案学校团委书记

任　洁(女)　贵州民族大学团委书记

张丽娜(女)　贵州省贵阳市观山湖区世纪城社区团委书记

杨俊籍(女)　富滇银行股份有限公司团委副书记

李　青(女)　云南省昆明市滇池度假区实验学校团总支书记

赵　毅　团云南省镇雄县委副书记

贡嘎江才(藏族)　西藏藏医学院团委书记

索朗卓嘎(女,藏族)　团西藏自治区曲松县委副书记

王宇楠　团陕西省西安市新城区委书记

吴　戎(女)　团陕西省安康市汉滨区委书记

周　远　西安交通大学团委书记

徐　辉　陕西法士特汽车传动集团公司团委书记

胡　霞(女)　甘肃省庆阳理工中等专业学校团委副书记

李振奋　甘肃电投金昌发电有限责任公司团委书记

马国锋　团甘肃省临泽县委书记

马建英　青海省海北州第三高级中学团委书记

杨青婷(女)　青海省西宁市城东区大众社区团工委副书记

徐　泓(女)　宁夏回族自治区地质矿产勘查开发局团委书记

张海燕(女)　宁夏民族职业技术学院团委副书记

夏尔哈・哈山(哈萨克族)　新疆维吾尔自治区玛纳斯县兰州湾镇团委副书记

吴　靳　中国人民解放军海军辽宁舰航空保障部门2中队团支部书记

周雅楠(女)　中国人民解放军96213部队71分队团支部书记

尹延涛　中国人民解放军77105部队团委副书记

彭　骁　中国人民解放军75221部队74分队团支部书记

周忠证　中国人民武装警察部队新疆生产建设兵团指挥部第一支队团委副书记

杨文轩　中国铁路总公司南宁铁路局团委书记

周　彦　中国民用航空华东地区空中交通管理局团委书记

滕　勇　国家新闻出版广电总局团委书记

连丹波(女)　最高人民法院机关团委书记

王　磊　国家知识产权局直属机关团委书记

华志远　中国人民银行济南分行团委书记

王　语(满族)　宝钢集团有限公司团委书记

耿　超　中国航天科工集团公司团委书记

朱秀霞(女)　新疆生产建设兵团第十一师(建工师)兵团建工集团新疆北新路桥集团股份有限公司团委书记

孙　鹏　陕西煤业化工集团有限责任公司团委书记

罗　松　重庆长安汽车股份有限公司团委书记

李佳谕(女,苗族)　湖南省湘潭国家高新区团工委书记

2014年度"全国五四红旗团委(团支部)"名单

(共399个)

北京市朝阳区朝外街道团工委

北京市首都公路发展集团有限公司团委

北京科技大学团委

北京市第四中学团委

北京稻香村食品有限责任公司食品厂团支部

北京市房山区窦店镇窦店村团总支

北京市自来水集团良泉水业有限公司团支部

北京恒安卫士保安服务有限公司地铁一号线

安检项目团支部
北京市回龙观社区网团支部
北京市房山区房山职业学校青年教工团支部
对外经济贸易大学国际经济贸易学院 2011 级第 15 班团支部
北京市第二中学高二 2 班团支部
天津港(集团)有限公司团委
天津市宁河县供销合作社团委
天津市蓟县渔阳中学团委
天津新港海关团委
天津土地交易中心团支部
天津市网球运动管理中心团支部
天津空港出入境检验检疫局团总支
南开大学商学院本科生 2011 级国际会计班级团支部
天津市静海县地方税务局团支部
天津市津南区八里台第一中学团总支
天津市北辰区华辰学校团支部
国家开发银行股份有限公司河北省分行团委
石家庄铁道大学团委
华北制药集团有限责任公司团委
河北省唐山市第一中学团委
河北省建筑科学研究院团支部
河北省石家庄外国语学校高三 10 班团支部
河北省石家庄市裕华区东苑街道尖岭小区社区团支部
河北省邯郸市职教中心学前教育 13 幼 1 班团支部
河北省宁晋县财政局团支部
邯郸银行股份有限公司团总支
河北省衡水泰华集团公司团支部
河北省保定市公安局交通警察支队团总支
河北省廊坊市发展和改革委员会团支部
河北省开滦(集团)有限责任公司铁路运输分公司唐山运输部团支部
河北省昌黎县东硕种植专业合作社联合社团支部
山西焦煤集团有限责任公司汾西矿业集团公司团委
山西省长治六中团委
山西省运城市盐湖区龙居镇团委
山西省太原市财贸学校会计专业 2012 级 2 班团支部
山西省大同高速公路有限责任公司大同南收费站团支部
山西省洪洞县恒坤养牛专业合作社团支部
山西省和顺县城区机关团支部
中国兵器集团晋西工业集团有限责任公司精密机加分厂团支部
内蒙古师范大学锦山实验中学团委
内蒙古电力(集团)有限责任公司乌海电业局团委
内蒙古自治区科尔沁左翼后旗甘旗卡街道团工委
内蒙古自治区包头市昆都仑区阿尔丁街道办事处乌兰社区团支部
内蒙古自治区新巴尔虎左旗吉布胡郎图苏木呼伦嘎查团支部
内蒙古自治区巴彦淖尔市医院内科团支部
内蒙古包钢钢联股份有限公司炼钢厂自动化部团支部
内蒙古自治区乌兰浩特市第七中学九年级团总支
内蒙古自治区达拉特旗第一中学委员会高三 10 班团支部
辽宁省铁岭师范高等专科学校团委
中国石油辽河油田分公司勘探开发研究院团委
辽宁省朝阳市朝阳银行团委
辽宁省大连市公安局团委
沈阳大学团委
辽宁省本溪市人民检察院机关团支部
辽宁省辽阳市弓长岭区汤河镇瓦子村团支部
国家电网辽宁省电力有限公司抚顺供电公司变电运检室团支部
辽宁机电职业技术学院 G12231 团支部

辽宁省沈阳市沈河区大南街道红巾社区团支部
辽宁省盘锦北方沥青燃料有限公司机关团支部
辽宁省阜新市第九中学九年1班团支部
辽宁水文地质工程地质勘察院团支部
吉林大学团委
吉林省长白山开发建设(集团)有限责任公司团委
吉林省公安厅直属机关团委
吉林省吉林市第九中学团委
吉林省东辽县金州乡团委
吉林省四平市聋哑学校团支部
吉林省抚松县抚松镇南关村团支部
吉林省蛟河市人民医院团支部
延边大学师范分院10级1班团支部
中国移动通信集团吉林有限公司松原分公司机关运维团支部
中国石油大庆油田有限责任公司钻探工程公司团委
黑龙江科技大学团委
哈尔滨师范大学附属中学团委
国家电网黑龙江省电力有限公司黑河供电公司团委
黑龙江省大庆市直属机关团工委
黑龙江省牡丹江市长安小学团支部
中国联合网络通信有限公司哈尔滨分公司客户服务中心团支部
哈尔滨工程大学船舶工程学院船舶与海洋工程专业20110115班团支部
黑龙江省齐齐哈尔市卫生学校学生团总支
黑龙江省双鸭山市第三十一中学高二17班团支部
黑龙江省佳木斯市前进区人民检察院团支部
上海机场(集团)有限公司团委
上海市徐汇区湖南社区(街道)团工委
同济大学团委
上海市复旦中学团委
中国商用飞机有限责任公司上海飞机制造有限公司航空制造技术研究所团支部
上海市普陀区利群医院团总支
上海广播电视台广播新闻中心团支部
上海海事大学法学院法学121班团支部
上海市浦东新区区委组织部机关团总支
华东政法大学法律学院研1304班团支部
上海市材料工程学校13室内设计1班团支部
上海市光明中学教工团支部
南京工业大学团委
江苏师范大学团委
江苏省淮安中学团委
江苏新日电动车股份有限公司团委
江苏省兴化市戴南镇团委
江苏省盐城生物工程高等职业技术学校团委
江苏银行股份有限公司南通分行团委
中国南车南京浦镇车辆有限公司研发团总支
江苏省无锡市锡山地方税务局团总支
江苏省徐州市交通规划设计研究院团支部
江苏省太仓市财政局团支部
江苏省南通市启秀中学教工团支部
江苏省连云港市第一人民医院急诊团支部
江苏省淮安市妇幼保健院儿童健康中心团支部
国家电网江苏省电力公司盐城供电公司调控中心团支部
江苏省宝应县氾水庆丰收割机跨区作业专业合作社团支部
江苏省镇江实验学校初中部团总支
中华人民共和国泰州出入境检验检疫局团支部
南京中医药大学大学生先锋社团支部
江苏大学予爱协会团支部
江苏省南京图书馆第一团支部
江苏省南通市公安局巡特警支队团总支
浙江大学团委
国家电网浙江省电力公司团委
宁波工程学院团委

浙江省温岭市大溪镇团委
浙江省泰顺县职业教育中心团委
浙江省杭州市公安局团委
浙江省杭州市上城区小营街道小营巷社区团支部
绍兴职业技术学院机电工程学院团总支
浙江信息工程学校机电部团总支
浙江省义乌市恒信人才开发有限公司团总支
浙江省丽水市莲都区白云街道白云社区团支部
浙江省衢州市衢江区峡川镇中心学校团支部
浙江财经大学成蹊苑45幢活动团支部
浙江豪情汽车制造有限公司车身厂团支部
温州银行得胜管辖行团支部
浙江物产金属集团有限公司财务金融团支部
安徽中兴继远信息技术股份有限公司团委
安徽省池州市人民医院团委
安徽省铜陵市第三中学团委
安徽师范大学团委
安徽省合肥市庐阳区亳州路街道畅园社区团支部
安徽省公共气象服务中心团支部
安徽泰昂电力技术有限公司团支部
安徽省安庆市公安局交警支队车辆和驾驶人管理所团支部
安徽省芜湖双翼航空装备科技有限公司团支部
安徽省马鞍山市疾病预防控制中心团支部
安徽省泗县第三中学高三8班团支部
福建省富春通信股份有限公司团委
中国移动通信集团福建有限公司莆田分公司团委
福建师范大学文学院团委
福建省晋江市华侨职业中专学校团委
福建省尤溪县联合中学团支部
福建省厦门市海沧区海沧街道海发社区团支部
福建省龙海市东园镇东宝村团支部
福建农林大学管理学院2011级会计学3班团支部
福建省武夷山市国家旅游度假区印象大红袍有限公司艺术团第二支部
中国人民武装警察部队福建省边防总队漳州市边防支队机动中队团支部
福州外国语学校2012级高三1班团支部
武警江西省消防总队鹰潭市支队团委
中航工业江西洪都航空工业集团有限责任公司团委
江西省南昌市卫生学校团委
中国人民武装警察部队江西省消防总队南昌市支队西湖区大队八一中队团支部
江西省莲花县荷塘乡双岭村乔源苗木联合团支部
江西省井冈山市井冈山革命博物馆团支部
国家电网江西共青城市供电有限责任公司团支部
江西省核工业地质局二六四大队地质环境院团支部
中航工业昌河飞机工业(集团)有限责任公司工程技术部团总支
江西九江科技中等专业学校2013级旅游班团支部
江西赣州技师学院商贸旅游系团总支
山东省潍坊市福田雷沃国际重工股份有限公司团委
山东省威海市刘公岛管理委员会团委
山东省日照市公路管理局团委
山东一诺威聚氨酯股份有限公司团委
山东省德州市人民医院团委
曲阜师范大学团委
山东省临沂第一中学团委
山东省济南市历下区大明湖街道曲水亭社区团总支
山东省胶州市里岔镇大学生村官团支部
山东省枣庄市市中区西王庄镇康力医疗器械科技有限公司团支部

山东省东营市城市管理局供气站团支部
山东省烟台市莱山区黄海社区团总支
山东省济宁交通运输集团有限公司济宁汽车总站团总支
山东省泰安市泰山风景名胜区管理委员会消防队团支部
山东省莱芜市农村信用合作联社机关团总支
山东省临沂交通运输有限责任公司临沂客运总站团总支
中国石油化工股份有限公司胜利石油工程有限公司黄河钻井总公司五公司40577SL钻井队团支部
山东钢铁股份有限公司莱芜集团银山型钢有限公司炼铁厂机动设备科电修站团支部
山东省日照市岚山区人民法院团支部
山东省青岛市技师学院电气工程学院团总支
山东省淄博市博山区白塔镇中心学校团总支
郑州铁路局团委
华北水利水电大学团委
安阳工学院团委
中国水利水电第十一工程局有限公司团委
河南省西峡县五里桥镇团委
河南省郑州外国语学校团委
河南省商丘市睢阳区新城办事处团委
河南省开封市第二十五中学团委
河南省郑州市金水区经八路街道商务社区团支部
河南财经政法大学数学与信息科学学院团总支
三门峡职业技术学院建筑工程学院团总支
郑州市青春家园团支部
中国移动通信集团河南有限公司新乡市延津分公司团支部
河南省平顶山银行股份有限公司郑州分行团总支
河南省兰考县民政局团支部
河南省郑州市中心医院心血管内科团支部
河南省团周口市委直属工委团支部
河南省焦作市社会医疗保险中心团支部
河南省镇平县人民检察院未检科团支部
河南省禹州市工商行政管理局团支部
河南省洛阳市第二实验中学高二10班团支部
河南省濮阳市高新区第四初级中学团支部
中国航天三江集团公司团委
华中科技大学团委
湖北省十堰市郧阳区南化塘镇团委
湖北省武汉市硚口区汉正街团工委
湖北省荆州市沙市中学团委
湖北瑞通天元律师事务所团支部
湖北省黄石市黄石港区沈家营社区团支部
湖北省仙桃市沙嘴办事处刘口社区团支部
湖北省孝感市中心血站团支部
湖北省随州市中心医院外科团支部
湖北三环成套贸易有限公司团支部
湖北省枝江市马家店初级中学团总支
湖北黄冈技师学院学生团总支
湖北交通职业技术学院机电工程系分团委
湖北省赤壁市“赤壁热线”团支部
吉首大学团委
湖南电气职业技术学院团委
国家电网湖南省电力公司岳阳供电分公司团委
中国南车株洲电力机车有限公司团委
湖南省桃源县第九中学团委
湖南省怀化市纪委监察局团总支
湖南大学电气与信息工程学院团总支
湖南省长沙市岳麓区咸嘉湖街道咸嘉新村社区团支部
湖南省邵阳市大祥区国家税务局团支部
中建五局第三建设有限公司长沙分公司团总支
湖南省岳阳市云溪区一中团总支
湖南省泸溪县潭溪镇中学团总支
广东省珠海市香洲区湾仔街道团委
广东省佛山市南海区西樵镇团委
华南师范大学团委

韶关学院团委
广州铁路(集团)公司广州动车段团委
广东省普宁市华美实验学校团委
广东省吴川市第二中学团委
广州铁路职业技术学院轨道交通学院团总支
广东省珠海市得理乐器(珠海)有限公司团总支
中国移动通信集团广东有限公司汕头分公司潮阳分公司团支部
广东省韶关市粤北人民医院妇产科团支部
广东省紫金县好义镇鹿塘村团支部
广东省惠州市惠城区三栋镇演达纪念园团支部
广东省海丰县附城中学团总支
广东省中山市食品药品监督管理局团总支
广东阳东农村商业银行股份有限公司团总支
广东省清远市高级技工学校应用设计工程系团总支
广东省揭阳市孙淑强狮艺武术馆团总支
中华人民共和国广州海关大铲海关团总支
广东工业大学信息工程学院团总支
桂林电子科技大学团委
广西建工集团有限责任公司团委
广西壮族自治区梧州市第一中学团委
广西壮族自治区马山县古零初级中学团支部
中国电网有限责任公司广西电网公司崇左供电局客户服务中心团支部
右江民族医学院基础医学院团支部
广西壮族自治区岑溪市安平镇富宁村团支部
广西壮族自治区玉林市卫生学校青年教工团支部
海南省三亚大小洞天发展有限公司团委
海南省海口旅游职业学校团委
海南大学旅游学院 2011 级旅游管理文科实验班团支部
海南省工商行政管理局 12315 消费者投诉举报调解处理中心团支部
国家电网重庆市电力公司团委
西南大学团委
重庆北部新区团工委
重庆市长寿实验中学校团委
重庆市荣昌县职业教育中心团委
重庆市公安局特警总队六支队团支部
重庆市江北区观音桥街道鲤鱼池社区团支部
重庆大学青年志愿者协会团支部
西南政法大学法律诊所直属团总支
重庆科技馆团总支
重庆市酉阳土家族苗族自治县公安局团支部
重庆市巴南区龙洲湾初级中学校团支部
重庆市第八中学高 2016 级第 16 团支部
四川省内江职业技术学院团委
四川省乐山师范学院团委
中航工业成都飞机工业(集团)有限责任公司团委
国家电网四川省电力公司遂宁供电公司团委
四川省成都八益家具股份有限公司团委
四川省广元中学团委
四川省宜宾县白花镇团委
四川省成都市青白江区弥牟镇白马村团支部
四川省攀枝花市建筑工程学校教工团支部
四川省泸州市纳溪区上马镇杉树湾生态禽业专业合作社团支部
中国邮政储蓄银行股份有限公司四川省绵阳市高新区支行团支部
四川明星电力股份有限公司客户服务中心团支部
四川省乐山市市中区中医医院团支部
四川省阆中师范学校小学教育英语专业 12 级 13 班团支部
四川省宜宾市江安县四面山镇三江獭兔养殖协会团支部
四川省武胜县人民检察院团支部
中国保护大熊猫研究中心团支部
四川省甘孜藏族自治州稻城亚丁景区旅游开发有限责任公司团支部
四川省南江县正直镇长滩社区团支部

东方电气集团东方锅炉股份有限公司质量检验部团总支
四川省资阳市安岳聚荣青年商会团支部
四川省小金县嘉绒助梦残疾人编织合作社团支部
四川省凉山州职业技术学校教工团支部
贵州燃气(集团) 有限责任公司团委
贵州省六盘水市第八中学团委
贵州省天柱县返乡青年创业园团支部
中国航空工业集团公司贵州黎阳航空发动机(集团)有限公司黎阳锻造叶片分厂团总支
成都铁路局贵阳车站客运车间团支部
贵州省独山县第一中学城关分校初三3班团支部
中铁五局集团贵州工程有限公司贵阳轨道交通1号线6标项目团支部
云南省威信县第一中学团委
云南省红河艺丰房地产开发有限公司团委
云南省德宏傣族景颇族自治州民族初级中学团支部
云南省元谋县元马镇星火村委会下雷窝村团支部
云南机场集团有限责任公司西双版纳机场团总支
云南省怒江傈僳族自治州民族中学团总支
西藏自治区康马县南尼乡团委
西藏自治区邮政公司那曲地区分公司团支部
陕西师范大学团委
陕西省神木县神木镇团委
中国兵器工业集团第二〇二研究所团委
陕西省宝鸡市金台区西关街道西关社区团支部
陕西省汉中市万家隆商贸有限公司团支部
陕西省澄城县寺前中学学生会团总支
中联西北工程设计研究院有限公司华昌建筑设计研究所团支部
陕西省延安市公安局交通警察支队高速公路大队团支部
西安科技大学能源学院安全工程1101团支部
陕西省清涧县清涧中学高2016届4班团支部
陕西省安康市金瑞信息科技有限公司团支部
甘肃省天水市卫生学校团委
甘肃省兰州市七里河区西湖街道团工委
西北师范大学“‘爱·尚’微公益”实践项目孵化中心团支部
天水师范学院青年志愿者协会团支部
甘肃省成县大学生村官团支部
甘肃省白银市育才学校八年级6班团支部
甘肃省通渭县马营镇华川村团支部
青海师范大学团委
青海省西宁市第七中学团委
青海畜牧兽医职业技术学院农林科学系团总支
青海省玉树市第一民族中学团支部
青海西宁铭润车保姆工作室团支部
宁夏回族自治区卫生和计划生育委员会直属机关团委
宁夏回族自治区固原二中共青团班团支部
宁夏回族自治区交通学校教工团支部
新疆维吾尔自治区鄯善县辟展乡团委
新疆维吾尔自治区尉犁县兴平乡团委
新疆维吾尔自治区吉木乃县托普铁热克乡克孜勒加尔村团支部
新疆维吾尔自治区伽师县克孜勒博依乡阿润村团支部
新疆维吾尔自治区乌鲁木齐市天山区黑甲山片区管委会二道湾东社区团支部
中国人民解放军65667部队团委
中国人民解放军66481部队团委
陕西省西安市八一民族中学团委
中国人民解放军71620部队团委
中国人民解放军73171部队团委
中国人民解放军61716部队66分队团支部
中国人民解放军63926部队3营机械连团支部
中国人民解放军海军第2208艇团支部

中国人民解放军93253部队62分队团支部
中国人民解放军96367部队60分队团支部
中国人民解放军65042部队71分队团支部
中国人民解放军66056部队70分队团支部
中国人民解放军68216部队71分队团支部
中国人民解放军71602部队66分队团支部
中国人民解放军73089部队83分队团支部
中国人民解放军75150部队85分队团支部
中国人民解放军77656部队团总支
中国人民武装警察部队四川省总队阿坝藏族羌族自治州支队汶川县中队团支部
中国人民武装警察部队8641部队72分队团支部
成都铁路局团委
中国铁路总公司兰州铁路局嘉峪关供电段张掖供电车间团支部
广州民航职业技术学院团委
北京首都国际机场股份有限公司运行控制中心团总支
全国妇联中国妇女活动中心团委
生活·读书·新知三联书店有限公司团支部
水利部直属机关团委
国家气象中心天气预报室团支部
中国银行业监督管理委员会福建监管局团委
中国光大银行总行信息科技部团支部
中国电子科技集团公司团委
中国通用技术(集团)控股有限责任公司中国纺织科学研究院中纺标(北京)检验认证中心有限公司团支部
中国铁路工程总公司中铁宝桥集团有限公司铸钢车间团支部
新疆生产建设兵团第七师一二三团团委
新疆生产建设兵团第五师八十七团三连团支部
新疆生产建设兵团第十三师红星高级中学高二年级团支部
福建省三钢(集团)有限责任公司团委
上海国际港务(集团)股份有限公司团委
广东省中山火炬高技术产业开发区团工委
乐山一拉得电网自动化有限公司团支部
一汽铸造有限公司铸造一厂造型车间团支部
山西省大同煤矿集团公司四台矿通风区团支部
北京天地人环保科技有限公司团支部
江西中审会计师事务所有限责任公司团支部

追授"全国优秀共青团员"

(共1人)

孟瑞鹏　东北水利水电大学

全国优秀少先队员、全国优秀少先队辅导员、全国优秀少先队集体

"全国优秀少先队员"名单

(300人)

孙莫桐　北京市第二中学亦庄学校
徐润祺(女)　北京市密云县第二小学
杜帅敏(女)　北京市顺义区第十一中学
郑清元　北方交通大学附属小学
李梦雨(女)　北京市文汇中学
季文俊　北京大学附属小学丰台分校
刘若怡(女,回族)　北京市第四中学

曹茜芸(女)　北京市平谷区黄松峪中学
李　宇　北京市朝阳区黄胄艺术实验小学
席海岳(女)　天津市逸阳梅江湾国际学校
甘笑语(女)　天津市河西区上海道小学
张鸿伟　天津市河北区昆纬路第一小学
张立彬　天津市北辰区华辰学校
林亚涵(女)　天津市西青区杨柳青镇第一小学
孙宝兴　天津市宁河县东棘坨镇史家庄小学
周楚皓　天津市武清区下朱庄街越秀园小学
马千越(女)　天津市蓟县渔阳中学
吴宣博(女)　天津市滨海新区大港实验小学
郭俊言(女)　河北省石家庄市合作路小学
张　妍(女,满族)　河北省丰宁满族自治县第二小学
白　洁(女)　河北省秦皇岛北戴河新区西河南中学
马原野　河北省唐山市路南区实验小学
杨天晟　河北省廊坊市固安县马庄镇新庄户小学
崔鑫垚　河北省保定市易县大龙华中心小学
刘芳利(女,满族)　河北省沧州市实验小学
侯佳辰(女)　河北省衡水市实验小学
霍佳骏　河北省邢台市内丘县平安小学
王云逸(女)　河北省邯郸市邯山区渚河路小学
祁乐怡(女)　河北省怀来县沙城实验小学
于书涵(女)　山西省太原市万柏林区第二实验小学
郭务院(女)　山西省朔州市实验小学
张博超　山西省晋中市榆次区寿安里小学
赵旌伊　山西省晋中市左权县宏远学校
许亦筠(女)　山西省吕梁市孝义市崇文街小学
胡相町(女)　山西省阳泉市盂县第二中学
张宸宁(女)　山西省长治师范附属友谊小学
贾霈然　山西省晋城市实验小学
王舒磊　山西省运城市平陆县西街小学
岳　扬(女,满族)　内蒙古自治区呼和浩特市新城区关帝庙街小学
鲁家新原(女)　内蒙古自治区包头市青山区富强路小学
陈英达(俄罗斯族)　内蒙古自治区呼伦贝尔市海拉尔区胜利街小学
洪中钒(蒙古族)　内蒙古自治区乌兰浩特市兴安一小
安克希迪(蒙古族)　内蒙古自治区锡林浩特市蒙古中学
赵婧坤(女)　内蒙古自治区丰镇市马桥街小学
伊　茹(女,蒙古族)　内蒙古自治区乌拉特后旗第一完全小学
魏雅鑫(女)　内蒙古自治区乌海市第三中学
邱雅杰(女,蒙古族)　内蒙古自治区阿拉善左旗第九中学
姜卓然　辽宁省沈阳市第126中学
惠　林　辽宁省大连市甘井子区实验小学
张昊文　辽宁省鞍山市华育外国语实验学校
刘俊池(女,满族)　辽宁省新宾满族自治县新宾第一中学
闫　琪(女,满族)　辽宁省本溪市平山区桥头镇中心校
王爱斯(女,满族)　辽宁省锦州市松山新区实验小学
李璐馨(女)　辽宁省盖州市英才学校
张　可(女)　辽宁省铁岭市昌图育才实验学校
葛嘉文淇(女)　辽宁省建昌县实验小学
武熙禹(女)　吉林省长春市第八十七中学小学部
刘子芹(女)　吉林省长春市南关区东长小学
孙　尧(女)　吉林省吉林市昌邑区漂洋实验学校
韩宛妤(女)　吉林省四平市第二实验小学
黄泳淇　吉林省辽源市龙山实验小学
徐文婕(女)　吉林省通化市集安经济开发区中心小学

李默萱（女） 吉林油田第十二中学
柳松希（女，朝鲜族） 吉林省珲春市第一实验小学
李承达 吉林省长春外国语实验学校
王彤宇（女） 黑龙江省哈尔滨市师范附属小学
丛 蔚 黑龙江省齐齐哈尔市铁锋区光荣小学
李冰然（女） 黑龙江省牡丹江市阳明小学
张斯元 黑龙江省密山市实验小学
杜政好（女，锡伯族） 黑龙江省双鸭山市玉龙小学
张富姝（女，蒙古族） 黑龙江省黑河市黑河小学
赵晨皓 黑龙江省绥棱县第一小学
程森烨（满族） 黑龙江省大兴安岭林业育才小学
张紫婷（女） 黑龙江省大海林局第四中学
王何颖（女） 上海市奉贤区实验中学
王绮涵（女） 上海外国语大学附属民办外国语小学
吴一凡 上海市黄浦区卢湾一中心小学
王 桢 上海市民办华二初级中学
何一舟 上海市罗星中学
丁彦均 上海市静安区教育学院附属学校
何嘉勇 上海市进才实验中学
朱晟瑜 上海市鞍山初级中学
林承雷 上海市闸北区实验小学
陈 芊（女） 南京师范大学附属中学树人学校
吴金亚 江苏省徐州市青年路小学
刘力郝 江苏省溧阳市燕山中学
汪浩天 江苏省苏州中学伟长实验部
朱天玺 江苏省南通市通州区姜灶小学
董美君（女） 江苏省连云港市苍梧小学
周叶苗（女） 江苏省响水县红十字博爱小学
蒋梓婷（女） 江苏省镇江市中山路小学
朱纾萱（女） 江苏省泰兴市鼓楼小学
张云飞 江苏省泗阳县王集镇中学
郑诗云（女） 浙江省杭州市安吉路实验学校
黄骏齐 浙江省宁波市余姚实验学校
鲍 容（女） 浙江省温州市实验小学
徐煜岑 浙江省湖州市德清县实验学校
王恬恬（女） 浙江省平湖市实验小学
赵晨曦 浙江省绍兴市诸暨市璜山镇小学
孙 旭 浙江省金华市金东区实验中学
郑 点（女） 浙江省衢州市实验学校
上官原野 浙江省台州市天台县实验小学
钟欣颖（女，畲族） 浙江省龙泉市实验小学
丁雯琪（女） 安徽省合肥市第四十五中学
王振烜（女） 安徽省黄山市新城实验学校
任智宇（女） 安徽省宿州市宿城第一初级中学
刘悦昊 安徽省阜阳市第二十一中学
江 垚（女） 安徽省滁州市第五中学
宋麟阁 安徽省淮南师范附属小学
张锦心（女） 安徽省宁国市宁国中学初中部
桂舒颜（女） 安徽省池州市第十一中学
崔 睿 安徽省淮北市第二中学
葛歆怡（女） 安徽省马鞍山市含山县第一中学
潘童童（女） 安徽省金寨县思源实验学校
梁艺馨（女） 福建省长汀县城关中区小学
余泽恺 福建省南平师范学校附属小学
钟馥羽（畲族） 福建省福安师范学校附属小学
吴铭蓉（女） 福建省莆田市涵江区白塘中心小学
彭茂林 福建省沙县第二中学
刘 斌 福建省厦门市集美区内林小学
林可婧（女） 福建省龙溪师范学校附属小学
王美涵（女） 福建省福清市实验小学
王信韬 福建省晋江市实验小学
肖晓月（女） 江西省武宁县第五小学
周萍洋子（女） 江西省景德镇市文艺小学
罗文妤（女） 江西省萍乡市师范附属小学
刘鑫雨（女） 江西省新余市第一中学
许怡婷（女） 江西省鹰潭市贵溪实验小学

温　赟　江西省石城县第一小学
梁书诚　江西省宜春市实验中学
邓晴朗　江西省上饶市广丰区永丰小学
李　悦（女）　江西省抚州市广昌第二中学
杨子琪（女）　山东师范大学附属小学雅居园校区
江顺萍（女）　山东省青岛市中心聋校
修　扬　山东省即墨市实验学校
唐玉乐（女）　山东省沂源县鲁村中学
郭桐宇（女）　山东省东营市实验中学
扈芊芊（女）　山东省曲阜市息陬镇三峪小学
甄国清（女）　山东省泰安市泰山博文中学
黄景雯（女）　山东省威海市文登区第二实验小学
杨亚童（女）　山东省日照港第一小学
王梓屹　山东省临沂第二实验小学
姚瑞雪（女）　山东省郯城县实验中学
李洺瑄（女）　山东省滨州市实验学校
常子秋（女）　河南省郑州市管城回族区外国语小学
张珂欣（女）　河南省郑州市中原区建设路第二小学
孙　源　河南省开封市明德小学
郁丹薇（女）　河南省洛阳市涧西区东方第三小学
李奕成　河南省平顶山市第十四中学
张心歌（女）　河南省鹤壁市湘江小学
裴禹昕　河南省新乡市牧野区第二实验小学
赵　聪　河南省沁阳市实验小学
吴亦嘉（女）　河南省长葛市第一小学
骞宝珠（女）　河南省西峡县丹水镇第一中心小学
薛泽宇　河南省遂平县第一初级中学
葛芯雨（女）　河南省济源市济水东园小学
王祖旭　湖北省襄阳市保康县歇马镇梅花小学
甘文俊　湖北省武汉市盲童学校
关　彤（女）　湖北省仙桃市三伏潭镇第一小学
肖小薇（女）　湖北省荆州实验小学
沈　烨（女）　湖北省黄石市广场路小学
赵婧喆（女）　湖北省荆门市京山县坪坝镇中心小学
孟玉芳（女）　湖北省随州市随县三里岗镇小学
徐梦婷（女）　湖北省宜昌市当阳育林学校
高　幸（女）　湖北省孝感市玉泉小学
蔡依汛（女，土家族）　湖北省恩施州来凤县实验小学
周美玲（女）　湖南省长沙市望城区茶亭镇望一简文学校
陈百戎　湖南省衡阳市珠晖区实验小学
伍子睿　湖南省湘潭市和平小学
何佳航　湖南省邵阳市第十六中学
曲　奕（女）　湖南幼儿师范高等专科学校附属小学
杜汪彦瑾（女，土家族）　湖南省慈利县金慈小学
莫文博　湖南省益阳师范学校附属小学
罗舒琪（女）　湖南省桂阳县樟市中学
唐吉亮（瑶族）　湖南省江华瑶族自治县涛圩镇中心小学
谢妙明（女）　湖南省娄底市第三完全小学
杨　婧（女，苗族）　湖南省吉首市第一小学
柳　博　广东省深圳实验学校初中部
王振宇　广东省惠州市光正实验学校
彭启博　广东省陆河县实验小学
刘卓杭　广东省东莞市横沥镇中心小学
李睿童（女）　广东省广州市执信中学
张　睿（女，畲族）　广东省佛山市第九小学
梁可欣（女）　广东省云浮市罗定中学
张　吉（女）　广东省汕头市龙湖区陈厝合小学
潘琦宇　广东省韶关市曲江区实验小学
温思淼　广东省河源市紫金县城富士康希望小学
蔡肖翰　广东省潮州市实验学校
董　迅（女）　广东实验中学

莫　斌　广西壮族自治区南宁市秀田小学
曾繁梓　广西壮族自治区贺州市八步区莲塘镇上寺小学
黎嘉欣(女,壮族)　广西壮族自治区防城港市上思县实验小学
卞陆嘉琦　广西壮族自治区柳州市驾鹤路小学
张颖钰(女,壮族)　广西壮族自治区百色市百色中学
杨诗奕(女)　广西壮族自治区百色市第六中学
蔡　盈(女,满族)　广西师范大学附属外国语学校
黄梓茂　广西壮族自治区贵港市荷城初级中学
莫晗菲(女,壮族)　广西壮族自治区崇左市江州区江南第一小学
雪怡纯(女)　广西壮族自治区兴业县山心镇第二初级中学
陈　可(女)　广西壮族自治区武宣县民族初级中学
陈汉华　海南省儋州市那大第一小学
陈　楠(女)　北京师范大学万宁附属中学
董俞萱(女,黎族)　海南省三亚市第一中学
李静怡(女)　海南省澄迈县城东小学
王康宙　海南省海口市龙峰实验小学
吴雨薇(女)　华中师范大学海南附属中学
邢益栋　海南省文昌市第三小学
许振楷　海南省屯昌县红旗小学
钟垂菁(女)　海南省临高中学
秦丽桦(女,土家族)　重庆市黔江区新华中学
李恺馨(女)　重庆市沙坪坝区南开小学
邓煜林　重庆八中宏帆初级中学
詹丰瑞(女)　重庆南开(融侨)中学
施皓轩　重庆市江津区李市小学
刘　佳(女)　重庆市永川区红炉镇红炉小学
谭清清(女)　重庆市綦江区城南小学
阳文薪　重庆市铜梁区第一实验小学
魏俊西(女)　重庆市巴蜀小学
王跃龙　四川省成都市龙泉驿区第二小学
高　瑞　四川省邛崃市高何镇九年制义务教育学校
兰柏勋　四川省自贡市富顺县北湖实验学校
王谭弘烨　四川省泸州市下大街小学
徐文韬　四川省广汉市雒城镇第一小学
李崎甫　四川省遂宁市射洪县四川美丰射洪实验学校
黎　琦(女)　四川省内江市威远县严陵镇中心学校
王雯宜(女)　四川省达州市通川区第一小学
张文龙(羌族)　四川省阿坝州松潘县城关小学
向远思(女)　四川省资阳市雁江区第八小学
格绒多吉(藏族)　四川省甘孜州理塘县城关小学
谢晓燕(女,彝族)　四川省凉山州西昌市阳光学校
罗世宇　贵州省贵阳市第十四中学
王君祝(女)　贵州省绥阳县育红小学
许蕊雯(女)　贵州省盘县第一小学
熊　芬(女,苗族)　贵州省镇宁布依族苗族自治县革利乡中心学校
赵乐言(女,苗族)　贵州省思南县第三小学
吴琪芳(女,侗族)　贵州省从江县城关第三小学
王唯一(女)　贵州省贵定县第二小学
郭雅燕(女,布依族)　贵州省望谟县王母街道办事处民族小学
向冬琮(女)　贵州省贵安新区党武镇圣泉小学
撒寄宇(彝族)　贵州省威宁彝族回族苗族自治县第三小学
康菁芮(女)　云南师范大学附属小学文林校区
杨傅心清(女)　云南省昆明市官渡区南站小学

胡方译(女)　云南省巧家县第三中学
强钰婷(女)　云南省武定县近城小学
马逸恺(回族)　云南省新平县第一小学
王恬旖(女,彝族)　云南省开远市灵泉小学
石　杰(女,彝族)　云南省巍山县为民小学
王艺晓(女)　云南省昌宁县第一示范小学
尹金堂(怒族)　云南省怒江州实验小学
夏　涛(女,傈僳族)　云南省维西傈僳族自治县民族小学
浦　赛(女,布朗族)　云南省临沧市临翔区南屏小学
旦增白桑(女,藏族)　西藏自治区林周县苏州小学
德吉卓嘎(女,藏族)　西藏自治区定结县完全小学
土旦旺姆(女,藏族)　西藏自治区山南浪卡子县中学
晋美扎西(藏族)　西藏自治区林芝广东实验学校
美朵拉增(女,藏族)　西藏自治区比如县完全小学
白玛曲增(藏族)　西藏自治区措勤县完全小学
景梓秋(女)　陕西省西安市益新中学
穆昊东　陕西省永寿县监军中学
高恒超　陕西省铜川市张郝小学
李柯瑶(女)　陕西省白水县东风小学
杨子熙　陕西省富县北教场小学
贾欣禾(女)　陕西省神木县第五小学
费欣悦(女)　陕西省勉县致远中学
潘紫萱(女)　陕西省岚皋县城关第二小学
余思怡(女)　陕西省山阳县城区一中
郝　爽　甘肃省景泰县第四小学
李文怡(女,满族)　甘肃省金昌市金川总校第二中学
胡怡荣(女)　甘肃省武威第十三中学
梁　奔　甘肃省镇原县开边镇开边小学
杨俊草(女,蒙古族)　甘肃省肃北蒙古族自治县蒙古族学校
段荣荣(女)　甘肃省平凉市崆峒区四十里铺镇郿岘小学
葛文皓　甘肃省嘉峪关市第四中学
谢梦怡(女)　甘肃省高台县城关初级中学
富睿涵(女)　甘肃省天水市麦积区区府路小学
云子蕙(女)　青海省西宁市城中区观门街小学
马芮索菲娅(女,撒拉族)　青海省循化撒拉族自治县中学
黄雨彤(女)　青海省格尔木市第四中学
王玉婷(女)　青海省贵德县河阴寄宿制学校
李宏敏(藏族)　青海省刚察县寄宿制完全小学
昂　桑(女,藏族)　青海省玉树市第四完全小学
王　月(女,回族)　宁夏回族自治区灵武市东塔回民小学
张悦炜(女)　宁夏回族自治区石嘴山市第二十四小学
马志慧(女,回族)　宁夏回族自治区吴忠市红寺堡区第一小学
安　博　宁夏回族自治区固原市原州区第四小学
宋立扬(回族)　宁夏回族自治区海原县第四小学
刘　甜(女)　宁夏回族自治区中卫市第二中学
柯杨军　新疆维吾尔自治区塔城市第三小学
布尔林恩·赛热克
(女,哈萨克族)　新疆维吾尔自治区吉木乃县别斯铁热克牧业寄宿学校
娜克雅(女,蒙古族)　新疆维吾尔自治区温泉县初级中学
岳　艺(女)　新疆维吾尔自治区昌吉州第一中学

白珺怡（女） 新疆维吾尔自治区乌鲁木齐市第五十五中学
毛婧媛（女） 新疆维吾尔自治区鄯善县火车站镇学校
祖力喀尔·买买提艾力（维吾尔族） 新疆维吾尔自治区泽普县第二小学
茹柯耶·艾力（女，维吾尔族） 新疆维吾尔自治区和田县第一小学
杨 楠（女） 新疆维吾尔自治区克拉玛依市第九小学
杨紫旭（女） 新疆生产建设兵团第二师二十七团中学
何雨萱（女） 新疆生产建设兵团第四师第一中学
李言瑜（女） 新疆生产建设兵团第十师北屯中学
谢日阿依·巴图（女，维吾尔族） 新疆生产建设兵团第十四师一牧场中学

"全国优秀少先队辅导员"名单
（297 人）

张 莉（女） 北京市东城区金台书院小学少先队大队辅导员
朱秀荣（女） 北京市密云县大城子中心小学少先队大队辅导员
费秋香（女） 北京实验学校附属小学少先队大队辅导员
韩 硕（女） 北京市大兴区第七小学少先队大队辅导员
何骏飞（女） 北京第一实验小学少先队大队辅导员
胡春凝（女） 北京舞蹈学院附中丰台实验小学少先队大队辅导员
吴 莹（女） 中国农业科学院附属小学少先队大队辅导员
余 洋 北京市朝阳区呼家楼学区少先队总辅导员
常 红（女） 《北京少年报》主编，少先队志愿辅导员
沈 莉（女） 天津市西青区少先队总辅导员
满开静（女，回族） 天津市河北区扶轮中学少先队大队辅导员
孙洪玉（女） 天津市南开区风湖里小学少先队大队辅导员
韩洪雅（女） 天津市铃铛阁外国语中学少先队大队辅导员
刘秀伟 天津市津南区葛沽第三小学少先队大队辅导员
钟 超 天津市宝坻区王卜庄镇何仉庄初级中学少先队大队辅导员
李 敏（女） 天津市静海县实验小学少先队中队辅导员
平慧玥（女） 天津市东丽区丽泽小学少先队中队辅导员
付慧珍（女） 天津市河东区教育局退休干部、河东区关心下一代工作委员会副主任，少先队志愿辅导员
史晔聪（女） 河北省石家庄市裕华区少先队总辅导员
刘永宏（女，满族） 河北省承德市双桥区监察局副局长，少先队志愿辅导员
芦春丽（女） 河北省张家口市特殊教育学校少先队大队辅导员
田 坤（女） 河北省秦皇岛市海港区耀华小学少先队大队辅导员
李 涛（女） 河北省唐山市路北区兴盛丽景小学少先队大队辅导员
殷淑贵（女） 河北省廊坊市第一实验小学少先队大队辅导员
王丹青（女） 河北省保定师范附属学校少先队大队辅导员
孙 芳（女） 河北省沧县实验学校少先队大

队辅导员

强保宁(女)　河北省衡水市滏阳小学少先队大队辅导员

寇　晖(女)　河北省邯郸市复兴区前进小学少先队大队辅导员

陈锦艳(女)　河北省迁安市第四实验小学少先队大队辅导员

聂峻梅(女)　山西省太原市杏花岭区后小河小学少先队大队辅导员

刘　刚　山西博物院公众服务部主任,少先队志愿辅导员

曹　亮(女)　山西省大同市矿区新平旺第一小学少先队大队辅导员

李玉英(女)　山西省忻州市七一路小学少先队大队辅导员

郭艳珍(女)　山西省晋中市太谷县实验小学少先队大队辅导员

张　莹(女)　山西省吕梁市离石区城内小学少先队大队辅导员

王　泉(女)　山西省阳泉市上站小学少先队大队辅导员

于晓丽(女)　山西省长治市实验小学少先队大队辅导员

贾丽丽(女)　山西省晋城市阳城县第三小学少先队大队辅导员

刘　颖(女)　内蒙古自治区少先队活动辅导站培训部部长,少先队志愿辅导员

冯文娟(女)　内蒙古自治区呼和浩特市新城区苏虎街实验小学少先队大队辅导员

樊　艳(女)　内蒙古自治区二连浩特市第一小学少先队大队辅导员

郭　芳(女,达斡尔族)　内蒙古自治区呼伦贝尔市海拉尔区胜利街小学少先队大队辅导员

孙艳霞(女,满族)　内蒙古自治区科尔沁右翼前旗第二小学少先队大队辅导员

胡艳利　内蒙古自治区赤峰市敖汉旗新地学校少先队大队辅导员

力海燕(女)　内蒙古自治区乌兰察布市卓资县二中少先队大队辅导员

郭成娟(女)　内蒙古自治区巴彦淖尔市临河区第四小学少先队中队辅导员

张　静(女)　辽宁省沈阳市浑南区第二小学少先队大队辅导员

蔡海燕(女)　辽宁省大连经济技术开发区红星海国际学校少先队大队辅导员

谢丽娜(女)　辽宁省抚顺市实验小学少先队大队辅导员

于晓梅(女)　辽宁省丹东市振兴区少先队总辅导员

彭　颖(女)　辽宁省阜新市细河区民族街小学少先队大队辅导员

胡琳琳(女)　辽宁省辽阳市首山农场学校少先队大队辅导员

林志霞(女)　辽宁省朝阳市龙城区边杖子镇中心小学少先队大队辅导员

张红梅(女)　辽宁省盘锦市鹤乡小学少先队大队辅导员

杨玉祥　辽宁省锦西石化公司退休职工,少先队志愿辅导员

苏　叶(女)　吉林省长春市朝阳区慧达小学少先队大队辅导员

赵丽莉(女)　吉林省吉林市龙潭区少先队总辅导员

李秀辉(女)　吉林省东丰县大兴镇中心小学少先队大队辅导员

李　波(女)　吉林省通化市东昌区金厂镇中心小学少先队大队辅导员

才　烨(女,满族)　吉林省白城市洮北区明仁小学少先队大队辅导员

李英兰(女,朝鲜族)　吉林省延吉市中央小学

少先队大队辅导员

韩梦蒙(女)　吉林省第二实验学校少先队大队辅导员

孙爱曼(女,满族)　东北师范大学附属小学少先队中队辅导员

孙中华(女)　长春师范大学教育科学学院副院长,少先队志愿辅导员

张　玲(女)　黑龙江省哈尔滨市继红小学少先队中队辅导员

李胜男(女)　黑龙江省哈尔滨市兆麟小学少先队大队辅导员

赵　妍(女)　黑龙江省齐齐哈尔市建华区教育局宣传员,少先队志愿辅导员

刘宝丹(女)　黑龙江省牡丹江市立新实验小学少先队大队辅导员

张　卉(女)　黑龙江省佳木斯市第二十小学少先队大队辅导员

刘久攀　黑龙江省大庆油田教育中心少先队总辅导员

付美丽(女)　黑龙江省伊春市实验小学少先队大队辅导员

董　梅(女)　黑龙江省七台河市第九小学少先队大队辅导员

王　鹏(女)　黑龙江省鹤岗市东方红小学少先队大队辅导员

干桂凤(女)　上海市松江区少先队总辅导员

丁向阳　上海市金山区松隐小学少先队中队辅导员

李冰冰(女)　上海市虹口区红旗小学少先队大队辅导员

黄蔚敏(女)　上海市市八初级中学少先队大队辅导员

尹沪俊(女)　上海市市西初级中学少先队大队辅导员

黄蓓莉(女)　上海市浦东新区新世界实验小学少先队大队辅导员

翟　艳(女)　上海市闵行区平南小学少先队大队辅导员

刘　民(女)　上海市闸北区教育学院教研员,少先队志愿辅导员

郭　莹(女)　《时刻准备着》主编,少先队志愿辅导员

刘　璇(女)　江苏省南京市少先队总辅导员

姚　菲(女)　江苏省无锡市侨谊实验中学少先队大队辅导员

杨百里　江苏省邳州市八义集镇中心小学少先队大队辅导员

秦　文(女)　江苏省常州市武进区洛阳中心小学少先队大队辅导员

陈　丹(女)　江苏省常熟市报慈小学少先队大队辅导员

陈海娟(女)　江苏省南通市竹行小学少先队大队辅导员

丁　涛　江苏省洪泽县实验小学少先队大队辅导员

陈生卫　江苏省东台市第一小学少先队大队辅导员

高　嵘(女)　江苏省扬州市江都区仙女镇中心小学教育集团花园校区少先队大队辅导员

徐美霞(女)　江苏省镇江市关爱青少年校外活动实验中心主任,少先队志愿辅导员

陶焦芳(女)　浙江省杭州市江干区少先队总辅导员

沈　艳(女)　浙江省宁波市青少年宫团队工作部部长,少先队志愿辅导员

林　丛(女)　浙江省温州市瓦市小学少先队大队辅导员

俞　峰(女)　浙江省湖州市湖师附小教育集团少先队大队辅导员

章　雁　浙江省桐乡市濮院小学教育集团少先队大队辅导员

倪晓娟(女)　浙江省义乌市实验小学教育集团少先队大队辅导员

邵赛英(女)　浙江省衢州市衢江区浮石小学

少先队大队辅导员
鲁旭婷(女) 浙江省舟山市定海小学少先队大队辅导员
黄　萍(女) 浙江省台州市黄岩区东城街道中心小学少先队大队辅导员
张叔琼(女) 浙江省丽水市缙云县七里小学少先队大队辅导员
方华丽(女) 安徽省霍山县城关小学少先队大队辅导员
王　伟(女) 安徽省蚌埠市淮上区曹老集镇中心学校少先队大队辅导员
冯琴琴(女) 安徽省芜湖县东湖小学少先队大队辅导员
任　虹(女) 安徽省安庆市四照园小学少先队大队辅导员
汪　艳(女) 安徽省铜陵市望江亭小学少先队大队辅导员
段　琳(女) 安徽省和县西埠镇中心小学少先队中队辅导员
禹强云(回族) 安徽省全椒县实验小学少先队大队辅导员
胡吉全 安徽省东至县至德小学少先队大队辅导员
凌　青(女) 安徽省黄山市屯溪龙山实验小学少先队大队辅导员,屯溪区少先队总辅导员
程宏杰 安徽省亳州市谯城区少先队志愿辅导员
程　娜(女) 安徽省合肥市元一名城小学少先队大队辅导员
童晓娟(女) 福建省连城县城关中小少先队大队辅导员
张富凤(女) 福建省南平市顺昌县埔上中心小学少先队中队辅导员
林道克 武警福建总队宁德支队寿宁中队政治指导员,少先队志愿辅导员
林　珊(女) 福建省莆田市城厢区筱塘小学少先队大队辅导员
幸卫芳(女) 福建省三明学院附属小学少先队中队辅导员
连　滔 福建省厦门何厝小学少先队大队辅导员
林丽珊(女) 福建省漳州市芗城实验小学少先队大队辅导员
卢丽含(女) 福建省石狮市少先队总辅导员,石狮实验小学大队辅导员
汤佳明(女) 福建省福州市晋安区鼓山中心小学少先队大队辅导员
邓卓卓(女) 江西省九江市长虹小学少先队大队辅导员
孙莉莉(女) 江西省乐平市实验小学少先队大队辅导员
王玉媛(女) 江西省新余市逸夫小学少先队大队辅导员
段华胜 江西省萍乡市链条厂退休干部,少先队志愿辅导员
万小华 江西省鹰潭市第五小学少先队大队辅导员
谢慧连 江西省赣州市第一中学少先队大队辅导员
张　燕(女) 江西省宜春市宜阳学校少先队大队辅导员
邱荣云 江西省上饶县少先队总辅导员
黄学瑾(女) 江西省抚州市临川区第九小学少先队大队辅导员
刘　坤(女) 山东省济南市经七路第一小学少先队大队辅导员
刘　燕(女) 山东省济南市历城区洪家楼第二小学少先队大队辅导员
方　娜(女) 山东省青岛四方实验小学少先队大队辅导员
周立萍(女) 山东省淄博市张店区祥瑞园小学少先队大队辅导员
井常琳(女) 山东省枣庄市立新小学少先队大队辅导员
黄　琦(女) 山东省东营市晨阳学校少先队

大队辅导员
张　燕(女)　山东省莱州市第二实验小学少先队大队辅导员
魏贞淑(女)　山东省高密市柴沟镇少先队总辅导员
曹君培　山东省泰安市公安局泰汶分局法制科科长,少先队志愿辅导员
刘钦虎　山东省临沂市沂南县辛集镇库沟中心小学少先队大队辅导员
韩　萍(女)　山东省德州市北园小学少先队大队辅导员
蔡敏臣　山东省成武县实验小学少先队大队辅导员
赵骁原(女)　河南省郑州市管城回族区二里岗小学少先队大队辅导员
毛笑宇(女)　河南省郑州市中原区互助路小学少先队大队辅导员
侯舒曼(女)　河南省开封市顺河回族区少先队总辅导员
段靖娜(女)　河南省洛阳市教育局直属第九小学少先队大队辅导员
陶景娜(女)　河南省平顶山市新华区联盟路小学少先队中队辅导员
史修芹(女)　河南省安阳市永安东街小学少先队大队辅导员
刘建设　河南省延津县城关镇建设路小学少先队大队辅导员
郭亚萍(女)　河南省濮阳市华龙区实验小学少先队大队辅导员
杨　晶(女)　河南省信阳市南湾湖风景区第七小学少先队大队辅导员
刘广锋　河南省郸城县实验中学少先队大队辅导员
吴耀省　河南省驻马店市实验中学少先队大队辅导员
邓凡波　湖北省咸宁市崇阳县第二实验小学少先队大队辅导员
刘　燕(女)　湖北省黄石市有色小学少先队大队辅导员
杜芝凤(女)　湖北省荆州市沙市区胜利街道王板桥社区党委第一书记,少先队志愿辅导员
杜高照　湖北省襄阳市谷城县实验小学少先队大队辅导员
杨　赟(女)　湖北省十堰市广东路小学少先队大队辅导员
吴红燕(女)　湖北省武汉市新洲区邾城街第二小学少先队大队辅导员
余志敏(女)　湖北省潜江市实验小学少先队大队辅导员
辛翠平(女,土家族)　湖北省恩施州少先队总辅导员
曹　晶　湖北省鄂州市第一中学少先队大队辅导员
屈　卫(女)　湖南省长沙市开福区清水塘第二小学少先队大队辅导员
夏露菲(女)　湖南省衡南县明德小学少先队大队辅导员
颜　平(女)　湖南省株洲市天元区白鹤小学少先队大队辅导员
沈豪英(女)　湖南省湘乡市东方红学校少先队大队辅导员
刘　燕(女)　湖南省岳阳市岳阳楼区朝阳小学少先队大队辅导员
肖　莉(女)　湖南省常德市临澧县第一完全小学少先队大队辅导员
李　红(女)　湖南省益阳市人民路小学少先队大队辅导员
李春艳(女)　湖南省郴州市第四完全小学少先队大队辅导员
刘小勇　湖南省永州市零陵区少先队总辅导员,徐家井小学少先队大队辅导员
鲁遐龄　湖南省林业勘察设计院退休干部,少先队志愿辅导员
邢海燕(女,苗族)　湖南省怀化市芷江侗族自治县荷花池小学少先队中

队辅导员

李晓桃(女) 广东省深圳市龙华新区龙华中心小学少先队大队辅导员

朱卫华(女) 广东省梅州市梅县区城东镇中心小学少先队大队辅导员

卢月群(女) 广东省江门市蓬江区丰乐小学少先队大队辅导员

覃水妹(女,壮族) 广东省连山壮族瑶族自治县小三江镇加田中心学校少先队大队辅导员

张　琳(女) 广东省广州市海珠区菩提路小学少先队大队辅导员

周　鹏 广东省中山市菊城小学少先队大队辅导员

林进强 广东省阳江职业技术学院附属实验学校少先队大队辅导员

覃碧霞(女) 广东省肇庆市百花园小学少先队大队辅导员

黄少君(女) 广东省揭阳市榕城区少先队总辅导员

王溶冰(女) 广东省珠海市香洲区前山小学少先队大队辅导员

黄妙玲(女) 广东省湛江市第二十小学少先队大队辅导员

许　璐(女) 广东省高州市青少年快乐成长促进会策划部理事,高州市心路志愿者协会创办人,少先队志愿辅导员

黎咏梅(女) 广西壮族自治区梧州市第一中学少先队大队辅导员

蒙春容(女) 广西壮族自治区贺州市钟山县钟山镇中心小学少先队大队辅导员

岑玲玲(女) 广西壮族自治区合浦县实验小学少先队大队辅导员

罗　强 广西壮族自治区陆川县第一小学少先队大队辅导员

吴永元 广西壮族自治区桂林市中华小学少先队大队辅导员

陈　媚(女,瑶族) 广西壮族自治区平南县马练瑶族乡马练中心小学少先队大队辅导员

李　健(女,壮族) 广西壮族自治区崇左市扶绥县中东镇中心小学少先队大队辅导员

李　科(女) 广西壮族自治区南宁市中山路小学少先队大队辅导员

梁春红(女) 广西壮族自治区钦州市少先队副总辅导员

韦琎珠(女,壮族) 广西壮族自治区来宾市兴宾区实验小学少先队大队辅导员

黄加荣 广西壮族自治区桂林市临桂区南边山镇人民政府干部,少先队志愿辅导员

容　莎(女,黎族) 海南省乐东县实验小学少先队大队辅导员

俞孝源(女) 海南省海口市第二十五小学少先队大队辅导员

符永峰 海南省琼海市第一小学少先队大队辅导员

谢香聪 海南省三亚市第二小学少先队大队辅导员

许琼容(女) 海南省昌江黎族自治县第四小学少先队中队辅导员

张琳花(女,黎族) 海南省五指山市第一小学少先队副大队辅导员

凌仕飞 海南省万宁市禄马学校少先队大队辅导员

谢　雯(女) 海南省海口市120急救中心培训科副科长、团总支书记,少先队志愿辅导员

赵　璐(女) 海南临高思源实验学校少先队大队辅导员

郑　然 重庆市渝中区马家堡小学少先队大队辅导员

肖文瑾(女) 重庆市江北区华新实验小学少先队大队辅导员
左 荣(女) 重庆市南岸区天台岗雅居乐小学少先队大队辅导员
李忠芝(女) 西南大学附属小学少先队大队辅导员
彭燕沙(女) 重庆市巴南区恒大城小学少先队大队辅导员
徐彦雅(女) 重庆市长寿区少先队总辅导员
杨其合 重庆市南川区南平镇中心小学退休教师,少先队志愿辅导员
解红梅(女) 重庆市云阳县特殊教育学校少先队大队辅导员
牟莉华(女) 重庆市人民小学融侨校区少先队大队辅导员
杨 秋(女) 四川省成都市金牛区沙湾路小学少先队大队辅导员
范 煜(女) 四川省成都市泡桐树小学少先队大队辅导员
陈斌彬(女) 四川师范大学附属实验学校少先队大队辅导员
杨 勇 四川省自贡市自流井区塘坎上小学少先队大队辅导员
杨书通 四川省攀枝花市少先队总辅导员
汪 勇 四川省绵竹市南轩小学少先队大队辅导员
申清菊(女,羌族) 四川省绵阳市平武县平通镇中心小学少先队中队辅导员
李 毅(女) 四川省乐山师范附属小学少先队大队辅导员
贾玉洁(女) 四川省宜宾市中山街小学少先队大队辅导员
陈 娅(女) 四川省巴中市巴中师范附属实验小学少先队大队辅导员
王明武 四川省仁寿县民政局退休干部,少先队志愿辅导员
泽仁纳么(女,藏族) 四川省阿坝州若尔盖县辖曼乡中心校少先队大队辅导员
杨 静(女) 贵州省贵阳市南明区达德学校少先队大队辅导员
姚茂娟(女) 贵州省赤水市大同小学少先队大队辅导员
李兴旺 贵州省毕节市大方县少先队总辅导员
罗艳飞(女) 贵州省毕节市实验学校少先队大队辅导员
崔晓玲(女,土家族) 贵州省铜仁市沿河民族小学少先队大队辅导员
都晓华(女,苗族) 贵州省黔东南州剑河县城关第一小学少先队大队辅导员
黄选菲(女) 贵州省瓮安县实验学校少先队大队辅导员
黄 梅(女) 贵州省黔西南州兴义市木贾街道办事处东贡小学少先队大队辅导员
陈文琴(女,苗族) 贵州省贵安新区马场小学少先队中队辅导员
谢 锋(仡佬族) 贵州省贵阳市乌当区同心思源助残促进会会长,少先队志愿辅导员
苏滔滔(女) 云南省昆明市宜良县匡山小学少先队大队辅导员
杨正艳(女) 云南省昭通市昭阳区第三小学少先队大队辅导员
张金苹(女) 云南省曲靖市麒麟区北关小学少先队大队辅导员
王红力 云南省楚雄第一中学少先队大队辅导员
郑玮青(女) 云南省玉溪聂耳小学少先队大队辅导员
赵 静(彝族) 云南省弥勒市西三镇中心学校少先队大队辅导员
黄建云 云南省普洱市宁洱哈尼族彝族自治

县直属小学少先队大队辅导员

董有忠　云南省保山市腾冲县少先队总辅导员

李丽娜(女)　云南省德宏州陇川县第一小学少先队大队辅导员

肖煜光(纳西族)　云南省丽江市古城博物院(木府)副院长,少先队志愿辅导员

徐建英(女,藏族)　云南省香格里拉市建塘镇建塘小学少先队大队辅导员

卓　玛(女,藏族)　西藏自治区拉萨市实验小学少先队大队辅导员

次仁卓嘎(女,藏族)　西藏自治区日喀则市桑珠孜区第一小学少先队大队辅导员

嘎玛仁增(藏族)　西藏自治区扎囊县吉汝乡吉汝完小少先队大队辅导员

白玛达娃(藏族)　西藏自治区林芝市第二小学少先队大队辅导员

周国仁(彝族)　解放军77650部队70分队水电站站长,少先队志愿辅导员

巴桑吉(女,藏族)　西藏自治区那曲县那曲镇中心小学少先队大队辅导员

田　媛(女)　西安交通大学附属小学少先队大队辅导员

刘梦云(女)　陕西省宝鸡高新第三小学少先队大队辅导员

张　娟(女)　陕西省宝鸡市太白县黄凤山小学少先队大队辅导员

马　丽(女)　陕西省咸阳市渭城区道北小学少先队大队辅导员

王　磊　陕西省澄城县少先队总辅导员

艾振华　陕西省延安市宝塔区文化馆副馆长,少先队志愿辅导员

何小燕(女)　陕西省宁强县南街小学少先队大队辅导员

彭　文(女)　陕西省安康市第一小学少先队大队辅导员

王亚丽(女)　陕西省商洛市小学少先队大队辅导员

南　琳(女)　甘肃省兰州市城关区五泉小学少先队大队辅导员

李红芹(女)　甘肃省酒泉市实验小学少先队大队辅导员

马　丽(女)　甘肃省临夏回族自治州广河县城关小学少先队大队辅导员

王伟娜(女)　甘肃省陇南市成县西关小学少先队大队辅导员

王正鹏　甘肃省白银市白银区第十二小学少先队大队辅导员

王立虹(女)　甘肃省庆阳市庆化学校少先队大队辅导员

赵向阳　甘肃省平凉市退休教师,少先队志愿辅导员

何新宇　甘肃省天水市少先队总辅导员

张彩玲(女)　甘肃省定西市漳县武阳西街小学少先队大队辅导员

张　彦　青海省大通回族土族自治县桥头第一小学少先队大队辅导员

张莉萍(女)　青海省海东市平安区第二小学少先队大队辅导员

张燕红(女)　青海省海西州茫崖行委中学少先队大队辅导员

卡先措(女,藏族)　青海省海南州共和县第二民族寄宿制小学少先队大队辅导员

冶晓英(女,回族)　青海省尖扎县中学少先队大队辅导员

玛海吉(女,藏族)　青海省班玛县教育局督导室干事,少先队志愿辅导员

乔春利　宁夏回族自治区银川市金凤区第三小学少先队大队辅导员

龚艳华(女) 宁夏回族自治区石嘴山市第十一小学少先队大队辅导员
马春霞(女,回族) 宁夏回族自治区吴忠市裕民小学少先队大队辅导员
高秀琴(女,回族) 宁夏回族自治区西吉县第二小学少先队中队辅导员
魏 静(女) 宁夏回族自治区吴忠市公安局利通区公安分局民生街派出所副所长,少先队志愿辅导员
芦 伟 宁夏回族自治区银川市第二十一小学湖畔分校少先队大队辅导员
郝建英(女,回族) 新疆维吾尔自治区伊宁市回民学校少先队大队总辅导员
徐 涛 新疆维吾尔自治区呼图壁县雷锋车队队长,少先队志愿辅导员
张兴刚 新疆维吾尔自治区哈密油田教育分局外国语学校少先队中队辅导员
克然木阿依·卡的尔(女,维吾尔族) 新疆维吾尔自治区吐鲁番市高昌区恰特喀勒乡中心小学少先队大队辅导员
吾尔古丽·阿布都外力(女,维吾尔族) 新疆维吾尔自治区若羌县城西新区学校少先队大队辅导员
阿斯古丽·衣买尔(女,维吾尔族) 新疆维吾尔自治区拜城县许昌团结小学少先队大队辅导员
努尔阿力·吐尔逊(柯尔克孜族) 新疆维吾尔自治区乌恰县实验小学少先队大队辅导员
帕提姑丽·沙比尔(女,维吾尔族) 新疆维吾尔自治区叶城县少先队总辅导员
贺新刚 新疆教育学院实验小学少先队大队辅导员
夏 娜(女) 新疆生产建设兵团第十四师皮山农场教育中心科员,少先队志愿辅导员
孙丽萍(女) 新疆生产建设兵团第八师石河子市148团小学少先队大队辅导员
马晶晶(女,回族) 新疆生产建设兵团建工师第四中学少先队大队辅导员
符 晓(女) 新疆生产建设兵团第十三师红星学校少先队大队辅导员

“全国优秀少先队集体”名单

大队(199个)

北京市东城区史家胡同小学少先队大队
北京小学少先队大队
北京市海淀区民族小学少先队大队
北京市第十八中学附属实验小学少先队大队
北京市顺义区后沙峪中心小学少先队大队
北京市门头沟区大峪第二小学少先队大队
天津市和平区中心小学少先队大队
天津市河西区中心小学少先队大队
天津市河东区实验小学少先队大队
天津市静海县团泊镇团泊小学少先队大队
天津市滨海新区塘沽上海道小学少先队大队
天津市北辰区华辰学校少先队大队
河北省石家庄市第二十八中学少先队大队
河北省张家口经济开发区姚家房中学少先队大队
河北省唐山市路北区光明实验小学少先队大队
河北省廊坊市文安县刘么中心校少先队大队
河北省保定市顺平县实验中学少先队大队
河北省衡水市冀州市第一实验小学少先队大队
河北省邯郸市第二十三中学少先队大队
山西省太原市实验小学少先队大队
山西省大同市实验小学少先队大队
山西省朔州市第六小学少先队大队

山西省忻州市实验小学少先队大队
山西省临汾市尧都区临钢小学少先队大队
山西省运城市河津市第四小学少先队大队
内蒙古自治区呼和浩特市玉泉区通顺街小学少先队大队
内蒙古自治区呼和浩特市新城区满族小学少先队大队
内蒙古自治区包头市昆都仑区包钢实验二小少先队大队
内蒙古自治区呼伦贝尔市海拉尔区胜利街小学少先队大队
内蒙古自治区通辽市蒙古族学校少先队大队
内蒙古自治区察右后旗白音察干第一小学少先队大队
辽宁省沈阳市实验学校少先队大队
辽宁省抚顺市新抚区教师进修学校附属小学少先队大队
辽宁省丹东市兴仁小学少先队大队
辽宁省营口市站前区红旗小学少先队大队
辽宁省阜新市实验小学少先队大队
辽宁省辽阳市师范附属小学少先队大队
吉林省长春市第一实验小学少先队大队
吉林省四平市铁东区叶赫满族镇中心小学少先队大队
吉林省白山市实验小学少先队大队
吉林省安图县新合中心学校少先队大队
吉林省长白山保护开发区池北区第三小学少先队大队
吉林省梅河口市解放街中心校少先队大队
黑龙江省哈尔滨市平房区保国第一小学少先队大队
黑龙江省牡丹江市平安小学少先队大队
黑龙江省佳木斯市第一小学少先队大队
黑龙江省大庆市让胡路区喇化小学少先队大队
黑龙江省鸡西市师范附属小学少先队大队
黑龙江省双鸭山市集贤县第一中学附属学校少先队大队
上海市普陀区长征中心小学少先队大队
上海市青浦区华新小学少先队大队
上海市徐汇区向阳小学少先队大队
复旦大学第二附属中学少先队大队
上海市崇明县西门小学少先队大队
上海市长宁区天山初级中学少先队大队
江苏省南京市北京东路小学少先队大队
江苏省无锡市连元街小学少先队大队
江苏省连云港师范高等专科学校第一附属小学少先队大队
江苏省淮安市大津路小学少先队大队
江苏省扬州市梅岭小学少先队大队
江苏省兴化市第二实验小学少先队大队
江苏省宿迁市宿豫张家港实验小学少先队大队
浙江省杭州市十三中教育集团少先队大队
浙江省宁波市实验小学少先队大队
浙江省嘉兴市实验小学少先队大队
浙江省绍兴市柯桥区中国轻纺城小学少先队大队
浙江省东阳市外国语小学少先队大队
浙江省衢州市柯城区鹿鸣小学少先队大队
浙江省舟山市普陀区沈家门小学少先队大队
安徽省合肥市师范附属小学少先队大队
安徽省淮北市杜集区双龙实验小学少先队大队
安徽省蚌埠第二实验小学少先队大队
安徽省芜湖市利民路小学少先队大队
安徽省池州市九华山风景区九华乡中心小学少先队大队
安徽省安庆市太湖县徐桥镇中心小学少先队大队
安徽省黄山市休宁县海阳第二初级中学少先队大队
福建省福州实验小学少先队大队
福建省南平剑津中学少先队大队
福建省宁德市甘棠中心小学少先队大队
福建省莆田市第二实验小学少先队大队

福建省福州市仓山小学少先队大队
福建省泉州市实验小学少先队大队
江西省南昌师范附属实验小学教育集团少先队大队
江西省九江市瑞昌市第二小学少先队大队
江西省萍乡经济技术开发区登岸小学少先队大队
江西省新余市西湖小学少先队大队
江西省鹰潭师范附属小学少先队大队
江西省上饶市教育局直属小学少先队大队
山东省济南市章丘市汇泉小学少先队大队
山东省青岛市城阳区棘洪滩街道中华埠小学少先队大队
山东省淄博市临淄区敬仲镇第二小学少先队大队
山东省潍坊市奎文区胜利东小学少先队大队
山东省莱芜市实验学校少先队大队
山东省聊城市阳光小学少先队大队
山东省滨州市博兴县博奥学校少先队大队
山东省菏泽市牡丹区第二小学少先队大队
河南省郑州市二七区淮河东路小学少先队大队
河南省开封市开封县街小学少先队大队
河南省安阳市三官庙小学少先队大队
河南省新乡市实验小学少先队大队
河南省濮阳市昆吾小学少先队大队
河南省三门峡市实验小学少先队大队
河南省长垣县蒲东办事处实验小学少先队大队
河南省永城市第二小学少先队大队
湖北省武汉外国语学校小学部少先队大队
湖北省宜昌市西陵区红星路小学少先队大队
湖北省荆州市沙市实验小学少先队大队
湖北省宜城市南街小学少先队大队
湖北省京山小学少先队大队
湖北省咸宁市实验小学少先队大队
湖北省天门市第一小学少先队大队
湖南省长沙市雨花区砂子塘小学少先队大队
湖南省株洲市九方小学少先队大队
湖南省湘潭市雨湖区金庭学校少先队大队
湖南省岳阳市岳阳楼区岳阳楼小学少先队大队
湖南省郴州市湘南学院附属小学少先队大队
湖南省永州市宁远县莲花小学少先队大队
湖南省怀化市舞水小学少先队大队
广东省广州市天河区华阳小学少先队大队
广东省南雄市第一小学少先队大队
广东省河源市和平县阳明镇第一小学少先队大队
广东省惠州市惠阳区淡水第八小学少先队大队
广东实验中学少先队大队
广东省中山市实验小学少先队大队
广东省东莞市东城朝天实验小学少先队大队
华南师范大学附属中学初中奥校少先队大队
广西壮族自治区柳州市景行小学少先队大队
广西壮族自治区防城港市防城区第二小学少先队大队
广西壮族自治区桂林市榕湖小学少先队大队
广西壮族自治区河池市金城江区第三小学少先队大队
广西民族师范学院附属小学少先队大队
广西壮族自治区南宁市滨湖路小学少先队大队
广西壮族自治区苍梧县旺甫中心小学少先队大队
海南省白沙县第一小学少先队大队
海南省儋州市那大镇中心学校少先队大队
海南省农垦直属第二小学少先队大队
海南省乐东思源实验学校少先队大队
海南省三亚市第九小学月川分校少先队大队
海南省文昌市树芳小学少先队大队
重庆市涪陵城区第七小学少先队大队
重庆市大渡口区实验小学少先队大队
重庆市合川区新华小学少先队大队
重庆市荣昌区玉屏实验小学少先队大队

重庆市垫江县桂溪小学少先队大队
重庆市北部新区翠云小学少先队大队
四川省成都市新津县万和小学少先队大队
四川省眉山市彭山区第二小学少先队大队
四川省攀枝花市第二小学少先队大队
四川省泸州市第七中学少先队大队
四川省广元市零八一中学小学部少先队大队
四川省遂宁市高升实验小学少先队大队
四川省宜宾市兴文县城西学校少先队大队
四川省乐山市犍为县新城小学少先队大队
贵州省贵阳市南明区尚义路小学少先队大队
贵州省贵阳市东山小学少先队大队
贵州省遵义市湄潭县实验小学少先队大队
贵州省安顺市第五小学少先队大队
贵州省毕节市金沙县鼓场街道玉屏小学少先大队
贵州省铜仁市南长城小学少先队大队
贵州省黔东南州岑巩县第二小学少先队大队
云南省昆明市盘龙区金康园小学少先队大队
云南省曲靖市第二小学少先队大队
云南省玉溪市通海县古城小学少先队大队
云南省西双版纳州勐腊县第一小学少先队大队
云南省大理州南涧县示范小学少先队大队
云南省丽江市古城区福慧学校少先队大队
云南省怒江州福贡县省定民族完小少先队大队
西藏自治区拉萨市师范学校附属小学少先队大队
西藏自治区山南地区曲松县曲松镇完全小学少先队大队
西藏自治区昌都市实验小学少先队大队
陕西省西安高新第一小学少先队大队
陕西省宝鸡高新第二小学少先队大队
陕西省咸阳电建学校少先队大队
陕西省铜川市裕丰园小学少先队大队
陕西省延长延安精神红军小学少先队大队
陕西省安康市旬阳县城关第二小学少先队大队
甘肃省嘉峪关市实验小学少先队大队
甘肃省武威师范学校附属小学少先队大队
甘肃省陇南市成县东街小学少先队大队
甘肃省兰州市红古区海石学校少先队大队
甘肃省甘南州玛曲县欧拉乡寄宿制学校少先队大队
甘肃省临夏州积石山保安族东乡族撒拉族自治县吹麻滩镇希望小学少先队大队
青海省西宁市城西区胜利路小学少先队大队
青海省海东市平安区第二小学少先队大队
青海省海西蒙古族藏族自治州天峻县第二民族中学少先队大队
青海省果洛藏族自治州玛沁县第一民族小学少先队大队
宁夏回族自治区银川市兴庆区第六小学少先队大队
宁夏回族自治区平罗县城关第二小学少先队大队
宁夏回族自治区吴忠市利通区第十一小学少先队大队
宁夏回族自治区银川市第二十一小学少先队大队
新疆维吾尔自治区塔城市二工镇中心学校少先队大队
新疆维吾尔自治区乌鲁木齐市第四十九中学少先队大队
新疆维吾尔自治区哈密市第九中学少先队大队
新疆维吾尔自治区沙雅县盖孜库木乡第一小学少先队大队
新疆维吾尔自治区和田市第一小学少先队大队
新疆维吾尔自治区乌鲁木齐市八一中学附小少先队大队
新疆生产建设兵团第一师六团中学少先队大队
新疆生产建设兵团第三师四十五团第一小学

少先队大队
新疆生产建设兵团第七师一二七团学校少先队大队

中队(199 个)

北京小学通州分校爱心中队
首都师范大学附属小学四(1)向日葵中队
北京市丰台区丰台第一小学三(2)汽博中队
北京市朝阳区望京新城南湖中园小学五(2)中队
北京市怀柔区实验小学六(5)中队
北京市石景山区炮厂小学五(1)紫罗兰中队
天津市南开区中心小学四(7)中队
天津市红桥区文昌宫民族小学六(4)马本斋中队
天津市东丽区实验小学五(1)中队
天津市津南区双港镇双港小学六(3)中队
天津市武清区杨村第十二小学五(3)中队
天津市宝坻区潮阳小学三(2)中队
河北省石家庄市槐北路小学国歌中队
河北省承德市围场满族蒙古族自治县围场镇第四小学六(4)中队
河北省秦皇岛市山海关区桥梁小学四(4)中队
河北省唐山市丰润区第三小学六(1)中队
河北省沧州市路华小学六(4)中队
河北省邢台市内丘县大留村完全小学孝心中队
河北省邯郸市肥乡县天台山明德小学五(3)中队
山西省太原市尖草坪区赵庄小学快乐中队
山西省太原市阳曲县城东路小学七色花中队
山西省吕梁市交口县石口明德小学联合中队
山西省阳泉市矿区刘家垴小学春祥中队
山西省长治市城区惠丰小学六(2)中队
山西省晋城市中原街小学五(1)雏鹰中队
内蒙古自治区呼和浩特市回民区贝尔路小学二(3)中队
内蒙古自治区包头市固阳县团结巷小学三(3)中队
内蒙古自治区兴安盟阿尔山市第二小学五(3)中队
内蒙古自治区赤峰市元宝山区星光小学四(4)中队
内蒙古自治区乌海市海勃湾区和平街学校六(1)中队
内蒙古自治区阿拉善盟阿拉善经济开发区九年一贯制学校五(3)中队
辽宁省大连市沙河口区中山路小学五(2)中队
辽宁省鞍山市岫岩满族自治县苏子沟中心小学四(1)中队
辽宁省本溪市平山区东明小学六(4)中队
辽宁省锦州市凌河区吉庆小学六(8)中队
辽宁省调兵山市第三小学五(3)中队
辽宁省盘锦市辽东湾第一小学六(1)中队
吉林省长春净月高新技术产业开发区玉潭小学三(2)中队
吉林省蛟河市胜利小学六(1)中队
吉林省临江市六道沟镇中心小学六(1)中队
吉林省松原市宁江区实验小学五(6)中队
吉林省白城市洮北区平安镇中心小学四(3)中队
吉林省公主岭市岭西小学五(2)中队
黑龙江省齐齐哈尔市龙江县育才学校雏鹰中队
黑龙江省伊春市友好区第一小学五(1)中队
黑龙江省黑河市嫩江县第二小学六(9)中队
黑龙江省绥化市一曼小学四(5)中队
黑龙江省绥芬河市第二小学六(4)中队
黑龙江省农垦建三江管理局前进农场小学五(6)中队
上海市嘉定区徐行中学八(1)飞翔 32 +1 中队
上海市宝山区大场中心小学四(4)燕子中队
上海市松江区第六中学八(3)雪花中队
上海市闵行区七宝镇明强小学五(4)棒棒星中队
上海市长宁区绿苑小学五(6)蓓蕾中队
上海市徐汇区东二小学五(4)大拇指中队

江苏省无锡市新区江溪小学瞿秋白英雄中队
江苏省常州市新北区小河中心小学恽代英中队
江苏省苏州市相城区蠡口实验小学五(6)中队
江苏省连云港市班庄中心小学符竹庭中队
江苏省镇江市扬中市外国语小学六(4)阳光中队
江苏省泰兴市根思小学杨根思中队
江苏省泗洪县育才实验学校小学部六(11)中队
浙江省杭州市萧山区任伯年小学502彩虹中队
浙江省温州市籀园小学六(4)中队
浙江省湖州市德清县雷甸镇中心小学西点分校501中队
浙江省绍兴市嵊州市剡山小学四(4)向阳花中队
浙江省金华市东苑小学大拇指中队
浙江省台州市椒江区人民小学六(1)向日葵中队
浙江省丽水市遂昌县实验小学605成长乐园中队
安徽省亳州市涡阳县城关学区中心学校五(5)中队
安徽省宿州市第一小学环宇校区六(2)中队
安徽省阜阳市颍上县实验小学北校六(4)繁星中队
安徽省淮南市谢家集区第二小学六(1)中队
安徽省六安经济技术开发区皋陶学校六(1)中队
安徽省宣城市第四小学五(1)中队
安徽省铜陵县顺安中心小学六(3)中队
福建师范大学附属小学六(5)中队
福建省龙岩市永定区实验小学六(5)张鼎丞先锋中队
福建省平潭综合实验区敖东镇中心小学四(2)雷锋中队
福建省三明市清流县余朋学校五年级丛飞中队
福建省厦门市海沧区天心岛小学六(5)陈嘉庚中队
福建省漳州市龙海市榜山中心小学六(1)雷锋中队
江西省景德镇市第九小学四(2)中队
江西省萍乡市安源学校六(1)中队
江西省新余市渝水区第三小学六(2)中队
江西省宜春市实验小学六(8)中队
江西省井冈山市龙市小学朱毛中队
江西省抚州市乐安县实验小学六(3)中队
山东省济南市黄台小学二(1)中队
山东省青岛市崂山区西韩小学六(3)中队
山东省枣庄市台儿庄区实验小学古运新雨中队
山东省莱州市虎头崖镇中心小学五(4)中队
山东省潍坊市青州云门书院双语学校六(3)小百花中队
山东省济宁学院附属小学四(5)书香中队
山东省威海市文登区大众小学四(5)中队
山东省日照市岚山区高兴镇中心小学五(1)中队
河南省郑州市二七区路砦小学六(1)中队
河南省实验学校鑫苑外国语小学六(3)中队
河南省开封市龙亭区牛庄学校六(1)中队
河南省洛阳市西工区实验小学四(2)中队
河南省孟州市明珠小学六(1)中队
河南省许昌实验小学三(2)中队
河南省漯河市实验小学六(6)中队
河南省周口市六一路小学二(5)中队
湖北省武汉市江岸区鄱阳街小学七彩树中队
湖北省宜昌市伍家岗区实验小学603小蜜蜂中队
湖北省鄂州市实验小学四(4)中队
湖北省黄州中学二(6)中队
湖北省随州市随县柳林镇第一小学青青芳草中队
湖北省神农架林区实验小学四(2)中队

湖北省武昌水果湖第一小学四(4)中队
湖南省衡阳市高新技术产业开发区华新小学三(4)启航中队
湖南省邵阳市武冈师范学校附属红星小学173中队
湖南省常德市东升小学扬帆起航中队
湖南省张家界市崇实小学北校四(2)中队
湖南省益阳市安化县东坪镇完全小学239中队
湖南省娄底市涟源市伏口镇中心小学三(2)中队
湖南省永顺县灵溪镇第二完全小学三(2)中队
广东省珠海市斗门区实验小学五(8)中队
广东省佛山市南海区石门实验小学511中队
广东省汕尾市实验小学六(4)中队
广东省佛山市顺德区龙江镇城区中心小学五(3)中队
广东省深圳市龙岗区清林小学六(3)中队
广东省台山市培正小学六(1)中队
广东省肇庆市广宁县南街第二小学五(3)中队
广东省湛江市第八小学四(3)中队
广西壮族自治区崇左市扶绥县新宁镇第二小学五(178)中队
广西壮族自治区河池市宜州市第一小学四(1)中队
广西壮族自治区北海市海城区第八小学六(4)中队
广西壮族自治区桂林市灵川县城关第三小学雏鹰中队
广西壮族自治区贺州市八步实验小学103飞鹰中队
广西壮族自治区南宁市秀田小学五(1)中队
海南省白沙思源实验学校六(2)中队
海南省昌江县第一小学六(7)中队
海南省澄迈县加乐中心学校扬帆中队
海南省琼海市实验小学六(7)中队
海南省琼中女子足球队中队
海南鲁迅中学附属小学外语部六(1)雏鹰中队
重庆市渝中区人和街小学五(9)中队
重庆高新技术产业开发区第一实验小学四(5)中队
重庆市南岸区珊瑚实验小学五(11)中队
重庆市开县汉丰第一中心小学六(9)中队
重庆市石柱土家族自治县师范附属小学三(5)中队
重庆市酉阳土家族苗族自治县民族小学六(9)中队
四川省内江市第六小学六(1)中队
四川省南充市高坪第五小学四(2)中队
四川省南充市嘉陵区火花第三小学六(3)中队
四川省宜宾市宜宾县柏溪小学六(2)中队
四川省广安市武胜县沿口镇小学六(1)中队
四川省雅安市荥经县严道第四小学六(1)中队
四川省成都市实验小学六(1)中队
四川省简阳市简城第一小学五(1)中队
贵州省贵阳市白云区第八初级中学五(1)中队
贵州省遵义市桐梓县坡渡镇中心学校六(2)中队
贵州省六盘水市水城县第一小学五(6)中队
贵州省安顺经济技术开发区西市小学六(1)中队
贵州省铜仁市玉屏县新店寄宿制学校五中队
贵州省黔西南州晴隆县沙子镇沙子小学六(3)中队
贵州省威宁彝族回族苗族自治县第一小学六(4)小蚂蚁之家中队
云南省昆明市呈贡新区第一小学(城内小学)四(5)中队
云南省楚雄州师范学院附属小学三(2)中队
云南省玉溪市第四小学五(1)和谐中队
云南省红河州绿春县大兴小学六(1)中队
云南省文山州西畴县第一小学五(5)墨竹中队
云南省大理州弥渡县弥城镇第三完小二(2)中队
云南省临沧市沧源县单甲完小四年级中队
西藏自治区拉萨市城关区雪小学23中队

西藏自治区日喀则市桑珠孜区甲措雄乡希望小学朝阳中队
西藏自治区林芝市巴宜区布久乡中心小学桃花中队
西藏自治区阿里地区改则县完全小学向日葵中队
陕西省西安市未央区南康村小学六(2)中队
陕西省宝鸡市渭滨区航天小学五(2)中队
陕西省铜川市印台区方泉小学五(1)中队
陕西省渭南市华县城关小学六(2)中队
陕西省榆林市绥德县第三小学三(3)中队
陕西省汉中市镇巴县泾洋中心小学五(4)中队
甘肃省金昌市金川总校第六小学六(2)中队
甘肃省天水市解放路第一小学五(3)中队
甘肃省兰州市榆中县金崖明德小学四(1)中队
甘肃省张掖市民乐县民联乡雷台小学第二中队
甘肃省定西市岷县岷阳镇第一中心小学追梦中队
甘肃省甘南州迭部县旺藏中心学校幼苗中队
青海省海南藏族自治州贵德县河西寄宿制学校五年级联合中队
青海省海北藏族自治州门源回族自治县第一小学五(5)中队
青海省黄南藏族自治州同仁县第三完全小学六(2)中队
青海省玉树藏族自治州玉树市第一完全小学一二中队
宁夏回族自治区银川市金凤区第四回民小学六(6)中队
宁夏回族自治区吴忠市盐池县第四小学五(1)中队
宁夏回族自治区固原市隆德县第二小学春笋中队
宁夏回族自治区中卫市中宁县第五小学四(1)中队
新疆维吾尔自治区伊宁市第二十四小学四(10)中队
新疆维吾尔自治区富蕴县曲库尔特牧业寄宿制学校六(1)中队
新疆维吾尔自治区阿拉山口市中学五(1)阳光中队
新疆维吾尔自治区尉犁县第八小学五(3)中队
新疆维吾尔自治区克孜勒苏柯尔克孜自治州第三小学六(1)红领巾示范中队
新疆维吾尔自治区克拉玛依市第五小学快乐成长中队
新疆生产建设兵团第五师八十四团学校六(1)中队
新疆生产建设兵团第九师小白杨中学五(1)中队
新疆生产建设兵团第十二师西山农牧场学校六(2)中队

全国青年文明号（2013—2014）

2013—2014年度全国青年文明号名单

（与各行业系统联合开展部分）

法院系统

北京市朝阳区人民法院双桥人民法庭
河北省大名县人民法院立案庭
内蒙古自治区高级人民法院立案一庭立案工作小组
辽宁省辽阳市白塔区人民法院立案一庭
黑龙江省鸡西市中级人民法院法警支队
江苏省南京市江宁区人民法院汤山人民法庭
浙江省慈溪市人民法院司法警察大队
安徽省合肥市庐阳区人民法院民事审判第二庭
福建省长乐市人民法院漳港人民法庭
江西省赣县人民法院江口人民法庭
河南省高级人民法院司法警察总队直属一支队
广东省东莞市第二人民法院虎门人民法庭
广西壮族自治区南宁市兴宁区人民法院民事审判第一庭
重庆市渝中区人民法院民事审判第一庭
四川省广安市广安区人民法院协兴人民法庭
宁夏回族自治区青铜峡市人民法院立案庭

公安系统

北京市公安局西城分局府右街派出所
北京市公安局勤务指挥部110接警中心
北京市公安消防总队西城区支队府右街中队
天津市公安局东丽分局金钟派出所
天津市滨海新区公安局大港分局板厂路派出所
河北省石家庄市公安局法制支队行政复议应诉科
河北省唐山市公安局丰南区分局经济犯罪侦查大队
河北省衡水市公安局情报中心
山西省公安厅交通警察总队高速一支队九大队
山西省平定县公安局巡警大队
内蒙古自治区包头市公安局指挥中心110报警服务台
内蒙古自治区赤峰市公安局交通警察支队红山大队
辽宁省台安县公安局巡特警大队
辽宁省大连市公安局沙河口分局五一广场派出所
辽宁省公安消防总队盘锦市支队盘山县大队
吉林省公安厅交警总队高速公路支队吉林大队
吉林省延吉市公安局公园派出所
黑龙江省齐齐哈尔市公安局龙沙分局正阳派出所
黑龙江省牡丹江市公安局出入境管理支队
黑龙江省绥芬河市公安局口岸治安派出所
上海市公安局长宁分局新华路派出所治安警务组
上海市公安局城市轨道和公交总队刑侦支队便衣行动队
上海市公安局水上公安局巡警（交警）大队“公安207”艇组
江苏省徐州市公安局交通警察支队云龙大队建国路岗
江苏省常州市公安局天宁分局水门桥派出所红梅公园警务站
江苏省连云港市公安局出入境管理支队办证大厅

江苏省公安厅看守所管教科
浙江省奉化市公安局溪口分局
浙江省温州市公安局收容教育所
浙江省海盐县公安局百步派出所
安徽省合肥市公安局瑶海分局刑警三队
安徽省芜湖市公安局鸠江分局官陡派出所
安徽省宣城市公安局直属分局洪林派出所
福建省福州市公安局东街派出所
福建省泉州市公安局临江派出所
福建省公安厅交警总队龙岩高速公路支队一大队古田中队
江西省公安厅交警总队直属三支队第三大队
江西省吉安市公安局交通警察支队车管所
江西省宜春市公安局经济开发区分局金园派出所
山东省济南市公安局天桥区分局黄台派出所
山东省新泰市公安局青云派出所
山东省临沂市公安局指挥中心指挥调度科
山东省淄博市公安局张店分局公园派出所
河南省郑州市公安局交警支队五大队杨华民交通岗
河南省平顶山市公安局特殊警务支队处突一大队
河南省安阳市公安局警务督察支队
河南省商丘市公安局警令部指挥中心
湖北省武汉市公安局特警支队江北机动大队
湖北省鄂州市公安局交警支队车辆管理所
湖北省公安厅警卫局警卫队
湖南省公安厅交警总队指挥中心
湖南省常德市公安局巡警特警支队防暴处突大队
湖南省洪江市公安局交警大队雪峰中队
广东省广州市公安局巡(特)警支队特警五大队
广东省河源市公安局特警大队
广东省惠州市公安局指挥中心110报警服务台
广东省中山市公安局消防支队黄圃大队黄圃中队
广西壮族自治区南宁市公安局巡警支队110警务大队
广西壮族自治区玉林市公安局交警支队直属一大队女警护学岗
广西壮族自治区贵港市公安局覃塘派出所
海南省三亚市公安局警令部指挥中心
重庆市公安局110报警服务台
重庆市公安消防总队南岸区支队第一中队(上新街中队)
四川省成都市公安局成华区分巡警(防暴)大队
四川省泸州市公安局指挥中心
四川省广汉市公安局特巡警大队
四川省三台县公安局巡警大队
贵州省长顺县公安局交通警察大队
贵州省公安厅警犬基地
云南省昆明市公安局交警支队特勤大队三中队
云南省盐津县公安局豆沙派出所
云南省保山市公安局禁毒支队流动查缉大队
西藏自治区昌都市公安局特警支队
陕西省延安市公安局宝塔分局巡特警一大队
陕西省宝鸡市公安局交警支队车管所车辆科
甘肃省兰州市公安局特警支队排爆大队(三大队)
甘肃省嘉峪关市公安局出入境管理支队
甘肃省天水市公安局警卫处
青海省西宁市公安局指挥中心
新疆维吾尔自治区公安厅网络安全保卫总队
新疆维吾尔自治区公安厅特别侦察队训练基地
新疆生产建设兵团第四师霍城垦区公安局沟口川派出所
昆明铁路公安局昆明公安处乘警支队一大队
南昌铁路公安局赣州公安处井冈山车站派出所
成都铁路公安局成都公安处特警支队

上海铁路公安局上海公安处乘警支队沪萨大队
长江航运公安局宜昌分局秭归派出所
民航四川机场公安局成都双流国际机场候机楼派出所
广西壮族自治区柳州市森林公安局刑侦大队
吉林省白石山森林公安分局白石山派出所
厦门海关缉私局石狮分局侦查科
内蒙古自治区公安边防总队阿拉善盟支队算井子边防派出所
海南省公安边防总队三沙支队永兴边防派出所
西藏自治区公安边防总队日喀则支队帕里边防派出所
河北省公安消防总队秦皇岛市支队北戴河区大队北戴河特勤中队
福建省公安消防总队厦门市支队同安区大队
山东省公安消防总队烟台市支队长岛县大队
上海出入境边防检查总站上海机场边检站六队
深圳出入境边防检查总站皇岗边检站十三队
公安部警卫局警卫队二大队外宾中队
宁夏回族自治区公安厅高速公路交警支队九大队
新疆维吾尔自治区克孜勒苏柯尔克孜自治州公安局特警支队

司法行政系统

山西省新康监狱三监区
江苏省丁山监狱四监区
安徽华人律师事务所
福建省清流监狱直属六中队
江西省赣江监狱四监区
山东康桥律师事务所
山东省鲁南监狱服刑人员指导中心
湖南省女子监狱一监区技术股
云南省曲靖监狱女子监区
青海省西宁监狱三监区
新疆维吾尔自治区乌鲁木齐第二教育矫治局警戒大队
重庆市垫江监狱九监区
天津市青年律师法律服务团

住房城乡建设系统

北京市通州区住房和城乡建设委员会执法监督科
北京市规划展览馆
北京市垃圾渣土管理处环卫设施管理科
北京西山国家森林公园经营管理科
北京住房公积金管理中心方庄管理部
北京动物园科普馆保护教育班
金隅北京建筑材料科学研究总院检验业务受理大厅
北京建工物业服务有限公司融域项目部(客服)
北京市颐和园文昌院导游班
天津市规划展览馆
天津市房产总公司古文化街旅游商贸区管理服务中心
天津城投集团海河建设发展投资有限公司“天津之眼”摩天轮项目
渤海正文(天津)招标咨询有限公司
中国市政工程华北设计研究总院滨海分院
天津市自来水集团有限公司第五营销分公司青年维护组
上海老港废弃物处置有限公司生活垃圾运输五班
上海市城乡建设和管理委员会行政服务中心受理服务大厅
上海市测绘院浦东分院测绘一科
上海市供水调度监测中心调度监控科通信组
中建八局东孚公司青浦保障性住房项目部
上海市徐汇区房屋维修应急中心呼叫平台
上海市市政工程设计研究总院(集团)有限公司交通院道路二所
上海岩土工程勘察设计研究院有限公司工程测绘技术公司(骨干团队)
重庆市工程建设招标投标交易中心

重庆市北碚区建筑管理站
重庆市市政信息中心 12319 城市管理服务热线
重庆市规划信息服务中心规划交通部
河北省建设信息中心
河北省石家庄市数字化城市管理监督指挥中心
河北省张家口市建设工程质量监督站
秦皇岛市热力总公司客服中心
邯郸市热力公司经营管理处
山西省运城市公共资源交易中心
山西省晋城市城市管理行政执法局第三大队
山西省建筑设计研究院综合设计三所
山西省勘察设计研究院岩土工程处
山西建筑工程(集团)总公司北京分部
辽宁省鞍山市铁东房产经营管修处长融管修所
辽宁省建筑设计研究院第三设计研究所
辽宁省锦州市北普陀山风景名胜区管理处旅游管理部
锦州节能热电股份有限公司供热业务处
辽宁省葫芦岛市物业管理中心
吉林省延边朝鲜族自治州住房公积金管理中心延吉市管理部
吉林省城乡规划设计研究院规划三所
吉林省长春市建设系统 12319 服务监督中心
黑龙江省哈尔滨市住房保障和房产管理局档案信息中心
江苏省徐州市住房保障和房产管理局信息中心信息管理科
江苏省苏州市住房公积金管理中心姑苏分中心服务大厅
南通六建建设集团有限公司北京公司
江苏省常州市 12319 城市管理监督指挥平台
江苏省盐城市房地产交易市场
江苏省南京市江宁区住房和城乡建设局办公室
中建八局第三建设有限公司招庆洲项目经理部
江苏省常熟市工程质量检测中心
龙信建设集团有限公司上海分公司
浙江省杭州城市建设陈列馆
杭州市水务控股集团有限公司下沙分公司“阿力服务队”
浙江省杭州市西湖风景名胜区湖畔居茶楼营业部
浙江省宁波市住房公积金管理中心办事大厅
温州市公共事业投资集团有限公司自来水分公司水质管理处
浙江省台州市规划办公室
安徽省外经建设集团金孔雀营销中心
安徽省城乡规划设计研究院设计二所
淮北市供水总公司微机调度室(李子明热线)
滁州市新奥燃气公司客服部
福建省德化县住房和城乡规划建设局行政服务窗口
福建省建设执业资格注册管理中心
福建省泉州市住房公积金管理中心
江西省九江市规划局报建信息管理中心
江西省宜春市房屋产权交易中心
江西省上饶市城乡规划展示馆
山东省济南市房屋产权登记中心信息管理科
济南城建集团第八分公司 804 项目部
山东城市建设职业学院学生工作处
潍坊昌大建设集团有限公司王建波项目部
山东省聊城市 12319 热线服务中心
山东省菏泽市房产交易中心
山东省青岛市 12319 服务热线管理中心
山东省枣庄市房地产市场交易中心
山东省淄博市建筑工程质量安全监督站
郑州自来水投资控股有限公司营业处中原路营业厅
河南省许昌市城管监察支队四大队
新乡市中源水务有限责任公司新区水厂
河南省周口市市政管理处技术科
洛阳北控水务集团有限公司涧东供水分公司

临涧水源泵工班
湖北省住房和城乡建设厅政务服务大厅
湖北省宜昌住房公积金管理中心一马路营业部
湖北省武汉市汉阳区房管局登记发证中心“一条龙”服务窗口
湖北省襄阳市城市管理执法局信息指挥中心
湖南省湘潭市规划信息技术研究中心
湖南省株洲市规划展览馆
湖南省株洲市房地产权属与交易管理处登记发证中心
湖南省永州市住房公积金管理中心直属营业部
广西壮族自治区南宁市房屋产权交易中心权证管理科
广西壮族自治区来宾市住房和城乡建设委员会审批办
桂林市自来水公司清流热线
海南民生管道燃气有限公司客户服务中心
海南省三亚市住房保障管理中心
中国建筑西南勘察设计研究院有限公司地基二公司
成都建工集团市建一公司刁荣勇项目经理部
陕西省西安市建筑业劳动保险基金管理中心
甘肃省金昌市供水管理处
甘肃省天水市麦积区城市管理综合行政执法局北道埠中队
宁夏银川住房公积金管理中心区直分中心营业大厅
青海省西宁住房公积金管理中心省直分中心
新疆维吾尔自治区城乡规划服务中心
中国建筑股份有限公司广州周大福金融中心（东塔）总承包工程项目部
中国建筑第五工程局有限公司济南西客站片区场站一体化工程项目经理部
中建钢构有限公司中国尊大厦项目经理部

交通运输系统

北京市地铁运营有限公司运营四分公司机场线站区 T3 航站楼站
北京交通运输职业学院城市轨道交通系
天津港第五港埠有限公司天贵装卸二队六班
天津市市政工程设计研究院轨道建筑分院
河北省高速公路京沪管理处吴桥主线站
河北省邯郸市交通运输局公共交通总公司通卡中心
山西省太原高速公路有限公司小店收费站
山西省交通科学研究院汽车检测所
内蒙古高路乌兰察布分公司蒙晋界收费所
内蒙古高路公司国道 110 线卓资山收费所
辽宁省快速汽车客运站
辽宁省高速公路管理局大连管理处大连港收费站
吉林省高速公路管理局德惠分局拉林河收费站
吉林省高速公路管理局长春分局亚泰大街收费站
黑龙江省高速公路管理局方正管理处哈尔滨东收费站
黑龙江省航道局疏浚工程处龙浚 14 船队
上海地铁第一运营有限公司十号线虹桥枢纽区域
上海市交通运输和港口管理局执法总队五支队
南通汽运集团南通汽车站 2816 服务组
徐州市公路网管理与应急指挥中心
杭长高速公路公司安吉北收费所
杭徽高速公路公司监控指挥中心
安徽省高速公路控股集团有限公司合肥管理处包河大道收费所
安徽省高速公路路政支队铜黄路政大队
福建省高速公路车辆通行费福州机场征管所
福建省交通规划设计院路桥设计五处
96122 江西省交通服务热线
江西省高速集团抚州管理中心南昌东管理所
山东省威海市高等级公路威青高速公路威海管理处

山东省德州市滨德高速公路乐陵管理处庆云收费站
河南省交通运输厅京珠高速公路新乡至郑州管理处圃田收费站
河南高速公路发展有限责任公司信阳分公司豫鄂收费站
湖北省交通运输厅黄黄高速公路管理处红安管理所
湖北省襄阳市公交总公司1路
湖南省高速公路管理局怀化管理处新晃收费站
湖南省高速公路管理局湘西管理处吉首东收费站
佛山市南海区路桥建设有限公司沙尾大桥收费站
京珠高速公路广珠段有限公司珠海中心站
广西路桥建设有限公司南宁外环公路№B 项目经理部
广西壮族自治区南宁高速公路管理处(路政执法支队)崇左路政执法大队
重庆主城区出租汽车失物招领中心
重庆成渝高速公路有限公司西段管理处渝荣收费站
四川省交通运输厅交通勘察设计研究院公路三处
四川省交通运输厅公路规划勘察设计研究院隧道与地下工程分院
贵州高速公路集团有限公司都匀营运管理中心收费监控管理所
贵阳市公共交通(集团)有限公司16路
云南省公路局玉溪总段通海公路管理段秀山公路管理所
云南昆瑞高速公路路政管理支队临沧大队
陕西省高速公路建设集团公司西禹公司澄城管理所
陕西省交建建设集团公司西安绕城分公司新筑收费站
甘肃省高速公路管理局柳园高速公路收费管理所柳园北收费站
甘肃省交通科学研究院有限公司桥梁工程技术研究所
青海省高等级公路建设管理局马场垣主线收费站
青海交通职业技术学院汽车工程系实训中心
宁夏回族自治区贺兰县道路运输管理所业务大厅
宁夏公路管理局吴忠分局盐池收费站
博乐公路管理局五台收费站
新疆维吾尔自治区昌吉公路管理局榆树沟收费站
中远散货运输有限公司南海轮
中海油轮运输有限公司新金洋轮
沧州大港海事处
日照海事局指挥中心(船舶交通管理中心)
常熟海事局政务中心
舟山普陀山海事处
南海航海保障中心广州通信中心收信部无话班
北海救助局“北海救111”轮
东海救助局“东海救116”轮
南海救助局“南海救101”轮
长江航务管理局政府网站工作部
重庆海事局巫山海事处巫峡执法大队
宜昌海事局巴东海事处学生渡安全工作小组
中国船级社广州分社南沙检验处龙穴驻厂组
交通运输部路网监测与应急处置中心出行服务处(值班室)
中国交通报社新闻采编中心
河口海岸交通行业重点实验室
上海沪东集装箱码头有限公司客户服务受理台
河北省邮政公司沧州市分公司解放西路邮政支局
黑龙江省邮政公司哈尔滨市分公司南岗投递局易通投递支局
浙江省台州温岭市邮政局横峰邮政支局

安徽省亳州蒙城县立仓邮政支局
山东省临沭县邮政局沭新邮电支局
湖北省邮政公司武汉市分公司彭刘杨路支局
四川省邮政公司 11185 客户服务中心
重庆市邮政公司九龙坡区邮政局前进路邮政支局
中国邮政储蓄银行股份有限公司肥西县支行营业部
中国邮政储蓄银行股份有限公司临海市东洋支行
中国邮政储蓄银行股份有限公司石家庄市裕华东路支行
甘肃省邮政公司平凉市分公司西大街支局
新疆维吾尔自治区邮政公司乌鲁木齐市分公司扬子江路邮政支局
中国邮政储蓄银行股份有限公司铁岭市天圣支行
中国邮政储蓄银行股份有限公司福清市支行三农金融部/个人金融部
国家邮政局北京邮电疗养院前厅部
圆通速递有限公司客户服务中心
上海韵达货运有限公司客服部
中铁快运昆明分公司北站营业部
顺丰(速运)集团有限公司华北分拨区北京运力操作组
顺丰速运有限公司福田分部
中通快递股份有限公司客服中心
中外运敦豪国际航空快件有限公司深圳分公司东区服务中心
北京市邮政速递物流有限公司阜成门区域分公司西直门揽投部
江苏省邮政速递物流有限公司苏州分公司园区营业部
湛江海事局船舶交通管理中心
上海海事局“海巡 01”轮

水利系统

长江水资源保护科学研究所水生态环境研究中心
三门峡明珠(集团)有限公司幼儿园
太湖局水利发展研究中心流域规划室
北京市水务局北运河水政监察大队
四川省水利水电勘测设计研究院水资源规划中心
江西省水土保持科学研究院科研管理科
中国水利工程协会自律监管部
小浪底爱国主义教育基地展示厅
江苏省江都水利工程管理处万福闸管理所
山东省淄博市自来水公司张店分公司城东营销服务中心
河南省石漫滩水库管理局石漫滩水利风景区
宁夏宁东水务有限责任公司鸭子荡水库
新疆和田乌鲁瓦提水力发电厂
天津水务投资集团有限公司

商贸系统

中国全聚德(集团)股份有限公司北京全聚德和平门店宴会班组
安利(中国)日用品有限公司北京分公司公共事务部
海林市横道河子东北虎开发有限公司
吉林省进出口信用担保公司
中兴沈阳商业大厦(集团)股份有限公司礼仪班
安徽省六安瓜片茶业股份有限公司徽六电商运营中心
中石化滁州石油分公司滁全路加油站
安徽苏宁云商销售有限公司电子商务团队
重庆商社新世纪百货连锁经营有限公司世纪新都
重庆新华传媒有限公司沙坪坝重庆书城
上海拍卖行青年公益活动策划部
上海市江桥批发市场经营管理有限公司结算中心
山东德百集团百货大楼女装商场精品部
济南市商务局信息中心市场监测小组
山西国际商务职业学院图书馆
青海宁食集团信息部

青海夏都百货股份有限公司纺织品百货大楼针织部羊绒组
国义招标股份有限公司政府采购部
商务部办公厅秘书三处

卫生计生系统

北京友谊医院急诊科
首都医科大学附属北京朝阳医院呼吸重症监护病房
北京市隆福医院心内科护理组
北京市中西医结合医院脑病科
中国医学科学院血液学研究所儿童血液病诊疗中心
河北省石家庄市中医院客户服务部
河北省疾病预防控制中心办公室
河北大学附属医院肿瘤内科
山西省肿瘤医院泌尿外科
山西省人民医院消化科
山西省心血管病医院 CCU 病房
内蒙古医科大学附属医院门(急)诊部
中国医科大学附属盛京医院第一神经外科
辽宁省肿瘤医院医学影像会诊中心
辽宁中医药大学附属传统疗法 1 中心
吉林省前卫医院胸乳腺外科
黑龙江省医院儿科
黑龙江中医药大学附属一院心血管内科(一)病房
上海市 12320 卫生热线
复旦大学附属华山医院感染医护团队
上海市普陀区人民医院于井子护理小组
上海交通大学医学院附属第九人民医院口腔综合科
江苏省血液中心鼓楼采血小组
江苏省高邮市新型农村合作医疗管理办公室
江苏省连云港市第一人民医院耳鼻咽喉口腔科护理组
浙江省杭州市下城区浙大御跸社区卫生服务团队
浙江大学医学院附属儿童医院急诊 &PICU 联合科室
浙江省嘉兴桐乡市第一人民医院重症监护室
温州医科大学附属眼视光医院 5 病区
安徽省立医院出入院管理科门诊收费处
安徽医科大学第二附属医院收费处
安徽省淮北市人民医院检验科
福建省立医院重症医学三科
福建省厦门市妇幼保健院药学部
莆田学院附属医院心血管内科
江西省妇幼保健院产科七病房
江西省肿瘤医院放三科
南昌大学第二附属医院耳鼻咽喉—头颈外科
江西省南昌市第三医院内分泌代谢科
山东省青岛市中心医院急救中心护理组
山东省淄博市妇幼保健院产科
山东省立医院内科 ICU
青岛大学附属医院小儿内科护理组
河南省胸科医院普胸外科二病区
郑州大学第一附属医院整形外科
河南省新乡市中心医院检验科门诊
华中科技大学同济医学院附属协和医院血液科
湖北省中山医院心血管内科
湖北省潜江市中心医院重症治疗科
湖南省人民医院儿童医学中心
湖南省肿瘤医院头颈外二科
中南大学湘雅医院重症医学科
湖南省湘潭市中心医院脊柱外科
南方医科大学珠江医院神经外科
广东省中医院大学城医院急诊科
广州医科大学附属第二医院神经内科一病区
广东省惠州市第二妇幼保健院围产中心
桂林医学院附属医院消化内科
广西中医药大学附属瑞康医院骨二科
广西壮族自治区柳州市人民医院心血管内科
广西壮族自治区南宁市第一人民医院普外科
海南省人民医院重症医学科
海南省疾病预防控制中心传染病控制所

重庆市第三人民医院麻醉科
重庆医科大学附属儿童医院神经内科
重庆市卫生服务中心人才服务部
四川省人民医院肾病中心
四川省成都市第二人民医院重症监护室
贵州省第二人民医院检验科
云南省传染病专科医院/艾滋病关爱中心检验科
云南省第三人民医院重症医学科
云南省疾病预防控制中心
陕西省人民医院手术麻醉科
陕西省肿瘤医院头颈外科护理组
西安交通大学医学院第一附属医院重症医学科
西安交通大学医学院第一附属医院药学部
甘肃省人民医院急诊科
兰州大学第一医院心血管外科
甘肃省敦煌市医院小儿科
宁夏医科大学总医院神经内科
宁夏回族自治区第三人民医院内二科
宁夏回族自治区银川市妇幼保健院产科
新疆维吾尔自治区人民医院药学部门诊药房
新疆医科大学第一附属医院麻醉科
中国中医科学院广安门医院肿瘤科十五区护理组
北京医院药学部门诊西药房
中日友好医院检验科
中国医学科学院阜外医院急诊护理团队
国家食品安全风险评估中心标准部
北京大学第一医院新生儿重症监护病房
国家卫生计生委人才交流服务中心考试入闱团队
中国疾病预防控制中心病毒病所埃博拉病毒青年检测队

中央企业

中国核工业集团公司中核核电运行管理有限公司燃料操作处换料维修科
中国航天科技集团公司第一研究院一部十室
中国航天科技集团公司第五研究院502所软件研制中心
中国航天科技集团公司第八研究院第八设计部三室总体组
中国航天科技集团公司第九研究院772研究所FPGA部
中国兵器工业集团内蒙古北方重工业集团有限公司特殊钢分公司102车间锻压三班
中国电子科技集团公司第二十六研究所微波事业部微波专业一组
中国电子科技集团公司第三十八研究所预警探测研发中心预研组
中国石油天然气集团公司大庆油田有限责任公司矿区服务事业部外围物业管理公司杏南物业分公司
中国石油天然气集团公司长庆油田分公司第三采气厂苏里格第二天然气处理厂
中国石油天然气集团公司西南油气田分公司川中油气矿龙岗采油气作业区001－8－1井
中国石油天然气集团公司独山子石化公司乙烯厂乙烯车间
中国石油天然气集团公司北京销售分公司南湖加油站
中国石油天然气集团公司湖南销售分公司醴潭高速醴陵服务区加油站
中国石油天然气集团公司西气东输管道公司上海白鹤站
中国石油天然气集团公司管道局第四工程分公司盾构(顶管)工程三处CPP－4D3机组
中国石油天然气集团公司勘探开发研究院伊拉克鲁迈拉油田开发技术支持项目组
中国石油化工集团公司北京石油分公司京石路加油站
中国石油化工集团公司广东广州石油分公司珠江二加油站
中国石油化工集团公司河北邢台石油分公司城供片区第一加油站
中国石油化工集团公司江汉油田分公司清河

采油厂采油七队青年突击队
中国石油化工集团公司江西南昌石油分公司世纪星加油站
中国石油化工集团公司茂名石化炼油分部联合八车间加氢装置
中国石油化工集团公司上海高桥分公司动力管理中心汽机运行四号机内操岗
中国石油化工集团公司天津石化炼油部联合八车间
中国石油化工集团公司西北油田分公司采油一厂采油四队S112班
中国石油化工集团公司中原油田分公司天然气处理厂第三气体处理厂运行岗
中国海洋石油渤海石油管理局渤海石油研究院辽东湾勘探室
海洋石油工程股份有限公司潜水作业部潜水队
中海石油炼化有限责任公司惠州炼化分公司运行四部
国网河北省电力公司石家庄供电公司中心供电营业厅
国网山西省电力公司临汾供电公司翼城县供电公司营业班
国网山东省电力公司莱芜供电公司汶源客户服务中心开发区供电所营业厅
国网江苏省电力公司扬州供电公司客户服务中心营业一班
国网安徽省电力公司合肥供电公司樊洼运维站
国网河南电力商丘供电公司地区调度班
国网吉林省电力公司电力调度控制中心调度控制处
国网黑龙江省电力公司大庆供电公司红岗客户服务分中心营业厅
国网陕西省电力公司西安供电公司环城东路供电营业厅
国网重庆市电力公司长寿供电分公司经开区营业班
国网英大传媒集团《国家电网报》编辑中心
中国南方电网有限责任公司深圳福田供电局福田营业厅
中国华能集团公司华能国际电力股份有限公司福州电厂运行部
中国华能集团公司煤业公司华煤砚北煤矿洗煤厂
中国华能集团公司淄博白杨河发电有限公司炉控班
中国大唐集团公司淮南田家庵发电厂设备维修部电气三班
中国华电集团公司华电国际电力股份有限公司邹县发电厂热工队热控三班
乌江渡发电厂机电维护部电气二次班
中国华电集团公司四川发电有限公司宝珠寺水力发电厂发电部ON-CALL一班
石家庄华电供热集团有限公司营业客服部
中国国电集团公司国电蚌埠发电有限公司运行部一值
中国电力投资集团公司上海上电电力工程有限公司检修分公司机械二队
中国长江三峡集团公司三峡新能源云南姚安发电有限公司
神华国能集团有限公司天津大港发电厂自动化车间自动班
神华宁夏煤业集团治安保卫总队机关保卫部
神华集团有限责任公司朔黄铁路公司两万吨列车指导组
中国电信股份有限公司安徽分公司客户服务中心
中国电信股份有限公司深圳分公司南油营业厅
中国电信股份有限公司湖北分公司客户服务中心语音服务运营部全业务技能班
中国电信集团公司湖南省通信产业服务有限公司金迅网络分公司网络维护部
中国电信股份有限公司江西分公司网络运营支撑事业部监控调度中心

中国电信股份有限公司喀什分公司人民西路营业厅
中国电信股份有限公司丽江分公司香格里营业厅
中国电信股份有限公司河南分公司客户服务部客服中心
中国联合网络通信集团有限公司河北石家庄市分公司信息导航业务中心
中国联合网络通信集团有限公司江苏苏州市分公司乐桥营业厅
中国联合网络通信集团有限公司辽宁辽阳市分公司西关营业厅
中国联合网络通信集团有限公司河南郑州市分公司公众客户维系中心 VIP 维系班组
中国联合网络通信集团有限公司天津市分公司信息化事业部计费账务室
中国联合网络通信集团有限公司广东佛山市分公司禅城新概念营业厅
中国联合网络通信集团有限公司甘肃省分公司客服呼叫中心
中国移动通信集团广东有限公司湛江分公司网络管理中心监控室
中国移动通信集团广西有限公司百色分公司向阳营业厅
中国移动通信集团贵州有限公司黔西南分公司兴义市营销中心瑞金路营业厅
中国移动通信集团海南有限公司网络维护中心监控室
中国移动通信集团黑龙江有限公司品质管理部中部话务室
中国移动通信集团吉林有限公司通化市分公司新华营业班
中国移动通信集团宁夏有限公司银川分公司金凤新区营业厅
中国移动通信集团山东有限公司烟台芝罘分公司西大街营业厅
中国移动通信集团陕西有限公司渭南分公司四马路营业厅
中国移动通信集团四川有限公司达州万源分公司长青路营业厅
中国移动通信集团铁通公司河南洛阳分公司春都路营业厅
中国电子成都中电锦江信息产业有限公司经营计划部技术服务办公室
中国电子中国软件与技术服务股份有限公司“党建云”项目组
中国第一汽车股份有限公司技术中心试制数控组
东风商用车公司总装配厂装配八线
中国第一重型机械集团公司核电石化事业部核电制造分厂核电组装工部电焊 5 组
中国机械工业集团有限公司中国联合工程公司电力工程设计研究院热机设计室
中国机械工业集团有限公司中国第二重型机械集团公司铸锻公司炼钢车间 80 吨电炉班组
哈电集团哈尔滨电机厂有限责任公司冷作分厂四工段
中国东方电气集团有限公司东方电机有限公司焊接分厂电七组
鞍钢集团公司鞍钢股份有限公司冷轧厂酸轧联合机组
宝钢集团宝山钢铁股份有限公司硅钢部
宝钢集团上海宝钢化工有限公司梅山分公司煤精厂铵苯丙班
武汉钢铁(集团)公司武钢股份营销总公司硅钢销售部
中国铝业青海分公司铸造厂作业二区生产一班
中国有色金属工业第六冶金建设有限公司财务部
中国远洋运输(集团)总公司中远集运中远亚洲轮
中国海运集团上海船舶运输科学研究所运输系统事业部船舶水动力性能组
中国中化集团公司中化蓝天有限公司上虞

基地
中粮集团有限公司中粮置地西单大悦城运营部班组
中国五矿集团公司长沙矿冶研究院金天(金驰)公司分析测试中心
中国通用技术(集团)控股有限责任公司通用技术集团投资管理有限公司通用技术创业投资有限公司投资部
中国建筑工程总公司中建海峡建设发展有限公司福州海峡奥林匹克体育中心项目部
国家核电技术有限公司国核工程有限公司AP1000首堆核岛工程建设青年管理团队
中国商飞上海飞机设计研究院强度部机身强度室
中煤平朔集团有限公司生活服务中心文化活动管理中心
中国中煤能源集团公司第五建设公司第三工程处机械修配厂
中煤科工集团重庆设计研究院有限公司环境工程一院
中国冶金科工集团有限公司中冶焦耐工程技术有限公司化工室回收工艺组
中国冶金科工集团有限公司上海宝冶集团有限公司工安分公司压力容器厂
中国冶金科工集团有限公司中冶天工上海十三冶建设有限公司中南分公司技术中心
杭州水处理技术研究开发中心有限公司工程部
中国盐业总公司中盐安徽红四方股份有限公司天辰公司糊聚合主控岗位
中国中材集团有限公司中国建筑材料工业地质勘查中心吉林总队地质灾害研究院
中国建筑材料集团南方水泥有限公司桐庐南方水泥有限公司烧成车间中控室
中国有色集团中色奥博特铜铝业有限公司铜板带公司热轧工段
北京有色金属研究总院有色金属材料制备加工国家重点实验室
中国北车集团大同电力机车有限责任公司技术中心产品开发部制动室
中国北方机车车辆工业集团公司唐山轨道客车有限责任公司生产制造部CRH3(高速动车组)调度组
中国北方机车车辆工业集团公司长春轨道客车股份有限公司转向架制造中心焊接一车间机械手班
南车戚墅堰机车车辆工艺研究所有限公司技术中心
南车眉山车辆有限公司工艺技术部
中国铁路通信信号集团公司北京全路通信信号研究设计院有限公司地面控制研究设计院
中国铁路工程总公司中铁隧道装备盾构制造青年突击队
中国铁路工程总公司中铁十局连盐铁路V标工程青年突击队
中国铁路工程总公司中铁四局二公司宁波枢纽青年突击队
中国铁道建筑总公司中铁十二局集团铁路养护公司拉萨车间
中国铁道建筑总公司中铁十四局集团贵广工程指挥部第一项目部
中国交通建设集团有限公司中交三航局浦东分公司中心试验室
中国交通建设集团有限公司中交天航港湾建设工程有限公司第三项目经理部
中国交通建设集团有限公司中交二航局五分公司特大桥青年突击队
中国普天信息产业集团公司北京普天太力通信科技有限公司零售直供事业部
中国外运长航集团上海长江轮船公司“船长3号”
中国医药集团总公司上海医药工业研究院化学制药部工艺二组
中国冶金地质总局第一地质勘查院资源评价部

新兴际华集团有限公司新兴铸管股份有限公司第三铸管部
中国民航信息集团公司中国民航信息网络股份有限公司研发中心总体设计部服务整合平台团队
中国航油集团津京管道运输有限责任公司运控中心总控室
中国航油集团天津石油有限公司加油一站
中国电力建设集团有限公司中国水利水电第八工程局有限公司机电公司青年突击队
中国电力建设集团有限公司中国水电建设集团十五工程局有限公司延安南沟门水利枢纽工程项目部
中国电力建设集团有限公司中南勘测设计研究院移民工程处
中国电力建设集团有限公司山东电力建设第二工程公司汽轮机本体安装青年突击队
中国电力建设集团有限公司中国水力水电第十工程局有限公司国际公司
中国葛洲坝集团股份有限公司卡基娃水电站大坝工程施工项目部青年突击队
中电工程西南电力设计院有限公司勘测工程分公司青年突击队
中国广核集团有限公司中科华核电技术研究院有限公司反应堆工程设计与安全研究中心
华侨城集团公司锦绣中华民俗村寨部
中航工业昌河飞机工业(集团)有限责任公司总装车间工艺室
华能营口电厂运行三值
中国通用技术(集团)控股有限责任公司中国机械进出口(集团)有限公司中国能源工程股份有限公司马来西亚项目部
中国航天科工集团航天信息股份有限公司防伪税控事业部研发一部
中国铁道建筑总公司中铁十七局集团有限公司委内瑞拉项目经理部
中国交通建设集团有限公司中交股份联合体港珠澳大桥岛隧工程第Ⅲ工区二分区项目经理部
中国中铁一局新运公司朔黄铁路肃宁分公司

海关系统

中关村海关、现场业务一处报关大厅
石家庄海关驻机场办事处
黑河海关旅检一科
上海外高桥港区海关通关一科
南京海关12360服务热线
杭州经济技术开发区海关驻出口加工区办事处
宁波海关驻慈溪办事处报关大厅
南平海关业务一科
威海海关通关科
济南海关驻聊城办事处业务大厅
郑州机场海关旅检二科
深圳机场海关通关科
东莞海关保税加工监管一科
湛江海关技术服务小分队
凭祥海关友谊关海关
成都海关现场业务处通关科
天津保税区海关海港查验科
太原机场海关
厦门海关驻同安办事处大嶝监管科
南昌海关驻昌北机场办事处
武汉海关现场业务处通关科
长沙海关驻黄花机场办事处旅检现场
广州白云机场海关旅检处
阿拉山口海关报关大厅
广州海关缉私局侦查二处侦查二科
上海浦江海关通关三科

税务系统

北京市昌平区国家税务局第一税务所
北京市房山区国家税务局第一税务所
天津市东丽区国家税务局第一税务所
天津市西青区国家税务局第一税务所
河北省张家口市高新技术产业开发区国家税务局办税服务厅

河北省邢台经济开发区国家税务局办税服务厅
山西省盂县国家税务局办税服务厅
山西省灵丘县国家税务局办税服务厅
内蒙古自治区乌拉特中旗国家税务局办税服务厅
辽宁省盘锦辽滨沿海经济开发区国家税务局
辽宁省沈阳市沈河区国家税务局办税服务厅
吉林省前郭县国家税务局纳税服务科
黑龙江省哈尔滨市香坊区国家税务局办税服务厅
黑龙江省东宁县国家税务局办税服务厅
上海市国家税务局12366青年干部挂职锻炼培养基地
上海市杨浦区国家税务局第一税务所
江苏省海安县国家税务局第一税务分局
江苏省新沂市国家税务局第一税务分局
江苏省苏州市吴中区国家税务局信息中心
浙江省玉环县国家税务局办税服务厅
浙江省杭州市下城区国家税务局纳税服务科（办税服务厅）
浙江省舟山市国家税务局金塘税务分局
安徽省国家税务局12366呼叫中心
福建省长乐市国家税务局纳税服务科
江西省新余市国家税务局征收局第一办税服务厅
山东省五莲县国家税务局于里税务分局
山东省烟台市芝罘国家税务局办税服务厅
山东省肥城市国家税务局汶阳税务分局
河南省汝州市国家税务局办税服务厅
河南省商丘市睢阳区国家税务局办税服务厅
湖北省襄阳市老河口市国家税务局办税服务厅
湖北省孝感市孝南区国家税务局朋兴税务分局
湖南省国家税务局12366纳税服务中心
广东省广州经济技术开发区国家税务局办税服务厅
广东省珠海市珠海高栏港经济区国家税务局
广西壮族自治区东兴市国家税务局办税服务厅
海南省国家税务局12366纳税服务呼叫中心
重庆市高新技术产业开发区国家税务局办税服务厅
四川省甘孜州色达县国家税务局
贵州省贵阳市花溪区国家税务局办税服务厅
贵州省凯里市国家税务局办税服务厅
云南省怒江州福贡县国家税务局上帕税务分局
西藏自治区山南地区国家税务局纳税服务科
陕西省佛坪县国家税务局
甘肃省张掖市甘州区国家税务局办税服务厅
甘肃省清水县国家税务局办税服务厅
青海省大柴旦行委国家税务局
青海省玛沁县国家税务局
宁夏回族自治区吴忠市利通区国家税务局办税服务厅
新疆维吾尔自治区哈密地区伊吾县国家税务局
新疆维吾尔自治区库车县国家税务局纳税服务科
大连市旅顺口区国家税务局铁山税务所
大连市西岗区国家税务局纳税服务科
宁波大榭开发区国家税务局办税服务厅
宁波市宁海县国家税务局城区税务分局办税服务厅
厦门市集美区国家税务局纳税服务科
青岛市国家税务局12366在线服务中心
深圳市福田区国家税务局办税服务厅
北京市西城区地方税务局第四税务所
天津市滨海新区第一地方税务分局征收所
天津市武清区地方税务局征收所
河北省石家庄市藁城区地方税务局开发区税务分局
河北省河间市地方税务局征收分局
山西省晋城市地方税务局直属一分局

内蒙古自治区满洲里市地方税务局经济合作区分局
辽宁省大连市地方税务局 12366 纳税服务热线
辽宁省凤城市地方税务局通远堡分局
吉林省安图县地方税务局办税服务厅
吉林省地方税务局直属税务局办税服务中心
黑龙江省漠河县地方税务局办税服务厅
江苏省常州市溧阳地方税务局稽查局
江苏省无锡市宜兴地方税务局第二税务分局
浙江省杭州市地方税务局直属分局
浙江省舟山市地方税务局金塘税务分局
安徽省铜陵市地方税务局征收管理分局
福建省武平县地方税务局十方分局
江西省上饶市地方税务局纳税服务局
江西省宜春市地方税务局纳税服务局
山东省泰安市地方税务局泰山分局纳税服务中心
河南省洛阳市高新技术产业开发区地方税务局办税服务厅
河南省郑州市二七区地方税务局办税服务大厅
湖北省宣恩县地方税务局纳税(费)服务局
湖北省黄石市地方税务局西塞山分局基础管理一科
湖南省冷水江市地方税务局第二税务分局
湖南省湘潭县地方税务局第五税务分局
广东省珠海市香洲区地方税务局前山税务分局
广西壮族自治区南宁市青秀区地方税务局
广西壮族自治区钦州港经济技术开发区地方税务局计划征收服务股
海南省三亚市地方税务局纳税服务管理局第一大厅
重庆市两江新区地方税务局大竹林税务所
重庆市万州区地方税务局龙沙税务所
四川省自贡市地方税务局第二直属税务分局办税服务厅
贵州省桐梓县地方税务局二分局
贵州省安顺市西秀区地方税务局八分局
云南省玉溪市易门县地方税务局一分局
云南省曲靖市马龙县地方税务局一分局
陕西省西安市地方税务局 12366 纳税服务中心
甘肃省陇南市武都区地方税务局征收分局
甘肃省庄浪县地方税务局管理一分局
宁夏回族自治区银川经济技术开发区地方税务局办税服务厅

工商系统

北京市工商局门头沟分局军庄工商所
山西省晋城市阳城县工商局
上海市工商局注册大厅
山东省泰安市工商局泰山景区分局南天门工商所
福建省漳州市工商局 12315 消费者投诉举报指挥中心
云南省曲靖市麒麟区工商局寥廓分局
甘肃省工商局 12315 指挥中心
吉林省吉林市工商局 12315 指挥中心
黑龙江省绥芬河市工商局驻市政府行政服务中心登记注册窗口
江苏省张家港保税区工商局登记注册科
浙江省宁波市市场监督管理局 12315 举报投诉指挥中心
河南省工商局办公室秘书科
湖北省荆州市工商局登记注册窗口
广东省广州市工商局 12315 消费者申诉举报指挥中心
广西壮族自治区柳州市工商局企业登记注册分局
山东荣昌育种股份有限公司育种班组
春秋航空股份有限公司客舱服务部“春秋之翼”示范乘务组
北京庄子工贸有限责任公司营销中心
濮阳市百姓生活购物广场有限公司经营部
潮州市南春福源大药行

荆门市星球家居博览中心
荣县欣阳通讯有限公司
宁夏早康枸杞股份有限公司生产部
河北冀高电力器材开发有限公司开关车间
大民种业股份有限公司研发中心
四平神农医院门诊部
黑龙江比优特商贸有限责任公司鹤岗总部
上海丹爱法企业发展有限公司3U品牌团队
潍坊豪杰置业发展有限公司
廉江市众利服务有限公司
兰州华卫药品生物制品有限责任公司
上海市工商局嘉定分局马陆工商所
湖南省湘浙智超投资控股集团行政管理部

质检系统

北京经济技术开发区出入境检验检疫局机电产品检验科
河北国际旅行卫生保健中心检验科
乌拉特出入境检验检疫局
辽宁国际旅行卫生保健中心办公室
洋山出入境检验检疫局船舶检疫监督科
无锡出入境检验检疫局机场办事处
萧山出入境检验检疫局检务处
宁波出入境检验检疫局机场办旅检科
海沧出入境检验检疫局检务科
宜春出入境检验检疫局综合业务科
日照出入境检验检疫局检务科
东莞出入境检验检疫局检务科
蛇口出入境检验检疫局检务科
四川检验检疫局机场办事处旅检科
重庆两路寸滩保税区检验检疫局检务科
勐腊出入境检验检疫局磨憨办事处
西安咸阳机场出入境检验检疫局旅检科
新疆出入境检验检疫局机场办事处办公室
北京市组织机构代码管理中心登记部
天津市质量技术监督稽查总队
内蒙古自治区组织机构代码管理中心
吉林省标准研究院代码室
上海市组织机构代码管理中心
国家不锈钢制品质量监督检验中心
安徽省特种设备检测院锅炉检测中心
山东省质量技术监督12365举报处置指挥中心
广东省质量技术监督局政务中心
国家食糖及加工食品质量监督检验中心
江西省计量测试研究院业务管理部
新疆维吾尔自治区计量测试研究院流量所
上海浦东出入境检验检疫局化矿处化工科
首都机场出入境检验检疫局旅检查验大厅

新闻出版广电系统

中央人民广播电台新媒体宣传中心
中国国际广播电台英语环球广播中心海外传播力建设团队
人民出版社数字出版中心
中国版权保护中心版权登记大厅
无线电台管理局五五二台甲机房
国家新闻出版广电总局监管中心青年突击队
天津广播电视台交通广播
上海市《新闻晨报》民生部
重庆广播电视监测台安播部
重报传媒有限公司印务中心S2345班组
河北人民广播电台少儿音乐广播
山西省吕梁市广播电视台新闻综合广播
辽宁广播电视台都市频道《新北方》栏目组
吉林人民广播电台新闻综合广播
安徽教育出版社营销中心
江苏省广电有线信息网络股份有限公司苏州分公司96296客服热线
浙江省宁波市华数广电网络有限公司呼叫中心96371热线团队
福建广播影视集团新闻中心屏山记者站
山东省青岛市电视台新闻综合频道
广东省珠海市广播电视台广播新闻部《市民热线》节目组
广西电视台美丽天下网
贵州广播电视台交通广播
宁夏广播电视台少儿频道

甘肃人民广播电台交通广播
新疆人民广播电台 961 新闻广播新广行风热线部
中央电视台新闻中心“央视新闻”新媒体团队

旅游系统

山西旅游信息中心
长春长影世纪城有限公司运营部
长白山旅游股份有限公司景区运营一部
哈尔滨铁道国际旅行社有限责任公司出境旅游中心
上海大厦前厅部大堂班组
梵宫会务班组
徐州龟山汉墓管理处
扬州中国青年旅行社票务中心
安徽中青旅心之翼导游服务公司领队部
安徽九华山旅游发展股份有限公司缆车分公司
黄山国际大酒店餐饮部宴会班组
福建省宁德山水大酒店房务部
新余市北湖宾馆餐饮部
青州市风景区管理局游客接待中心
泰安市旅游咨询中心
威海市飞扬国际旅行社有限公司
博爱青天河风景名胜区管理局导游班
株洲神农城文化旅游发展有限公司
湖南海外旅游有限公司导游部
潮州广济桥文物管理所
梅县华银雁鸣湖旅游度假村有限公司财务部
桂林市芦笛景区管理处女子导游班
峨眉山温泉饭店前厅部
四川成都天府阳光酒店前厅部
黄龙国家级风景名胜区管理局游人中心管理处
贵州省中国青年旅行社有限公司公民旅游中心
丽江玉龙雪山国家级风景名胜区门票管理中心
昆明铁路国际旅行社导游部
银川市贺兰山岩画管理处旅游接待中心

供销系统

北京百花蜂业科技发展股份公司连锁事业部
辽宁省沈阳玫瑰大酒店有限公司餐饮部
江苏省苏果超市有限公司商品部
浙江省杭州果品集团有限公司第五营业班组
安徽辉隆集团瑞美福农化有限公司渠道销售部
河南省工业科技学校财经管理教研室
湖南银华大酒店经营管理有限公司客房部
天津市宁河县家乐超市有限责任公司收银部
河北省武安市蓝天宾馆餐饮部
广西壮族自治区玉林金城商厦有限责任公司床上用品柜
云南玉溪百信商贸集团有限公司百信购物广场

铁路系统

哈尔滨铁路局哈尔滨铁路客户服务中心
沈阳铁路局沈阳动车段沈阳动车所二级修班组
北京铁路局天津电务段天津城际高速车间京津客专信号工区
太原铁路局太原铁路客户服务中心
太原铁路局太原客运段动车车队
呼和浩特铁路局包头电务段萨拉齐信号工区
呼和浩特铁路局乌海工务段碱柜线路工区
郑州铁路局郑州客运段高铁一队
武汉铁路局武汉电务段乌龙泉信号工区
武汉铁路局信阳电务段驻马店西客专车间区域分析中心
西安铁路局西安北车站客运车间
济南铁路局济南站客运车间孜慧客服中心
上海铁路局上海站虹桥站“七彩虹桥”雷锋服务站
南昌铁路局南昌供电段南昌供电车间生米网工区
广州铁路(集团)公司广九客运段高铁动车队高铁动一组

南宁铁路局柳州机务段检修车间青年电器包修组
成都铁路局成都客运段 K292/1 次列车第二包乘组
成都铁路局重庆客运段 T9/10 次第四包乘组
昆明铁路局昆明机务段昆明运用车间第七指导队
兰州铁路局银川电务段大水坑信号工区
乌鲁木齐铁路局乌鲁木齐客运段广州车队
青藏铁路公司格尔木工务段唐古拉线路车间
铁道第三勘察设计院集团有限公司测绘分院航测遥感所
呼和浩特铁路公安局呼和浩特公安处二连车站派出所
中国铁路总公司宣传部互联网信息处
(团组织独立开展部分)

北京市

北京福田戴姆勒汽车有限公司制造一工厂总装部底盘线四班
北京市化工职业病防治院职防部
北京展览馆莫斯科餐厅
北京首发集团北京高速公路信息中心
安利(中国)日用品有限公司北京分公司业务部
北京同仁堂科技发展集团亦庄分厂微丸班
京报传媒经营有限公司业务经营部
北京市怀柔区社会保险事业管理中心
北京市安全生产(12350)举报投诉中心
北京公交集团第五客运分公司快速公交 2 线(BRT-2)
北京师范大学后勤一站式服务大厅

天津市

天津滨海快速交通发展有限公司津滨轻轨乘务组
天津市医药集团中新药业乐仁堂提取车间醇提取组
天津百利机械装备集团天发水电水机设计部
天津天铁冶金集团炼铁厂二号高炉炉内班
天津市劳动保障电话咨询服务中心
天津市河东区人民检察院公诉科
天津浙江商会
天津津旅海河游船有限公司导游服务组
天津利金粮油股份有限公司品保部

河北省

河北省人才交流服务中心
国药乐仁堂医药连锁有限公司总店调剂部
木兰围场国有林场管理局林业调查规划设计院
张家口市财政局
唐山市乐亭县李大钊纪念馆
保定市财政局预算处
沧州市华北商厦有限公司女装一分公司
衡水市财政集中支付中心
河北港口集团秦港股份第六港务分公司卸车队
开滦(集团)有限责任公司钱家营矿业分公司皮带区-600 水平平运一部皮带巷
秦皇岛市失业保险事业管理处
河北朝阳沟旅游投资有限公司餐饮部
邢台市房地产交易登记中心
廊坊市医疗保险管理中心
邯郸市高新技术创业服务中心

山西省

山西省财政厅煤炭基金稽查局
山西省环境规划院
太原矿山机器集团有限公司刘胡兰小组
长治市客运中心有限公司售票处
山西焦煤西山煤电集团公司东曲煤矿一采区综采二队
山西省同煤集团四台矿大型队副立井绞车房
山西杏花村汾酒集团公司酒都宾馆游客服务中心
山西无忧网络科技有限公司
晋城市阳城县皇城相府管理处导游部
大同银行股份有限公司营业部
晋中市和顺县会计核算中心

山西省环境监测中心站
长治市财政国库支付中心
内蒙古自治区
红云红河集团乌兰浩特卷烟厂卷接包车间甲班
呼和浩特市赛罕区人民检察院侦查监督科
集通铁路集团大板工务段沙日乃车间沙日乃工区
呼伦贝尔市阿里河林业局森林扑火队
包钢股份有限公司销售分公司销售大厅
鄂尔多斯电业局修试管理处继电保护二班
内蒙古包商银行巴彦淖尔分行小微企业金融部
鄂尔多斯市乌审旗怡海实业发展有限责任公司台阁收费站
辽宁省
沈阳住房公积金管理中心大东管理部
鞍钢日报社记者部
抚顺市住房公积金管理中心新抚办事处
本溪市人民检察院青年检察官先锋队
丹东银行锦山支行
锦州银行市委南支行
阜新矿业集团恒大公司机修厂电气班
朝阳银行喀左支行
葫芦岛银行股份有限公司绥中支行
辽宁忠旺集团模具厂模具一车间
铁岭银行股份有限公司调兵山支行
辽宁省营口港务集团中理公司理货一部
辽阳辽东农村商业银行股份有限公司营业部
北方华锦化学工业集团有限公司辽河化肥分公司合成车间总控岗
中兴云购科技发展有限公司
吉林省
长春市长东北核心区规划建设展览馆
吉林化建仪表工程青年突击队
吉林省东北袜业纺织工业园发展有限公司大学生创业指导中心
通化万通大酒店有限公司餐饮部
松原市前郭县民族歌舞传习中心
白城市人力资源和社会保障局信息中心
延吉市水务集团有限公司营销分公司
长白山农村商业银行股份有限公司池北支行
吉林省疾病预防控制中心病毒所
吉林大学第二医院眼底病科
吉林省榆树钱酒业有限公司
黑龙江省
哈尔滨城乡规划展览馆
哈尔滨市国土资源勘测规划院
龙江银行黑河分行营业部
哈尔滨监测台
佳木斯市不动产登记管理局业务受理科
黑龙江鸿联信息技术有限公司呼叫中心
大庆市肇源县新农合管理办公室办事大厅
哈尔滨银行股份有限公司营业部
黑龙江省水上搜救指挥中心总值班室
黑龙江省游泳运动管理中心
伊春市嘉荫县神州恐龙博物馆
哈尔滨市道外区新金夫人皮草商场
哈药集团医药有限公司康泰药品超市
中共黑龙江省委党校(黑龙江省行政学院)学苑餐厅
上海市
上海外高桥保税区联合发展有限公司经营部
上海银行信用卡中心
城建集团上海隧道工程股份有限公司机械制造分公司技术中心
上海市普陀区就业促进中心青年班组
漕河泾创业中心大学生创业服务团队
上海金山区山阳女子民兵哨所
上海市宝山区高境镇司法社工点
上海闵行区人民检察院公诉科青年工作活动小组
上海市环境监测中心大气环境监测室
上海电气电站设备有限公司上海汽轮机厂人力资源部
上海汽车集团股份有限公司乘用车分公司工

程支持工程质量团队
上海市食品研究所检测中心班组
上海金枫酒业股份有限公司市场部
上海市徐汇区人民检察院公诉科
光明村大酒家品牌服务组
上海第九城市技术运营部
上海建工四建集团第二工程公司青年项目管理部
申银万国证券股份有限公司场外市场总部

江苏省

江苏省高校招生就业指导服务中心
江苏银行客户服务中心
中华人民共和国南京海事局指挥中心
江阴市图书馆
徐工集团徐州重型机械有限公司消防车研究所
常州市新北区人民检察院
太仓市社会保险基金管理结算中心
扬州市邗江区行政服务中心
泰州市国土资源局张甸中心所
江苏井神盐化股份有限公司第一分公司制盐分厂盐硝控制中心
江苏省农村信用社联合社信息结算中心客户服务部
徐州宣武集团有限公司管理服务部
苏州沙家浜旅游发展有限公司
南通农村商业银行营业部
连云港供电公司新海营业厅
江苏射阳港发电有限责任公司检修部汽机化学班
江苏省丹阳农村商业银行后巷支行

浙江省

宁波帮博物馆
杭报集团都市快报广告营业中心
温州市住房公积金管理中心瑞安分中心
嘉兴市96345社区服务求助中心
湖州市市级机关会计核算中心
浙江省粮食局直属粮油储备库
浙江金兄弟珠宝名表有限公司销售服务部
浙江省烟草公司舟山市公司卷烟配送中心
绍兴恒信合作银行营业部
华数数字电视传媒集团有限公司黄龙营业厅
宁波市鄞州区公共事务受理中心
浙江大学紫金港校区食堂三楼餐厅
丽水市农村电子商务服务中心

安徽省

安徽中烟工业有限责任公司合肥卷烟厂卷接包车间辅联设备维修组
安徽光明物业发展有限责任公司餐饮服务中心
安徽省路网交通建设集团有限公司产业中心
亳州市委办公室综合科
淮北市劳动保障监察支队
宿州市砀山县新型农村合作医疗管理局
阜阳市颍淮农村商业银行古楼支行
徽商银行滁州分行丰乐路支行
六安市霍山县人民检察院公诉科
中国人民解放军五七二〇工厂飞机部修理二工段
安庆市医疗保险基金管理中心
马鞍山国土资源局驻政务服务中心窗口
安徽省高速地产营销公司营销中心
合肥市重点工程建设管理局项目管理一处

福建省

泉州市泉州晚报社“政风行风直通车”栏目组
厦门市12358价格举报中心
福州农商银行营业部
三明市大田县人民检察院公诉科
福建泉州市华远电讯有限公司九一营业厅
富春通信股份有限公司
泉州市鲤城区人民检察院

江西省

南昌市政公用集团96166客服热线中心
萍乡市国土资源勘测设计院
宜春市公路管理局明月山分局路政执法大队
江西省铅山深燃天然气有限公司

九江银行光华支行
江西南芳律师事务所
江西铜业股份有限公司城门山铜矿采矿场3#挖机岗

山东省

济南市市中区行政审批服务中心
海尔集团接待办公室
淄博市张继顺房屋维修热线
高密市人才交流服务中心
济宁市邹城规划展览馆管理中心
威海市住房公积金管理中心市区管理部
日照银行股份有限公司营业室
临沂市兰山区西关社区外来务工青年服务中心
滨州市博兴县农村商业银行营业部
齐鲁晚报·张刚社区工作室
山东省商业集团济南银座购物广场有限公司安保科
山东正和集团股份有限公司DCC主控室
烟台银行西大街支行
泰安市政府便民服务电话受理中心
古贝春集团有限公司新厂灌装车间
聊城市东昌府区检察院白云热线
莱钢国际贸易有限公司进出口二部
山东重工潍柴动力股份有限公司动力发动机技术研究院仿真研究部
山东金德利集团槐荫快餐连锁有限责任公司水饺城快餐店

河南省

河南省委机要局密钥管理中心
河南省黄河迎宾馆任务接待区
河南省南阳市烟草公司卷烟营销配送中心订单部
河南省周口市人民检察院法警支队
河南省新乡市财政国库支付中心服务大厅
河南省高速公路宛坪管理处豫陕界收费站
河南省大河网大河论坛
河南省罗山县灵山茶业有限责任公司销售部
河南省濮阳市华龙区幼儿园
河南省信阳市平桥区财政支付中心
中国船舶重工集团第七二五研究所洛阳双瑞橡塑科技有限公司二车间
河南省安阳市润安工程咨询监理公司工程部
河南省三门峡市农业信息中心
富士康科技集团郑州IE处

湖北省

武汉市汉阳区人民检察院反贪污贿赂局
黄冈市黄州区人民检察院公诉科
荆门市钟祥市国库集中收付中心
咸宁市通城县马港镇财政所
武汉农村商业银行营业部
武汉市地震监测中心
襄阳市土地储备供应中心
湖北武当太极湖水上游乐有限公司船务运营部
荆州市国土整治局
荆门市星球家居博览中心
鄂州市国土资源局城区直属分局
孝感市大悟县新城镇财政所
湖北交通工程检测中心
中建三局阿尔及利亚嘉玛大清真寺项目部

湖南省

长沙市开福区国库集中支付局
永州市新田县医疗保险基金管理中心
湘西土家族苗族自治州气象台
湖南长韶娄高速公路有限公司
湖南空港实业股份有限公司汽车运输服务公司巴士客运分公司售(验)票分队
湖南省福利彩票发行中心
湖南邵永高速公路有限公司邵阳县收费站
株洲市土地登记发证中心
郴州市永兴县财政国库管理局
岳阳市湘阴县烟草专卖局专卖监督管理股
湖南省环境监测中心站应急监测分队

广东省

广州市人民检察院公诉一处未成年人犯罪审查起诉科
广州珠江啤酒股份有限公司生产部调度中心

广州地下铁道总公司运营事业总部运营三中心体育西中心站
中建钢构有限公司市场商务部
宝钢集团广东韶关钢铁有限公司物流部铁运公司0066机调组
惠州市房产交易登记所
东莞市社会保障局石龙分局办事服务大厅
广东省中山市东升镇流动人口和出租屋管理服务中心服务大厅
江门市鹤山明鹤电力建设有限公司
广东众和化塑有限公司呈驰高新科技化工分公司
广东省食品药品监督管理局业务受理处
广东粤电云河发电有限公司检修部电一班

广西壮族自治区

百色起义纪念馆
南宁青秀山风景名胜旅游开发有限责任公司导游班
桂林银行榕湖支行
中船华南船舶机械有限公司技术部
南宁住房公积金管理中心区直分中心驻自治区政务服务中心服务窗口
广西贵港北控水务有限公司营业部收费班
华锡集团高峰公司八里选矿厂锌浮选岗位
广西区专用通信局话务科
来宾市城市管理局行政审批窗口
柳州恒达巴士股份有限公司邓红英热线

海南省

保亭黎族苗族自治县新大新家私城
儋州市学生资助管理中心
海南省动物卫生监督所
海南铜锣湾拍卖有限公司
海南呀诺达雨林文化旅游区导游服务部
中国太平洋财产保险股份有限公司洋浦中心支公司
海南金畅现代物流中心有限公司

重庆市

重庆银行营业部
重庆市綦江区扶欢镇安育村市民学校
重庆世纪金源时代大饭店有限公司前厅部
重庆通用工业集团有限责任公司总装车间风机装配班组
第三军医大学西南医院感染病科
重庆红岩联线管理中心所属红岩魂陈列馆
重庆市轨道交通一号线沙坪坝车站
重庆商社集团重百股份百货事业部沙坪商场精品百货部
重庆高速公路集团有限公司中渝营运分公司水土收费站
重庆公交集团两江公共820线
重庆市巴南兴农融资担保有限责任公司业务部
重庆市长寿区公共资源交易中心
重庆新华传媒有限公司九龙坡新华书店
中建安装工程有限公司刘兆雄项目部
重庆猪八戒网络有限公司研发技术团队

四川省

四川省省级财政国库支付中心
四川科技馆展教部
四川省人民检察院公诉二处女子公诉办案组
成都市崇州市财政服务大厅
成都银行股份有限公司高新支行营业室
攀枝花市公共就业服务综合大厅
泸州老窖股份有限公司酿酒国窖班
四川天寿药业有限公司业务大厅
四川广汉三星堆博物馆公众服务部讲解组
四川森普管材股份有限公司管件分公司生产车间
四川九州电子科技股份有限公司技术开发中心
夹江天福观光茶园有限公司茶庄部
宜宾市蜀南竹海博物馆
眉山市仁寿县政务服务中心
九寨沟风景名胜区管理局票务处
四川锦江宾馆餐饮娱乐部宴会中心班组

贵州省

贵州省地质矿产勘查开发局一〇五地质大队

勘查五部
贵州茅台酒股份有限公司包装车间五班
中航黎阳公司机匣分厂工艺室
瓮福(集团)贵州天福化工有限责任公司氨醇醚车间
遵义晚报“百姓4+1”栏目组
贵阳银行直属支行营业部
中国贵州人才市场
黔南州烟草公司卷烟营销中心
贵州省贵阳市南明区亮欢寨酒楼
贵州创淘电子商务有限公司
贵州高速公路集团有限公司厦蓉高速公路毕节至生机项目建设办公室

云南省

红河州元阳县哈尼梯田文化传习馆
大理旅游集团崇圣寺三塔文化旅游区分公司
云南铜业集团红山球团公司竖炉车间
云南省建工集团老挝北隆赞湖综合发展有限公司
昆石高速公路小喜村收费站
云南煤业能源股份有限公司安宁分公司炼焦车间调火班
昆明市人民政府市长热线电话办公室
云南云岭高速公路桥梁工程有限公司昭通养护分公司

西藏自治区

西藏电力有限公司山南分公司
西藏高原大气环境科学研究所遥感监测评估室
日喀则市烟草专卖局
昌都市藏医院住院部

陕西省

西安银行高新支行营业室
延长油田公司定边采油厂东仁沟采油大队
西安世纪金花美居生活家顾客服务中心
中航工业庆安集团有限公司某型战机产品设计工作队
咸阳市城市管理综合行政执法局城市规划执法队
汉中市汉台区劳动就业服务局人力资源市场大厅
宝鸡市天下汇商业有限公司安保部
商洛市洛南县统一征地办公室

甘肃省

兰州市城关区酒泉路街道畅家巷社区政务大厅
天水星火机床有限责任公司精密数控装配分厂精度调试班组
酒钢(集团)公司不锈钢厂热轧生产线
金化集团公司净化作业区“三改六”脱碳岗位
张掖市山丹县霍城河水利管理处
青岛啤酒武威有限责任公司酿造部
白银有色集团股份有限公司深部矿业公司机运车间运转工段
甘肃省农科院旱农所定西试验站
甘肃会展中心有限责任公司甘肃国际会展中心

青海省

西宁中油燃气有限责任公司客户服务中心
青海省海东市化隆县就业服务局
青海省动物卫生监督所驻马场垣公路动物防疫监督检查站
青海银行海南州分行
青海省西宁特殊钢股份有限公司资源分厂
青海桥头铝电股份有限公司发电分公司除灰部脱硫运行
青海原子城纪念馆

宁夏回族自治区

银川市兴庆区回民第二小学艺体教研组
吴忠市吴忠中学信息技术教研组
石嘴山公路工程质量检测有限公司
固原市西吉县明星客运汽车出租有限责任公司
银川中铁水务集团有限公司西夏区营业所
中卫市泰和热力有限公司文萃供热站
宁夏地质矿产勘查开发局遥感测绘勘查院遥感无人机航空飞行队

新疆维吾尔自治区

伊宁市公交公司2路车组

阿勒泰地区喀纳斯景区管理委员会门票站

克拉玛依市独山子区第一小学教学岗

昌吉回族自治州奇台县委组织部

中石油新疆销售有限公司阿克苏分公司南城加油站

和田市于田县CEC希望学校

新疆国家安全厅综合保障部计划财务处

新疆维吾尔自治区纪检委监察厅信息中心

八钢公司物业管理分公司1159服务热线

新疆中泰(集团)有限责任公司华泰分公司氯碱厂电解车间

特变电工进出口公司吉尔吉斯斯坦项目部

新疆众和热电公司塔吉克斯坦项目部

新疆生产建设兵团

第八师石河子市新疆天富能源客服95598呼叫中心

第十二师乌鲁木齐西城热力有限公司服务中心

第二师铁门关市冠农果茸绿源糖业车间电工班

建工师北新国际安哥拉项目部

第六师五家渠市移动公司营业部

中直机关

中版教材有限公司

中华女子学院学生工作部(处)

光明日报出版社编辑部

中国科技会堂客房部服务组

中央统战部六局(无党派、党外知识分子工作局)代表人士工作处

新华社总编室值班室

中南海电信局话务室

中组部人才工作局四处

工人日报社驻全总联络站

中国互联网新闻中心(中国网)社交媒体部

中央国家机关

最高人民检察院检察日报社网络信息中心(“正义网”)

国务院办公厅秘书一局信息处

工业和信息化部电信设备认证中心受理部

安全部十八局一处

财政部亚太财经与发展中心北京分部

国家发改委国家信息中心公共技术服务部内网运行管理处

农业部办公厅行政审批综合办公室

国家食品药品监督管理总局行政事项受理服务和投诉举报中心行政许可受理处

海关总署中国电子口岸数据中心客服管理处

中国邮政集团公司信息技术局运行维护部生产运行中心

中国中医科学院西苑医院血液科护理组

外交部国际经济司三处

国家开发银行企业局客户二处

金融系统

北京印钞有限公司胶凹印部J99－2号机台

中国人民银行博尔塔拉蒙古自治州中心支行外汇管理科

中国人民银行梅州市中心支行办公室

中国人民银行随州市中心支行国库科

中国人民银行太原中心支行会计财务处综合组

中国人民银行天津分行征信管理处系统管理组

中国人民银行吴忠市中心支行货币信贷管理科

中国人民银行徐州市中心支行办公室

中国人民银行长沙中心支行国库处会计核算科

中国人民银行重庆营业管理部会计财务处会计管理科

中国银监会山东监管局淄博分局监管三科

中国银监会辽宁监管局辽阳分局统计信息科

中国银监会浙江监管局办公室

招商银行深圳分行宝安支行发展中心

招商银行北京双榆树支行

招商银行西安分行营业部
中国民生银行南京分行营业部
中国民生银行北京首体支行
中国民生银行太原分行亲贤北街支行
中国民生银行深圳分行宝安支行
大连商品交易所飞创公司质控部
中国证监会浙江监管局稽查处
中国保监会江苏监管局财产保险监管处
中国保监会广东监管局汕头监管分局
国家开发银行安徽省分行客户四处
国家开发银行贵州省分行客户一处
国家开发银行新疆维吾尔自治区分行客户一处
中国进出口银行总行评估审查部评审一处
中国进出口银行浙江省分行公司业务一处
中国农业发展银行内蒙古自治区二连浩特市支行
中国农业发展银行江西省南昌市西湖支行
中国农业发展银行广西壮族自治区桂林兴安县支行
中国农业发展银行四川省遂宁市分行营业室
中国工商银行北京新街口支行营业室营业厅
中国工商银行内蒙古兴安盟分行阿尔山支行营业室
中国工商银行吉林分行营业部人民广场支行财富管理中心
中国工商银行江苏扬州分行营业部营业室
中国工商银行浙江分行营业部庆春路支行本级业务部
中国工商银行广西分行营业部桃源支行
中国工商银行重庆九龙坡支行步行街分理处
中国工商银行四川分行营业部春熙支行营业室
中国工商银行大连百货前支行
中国工商银行青岛市南第二支行营业部
中国工商银行宁波北仑支行营业部
中国工商银行国际结算单证中心
中国农业银行北京铁道支行
中国农业银行大连星海支行
中国农业银行佛山华达支行营业部
中国农业银行岳阳分行营业部
中国农业银行盐城中汇支行营业部
中国农业银行宁波市江东支行营业部
中国农业银行青海省分行玛沁县支行营业室
中国农业银行潍坊潍城支行营业部
中国农业银行上海松江支行国际业务部
中国农业银行南充绸都支行
中国农业银行天津世贸蓝水支行
中国银行石河子经济技术开发区支行
中国银行日喀则分行营业部
中国银行格尔木昆仑路支行
中国银行赣州市长征大道支行
中国银行重庆沙坪坝支行营业部
中国银行武汉喻家山支行
中国银行广东省分行运营控制部客户服务中心
中国银行广饶支行
中国银行北京奥运村支行营业部
中国银行辽宁省大连开发区分行营业部
中国银行上海市外高桥保税区支行
中国建设银行北京市分行兴融支行
中国建设银行河北省分行唐山曹妃甸工业区支行
中国建设银行吉林省分行通化梅河口支行
中国建设银行江苏省分行常州市溧阳支行营业部
中国建设银行广东省分行东莞常平支行营业部
中国建设银行陕西省分行营业部营业室
中国建设银行苏州分行营业部储蓄专柜
中国建设银行总行本部资产管理部债务融资处
中国建设银行山东省分行东营胜利支行
中国建设银行广西壮族自治区分行柳州市分行营业部
中国建设银行新疆维吾尔自治区分行乌鲁木

齐人民路支行
中国建设银行信用卡中心客户服务处
交通银行漕河泾支行
交通银行盐城分行营业部
交通银行湖北省分行汉阳支行会计科
交通银行苏州分行园区支行
交通银行成都锦江支行
交通银行洛阳分行营业部
交通银行内蒙古分行营业部
交通银行吉林省分行营业部核算科
交通银行深圳分行营业部
交通银行信用卡中心催收和反欺诈部支援团队
中信银行南京分行出国金融服务中心
中信银行南昌分行营业部
中信银行杭州分行省府路支行
中信银行无锡分行国际业务部
中国光大银行合肥稻香楼支行
中国光大银行太原分行营业部
光大永明人寿保险有限公司运营管理部电话中心
光大证券东莞运河东一路证券营业部
中国人民财产保险股份有限公司北京市直属支公司
中国人保财险大连市分公司 95518 客户服务中心
中国人民财产保险股份有限公司厦门市杏林支公司
中国人民人寿保险股份有限公司青岛市分公司运营部
中国人寿保险股份有限公司天津市分公司大港支公司
中国人寿保险股份有限公司甘肃兰州市红古区支公司
中国人寿财产保险股份有限公司河南省郑州市中心支公司
中国人寿财产保险股份有限公司山西省朔州市平朔支公司
太平财产保险有限公司四川分公司财产险部
中国出口信用保险公司天津分公司
中国工商银行(欧洲)有限公司本部

民航系统

中国国际航空股份有限公司客舱服务部“金凤乘务组”
中国东方航空股份有限公司“凌燕”乘务示范组
中国南方航空股份有限公司广州飞行部 A320 机队“飞鹰组”
厦门航空有限公司客运营销委厦门营业部
深圳航空有限责任公司维修工程部客舱结构车间
中国航空油料集团中国航空油料有限责任公司华北公司第二油库运行控制室
北京首都国际机场股份有限公司飞行区管理部董建柱班组
内蒙古民航机场集团公司呼和浩特白塔国际机场运行指挥中心“张彪班组”
上海虹桥国际机场公司安检护卫保障部旅检一科安捷组
湖南省机场管理集团有限公司长沙机场安全检查站旅检大队
广西机场管理集团南宁机场顺旅航空商务服务有限责任公司“锦绣队”
三亚凤凰国际机场有限责任公司安全检查站安检室
重庆机场集团有限公司航站楼管理部顾客服务中心“心连心”班组
成都双流国际机场航空地面服务有限公司客运服务部接登机项目
云南机场集团有限责任公司昆明机场安检站“彩云班组”
新疆机场(集团)有限责任公司和田机场安全检查站
中国民用航空华北地区空中交通管理局山西分局管制运行部进近管制室
中国民用航空局民用航空医学中心(民航总医

院)民用航空医学研究所
中国东方航空股份有限公司北京分公司地面服务部要客服务分部

国家物资储备系统

河北储备物资管理局一五　处物资管理科
湖南国储实业有限责任公司商管部
山西储备物资管理局一五二处保卫科消防班
江西储备物资管理局六七三处物资保管班
国家物资储备局上海办事处九三六仓库
中国注会行业团委
安徽永合会计师事务所
瑞华会计师事务所江苏分所
瑞安瑞阳会计师事务所
江苏仁禾中衡会计师事务所
众环海华会计师事务所审计三部
中汇会计师事务所咨询部

全国餐饮行业团指委

眉州东坡餐饮管理(北京)有限公司林翠东路分公司前厅组
真功夫集团广州真功夫经营管理有限公司琶洲会展第一分公司
苏州市七欣天餐饮管理连锁有限公司相城店后厨组
内蒙古三千浦餐饮连锁有限责任公司中山店服务组

电子商务领域

阿里巴巴淘宝大学
羚羊早安旗舰店
杭州米妮贸易有限公司
上海心度信息科技有限公司
京东商城内控合规部
京东商城北京大屯配送站
北京探路者户外用品股份有限公司电子商务部
苏宁易购开放平台管理中心
苏宁金融集团
凡客诚品综合服务部

第九届“全国农村青年致富带头人”

第九届“全国农村青年致富带头人”标兵名单
(10人,按行政区划排序)

郭爱丽(女)　北京市密之水农副产品有限公司董事长
马海增(回族)　河北省康远清真食品有限公司董事长
武建邺　内蒙古自治区圣牧高科牧业有限公司执行总裁
郭长鑫　江苏省赣榆区墩尚镇郑庄村党总支书记、赣榆长鑫渔具有限公司总经理
王福如　福建省上杭县新元果业发展有限公司执行董事
宁鲁光　山东省东营市海跃水产科技有限公司总经理
李剑伟　湖南省味菇坊生物科技有限公司董事长
傅智建　贵州省绿宝石电子商务有限公司董事长
加央(藏族)　西藏自治区萨迦县萨迦边那藏药香工贸有限公司经理
杨天龙　甘肃省中美国玉水果玉米科技开发有限公司董事长

第九届"全国农村青年致富带头人"名单

（490 人，排名不分先后）

北京

张兴顺　张　庆　李　彪　马立鸣
王金花（女）

天津

刘春东　张立江　孙克亮　高建忠
兰桂霞（女）　冯宗亮

河北

兰金宝　王亚辉（满族）　王培松　王　超
张玉祥（满族）　李中贺　邬大为　高国良
李卫东　赵劲松　贾亮亮　王延昌　宋志强
刘盼盼　贾伯晨　李宝来　郎　红　张志国
刘仁义　王　斌　王晓伟　宋国飞（满族）
张尚昆　袁世成

山西

王智勇　武峥兴　翟志刚　吴　科　张怀军
史耀旭　申潞鹏　王晋军　洪　波　樊利峰
高芝芳　张卫平　贾立军

内蒙古

李春霞（女）　冯刚刚　王屯良
乌仁图雅（女，蒙古族）　贾文海　宫旭光

辽宁

敖丙顺（满族）　何立兴　戴维东（满族）
谢德海　马　倩（女）　孙丽金（女，满族）
王　艳（女）　林　森（满族）
崔雅兰（女）　杨晓田（满族）　陈　源

吉林

高大广　李华靓　邓国东　杨志刚
杨晓伟（女）　董　妍（女）　刘乃正
李殿辉　栾玉霞（女）

黑龙江

苏彦山　郭显文　杨宝龙　葛安兴　朱海昌
高　波（女）　徐敬才　李艳迪（女）
董庆春（女）　张洪海　朱孔满　邹继峰
程广东　顾忠国

上海

李春风　周　瑜（女）　赵　芸（女）
董若兰（女）　夏寒冰　李有清

江苏

姜方俊　沈明君　朱　超　张琴（女）
周云霞（女）　范伟群　戴周龙　林光全
徐相如　郭晓辉（女）　严家富　陈　敏
邱羚杰　王建宏　廖正军　缪　健　滕培华
黎祥云　郑茂栋　马双阳　周财政

浙江

傅平均　周林军　徐伟凑　虞儒雷　李伟峰
胡友娣（女）　杨　莉（女）　王建明
何　斌　包火吐　吕振鸿　冯仁方　林招水
曹　炯

安徽

陈争上　张国庆　王夺标　孙成洪　李志亚
王扬阳（回族）　胡　宁　王春祥　郭世防
武　骏　陈　宁　陈　霞（女）　江龙桂
林　峰　刘玉雷　宁其斌　胡向明
完伟伟（满族）　朱光辉　常　莹（女）
马国勇　吴　忠　张家杰

福建

李开标　吴霖（女）　陈日康　肖国水
傅文坊　朱柳泉　王胜专　林建军　潘建东
黄圣强

江西

刘　军　夏思进　黄文蒋　许月浪　张　平
胡云华　王　福　方月萍（女）　饶晓剑
聂国军　罗波波　程　英　朱　博　熊次桂
雷应国　钟卫平　梁奇锂

山东

贾培晓　田春艳（女）　闫　勇　张彦来
王元虎　王　鑫　刘　璐（女）　范　海
张　超　赵胜建　张洪涛　夏钰涵（女）
庄须雷　亓宪瑞　郭军见　田丽丽（女）
徐义茹　茂　盛　张传峰　靳海峰　由守昌
肖亮亮　张洪征　周卓良　金　维

河南

王红兵　周　铁　孙向伟　党红艳（女）
靳世涛　王志国　郭军朝　刘志高　朱长春

许卫超　吴　迪　邱国庆　李聚行(女)
梁兵伟　牛华祥　贾占祯　刘瑞丽(女)
祝春华　高　尚　赵亚东(回族)　赵　萌
杨文涛　常　四　刘慎勇　葛　萍(女)

湖北

吴渝婷(女)　沈继军　刘建军　舒德华
周万松　徐凯宋　林谈笑　马苏娥(女)
霍计武　龙　韬　章景志　韩高科　陈　俊
袁明珠(女)　颜　丁　张宏林　童　超
程祝新　吴　飞

湖南

杨众军　郭德志　刘　准　刘小玲(女)
柳中辉　陶新宇　廖梅丽(女)　殷水安
李锡武　邓文艺　聂玲彬(女)　李　黎
旷昌文　何　静(女)　刘　超(土家族)
龚　明　刘　波　吴小京　邓来青
谭　霞(女,苗族) 钟小宏
张晓梅(女,土家族)　黄　杰(土家族)

广东

李永生　张永佳　林伟波　邹子龙　潘家喜
陈伟津　赖东海　谢明玖　陈国富　宁康全
林杨峰　郭芳荣　林　彦　关炳华
补建华(苗族)　白春华　颜伯威　杨火廖
马建业　吴国政　刘永红　蔡志海　张锐鑫
唐建锋　王创平

广西

黄小龙(壮族)　卢高新　王缉东　温炫亮
杨　宁(女,苗族) 周庆华　唐新全　梁棣康
王海东　杨　伟　梁丽娜(女)
隆茂坚(壮族)　岑　参(壮族)
张治中(壮族)　罗向前　唐运喜(壮族)
黄光耀(壮族)　欧高龙(壮族)
粟家君(侗族)

海南

曾德斌　王文克　陈　君(女)　叶武明
董新凯(黎族)　徐　哲

重庆

王海燕(女)　马刘洋　向　权　何国全
张　雪(女)　张成生　尚益友　洪震曾
巧　玲

四川

赵海伶(女)　段丽丽(女)
王淑娟(女)　廖　林　梁智刚　张　强
徐艳红(女)　邓勇钢　蒋兰青(女)
罗　红　李国椿(女)　罗迪斯
武万琼(女)　蔡　勇　熊虹云　敬承兴
李强军　何天明　周　强(藏族)　何维富
张雪梅(女)　徐大全　王　军(藏族)
李永辉　罗冬梅(女)

贵州

肖晓俊　万　城　殷仁华　陈英兰(女)
罗太芳(黎族)　潘忠政　瞿继勇(布依族)
王恩文(水族)　杨昌智(布依族)
欧阳凌云(侗族)　杨海彬(苗族)
袁金华(苗族)　余　伟　周光美(女,苗族)
梁正华(布依族)

云南

沐晓伟　段晓玲(女)　谭　伟(彝族)
李华永　尹家勇　苏德兴　孙浩源(彝族)
尹绍兴　董春富　刘一平　余锦鸿(彝族)
颜玉锐(蒙古族)　王录春(女)
刘　华(哈尼族)　杨志彪(哈尼族) 熊　鹏
钱丽茹(女)　杨　黎　杨常贵
尹明军(白族)

西藏

觉　列(藏族)　白玛占堆(门巴族)
扎西群培(藏族)　索郎巴旦(藏族)
国　吉(藏族)

陕西

贾康乐　李　攀　张　健　何小勇　梁建武
孙　萌(女)　郭　安　王毅钟　高　稳
王　坤　黄　璞　宋景西　王宝强

甘肃

王建学　段国强　陈伟忠　赵雄风　刘天绪
李文君(女)　张成珠　杜盼生

乔高召(藏族)　马得玉(回族)

青海

郭　莲(女)　景占春(女)

喇勇清(撒拉族)　杨添铭(藏族)　冯　忠

马育林(回族)

宁夏

朱彦华　任爱民　王建华　张军明

马维军(回族)　张孝伊(回族)

新疆

李爱波　别克木尔扎·毛依丁(柯尔克孜族)

阿依本·木哈买都拉(哈萨克族)

喜　荣(女,回族)　张吉军　董衍鹏　付挺哈

建　军　马奋勇　支素峰

买买提·塔依尔(维吾尔族)　郭志国

张　青

农业部

谷　浩　孔　博　金继民(满族)　李兵芳

郭兴峰　宁晓山　祝世坤(女)　唐春生

左　磊　丁云飞　朱献岭　刘火城

兰爱珍(女,畲族)　汪军亮　丁严奎　周　明

黄建明(女)　沈胜坚　廖其智　孙泽富

杨　萍(女)　唐纪梅(女,土家族)

达瓦玉珍(女,藏族)　王锦涛

孙　帅　赵　平　何培雄

邮储银行

田小虎　陈伟强　江卫军　李全喜　付立强

黄建华　梁　波　吕志明　张　赢(女)

王立科　吴淑艳(女)　陈忠何　张育贤

高喜刚　孙世超　丁国柱(回族)　邹继峰

苏付标　郝江波

中国青年创业奖(第八届)

第八届"中国青年创业奖"名单

(共12名,按姓氏笔画排序)

于敦德　江苏南京途牛科技有限公司首席执行官

万立军　宁夏万齐农业发展集团董事长

孔令媛(女)　新疆石河子市银龄养老院院长

白云峰(满族)　北京国能中电节能环保技术有限责任公司董事长

李振江　湖南中崛集团董事长

张　磊　山东美晨科技股份有限公司董事长

张云飞　广东珠海云洲智能科技有限公司董事长

张宏鑫　湖北聚鑫智能科技(武汉)股份有限公司董事长

赵迎光　山东韩都衣舍电商集团有限公司首席执行官

段丽丽(女)　四川成都金满堂农业开发有限公司总经理

童之磊　北京中文在线数字出版股份有限公司董事长

潘东明　浙江赶街电子商务有限公司总经理

第八届"中国青年创业奖"提名奖名单

(共20名,按姓氏笔画排序)

王海峰　内蒙古大牧场牧业(集团)有限责任公司董事长

尹留志　安徽兆尹信息科技有限责任公司总裁

朱荣业　广东霸王花实业集团有限公司执行总裁

杜松林　新疆乌鲁木齐千域千予信息技术有

限责任公司创始人

吴　迪　河南洛阳市新大农业科技有限公司董事长

余洪智　山东菏泽尧舜牡丹生物科技有限公司董事长

张　邺　贵州安顺龙腾旅游产品有限公司董事长

张文标　上海同臣环保有限公司董事长

阿依古力·阿不都克力木（女，维吾尔族）　新疆乌鲁木齐西域绿野生物科技有限公司总经理

陈　硕　上海零碳建筑科技有限公司董事长

金　亚　东浙江宁波长阳科技有限公司董事长兼首席执行官

郑　耀　南广东都市丽人实业有限公司董事长

郭　鑫（藏族）　天津高维创业岛运营管理有限公司董事长

贾文魁（回族）　青海芳谱精炼油有限公司总经理

徐丁壹（满族）　河北润衡水利景观设计研究有限公司董事长

高芬芬（女，苗族）　海南天天健瑞儿母婴服务有限公司总经理

黄承松（布依族）　湖北武汉奇米网络科技有限公司首席执行官

薛　蕾　陕西西安铂力特激光成形技术有限公司总经理

戴　扬　海南广陵高科实业有限公司董事长

戴继涛　河南太能电气股份有限公司董事长

第六部分

省级团委工作简介

北京团的工作

2015 年,在北京市委和团中央的领导下,北京共青团深入学习贯彻党的十八大和十八届三中、四中、五中全会,市委十一届六次、七次、八次全会以及团中央十七届三中、四中全会精神,贯彻落实中央、市委党的群团工作会议精神,以习近平总书记系列重要讲话精神为引领,以保持和增强北京共青团的政治性、先进性、群众性为目标,推进各项工作深入开展,实现工作作风有效转变,团结带领全市广大团员青年为建设国际一流的和谐宜居之都贡献力量。

一、持续强化“全团抓思想政治引领”理念,加强对全市广大青少年的思想政治引领和价值引领

1. 分群体开展思想引导。在机关青年中开展团委书记月度学习沙龙,举办团青工作骨干培训班,强化革命传统教育。在企业青年中继续开展“百万青工 岗位建功”活动,通过岗位大练兵、青工技能培训、现场学习会、青年创新大讲堂、青年建言献策等活动,引导各行业青年立足岗位、建功立业。在农村青年中开展“共青团联系服务农村青年月”活动,多渠道宣传青年事迹。在高校青年教师和大学生群体中深入开展“中国梦”主题教育活动,通过组织“四进四信”、“首都青年教师发展论坛”、纪念“一二・九”80 周年爱国接力长跑等活动,坚定广大青少年始终跟党走的信心和决心。在中小学青年教师和中小学生群体中开展“红领巾相约中国梦”、“我是向上向善好队员”等主题教育活动,以及少年先锋岗等仪式教育活动,开设中小学少先队活动课,引导 70 余万名少先队员和少年儿童践行社会主义核心价值观。

2. 创新完善全媒体宣传格局。一是优化北京青年新媒体“矩阵”。夯实北京共青团微博“矩阵”,打造“青年说”、“靠谱青年”、“北京青年”、“北京学联”、“80 后公社”等微信新媒体平台。“靠谱青年”微信公众号在全国省级团委微信排行榜中多次位列榜首,“青年说”微信公众号获得北京网信办 2015 年度优秀专题奖,“青年说”微博获得 2015 年度教育传播影响力项目,“青年说”今日头条号获得最具影响力共青团头条号。二是深化与相关媒体的战略合作。北京电视台新闻、青年、纪实高清、文艺等频道多次对团市委重点活动给予重点报道,北京人民广播电台《青春晚自习》日播节目 358 期,《北青社区报》进一步丰富完善了发行渠道和内容。三是深入报道各行业、各领域优秀青年典型。全年召开新闻策划会、通气会、发布会 140 余场,组织 2600 余人次媒体记者对 300 多项活动进行集中采访,累计报道 2700 余条。

3. 开展网络舆论引导和网络舆论斗争。一是加强全市青年网络文明志愿者骨干队伍建设。制定全市各区、各战线志愿者调度、网络舆情引导常规值班制度,积极探索基于移动客户端的扁平化指挥体系。二是打造原创评论文章品牌。推出《在人民英雄纪念碑唱响

"我们是共产主义接班人"》、《有信仰的生活》、《信仰的味道》、《这样的西方价值观,你敢要吗?》等系列原创评论,传播青春正能量。三是制作"五微"视频产品。推出微电影6部、微纪录片30部、微动漫13部、微杂志5期、微宣传片11部,全网累计点播量超过1500万;制作青年励志类直播节目《我的音乐故事》21期。四是创新开展参与和体验式引导。组织百度、网易等30余家网媒的120余名"小编",分6批到城管、交警、便衣侦察等一线岗位,体验不同的职业角色,发布体验文章60余篇。

二、全力构建复合型组织体系,不断提高团组织对广大青少年的有效覆盖

1. 深入推进区域化团建工作。一是优化工作格局。推动16区党、团联发指导性文件,区域化团建工作在全市288个街乡镇全面铺开,组织256名处级干部、50名普通干部赴街乡镇、社区青年汇驻点,有效优化了区域化团建工作格局。二是推动组织建设。各街乡镇新增团(工)委委员2762人,均成立了青年工作共建委员会、团组织工作会、团青工作联席会等区域团青工作共建组织,新增成员单位2722家,4145个社区实现100%建团。三是提升工作能力。1180名优秀青年被推优,428名团员入党,全年开展活动2060次,吸引青年超过15万人次。

2. 进一步加强社区青年汇建设。一是深化社区青年汇品牌活动。新青年城市体验营累计举办8期,参与青年近6.5万人次;新青年学堂累计开课3522次,共有1014名大学生志愿者为5110名学员提供各类培训。二是做好社区青年汇会员的服务与管理。以手机APP为重要载体,实现青年汇会员了解并报名参加青年汇活动、享受属地商户优惠等核心功能。三是强化社区青年汇专职社工队伍建设。新招募120余名专职社工,举办优化提升胜任力培训和社区青年汇专职社工训练营,全年累计培训6000余人次。四是加强北京青少年社会工作协会建设。完成北京青少年社会工作者和督导认证、注册、评级,促进青少年社会工作者队伍专业化、职业化。

3. 探索开展新领域团建工作。一是大力推动非公团建。积极探索联合建团、市场建团、楼宇建团、行业建团、网络建团等模式,加强青年商会和青年企业家协会建设,全年非公企业新增建团1200家。二是加强社会组织建设。会同市民政局、市委社会工委启动试行青年社会组织服务引导型备案工作;打造"楼宇服务计划"、"公益星期六"、"3510绿色出行倡导月"、"清洁空气青年行动计划"等品牌活动,举办3期青年社会组织骨干训练营;进一步优化购买社会组织服务项目管理环节,通过市社会建设工作领导小组办公室批复2015年度立项项目21个。三是加强驻京团工委建设。新成立湖南驻京团工委,省级驻京团工委达到22家,地市级驻京团工委达到99家。四是服务"北漂"艺术青年等新兴青年群体。举办"青春志·北京青年美术家嘉年华"等20余场专业活动,近万名艺术青年参与,并建立美术、戏剧等专家委员会。五是推进互联网企业团建。承办全国互联网企业团建工作培训暨互联网与青年责任论坛,建立青年e站直接联系和服务互联网创业青年,全市累计有335家互联网企业建立团组织。

4. 完善志愿服务组织体系。一是健全组织网络。推动市教委、市卫计委、市总工会、市妇联等单位成立行业志愿服务组织,组建安全生产应急志愿者总队、知识产权法院志愿者服务队、心理志愿者服务总队、首都文艺志愿服务联盟等专业志愿者队伍,落实团员注册成为志愿者工作。全市注册志愿服务团体达5200个,实名注册志愿者330万。二是强化支撑平台。整合首都社区志愿服务网、首都治安志愿者网与"志愿北京"平台数据,实现全市志愿者数据统一;开展学雷锋志愿服务示范站(岗)金、银牌项目评选活动,建立首批53家社区青年汇志愿服务示范站；扩大小微志愿服务项目支持计划资助范围。三是推进重点项目。全面启动“志愿家庭”行动计划，推进“平安地铁志愿服务项目”和“邻里守望”志愿服务活动，11个志愿服务项目获第二届中国青年志愿服务项目大赛金奖。四是完善保障体系。联合市教委、市妇联出台推进志愿服务工作意见，做好2015年实名注册志愿者保险和大型活动志愿服务地方标准申报工作，开展“四师五员”志愿服务骨干人才培养和志愿者培训活动，累计培训近千场，直接培训志愿者约4万人次。

5. 积极推进其他青少年组织建设。一是加强市青联建设。组织青联委员开展“区县行”活动，举办“北京新春音乐会”、“心动北京全城热恋”青年交友联谊、“北京国际长走大会”等活动，打造青联活动品牌。二是加强市学联建设。加大对各学校学生会、研究生会及社团组织工作指导力度，开展高校主席论坛、学联培训交流营等活动。三是加强少先队建设。坚持“全团带队”，做好团队衔接，切实加强少先队组织建设；大力推动少先队学科专业化建设和活动课程体系建设。

三、围绕中心，服务大局，在全面深化改革中做贡献

1. 完成市委市政府交办任务。一是圆满完成2015年北京国际田联世界田径锦标赛等重大活动志愿服务保障工作。围绕2015年北京国际田联世界田径锦标赛，招募志愿者2800余人，累计上岗25435人次，共262557小时；完成亚信非政府论坛首次年会、庆祝申冬奥成功等24项重大活动的志愿服务任务。二是做好中国人民抗日战争暨世界反法西斯战争胜利70周年纪念大会相关服务工作。选拔1299名优秀志愿者参与纪念大会志愿服务，服务时间超过3.1万小时；圆满完成气球放飞、重点环节模拟演练等任务，并在市委组织部领导下，组织全市10万余名党团队员开展集体宣誓活动。三是做好烈士纪念日向人民英雄敬献花篮仪式的群众组织工作。组织3000余名首都各界群众代表参与活动，完成领导模拟演练等各项任务。

2. 激发青年勇于创新创业创优。一是激励青年勇于创新。联合市科委举办第八届“挑战杯”首都大学生课外学术科技作品竞赛，推荐80件优秀作品参与全国“挑战杯”竞赛，清华大学捧得最高奖挑战杯，北京团市委获省级优秀组织奖；启动“北京市国家治理青年人才培养计划”，推动“我为改革献一策”项目成果转化工作，共有18个项目形成政策成果。二是激励青年艰苦创业。推进青年创业园区规范化、规模化建设，大兴园——新媒体分园被认定为“全国青年创业示范园区”；举办“创业政策大讲堂”、“新青年创业学堂”、“北京青年创业训练营”、“与CEO面对面”等活动，打造覆盖全市、靠谱的学习型创业“朋友圈”；推动落实“贷动青春”小额贷款，与100余家投资机构建立合作关系；举办“2015年度首都青年创新创业大赛”，百强项目完成股权融资3.6亿元。三是激励青年创先争优。开展青年突击队“双优”竞赛，评选优秀青年突击队；联合市安监局，开展青年安全生产示范岗创建认定工作；通过地铁灯箱广告等途径，展播北京市25个青年文明号集体形象公益广告，扩大青年文明号影响力。

3. 加强青少年外事交流和对口援建工作。一是开展青少年国际交流活动。举办“2015国际青年组织论坛暨北京友好城市青年交流营”、“未来领袖 青春使者——重走丝绸之路国际青年夏令营”、“武动北京——留学生武林大会”、“欢动北京”2015国际青少年文化艺术交流周、“世纪青春”中俄青年美术作品联展等活动，积极开展中网外交；全年派出42个青年团组、300余名青年出国交流访问，累计接待10余个青年代表团组、1500余名青年代表来京交流。二是加大志愿服务交流力度。与联合国志愿人员组织（UNV）共同举办国际志愿服务交流大会,27 个国家和国际组织的 95 位代表参会;全年接待 27 个国家和地区的志愿服务组织 15 批 289 人次来访,派出 5 批 13 人出访。三是加强与港澳台青年组织之间的交流互访。与香港各界青少年活动委员会签署《京港青年人才战略合作框架协议》,组织 2000 余名香港青少年来京交流、实习;举办"京澳小学生交流营",两地近百名小学师生参与活动;京津沪渝四地青联与国民党青年部签署"两岸青年创业峰会"合作备忘录,全年接待台湾友人近 150 人次来京访问、交流。四是做好对口援建工作。开展"阿达西"双语伙伴计划第二阶段试点工作,项目覆盖范围扩大至 22 所学校;通过支持受援地区建立青年创业扶持资金,为受援地提供贫困学子圆梦资助等措施,服务民族地区青少年成长成才。

四、突出重点需求和重点群体,提升服务青少年的实效性

1. 保护青少年合法权益。一是完善全市青少年权益保护工作机制。协调市公、检、法、司、教委、民政、人力社保等单位,分别牵头制定《北京市建立和完善办理未成年人刑事案件配套工作体系的若干意见》和合适成年人到场、社会调查、法律援助、附条件不起诉监督考察、犯罪记录封存、适用逮捕强制措施 6 个配套制度,形成了完整的规范性制度体系。二是推进重点青少年群体服务管理和预防犯罪工作。分解 10 类重点青少年群体工作任务,明确任务内容、主责单位、配合单位,确保每项工作有人牵头、有人落实;充分发挥综治考核杠杆作用,加强重点青少年群体服务管理系统使用,收录信息 7131 条,比 2014 年增长 25%。三是加强预防青少年违法犯罪 4 + N 工作队伍建设。建设 28 家市(区)级涉诉未成年人附条件不起诉监督考察基地,组建由 1038 名团干部、退休法律和教育工作者、社工等组成的合适成年人队伍,建立未成年人心理公益服务团、公益律师团,有效提升了工作队伍专业化水平。四是积极开展重点青少年群体权益创新试点工作。启动个案帮扶第二轮试点工作,积极开展涉案未成年人心理疏导、困难救助、就业安排等帮扶工作项目;做好团中央青少年权益保护工作试点,围绕青少年权益典型案件和热点事件响应、青少年权益工作法制化进程、青少年权益维护社会化工作三个方面,探索形成机制。

2. 解决青少年实际困难。一是打造"青年之声 · 北京"互动社交平台。推动 16 个区全部开通二级平台,18 所高校、10 家企业开通三级平台,组建了 1180 余人的专家团队,围绕青年成长、健康、创业、志愿、心理、国学、就业、维权、婚恋以及爱心传递等方面打造十大服务体系。二是深化人大代表政协委员"面对面"工作。以青年创新创业为主线,组织政协委员深入清华科技园、中关村创业大街等地,深入了解北京青年创新创业现状,并通过政协提案等方式为创业青年代言。三是深化"希望工程"、"善薪月捐计划"、"四叶草"等爱心捐助品牌活动。积极探索公益众筹,全年接收社会各界捐款、捐物合计 4408.5 万元,援建希望学校 10 所,直接资助家庭经济困难青少年 8879 人,受益青少年超过 8 万人。四是加强 12355 青少年心理与法律服务热线建设。全年累计接听热线电话 3101 通,累计接听时长超过 37000 分钟;制作 10 集"青少年法制教育与心理健康"公益动画宣传片,在全市公交等公共媒体循环播放。

3. 满足青少年社会需求。一是建设北京国际青年营。全年新建 4 块营地,并通过高校合作、内部培养、社会招聘等多种渠道,组建了一支专兼职结合、业务精湛的团队;举办首届首都大学生户外挑战赛,发动 18 所在京高校组队参赛,结合竞赛制作《来挑战吧》户外真人秀节目。二是打造青年商店联盟。吸收更多非公企业加入,全年累计开展 8 次线上活动,10 余次线下活动,近 1 万人次参与。三是开展青少年公益体验活动。组织由800名少年儿童参加的“爱心小天使”团队，开展13次以公益调研、公益劝募、公益落实为主要内容的青少年公益体验活动。

五、加强自身建设，推动北京共青团组织和工作改革创新

1. 切实转变工作作风。一是开展专题教育活动。围绕“三严三实”专题教育和“团干部如何健康成长”大讨论活动，组织领导班子集中学习研讨19次，利用驻点、座谈、网络等各种方式征求意见建议15075条，整合梳理出73条班子和个人问题，形成《青年意见清单》和《不严不实问题清单》，并分别召开2次领导班子专题民主生活会，开展自我剖析和互相批评，明确整改方向和方案措施。二是加强廉政风险防控。落实党风廉政建设主体责任，明确书记会以及各部门、各单位主要负责人“一岗双责”具体内容、工作任务和责任边界；加强基层党组织建设，开好组织生活会，过好“三会一课”、党员民主评议等党内组织生活；组织党员干部参观反腐倡廉教育基地，学习《中国共产党廉洁自律准则》、《中国共产党纪律处分条例》等党政新规，编印下发《纪检工作实用手册》、《党员领导干部廉政新规实用手册》。三是开展基层驻点工作。做好首批机关干部“常态化下沉基层”工作，将21名机关干部分为七个工作组，深入驻点，撰写日志1399篇、工作报告29篇，记录412名青年信息。

2. 大力加强调查研究。一是做好北京青年1%抽样调查成果转化工作。形成全市青少年群体“2+22+5”篇调研报告，调研成果陆续在中国社科院《社会蓝皮书》、人民论坛、新华网、《瞭望》、《中国青年报》、《北京青年报》等媒体上发布；拍摄大型社会学纪录片《中国式奋斗》，在北京卫视、BTV纪实频道、BTV青年频道以及腾讯视频、优酷视频、凤凰视频、乐视网、纪录中国等平台同步播出；联合中国社科院社会学研究所，出版《北京青年社会结构变化与共青团工作改革》一书，探索新时期共青团改革创新。二是开展北京青年城市流动性调研。针对按流动性划分的五类北京青年群体，组建了由中国社科院专家、团市委机关干部、团区委干部、街乡镇团(工)委负责人、街乡镇派出所干警、社区村流管工作人员、社区青年汇社工组成的调研队伍，严格控制抽样和实施环节，按照全市青年1‰的抽样比例，同时配比一定数量36—60岁人口，完成调查问卷11000份，深入分析京津冀协同发展背景下的北京青年流动性特征。

3. 加强青年人才和团干部队伍建设。一是加强基层团干部配备。以区域化团建为契机，配齐配强团(工)委书记，并推动各区配齐配强团区委干部。截至目前，全市各区团委书记、班子和机关干部综合配备率达到92.4%，较2014年有大幅提升。二是深化青年人才培养工作。完成“第29届北京青年五四奖章”和2015年度“北京市五四红旗团委、团支部”、“北京市优秀团干部”、“优秀共青团员”评选表彰工作，面向基层选拔优秀团干部和青年骨干共51名到团市委机关及事业单位挂职锻炼，联合市委教育工委选拔26名高校优秀青年团干部到街乡镇挂职锻炼。三是强化团干部教育培训。将区局级单位团委书记培训班纳入市委党校计划班次，将团干部教育培训纳入全市党员干部教育培训的总体格局；联合市团校开展8期“深入学习贯彻‘四个全面’战略布局，做践行‘三严三实’团干部”主题教育培训班、1期区局级单位团委书记培训班，直接培训1100余人次，首次实现了年度内对全市局级单位团委班子成员、街乡镇团委书记、机关全体干部及直属单位处级以上干部的全员轮训。

天津团的工作

一、青少年思想道德建设

1. 青少年科学理论学习体系得到完善。突出核心思想引领，把深入学习贯彻习近平总书记系列讲话精神作为突出首要任务，团市委机关及时开展了中心组集中学习、处级干部研讨会、学习党的群团工作会议精神主题读书班、参观交流等学习活动，同时，发动各级团组织广泛开展报告宣讲、座谈交流、主题团日等学习活动，推动总书记讲话精神在全团和广大青少年中广泛传播、入脑入心。市青联、学联、青企协、少先队等组织分别结合所联系青少年的特点开展学习活动，进一步加深对总书记讲话精神的认识和理解。突出骨干作用引领，深化实施“青年马克思主义者培养工程”，举办了“天津市大学生骨干培养学校”第九期培训班、高校团委负责人以及青年理论工作者集中培训班、青联委员专题研修班、少先队辅导员分级全员培训等活动，开展“四进四信”活动3万余场，进一步增强了青少年道路自信、理论自信、制度自信。突出创新载体引领，抓住抗战胜利70周年、“一二·九”运动80周年等重大契机和“五四”、“六一”、“七一”、“十一”等重要时间节点，广泛开展“我的中国梦”、“我是共产主义接班人”等主题团日活动，超过200万名团员青年参与其中，94万余名少先队员重温了党、团、队组织的光辉历程，帮助青少年认识历史、坚定信念。举办机关干部大讲堂、城市青年大讲堂十余场，帮助广大青年提高理论素养。

2. 青少年思想道德实践成果得到彰显。面向在校学生，深化“彩虹人生——我的中国梦”、“与人生对话——我的中国梦”、“与信仰对话”等主题教育实践活动，帮助青年学生更好地把个人梦想和中国梦更好地结合起来。面向少年儿童，开展“红领巾相约中国梦”、“我为红领巾添光荣”等主题教育活动，激励他们树立正确的世界观、人生观、价值观。面向来津交流青少年，组织各民族中学生结对子、红领巾手拉手、“阳光下的石榴籽”天津新疆手拉手等民族团结教育活动，承办2015年全国各民族大学生暑期“同心营”，让各民族青少年进一步接受中华文化的熏陶。坚持把培育和践行社会主义核心价值观作为思想政治引领工作的重点，开展了“追寻传统文化·传承中华梦想”、“我的实践我的价值观”、“从小牢记价值观·我做美德好少年”、“日进一步、日进一责、日行一善”、“争当美德小达人”等主题教育活动，近75万名青少年参与其中，促进了青少年形成良好的道德品质。着眼选树青少年可亲可学的身边榜样，集中表彰“天津青年五四奖章”17名、“天津青年五四奖章”提名奖10名、五四红旗团委团支部140个、优秀团员团干部140名、“创新创业创优”先进个人615名、先进集体203个。“8.12”事故救援工作先进典型天津港公安局消防支队、开发区公安消防支队、保税区公安消防支队等3个青年集体被团中央、全国青联授予“中国青年五四奖章集体”荣誉称号，南开大学郭鑫荣获“中国青年五四奖章”荣誉称号。着眼发挥榜样示范作用，开展“奋斗的青春最美丽”系列分享活动1200多场，“乡村好青年”分享活动200余场，选树一批“最美青工”、“最美中学生”、“向上向善好青年”、“自强之星”、“阳光少年”、“优秀青年志愿者”等典型人物，用先进青少年的奋斗历程和先进事迹感染身边的青少年，引导广大青少年艰苦奋斗、创新创造。

3. 青少年思想引领教育方式得到创新。构建“互联网+阵地”模式，稳步推进“青年之声·天津”互动社交平台建设，围绕青年现实需求，加强与党政部门、专家学者、企事业单位、青年社会组织等方面的合作，帮助青年解决各种困难和问题，累计吸引关注近百万人，回答问题近12000余个。继续办好用好《天津青年工作》等团属宣传阵地。全力打造以“津彩青春”为龙头的团属微信公众号方阵，建立健全团属网站、微信、微博、手机报等“多位一体”的新媒体运用体系。组建天津市网络文明志愿者队伍、网评员队伍、网宣员队伍和青微工程骨干队伍，开展各类网络主题活动850多场，直接参与青年40万人，为青少年守住清朗的网络舆论阵地发挥了积极作用。构建“互联网+宣传”模式，抓住重点节庆日的时间节点，让网络正能量发声。“津彩青春”新浪、腾讯微博粉丝数突破60万，“津彩青春”周阅读量保持80万左右，在全市政务微博排名中保持前三名。同时，全市共青团微博矩阵优势凸显，团市委和部分区县、高校团组织微信公众平台综合影响力保持在全国前列。构建“互联网+活动”模式，在网上开展“我看大阅兵·我为阅兵点赞”、“津彩青春行”、“祖国，我想对你说”、“清明祭英烈、共铸中华魂”等主题活动，在新媒体上亮出共青团的旗帜，进一步提升了网络宣传和舆论引导工作水平。

二、青少年创新创业创优

1. 推动青年创新。围绕全市创新驱动发展战略和产业转型升级的要求，立足青年的现实需求，着力培养青少年创新意识和创新习惯，举办创新创业培训1000余场，组织各类创新创业活动322场，培训青年4.3万人次。组织2场“双创特区直通车”活动，分别邀请京津冀三地大学生、全国青联委员实地考察双创特区，举办“慧聚创新·协同共赢”2015海外学人回国创业周，营造了“大众创业、万众创新”的浓厚氛围。深化促进科技型中小企业发展，实施青年微型创业项目扶持计划，激发了青年创新创业热情。青年职业学院与阿里巴巴淘宝大学签订合作协议，成为淘宝大学天津人才服务商，已培训青年2057人。

2. 促进青年创业。加强众创空间建设。成功引进YOU+国际青年公寓、优客工场、36氪、洪泰创新空间等一批在全国知名的创业服务机构来津服务青年创业，吸引了一批创客青年落户天津，命名73家天津青年创业基地，2个单位获批第二批“全国青年创业示范园区”。强化与闯先生、玑瑛公社、安正路创投等本土孵化机构合作，打造“友谊创客Mall”创客产品展销平台、青年创客成果展示形象店，继续发挥天津市青年创业就业基金会作用，启动“方橙式”服务青年创业线上融资平台。加强平台建设。继续承办第二届“创青春”中国青年创新创业大赛全国决赛，成功举办“于家堡杯”天津青年创新创业大赛、京津冀青年创交会、首届中国青年APP大赛天津赛、“卓尔杯”天津市青年电子商务创业大赛、“青年梦想家”首届天津高校青年创新创业节、天津市首届青年创新创业人才洽谈会等赛会，吸引了海内外近4000个创业项目团队、近5万人次参与活动，培养了一批优秀项目脱颖而出。加强分类引导。加快“闯吧”大学生创业就业服务小站建设，指导成立“爱闯会”天津市大学生创业联盟、京津冀大学生创业社团联盟，深入开展“服务大学生创业阳光助力行动”，提升了大学生创业能力。实施青年电商创业培训计划，举办各类创业训练营、津京创业加速营，累计培训了2000多名青年创业企业家和320个创业团队。深化农村青年创业致富“领头雁”计划，培养创业致富带头人400名，选树市级创业致富带头人100名。实施“农村青年创业创新人才培养计划”，建立青年农业创业项目库，创建市级青年农业创业基地10个。

3. 激励青年创优。举办青工职业技能节、青工职业技能竞赛，全市参训青工十余万人次，有效动员广大青年立足岗位争创一流。举办天津市第十三届“挑战杯”课外学术科技作品竞赛，全市作品在全国大赛中获佳绩。开展青年岗位建功行动，启动服务行业青年职工百千万工程，完成229个市级青年文明号的命名，培育463个市级青年文明号创建集体，举办100场“岗位建功创一流·文明点亮中国梦”青年文明号巡展，引导青年投身全市经济社会发展。深化保护母亲河行动，传播绿色理念、践行绿色生活，全年共开展植树造林活动120余场，植树60万株，20万青少年参与其中。充分发挥青联、学联、青企协等青年组织优势，广泛联系和凝聚海内外优秀青年人才来津创业发展，为天津发展凝聚青年智慧。

三、青少年文化建设和交流工作

1. 青少年文化活动日益多彩。广泛开展全团性网络活动，吸引近4600多万人次关注参与。大力实施乡村社区文化品牌工程，广泛开展“送科技、送文化、送教育进乡村下社区”活动。举办“酷青春”天津市高校“三走”特色项目交流评比活动暨“奔跑吧·青春”天津市大学生乐跑行动，启动全国中学生足球挑战赛，开展58场次公益电影社区行，组织“青春有约·因爱相随”青年民警与团队辅导员公益交友活动，深化“流动青年宫”、青春暖冬、科技周等主题系列活动，有效联系和服务了基层青年。举办第三届天津市青年新媒体创意创业节，开展“创新·梦想”天津市第六届青年美术节、红领巾体育节、红领巾社团节、“我爱渤海·我爱家”天津市少年儿童美术作品征集展示季等系列活动，取得了积极的社会效果。

2. 青少年交流形式日益丰富。不断加强对外交流，先后派出14个团组开展外事交流，成功接待6个青年代表团来津访问，不断拓展天津青年的国际视野。不断加强与港澳青年交流，积极实施“香港大学生暑期天津实习计划”、“澳门大学生天津学习计划”，吸引100多名港澳青年来津交流。不断加强与少数民族地区青年交流，落实对口援助新疆、西藏、甘肃等少数民族地区项目，全年帮扶物品和资金450余万元。举办天津共青团对口支援民族地区团干部交流培训班，邀请122名少数民族团干部来津学习。继续实施“大学生志愿服务西部计划”，选拔167名大学生志愿者到民族地区志愿服务。不断加强新媒体交流，依托共青团新媒体平台，编创和推广了一批内涵丰富、形式时尚的网文、动漫、图片、微访谈、微视频等网络文化产品5万多篇(个)，打造了“手绘”、“画说”、“青年观”等多个新媒体品牌产品，实现了对青年的有效引领。

3. 青少年志愿服务日益深化。加强志愿服务体系建设，大力推进团员注册志愿者工作，开发上线天津志愿者网注册平台，接受注册青年志愿者68万余人，青年志愿服务团队870余支，规范青年志愿者的注册、团队和活动管理。深化关爱农民工子女志愿服务行动、中国青年志愿者助残“阳光行动”，建立“七彩小屋”、助残服务阵地400余个，募集帮扶金额320余万元。落实志愿服务重点行动，累计组织1900余名志愿者先后参与第四届大学生艺术展演、国际少儿艺术节、女排亚锦赛、直升机博览会、WTA天津公开赛等多项大型活动志愿服务，全面启动2016天津夏季达沃斯论坛志愿者工作，彰显了天津志愿者的青春风采。拓展志愿服务模式，建立天津青年志愿服务区校联动机制，开展“百项示范项目”评选，推荐参加全国青年志愿服务项目交流会和项目大赛，3个项目获得金奖。迅速开展天津港“8·12”事故紧急援助行动，天津市青少年发展基金会共接收社会各界捐赠善款1000余万元，并已分别向天津公安消防总队、开发区、保税区消防支队以及天津港公安局下拨爱心善款共计400余万元。举办“让爱温暖心灵·青春阳光助残”大型义卖，筹得善款100余万元。

四、青少年权益保障

1. 青少年权益保护工作得到加强。丰富

普法教育形式,编印青少年学法自护漫画系列读本,举办"青春悦跑"、自护小品剧展演和学法用法知识竞赛等活动,受到了青少年和家长的欢迎。加强维权阵地建设,在12个区县建立12355分中心,开展自护自救、法律咨询、心理疏导、轻松备考等活动130余场次,为近三万名青少年提供直接服务。畅通诉求表达渠道,深化"共青团与人大代表、政协委员面对面"活动,举办倾听活动百余场次,新增基层工作站点近200个,30余项涉及青少年诉求的提案建议得到解决。深化维权岗在行动,组织全市1221个"青少年维权岗"深入学校、社区、企业,开展法律知识宣传和维权服务近2000场次,取得了良好效果。

2. 分类服务不同群体得到加强。深化青少年预防犯罪工作,有力推动《天津市预防未成年人犯罪条例》颁布实施,新创建77个"四有两无"零犯罪社区(村)。会同有关部门出台《关于加强天津市青少年事务社会工作专业人才队伍建设的实施意见》,在三所高校挂牌成立市级教育实践基地,举办了专门培训41场次。启动社会力量参与专门教育全国试点工作,青少年犯罪率进一步下降。深化困难青少年群体帮扶,扎实推动"美丽天津、扮靓家园"活动,通过社会化运作方式,吸引27家企业加盟,募集爱心物资120余万元,为68家青少年家庭改造学习和生活环境,让他们切实感受到社会各界的温暖。开展"津彩阳光"红领巾关爱行动,为百名少年提供阳光基金、礼包、服务等精准圆梦项目。深化农民工及其子女帮扶,举办"爱心牵手·共享阳光"公益夏令营,开展"国酒茅台·国之栋梁"2015希望工程圆梦行动大型公益助学,发动企业开通"共青团号"免费专车送务工青年顺利回家,帮助农民工及其子女解决实实在在的困难。做好"8·12"事故受影响青少年的专项帮扶,灾后第一时间启动突发事件应急预案,发布倡议书,组建心理疏导、医疗救护、义务献血等三支专业队伍分赴事故现场。同时,联合中科院心理研究所成立了天津心理援助服务站,开展为期1—2年的灾后心理危机服务。

五、团组织自身建设

1. 团的改革创新不断推进。认真学习研究中央和市委关于党的群团工作的决策部署,广泛宣传会议精神,开展专项调研,赴上海、重庆学习改革试点经验,在全市征集各级党政领导、基层团干部对改革创新、增强活力、从严治团、改进作风等方面好的意见和建议,为着手制定《天津共青团贯彻〈中共中央关于加强和改进党的群团工作的意见〉实施方案》摸清情况、提供依据。

2. 团的组织建设不断夯实。深化"强基创先"工程,推动全市9787家"应换未换届"基层团组织完成换届选举,完成3553个村级团组织换届工作,成立天津市金融团工委,加强外省市驻津团工委建设,在全市乡镇街道推进"四有"青少年综合服务平台建设,认定17个市级示范性平台。加强两新团组织建设,推动完成全市非公有制企业"174"工作任务,新建非公有制企业团组织605家,覆盖35岁以下青年2.1万人,重新找回团员青年1.3万人。推动区域化团建工作,指导全市街道建立直属团组织60个,联系青年社会组织60个,建立工作阵地52个,建立新媒体平台20个,吸引近4450名青年参与活动。加强对青联、学联、少先队工作的指导以及对青年社会组织的引导,成功召开天津市第七次少代会,市委代理书记、市长黄兴国等市领导会见全体代表并作重要讲话。发展和培育各类青年社团,更多地覆盖和辐射各类青年组织。开展社会组织能力提升计划,培训社会组织骨干力量1200人次。

3. 团的作风建设有效加强。深入开展专题教育活动,开展"三严三实"专题教育和"团干部如何健康成长"大讨论活动,扎实推动团市委、区县两级团委活动开展,切实解决团干部作风不严不实突出问题。深入开展联系基层活动，扎实推进团市委机关干部“常态化下沉基层”、优秀团干部挂职、团干部协管工作。实施农村青年结对帮扶，1558 名团干部与 3117 名青少年结对，开展帮扶活动 2 万余次。深入开展走进青年活动，广泛开展“走进青年、转变作风、改进工作”大调研活动，全市处以上团干部共走访 1134 个基层团组织，召开 1218 个座谈会，与 30792 名普通青年进行了面对面的交流。完成 2014 年度全团大调研工作，结项课题 180 多项，编辑出版了《青春的探索与思考》论文集。启动 2015 年度全团大调研工作，立项课题 220 多项，有效推动了全团工作的科学决策和推动落实。

4. 团属事业改革发展不断推进。青年宫开展公益活动 377 场次，服务青少年 778.7 万人次。青年职业学院保持发展规模与加强内涵建设并重，全力推进示范校建设。少年宫新宫建设取得历史性突破，教育教学实践活动成效明显。青年联合实业公司积极适应经济发展新常态，加快企业转方式调结构。青少年传媒事业发展中心全员动员、发挥优势，为“青年之声・天津”平台开发、建设和运行工作提供好技术支持和服务保障。红领巾凤凰山营地开展校外教育活动及公益活动约 60 场次，接待青少年 10 万余人次。青少年活动中心发挥校外教育和主题活动的主引擎作用，全年培训少年儿童 3 万人次。天津青旅有限公司狠抓安全服务，经营收入和各项工作稳步提升。青年友好使者艺术团落实“天津青年文化艺术素质提升工程”，传播社会主旋律。未来集团以稳定促发展，稳步开展各项工作。青少年绿色文明基地，调整教育培训策略，完成学生社会实践和军训 10 万余人次，接待成人培训和会议 2 万人次。市青基会深挖社会资源，募集款物 3381 万余元，资助困难学生 917 名，援建 3 所希望小学，配置 70 套希望厨房。青年创业就业服务中心圆满完成各项培训任务，开拓了服务青年创业就业工作的新局面。

河北团的工作

2015 年，在省委和团中央的正确领导下，河北省各级团组织牢牢把握政治性、先进性、群众性的根本要求，紧紧围绕经济强省美丽河北建设，着力推进思想观念、服务领域、工作方式、工作阵地、运行机制“五项创新”，转作风、促创新、创特色、树品牌，团的各项工作和自身建设实现了新发展。

一、青少年思想引导工作取得新成效

1. 以青年读书班为抓手，引导青少年坚定理想信念。发动各级团组织深入开展报告宣讲、座谈交流、演讲竞赛等活动，推动总书记讲话精神在青少年中广泛传播、入脑入心，全年各级团组织共举办读书班 8359 期。团中央书记处第一书记秦宜智同志作出批示：“河北团省委‘学习贯彻习近平总书记系列重要讲话精神’读书班规模大、覆盖广，为全团树立了榜样”。不断将学习贯彻总书记给保定学院西部支教群体回信精神引向深入，先后招募派遣 398 名志愿者到西部、到基层、到条件艰苦的地方建功立业。

2. 以核心价值观为引领，正确引导青少年的价值追求。广泛开展“双争”主题团日、“我们是共产主义接班人”、“善美青春·出彩人生”等活动，引导青年坚定“三个自信”，强化对社会主义核心价值观的认知认同。持续开展“红领巾相约中国梦”、“核心价值观记心中”、“做向上向善好队员”等主题队日活动，帮助少年儿童从小向往中国梦、追求真善美。在大中学校学生中广泛开展“社会主义核心价值观宣传月”、“与信仰对话”等活动，打牢青少年思想基础。

3. 以建设清朗网络空间为重点，引导青少年弘扬积极向上主旋律。深入开展青微工程，全省共青团系统登记注册网络文明志愿者56万人。成立省青少年网络工作办公室，大力加强微信、微博、微邦和“青春冀”手机客户端“三微一端”新媒体平台建设，官方微信“河北共青团”被中央网信办评为“全国优秀政务微信公众号”，石家庄共青团微博继续保持全团前列。在重大活动和重要时间节点积极组织开展热点舆论评论，大力营造网络文明清朗空间。

二、助力党政中心大局取得新业绩

1. 服务京津冀协同发展。主动联合京津共青团，签订《京津冀共青团促进青年创新创业合作框架协议》，三地轮流承办创新创业成果项目交流会，与北京签订青年人才合作计划；成功承办中青科协五届二次理事会，促成中青科协与全省相关部门签订科技人才项目创新发展战略合作协议，建立中青科协（保定）创新基地；联合京津共青团以及央企团工委，开展“助力协同发展　共建碧水蓝天——京津冀青少年绿色环保主题实践活动”，在扶贫开发、志愿服务等方面达成合作意向。

2. 促进青年创新创业创优。突出抓好培育和扶持科技型中小企业发展工作，全年培育和扶持青年领办的科技型中小企业605家。开展创业培训3850场、覆盖创业青年18万余人。举办2015河北青年创业先锋汇，25个河北省青年创业创新大赛决赛项目获得投资达2670万元。举办市场融资主题峰会、青年创业大赛、青年APP大赛等活动，服务青年创业项目2000多个。《中国青年报》头版头条以《抓引领 建阵地 融资金 引智力——河北团组织“主攻”科技型中小企业发展》为题进行了专题报道。全省各级团组织积极为城乡青年对接金融机构，1.1万余人受益，发放创业贷款3.1亿元。举办“挑战杯”全省大学生课外学术科技作品竞赛，在全国终审决赛中全省共有46件作品获奖，其中一等奖作品2件，参赛高校、人数、作品数量及质量均创历史新高。

3. 助力美丽乡村建设。开展“保护母亲河 美丽中国梦——2015年度青少年植树活动”，启动实施保护母亲河行动解放军青年林河北涞水、行唐绿化基地等项目，种植青年林113万株，新增绿地面积达16700亩。开展“青少年增绿减霾共同行动”、“青春建功美丽中国”等活动，践行绿色生活方式。开展助力美丽乡村建设行动，发动11万余名青年投身生态家园创建活动，绘制农村文化墙3万余平方米。

4. 开展脱贫攻坚行动。开展“青春扶贫行动”，全年培养农村青年创业致富带头人8207名，培训农民青年7.5万余人，实现农村青年就业人数1.1万余人。开展“希望工程圆梦行动”，帮助3899名贫困大学生圆了大学梦，组织动员青年企业家、青联委员等社会力量到贫困地区广泛开展慰问活动，全省累计发放帮扶物资5600余万元。

三、促进青少年成长成才取得新进展

1. 打造“青年之声”互动社交平台。举全省共青团之力推动平台建设，先后开展培训40场、培训人员1.3万人次，率先在全团实现了对省、市、县三级的全覆盖；坚持线上线下结合，成立线下各级服务联盟119个，各级服务联盟特邀专家突破5万人，累计回答青年问题3万余条；广泛开展助力美丽河北专项行动、就业创业“一对一”专家辅导、“青年之声 新春行动”志愿者服务春运等线下活动，并针对青少年个人成长、求学、就业、婚恋等问题进行个案帮扶，形成了“听—答—办”完整的服务闭环。在全国“青年之声”建设专题工作会上，全省作为唯一的省级团委代表作了典型发言。

2. 服务和关爱青少年健康成长。在全省高校开展“走下网络、走出宿舍、走向操场”主题群众性课外体育锻炼活动，参与师生100万余人。开展“青春自护·平安春节”、“轻松备考·12355与你同行”、“暑期青少年安全自护”等活动，举办自护宣讲活动600余场、专题辅导讲座350场。深化青少年“自强之星”评选活动，促进高校学生身心健康，丰富校园文化。联合省防范办、省反邪教协会开展进校园、进企业、进社区、进集市“四进”反邪教宣传教育集中活动50余场，集中活动日覆盖青年达3万余人，受到省委领导的充分肯定。

3. 加强重点青少年群体服务管理。深化关爱农民工子女志愿服务行动，志愿者结对学校2436所，结对农民工子女42.2万余对，建立“七彩小屋”、“集善之家”36个。启动实施青年志愿者助残“阳光行动”，全省近20万助残志愿者统一行动，结对帮扶残疾青少年5.5万余人。

4. 切实维护青少年合法权益。组建青少年维权专家团队，律师和心理专家团队规模达554人。深化“青少年维权岗”品牌创建工作，认定长期拥有“青少年维权岗”称号单位459家。加强青少年事务社工队伍建设，联合六部门制发《关于推进青少年事务社会工作建设的意见》，全省青少年事务社工队伍全年新增1170人，总数达2561人。

四、共青团深化改革工作取得新突破

1. 凝聚思想共识，搞好顶层设计。举办深入学习中央4号文件和中央党的群团工作会议精神暨“解放思想、抢抓机遇、奋发作为、协同发展”主题读书班，带动省、市、县三级团组织共培训897场，为共青团深化改革奠定了坚实思想基础。对照《意见》要求进行任务归类和责任分解，带着课题展开调研，直接面向基层团员青年征求意见建议1万余条。按照《河北省党的群团工作改革试点实施方案》的任务要求，制定了《河北共青团深化改革方案》、《河北共青团综合改革试点方案》、《共青团河北省委机关机构改革方案》，初步形成了全省共青团改革发展的基本思路、重点方向和路径载体。

2. 坚持试点先行，推进改革工作。召开全省共青团综合改革试点工作推进会，由团省委领导班子直接联系分包一批重点改革试点县，围绕创新团的组织管理、机构设置、活动方式、监督考核等体制机制，努力形成可复制、可推广的改革创新模式。

3. 坚持立行立改，改进工作作风。开展“千名团干部下基层”活动，省、市、县三级团委及国企、高校团组织专兼职干部，上下联动，深入到基层青年中进行调研，走访农村、社区、企业、学校、社会组织等基层单位2407个，与5000余名普通青年建立起经常联系，深入基层锤炼作风、服务青年的做法在河北日报头版和省委解放思想大讨论活动简报上刊登报道。开展“常态化下沉基层”工作，团省委派出四分之一的机关干部与团中央机关干部共同编成工作小组，分赴相关市县开展为期4个月的常态化下沉基层工作。积极组织开展“机关开放日”活动，先后邀请各领域青年代表200余人到团省委机关参观座谈，面对面征求青年意见建议。

五、团的有效覆盖面取得新拓展

1. 扎实推进综合服务阵地建设。突出抓好“青年中心”建设，市、县两级投入924万元，全省建成以“青年中心”为主体的综合服务阵地1117个，其中市级“青年中心”11家，县级147家，乡级959家。充分发挥“青年中心”平台作用，开展学习培训和指导交流活动，推出夜间“青阅读”、节假日“沙龙路演”、星期天

“创咖空间”等一系列丰富多彩的活动。

2. 扎实推进城乡区域化团建。持续深化城市街道区域化团建和农村“百县千乡”分类示范创新工作，全省建成城市社区青年工作共建委员会233个，纳入成员单位3510家，联系青年社会组织1038家；在农村“百县千乡”分类示范创建活动中，重点培植示范县30个、示范乡镇100个，建设县域农村合作组织团工委120家。

3. 扎实推进基层团组织人员配备。通过购买服务的方式，聘用优秀青年志愿者作为基层兼职团务工作者，目前已为10个试点县配备基层兼职团干部178人。积极推进团员成为注册志愿者工作，团员注册志愿者人数达83万人，全省注册团员志愿者比例达到25%。

4. 扎实推进学校共青团工作。通过开展典型经验交流、完善考核激励机制等措施，学校团组织自身建设水平进一步提高。中学中职共青团工作取得新突破，沧州工贸学校推行班主任兼任团支部辅导员制度，探索出夯实班级团支部的工作新路径，团中央书记处第一书记秦宜智同志给予肯定性批示。

此外，青联、学联、援疆援藏、青年统战等工作取得新进展、新成效。一年来，河北省共青团工作先后31次得到团中央、省委领导的肯定性批示。在团中央11项工作考核中，落实中央4号文件等6项工作被团中央评价为好，5项工作被团中央评价为较好。全省各级团组织在光明日报、中国青年报、河北日报、新华网、人民网等省级以上媒体宣传报道500余次。

山西团的工作

全省各级共青团组织牢牢把握增强政治性、先进性、群众性和克服“机关化、行政化、贵族化、娱乐化”的根本要求，持之以恒深化工作，扎实深入改进作风，积极稳妥推进改革，全省团的各项工作和建设实现了新的发展。

一、以中央和省委党的群团工作会议精神为指引，积极谋划推进共青团改革发展

1. 认真传达学习，凝聚思想共识。团省委书记班子带头学习，举办全省市级团委班子成员主题读书班，指导各市、省直、国防、国资委团委分层级开展主题读书班，实现县级团委班子成员全覆盖，推动各级团干部准确把握中央和省委精神，切实增强推进改革发展的自觉性和坚定性。

2. 集中调查研究，理清改革思路。作为省委第八调研组，深入开展调研，形成专题报告。省、市、县三级团组织统一开展“走进青年、转变作风、改进工作”大宣传大调研活动，广泛听取各级党政领导、专家学者、团员青年的意见建议，形成推进改革的基本思路，即坚持问题导向、青年导向、基层导向，结合山西实际，以增强“三性”、克服“四个化”为目标，统筹推进“四力一化”工作思路，着力打造“凝聚青年、服务大局、当好桥梁、从严治团”四维工作格局。

3. 坚持问题导向，开展专项整治。启动“四个化”问题专项整治，集中抓好8个方面、26条整治举措。实施“常态化下沉基层”工作，推动团干部走出高楼大院、走进基层青年，成为制度，形成常态。分6批选派团省委机关干部到省信访局学习锻炼。开通“青年之声·山西”互动社交平台，探索构建密切团青联系的常态化网络格局。起草《山西省青少年发展“十三五”规划》，推动青年工作走上法治化、制度化、规范化轨道。

二、以加强思想政治引领为主线，引导青少年坚定不移跟党走

1. 深化习近平总书记系列重要讲话精神宣讲和中国梦学习宣传教育。开展主题宣讲、“与信仰对话”、“彩虹人生”等教育实践活动9594场，覆盖143.57万人次。开展“绿色环保梦、蓝色科技梦、红色报国梦、金色童年梦”系列活动，覆盖少年儿童270万人次。推进“青年马克思主义者培养工程”，培训29926人次。

2. 推进社会主义核心价值观培育践行。以弘扬“法治文化”、“红色文化”、“廉政文化”为主要内容，开展红色传递、主题团队日、中华优秀传统文化宣讲9300余场次，线上线下覆盖910余万人次。开展全省首届“最美青工”等面向各领域青少年的“最美”系列评选和“争做向上向善好青年”活动，选树30名“双争”典型，表彰60名“美德少年”，2人入选全国“向上向善好青年”，3人入选全国“最美青工”。创作推出电视剧《追梦情缘》，大型音乐剧《火花》入选国家艺术基金资助项目，在北京大学百年讲堂上演。

3. 举全团之力加强网络宣传引导工作。构建共青团网络宣传引导工作新格局，团属新媒体矩阵集群效应基本形成，@山西共青团在全省政务微博影响力排名第2。组建核心网评员队伍100人，登记注册青年网络文明志愿者21万余人，以“清朗网络空间、凝聚青春力量、重塑山西形象”为主题，大力开展山西青年网络文化行动，六大主题行动总阅读量达670万人次，为构建清朗网络空间唱响“山西青年好声音”。

三、以深化创业创新创优行动为重点，带领青年为服务经济社会发展发挥生力军作用

1. 帮助青年创业。举办第二届全省青年创新创业大赛和首届山西青年APP大赛，4个项目荣获全国青年创新创业大赛铜奖。打造省、市、县三级创业就业服务网络，创立国内首家省级“线上青年创业园”O2O创业服务平台，完成技能培训52232人次，组织上岗见习6796人次。发放农村青年创业小额贷款21.9亿元，发放城市青年创业小额贷款3277笔。与省电视台联合举办《我要创业》节目，共播出10期。团组织和青年创业团队联手帮助临县枣农卖出红枣250万斤。

2. 推动青年创新。深化“兴晋挑战杯”大学生课外学术科技作品竞赛活动，27所高校251件作品入围省级竞赛，4件作品入围国赛终审决赛。开展“五小”企业青年技术创新小组活动，全省组建技术创新小组2233个，在重点项目、核心技术和关键领域刻苦攻关。

3. 激励青年创优。深化青年文明号、青年岗位能手、青工技能振兴计划、服务安全生产“五个一”工程等品牌工作，19个集体、11名青年被团中央、国家安监总局、人力资源和社会保障部表彰，70名职业青年被省政府表彰。开展保护母亲河行动，完成“小渊基金”生态绿化示范林一、二期项目，自建“保护母亲河·共青团绿化带”16840亩，植树35万株。

四、以建设基层服务型团组织为统揽，努力成为青年“想得起、找得到、靠得住”的重要力量

1. 持续加强基层服务型团组织建设。推进城乡区域化团建工作，传统领域得到巩固，非公企业、社会组织、行业协会等新兴领域得到拓展。新建青少年综合服务平台382家，新建非公企业团组织1356家。全面推动团员成为注册志愿者，完成41%注册任务。

2. 切实服务困境青少年群体和新兴青年群体。针对青年社会组织等新兴青年群体，联合省民政厅出台专门工作意见，建立规范管理工作机制，搭建省、市孵化培育平台44家，省青联吸纳社会组织领袖11人。针对困境青少年群体，广泛开展关爱行动。深化青年志愿者助残“阳光行动”，与辖区内残疾青少年结对103575个，结对率达75%。选派26个项目参加第二届中国青年志愿服务项目大赛，摘得1金5银。希望工程被评为“全省五A级基金会”和“全国先进社会组织”。

3. 扎实做好维护青少年合法权益工作。开展第五届大学生模拟法庭大赛等青少年法治教育实践活动。深化“共青团与人大代表、政协委员面对面”活动，推动建立青少年理性表达诉求的常态化工作机制。加强青少年事务专业人才队伍建设，成立山西爱邦青少年社会关护服务中心和山西未成年人心理健康辅导中心，建立示范服务站13家，组建社工队伍1719人。完成全省重点青少年群体服务管理和预防犯罪第二轮检查督导和第三轮试点推广工作。

五、以全面从严治团为保障，着力锤炼党放心、青年满意、实事求是、朝气蓬勃的过硬团风

1. 强化理论武装，认真学习中央和省委决策部署。采取中心组学习、专题研讨等多种形式，认真学习习近平总书记系列重要讲话和省委重大决策部署，分层分类培训团干部、少先队工作者和大、中队辅导员等28400人次。省团校大力推进教学改革，科学制定“四位一体”工作格局，即加大轮训覆盖，对专职团干部、农村青年电商等开展培训；拓展培训基地，与井冈山干部学院、武乡八路军总部纪念馆等合作建立团干部红色教育基地；实施派教下乡，提升师资专业素质和实践水平；建设网上团校，省科技厅立项支持，培训团干部的主业职能得到整体加强。

2. 坚持从严治团，扎实推进“三严三实”专题教育。认真完成规定动作，积极开展“团干部如何健康成长大讨论”。高标准、严要求召开“三严三实”专题民主生活会，实现了团结—批评—团结。坚持把纪律和规矩挺在前面，开展加强党的“六大纪律”专项整治。

3. 不断加强党风廉政建设。出台“责任清单”并签字背书，确保“两个责任”落实落地。加强基层组织规范化建设，开展党建和党风廉政建设“联述联评联考”。按照“六权治本”要求，聚焦团内评选表彰、遴选委员会员等权力运行的关节点，建立资格联审、履职监督、惩戒退出等规范工作机制。

4. 认真接受省委专项巡视。按照省委统一部署，省委专项巡视第十三组进驻团省委开展巡视工作。团省委把接受巡视作为执行政治纪律和政治规矩的重大考验，全力配合，坚决整改，以接受巡视为契机，全面推进各项工作和建设迈上新台阶。

一年来，青联工作取得新突破，成功召开省青联十一届一次全委会，政治性、先进性、群众性得到增强。学联工作不断加强，成功召开省学联第十一次代表大会，服务引领学生的能力得到提升。少先队工作取得新进展，着力推动中国梦和社会主义核心价值观教育实现生活化、形象化、具体化，少年儿童思想引领工作的针对性和实效性得到加强。对口援疆专项行动持续深化，4.98万名中小学生参加“晋疆两地少年儿童书信手拉手”活动，晋疆各族青少年交流交往交融得到促进。团属事业单位在推进团的重点工作进程中发挥了重要作用。李克强总理考察山西时曾到山西青年创业园区——清青创孵化基地调研。《山西青年报》全年得到省领导批示表扬10次。黄河影视社创作完成《大山深处的烛光》，将在央视影视频道播出。

内蒙古团的工作

一、引导青年

1. 开展北疆青年"学习进行时"活动。向全区发放《习近平总书记系列重要讲话读本》1万册，举办各类专题报告会8900余场，主题团日活动10万余场，覆盖团员青年达700多万人。开展大学生"四进四信"活动1.19万场，165万名学生参与。扎实开展青年马克思主义者培养工程。

2. 培育和践行社会主义核心价值观工作。按照"5657"工作格局，广泛开展"我的中国梦"、"向上向善好青年"、"我们是共产主义接班人"、"历史照进现实·梦想引领未来"等主题团队日、仪式教育活动4.3万场，覆盖青少年129万人。

3. 法治宣传和民族团结教育活动。开展"与法同行·健康成长"主题活动3700场，举办青少年民族团结教育交流活动2400多场。

4. 共青团网络和新媒体工作。推进以内蒙古团委网络新媒体中心为核心的网络阵地建设，全区各级团组织"三微一站"进一步活跃，影响力进一步增强。"青年之声"内蒙古互动社交平台正式运行，实现三级全覆盖和互联互通。不断壮大网络文明志愿者等队伍，着力提升能力、发挥作用。深化"青年好声音"网络文化行动和"阳光跟帖行动"，积极弘扬主旋律，引导广大青年客观理性认识各类社会现象，积极维护自治区社会稳定、边疆安宁的大好局面。

二、服务青年

1. 青年典型示范带动。组织召开内蒙古青年创新创业创优标兵暨共青团"两红两优"表彰大会，自治区党委王君书记亲切接见受表彰青年代表，勉励全区广大青年要热爱内蒙古、建设内蒙古，为打造祖国北疆亮丽风景线增光添彩，在实现"中国梦"的伟大征程中建功成才。自治区历史上首次一届两名青年荣获"中国青年五四奖章"。

2. 服务青年就业。开展就业讲堂、职业规划辅导、就业见习、岗位对接等活动，为青年就业提供观念引导、岗位信息、技能培训、职业推介等服务。全区新建青年就业见习基地116个，提供见习岗位2677个，服务1.68万名青年见习。举办"千企进校园·助力就业梦"等各级各类专场招聘会20余场，2000多家企业提供就业岗位3.07万个，实现就业1.3万余人。

3. 支持青年创业。全区各级团组织自建、共建孵化器50个，孵化企业1000多家。联合自治区金融办等单位在股权交易中心开设"青年大学生创新创业板"，吸引挂牌创业项目200多个。举办第二届"创青春"内蒙古青年创新创业大赛和首届内蒙古青年APP大赛，吸引全区1675个项目、近6000名创业青年参赛。加强对青年创业的金融支持，全区各级团组织协调有关部门向创业青年发放贷款1.5亿元。联合有关部门正式启动"青创易贷"青年创业担保贷款项目，打造全区第一款团属金融服务产品。

4. 推动青年创新。深入开展"青年岗位能手""青年文明号""青工技能振兴计划"、农村牧区青年"领头雁"培养计划、"五小"活动、"挑战杯"青少年科技创新奖评选等工作，激发青少年创造潜力和创新活力。

5. 服务困难青少年群体。"希望工程"全年筹资1726.58万元、物资价值346.6万元，新立项希望小学10所，资助贫困家庭学生3579

名。深化共青团关爱农牧民工子女志愿服务、“红领巾梦想号”“助残阳光行动”“五帮入户助残行动”“空巢老人服务周”“春暖童心冬令营”“同心童愿”“农村牧区青年基层服务月”等活动，为困难青少年群体提供学习、生活、就业和情感等方面的服务。

6. 维护青少年合法权益。着力构建“大维权”格局，深化“共青团与人大代表、政协委员面对面”活动，完善12355青少年服务台功能，建立常态化倾听机制，推动解决青少年普遍关心的利益诉求。广泛开展“两法一例”宣传等青少年法治教育活动。

7. 预防青少年违法犯罪工作。推动《内蒙古自治区预防未成年人犯罪条例》立法工作，推进第二批重点青少年群体服务管理试点工作，进一步推行青少年事务社会工作。

8. 青年社会组织工作。发挥共青团“枢纽型”社会组织作用，实施“伙伴计划”，依托团属工作平台，举办了“能力提升”培训、“青年学·青春行·共成长”青年社会组织骨干读书班活动和座谈会。协调有关部门建立促进青年社会组织发展机制，全面加强对青年社会组织的联系、服务和引领，共青团在青年社会组织中的枢纽作用日益显现。

三、组织青年

1. 全区共青团认识大局服务大局系列活动。组织300多批次团员青年观摩“十个全覆盖”等重点工程和项目，组织百余支“青年突击队”开展“青春助力十个全覆盖”等活动，让团旗高高飘扬在自治区经济社会建设的第一线。广泛开展“爱我内蒙古”全区青年区情知识竞赛活动。报纸和新媒体答题共收到来自全国11个省区答卷43.2万份，举办各级各类现场知识竞赛1190余场，覆盖团员青年450多万人，掀起了全区青年学区情知识、了解内蒙古、爱我内蒙古的热潮。以“感受巨变·奋发成才”为主题，组织全区6500支服务团队、30多万名大中专学生全面开展了“万人千村百县十个全覆盖”调研宣传、学“习”宣讲、“四个全面”观察等10类“三下乡”社会实践志愿服务。

2. 服务“一带一路”和自治区对外开放战略。历史性举办2015草原丝路—中俄蒙青年领袖圆桌会议，签署了一系列备忘录和交流协议，成立了中俄、中蒙毗邻地区青年企业家俱乐部，开展了中俄蒙青年美术交流展和青年大联欢活动，形成了加强区域青年组织合作的共识。组织200多位全国青联委员、青企协会员走进内蒙古，宣传内蒙古发展优势和巨大成就，为促进我区经济结构调整、区域协调发展作出了贡献。

3. 扶贫攻坚工作。举办了“心手相连·守望相助”内蒙古团委青联兴安行活动，开展招商推介、项目签约、慰问演出、义诊、“希望工程”捐赠等一系列活动，吸引意向投资52.98亿元，落地项目5亿元。积极协调价值1368.5万元款物，用于帮扶点“十个全覆盖”等基础建设和发展增收产业。

4. 志愿服务工作。构建“组织层级化、成员属地化、服务扁平化”的志愿者工作格局，圆满完成首届中蒙博览会志愿服务，指导鄂尔多斯团市委为第十届全国少数民族传统体育运动会提供了优质志愿服务，在第二届中国青年志愿服务项目大赛中我区取得3金11银的优异成绩。

辽宁团的工作

团省委紧紧围绕新一轮辽宁振兴这个时代主题，坚持育人根本任务，聚焦服务青年，聚焦基层组织，聚焦青年创新创业创优，努力提高团的吸引力和凝聚力，扩大团的工作有效覆盖面，团的各项工作和建设在继承中实现新发展。

一、把学习贯彻习近平总书记系列重要讲话精神作为首要大事，贯穿全年工作

按照团中央和辽宁省委部署，始终将学习贯彻中央4号文件、中央党的群团工作会议精神，作为辽宁省各级团组织的首要大事。通过党组会、中心组学习、常委(扩大)会、团干部主题读书班等形式，第一时间传达学习习近平总书记系列重要讲话精神、省委和团中央重要会议精神。特别是中央党的群团工作会议后，省本级集中举办了6期主题读书班，省委常委、省总工会主席戴玉林同志代表省委作重要讲话并提出要求。团省委党组成员带头讲团课，邀请了中央党校教授、团中央多个部门负责同志作专题辅导，培训覆盖省市县、所有高校、重点企业专职团干部700余人，各地举办专题培训161期、培训1.7万人次，切实把思想和行动统一到中央和省委精神上来，增强全省团干部谋划推进共青团改革发展的自觉性。注重面向基层、面向青年，开展“专职团干部讲团课”工作，层层传导学习信号，推动习近平总书记系列重要讲话精神在青少年中广泛传播。

二、把青少年思想政治引领作为第一位任务，凝聚青春共识

大力开展青少年理想信念教育。分层分类开展“我的中国梦”、“奋斗的青春最美丽”等活动，引导青少年进一步筑牢信仰、坚定信念。在高校推进“四进四信”活动，覆盖了全省108所高校，76万余名学生参与其中。在中小学开展“党的知识进校园”活动，增强少年儿童对党的朴素感情。联合辽宁省新闻出版广电局、辽宁省教育厅等单位，在全省青少年中开展“让青春遇见经典·用书籍滋润心灵”读书活动，设计开展荐书、竞赛、讲座等网上网下17项活动，荣获辽宁省全民读书节优秀组织奖。构建省市校院(系)四级“青马工程”培养工作体系，培训2万余名大学生骨干。组建辽宁青年红色宣讲团，走进基层宣讲分享600余场，讲好辽宁青年故事。

积极培育践行社会主义核心价值观。在纪念抗战胜利70周年等重大时间节点，通过“我看中国新变化”、“争做向上向善好青年”等仪式教育和主题团队日活动加强正面宣传。开展部队英模单位与高校共建共育核心价值观活动。通过举办网络征文大赛、诵读大赛和微电影征集等活动，引导青年用自己的话语体系诠释核心价值观。以“跟着郭明义学雷锋”青年志愿者在行动为载体，打造“志青春·创公益”品牌，全省90余万名志愿者、5000余支服务队，全年累计提供近2000万小时服务，将核心价值观植根在青少年心中、落实在具体行动上。

三、把应对经济下行压力助力稳增长作为围绕中心服务大局的切入点，彰显青春力量

在省本级，连续召开全省机关团员青年岗位创优大会、企业团员青年创新创效大会、青年企业家大会和金融机构青年干部到县区团委挂职会议，实施共青团助力稳增长七项措施。举办辽宁青年创新创业大赛，吸引2126个项目、7000余名创业青年参与，签订投资意向1.8亿元；整合社会资源500万元，与辽台共同推出《我是传奇》、《职场加油站》、《创客英雄》等广播电视节目累计2540分钟，在全省大力营造了青年创新创业浓厚氛围。

在城市，命名20家省级“青创空间”，组建426人的创业导师队伍，为青年提供路演、培训等创业指导。联合辽宁省金融办、辽宁省股权交易中心共同打造全国首个“青创板”，123家青创企业成功挂牌，716名青创负责人接受融资业务培训。争取省政府创业引导基金支持，吸引社会资金3.5亿元，正在申报成立5亿元的辽宁青创先锋投资基金，为青年创业提供多维度支撑。

在农村，开展农村青年电商培育工程，与辽宁省农委、省电商协会联合建立电商培训导师库，培训3万余人次。与省农委、省农行联合实施大学生返乡创业行动，培训500人。开展农村青年技能比武大赛，影响覆盖3.2万名青年。与辽宁银监局、大连银监局共同选派120名金融机构优秀青年干部到全省各县区团委挂职，推广城乡普惠制金融，开发专属“青字号”金融产品，服务青年创业。

在高校，联合省教育厅、省人社厅等单位举办“挑战杯”“创青春”系列大学生创新创业大赛，吸引62所大专院校4.5万件作品参赛。举办了KAB高校创业教育师资骨干培训。成立大学生创业联盟服务学子创业，充分发挥学生创新创业的生力军作用。联合省旅游局首次承办“印象辽宁·梦想中国”全国大学生暑期实践专项活动，全国百所高校520名大学生走进辽宁，向全国宣传辽宁。

在企业，开展创新创效促振兴活动，“五小”技术攻关1600余项，评选省级青年岗位能手、青年文明号和青年安全生产示范岗等创新创效创优典型1058个。开展省级“振兴杯”技能大赛，设置电子商务师、快递业务员、维修电工、数控车工4个竞赛工种，影响覆盖5万余名青年技工。成功承办第十一届全国“振兴杯”大赛，获两个竞赛工种冠军，并获全国优秀组织奖。

在机关，组织省市县三级机关事业单位青年开展岗位创优促振兴活动，服务重点项目、重点企业解决问题2800余个，建言献策1300余条，在稳增长中发挥积极作用。

四、把共青团网络新媒体作为意识形态斗争的主战场，有力发声引导

建设共青团网络青年舆情收集研判体系。线上与东北新闻网、中青华云等专业机构合作，定期进行青年舆情数据分析，形成网上辽宁青年舆情专报；线下以大学生团学骨干为重点，通过团学组织联动，收集高校大学生稳定工作的舆情信息。

建设共青团思想引导和舆论斗争体系。成立新媒体工作领导小组，组建一支由208名网评员、4.7万名网宣员、44.8万名网络志愿者构成的青年“网军”队伍，建设粉丝总量达1000万、由1365个团属微博微信构成的新媒体矩阵，编发微博微信6600余期、撰写网评文章224篇、设计H5等100余个。通过设计图解省委全会精神、原创H5解读省委省政府重大政策等，及时把全省重要会议、重要讲话、重要政策传递给全省团员青年。在团中央、省委宣传部和省网信办的指导下，进行舆论斗争，针对网上无良大V反对共产主义错误言论勇于发声、敢于斗争，设置“青年人，要有信仰”话题，总阅读量388万，得到团中央充分肯定。在全国地市级和高校团组织微信公众号排行榜中，全省有8个市、4所高校多次进入全国前十，其中阜新、盘锦、大连三市以及大连海事大学多次动态排名第一。

建设共青团网络服务青年工作体系。构建“互联网+青年服务”工作模式，建设“辽宁青年之声”互动社交平台，省市县高校开通平台228个，目前访问量突破4.4万人次，网上回答问题，网下解决问题。线上公布全省各地青年创业活动预告，线下开展路演、分享会、青创训练营等1000余场，覆盖青年4.3万人次。

五、把关心关爱普通青少年作为工作生命线，扎实服务维权

精准服务青少年现实需求。全省希望工程募集资金2404万元，资助贫困家庭学生1.7万人次，捐建希望小学12所，配备希望厨房、图书室等167个。联合公益机构开展“暖流计划”，为贫困学生发放暖流包。推动青年志愿者助残“阳光行动”和关爱农民工子女志愿服务行动，为9万余名残疾青少年和19万余名农民工子女提供结对关爱服务，获辽宁省政府助残先进集体。在所有省级贫困县建立25个红领巾快乐成长站，帮扶关爱农村留守儿童。全省各地开展婚恋交友联谊活动175场，2.3万名单身青年直接参与。省市县三级筹措经费，建立青少年空间（综合服务平台）583个，为青少年开展综合项目服务。

切实维护青少年合法权益。围绕“健全青少年社会化服务体系”主题，开展“共青团与人大代表、政协委员面对面”活动，全省各级团组织“两会”期间提交涉及青少年的议案建议197件。与省律协联合召开未成年人保护联席会议，全省各市和37个县区团组织对接未成年人保护公益律师350人、律师事务所43个。

六、把共青团援疆援藏工作作为民族团结教育重点任务，促进交流交往交融

成立民族工作领导小组，召开了全省共青团援疆援藏工作会议，实施“两计划两工程一活动”，已纳入辽宁省“十三五”对口支援工作规划。

面向新疆“一地两师”青少年，围绕青少年思想引导、青少年成长成才服务、青年人才培养、基层团组织建设四个方面开展交流计划；面向西藏那曲青少年，围绕教育、就业、人才三个方面开展交流计划。目前“两计划”省市两级共完成项目98个，争取省对口支援资金171万元，基础设施投资贷款和城市文化建设运营2个产业援疆项目筹资6亿元，并在沙湾县落地。切实强化交流活动，来辽交流447名青少年、书信交流25.3万人次。“四同”活动、“民族一家亲”夏令营、“双语”点读专刊、创业青年赴辽考察交流、青少年读书站等项目深受新疆、西藏那曲地区青少年欢迎。

面向在辽新疆籍、西藏籍大中学生成班建制的团支部，以民族团结、思想引领、学业就业服务等为内容，启动成长服务工程；针对其中的学生党员、积极分子、社团骨干精英等重点群体，联合省民委、省教育厅共同开展民族团结骨干培养工程，培训骨干202人。

面向全省援疆干部人才，开展“为‘奉献者’奉献”组织化志愿服务实践活动。招募134名大学生志愿者到新疆、西藏开展志愿服务。

七、把从严治团、制度化争做青年友作为重要保障，大力加强自身建设

省级班子自身建设不断加强。按照辽宁省委“八个带头、八个自觉”要求，全面加强常委会自身建设，认真履行抓班子带队伍职责。坚持把抓好党建作为最大的政绩，组织党员干部认真学习党章，学习廉洁自律准则和纪律处分条例，以“党员细胞工程”为载体，推动党建工作项目化，努力为全省团的机关党建作出表率。从严从实推进“三严三实”专题教育和省委“学讲话、讲诚信、懂规矩、守纪律、鼓士气、促振兴”大学习大讨论活动，扎实开展专题学习和研讨，坚持问题导向，强化整改落实。

开展“团干部如何健康成长”大讨论活动。团省委率先垂范，通过学习、讨论和落实三个阶段，认真梳理出团省委系统干部成长存在的十个方面问题、团组织“机关化、行政化、贵族化、娱乐化”的具体表现以及团的工作“虚、空、浮”的不良现象，全省专兼职团干部参与活动达20.9万人次，开展讨论5300余次，撰写体会文章1.6万篇，促进团干部树立正确的成长观。

制度化密切与青年联系。省本级启动“8+4”常态化下沉基层和“4+1”向基层服务对象报到工作,团省委在人力资源紧张的情况下,坚持选派1/4的干部下沉基层4个月,走出机关大楼、走进基层青年,在全省团的机关作出示范。省市县三级深入开展大宣传大调研活动,把脉青年需求,梳理存在问题,有针对性地提出解决对策。联合省委宣传部、省社科联等单位举办辽宁省青少年发展论坛,发布了辽宁省青少年发展论文集,收录调研成果128项,其中24项获省社会科学学术活动月科研成果奖。

加强基层团组织建设。扎实推进区域化团建"双报到"制度,全省新增非公企业团组织2294家,新建农村合作组织团组织1008家。建立市级团委与县区党委组织部门沟通联系机制,加强团干部协管工作。探索实施基础团务示范工程,省市同步试点,在从严团内政治生活、从严规范换届选举等七个方面推动制度化、规范化建设。启动实施青年社会组织凝聚、培育三年计划,全省各地培训青年社会组织骨干1322人、建立青年社会组织平台19个、吸引909家青年社会组织入驻,为凝聚引导社会组织健康发展打下坚实基础。

吉林团的工作

全省各级团组织和广大团干部深入学习贯彻习近平总书记系列重要讲话精神,贯彻中央、省委党的群团工作会议精神,牢牢把握增强政治性、先进性、群众性和克服"机关化、行政化、贵族化、娱乐化"的根本要求,坚持"项目化、功能化、品牌化"的工作思路,锐意进取,扎实工作,推动吉林共青团事业不断向前发展。

一、深入学习贯彻中央、省委党的群团工作会议精神

1. 凝聚改革共识。召开吉林共青团十五届四次全委(扩大)会议,传达学习中央党的群团工作会议精神、省委十届五次全会精神、团中央十七届四中全会精神,明确了全省共青团改革发展的思路。召开团省委常委(扩大)会议,学习传达团中央书记处第一书记秦宜智在吉林调研时的重要指示精神,研究部署了今后一个阶段推进全省共青团改革发展的主要任务。举办全省"学习中央党的群团工作会议精神"主题读书班,各市县94名团委班子成员和团干部在学习研究中领会改革精神,坚定改革决心。深入开展"走进基层、转变作风、改进工作"大宣传大调研活动,集中宣讲中央和省委党的群团工作会议精神。利用团属宣传阵地和新媒体平台开设宣传专栏,推荐改革案例,强化青年认识。目前,全省各级团组织和团干部已基本形成了思想共识,为团的改革发展事业奠定了思想基础。

2. 紧跟改革步伐。建好"青年之声"网络平台,推动全省各市(州)、县(市、区)全部建成"青年之声",注册专家1843人,成立线下服务联盟4个。平台建成以来,共收到各类提问7047条,举办各类线下活动279次,参与青年7292人次。"青年之声"已成为全省各级团组织联系青年、服务青年、倾听青年心声的重要媒介。落实团干部下沉制度,10名团干部下沉到基层,征求地方党委意见53条,形成工作建议19份,开展宣讲活动51场,召开座谈会76场。

二、深化思想政治引领工作

1. 青年理想信念教育不断加强。以开展中国梦和社会主义核心价值观学习宣传工作

为重点，把握重大节庆日等有利契机，开展团队日活动 24 万余场，1200 万人次直接参加。依托"吉青家园"开展各类事迹座谈会、专题讲座等 72 场，13000 余人次直接参与。选树吉林"向上向善好青年"标兵 10 名和吉林"向上向善好青年"90 名。

2. 网络舆论引导能力不断提升。组织参与重大网络舆论正面引导工作 22 次，参与人数达 100 余万人次。制作发布原创微信 50 篇，微话题 23 个，参与人数达 180 万人次。开展"清朗网络 我来护苗"活动，在全省中小学和街道社区中举办线下宣传活动 600 余场。推进"青微工程"，联系新媒体从业人员、意见领袖、专家学者等核心网络志愿者 434 人，组建"智库"，为网宣工作提供强有力的智力支持。在 2015 年发布的《吉林省政务新媒体综合影响力报告》中，吉林共青团官方微博微信荣获全省第二名。

3. 培育和践行社会主义核心价值观工作不断深入。在全省高校中开展学习贯彻习近平总书记系列重要讲话精神和"四进四信"相关活动 2.7 万次。举办吉林省青少年社团文化巡展，直接影响青年学生 10 万人。开展"社会主义核心价值观主题宣传月"活动 345 场，举办"与信仰对话"专题报告会 200 余场。开展大中学生"走下网络、走出宿舍、走向操场"主题群众性课外体育锻炼活动 6975 场。组建"三下乡"服务队 2121 支，帮助群众 10 万人次，形成调查报告 1600 余篇。在全省 58 所大专院校成立青年马克思主义者工作队，举办各级培训班 120 余期，培训大学生骨干 5000 余人次，培养青年马克思主义者骨干 180 人。开辟社会主义核心价值观教育新平台，编印出版《社会主义核心价值观青少年读本》、《小号角——千首童谣唱响价值观》、《红领巾带动唱》等音像制品。

三、扎实服务党政工作大局

1. 在创新发展中建功立业。打造了全国唯一一家由共青团组织建设运营的国家级科技企业孵化器，培育项目获得上亿元风投意向。开发"e 青系列"、"戎青贷"等青年创业无抵押贷款产品，在提高贷款额度、降低利率上实现突破。开展了青年创新创业项目展活动，省委书记巴音朝鲁、省长蒋超良进行了参观指导。与微软·中国等部门合作，举办了多场创新创业大赛。选拔 1400 名青年志愿者服务全国工商联十一届六次常委会议暨"民企吉林行"活动、第十届中国东北亚博览会、第七届"东北亚青年企业家发展论坛"。举办各类职业技能大赛 265 场次、创业实践训练营、创业师资示范培训班 139 场，培训 KAB 创业教育师资人数 176 人。面向全省学校征集创业创新项目 23 个，支持经费 120 万元。开展"奋斗的青春最美丽"、"吉林省高校毕业生十大创业先锋"等活动，发挥大学生创业典型的引领作用。青年文明号创建活动不断创新，全省设计的青年文明号二维码 2.0 版本被团中央采用并在全团推广。

2. 在协调发展中积极贡献。实施"村村青年致富星火培养计划"，对 48933 名致富带头人开展技能培训，助力县域经济发展。实施金融扶持，以延边州为试点，筹措资金 216 万元，为返乡创业青年提供贷款全额贴息。推动"农村青年电商培育工程"、青年志愿者助残"阳光行动"，累计培训电商青年 1500 余人。

3. 在绿色发展中引领潮流。以"县县青年林·村村青年路"为五年工作目标，组织团员青年、青年志愿者、团干部等参加各类植树活动达 3.5 万多人次，共植树 42.3 万余株、植树面积 3600 多亩。积极响应"世界环境日"中国主题活动的号召，精心策划，通过社会化动员和组织化动员相结合、线上和线下相结合的方式，吸引 7000 余名青少年参与，营造了广大青少年积极参与植树造林、保护生态环境的良好氛围。

4. 在开放发展中积极作为。举办第二届

全球青年创新创业会议，研讨青年创新创业理论，搭建中外专家学者的交流平台。举办高端青年创业培训班 4 期，组织创业指导教师、创业先锋代表、优秀青年学生等 370 余人次赴浙江、上海、广州、深圳学习交流。

5. 在共享发展中发挥作用。举办吉林省青年志愿服务项目大赛，2 个项目获第二届中国青年志愿服务项目大赛金奖。筹集各类资金 136 万元，物资 2 万余件，帮扶农民工子女和残障青年 6000 次。累计开展志愿服务活动 1120 次，新建“七彩小屋”15 个。加大社会筹资力度，“圆梦大学”累计投入 730 万元，资助困难大学生 1542 人。“吉青 · 吉心工程”筹集善款 800 余万元，救助贫困患者 2518 名。

四、提升参与社会治理能力

1. 加大青少年维权力度。启动“吉青阳光禁毒行动”服务项目 13 个，拨付 40 万元扶持经费，服务 7 万余人次。开展 12355 阳光行动 380 余场次，动员专家力量 300 余人次，覆盖青少年及其家长 10.5 万余人次，累计接听电话 1640 余次。

2. 创新服务青年工作载体。开展首届“吉林省青少年事务社会工作公益项目大赛”，实现项目与基层工作有效衔接。开展“吉青护航”吉林省困境青少年成长服务项目，帮扶低保困难家庭、社区闲散、流浪乞讨、残障家庭、服刑在押子女、外来务工人员子女等为主的青少年受助群体 4 万余人。

五、创新团的组织建设

1. “吉青家园”建设全面铺开。划拨工作经费 1000 万元，在全省建立了村（社区）级“吉青家园”试点 160 个，创新服务路径，构建具有吉林特色的基层团组织服务模式和网络体系。目前，“吉青家园”已成为各级团组织和团干部及时了解基层诉求、改进工作作风的有效途径。开展“百县千乡”分类示范创建活动，2 个县（市）被评为“全国农村基层团建示范县”，3 个乡镇被评为“全国农村基层团建示范乡镇”，3 个项目被评为“全国农村基层团建创新项目”。

2. 着手智慧共青团工程。投入 800 万元开展建网占网用网工作，搭建了省市县三级 OA 办公系统，在满足各级单位基本办公需求同时，加入项目管理系统和工作督导系统，畅通工作上传下达，提高了工作效率，服务了共青团项目化工作的开展。市州两级视频会议系统增强了日常工作调度的便捷度，节约了会议经费，满足了保密需求。团干部网络培训质量和考核管控，增强了培训的趣味性和互动性，节约了培训经费。智慧共青团外网部分把团员、志愿者注册整合，将项目化工作内容进一步开放到任何一个互联网主体，初步搭建了创业就业、志愿服务、青年兴趣组织三位一体的生态圈，提供了互动交流平台和二次开发端口，为青年实现自我价值提供舞台。

3. 非公团建成果显著。新建非公企业团组织 1200 家，开展争创“青年安全生产示范岗”和“青年岗位能手”活动，推报全国青年岗位能手 13 人，全国青年安全示范岗单位 5 个。

4. 学校共青团工作不断推进。在第十四届“挑战杯”中航工业全国大学生课外学术科技作品竞赛决赛中，全省 8 所高校的 14 件作品入围终审答辩，共获得一等奖 2 项，团省委荣获“优秀组织奖”。

5. 少先队事业深入发展。社区建队、青少年校外活动场所建队不断加强，少先队组织覆盖和工作覆盖面得到拓展延伸。依托“长春市社区红领巾之家”等项目，为农民工子女、低保户子女、低保边缘户子女和有托管困难的双职工子女提供社会教育活动场所。

6. 理论研究水平逐步提高。全年形成共青团和青少年工作研究成果 64 篇，其中《共青团组织实施工作内容“项目化”理论与实践研究》等 6 篇调研报告升级为省级课题，被吉林省哲学社会科学规划基金办公室列入青少年问题研究专项，为全省共青团和青少年工作决策提供了参考。

六、加强团干部队伍建设

1. 开展“团干部如何健康成长大讨论”活动。全年累计开展专题学习活动8次，督促各市(州)完成“团干部如何健康成长大讨论”相关活动50场(次)，以此引领“三严三实”教育活动思考与实践。聚焦团干部成长中存在的突出问题，大兴直接联系青年之风、学习研究之风，深入基层调研23人次。

2. 加强各级团干部配备工作。以乡镇、街道团组织格局创新为抓手，不断提高基层团组织干部配备率，县(区)级团委书记配备率达到94%，为共青团工作的开展提供了组织保证。

3. 深入开展团干部培训工作。按照“社会+财政、团校+党校、团干+专家、团内+团外、测评+考核”的“五个结合”工作模式，举办各类省级培训班17期，培训各级团干部共计2686人。举办市级培训班119期，培训各类团干部共计10895人。

七、“项目化”工作思路成效显著

1. 工作效率显著提高。按照“项目化”工作思路，由项目工作领导小组牵头具体工作任务，破除了原有管理结构中的桎梏。有效整合各方资源，由各部(室)、直属单位以及基层单位相关人员组成去层级化的“项目团队”，各成员发挥各自优势、充分协作，在确保时间、经费和基本工作要求的前提下，以尽可能高的效率完成预定目标，大幅提升了工作的执行力。

2. 干事创业能力增强。通过开展“项目化”，全省各级团干部的工作主动性有所提高，实现了从“等活”“交卷”到现在主动谋划工作的转变，各项目负责人在实际工作中也得到了“复合管理”的充分锻炼，既能从大处着眼，参与全局工作，也能从小处着手，破解具体的“项目”难题，在协调能力、组织能力等方面都有了较大提升。2015年，团省委共支出资金6000余万元，累计支持基层资金2000余万元。

黑龙江团的工作

团省委以深化为目标，以创新为突破，以制度为保障，以团结带领广大团员青年在全面建成小康社会、全面深化改革、全面推进法治黑龙江建设、全面从严治党的实践中创新创业创优为统领，坚持工作格局不变，虚功实做、难事长做，不断深化青春筑梦工程、青春建功行动、青春护航行动、团建活力工程，全省团的各项工作和建设稳步发展。

一、加强对广大青年的思想政治引领，深化青春筑梦工程

1. 强化理论武装工作。一是实施青年马克思主义者培养工程。开展了“学理论、知省情、爱家乡、议振兴”社会实践和学习宣传贯彻党中央重要精神活动，形成了社会调研报告80余篇。举办了年度省青马工程骨干培训班，100名大学生骨干参加。二是着力推进“四进四信”教育活动。开展“如何练好习大大传授的‘八字真经’”主题团日活动1.7万场，参与学生近30万人。开展“四进四信”线上线下活动，开设了“总书记北大讲话”等8个话题，转发跟帖量达1万余次，阅读量达80余万人次。全国首款学习习近平总书记重要讲话APP在黑龙江上线。三是开展与信仰对话主题活动。邀请专家学者、青年典型、文体明星等深入大学校园，针对青年学生关注的社会热点和成长话题进行面对面交流，举办“与信仰对话”活动456场，覆盖人数17.7万余人。在中学广泛开展了“与人生对话——我的中国梦”成人主题系列教育活动，举办活动516场，覆盖中学数量799所。

2. 深化中国梦宣传教育。一是讲好党史国史、龙江发展史故事。清明期间，以“勿忘历史·圆梦中华”为主题开展了祭英烈活动，引导广大青少年继承和弘扬党的光荣传统和革命精神。围绕阅读一本优秀图书、观看一部优秀影视剧、开展一场主题学习交流、传播一个感人故事“四个一”内容，开展活动7.8万场次，影响覆盖团员青年106.7万人次。二是讲好发展成就故事。以“我看中国新变化”为主题，结合省委“应常态、增信心、强定力、促发展”主题活动，以讲座、报告、论坛等形式开展讲好龙江发展成就故事活动330场。三是讲好青春奋斗故事。组织五四青年奖章、青年创业奖获得者和优秀大学生创业典型深入全省各大高校，以“奋斗的青春最美丽”为主题开展故事分享活动710余场，直接影响青年3万余人。

3. 加强社会主义核心价值观培育践行。一是强化正面宣传教育。广泛开展“弘扬核心价值观·传递道德正能量”、“我们是共产主义接班人”等主题团队日活动以及“严实”品德教育、“践行社会主义核心价值观”诵读比赛、手抄报比赛等活动380场，加深了青少年对核心价值观的理解。二是深化青年典型引领。开展了“青年五四奖章”、“青年创业奖”、“优秀志愿者”评选表彰活动。黑龙江省2名青年典型荣获全国“青年五四奖章”。积极开展“争做向上向善龙江好青年”评选活动，黑龙江省两名典型成为全国“向上向善好青年”分享团成员，团中央分享团在黑龙江开展分享活动6场。三是发挥实践育人功能。开展了“节能有道·节俭有德”、“弘扬雷锋精神·共建美好家园”、“文明与旅游同行”、“青春暖流”等实践活动，在实践中提升了青少年对核心价值观的理解和感悟。

4. 全面推进网络新媒体工作。一是加强网络舆论阵地建设。完善“黑龙江共青团微博发布厅”、“青春龙江”团干部微博群功能，实现了全省各级团组织微博联动、信息共享、资源互补。推动“青年之声”互动社交平台建设，省、市、县三级团组织和农垦、森工、18所高校、9家国有大型企业全部开通了“青年之声”互动社交平台，接受青年提问总数达5.6万余次，累计回答青年提问6.1万余条，专家回答率始终保持在80%以上。二是强化网络发声队伍建设。招募网络文明志愿者26.4万人。组建了省级新媒体培训讲师团，开展新媒体工作座谈交流和专题培训。三是主动发声积极作为。组织开展“龙小青话成长”、“我们的创业梦”、“帮环卫工人拍张照”等正面宣传和舆情引导的集中发声共10次，一般性全省联动演练3次，单次话题覆盖青年均超500万。对团中央发起的“清明祭英烈”等话题响应迅速，动员参与人数逾1万人次；承接团中央的联动任务，10小时动员约7200人，发帖数约15300条。

二、坚持围绕中心、服务大局，推进青春建功行动

1. 引导广大青年投身创业实践。以促进大学生创新创业为重点，充分发挥自身优势，主动设计工作载体，深入推动了龙江青年创业助航计划的实施。一是筹备召开黑龙江省大学生创新创业工作推进会。来自13个省直相关厅局单位、各地市政府、团委、各高校主抓创业的负责人及大学生代表共计5000余人参加了会议，省长陆昊亲自到会并讲话。二是启发广大青年创业意愿。深入开展青年创业观教育。组织五四青年奖章、青年创业奖获得者、优秀大学生创业典型开展创新创业故事分享活动120余场次。三是搭建创新创业的竞技平台。举办了首届黑龙江省青年创新创业大赛,整合“哈行杯”青年创业大赛、“北大荒杯”绿色食品青年电商创业销售大赛、“俄速通杯”青年跨境电商大赛和“挑战杯”等赛事,上线运营绿色食品网店2000多家、跨境电商200多家,20个团队的创业方案进入“哈行杯”决赛,232件大学生课外学术科技作品入围“挑战杯”决赛,有力促进了青年创新创业。四是搭建扶持创业的实践平台。推进青年创业项目孵化平台建设,新命名共青团青年创业园区10家,总数达到22家,孵化器或孵化基地总数达到17家,扶持创业青年或团队达496个,在孵青年创业企业或项目达到821个。五是搭建创业见习的学习平台。通过依托、联合、独立等形式,命名27家青年创业技能培训学校,培训青年11989人次。促进导师与创业青年结对子,共聘青年创业导师1813名,创业导师与创业青年团队结对1043个。对见习基地、见习岗位进行全面梳理,确定见习基地291个,组织青年上岗见习数达6767人次。六是加大对青年创业的支持力度。积极争取金融机构对创业青年的贷款支持,全省各级团组织协调为1.2万余名创业青年办理了小额贷款。开展投资、融资对接工作,举办投资对接活动18次,16个青年创业团队成功获得创业投资。广泛开展了创业政策巡讲活动,联合税务、工商、人社等部门开展创业政策宣介85场次。七是打造创新创业服务的信息平台。整合政府、高校、企业和社会等各方面支持大学生创业资源,建立黑龙江省大学生创新创业网,为大学生创业提供创业培训、创业项目、创业融资、创业园区、创业导师、创业团队组建、办事指南等方面的一站式信息服务。

2. 积极服务经济平稳健康发展。一是举办青工岗位技能大赛。联合16个厅局,开展了涉及58个工种的青工岗位技能竞赛,举办省级大赛16场,5631名青工进入复赛。二是做好青年文明号工作。评选省级青年文明号集体692个,推荐全省14个集体荣获全国青年文明号。深化青年文明号“优环境、助发展,践行核心价值观”主题活动,充分发挥了青年文明号集体生力军作用。三是支持共青农场基地建设。组织共青农场到11个省市考察招商,落地项目3个,实际投资额4.2亿元;协议项目7个,协议投资额12亿元;意向项目19个,意向投资5.5亿元。举办纪念中国青年志愿垦荒60周年活动,团中央书记处第一书记秦宜智同志出席活动。四是服务农村经济社会发展。加强农村致富带头人协会建设,建立各级协会187个,吸纳协会会员18010人。加强省级青年棚室基地建设,成立青年棚室经济示范基地35家,带动创业青年5500人。广泛开展农业实用技能培训活动,举办各类培训班1100场次,培训农村青年8.23万人次。实施青年电商培育工程,服务支持农村青年开展电商创业,培育青年电商3100余家。五是服务“龙江丝路带”建设。连续两年举办中俄青年企业家俱乐部活动,建立了与韩国忠清北道青年会议所以及台湾青年创业协会总会的长期联系。

3. 引导广大团员青年为建设法治龙江贡献力量。一是开展法制宣传教育。开展了“青春与法同行”、“青少年学生法制漫画巡展”法制宣传周等活动,通过青少年喜闻乐见的形式,不断加强青少年法律意识的培养。全省共开展各类法制主题宣教活动132场,覆盖青少年近50万人。二是拓展“面对面”活动。以“健全青少年社会化服务体系”为主题,广泛开展调研活动,进一步扩宽广大青少年的利益诉求渠道,发挥了各地人大代表青少年事务代表小组服务维护广大青少年权益、传递青少年利益诉求的功能。三是开展“三远离一倡导”活动。积极创新宣教方式,利用新媒体开展“三远离一倡导”宣教活动,共吸引11万名青少年参与,信息转发量达8万余条。

4. 积极促进社会和谐稳定。一是推动志

愿服务体系建设。召开了黑龙江省青年志愿者协会第一次会员代表大会，举办了全省青年志愿服务项目大赛。在第二届全国青年志愿服务项目大赛中获金奖2项、银奖8项。圆满完成了2015年国际雪联单板滑雪世界青年锦标赛和第二届中俄博览会等大型赛会的志愿服务工作。二是做好西部计划志愿者的招募服务工作。面向全省46所高校公开招募，共选拔176人到全省各县区、新疆和西藏开展志愿服务。三是深化保护母亲河行动。广泛发动开展植树活动。协调资金、物资总价值472万元，发动青少年14万人次，植树165万株，护绿面积3.2万亩。发动团员青年8.26万人次，开展环保知识宣传活动812场次，影响覆盖青年13.53万人次。广泛组织"绿色长征"公益健走活动，参与青年健走里程达67万公里，里程和获捐树木数量均居于全国前列。

三、主动关注广大青少年成长成才需求，持续推动青春护航行动

1. 维护青少年合法权益。一是加强12355青少年服务台建设。开展"青春自护·平安春节"、"青春自护·暑期安全"青少年自护教育和"轻松备考·12355与你同行"等系列活动，为广大青少年提供咨询服务和实际帮助。二是强化黑龙江省青少年维权专家服务团队建设。充分整合专业力量和社会资源，建立了13个律师事务所和心理专家团队的对接平台，实现了与青少年诉求的有效对接，吸纳323名专业律师和127名心理专家。

2. 服务青少年成长成才。一是强化青年就业服务工作。开展共青团"见习助就业，牵手毕业生，千企万岗进校园"省级示范活动，1267名学生与用人单位达成意向性协议。全省共组织岗位对接活动19场，吸引3万余名青年参与，9000余人达成意向性协议。二是深化大学生"三走"活动。结合全省季节特点，设计组织在校大学生开展晨操、晨跑、冰雪运动等体育锻炼活动。三是深化少年儿童习惯养成教育。组织市（地）总辅导员和全省优秀少先队辅导员开展案例征集、互观互检、成果展示，编写了《48个生活细节少先队活动课程教参》。全年共开展各类养成教育活动100场。四是广泛开展读书活动。举办"诵经典·讲礼仪·传美德"中华传统文化经典诵读、"青春龙江·悦读人生"青少年阅读、"传承历史·畅想中国梦"青少年书信征集和线上微话题等活动，有效激发了广大青少年读书热情。

3. 帮扶困境青少年群体。一是深化共青团关爱农民工子女志愿服务行动。结对农民工子女较集中学校841所、结对农民工子女15万余人、结对的青年志愿者组织775个，参与志愿服务的志愿者15万余人。开展各类关爱农民工子女志愿服务活动60余次，累计服务10万余小时。新建省级"七彩小屋"3所、市地级"七彩小屋"26所。二是大力开展志愿助残阳光行动。志愿者与残疾青少年结对率提升到45.8%。通过共建、命名、挂牌等方式，在全省建成规范性阳光行动志愿服务阵地120个。全省参与助残志愿服务者共计3.5万余人次，累计服务时数为10万小时。三是深化希望工程。全年筹资3533.3万元，援建希望小学9所，资助困难学生9260名，援建体育园地16个，资助先天性心脏病患儿66名，帮助280名乡村教师进行培训。

四、努力提升团组织的吸引力和凝聚力，深入实施团建活力工程

1. 加强团员队伍建设。一是深入开展团员意识教育活动。严格执行"三会两制一课"制度，采取团课、专题报告会、演讲比赛、读书活动等形式，加强对团员的培训，引导团员在学习和工作中发挥模范带头作用。二是强化"推优入党"工作。加强"推优入党"制度建设，将"推优入党"工作纳入党建带团建工作专项督导检查内容，不断提升"推优"质量，扩大"推优"规模。三是推动团员注册志愿者。在团中央支持下，开发了"志愿龙江"手机APP，并在团干部中率先应用,全省81.6万团员、团干部注册成为志愿者。

2. 推进团的组织网络建设。一是推动城市街道区域化团建工作。巩固城市街道区域化团建良好工作基础,进一步拓展团建覆盖,在全省13个市(地)的530个街道全部建立区域青年工作共建委员会,整合各方工作资源,建立工作阵地538个,新媒体阵地425个。推进非公企业建团工作,新建非公企业团组织673家。二是推动农村区域化团建工作。开展“十县百乡”分类示范创建活动,重点推进“五制一管理”和示范性活动开展。加强县域专业合作组织团工委建设,建立县域专业合作组织团工委85个,在农村合作组织中新建团组织30个。

3. 稳步推进青少年综合服务平台建设。一是扩大青少年综合服务平台数量。依托城乡基层党组织活动场所、公共文化、体育活动场所和银行业金融机构建立青少年综合服务平台,总数达到681个。二是开展示范性青少年服务平台创建活动。通过互评互检等方式,共评选省级示范性青少年综合服务平台53个、市(地)级示范性服务平台122个,充分调动了地方团组织的积极性和主动性。

4. 不断加强团干部队伍建设。一是扎实开展“三严三实”专题教育。开展了“严以修身”、“严以律己”、“严以用权”三个专题的学习讨论,组织全省团干部认真学习党章和《廉洁自律准则》、《纪律处分条例》等党规,有效推动了团干部作风转变。二是广泛开展“团干部如何健康成长”大讨论活动。坚持以上率下开展大讨论活动,开展专题宣讲活动308场次,座谈交流246次,使全省团干部更加全面地认识了自己,找出了自身存在的主要问题,明确了改进方向。三是深入开展“走进青年、转变作风、改进工作”大宣传大调研活动。深入431个基层单位,共开展专题宣讲活动53次,接触各层青年2400余人,构建了有效的沟通联络渠道。四是开展团干部“倾听”活动和常态化下沉基层工作。全年共开展“倾听”活动1800余场,收集整理广大青年的各类意见建议近万条。组织机关10名干部常态化下沉基层,宣传中央、省委党的群团工作会议精神,协助县区团委谋划工作。五是抓好团干部培训工作。省、市两级分别举办了团干部深入学习党的群团工作会议精神主题读书班。创新推广“四化五法”培训模式,组织省级培训15期,培训各级团干部和少先队工作者2100余人次,市(地)级以下培训336期,培训各级团干部23900余人次。

上海团的工作

一、各项重点工作取得新成效

1. 把握时代脉搏,积极引领青年弘扬正能量。(1)推进“我的中国梦”主题教育活动。持续开展“四进四信”、“与人生对话”、“红领巾心向党”、“奋斗的青春最美丽”等主题活动,并结合纪念抗日战争暨世界反法西斯战争胜利70周年、新中国成立66周年、“一二·九”运动80周年等重要时间节点,广泛开展主题团队日活动。(2)深化“向上向善”青少年践行社会主义核心价值观主题活动,开展“城市文明新约”、“悦读青春”等,加强中华优秀传统文化教育,广泛开展道德实践活动,联合团中央宣传部拍摄制作《中国好青年》专题片，引导广大青少年把社会主义核心价值观的根扎牢植正。(3)坚持以“百万青年成长计划”为统揽，开展“上海市青年英才研修班”、“国务研究训练营”等，加强青年人才培养。(4)推进“创新，我们在行动”青少年创新培养计划，面向少年儿童，重点推进上海少年科学院“小院士”评选、“科技启明星章”争章活动等；面向大中学生，举办第十四届“挑战杯”上海市大学生课外学术科技作品竞赛、开展第六届“上海市青少年科技创新市长奖”评选；面向职业青年，深化创新创业创优行动。(5)推进青少年法治宣传教育活动，加强法治宣传教育阵地建设，持续开展“四进”活动，逐步推进“两基地”建设，增进青少年对法治的实践体验。(6)深化“快乐志愿，随手公益”青少年志愿公益行动，选拔派遣青年志愿者赴米兰世博会中国馆开展志愿服务，广泛开展“下一站，公益”、“保护母亲河”、助残“阳光行动”等，为青少年提供了公益实践的舞台。(7)开展促进青少年海内外交流计划，多领域、多渠道、多层次开展青年对外交流活动，加强与香港、台湾地区青少年互动交流，与新加坡、韩国、越南、德国等的海外交流稳步推进。(8)落实“手拉手”青少年对口支援系列工作，整合落实对口支援资金2650万元，通过邀请当地青少年来沪参观学习、举办青少年工作者培训、组织40万上海青少年与各地青少年书信往来结对等形式，增进相互交流，汇聚各方力量共同服务对口支援地区青少年成长。

2. 聚焦需求“痛点”，服务青年成长成才。(1)实施“爱心上海”扶贫助困公益行动，开展“冬日阳光”、“我们的年轻范”、“青春红丝带”等品牌项目，共整合各类资金420万元，服务困难青少年29.5万人。(2)深化“梦创上海”青年创业扶持计划，开展“大学生创业联盟”、“上海青年创业英才”培训班、“梦创讲堂”等工作，为青年创客、极客搭建发展舞台。组织14场“走进产业园·服务中小微”志愿服务系列行动，近1000家小微企业从中受益。推进郊区青年创业工作专项行动，全年累计培训13000余人，落实培训资金578.6万元。(3)实施青年就业“启航”计划，推进“青年就业创业见习基地”建设，以创业带动就业，帮助青年转变就业观念、提升就业能力。(4)推进“小学生爱心暑托班”实事项目，服务小学生数量2万余人次，为更多市民解决了暑期孩子看护难的问题，取得了良好的社会反响。(5)落实“青年之声”和12355综合服务平台建设，积极打造微博、微信、网站、12355热线等“两微一网一热线”，建立直接倾听和回应青少年需求的工作渠道，加强各级团组织服务能力。全年累计接听热线来电10261个，网上答复青少年问题3897个，为青少年提供面询服务350小时，开展家庭教育、法律宣传、社区服务、青春期自护、公益交友、员工心理援助等各类线下活动551场，直接服务近10万人次青少年。

3. 创新组织格局，有效提升基层工作活力。(1)加强“青春上海”媒体中心建设，主动占网、建网、用网，推动各级团组织依托新媒体平台形成多层级、多领域、多互动的组织体系，构建“互联网+共青团”的总体格局。(2)稳步推进青年中心建设，扩大青年中心组织覆盖，不断优化和拓展青年中心功能。截至目前，全市已建立市级青年中心479家，区级青年中心311家。(3)推动基层服务型团组织建设，积极推进社区建团、楼宇建团、青年兴趣组织建团、网络建团，探索新兴领域团建新规律、新载体，促进不同系统、不同领域、不同层面的服务资源实现“跨界”流动，形成全团“大服务”工作格局。持续推进“两新”团建，全年新建非公有制企业团组织938家，新社会组织56家。(4)积极承接政府职能转移，拓展共青团服务职能，做好协助管理和承接政府青少年事务工作，深化预防青少年违法犯罪工作。(5)开展青少年发展“十三五”规划编制工作，组建"青年汇智团",邀请普通青年代表共同开展调研、建言献策,使规划编制更贴近青年实际、符合青年心声。(6)推进少先队活动课程体系及学科化建设,履行全团带队职责,探索少先队工作新方式,举行少先队学科建设研讨会,开展辅导员说课大赛,推动少先队活动课程建设。

4. 狠抓从严治团,着力加强团的自身建设。(1)开展"三严三实"专题教育,通过专题党课、专题学习会等形式,结合"团干部如何健康成长"大讨论等活动,对照党内规章制度、党的纪律等相关要求,及时查摆和整改不足,不断锤炼团干部的思想、作风和党性。(2)开展"大调研大走访"活动,团市委党组成员、团市委委员、在沪团中央委员、团市委副处级以上干部组成7个调研组,历时三个月,分别走访了区县、高校、企业团组织以及青年社会组织等单位,通过召开座谈会、宣讲、实地走访基层一线等形式,与基层团组织负责人、一线青年职工、青年社会组织领袖进行深入交流,与基层建立起经常性联系。(3)建立常态化下基层机制,在团市委党组成员、机关处级以上干部日常深入基层开展组团式联系服务的同时,机关全体科级干部每人都联系一个基层薄弱团组织,每周不少于2个工作日在基层工作,帮助基层找资源、搞活动、搭平台、强基础,使基层感受到团市委夯实基础的决心,解决了一批实实在在的问题。

二、全面启动共青团改革创新

自开展地方群团改革试点工作以来,上海共青团按照中央的要求,在市委的坚强领导下,按照团中央"凝聚青年、服务大局、当好桥梁、从严治团"四维工作格局,重点聚焦组织设置、干部选拔培养管理、管理模式和工作方式等方面存在的突出问题,汇聚全团智慧力量,研究探索改革举措,全面启动改革实施各项工作。

1. 注重凝聚共识,努力形成深化改革的强大思想动力。召开改革实施工作动员部署会、举办为期两天的改革实施工作专题培训班,及时完整地传达学习中央、市委群团工作会议精神,对《共青团上海市委员会改革实施方案》的背景、重点、方向逐一解读,要求各级团干部统一思想认识,明确工作方向,振奋精神,步调一致。

2. 注重统筹协调,推动构建全团改革"一盘棋"格局。成立上海共青团改革实施工作领导小组,统筹推进上海共青团改革实施工作。加强对区县制定改革实施方案工作的指导,特别是对市委提出的关于代表大会、委员会、常委会的比例等严格要求作了强调,对团区县委内部机构设置等事项进行了统一指导,及时研究回应各区县集中反映的问题,把握基层改革实施工作动态,并对推进落实情况进行督查。各区县团委均已按照区县党委的要求和团市委指导意见,结合各自区域特点和青年群体实际,因地制宜地制定了各自的改革实施方案。

此外,深化团市委国资监管体制改革,支持团办实业发展,充分发挥好青干院、希望办、青年报社、青少年活动中心的特色作用,促进青年实业、青旅、城市实业、出入境中心等单位效益提升。结合国资国企改革,严格规范直属企事业单位的各项规章制度,开展团办实业薪酬改革等工作,建立并改进了国资监管体系。

江苏团的工作

2015年,全省团员总数达5250578人,占14—28周岁青年总数的28.24%。全省现有基层团(工)委17510个,团总支15667个,团支部220987个,共有团干部314428人,其中专职团干部23028人。

一、扎实开展青少年理想信念教育

牢牢把握共青团思想育人的神圣职责,坚持"全团抓思想引导"的工作要求,切实引导广大青少年听党话、跟党走。我的中国梦系列主题教育实践活动持续深化。10万余场主题团日丰富多彩,先进青年典型分享交流成为常态,通过新媒体影响覆盖超过280万人。社会主义核心价值观宣传教育活动生动有效。文字、图片、音频、视频、公益广告等形式让社会主义核心价值观宣传教育无处不在,近万名"我们身边的好青年"被推荐上来。青少年文化工作扎实推进。"非同凡xiang"系列活动、"世界青年说"栏目、"共青团书柜"、"江苏青少年国学堂"、"做彬彬有礼江苏人"我拍我秀、"青年书香号"、"共青诗会"等深受广大青年喜爱。青年马克思主义培养工程卓有成效。省、校、院三级"青马工程"培训学员超过25000人。网络文明志愿者队伍发挥作用。60余万名网络文明志愿者在江苏共青团微信平台专属定制粉丝卡(网络文明志愿者专属卡)及志愿者打卡器APP软件进行双注册,主动驳斥各类错误认识,弘扬网络正能量。

二、引领广大青年创业创新

坚持把促进青年创新创业作为提高团的吸引力和凝聚力的重要任务和重要抓手,健全和完善促进青年创业就业服务体系。抓氛围营造。注重赛事撬动,"创青春"大赛、首届全省青年APP大赛、创新创业大赛等活动激发青年创新创业活力。参加第十四届"挑战杯"决赛,总成绩位列全国第一。注重经验分享,"双创青年说"、"挑战学子"论坛、"科创学子"论坛、"创业学子"论坛成为分享创新创业经验感悟的重要平台。注重政策宣传,编撰江苏省大学生创业指导手册,推出"江苏青创数字地图"。抓能力提升。开展"青年创业就业导师进校园""创业大讲堂"等培训活动。组织省、市、县三级1万多名青商会企业家,针对在校大学生开展"万名总经理见习计划",实施青年创业就业援助"1+2"计划。建立青年创业人才库,做好录入、分类、建档和跟踪服务工作,全省各级团组织人才库共收录创业项目13425个,创业人才15657名。抓项目牵引。推动青创空间建设,聚焦小微创业项目,整合能力培养、项目孵化、金融支持、跟踪服务等功能,吸引小微创业团队进行项目孵化。开展企业青年创新工作室建设,聚焦科技创新、管理创新、商业模式创新,鼓励青年立足岗位,激发创新思维。实施大学生返乡涉农创业"青苗计划"和青农电商扶持"青翼计划",培养扶持1000名大学生涉农创业,培育1000名大学生新型职业农民,建立13个省级农村青年电商创业示范基地和13个省级农村青年电商创业体验馆。抓金融支撑。延展青年创业就业基金会功能,密切与企业合作,募集项目资金,增强基金会运作的项目化、市场化水平。加强与金融机构合作,探索团组织+开发银行+小额贷款公司的城市青年创业小额贷款发放模式,开发"青年电商贷"等金融产品。推出小微创业"千人计划",通过加盟、连锁等模式,为青年提供创业机会。

三、加强服务型团组织建设

持续深化服务型团组织建设，切实增强共青团的服务能力，把团的功能定位、工作理念和工作重心全面转移到服务工作上来。积极推进团员注册成为志愿者。坚持组织化动员和社会化动员两手抓。在组织化动员方面，重点抓住"四个关键点"，即抓"团支部"，以基层团支部为单位成立团员志愿服务队伍；抓"入团第一课"，在党团知识培训中，加入志愿者培训课程；抓"推优入党"，把是否在志愿者中发挥骨干作用作为考察内容；抓"评选表彰"，把参与志愿服务作为五四红旗团委、青年文明号、优秀团员等评选的重要依据。在社会化动员方面，重点是建设信息化平台，开发使用基于移动互联网平台的志愿者注册管理系统，实现了志愿者便捷注册、志愿者全数据管理、服务时间权威认证、供需双方高效对接。目前，全省共有116903名专兼职团干部、1204101名团员成为注册志愿者。积极推进青少年综合服务平台建设。发挥示范带动作用，启动省级示范性青少年综合服务平台创建工作，制定了6方面服务内容、23条服务标准的考评体系，采取广泛参与、逐级创建、择优申报、差额认定的方式开展创建工作。目前，已完成全年建设46个县级和485个乡镇（街道）级青少年综合服务平台任务。积极推进"江苏青年之声"社交平台建设。建立省级网络平台，在"江苏共青团"官方微信及"江苏青年荟"手机客户端，开设"江苏青年之声"栏目，同时也可以通过"江苏共青团"官方网站及微博中的二维码扫描进入，分为有话要说、热点聚焦、回声嘹亮、青年观察、青友互助、奇思妙答等版块。构建全省新媒体矩阵，采用"统一开发，独立实施"的方式建立融合全省各级团组织各类新媒体矩阵的江苏"青年之声"，努力将其打造成为共青团践行党的群众路线的有力抓手、加强和改进团干部作风建设的有效载体、联系和凝聚服务青年的便捷渠道。

四、坚持从严治团，锤炼过硬团风

切实把从严管团治团作为推动工作的重要支撑和保障，以作风建设新成效汇聚深化改革强动力。着眼管好团的组织，努力打造青年身边靠得住的团组织。传统领域团组织突出"提质"，在全省中学中职学校重点实施"一课一月一员，一室一角一档案"为主体的"六个一"团建项目，切实抓好共青团工作的基础和源头。新兴领域团组织注重"扩量"，加强非公企业团建，总结推广五公里团建圈、十步工作法、网格化联合团建等"非公团建十法"。城乡区域化团建实现"众筹"，坚持条块结合、共建共管，推动城乡区域内组织联建、干部联动、资源联享、阵地联用、工作联抓，努力实现团的基层组织网格化、工作力量枢纽化、工作影响有形化、工作资源均衡化、工作项目品牌化。着眼管好团的干部，真正成为青年心中信得过的团干部。推动团干部形成下沉基层常态，深化"青春邀约走基层、服务青年听转办"活动，安排四分之一的机关干部常态化下沉基层，讲政策、听心声、找资源、推经验，做到了下得去、融得进、上得来。认真组织开展"三严三实"专题教育和"团干部如何健康成长"大讨论活动。坚持正面教育，强化问题导向，突出实践特色，使广大团干部牢固树立正确成长观。构建全省团干部大培训工作格局，共对全省1499名县（市、区）团委负责人、乡镇（街道）团（工）委书记以及2644名中学中职团委书记进行了全员培训。着眼管好团员队伍，坚持培养群众眼中看得出的团员青年。把好入口关，抓住团员发展的牛鼻子。按照"三下三上、上下结合"的程序要求，做好团员发展三年规划和年度计划，以县域为单位，至2018年，初中、高中毕业班团学比调控在30%、60%以内。严格团员发展标准、程序要求，在全省推行"十步骤、三公示、六必须"，做到"一把尺子量到底"。注重规范化，找准团员管理的着力点。团省委每年投入百万元，推动入团志愿书、团员证、钢印等全省统一编号、统一配发、统一加盖钢印。

五、深入开展“团干部如何健康成长”大讨论活动

行动快，迅速部署大讨论活动。按照团中央统一部署要求，江苏团省委切实履行省级团委对基层团组织开展大讨论活动的督导指导职责。4 月 15 日即以党组名义面向各市级团委下发了《关于在全省共青团组织开展“团干部如何健康成长”大讨论活动的实施意见》，成立了由团省委书记万闻华同志任组长、有关党组成员任副组长、各部门主要负责同志为成员的领导小组，同时成立了由综合组、宣传组、联络组分工负责的具体工作执行机构，迅速推动形成了全省市以下基层团组织开展大讨论活动环节推进步调一致、规定动作落实一致的同频共振工作格局。形式新，注重开展分享式、体验式学习交流。开展机关干部每日“我来讲团史”晨会活动，每天安排一名党员干部上台讲团史，定期评比、以讲促学。组织机关干部结合自身感悟、撰写成长格言，并在机关电子屏逐一展示、共同分享。在微信开设“学团史、强党性、铸信仰”专栏，每日发布党团史问题，组织发动团干部答题。在微信开设“团干部健康成长说吧”，征集团干部健康成长感言。深入社区开展志愿服务活动，以实际行动展现团干部良好作风形象。开展现场实践教学，举行“重温志愿书、再续新征程”主题团日活动，赴淮安参观周恩来纪念馆和德园警示教育基地等。在团省委机关中推选出 29 名不同层级的“好团干”，并在晨会上作交流发言。动作齐，规范完成各项规定项目。深入学习习近平总书记系列重要讲话精神，面向全省各级团干部提供学习书目，并向全体处级以上干部发放了《习近平谈治国理政》、《习近平关于全面依法治国论述摘编》、《习近平关于党风廉政建设和反腐败斗争论述摘编》等学习资料。开展谈心交心活动，按要求严格在四类不同层级干部之间开展谈心交心，经过认真部署和督促实施，团省委机关共开展“一对一”的谈心交心活动 100 多场。认真听取意见建议，采取“线上加线下”相结合的方式，从 10 月中旬开始，利用“青年之声”、江苏共青团门户网站、微信公众平台等新媒体工作平台征求青年意见和建议，充分运用“走听转办”这一成熟有效的工作载体，面向不同青年群体征集对团干部作风建设方面的意见建议。团省委先后召开座谈会 35 场，走访各行各业青年 1100 多名，通过各类渠道征集到意见和建议 1000 余条。着手推动建章立制，下发《全省团干部加强作风建设密切联系青年的若干规定》等，促进机关干部与基层团组织、团干部和普通团员青年建立常态化联系。

六、加强少先队组织建设

2015 年，全省共有少先队中队 137690 个，大队 6390 个，在校少先队员约 186 万名。联合省教育厅，评选表彰 132 名“江苏省优秀少先队员”、141 名“江苏省优秀少先队辅导员”、264 个“江苏省优秀少先队集体”。10 名少先队员被表彰为“全国优秀少先队员”、10 名少先队辅导员被表彰为“全国优秀少先队辅导员”、13 个大中队集体被表彰为“全国优秀少先队集体”。认真贯彻落实《中共江苏省委关于进一步加强少先队工作的意见》文件要求，向省政府专题汇报少先队工作，省财政厅按照每年 500 万元的标准，在财政预算中安排少先队工作经费。指导南京、徐州、常州、苏州、南通、连云港、淮安、扬州、镇江、泰州 10 个市以市委名义下发《关于进一步加强少先队工作的意见》。扎实推进少先队活动课程建设，编写出版 1—8 年级《少先队活动课辅导用书》，在 2015 年秋学期开学前，将 16.5 万册书籍免费赠送给全省大中队辅导员。依托江苏共青团微信平台，上传 200 多个优秀活动案例。联合省教育厅连续第 5 年举办辅导员风采展示活动。评审、命名 16 个“江苏省少先队名辅导员工作室”、11 个“江苏省优秀少先队辅导员工作室”，划拨 60 万建设经费，支持开展各工作室开展少先队活动课程实施研究和全国少先队重点课题研究。认真组织开展系列实践教育活动。以“抗战胜利 70 周年为契机，开展“红领巾寻访抗战足迹”主题教育活动，全省少先队组织共成立 2597 支小记者团、寻访小队，150369 名小记者参与了寻访活动，近 100 万少先队员参加了相关主题活动。组织开展民族团结“手拉手”活动，实施手拉手“一十百千”工程，全年共援建新疆伊犁州、克州和西藏拉萨市、青海海南州鼓号器材 15 支，捐赠图书 2.5 万册、爱心包裹 50774 个，捐赠物资总价值近 600 余万元，结成少先队员互助对子 765635 个。深化“百万新疆各族少年儿童与内地少年儿童书信手拉手”活动，结成书信对子 352932 人，发出信件 226251 件。举办“江苏新疆民族团结天使手拉手夏令营”，邀请新疆伊犁州、克州 8 个民族的 70 位少先队员、10 位少先队辅导员走进江苏。建成首个江苏省少年科学院活动基地，举办第三届江苏省少年科学院“小院士”评选表彰暨夏令营活动，表彰省级小院士 53 人。参加第十一届中国少年科学院“小院士”课题研究论文答辩活动，4 名队员被评为“中国少年科学院十佳小院士”，162 名队员被聘为“中国少年科学院小院士”

七、认真组织实施中学中职“六个一”团建项目

以“一课”为核心，系统构建团员意识教育体系。构建省、市、校三级示范性团课体系，并结合学生兴趣特点和“五四”、“十一”、“一二·九”等时间节点，积极组织全省中学中职团干部为学生团员上好“入团第一课”，引导学生系统学习党团基本知识，学习了解中国特色社会主义理论体系，形成初步的团员意识和理论自觉。以“青春五月”为统揽，全面打造中学中职共青团活动氛围。省、市、校、团支部等四级联动体系共同开展“奏响五月主旋律，培育团员好青年 ”主题团月活动 9520 场，覆盖团员 100 多万人次，实现了中学中职学校的全覆盖，推动中学中职共青团工作“团员意识、组织活力、服务能力”的“三个提升”。以“共青团辅导员”为关键，有效加强工作基础力量。联合教育厅制定并下发了《关于开展聘请各级优秀青年担任“中学共青团校外辅导员”工作的通知》、《关于加强全省中职学校共青团辅导员队伍建设的意见》等文件。全省中学中职学校聘请共青团辅导员 103200 余人以及优秀志愿辅导员 12000 余人。以“团员成长教育室”为重点，扎实建设中学中职共青团有形阵地。推动各中学中职结合现有报告厅、多功能厅、学生活动中心等设施围绕共青团工作需要进行调整、改建，统一悬挂团旗团徽等共青团标识，张贴团务基础知识贴图，配置团报团刊共青团学习书籍，展示学校共青团的工作风采、取得荣誉及先进典型团员青年的事迹材料等，定期开展团的活动，形成团工作交流展示、团员学习教育、共青团活动动态开展的团属有形阵地，全省已建设“团员成长教育室”825 个。以“班级团队角”为依托，大力构建基层支部教育管理展示平台。通过布置团的标识，摆放团的教材读本，展示团的活动项目成果，展示支部工作动态、团员精神风貌和支部活动风采，建设形成班级团支部开展工作及进行支部团员教育管理的有形平台。全省 206 所中学中职的 2130 个学生班级推进建立“班级团队角”。以“学生团员成长档案”为抓手，促进形成记录学生团员成长印迹的有形载体。指导各班级团支部为支部每位团员建设个人成长档案，做到系统化设计、常态化记录、动态化管理，实时跟进指导学生的成长成才，形成学生成长过程的全记录的有形、动态载体。此项工作已在南京、苏州、南通和镇江等市的 692 所中学中职学校全面展开。

八、持续提升希望工程品牌影响力

积极开展希望工程圆梦行动。2015 年，以

"圆梦进行时,微爱行动'益起来'"为主题,在全省范围内全力推进希望工程圆梦行动,并首次在江苏共青团微信平台和支付宝公益平台上面向社会开展网络公益众筹活动,有效扩大了活动的影响力,得到了社会各界的广泛关注和大力支持,共募集圆梦行动助学资金1354万元,帮助4026名家境贫困的学子圆梦大学。积极开展希望工程暖冬行动。以"用你的爱心,温暖孩子的身心"为主题,面向城乡经济困难家庭青少年、农村留守儿童、城市流动儿童、进城务工青年、寒假留校困难大学生、特殊残障青少年以及不良行为闲散青少年等重点青少年群体,动员全省各级共青团组织和社会各界力量在元旦春节期间集中开展系列送温暖献爱心活动,共募集资金与物资价值1118余万元,结对资助11783人。积极开展希望小学建设。先后在宿迁、盐城、连云港等地捐建了4所体彩希望小学、5所大大集团希望小学和1所香港宝莲禅寺希望小学,励志阳光助学基金先后在广西、湖北、河南等地捐建了9所希望小学。注重对已建成的希望小学提供后续支持,先后捐建了1所快乐体育园地、6所快乐音乐教室,向3所新建成的体彩希望小学捐赠15000元的文体用品。积极开展希望工程悦读行动。以"书香校园、悦读成长"为主题,为全省阅读条件薄弱的农村小学和已建成的希望小学配置标准化的班级图书角,帮助农村孩子多读书、读好书,养成阅读的兴趣和习惯,提高农村学生学习能力。全省共筹集资金120万元,为农村小学配备了1000个班级图书角。

浙江团的工作

团省委紧紧围绕省委和团中央的决策部署,积极适应经济社会发展新常态,以"双网互动"为统揽,围绕六大工作体系建设任务,坚持虚功实做,久久为功,推动团的各项工作取得新进展。截至2015年底,全省共有团员394.1万人,基层团组织16.2万个,其中基层团委8098个、团工委1903个,团总支6657个,团支部14.5万个。全省共有团干部23.1万人,其中专职5931名,兼职22.6万名。

一、团的自身建设扎实推进

一是认真学习贯彻中央和省委党的群团工作会议精神。团省委党组带头,要求各级团组织狠抓传达学习,凝聚思想共识,面向团干部,力求学深学透,共开展各类专题读书班、学习会122场;面向团员青年,力求广泛覆盖,借助各类团属新媒体,影响覆盖全省190万名团员青年,努力做到宣传无盲区、传达不漏人。二是系统谋划全省共青团改革。集中调查研究,深入开展"走转改"大宣传大调研活动,撰写完成团的机制体制改革、参与创新社会治理、青年创业创新创优、网络舆情引导等四个重点调研报告,共征求青年意见5649条次。三是全力推动团干部常态化、制度化走进青年。省本级选派7名团干部下沉基层,全省广大团干部共走访2.5万家基层单位,联系青年10.5万名。四是狠抓基层基础。主动创新探索,在巩固传统领域团建基础上,重点抓好区域化、两新组织、互联网行业等重点领域团建,承接举办城市街道全国区域化团建骨干培训班,全省新建农村合作团组织2376家,新增非公企业团组织2552家,新增新社会团组织934家。五是不断加强团干部队伍建设。深入开展“三严三实”专题教育和“团干部如何健康成长大讨论”活动，邀请省纪委领导作警示教育专题讲座，组织团省委机关干部赴嘉兴重走“一大”路。联合省委组织部遴选产生217名第二批乡镇（街道）团委书记培养人选，分别选派98名金融机构优秀年轻干部和31名高校团干部、青年教师赴地方挂职，选派252名“两项计划”大学生志愿者到基层服务。

二、思想引导工作实效性不断增强

一是在青少年中唱响时代主旋律。以重大节庆纪念日为契机，全省集中开展“奋斗的青春最美丽”、“向上向善好青年”、“与信仰对话”等各类主题教育活动近2万场次，覆盖870万名青少年。二是有效扩大思想引导工作的覆盖面。不断强化内容建设，通过开展“双百双进”、“四进四信”、成人节、“雏鹰争章”等实践性、仪式感强的活动，引导青少年自觉践行社会主义核心价值观；积极拓展传播渠道，继续开展面向各领域青少年的“最美”系列推选活动，组织先进典型进企业、进高校、进基层，开展各类分享活动近2万场次。三是建立青年网军三级联动作战指挥体系。大力实施“1155”工程，组织团员青年勇当“战士”、不当“绅士”，发动广大网络文明志愿者参与网络舆论斗争，形成既有“大喇叭”先声夺人，又有一大批“小喇叭”众星拱月的网络作战格局。全年成功开展30余次网络舆论斗争，尤其是在加多宝无良营销事件中，旗帜鲜明地刊发《加多宝，这“火”你降得了吗?》评论文章，官博32小时阅读量过百万，得到社会广泛认可。

三、动员青年建功立业成效显著

一是主动助推转型升级。大力推进青年互联网创业，成功举办首届中国青年互联网创业大赛、第三届世界浙商大会·青年互联网创业论坛，全国31个省（市、区）和港澳台地区1.2万个项目参赛，1000多名全国互联网创业青年齐聚杭州梦想小镇；积极主动争取省商务厅等有关职能部门的支持，在城市实施“百园千点”工程，建成共青团主导的青年互联网创业园区147个，创业点1423个，在农村建成村级电子商务服务点7012个，青年电商创业园（孵化基地）164个。二是大力助推“五水共治”。深入开展“青春治水”三项活动，推动青少年积极参与治水志愿服务、水质监督、公益宣传；在支付宝平台发起“小鱼治水”微公益行动，众筹5.3万笔共33.4万元公益基金。三是助力社会治理创新。培育青少年事务社工1900人，该项目入选全省2015年社会管理创新项目；根据第二届世界互联网大会和第三届浙商大会的需要，分别组织了984名和130名志愿者做好大会的志愿服务；在丽水里东泥石流突发事件中，发挥公羊会、壹加壹等青年社会组织作用开展抢险救灾志愿服务；深入开展“阳光行动”和“关爱行动”，全省共有9万余名志愿者参与助残志愿服务，结对7万余名残疾青少年和1748所农民工子弟学校，开展各类帮扶74万人次。

四、服务青年成长成才发展水平不断提升

一是坚持用“互联网+”的手段打捞“青年心声”。主动承接全团“青年之声”工作试点，率先将“青年之声”平台建设覆盖县级团组织，全省共建立平台2712个，注册用户43万余人，共收到问题7.7万余个（需要回答的问题5.7万个，已回复5.5万余个，回复率超过96%）。二是积极服务普通青年群体创业创新需求。全省建成“市、县、乡、网格”四级联动青少年综合服务平台4347个，建成47个青年众创空间，全年发放小额贷款6.7万余笔共40.5亿元，继续开展“挑战杯”竞赛，深化“新苗人才计划”，争取省级财政1000万元资助青年学生开展科技创新工作；省农博会期间，通过“线上+线下”模式推动共青团馆发挥展销平台作用。三是加大困境青少年群体的帮扶力度。“希望工程”筹资3700多万元，援建8所希望学校，帮扶留守儿童和家庭经济困难学生2.8万人。积极推动不良或严重不良行为青少年、闲散青少年两类高危群体结对工作纳入平安综治考核，目前结对帮扶比例超过80%。深化开展“面对面”活动，推动人大代表、政协委员在“两会”上集中发声，有序反映青少年普遍性利益诉求。“12355”青少年服务台“心灵花园”体验活动连续四年被列为全省未成年人思想道德建设十件实事之一。

认真贯彻落实省委、团中央关于援疆、援藏、援青、援川有关工作要求，牵头做好省级结对帮扶苍南工作，加强与港澳台以及日本、波兰、葡萄牙、捷克等9个国家的青年交流合作。此外，还不断加强青学联、少先队、青企协、青农协的组织建设，加大共青团的理论研究力度，为共青团推进事业发展提供理论支撑。

安徽团的工作

2015年，安徽各级团组织深入学习贯彻党的十八大和十八届三中、四中、五中全会精神，深入学习贯彻习近平总书记系列重要讲话精神，深入贯彻落实中央、省委关于加强和改进党的群团工作的决策部署，深入贯彻落实省委九届十二次、十三次全会和团中央十七届三中、四中全会精神，注重思想引导、坚持改革创新、狠抓制度建设、强化从严治团，全省团的建设和各项重点工作不断取得新进展。

一、紧紧围绕增强政治性、先进性和群众性，深入贯彻中央、省委重大决策部署，全省团的改革创新意识不断增强

一是认真组织学习领会。按照团中央统一部署，组织举办省市两级学习中央党的群团工作会议精神主题读书班，实现了对省、市、县、乡各级团干部的全覆盖。读书班对中央、省委关于加强和改进党的群团工作会议精神进行详细传达、系统学习、深入解读，确保做到传达学习到基层、转变作风见行动、改革创新见实效。同时，积极通过中心组理论学习、座谈交流、专题研讨等多种方式，抓好各级团组织常态化学习贯彻工作，全省共开展各类学习交流研讨活动近300场次，基本覆盖全省各级团干部。

二是全面抓好宣传解读。结合“团干部如何健康成长”大讨论活动、机关干部常态化下沉基层、“下基层、访青年、送服务”集中走访和“走进基层、转变作风、改进工作”大宣传大调研等工作，认真抓好中央和省委精神的解读和传播。推动各级团干部深入基层，既集中宣讲中央、省委精神，又在日常调研和工作交流中，注意了解基层同志对中央精神的学习把握情况，及时帮助解答疑虑困惑、错误观点，澄清模糊认识。积极发挥安青报、安青网和团属新媒体平台的阵地作用，开设专题专栏，邀请部分市、县、高校和企业团委负责同志撰写《夯实信念基础 把握时代脉搏》、《争做让党放心青年满意的团干部》等评论文章86篇，深入解读中央和省委关于加强和改进党的群团工作的重大理论创新、重要思想观点和重点工作部署，吸引广大青年参与讨论、献智献策。

三是切实推动贯彻落实。认真贯彻落实《中共中央关于加强和改进党的群团工作的意见》各项工作部署，积极参与省委实施意见的起草工作，深入全省各地开展调研，召开座谈会6场，近200名党政领导、团干部和各领域青年参与座谈，形成专题调研报告报送省委，将收集的498条意见建议整理合并为10个方面27条具体意见及时上报，先后10余次提出修改意见30余条。指导各级团组织积极主动配合同级党委开好群团工作会议、出台相关文件。结合省委实施意见和团中央的部署认真谋划全省团的工作改革创新，细化改革举措。

二、紧紧围绕提升团的吸引力和凝聚力，持续推进中国梦教育，青少年思想政治引领扎实有力

一是强化思想政治引领。坚持以各类主题教育活动为载体，认真开展中国特色社会主义和中国梦宣传教育。围绕“五四”、“六一”、抗战胜利70周年纪念日等重要节点，举办“中国梦”系列主题团队日活动22930场次，吸引青少年参与1112万人次。学校共青团工作深入开展学习习近平总书记系列重要讲话精神“四进四信”活动，举办“青年马克思主义者培养工程”培训班160场，超额完成年度大学生骨干培养任务。举办“与信仰对话——精品报告进校园”全国重点报告会8场，校级报告会650场，覆盖在校学生32万人。开展校级以上“与人生对话”、“彩虹人生”主题教育等活动5000余场，参与学生达70万人次。少先队工作以学习第七次全国少代会精神为统领，开展思想理论集中学习活动2022场次，覆盖166.7万名少先队员和3.9万名少先队工作者。开展“红领巾心向党——岁月里的光辉与感动”主题教育征文活动，共征集作品7947篇。团省委与省网宣办联合举办“向上·向善”安徽青少年微电影大赛活动，评选出《江淮历史大德人物故事》等一批优秀作品，加强在网络空间对青少年的思想引领和道德引领。

二是深化青年典型引路。围绕习近平总书记提出的“勤学、修德、明辨、笃实”要求，坚持宣传教育、示范引领、实践养成相结合，深入推进青少年社会主义核心价值观培育践行。积极配合宣传部门开展“中国好人”、“安徽好人”学习宣传活动，推动聘任“中国好人”等道德模范担任少先队校外（志愿）辅导员。广泛开展“争做向上向善好青年 争做文明守法好网民”主题团日和“我心中的社会主义核心价值观”主题队日活动，在高校举办“社会主义核心价值观主题宣传月”各类活动7030场，覆盖在校学生210万人次。积极选树“安徽青年五四奖章”等先进典型，联合中央媒体推出《青联好声音》，广泛开展“向上向善好青年”分享团走基层活动1382场，现场参与青年39万人。进一步规范青年志愿者注册管理工作，全省注册青年志愿者121.8万人，青年志愿者队伍4438支。积极举办省级志愿服务项目大赛，征集参赛项目271个，并推报32个项目参加全国大赛，荣获2金14银。不断巩固深化雷锋月、春运“暖冬行动”、联系服务农村青年月、助残“阳光行动”、“保护母亲河”、青年卫生志愿者扶贫接力计划和大学生志愿服务西部计划等青年志愿服务品牌活动，全年参与各类志愿服务青年达184.4万人次。

三是突出网络舆论引导。进一步巩固团属新媒体阵地建设成果，全省团属微信号已达142个，粉丝总数超过110万。“安徽共青团”公众微信号被国家网信办评为“政务微信优秀公众账号”。全省团组织和团干部认证微博3451个，“安徽共青团”官方微博连续四年被新浪安徽评为“安徽十大政务微博”，粉丝突破110万。加快建设“青年之声·安徽”互动社交平台，目前已入驻专家近4万人，青年在线提问和解答数量不断提升，回答率始终保持在110%左右，为青年提供线上“键对键”即时交流和线下“面对面”精准服务，平台建设运行工作走在全团前列。联合省网信办等单位探索建立网络舆论引导协调联动机制，网宣员、网评员、网络文明志愿者等“网军”队伍建设进一步加强。全年团省委本级组织围绕各类热点共推出微信原创图文128篇、原创网评文章101篇，全省各级团组织自主开展正面宣传和舆情引导1621次，近34万人参与。

三、紧紧围绕调结构转方式促升级，致力于推动创新型“三个强省”建设，服务青年创新创业创优工作有序推进

一是搭建青年创新平台。开展第六届全省“挑战杯”大学生课外学术科技作品竞赛，选拔全省48所高校的259件作品进入省级复赛，推荐53件作品参加全国决赛，获得全国一等奖2个、二等奖10个、三等奖38个，大赛共吸引全省近10万名大学生参与。举办第二届“创青春”中国青年创新创业大赛暨第五届安徽青年创业大赛，青年APP、现代农业、互联网、商工组分赛分别在合肥、铜陵、亳州等地成功举办，共征集各类青年创业项目1384个，获得全国奖项21个，在广大青年中引起热烈反响。

二是优化青年创业服务。继续深化服务青年创业就业“五个体系、一个平台”建设。省本级先后在18所高校举办23场“创业大讲堂”活动，吸引8800余名大学生现场参与互动。在104所高校举办大学生创业典型报告会489场，参与学生达19.2万人次。深化农村青年创业致富工作，将“现代青年农场主”、“返乡创业大学生培养对象”、“农村青年电商人才”纳入“领头雁”培养队伍。积极协调人社、农委等单位指标支持，拓宽农村青年创业就业培训渠道，落实培训资金264.2万元，培训农村青年3万多人。继续加强青年创业金融服务，连续6年开展皖北地区青年创业小额贷款财政贴息工作，2015年为918名创业青年提供财政贴息资金700万元。通过“安徽省大学生村官创业兴皖富民行动”专项资金，为52名创业大学生村官发放创业贷款贴息资金51.7万元。积极组织推荐青年创业项目申报安徽青年创业引导资金，已帮助14家青年创业企业获得1166万元贷款支持。继续开展“青苗杯”安徽省项目资本群英会，签订意向投资2450万元。首次探索省市团组织共建方式，实施促进青年创业项目，为16个省辖市团委的18个促进青年创业项目提供495.9万元资金支持。确定第二批“安徽青年创业园创建单位”20个和“安徽省大学生村官创业示范基地(园)”10个，并提供相应资金支持。成功举办皖台创新创业交流周，建立4家“皖台青年创业基地”和1家“皖台青年就业见习基地”。

三是深化青年创优行动。全年共评选命名166家省级“青年文明号”集体，推荐14家集体获评全国“青年文明号”。联合省安监局推荐6家集体荣获“全国青年安全生产示范岗”。开展第二季寻找全省“最美青工”活动，评选出“最美青工”100名，特别关注“最美青工”10名，推荐获评全国“最美青工”称号2名。继续开展“青工技能振兴计划”，全省累计开展市级以上青工技能大赛35场次，参与青工2501人次，98人通过大赛晋升技术等级。深入开展“青春献沃土 共筑中国梦”大学生村官先进事迹宣讲和“寻找乡村好青年”活动，进一步鼓励优秀青年建功基层。

四、紧紧围绕法治化、组织化、社会化，切实维护青少年合法权益，服务青少年健康成长工作体系不断完善

一是维护青少年合法权益。深化“共青团与人大代表、政协委员面对面”活动，2015年，全省各级团组织集中开展活动94场次，提出涉及青少年的提案、议案、建议215件。依托“青少年维权在线”网络平台，组建由385名律师、130名心理专家组成的全省青少年维权服务团队，发挥1996名乡镇团委权益委员(副书记)作用，形成了省、市、县三级青少年维权网络。加强12355青少年服务台建设，省市两级平台接听咨询热线4500多个，跟踪处理青少年维权典型案例91个。深化“青少年维权岗”创建活动，注重发挥57个国家级、271个省级和1196个市级优秀“青少年维权岗”在青少年保护工作中的积极作用。完成第二批县级地区重点青少年群体服务管理和预防犯罪工作，启动第三批38个县级地区推开工作。开展青少年法治宣传月活动，举办各类青少年法治宣传活动1031场次，直接参与青少年15万人次。

二是关爱帮扶重点青少年群体。稳步推进青年志愿者助残“阳光行动”，建立助残阵地937个，动员2415个志愿者组织和12万余名志愿者与残疾青少年结对开展帮扶，累计开展助残活动5112场次，服务时间38万小时，捐款捐物总价值达2000多万元。继续实施服刑人员未成年子女“阳光关爱行动”，累计对2300多名服刑人员未成年子女进行关爱帮扶，资助金额总计230多万元。推进关爱农民工子女志愿服务行动，全省共结对学校3591所，结对农民工子女98.2万人，组织爱心捐赠累计价值116.8万元，累计建设阵地2448个，投入资金1145.2万元。广泛开展“2015共青团联系服务农村青年月”活动，投入400万元物资开展真情助困活动，组织了交友联谊、文化赶集等各类活动752场，覆盖青年近7万人。2015年，全省希望工程共筹资4400万元，资助大中小学生7974人，援建希望小学14所。

三是加强青少年事务社会工作专业人才队伍建设。从制度支撑、理论研究、项目建设、培训提升、激励保障、服务中心等六个方面入手，持续推进“五体系、一中心”建设。联合省民政厅等单位，制定出台《关于加快推进社会工作者与志愿者联动服务的实施意见》等制度文件。建立完善全省青少年事务社工相关数据库。2015年，全省共登记青少年事务社会工作者1453人，完成年度目标任务的109.6%；联系各类青少年事务社工服务机构58家，开展项目96个，参与青少年事务社工达1627人次，直接覆盖青少年2.6万余人次。设计实施14个青少年事务社工示范项目，开展“江淮社工行动”等青少年事务社工示范项目督导。全省共举办青少年事务社工专题培训29次、培训1931人。

五、紧紧围绕扩大覆盖和增强活力，持续加强基层服务型团组织建设，全省团的基层基础不断夯实

一是筑牢团建基础。坚持落实党建带团建制度安排，在巩固传统领域团建工作基础上，大力推进城乡区域化团建。不断完善城市街道区域化团建工作体系，全省251个市辖区街道全部建立共建委员会，配备专兼职团委委员2257人，建立直属团组织8413个。以县乡分类示范创建活动为载体，扎实推进农村区域化团建工作，选拔、树立了一批省级农村基层团建示范县、乡镇及创新工作项目，推报肥东县等5个县获评全国农村基层团建示范县、怀远县河溜镇等4个乡镇获评全国农村基层团建示范乡镇、《“农村E淘”惠民综合服务站项目》等3个项目获评全国农村基层团建创新工作项目。继续推动成立县域农村合作组织团工委，新建农村合作组织团组织476家。按照团中央中学中职共青团“强基固本”工程和高校团支部“活力提升”工程要求，在全省共青团学校战线开展基层组织建设“321”工程，切实提升学校共青团基层组织建设科学化水平。

二是倾力支持基层。积极争取团中央资金和政策支持，整合各方资源，全面加强基层青少年综合服务平台建设，截至目前，全省共建立平台668个，完成全年目标任务的104.4%。深入开展示范性平台创建活动，完成市级示范性平台认定210个，推荐申报省级示范性平台59个。继续开展从全省高校选派团干部和青年教师到基层挂职工作，2015年共选派46名高校同志到基层挂职。招募153名西部计划志愿者，分赴西部和全省基层地区开展志愿服务。

三是凝聚青年社会组织发挥作用。坚持联系、服务、引领青年社会组织，与1235个青年社会组织建立有效联系，开展青年社会组织“十佳最暖公益项目”和“最具影响力”工作项目寻访活动，实施“缤纷夏日·快乐童年”“春暖童心·点亮微心愿”关爱困难青少年等“伙伴项目”。举办各类青年社会组织骨干培训32次、培训1722人次,建成安徽省青年社会组织服务中心,省青联及16个市级青联设立青年社会组织界别,有效整合各类资源,为青年社会组织发展营造良好环境。充分利用全国青联、学联和少先队换届等契机,进一步加强青联、学联和少先队组织建设。

六、紧紧围绕践行“三严三实”要求,全面推进从严治团,团的自身建设更加务实

一是切实加强作风建设。进一步巩固和拓展党的群众路线教育实践活动成果,紧密结合全省团的工作实际,扎实推进“三严三实”专题教育和“团干部如何健康成长”大讨论活动。团省委领导班子带头贯彻“三聚焦三查找三确保”的要求,认真开展学习研讨和谈心谈话活动,广泛征求各级青年意见建议700多条,整理形成省级《青年意见清单》21条并逐一跟踪落实。通过活动开展,进一步对全省团干部加强教育、严格要求、积极培养,推动团干部知行合一,在思想上、行动上切实做到“三严三实”。

二是加强团干部队伍配备和教育培训。严格按照省委组织部、省纪委的有关要求,加强团省委机关干部选拔任用和教育管理。积极争取各市党委重视和组织部门支持,不断提高市县两级团的机关干部配备率和在岗率,全年市、县两级团的机关干部综合配备率稳定在90%左右,严格规范履行团干部协管职能。不断强化团干部教育培训,按照“分级分类培训、下跨一级培训”、“谁建团、谁培训”和“谁管理、谁培训”的原则,加大教育培训工作力度,全省累计培训团干部2.75万人次,完成全年计划的110%,实现全省各级各类专兼职团干部全覆盖。

三是推动团干部密切联系基层。继续深入开展“下基层、访青年、送服务”集中走访和“走进基层、转变作风、改进工作”大宣传大调研活动,推动团干部走进农村、企业、高校、社区“接地气”。不断完善团干部基层联系点工作,推动全省副处级以上团干部联系指导105个县级团委工作,各级专职团干部建立1500多个乡镇(街道)团组织联系点。按照团中央统一部署,开展机关干部常态化下沉基层工作,机关全体同志在两年内分4批到县级团委帮助工作6个月。

一年来,团省委直属单位实现稳步发展,工作亮点频现。省团校开办各级团干部培训班数量稳步增长,中职教育转型发展取得新成果,推出多项精品课程;安徽青年报社积极发挥宣传阵地作用,“双创青春”、“共青团特色工作县区行”等专栏采访活动影响广泛,为全省团的工作开展营造了良好氛围;省希望工程办公室社会信誉和影响力不断提升,省本级筹资金额保持增长,希望办纳入财政全额拨款单位,自身建设得到进一步加强;幼儿智力开发中心成功举办安徽省青年模特大赛、“关爱留守儿童——心灵对话”少儿书信大赛等活动,服务青少年工作能力进一步增强;少年博览杂志社转企后运行平稳,经济效益稳步提升,2015年《少年博览》杂志荣获全国第六届少儿报刊奖金奖,积极探索数字化转型;野营基地努力探索改革发展新路径。

福建团的工作

福建共青团认真学习习近平总书记系列重要讲话和来闽考察重要讲话精神，深入学习贯彻中央和省委党的群团工作会议、加强和改进党的群团工作文件精神，认真学习贯彻省委九届十三次、十四次、十五次全会、团十七届三中、四中全会精神，持续打好“六大青春战役”，推动福建共青团事业迈上新台阶。

一、以培育和践行社会主义核心价值观为主线，大力加强青少年思想政治引领工作

1. 深入学习宣传贯彻习近平总书记系列重要讲话精神和中央、省委一系列重要会议精神。先后召开团省委常委(扩大)会议、理论中心组学习会进行专题学习，召开团省委十三届四次、五次全体(扩大)会议、全省市县两级团委班子成员主题读书班，对全省各级团组织学习贯彻工作进行部署。充分运用团属网站、微信、微博等载体开展学习宣传。各地团组织通过举办学习会、读书班、分享会、理论沙龙等，努力把中央、省委和团中央的重要会议精神和重大决策部署传达到广大团员青年。

2. 广泛开展各类主题教育实践活动。抓住五四运动96周年、抗日战争胜利70周年等重大契机，深入开展“奋斗的青春最美丽”、“向上向善好青年”、“四进四信”、“与信仰对话”、“与人生对话”、“红领巾讲坛”、青年马克思主义者培养工程等主题教育活动4200多场，吸引25.2万多名团员青年参与。深入基层一线开展暑期“三下乡”社会实践活动，引导22万名青年学生在实践中受教育、长才干、作贡献。积极推动福建少先队“先锋行动”，深入开展“玩转童谣——我是童谣小玩子”、“我与运动交朋友”、“百名红领巾上讲坛”等活动，引导少年儿童参加“向上向善”主题活动。

3. 积极推进引导方式创新。联合开展《微言讲——青年故事汇》电视展播和“鲜花送雷锋”线上线下公益活动，设计推广“社会主义核心价值观伴我行”小游戏、“图说社会主义核心价值观”博文、《我们的时代》H5页面、“妮妮·挂职记”漫画等一批宣传文化产品。开展福建青年五四奖章、福建优秀共青团员(团干部)、向上向善好青年、福建省五四新闻奖、少年先锋章、全省最美青工等各类评选活动，选树各界青年典型1100多人。

4. 大力推进共青团网络宣传引导工作。扎实推进团属微博微信等网络新媒体平台建设，截至年底，全省各级团组织经过认证的团属微博1546个，已开通微信公众号118个。团省委新浪官方微博被评为“全国十大团委系统微博”。组建了一支42万多人的青年网络文明志愿者队伍，分别联合中国青年报社、省委网信办举办省级专题培训班，培训共青团网络宣传引导骨干成员200多人。积极开展“向上向善”、“青年力量”、“青春青运”等专题微活动，在“抹黑英雄邱少云”、“文登722”等网络事件中主动发声，支持正面言论，驳斥错误舆论，其中质疑腾讯微信上星条旗“满天飞”，引起了《参考消息》等国内外媒体的广泛关注。

二、以“青”字号品牌活动为抓手，团结带领广大青年在建设新福建的火热实践中展示作为

1. 深化“青”字号品牌活动。组织全省2200多家青年文明号集体开展“优质服务示范月”活动1000多场，1万多名职业青年在服务行业、窗口单位开展优质服务示范活动。联合省直有关厅局举办网络安全、金融服务、地质勘探等省级行业青工技能竞赛35场。选派401名大学生志愿者到西部和全省欠发达地区从事支教、支农、支医、扶贫等工作。举办第九届中国青年科技创新馆,征集展示创新创业项目300多项,参观人数达到28000多人。举办第二届“挑战杯”福建省大学生课外学术科技作品竞赛,共收到海峡两岸87所高校734件作品参加,台湾高校首次参加比赛。

2. 助力生态文明先行示范区建设。以“保护母亲河行动”为统揽,以“县县青年林、村村青年路”为目标,广泛开展植树造林活动,启动解放军青年林长汀项目,筹集资金1600多万元,植树35万多株,全省已挂牌青年林达到1.1万多亩。深入开展环保主题宣教活动,全省各级团组织开展“八闽青年生态学堂”、“小小节水员”等生态环保主题教育实践活动1421场。扎实开展“青春家园示范点”建设,从147个“千村整治、百村示范”中评选省级示范点20个。开展2015年度福建省大学生“生态梦想资助计划”,21个青少年生态环保项目获得资助;举办“向上向善”福建省青少年生态环保公益广告创意大赛,348个平面媒体和多媒体项目参与大赛。

3. 圆满完成青运会志愿者工作。牵头组建全国第一届青运会志愿者工作部,坚持“以保障赛事为核心、以培育志愿文化为重点、以宣传福建形象为目标”,扎实做好青运会志愿者工作。组织1万名赛会志愿者、1万名城市志愿者、1.2万名社会志愿者活跃在47个单项竞赛、100个青运城市志愿服务驿站、300多个专项岗位和城市的各个角落,为55个代表团、10500多名参赛运动员、技术官员以及其他与会的领导、来宾等提供了600多万小时的志愿服务。人民日报、中青报、光明日报、福建日报等登载志愿者相关报道2600多篇。

三、着力先行先试,闽台港澳青少年交流实现新突破

1. 对台青少年交流有效提升。成功举办第十三届海峡青年论坛,吸引了来自两岸四地的1000多名青年参加两岸青年金融峰会、两岸青农合作峰会、海峡青年创业论坛、两岸青年骑行最美福建等活动。成功举办第十届两岸青年联欢节暨第三届海峡青年节,来自台湾的1000多名青年学生和全省各界青年共同参加第二届两岸高校学生记者挑战赛、第十二届海峡两岸青少年夏令营、首届两岸青少年排球竞技夏令营等活动。首次举办CIG中国电子竞技大赛海峡两岸交流赛,吸引了38万多名两岸观众观看。举办奥运冠军与两岸青年“益启跑”公益系列活动,两岸青年携手共同传递爱心。举办第二届两岸学生起点营、台湾大学生暑期来闽实习计划、台湾学生大陆生活体验计划、两岸学生起点营论坛等活动。

2. 闽港澳青少年交流不断深化。与省国际文化经济交流中心、香港林大辉基金会联合开展“青春手拉手”闽港中学生交流活动。实施香港大学生暑期内地实习计划,组织38名香港大学生到5家闽企实习一个月。举办2015闽港大学生武夷山世界遗产文化研学班,闽港两地青年学生共同弘扬中华优秀传统文化。福建省青联与香港福建同乡会共同举办“五四菁英论坛”,加强与福建高校澳门学生联合会、澳门福建同乡会、香港华侨华人总会等港澳社团的联系。

3. 服务台湾青年来闽创业初显成效。建立台湾青年创业服务中心,正式运行“FJ101”网站,为台湾青年提供创业政策、资讯、项目、团队等服务。入岛举办创业政策宣讲推介会7场,300多名台湾创业青年、高校大学生参与。推动30家台湾企业、项目在平潭、福州落地,投资总额超过300万元。启动“101台湾青年创业扶持计划”,评选出首批5名2015年度台籍“创业之星”。联合平潭综合实验区成立了两岸青年创新创业联盟,共吸引130家台湾社团参与,192个青年创业项目申请入驻。

四、突出重点群体和重点需求,竭诚服务青少年成长

1. 助力青年创业就业。开展见习岗位进

校园、进社区、进乡镇等活动,共有8470名青年上岗见习。深入开展“跨越创业起跑线”创业培训班、福建省青年创新创业大赛等活动。全年共培训创业青年4.9万多名,培养城市青年创业人才1073名。举办福建首届青年APP大赛,共有215个项目参赛,全省选送的“邮宝智能快件箱”获得全国决赛应用组一等奖。举办第四届大学生“创业之星”评选,为78名创业大学生提供扶持资金293万元。在莆田、三明、南平、宁德试点开展大学生返乡创业工作,举办省、市级培训班18期、培训1991人次。不断强化“银团合作”,成立全国首个金融青年博士服务团,实施“百千万”工程,评选出“银团合作”示范基地20个、孵化项目50个、返乡创业好青年31名。开展农村青年创业致富“领头雁”培养计划,建立福建省农村青年人才信息库,举办培训班321期培训班,凝聚了2万多名农村青年致富带头人。开展农村青年电商培育工程,全省共开展电子商务培训班291期,覆盖青年20493人。成立福建省青年创业促进会,吸引500多名优秀青年企业家加入。举办第五届福建青年创业奖表彰会,对青年创业杰出成就奖、青年创业良师益友奖等40名获奖者进行表彰。

2. 帮扶特殊困难青少年群体。深入实施“2015年希望工程圆梦行动”,共筹集爱心款1625余万元,资助困难大学新生3891名、中小学生298名,为3000多名农民工子女圆了“微心愿”。深化青春同行·助孤行动,联合省民政厅对全省事实孤儿进行调查核实,筹集助孤爱心款414.62万元,实施“月月赠书”活动12期53592册,为535名困难事实孤儿发放困难资助金64.2万元。启动希望工程支教计划,组织18名音乐、体育、美术等专业的应届大学毕业生到农村希望小学从事为期一年的支教志愿服务。扎实推进青年志愿者助残阳光行动,组织6.8万名志愿者与残疾人结对,结对率达到70.2%,开展各类志愿服务活动947场。建设关爱农民工子女志愿服务行动活动阵地100个,服务了10万余名农民工子女。组织参加第二届中国青年志愿服务项目大赛,获得3个金奖、12个银奖的好成绩。

3. 健全青少年维权工作机制。积极推动各地深入开展青少年法制、自护、防艾、禁毒宣传教育活动2000多场次,发放各类宣传资料60多万份。全省共有2612个预青机构和成员单位与(社区)村进行定点挂钩,共有10万多名干部、社工、志愿者等与重点青少年群体结对帮扶。创新实施了18个重点青少年群体社会工作项目,为8820名重点青少年群体提供专业化的个案、小组、社区工作服务,推动15个县(市、区)新组建青少年事务社工队伍。出台了《关于进一步加强青少年个案维权工作的意见》。在全省各地建设青年志愿服务驿站252个。12355青少年综合服务台累计提供14万多人次的咨询和服务。深化“共青团与人大代表、政协委员面对面”活动,共向省“两会”提交建议提案4份。开通福建青年之声互动社交平台,依托平台及时收集和反馈青少年诉求,并通过线下8个服务联盟,努力实现服务青少年工作常态化、长效化。全省预青工作经费实现280%的增长,预青考评在全国连续3年位居第2名。

五、加强团的基层组织建设,进一步夯实基层基础

1. 加强组织建设。扎实推进非公企业团建工作,全年新建非公企业团组织1138家,覆盖1.4万多名团员和2.9万余名青年。推进城市街道区域化团建工作,累计建立直属团组织390家、联系青年社会组织148家、建立工作阵地71个。扎实推进数字共青团线上组织体系建设和团员信息录入工作,截至2015年底,全省共有1882442名团员在线激活了个人使用权限;共有5097个团委、3244个团总支、89880个团组织的负责人在线激活了团组织的管理权限。以“百县千乡”分类示范创建活动为抓手，逐步推进农村区域化团建工作，新建农村合作组织团组织206家。评选表彰了9个省级示范县、30个示范乡镇、10个创新项目，带动农村团组织整体发展。

2. 加强团员队伍建设。下发了《关于进一步严格团的组织生活和启动星级团支部创建工作的通知》，进一步激发团员的责任感，促进基层团组织活力的提升。在"国际志愿者日"统一开展"共青团员义务星期六"活动，全省共有各领域、各战线、各行业的25409个团支部、47.6万名团员青年参与。

3. 加强团干部队伍建设。从严从实完成"三严三实"专题教育、"团干部如何健康成长"大讨论活动。举办团干部专题培训班、全省县乡团委书记培训班，共培训团干部3000多名，推动设区市、县级团委开展各类团干部培训班287场，培训人数20000多人。在龙岩市上杭县古田镇挂牌成立中央团校古田培训基地。全省15938个村级团组织完成了换届，9644名村级团干部进入村"两委"班子。深入开展"四下基层"、"走进青年、转变作风、改进工作"大调研大宣传、团干部基层联系点、团省委机关干部常态化下沉基层等活动，推动团干部在深入基层、走进青年中锤炼严实作风。

4. 深化全团带队工作。推动全省9个设区市、59个县(市、区)以党委和政府的名义出台加强少先队工作的政策文件。举办全省少先队辅导员骨干培训班、团属青少年宫志愿辅导员培训班等，培训业务骨干400多名，全省少先队大、中队辅导员61435人参加网络培训。扎实推进少先队活动课程建设，全省90%以上的中小学将每周1课时的"少先队活动课"落实到课表上；全省174名少工委主任、少先队总辅导员到基层中小学开展为期一个月的蹲点调研工作。积极争取省财政厅支持，全年安排全省青少年宫校外阵地建设经费2300多万元。

江西团的工作

江西各级团组织认真贯彻落实中央、省委党的群团工作会议和有关文件精神，按照中央、省委和团中央的重要部署，坚持"紧扣大局、聚焦重点，保持定力、虚功实做，深化创新、示范带动"的工作要求，推动全省共青团工作取得了新成绩、实现了新发展。

一、准确把握要求，认真学习贯彻中央、省委党的群团工作会议和有关文件精神

坚持把学习贯彻中央、省委党的群团工作会议和有关文件精神特别是习近平总书记重要讲话精神作为首要政治任务来抓，着眼于突出面向基层、突出统筹推进、突出改革创新、突出支持保障，推动中央、省委的新部署新要求落地见效。

1. 深入学习领会精神。抓好集中学习，在通过党组会、书记会、中心组(扩大)学习、"三会一课"等形式及时学习传达中央、省委党的群团工作会议和有关文件精神的基础上，分层级、分领域举办主题读书班、培训班241期，覆盖团干部1.1万人次，通过邀请专家作辅导报告、开展学习研讨、结合实际部署工作等，促进各级团干部切实加深了对中央、省委新部署新要求的理解和把握，取得了实实在在的成效。抓好基层宣讲，团省委班子成员带头，并组织

11个调研组和8名机关下沉基层团干部，分赴全省各地，分行业、分群体召开宣讲会、座谈会，推动群团工作精神深入广大团员青年。

2. 全面部署贯彻落实。在充分调研、广泛征求意见的基础上，研究制定了《共青团江西省委关于贯彻落实中央、省委党的群团工作会议和有关文件精神的实施方案》。围绕强"三性"、扩大团的工作有效覆盖面、着力做强做活基层、争取党政对共青团工作的关心支持等四个方面，统筹形成贯彻落实中央、省委党的群团工作精神的综合性举措26条，明确了责任领导、责任部门、推进步骤、落实要求。

3. 积极稳妥推进改革。一方面，坚持不等不靠、先行先试，积极开展深化改革工作。针对"团组织代表性和广泛性不够"问题，增加了团省委常委、委员、候补委员和省青联委员中基层一线青年代表的比例；针对"青年下班找不到团组织"问题，着力推进"青年之声"网络互动社交平台建设，打造身边的共青团；针对"基层团组织工作资源不足"问题，积极整合资金100万元，面向青年社会组织开展政府购买社会服务试点；针对"机关团干部联系基层青年不够"问题，建立团干部"常态化下沉基层"制度，推动机关团干部按"8+4"、"4+1"、"1+100"工作模式深入青年、服务青年。同时，制定下发了《共青团江西省委关于贯彻落实党的群团工作会议和有关文件精神的实施方案》。另一方面，着眼于全面深化改革，积极围绕改革团的组织设置、改革团的工作方式、做实做活做强基层、建立长效工作机制等四个方面，研究设计相关改革试点项目，研究形成了《江西共青团改革试点方案（草案）》，积极启动改革试点工作。

二、全面履行职能，团结带领广大青年在"五年决战同步全面小康"进程中建功立业

坚决贯彻落实中央、省委和团中央决策部署，紧紧围绕中心、服务大局，充分发挥共青团职能作用，立足优势勇创新、聚焦重点抓落实，各项工作取得了显著成效。

1. 青少年思想政治引领得到新加强。牢固树立主业主责意识，始终把思想政治引领作为首要任务，广泛开展我的中国梦、学习习近平总书记系列重要讲话精神、社会主义核心价值观等学习教育活动。持续推进"红色基因代代传工程"，组织各类优秀青年走进社区、学校、企业和机关讲述青春故事1300余场，并在三年内持续将全省"红色班级"由12个增加到139个，雷锋班级由100个增加到220个，红领巾小小讲解员由2000余人发展到1万多人，"希望之星"由36人增加到51人，激活了青少年红色基因，唱响了青少年红色文化教育品牌。

2. 共青团网宣工作形成新合力。一方面，依托新媒体抓正面思想引导，持续发出"江西好声音"。"江西共青团"、"江西红领巾"等主要团属新媒体平台关注总量突破77.5万，综合影响力分别居全团前十、前二。另一方面，依托"青年网络赣军"，敢于亮剑发声。被中央网信办列为共青团网宣网评工作10个试点省份之一，在"加多宝与'@作业本'互动营销事件"中江西团组织勇于发声、敢于亮剑，得到中央、省委和团中央充分肯定。在"我们是共产主义接班人"的网络话题较量中，"青年网络赣军"集中火力、形成声势，提升了网络正能量。

3. 服务区域经济发展实现新作为。把支持共青城发展作为共青团服务区域经济发展的主平台，连续七年举全力推进，大大提升了共青城影响力，有效促进了共青城融资融智融合发展。成功举办第二届中国青年企业家（共青城）发展峰会，现场签约项目25个167亿元，已开工项目18个；争取到中国青年APP大赛永久落户共青城，并以"大赛+产业孵化"模式创造性举办了首届大赛，吸引5562个项目参赛，80个项目现场获投资意向金额1.12亿元，25个项目就地孵化后注册经营；以全新模式打造的共青城中青数媒APP产业孵化园，5

个月内完成主营业务收入近2000万元，实现利润1270万元，为地方创造税收近200万元。

4. 服务青年创新创业渐成新气候。把服务青年创新创业作为共青团服务大局的着力点和主攻点，构建起团组织牵引的“五位一体”服务青年创业体系和“一站式”服务链条。在政策供给上，牵头草拟了以省政府办公厅名义出台的全省首个《关于促进青年创业的若干措施》。在平台拓展上，举办了第三届“赢在江西”绿地杯青年创新创业大赛、“邮储银行杯”江西青年涉农产业创新创业创富大赛、第十四届“挑战杯”大学生课外学术科技竞赛、首届“及众杯”江西青年互联网创业大赛等“创”字号系列赛事152场次，吸引9200余个项目参赛。在孵化指导上，建立了200人规模的青年创业就业服务联盟导师团，打造了15个省级青年（大学生）创业孵化示范基地，其中2个基地还被团中央命名为第二批“全国青年创业示范园区”。在金融扶持上，充实设立了1000万元的江西青年创业就业基金，为青年创业提供免息贷款担保。汇聚97家国内风投机构发起成立了江西青创投资联盟，举办了首场全省青年创业投融资对接会，17个项目签约金额达5800万元。

5. 助推绿色崛起得到新深化。以实施“绿动赣鄱”行动为统揽，积极参与生态文明先行示范区建设助推绿色崛起。大力倡导绿色理念。以“青春助推绿色崛起”为主题，广泛开展“绿色长征”公益健走、节能宣传周、绿色环保文化产品征集等活动，引导青少年传播绿色理念。广泛开展绿色实践。深入实施保护母亲河行动，广泛开展青少年植绿护绿等生态环保实践活动，筹集资金1736.32万元，建设县域青年林4904.7亩，2.83万名青年参与。扎实推进共青团生态文明示范村创建。按照“生态+文明+团建”的要求，建成100个省级共青团生态文明示范村，并争取到将创建工作纳入了全省生态文明示范县（市、区）创建工作考核体系。

6. 参与社会治理取得新成效。以参与社会治理创新为切入点助力法治江西、平安江西建设。深化希望工程、1%工程等公益品牌，募集3900万元援建希望小学26所，资助贫困学生5401人；动员30万名青年志愿者开展助残“阳光行动”，帮扶17万余名残疾青少年；深化专门教育“江西品牌”，持续推进有不良行为青少年“阳光班级（学校）”规范化建设，成功转化2320人，作为全国三个先进省份之一，在中央综治委“预青”专项组重点工作推进电视电话会议上作典型推广。扎实推进青少年法治教育，深化法治志愿者和法治副校长队伍建设，建立50个青少年法治教育基地；深入推进青年志愿服务，推动全省40%的团员成为注册青年志愿者。大力实施“青亲伙伴计划”，建立省、市、县三级青年社会组织服务中心56家，自主筹集100万元，组织青年社会组织开展购买社会服务试点，通过招标选定9个青年社会组织开展社会服务，广泛凝聚青年社会组织。组织省、市、县、乡、村五级团组织上下联动，广泛开展“党群心连心 点亮微心愿”活动，全年通过牵线搭桥帮助帮助群众实现微心愿4.2万个，架起了党群“连心桥”。

7. 服务青年需求实现新突破。坚持以“青年之声”和青年空间为主阵地，深化服务青年工作，通过线上与线下联动，努力做到精准服务、供需对路。“线上”，大力推进“青年之声”互动社交平台建设，实现省、市两级全覆盖，省级还示范组建了9大服务联盟，全面了解和回应青年需求，仅省级平台开通以来就吸引青年提问及留言1.07万条，回答1.57万条，专家回复率达73.1%。“线下”，大力推进青年空间建设，建成各级青年空间357个，其中省、市示范性青年空间185个，针对青少年需求，设计开展青少年喜闻乐见的“菜单式”活动，竭诚为青少年成长成才、婚恋交友、社会融入等需求提供实实在在的帮助。

8. 服务援疆、援藏工作取得新进展。推动省内2.74万名中小学生与新疆阿克陶县中小学生结对子、传书信，组织89名新疆青少年来赣参加“手拉手”融情实践夏令营，募集45万元社会资金援建阿克陶县农村“青年之家”。选派48名“西部计划”志愿者到新疆、西藏基层建功立业。

三、坚持强基固本，深入推进基层组织建设和基层工作

坚持把抓基层强基础作为长远之计和固本之举，努力使基层真正强起来、活起来。

1. 扩大基层覆盖。扎实推进区域化团建，在城市，新建区域青年工作共建委员会54个、直属团组织702个；在农村，推进农村专业合作组织建团，新建县域农村合作组织团工委92个；在机关事业单位，创新推进“团组织+青年工作委员会”工作模式。扎实推进团组织向非公企业、新社会组织、驻外组织、行业协会、网络新媒体等新兴领域覆盖延伸，在全团建立了首个以不同高校同一生源地学子为主要对象的团组织—江西省外高校赣籍学子团工委，新建非公企业团组织508个、行业团工委3个，网络新媒体团组织120个，实现对县（市、区）主要网络论坛的全覆盖。

2. 夯实基层保障。积极推动政策、力量、资源向基层集中、向基层倾斜。争取省委组织部支持，成为首个将党建带团建纳入市县乡党组织书记抓基层党建工作述职的省份；推动县（市、区）、乡镇（街道）团委主要负责人列席同级党委会（常委会）比例分别达91%、97%，居全团第一；抓住村（社区）“两委”换届契机，推动符合条件的1.83万个村（社区）团组织100%集中同步换届，得到团中央主要领导的批示肯定，江西经验在全团推广。招募176名大学生西部计划志愿者到县级团委帮助工作，选拔了50名金融领域干部到县级团委挂职锻炼，省财政连续四年下拨基层工作经费，积极推动市县财政配套。

3. 激发基层活力。一方面强化考核指导，改进考核评议办法，增加青年评价权重，一年两次开展全省巡回拉练，形成倒逼机制。另一方面强化业务培训，全年累计举办培训班360余场次，培训专兼职团干部31300余人次，全省新任职村（社区）团组织书记实现全员轮训。

4. 改进工作作风。扎实开展“三严三实”专题教育，坚持将“三严三实”专题教育与“团干部如何健康成长”大讨论有机结合，把“三严三实”作为团干部健康成长的基本准则和目标追求，认真抓好学习教育、专题研讨、整改落实等各环节工作，着力推动践行“三严三实”要求制度化、常态化、长效化。坚持密切联系青年群众，深化“三进四同一带头”、“走、转、改”大宣传大调研、“双结双实双提高”等常态化下基层制度，畅通常态化联系青年的渠道，使广大团干部始终保持接地气、求实效的良好作风。

山东团的工作

全省各级团组织，深入学习贯彻党的十八大、十八届三中、四中、五中全会和习近平总书记系列重要讲话精神，认真落实中央和省委党的群团工作会议各项要求，按照全团“凝聚青年、服务大局、当好桥梁、从严治团”四维工作格局，扎实推进青春导航、青春建功、青春创业、青春同行、青春绿色“五项行动”，深入实施“改革攻坚年”，继续保持了走在全团前列的工作态势。

一、坚持为党育人的根本任务,不断增强思想政治引领的吸引力感染力

紧紧围绕培养中国特色社会主义事业建设者和接班人,以理想信念为核心,以培育和践行社会主义核心价值观为基础,重点实施青春导航行动,帮助青少年扣好人生第一粒扣子。

1. 突出理论先导作用。依托省团校和各级团属培训基地,举办学习宣传习近平总书记系列重要讲话团干部培训班、青年马克思主义者培训班,1.6万名团干部和12万余名青年学生骨干参加轮训。以纪念世界反法西斯战争胜利70周年、“一二·九”运动80周年为契机,集中开展“清明祭英烈,共铸中华魂”等主题活动,组织全省8万余个学校团支部开展“四进四信”活动,“与人生对话”、“与信仰对话”、“彩虹人生”等活动覆盖青年学生160.3万人次,“我们是共产主义接班人”主题团队宣传教育活动影响覆盖青少年32.6万人次。

2. 突出榜样示范作用。发挥各级“青年五四奖章”的示范带动作用,大力选树“向上向善好青年”、“山东好少年”、“最美中学生”、“大学生自强之星”、“最美青工”等青少年身边的典型,组织青年典型深入基层、走进一线,开展“百名优秀农村创业大学生事迹展播”活动,向15.6万人次青少年传递榜样力量。发挥文化产品的正向示范作用,围绕重大主题和题材,打造系列化网络文化精品力作,推出各类评论文章、长微博、动漫等网络文化产品690部,青春励志电影《桑榆街9号》在社会各界引起强烈反响。山东青年杂志、山东青年报和齐鲁少年报等团属舆论阵地依托传统平台优势,不断唱响主旋律。港澳台青年交流全面深化,青年对外交流工作实现新拓展。

3. 突出实践育人作用。抓住“五四”、“六一”等重要时间节点,组织各级团组织开展“我的中国梦”、“红领巾相约中国梦”、“红领巾心向党”等主题团(队)日活动3.7万场次,影响覆盖青少年956万人次。策划承办全国第一届中华学子青春国学荟,举办“国学达人”挑战赛、“孔子学堂”大学行、“十八岁成人礼”等传统文化教育项目,开展“争当美德小达人”、“雷锋精神在山东”、“争当向上向善好青年、争做文明守法好网民”等道德实践活动,大力弘扬中华传统美德和齐鲁优秀文化,不断增强青少年对社会主义核心价值观的认知。

4. 突出新媒体引导作用。举全省共青团之力推进“青年之声”建设,建立集网站、微博、微信、书记信箱、12355为一体的“四端一平台”互联互通入口,组建就业创业、国学教育等7个专家服务联盟,线上倾听青年心声、回应青年诉求,线下帮助青年解决困难、疏导情绪,6月份开通以来有效留言14590条、回复15782条、专家回答率68.7%。建立省、市、县三级3.52万人网络宣传员队伍和101.8万人网络“清朗侠”队伍,在互联网上举旗亮剑,弘扬“青春正能量”,及时回应侯聚森被打伤、姚云鹏募捐、“我们是共产主义接班人”等热点舆情事件,全省青年网络文明志愿者参与发声360万人次,“青春山东”微信公众订阅号和团省委官方微博影响力在省直部门和省级团委排行榜中名列前茅。

二、坚持围绕中心、服务大局的工作主线,积极服务经济文化强省建设

紧扣省委“一个定位、三个提升”的要求,重点实施青春建功和青春绿色行动,引导青年立足岗位创新创业创优。

1. 激励青年助推转方式调结构。围绕产业转型升级,在全省近万个青年文明号集体开展创新创效创优活动,深化青年职业技能大赛,启动青年文明园区创建工作,广泛开展青工“五小”创新活动,激发广大青工创造热情和创新潜能。深入实施助力县域科学发展工程,组织青联委员开展“我为改革献计出力”等经贸考察活动,组织青年企业家举办助推“转调创”地方行、“青企大讲堂”等活动,组织青年学生开展“调研山东”大学生社会调查等活动，为应对地方经济下行压力献计出力。深化农村青年创业致富“领头雁”工程，评选“全省农村青年致富带头人”和示范性青年农民专业合作社，实施“青联农科示范田”，引领广大农村青年扎根家乡、创业致富。

2. 动员青年投身全面深化改革。深化“青年人才培养计划”，组建2069名的山东青年人才库，引导青年人才为改革发展建言献策。积极参与创新社会治理，加强对青年社会组织的联系、孵化和服务，做好与新经济组织、新社会组织、新文化文艺领域和新媒体领域从业青年的联系沟通，掌握省市两级1849家青年社会组织情况，覆盖成员310万人。大力实施“伙伴”计划，举办第二届山东青年社会组织优秀公益项目评选活动，开展“青联公益大篷车”等社会动员项目288个，吸引937个青年社会组织广泛参与。

3. 组织青年参与美丽山东建设。启动“小手拉大手 共筑碧水蓝天”行动，通过少年儿童带动家庭、影响社会，提高全民绿色环保意识。倡导“美丽山东”新风尚，开展“青春建功美丽山东”统一行动日和“山东青年碳汇林微公益行动”，动员16.8万名青少年植树53.92万棵，承办全国“绿色长征”公益健走活动，新命名18处省级青少年绿化基地，汇聚青春绿色正能量。推动11市和56个县成立青少年绿色联盟，依托各级青少年绿色联盟和环保社团，积极开展低碳宣传、随手清洁等活动，在青少年中传递生态文明理念。

4. 号召青年扎根基层奉献社会。组织青年志愿者圆满完成第22届国际历史科学大会志愿服务任务，争取2470万元省财政专项彩票公益金，新建“社区青年志愿服务站”244个，举办全省首届青年志愿服务项目大赛，启动“青春扶贫行动”，积极参与“平安行，你我他”文明交通行动、乡村文明行动。扎实开展新一轮对口支援新疆、西藏、青海工作，完成对口支援项目72个，招募590名西部计划志愿者赴祖国西部开展志愿服务，深化鲁疆青少年“手拉手”系列活动，全省3.5万名少年儿童与新疆、西藏学生结对交友，对口支援工作全团领先。

三、坚持竭诚服务青少年的生命线，更多关注关心关爱普通青少年

聚焦特殊困难青少年群体和青少年普遍性需求，重点实施青春创业和青春同行行动，通过实实在在的服务工作让青年真正信得过、靠得住、离不开。

1. 服务青年创新创业。联合财政、人社、人民银行等部门出台《山东青年创业助力计划(2015—2017)》，明确总额度15亿元的基准利率青年创业信贷资金和配套财政贴息资金，“鲁青基准贷”、“鲁青担保贷”等“青”字号创业资金扶持项目发放贷款13.3亿元、贴息资金2100万元。成立山东青年创业学院和省大学生农村创业联盟，举办“挑战杯”大学生课外学术科技作品竞赛、第二届青年电子商务大赛、青年APP大赛、互联网+应用创新峰会和第四届山东青年创新创业大赛，为青年创新创业搭建平台。进一步挖掘联通未来青春创业社、KAB创业项目基地的作用，建设、联系青年创业园区(孵化基地)、众创空间165处，在全省范围内开展农村电商“百县万人”创业培训，培训农村青年3万余名，点燃广大青年创业热情。

2. 帮助青少年健康成长。在青年学生中开展“三下乡”“走下网络、走出宿舍、走向操场”等主题活动，依托省青少年活动中心和青少年素质教育中心等场所为中小学生搭建素质拓展、科普教育平台。省希望工程累计筹资2742万元，资助贫困学生2961名，帮助527所农村学校改善办学条件。推进青年志愿者助残“阳光行动”，助残志愿者达14.7万人，结对助残青少年19万人；深化“青春助力——关爱农民工子女志愿服务行动”，结对农民工子女学校2874所、农民工子女60.4万人;启动“牵手关爱行动”,组织3万名牵手志愿者结对帮扶3万名留守儿童;开展“心愿直通车”少年儿童关爱行动,帮助2.98万名少年儿童实现微心愿。

3. 保障青少年合法权益。开展预防青少年违法犯罪工作,推动重点青少年群体工作网格化管理,全省排查五类重点青少年群体32.5万人。制度化开展“走进青年—政协委员”调研日和“共青团与人大代表、政协委员面对面”活动,全省各级团组织提出提案、议案和建议251条。起草《山东省预防未成年人犯罪条例》,成立全省首家专门学校。深入推进青少年事务社会工作专业人才队伍建设,争取省财政950万元专项资金,用于社区青少年社会工作服务示范工程建设,开展“青春同行·益暖齐鲁”贫困家庭青少年关爱项目,培育青少年社工服务机构94家。

四、坚持重基层、强基础的工作导向,着力提升共青团建设科学化水平

把从严治团落实到工作各个方面,以严的要求、实的作风激发团组织内在动力。

1. 扩大有效覆盖。在乡镇农村,以“百县千乡”示范创建活动为载体,持续深化实体化“大团委”和组织格局创新工作,成立县域农村合作组织团工委78家,累计建立直属团组织3.2万个,乡镇团委委员数达1.2万人;在城市街道,120个街道启动实施第二批街道区域化团建工作,建立直属团组织2148个;抓好非公有制企业团建和驻外团的工作,与省网信办联合部署开展互联网企业团建工作,全省共有3.9万家非公企业建立团组织,15个市和60%的县分别建立市县两级个体私营经济团工委。

2. 夯实工作基础。加强团员发展管理,严格将初中毕业班团青比控制在30%以内、高中毕业班团青比控制在60%以内,下大气力推动团员成为注册志愿者。落实省委关于进一步加强少先队工作意见,成功召开省第七次少代会,省市县三级全面完成少先队总辅导员岗位设置和配备,推动各级财政安排少工委专项工作经费和义务教育学校少先队工作专项补助,义务教育阶段1至8年级普遍落实“少先队活动”每周1课时。加强机关党建工作,成功召开团省委第五次党员大会,建立党支部书记向机关党委述职制度。

3. 加强队伍建设。认真开展“三严三实”专题教育和“团干部如何健康成长”大讨论活动,持之以恒改进团干部作风。加强团干部配备,市县团委班子整体配备率保持稳定。推动团干部走进基层、深入青年,常态化开展基层联系点、“走进青年、转变作风、改进工作”大宣传大调研和团省委机关干部下沉基层工作,同2847名普通青年、1660名团干部建立经常性联系,与214个基层单位、833名青年开展结对,选派52名高校团干部、137名金融系统青年干部到县级团委挂职副书记,招募106名山东计划志愿者赴基层社区开展志愿服务,组建成立山东青年志愿服务讲师团,广泛开展志愿服务培训。

五、坚持共青团深化改革的正确方向,深入贯彻落实中央、省委党的群团工作会议精神

把中央和省委群团会议精神作为推进工作的思想武器和行动指南,积极稳妥推进共青团深化改革。

1. 深入学习宣传。通过召开党组会、全委会和开展中心组集体学习等方式,第一时间传达会议精神、研究贯彻落实措施。率先举办覆盖全省17市团委班子成员、137个县(市、区)团委书记主题读书班,传达学习中央和省委党的群团工作会议精神,深入研究共青团深化改革工作。结合不同青年群体特点设计宣传方案,通过团属全媒体阐释会议精神、发起话题讨论,最大限度地将会议精神传达到广大团员青年中。

2. 广泛开展调研。先后开展3轮专题调研,广泛收集党政领导、基层团干、专家学者和各领域青年对共青团抓好贯彻落实、改革创新的意见建议，共深入10个市、46个县（市、区），面对面访谈普通青年327人次、党政干部和团干部170人次，发放调查问卷983份。通过调研，梳理出5大类、22个方面的突出问题，形成了4大类、10个方面的改革措施，并积极推动相关措施纳入省委实施意见。

3. 积极探索改革。在省委和团中央的领导下，初步提出“三改一加强”的改革措施，改革团员发展标准，进一步规范团员入口管理，消除团员“入口关”不严、团青比例过高、入团程序不规范等问题；改革机关机构设置，成立山东“青年之声”综合服务平台、山东青年社会组织服务中心和团省委机关核算管理中心；改革作息服务时间，建立周末轮休制度，全天候服务青年，破解习总书记批评的“许多群团机关按点上下班，基层群众有话想说、有事要办总找不到人”的问题；加强联系服务青年，组织团省委干部重点联系大学毕业后在济南“城中村”工作的青年。

河南团的工作

2015年以来，在中共河南省委和团中央的正确领导下，河南团省委认真贯彻落实中央和省委党的群团工作会议精神，坚持开拓创新，务实重干，坚持虚功实做、久久为功，推动团的各项事业不断取得新发展。

一、突出引领，凝聚青年，在育人铸魂中坚守政治立场

1. 持续深化网络斗争。在做好建网、用网工作的基础上，突出占网实效，高标准组建全省包括5.3万网宣员在内的67万人的网络文明志愿者队伍，打造了四个层次的实体阵地，构建起“三级三圈、三圈叠加”的扁平化指挥体系，并根据一小时黄金时间法则，建立完善了四级响应机制，最终形成了“队伍管理扁平化、网络斗争军事化、互联网阵地实体化”的河南工作模式。这套模式在点赞“上合会议”、点赞世界互联网大会等50余次全团、全省重大舆论引导中，发挥了骨干作用。

2. 积极开展正面宣传。一年来，省团委抓住元旦、“五四”、“七一”、“十一”等关键时间节点，集中力量撰写了《共青团员亮身份》等深度理论文章，策划设计了“青春助力改革”、“青春与法治同行”主题论坛以及“学讲悟用总书记重要讲话精神”系列论坛、全省共青团深入学习贯彻中央和省委党的群团工作会议精神读书班等一批融思想性、艺术性、先进性为一体的思想引导活动，在全省形成了学习热潮。

3. 引导青年培育和践行社会主义核心价值观。为学习宣传孟瑞鹏等青年典型的先进事迹，团中央不仅将2015年全国大中学生“社会主义核心价值观主题宣传月”启动仪式放在河南举行，而且还在全国学联大会期间组织了由所有与会代表参加的孟瑞鹏专场事迹分享会；动员全省18万余名青年学生参加全国“国学达人”网络挑战赛，参与规模位列全团第二；集中组织河南科技大学、河南理工大学、许昌学院等五所高校与71282部队、71332部队、71622部队等驻豫部队，签署了社会主义核心价值观共建共育协议，搞好军地联动，形成了资源互补、协同推动的良好局面。

二、突出革新，服务大局，在创业创新中助力经济发展

1. 涵养和凝聚创新人才。举办首届河南青年APP大赛和2015年河南省青年创新创业大赛，大力发现、培育、选树青年创新创业人才，在2015年“创青春”中国青年创新创业大赛中，全省项目荣获“创意组”唯一的金奖；2015年8月全省林春泷被选送参加世界技能大赛，并斩获了制造团队项目金牌。

2. 积极提供创业就业服务。持续与国开行合作开展“河南青年助业贷款工程”项目，打造在全国推广的“河南模式”，实施5年来共发放贷款107亿，发放额位居全团首位；开展河南省电子商务创业基地和就业基地认定工作，评选出21家省电子商务创业基地和13家省电子商务就业基地，该项工作为全团首创。

3. 持续开展团的品牌工作。针对在校大学生缺乏工作经验，进而就业难的现状，持续深化开展“青春点亮中国梦”第三届河南大学生暑期见习万岗行动，征集各类见习岗位13586个，三年来共征集见习岗位4.3万余个，岗位募集数位居全团首位；深化青年文明号创建活动，不断拓展创建领域，培育“大河网大河论坛”成为首家网络全国青年文明号；为“上合”会议做好志愿服务工作，得到了省政府的嘉奖。与此同时，还实施“青少年科普行”活动、承办第二届全国中学生模拟联合国大会，并在第十一届“振兴杯”全国青年职业竞赛中荣获优秀组织奖。

三、突出服务，宗旨至上，在砥砺奋斗中凝聚青年力量

1. 切实加强服务的针对性。针对互联网时代青年需求更加多元的现状，开通了以“听青年之声、建青年之家、筑青年之魂”为宗旨的“青年之声”互动社交平台，开展了救助烧伤女孩等有针对性的微服务活动。通过这些雪中送炭、雨中送伞、传递党团温暖的个性化精准服务，“青年之声”不仅在青年中的美誉度和影响力不断上升，同时其核心价值也日益彰显。截至2015年底，“青年之声·河南”微博话题总阅读量已达2449万，组建各级各类“青年之声”专家服务联盟200多个，3个多月入驻用户24万人，直接服务普通青年46.4万人次，以上数据均居全团首位。

2. 持续开展青年英雄帮扶行动。在以往工作的基础上，不断澄清青年英雄底数：近年来全省共涌现出以孟瑞鹏、邢二朋等为代表的见义勇为青年英雄217名，其中有49名牺牲、82名致残、118名致贫致困。为避免“英雄流血又流泪”，将他们登记在册，一人一网、一人一档、一人一卡，开展长期专项志愿服务。这一帮扶项目荣获首届中国青年志愿服务大赛金奖，河南也由此被中央媒体称为盛产青年英雄的“精神高地”。在此基础上，不断创新工作手段，通过社会化运作机制整合社会资源，先后联合郑州路达出租汽车公司等企业对青年英雄进行了帮扶。与此同时，持续深化关爱农民工子女志愿服务、河南志愿者阳光助残、希望工程圆梦等系列行动，不断加大对普通青少年、弱势青少年群体的服务范围和服务力度，其中关爱农民工子女和阳光助残行动均走在全团前列。

四、突出严实，固本培元，在夯实信仰中擎起时代担当

1. 重点抓好团的领导机关的政治理论学习。从2013年10月起，在团的领导机关开设每天一次的“共青晨课”，组织团干部集中观看反映党史、国史、社会主义发展史的政论片。两年多来，共集中观看各类纪录片322集14490分钟。此外，还持续深化每半月一次的读书交流会、每月一次的“共青夜校”等学习培训制度，进一步强化团干部理想信念教育。召开全省共青团深入学习贯彻中央和省委党的群团工作会议精神读书班，利用微信、微博、电视电话会等形式，将会议精神传达推送到全省21万专兼职团干部；通过举办河南省纪念五四运动96周年暨学习习近平总书记系列重要讲话精神征文演讲比赛,共影响覆盖团干部和团员青年300余万人。

2. 夯实团的基层基础。在抓好传统领域基层团建的同时,在产业集聚区、非公企业、农村合作社、新媒体、青年社会组织等十几个新兴领域建立团组织4万余个,数量居全团首位。持续推进青少年综合服务平台建设,共建各级各类服务平台1386个。贯彻落实团中央"智慧团建"的要求,不断创新方式方法,充分利用"微邦"等新媒体平台,广泛开展团员注册志愿者工作。截至目前,全省专兼职团干部已全部注册成为志愿者,全省团员已注册志愿者260余万名,超过全省团员总数的45%,数量位居全团第一。

3. 持续开展党风廉政建设。深入贯彻落实中纪委和省纪委的各项部署,并着力强化"两个责任",突出"一岗双责",召开全省共青团系统党风廉政建设工作会议,开展廉政教育,为做好团的各项工作提供纪律保障。

4. 扎实开展"三严三实"专题教育。创造性开展自选动作,以"团干部如何健康成长"大讨论活动为载体,深入开展"三严三实"专题教育,共覆盖专兼职团干部11.5万名。

5. 启动团干部"常态化下沉基层"工作。引导团干部在条件艰苦、矛盾突出的基层一线和实践熔炉中砥砺品质、锤炼本领。

6. 建立基层联系点制度。组织省市两级团的领导机关处级以上干部建立了基层联系点,定期深入基层与基层团干和团员青年进行交流,不断增强团干部密切联系青年群众的宗旨意识,使团干部真正成为广大青年遇到困难时想得起、找得到、靠得住的青年之友。

湖北团的工作

全省各级团组织以保持和增强团的政治性、先进性、群众性,克服"机关化、行政化、贵族化、娱乐化"为目标,紧扣时代主题,把握青年脉搏,全面履行团的基本职能,积极推进团的各项工作,团结带领全省广大青年为推进"四个全面"战略布局湖北实施、加快"建成支点、走在前列"做出了积极贡献。

一、青少年思想引领

坚持以理想信念教育为核心,牢牢把握分类引导规律,精心策划主题教育活动,充分运用新媒体开展工作,青年思想引领的针对性和实效性不断增强。

1. 青年理论武装不断加强。坚持"全团抓思想政治引领"理念,广泛开展"我的中国梦"、"与信仰对话"、"与人生对话"、"彩虹人生"、"红领巾相约中国梦"、"百生讲坛"、"十万青年重走抗战路"等主题活动3000余场次。省委书记李鸿忠亲自出席团的活动5次,做出重要批示9次。加强青年骨干培养,选拔培养"青马工程"学员两批104名,组织"青年中国特色社会主义建设者培养工程"、"荆楚英才学校"等骨干培训班,培训500余人次。编撰《湖北省团队一体化分层思想政治教育指南》,分层教育引导思路更加清晰。加强调查研究,青少年研究"智库"建设取得成效,联合《中国青年报》完成《院士的中学时代》编写工作。

2. 培育和弘扬社会主义核心价值观活动丰富多彩。强化正面宣传教育,全省各市州共开展“奋斗的青春最美丽”、“我为社会主义核心价值观代言”、“勿忘历史·圆梦中华”、“我看中国新变化”、青年职工大讲堂、“手拉手”等主题活动8600余场。开展青年书香号、青年相亲文化节、青年风尚节、乡村青年文化节、校园文化节等活动，营造出健康文明、积极向上的浓厚氛围。

3. 青少年民族团结教育深入开展。建立“结亲结对”团组织100个，开展“鄂博·楚星少年手拉手”夏令营、“书信手拉手·民族心连心”等活动，推动2万余名少年儿童进行书信、电话、网络等经常性交流。举办博州和山南团干部培训班，组织35名基层团干部和少先队辅导员参加培训。

4. 青年典型不断涌现。组织“湖北青年五四奖章”、“向上向善好青年”、“乡村好青年”、“最美青工”、“大学生自强之星”、“寻找最美中学生中职生”等系列评选，举办分享会，一批可亲、可敬、可学的先进青年典型充分发挥示范带动作用。

5. “网军”队伍不断壮大。“青微工程”有序推进，积极组建各级“青微工程”队伍，省、市及高校团组织联系骨干成员500余名。建立4.5万余人的网宣员队伍和62万余人的青年网络文明志愿者队伍，打造“核心、骨干和协作”青年网军圈层队伍。加强青少年新媒体协会建设，紧密联系一批青年“大V”和意见领袖。

6. 平台建设不断加强。打造“两微两网一报一端一刊”的“青”字号全媒体平台，团省委官方微博粉丝总数达到80余万，被人民日报新媒体中心和新浪微博评为“2015年度全国十大团委系统微博”；青楚网、青楚APP注册用户近10万人。“青年之声·湖北”平台建设日趋完善，有效解答青年关注的热点难点问题。

7. 网络舆论引导不断深化。围绕重要节点、事件和敏感话题，策划主题讨论，累计阅读量超过5000万次。编发原创微博微信、手机报、网评文章，推出一批视频、漫画等新媒体文化产品，受到青年广泛欢迎。开展青年网络舆情监测、搜集和研判工作，编辑《青年网络舆情》23期。积极打造“清朗侠”品牌，“清朗网络·青年力量”青年网络文明志愿服务被省委宣传部、省文明办评为湖北志愿服务“十大”活动之一。

二、服务经济社会发展

坚持以“建成支点、走在前列”为统揽，找准工作切入点，发挥生力军作用，共青团服务经济社会发展的参与度和贡献率不断提升。

1. 融入中心大局主动作为。青年英才开发计划首批培养55人，“青年创新工作室”培养青年创新型人才500余名。举办“湖北·武汉台湾周——海峡两岸青年大学生实作型创新创业大赛”、“挑战杯·青春在沃”大学生课外学术科技作品竞赛、首届中国青年APP大赛湖北赛区选拔赛、2015“佰昌杯”湖北农村青年电商创业大赛暨大别山革命老区青年创业邀请赛、“青创工程·青春创业季”、“中国农谷·青年创新创业大赛”、湖北省大学生创业大赛、“我是创客”创业明星赛等活动，有效服务青年创新创业。开展大中专学生志愿者暑期“三下乡”社会实践活动，选派第四批“博士服务团”、420名“西部计划”和“三支一扶”志愿者到基层服务。开展“保护母亲河·美丽中国梦”植树行动，发动广大青少年参与植树100余万株。成立湖北省青少年生态环保社团联盟，青少年环保公益活动吸引一大批青年志愿者积极参与。

2. 服务青年建功成才多措并举。编辑出版全省创新创业政策汇编，联合媒体共同举办“青创同期声”栏目，打造网上众创空间。加强市、县两级青年创业孵化器、众创空间建设，启动民族青年创业就业孵化器建设，服务一批青年创业成才。推进湖北省大学生创业扶持计划，资助创业项目601个，发放扶持资金1998

万元。实施“湖北省大学生返乡创业行动”和“湖北农村青年电商培育工程”,扶持251个“扬帆计划”、“田园小康”项目,培育农村青年创业致富“领头雁”1万余人。推进“青春福贷”、“青春惠贷”、“青春邮贷”等项目,为城乡青年发放创业小额贷款13亿元。开展青年创业大讲堂、大学生创业论坛、青年创业就业培训班等活动,组织“百企万岗”大学生就业公益招聘会8场,提供就业岗位5万个、见习岗位1万个。推进青年文明号、青年岗位能手、青年安全生产示范岗评选和创建工作,举办涵盖11个职业(工种)的青年职业技能大赛,为职业青年搭建岗位创优平台。

3. 青年社会组织工作深入推进。青年社会组织和新兴青年群体“伙伴计划”工作体系逐步建立健全,新兴领域青年工作台账不断完善,各级团组织联系青年社会组织1618家,新增489家。发挥湖北青年社会组织研究与发展中心、湖北青年志愿公益组织孵化中心、荆楚青年汇等活动阵地的作用,促进新兴青年群体的成长。

4. 青少年事务实现社会化运作。采用政府购买服务的方式,为困境未成年人提供关爱帮扶。投入200万元资金,推出关爱困境未成年人“希望伴飞计划”社会公益服务项目,向专业社工机构、志愿公益组织购买困境未成年人服务项目102个。争取民政部门500万元项目资金,通过向青少年事务社会组织购买服务的方式,在全省18个县(市、区)共同实施困境未成年人社会保护试点工作,为处于特定困境的未成年人提供精神性、发展性关爱帮扶。

5. 志愿服务精神大力弘扬。加强“本禹志愿服务队”建设,健全省、市、县三级创建体系,命名28支省级示范团队。建立湖北省青年志愿者联盟,依托第二届青年志愿公益项目大赛,省级直接扶持91个项目团队开展志愿服务活动。配合省人大出台《湖北省志愿服务条例》,促进志愿服务社会化、规范化、专业化发展。

三、服务青年成长发展

紧紧围绕青少年最现实、最紧迫、最普遍的需求,以促进青年就业创业为重点,进一步整合资源、搭建平台,努力为青少年成长发展办实事、做好事、解难事。

1. 关爱行动蓬勃开展。加强2176所农村留守儿童“希望家园”建设,实现乡镇全覆盖,为10万名留守儿童提供暑期关爱服务。开展“关爱留守儿童·助力精准扶贫”行动,主动参与全省精准扶贫攻坚战。推进少年儿童“爱眼护眼”工作,在全省75所示范学校统一组织“爱眼日”主题队会,跟踪监测10万名少年儿童视力状况。广泛开展“走下网络、走出宿舍、走向操场”等课外体育锻炼活动4万余场次。推进志愿助残“阳光行动”,3600余个青年志愿者组织结对帮扶16.6万名残疾青少年。组织52万余人次青年志愿者参与“关爱农民工子女志愿服务行动”,多层互动的结对帮扶网络初步形成。

2. “希望工程”助力青少年学习成长。举办希望工程慈善盛典,募集善款6724万元。通过“十六助”活动和大中小学生助学行动,资助贫困青少年8013人次。新建希望小学20所,在建希望小学27所,建成希望厨房2047个。开展“微公益”活动,开发“湖北希望工程”微信、微网站,首次成功开发微信募捐渠道。

四、维护青少年合法权益

以五类青少年群体为重点,多措并举维护青少年合法权益,推动维权和预防工作相互促进、融合发展,切实为青少年健康成长营造良好环境。

1. 法制化维权进程持续推进。配合省人大常委会开展《未成年人保护法》和《预防未成人犯罪法》执法检查,争取省人大常委会将《湖北省预防未成年人犯罪条例》纳入2016年立法工作计划,开展“手心之上”、普法宣讲进校园、“12.4”法治宣传等普法活动200余场，实施合适成年人、未成年人社会调查等青少年司法保护活动30余次，逐步形成比较健全的青少年立法设计、法治教育、司法保护体系。

2. 组织化维权机制不断健全。进一步健全省、市、县三级预防和未保机构建设，基本实现省、市、县三级预防机构和省、市两级未保机构全覆盖，全面完成重点青少年服务管理和预防犯罪第二轮县级地区推开工作，在中央综治委预防办考核中位居全国前列。深化“共青团与人大代表、政协委员面对面”活动，各级人大代表、政协委员围绕“面对面”主题提出建议、提案120余份，团省委提案被省政协评为年度优秀提案。

3. 社会化维权体系逐步构建。推动省政府办公厅出台全省青少年事务社工队伍建设方案，成立省级青少年事务社工服务中心，举办社工人才队伍培训班，全年新增青少年事务社工1600人。深化12355青少年服务台建设，集中开展823场“12355阳光行动”，为中高考学生及家长提供考前辅导。深化“优秀青少年维权岗”创建工作，30余家省级“优秀青少年维权岗”参与全国命名、154家单位参与省级优秀“青少年维权岗”创建，推动各级青少年维权岗与社区结对，开展经常性预防犯罪和维权工作。

五、加强团的自身建设

坚持以实现团的组织和团的工作有效覆盖为目标，不断加大对基层的联系指导和支持投入，团的基层基础得到夯实，团建科学化水平稳步提升。

1. 组织覆盖不断扩大。以非公企业、农村合作组织和乡镇（街道）团建为重点，深入推进城乡区域化团建，组织“街道区域化团建示范创建活动”、“百县千乡”农村区域化团建工作竞赛、机关事业单位团建优品汇等活动，新建非公有制企业、新社会组织团组织1579个，建立县域农村合作组织团工委84个，新建农村专业合作组织团组织620个。推进互联网行业团建，扩大对自由职业者、网络意见领袖、网络作家等新兴青年群体的覆盖和影响，实现“多网互动”、“多层互动”。建立全省中学中职共青团基层联系点制度，确立33所中学、18所中职学校为省级基层联系点。

2. 各项保障落实到位。配齐配强全省各级团组织领导班子，市、县两级团委书记配备率分别达到92.3%和90.3%。贯彻落实团中央加强中学中职工作相关文件精神，组织专班检查督导。加强乡镇、街道2万元工作经费管理，基层团组织活力得到提升。

3. 青少年综合服务平台建设全面推进。建成16个市级平台、313个县级平台，开展基础团务、就业创业、文化学习、专业咨询等各类服务项目。

4. 扎实开展主题教育。在全省各级团组织中开展“三严三实”专题教育、“团干部如何健康成长”大讨论、“走转改”大宣传大调研等活动，引导团干部深入学习贯彻中央、省委党的群团工作会议精神，打牢理想信念根基，严守政治纪律和政治规矩。

5. 团干部队伍建设不断加强。建立健全团干部直接联系青年机制，选派第一期11名机关干部到10个县（市、区）常态化下沉，组织团干部向基层服务对象报到。突出思想建团，强化理论武装，通过普训、调训、专训、理论研讨班等多种形式，省本级培训各层级、各战线团干部2000余人次，市、县两级培训团干部1.2万余人次。

6. 团员管理工作规范有序。有计划推进团员发展工作，严格团员发展标准和程序，调控中学发展团员比例。加强团员意识教育，从严管理团员队伍，不断完善推优工作机制。

7. 青联工作持续扩展。成立省归国青年发展促进会，并增设为省青联的一个界别，组织港澳台青少年近千人赴鄂交流互访。各级青联组织建设不断加强，省市青联利用换届和常委会契机普遍增设青年社会组织界别，新增委员100多人。

8. 学联自身建设不断加强。完善驻会执行主席及内设干部遴选制度，选举26名代表参加全国学联代表大会。支持学联按照章程独立自主开展工作，加强各级学生会、研究生会建设，引导学生社团规范化发展。

9. 少先队工作不断提升。贯彻"全团带队"要求，推动省委有关少先队工作文件的督办落实，省级少先队工作经费纳入预算，省级少先队辅导员培训纳入教师培训省培计划，市、县级少先队总辅导员选配得到保障，少先队辅导员培训班、说课赛受到欢迎。

湖南团的工作

团湖南省委深入学习贯彻习近平总书记系列重要讲话精神特别是对青少年和共青团工作的重要要求，认真贯彻落实中央、省委关于加强和改进党的群团工作的精神，紧紧围绕"凝聚青年、服务大局、当好桥梁、从严治团"四维工作格局，团的各项工作取得了新的成效。

一、深入学习贯彻习近平总书记系列重要讲话精神和中央、省委关于加强和改进党的群团工作的精神

全省各级团组织把深入学习贯彻习近平总书记系列重要讲话精神作为首要政治任务，特别是把学习贯彻中发〔2015〕4号文件、中央党的群团工作会议精神和省委党的群团工作会议、湘发〔2015〕16号文件精神作为全省共青团工作的重中之重，以增强政治性、先进性、群众性，克服"机关化、行政化、贵族化、娱乐化"为目标，持续组织团干部和团员青年认真学习、深刻领会、贯彻落实。

1. 狠抓传达学习。结合全团"团干部如何健康成长"大讨论活动，通过各种报告会、座谈会和大宣传大调研活动开展学习宣传。积极运用湖南共青团官方网站、官方微信微博、手机客户端等新媒体平台，在广大团员青年中开展学习活动。深入开展学习习近平总书记系列重要讲话精神"四进四信"活动，累计开展主题团日活动1.75万场，参与学生88.73万人，实现高校团支部100%覆盖。举办为期三天的主题读书班，市州团委班子成员，各县市区、高校、行业团委书记等320人参加。14个市州全部举办主题读书班并覆盖到乡镇一级。

2. 集中调查研究。按照省委领导批示，全力配合省委政研室，会同省总工会、省妇联等单位，就制定省委落实《中共中央关于加强和改进党的群团工作的意见》的实施意见进行深入调研，积极参与起草工作。由党组成员带队，组织三个专项调研组下到7个市州、15个县市区以及省内部分高校就团省委如何学习贯彻中央文件精神开展专题调研，广泛听取500余名各级党政领导、团干部和团员青年意见，形成专题调研报告10篇，认真研究共青团工作改革发展的新思路、新方法。

3. 做好重点改革设计。按照"凝聚青年、服务大局、当好桥梁、从严治团"四维格局要求，积极推动工作改革探索创新。明确了当前和今后一段时期重点抓好四个方面的改革探索：一是改进共青团工作青年参与机制，突出青年主体地位，推动建立青年参与工作设计、开展、评价的机制。二是开展基层团队组织规范化建设，分类制定基层团组织和少先队组织的规范化建设标准和考评达标细则，推动工作项目化、菜单化。三是推动“青年之声”线上线下平台紧密融合，建立服务需求与服务力量紧密对接、“青年之声”与现有工作的紧密结合、“青年之声”与青年社会组织的紧密合作的机制。四是探索青少年思想政治引领工作产品化建设，深入开展团属文化产品网络传播活动。目前，已经下发了实施方案，分别成立了四个领导小组，建立推进工作机制，务求取得实效。对市县两级团委推进工作改革探索提出了具体要求。

二、积极探索创新，在凝聚青年方面取得新成效

1. 强化思想政治引领。一是注重青年理论武装。以团干部和团员为主要对象，持续深化“学理论·强党性·铸信仰”活动，开展理论学习讲座、爱国主义宣传教育、省情形势教育等活动。深化“青年马克思主义培养工程”，率先建立全国首个省级网络青年马克思主义者培养学院，并依托全国青少年井冈山革命传统教育基地首次实现全省大学生骨干的省外集体培训，培养省级青马学员 246 人。二是分层分类开展主题活动。省市县三级组织“奋斗的青春最美丽”分享团进校园、入企业、到社区、走乡村进行事迹分享。先后举办“与信仰对话·飞 Young 中国梦”活动、湖南省首届高校“践行社会主义核心价值观”主题辩论赛、少儿才艺大赛、青年文化艺术节等系列活动，引导青少年积极向上向善。全省累计开展“我的中国梦”主题分享活动 784 场，举办“与信仰对话”省级报告会 887 场，覆盖学生 43.76 万人。三是注重青年典型引领。持续开展“践行核心价值观，争做向上向善好青年”活动。与省委组织部、省人社厅等单位联合开展第二届“湖湘青年英才”支持计划，推出 34 名创新创业人才。开展“最美青工”、“最美青年卫士”、“最美基层团干部”、“优秀少先队员”、“优秀少先队集体”等评选活动，加大对青年典型的评选宣传推荐力度，其中“最美基层团干部”评选活动，共吸引 30 多万人参与投票。

2. 提高服务青年实效。一是突出线上线下紧密结合。强力推进“青年之声”平台建设，联合团长沙市委、团长沙市开福区委打造全国第一个线下实体化“青年之声”平台。截止目前，湖南各级“青年之声”互动社交平台聚集了 1.19 万名专家，累计回答问题 1.78 万个。开发志愿服务公益平台“我来帮”APP，积极运用“微益中国”网络公益供需对接平台，精准帮助困难青少年。截至 2015 年 12 月，“微益中国”新增注册教师 720 人，新完成项目 1072 个。二是突出眼睛向内与眼睛向外紧密结合。借助 KAB、SIYB 及政府相关培训项目，免费培训各类青年创业者 3.03 万人；与人社部门联合出台青年创业示范园区和示范基地认定标准，建设青年创业园区（基地）52 个。三是突出最先一公里与最后一公里紧密结合。积极开展“手拉手贫困病患少年儿童医疗救助”活动，争取财政支持 500 万元，救助 537 名病患儿童。深入开展关爱农民工子女志愿服务行动，全省各级团组织、青年志愿者组织与农民工子女较集中学校结对 2929 所，结对农民工子女 100.17 万人，建成服务阵地 1423 个，组建志愿者队伍 2711 支，注册志愿者 34.59 万人，累计提供志愿服务总时长 340 余万小时。大力开展助残“阳光行动”，争取省财政支持助残阳光志愿服务项目补助 145 万元。全省结对残疾青年 3.94 万人，助残志愿者团队 1342 个，开展结对帮扶活动总时长 4.14 万小时。深化希望工程，共安排公益支出 4158.99 万元，新建希望小学 9 所，奖励资助困难学生 12652 人次。实施“华融湘江银行·绿色助学行动”，对疆藏两地考入湖南全日制普通高校的贫困新生进行一次性补助。

3. 大力推进青年社会组织建设。突出青年社会组织工作这个重点，筹建湖南省青年社会组织发展中心，在省市青联组织中把青年社会组织的优秀成员作为单独界别纳入青联范畴。积极推进社会组织“伙伴计划”公益实践项目，为留守儿童和进城务工青年子女开展形式多样的“成长陪伴”、“城市融入”活动。全省开展“伙伴项目”49个，共计546家青年社会组织参与，服务困难青少年10万余人次。强化青年社会组织骨干培训，举办各类青年社会组织培训16场，共计600余名青年社会组织负责人参与。依托湖南环保志愿服务联合会等组织，组织动员广大青少年群体开展“青春建功美丽湖南”、“绿色长征”公益健走等活动，全年累计参与活动的青少年人数达到105万人次。同时，狠抓团属社团建设，加强青企协、青科协、农村青年致富带头人协会、青年创业者协会的建设，发挥共青团在社会组织中的主导作用。

三、紧扣党政中心，在服务大局方面展示新作为

1. 把组织青年创新创业创优作为主攻方向。一是造浓氛围。与湖南日报社联合举办“8090栏目”，集中宣传创新创业青年人才30人。成立由150名优秀人才组成的湖南青年创业导师团，有针对性地开展创业指导。开展青年创新创业大讲坛系列活动，组织青年创新创业典型巡回报告会，省市两级团委组织优秀创业青年典型开展宣讲活动390场，并专门针对农村青年开展“我的事业在家乡”宣讲会186场。二是搭建平台。搭建创业赛事平台，举办第二届湖南省青年创新创业大赛，吸引超过1800个创业项目报名，并给30名获奖选手提供财政资金扶持和金融授信支持，建立青年创业项目库。搭建协会平台，大力推动市县两级团委青年创业者协会、农村青年致富带头人协会建设，成立湖南省第一届农村青年致富带头人协会。搭建资金帮扶平台，继续争取省财政安排1000万元创业就业基金，专门用于对创业就业大学生、农民工的培训教育、项目孵化、贷款贴息，2015年累计募集基金1257.2万元，下拨扶持资金约1172万元，支持各类青年创业项目323个。三是带动基层。开展选派金融机构优秀青年干部赴县级团委挂职工作，做到123个县市区金融干部挂职一次性全面覆盖。联合省农委、农行湖南省分行实施大学生返乡创业行动，每年投入100万元设立返乡创业行动专项基金，重点支持了1000余名大学生返乡创业。联合省商务厅大力实施农村青年电商培育工程，引导农村青年广泛参与电子商务进农村综合示范工程和农村市场体系建设，目前已建1000余个农村淘宝基层电商服务点。开展青年文明号、青年岗位能手、青年安全示范岗等工作，引导职业青年立足岗位创新创效。

2. 把共青团参与精准扶贫作为重要抓手。确定“因地制宜、量力而行、定向对接、项目带动”的工作思路，制定了“青春助力湘西”工作方案，重点面向大湘西地区开展困难青少年“关爱行动”、帮扶青年创业就业“圆梦行动”、扶贫攻坚“青春建功行动”和“联点结对帮扶”行动。积极与相关职能部门对接工作资源，重点开展青年返乡创业、博士服务团、关爱留守儿童、志愿服务专项行动等工作项目，争取省扶贫办800万元资金用于帮扶贫困地区农村青年。把推进团的品牌重点工作与精准扶贫紧密结合起来，推动工作资源向贫困地区倾斜。开展百名博士赴大湘西创新创业帮扶社会实践活动，先后组织10支博士服务团，分赴湘西10个贫困县走基层、进农村，开展扶贫攻坚接力服务。开展“N+1”志愿服务活动，筹集到社会资金近600万元，资助了820名失去父母的儿童。严格按照省委组织部、省扶贫办的安排，派扶贫工作队进驻新田县骥村镇黄粟山村，整合团内外资源开展精准扶贫，各项工作得到了省扶贫工作领导小组好评。

3. 把加强网络舆论引导作为重大任务。一是建平台强阵地。加强团省委新媒体中心建设,从人员经费、场地设备等方面给予大力支持。加强对共青团微博、微信、手机客户端软件的开发建设和运营管理,目前全省共青团系统开通个人微博1.2万个,建成手机客户端15个,建立334个微信公众号,已经形成全省共青团新媒体矩阵。“青年湖南”、“少年湖南”微信影响力不断扩大,“青年湖南”在全省政务微信系统屡获第一排名,在全国共青团系统最佳排名达到第一。全省有8个市级团委官方微信进入全国共青团微信50强,7所高校共青团微信公众号进入全国100强。加强宣传资源融合联动,与省网信办联合成立全省互联网行业共青团工作指导和推进委员会,重点推动在规模大、业界影响力强的互联网企业中建团。二是强素质兴队伍。积极培育“名家”和专业团队,积极发挥“三湘名博沙龙”、“湖南名家微信联盟”的作用。扎实推进网络宣传队伍建设,组建了由核心网评员、网宣员、网络文明志愿者组成的网络宣传队伍。继续推进“青微(V)工程”,重点培养省市级青微成员,全年培训青年网络宣传骨干2500人次。推广运用“团聚力”网络宣传员管理系统,使得全省网络宣传员都能做到有联系、常发声、起作用。三是亮旗帜壮声势。开展“清朗网络空间,看我青年力量”网络文明志愿服务行动、“争做向上向善好青年”、“争做文明守法好网民”等活动,联合湖南省档案馆、长沙轨道交通集团有限公司等单位在长沙地铁2号线举办了“抗战胜利70周年公益影展”,首度将长沙地铁公共空间转化为公共教育空间,扩大了社会影响力。

四、着力完善机制,在当好桥梁方面发挥新作用

1. 切实了解青少年需求。坚持需求导向,密切关注青年在教育、身心健康、权益保障、就业、婚恋、住房等方面的具体需求,认真开展具体问题的研究,有效提高了研究青年问题的能力。结合工作实际开展面向青年的专项调研,将调研中发现的问题及时反馈到工作中来。安排专项经费,整合社会力量开展青年需求研究,重点开展了“湖南青少年的重大现实问题”、“湖南青年社会组织发展状况”等重点课题和“大数据时代青年意见领袖影响力研究”等33项一般课题。各市县团委积极开展青少年需求研究,进一步增强工作的针对性。

2. 积极畅通沟通渠道。重点在零距离倾听、面对面沟通、组织化制度化反映等方面进行了积极探索,努力拓展下情上达、上情下达渠道,有效发挥沟通桥梁作用。逐步深化“12355青少年服务平台”“共青团与人大代表、政协委员面对面”等有效沟通的工作方式和载体。2015年,省市县三级团组织深入开展了“面对面”活动,共提交提案、建议或议案47份。开展形势政策教育和主题宣传教育活动,组织党政领导与团员青年面对面、“党史国情进校园”、“点赞四个全面”等活动,收到了良好的效果。

3. 狠抓青少年权益维护。着力推动覆盖全省各市州的青少年事务社会工作专业人才队伍建设,制定下发了《关于落实青少年事务社会工作专业人才队伍建设目标任务的通知》,目前已组建青少年事务社会工作专业人才队伍1500人。推动将重点青少年群体工作、专门学校建设纳入综治考核,将重点青少年群体数据信息纳入全省综治信息管理系统,通过建立联系点、定期抽查和专题调研等方式,加强了县级地区实地督导和检查。加强与相关部门衔接,积极组建青少年维权专家服务团队和青少年普法讲师团、青少年普法志愿者队伍,着力推动落实法律援助、社区矫正服务等涉及青少年事务的政府购买社会服务。截至目前,成立青少年普法讲师团、青少年普法志愿者队伍和青少年维权专家服务团队等服务机构1772个,设立服务项目78个,参与青少年事务社工3717人次,覆盖青少年83.69万人次。

五、突出严实导向，在从严治团方面取得新成效

1. 扎实开展“三严三实”专题教育活动。严格按照“三严三实”专题教育要求，把专题教育融入经常性学习教育之中，把专题党课与“三会一课”、中心组学习等有机结合，把专题民主生活会与年度民主生活会有机结合，实现了在深化“四风”整治、破解“四化”问题、巩固和拓展教育实践活动成果上见实效，在守纪律讲规矩、营造良好政治生态上见实效，在真抓实干、推动改革发展稳定上见实效，扎扎实实解决了一批实际问题。探索建立践行“三严三实”的制度机制，针对“不严不实”的突出问题，认真制定和完善相关制度。加强机关党的建设，认真履行党建工作责任，着力加强党组班子建设，坚持贯彻民主集中制，落实党风廉政建设责任。突出加强机关党支部建设，严格按要求开展组织生活，强化党员意识，不断提高机关党员党性修养。

2. 着力解决基层基础薄弱的问题。扎实推进区域化团建工作，深化非公企业团组织“活力工程”建设，开展首届湖南省机关事业单位“团建优品汇”活动，新建湖南驻北京团工委。建立扁平化指导机制，推动团省委中学中职共青团工作直接联系学校工作，首批遴选30所中学、28所中职为团省委直接联系学校。扎实推进青少年综合服务平台建设，目前共创建各类青少年综合服务平台7011个，其中省级示范性青少年综合服务平台112个，湖南驻深圳团工委通过社会化渠道成立的“深圳芙蓉青年服务中心”深受深圳湘籍青年欢迎。积极争取在《中共湖南省委关于加强和改进党的群团工作的实施意见》（湘发〔2015〕16号）中，对基层团组织人财物方面进行制度性安排，文件规定按辖区内青少年人均1元预算安排省市县三级共青团工作专项经费、每个县市区团委干部编制不少于5人（常住人口为20万以下的县市区不少于3人）、每个乡镇不少于2万元的工作经费预算等诸多务实管用的措施。省市县三级团委积极协调推动落实湘发〔2015〕16号文件，取得了较好的成效。

3. 着力加强团干队伍建设。严格开展“团干部如何健康成长”大讨论活动，将大讨论活动与“三严三实”专题教育紧密结合起来，引导和教育团干部严格做到自省自励、懂得感恩，克服弱点、虚功实做，坚定信念、远离贪腐。目前，全省各级团组织开展各类大讨论活动3954场次。严格开展大宣传大调研和机关干部“常态化下沉基层”工作，第一批12名机关干部已完成“下沉”工作，第二批“下沉”干部即将奔赴基层。严格开展团干部培训工作，全年共举办各类培训班813期，涵盖5.38万人次，其中团省委直接举办培训班19期，投入经费319.25万元，直接培训干部2427人次。切实加强了团干部协管工作，严格落实团干部配备，每两个月定期对市州、县市区专职团干部的配备情况进行统计督导，并通过给团干部配备率低的县市区委组织部门发专函、团省委党组成员与市州党委主要领导协调沟通等方式，积极督促基层团干部配备。

4. 着力发挥团员先锋模范作用。开展推动团员成为注册志愿者工作，把志愿服务作为入团教育和团员日常教育的重要内容，目前已有264.23万名团员成为注册志愿者，35.34万名团员注册志愿者与服务对象结对服务；11.16万名专兼职团干部成为注册志愿者，4.22万名团干部注册志愿者与服务对象结对服务。努力创新团员活动参与机制，完善团组织代表大会制度和委员会制度，建立重大事项报告制度，落实代表和委员履职述职制度和直接联系青年、接受青年评议制度。严格控制中学生入团比例，加强团员基础管理工作，改进和落实“三会两制一课”制度，推进基层团组织规范化建设。扎实推进团内荣誉申报工作，汤昭等5人荣获“全国优秀共青团员”，曹鑫等3人荣获“全国优秀共青团干部”，吉首大学团委等12个团组织荣获“全国五四红旗团委(团支部)”。

青联、学联、少先队组织建设进一步加强。进一步完善青联工作制度,指导团体会员开展换届工作,制定《湖南省青联委员履职评议工作办法》等制度,发挥青联组织功能,举办青联界别工作委员会负责人和团体会员单位秘书长培训班,组织开展“湘江青年讲堂”,创新“春暖童心”活动方式,引导青联委员参与社会关爱公益行动。进一步加强学联建设,规范省学联驻会制度、学联主席团例会制度,开设“湖南学联”微信公众号,加强对高校学生会、学生社团制度建设指导,推动学生干部在工作实践中成长成才。进一步加强少先队专业化建设,开展少先队辅导员参评中小学教师职称“双线晋升”工作,推动落实每周1课时少先队活动课,将少先队培训课程纳入全省中小学教师培训,建立省级辅导员网络培训平台,开展少先队活动课说课展示活动。

统筹推进其他各项工作。充分发挥青少年校外教育阵地的引领作用,省青少年活动中心影响力不断提升。突出品牌管理,省青少年发展基金会再次被评定为湖南省5A级基金会。湖南青年创业就业基金会品牌影响力进一步凸显,实现了资助效益和机构建设的均衡发展。探索新媒体融合,《年轻人》杂志社转型发展取得新突破。积极开展共青团援藏援疆工作,全年完成援疆援藏项目30个,投入资金258万元。

广东团的工作

全省各级团组织按照省委省政府和团中央的部署,主动适应群团改革新要求,围绕主业,夯实基础,改革创新,务实进取,团的各项工作取得新发展。

一、加强思想引领,以信仰力量凝聚青年

1. 丰富思想引领的内容供给。开展“红领巾相约中国梦”、“四进四信”、“奋斗的青春最美丽”等主题活动,覆盖青少年2000多万人次。实施“青网计划”,汇聚一支87万人的青年网络文明志愿者队伍,开展“奔跑吧好网民”等网络志愿活动吸引青年6400万人次。推出微电影、微视频、原创漫画等文化产品2000余部,制作“胖团的英雄梦”系列漫画,原创建党题材微电影《永远的1921》点击量超500万。选树“向上向善好青年”、“乡村好青年”等,发挥榜样引领作用。落实省委关于加强少先队工作的意见,推动19个地市出台市级文件,研发《少先队活动》教材并推动纳入义务教育地方免费教材。

2. 创新吸引凝聚的形式供给。推广《广东青马微课》和青马工程手机APP,实现“省—校—院(系)”三层青马工程培养体系全覆盖。发起“价值观体”微文原创、转发活动,收集作品1万余条。“为青春点赞”、“青春不打烊”等活动覆盖线上青年5700万人次。清远举办微电影节,佛山开展“微家书 · 传家风”活动,汕头推出潮语歌曲微电影,东莞拓展“重走东纵路”活动,有效丰富思想引领载体。

二、深化“双创”工作,服务创新驱动发展

1. 高位搭建“双创”平台。以创新创业为主题举办五四纪念活动,省委胡春华书记出席并勉励青年成为创新驱动发展的生力军。推

动设立“攀登计划”专项资金，每年投入2000万元资助大学生科研创新。推动省部共建“中国青创板”，为大学生等青年群体提供创新创业综合金融服务，累计上板项目1043项，融资4100万元。建立团属青年创业示范园区、孵化基地近200个，孵化青年企业700家。完成省青科协换届，团结引领青年科技工作者服务创新驱动发展。树立青年创新创业典型，推荐省优秀青年获“中国青年创业奖”等奖项。

2. 打造系列“双创”品牌。承办第十四届全国“挑战杯”竞赛，取得历史最好成绩，名列全国第二。在第二届中国青年创新创业大赛10个项目中勇夺5金。省青年创新创业大赛吸引项目2300多个，推动70个项目对接投资落地。深化“领头雁计划”、农村电商创业创富大赛、“邮储银行杯”，助力农村青年创业致富；“领航100”项目凝聚350家青年领军企业抱团发展；“展翅计划”成功对接3.2万个大学生实习岗位。深圳打造前海深港青年梦工场，珠海举办留学生节汇聚创新创业人才，肇庆推动建成“轻”电子商务园，潮州联合京东集团推进农村青年创业致富，揭阳举办粤东地区“互联网+”青年创业大赛，广州、湛江、阳江、茂名等成立青年创新创业联合会，多层次推进青年创业创新。

三、主动承接政府青少年事务，多元参与社会治理

1. 承接政府职能不断拓展。从重点需求和重点群体出发，拓展承接政府职能转移新领域。以“圆梦计划”承接产业工人素质提升职能，青少年社区矫正承接部分司法职能，“青年同心圆计划”承接对港青年交流工作。各地的探索形式多样、效果显著，如广州“青年地带”、珠海“亲青家园”、顺德“青年坊”等在不同领域取得突破。全省各级团组织承接“政府订单”超1亿元。

2. 枢纽型功能日益凸显。推进“亲青伙伴”计划，全省直接联系青年社会组织5000多家，推动成立广东省海外留学青年联谊会、广东青年文艺家联合会等团属社会组织。加强项目协同，广东“亲青公益季”、中山“万紫千红青年SHOW”、云浮青年社会组织开放日、江门青年社会组织嘉年华等，有效联结青年社会组织共同开展活动。强化青年社会组织人才联系、凝聚和举荐，省、市青联组织吸纳社会组织负责人达270人。青少年事务社工人才队伍规模达9000多人，累计服务青少年166万人次。

3. 扎实推进青少年社区矫正和预防青少年犯罪工作。联合省司法厅面向全省18岁以下社区服刑青少年开展教育矫治和社会适应性帮扶。推出社区矫正、留守儿童关爱等项目1200个，服务青少年160万人次。胡春华书记在专项报告中批示“做得很好，要把青年工作做实”。深入开展青少年禁毒宣传教育、“千名律师千场法律服务”、“甘露行动”等。珠海“青春护航”、东莞“莞香花”、佛山“向日葵”等深耕重点青少年群体服务管理。深圳“闭环模式”探索涉罪未成年人帮扶关口前移，惠州引入专业力量参与办案和侵权个案处理，汕尾开展青少年禁毒讲堂，“河源青年1家”微信公众号每周发布青少年法律案例解析，韶关以“社工+志愿者”联动模式推动服务专业化。

四、开展帮扶行动，服务各类青少年群体

1. “青春情暖”关爱困难青少年群体。开展“青春情暖”各类关爱活动6000场次，慰问帮扶困难青少年近700万人，筹集款项及物资近4000万元。“志愿助残阳光行动”实现志愿者组织与在册残疾青少年结对率突破80%。“福彩育苗计划”投入近300万元为异地务工人员子女、留守少年儿童提供少年宫学位6000个；广东红领巾基金下拨资金600多万元，建设留守儿童活动阵地和帮扶病困少年儿童。广东青基金会筹集捐款近8000万元，创新接受股权捐赠，资助贫困学生近5500人，建设希望小学9所，被评为“5A级基金会”和“全国先进社会组织”。

2. 全省志愿服务蓬勃开展。推广“广东志愿者”平台，覆盖注册志愿者761万名，志愿服务组织3.8万个，志愿服务项目23万个，志愿服务时数超过1.2亿小时。省志愿者联合会完成换届，凝聚吸纳402个志愿者组织，并成立助残、环保、禁毒等志愿服务联盟。“益苗计划”整合超过300万元，扶持180个志愿组织发展壮大；“学雷锋志愿服务行动月”、“公益志愿文化节”、“暖冬行动”开展活动2800场次，服务群众超过230万人次；大学生志愿服务西部（山区）计划在岗志愿者近400人，较去年翻一番；圆满完成第六批援塞舌尔项目和第二批援文莱志愿者招募工作。深圳初步建成“志愿者之城”，广州继续深化志愿服务广交会，湛江组织志愿者服务第十四届省运会。

五、绘制“同心圆”，深化粤港澳台青年交流

1. 建立对港青年交流新机制。整合推出“青年同心圆计划”，推动香港民政事务局将该计划纳入重点资助项目。主动联系133个青年社团，进一步加强与高校、行业协会合作，在专业领域交流中加强合作发展。与香港中联办建立干部交流挂职机制，深化信息资源整合。

2. 围绕“三情”深化交流。发挥广东地缘优势，面向学生、老师、专业人士、创业青年、政团人士等重点群体，开展交流合作项目126个，覆盖近4万港澳台青少年。围绕“亲情”，邀请2万多名香港青年来粤参加“寻找家乡的故事”、“同根同心”等活动，增进彼此了解；围绕“友情”，开展中学生模拟联合国大会、税收辩论赛、“晒出青春”摄影交流等，推动青年交友交心；围绕“商情”，举办“四海一家·青年同心圆”粤港青年创新创业论坛，组织百名广东青年领袖及青年创业家赴港交流，受到香港特首梁振英接见。

六、打造“指尖”共青团，青少年综合服务体系初步成型

1. “青年之声”开启服务青年社群新时代。建成省、市、高校三级“青年之声”互动社交综合服务平台、服务联盟及线下站点，为青年提供社群化服务。构建包含门户网站、移动端、微信服务号、线下服务活动等在内的立体化服务模式，形成平台用户近30万、微信公众号订阅数近30万的扁平化青年“朋友圈”。

2. 构建“大数据+青年”的服务生态链。引入高校、企业、媒体和社会专业力量，初步建成广东青年大数据及云计算实验室、广东青年新媒体传播实验室，构建大数据云计算系统、舆情采集分析系统和客服体系。跟踪采集用户行为轨迹，反哺前端设计，不断提升用户体验与黏度，为共青团精准服务、样本研究、政策决策提供数据支撑。

七、践行“三严三实”，加强自身建设

1. 从严治团锤炼优良团风。结合“三严三实”专题教育和“团干部如何健康成长”大讨论，开展“万名团干讲团课”活动，培训专职基层团干部1000名。深入基层联系青年，实行“团组织到街道、团干部到社区双报到”工作制度，全省共有6000个团组织、近万名团干部参与，直接联系服务青年群众66万人。扎实开展“走进青年、转变作风、改进工作”大宣传、大调研活动，落实干部常态化下沉基层制度。

2. 加强组织队伍建设。全部街道建立青年工作共建委员会，选树18个县、129个乡镇作为“百县千乡”农村团建示范点。启动高校基层团支部“活力提升”工程和中学、中职共青团“强基固本”工程。扎实推进非公团建工作，在京东集团华南公司等互联网企业建立团组织。全省27万专兼职团干部全部成为注册志愿者；推动201万团员成为注册志愿者，其人数占团员总数的40%。“活力在基层”活动征集项目2000多个，有效激发基层团组织活力。

3. 各项青少年事业扎实推进。进一步完

善青联、学联工作机制。联合省社科联开展全省共青团和青少年工作课题研究。实施对口支援新疆、西藏、四川甘孜项目 49 项，投入资金超 1500 万元。团属企事业单位稳步发展。

广西团的工作

全区各级团组织坚持以党的十八大和十八届三中、四中、五中全会精神为指引，深入学习贯彻习近平总书记系列重要讲话精神，紧密围绕自治区“两个建成”奋斗目标，紧密围绕青少年成长发展需求，紧密围绕新形势下党对群团工作的新要求，履职尽责，开拓进取，推动全区团的事业迈上新台阶。

一、深入学习宣传贯彻习近平总书记系列重要讲话精神，切实加强对广大青少年的思想政治引领

1. 大力推进理论武装。扎实开展“团干部如何健康成长大讨论”、“四进四信”系列活动，深入学习中国特色社会主义最新理论成果，尤其是习近平总书记关于青年工作的新观点、新论断、新要求，引导团员青年真学、真懂、真信、真用。

2. 积极组织宣教活动。以纪念抗战胜利 70 周年、“一二·九”运动 80 周年为契机，广泛开展“与信仰对话”、“与人生对话”、“彩虹人生”“红领巾相约中国梦”等主题教育实践活动，引导青少年坚定理想信念，听党话、跟党走。

3. 广泛选树先进典型。组织开展“最美青工”、“最美青年卫士”、“最美辅导员”、“最美少年”、“最美中职生”、“最美中学生”、“大学生自强之星”等评选活动，引导青少年自觉培育和践行社会主义核心价值观。

4. 着力加强舆论引导。组织开展“争做向上向善好青年·争做文明守法好网民”主题教育活动，旗帜鲜明地开展网络舆论斗争。广西青年圈推出《柳州小伙丁一舟带患病女友骑行到西藏求婚》等原创微信，大力弘扬正确的爱情观，单条阅读量达到 10 万 + 。

二、坚持围绕中心、服务大局，组织青少年为全面深化改革实践贡献青春力量

1. 服务国家扶贫开发战略，精心组织开展“青春扶贫行动”。团区委组建了广西“青春扶贫行动”工作领导小组，出台了《广西共青团“青春扶贫行动”初步实施方案》；全区县级以上团组织派出专职扶贫工作队员 406 名，其中派驻贫困村党组织第一书记 38 人；整合青联、青企协、青创协、青年智库等组织资源参与扶贫攻坚，设立“广西青春扶贫”创业基金，争取扶持资金近千万元；成立并支持“第一书记产业联盟”，为青春扶贫攻坚搭建信息、技术、市场共享平台。团区委在编制人员紧张的情况下，派出 5 名青年干部驻村担任第一书记，作为后盾单位先进典型获得自治区通报表扬。

2. 响应国家“大众创业、万众创新”号召，大力推动广西青年创业创新。在氛围营造方面，组织开展青年创业创新专题调研，推动“加强青年创业创新工作”成为 2015 年自治区政协界别协商会重点协商议题，并形成《关于促进青年创业创新的调研报告》呈送自治区党委，得到彭清华同志肯定性批示。在阵地建设方面，充分发挥广西青企协、青创协的辐射带动作用，推动各市成立相应的组织机构，大力扶持青年创业创新；与北大创业训练营签署战略合作协议，着力打造广西版“青创空间”，在南宁、梧州、北海等市建立广西青年电商创业孵化基地，吸引100多家电商企业入驻，孵化创业项目200多个。在平台搭建方面，成功举办广西青年创业创新大赛，募集400万元奖励基金和1000万银行授信，促成意向投资额近2亿元，《人民日报》经济版头条进行深度报道；成功举办首届广西青年互联网创业节，72小时卖出单品21万件。危朝安同志对此予以高度评价，《中国青年报》头版进行深度报道；联合举办涉农青年创业创富大赛，2个项目分获全国创意组、创业初创组冠军；鼓励引导青年投身公益创业，在第二届中国青年志愿服务项目大赛中，广西摘得3金10银。其中，“护身铠”项目夺得首届中国青年公益创业大赛金奖；认真组织青少年科技创新活动，广西22件作品分获全国“挑战杯”一、二、三等奖，2名选手分获全国“振兴杯”第三名，刷新广西在该项赛事最好成绩。在创业培训方面，组织“三个百场”创业创新沙龙进社区、进农村、进高校；开办广西青年创业创新大讲堂，4.6万名创业青年受益；组织实施“领头雁”培养计划、大学生返乡创业行动、农村青年电商培育工程，培训农村创业青年9.7万人次。

3. 服务国家周边外交战略，不断深化与东盟国家为重点的青少年交流合作。推动中国—东盟青少年交流中心建设，完成概念性规划方案设计；举办3期国际青年干部高级研修班，培训东盟青年干部129名；派出9个广西青年团组赴外交流，接待6批次东盟国家青年参访团，其中圆满完成第16届“中越青年友好会见”团组集训和出访任务，在越期间受到习近平总书记亲切接见。团区委在全团外事工作会议上作典型发言。

4. 服务自治区开放发展格局，不断深化与港澳台青年交流合作。深入实施“梦想起航——香港大学生暑期内地实习计划”，成功举办“桂台手拉手·共筑中国梦”青少年友好交流活动。全年接待5批次港澳台地区青少年到广西考察交流，派出广西青少年代表18人次赴港澳台参观学习。

5. 服务“美丽广西·生态乡村”建设，大力开展“生态乡村·青年当先”行动，组织乡村青年志愿者在“道路硬化”、“饮水净化”、“村屯绿化”三大专项活动中发挥生力军作用；围绕“聚力海丝路·美丽北部湾”“生态乡村行·美丽珠西带”等主题，发动30多万青少年植树57万株，造林面积达6800亩。

6. 服务民族团结进步事业，深入开展民族团结进步教育实践活动。成功承办2015年全国各民族中职学生暑期同心营，编辑出版《奋斗的青春最美丽》，秦宜智同志亲自作序；委托第三方完成的《营员调查报告》，得到团中央书记处高度评价。

三、回应普遍诉求，服务迫切需要，切实为青少年成长发展服务

1. 积极开展青年联谊活动。全区各级团组织举办“青春携手·共创未来”联谊交友活动580余场次，直接服务青年7.5万人次，广西青年联谊网注册人数达7600余人。其中，团区委本级举办12场次，服务1300余人次。

2. 大力推动高校毕业生就业。举办“百企入校——广西青年企业家协会高校毕业生专场招聘活动”，全区共提供就业岗位1万多个，吸引区内外高校约2.5万名毕业生进场应聘。

3. 精心组织共青团联系服务青年活动月和“让温暖一起回家”活动，投入资金268.1万元，捐赠冬衣棉被4.9万件，为城市清洁工赠送保温杯2万个，向进城务工青年及其子女赠送返乡车票4000余张。

4. 关心关爱西部计划志愿者。争取自治区财政支持，将西部计划志愿者社保（单位缴纳部分）纳入财政预算，得到团中央书记处分管领导的肯定和表扬。团区委作为服务省份唯一代表，在全团会议上作典型发言。

5. 大力开展爱心帮扶活动。拓展延伸

“红领巾书屋”、“七彩小屋”的服务功能，长期开展“我的微愿望”、“一个阅览室·一支小牙刷”等爱心帮扶活动。团区委结合节庆日开展亲子活动17期，直接服务少年儿童近500人。

6. 稳步推进青少年综合服务平台建设和团员注册志愿者工作。全区建立省级示范性青少年服务平台40个，市级示范性青少年服务平台60个，5个项目分获团中央10万元专项扶持；推动全区137万团员注册成为志愿者，团区委受邀到团中央作典型发言。

四、突出重点人群，狠抓体系建设，深度推进预防青少年违法犯罪和青少年权益保护工作

1. 扎实开展重点青少年群体预防工作。在中央综治委预防青少年违法犯罪专项考核中，广西再次获得满分，取得三连冠的好成绩，并被评为自治区综合治理先进成员单位。温卡华同志作出肯定性批示。

2. 认真开展“共青团与人大代表、政协委员面对面”活动。在团中央“面对面”主题调研中，广西共有4篇报告获奖，获奖数量连续三年位列全国第一。其中，《基于社会工作视角下广西流动儿童城市融合的路径研究》被评为一类报告。

3. 不断深化12355青少年服务台建设，动员心理专家、大学生志愿者深入学校、社区、城中村举办各类公益活动200余场，服务各类青少年10万余人次。

4. 全面推开“青少年权益工作创新”工作。据团中央中期考核评估情况通报显示，在全国45个试点城市中，柳州市排名第12，位列西部城市第一。

5. 标准化推进重点青少年群体工作。在对全国1155个第二轮推开工作的县级地区专项评估中，广西12个县区获得优秀，是全国优秀数量最多且无差评的省份。

6. 大力开展法治宣传教育。参与《广西实施<未成年人保护法>办法》第三次修订；推动《预防未成年人犯罪法》写入广西《“六五”普法读本（五）》，组织全区40余万名中小学生参与禁毒知识网上答题。在全区实施第一轮防艾攻坚工程中，团区委获得集体嘉奖。

五、坚持进军网络新媒体，着力打造网上网下相互促进、有机融合的共青团宣传工作新格局

1. 巩固拓展宣传主阵地。不断优化八桂青年信息交流平台、八桂青年联谊交友平台、八桂青年志愿者信息平台，大力推动“青年之声·广西”互动社交平台建设。

2. 管好用活网络新媒体。推动广西共青团新媒体中心建设，广西青年圈、广西少先队、广西学联、青春桂林、南宁青年圈、西大团学小微等微信平台影响力位居全团前列，尤其是广西青年圈关注人数达到14万人，综合影响力稳居全团前十，并三度位居全团三甲行列。

3. 发展壮大网宣员队伍。深入实施共青团“青微工程”，直接联系和重点培育网宣员骨干222人，同时面向学校、社区和企业组建了一支34万人的网络文明志愿者队伍。

4. 建立健全工作机制。创新开展“团学微论坛”活动，轮值高校50余所，发布微信100多条，阅读总数突破20万；举办广西共青团媒体见面会，组织青年记者深入基层采风，形成上下联动、内外协调的新闻宣传新格局。

六、巩固和提升团组织活力，努力延伸团的工作手臂，主动承接政府职能转移

1. 巩固和加强乡镇实体化大团委建设成果，深入开展“百县千乡”分类示范创建活动。全区直属团组织新建3566个，覆盖团员23.4万人，联系35岁以下青年59.5万人。

2. 大力推进城市区域化团建工作，深入开展“千号千企百街结对共建行动”。全区114个街道均已成立区域青年工作共建委，建立青少年工作阵地300多个，配备青少年社工或志愿者600多人，开展活动1000余场。

3. 积极推进非公团建工作。建立分片包

干、定点联系、“174”工程台账、调研督导等工作机制，新建非公企业团组织 950 个，覆盖 35 岁以下青年 1.9 万人，团员 1.1 万人。

4. 着力加强青年社会组织联系、服务和引导。全年举办青年社会组织负责人培训班 98 场，培训 1.2 万人次；发挥各级青年社会组织服务中心作用，组织全区青年社会组织开展活动 1500 多场；组织实施“伙伴计划”公益项目，8 个项目分获 2 万元资金扶持。

5. 不断强化青少年事务社会工作。广西现有青少年事务社工 626 人，比去年增长 149%，完成团中央任务数的 129%；建立“青空间”、“12355 青少年事务社工服务站”等团属阵地 63 个；3 个项目入围全国首批青少年事务社会工作示范项目，分获团中央 2 万元扶持资金。

6. 创新实施希望工程，全年筹集资金 3370.26 万元，新建希望小学 24 所，资助贫困学生 5128 名，培训希望小学教师 1092 名，建设希望厨房 315 个。广西青基会荣获“全国先进社会组织”、“希望工程影响力奖”，“希望厨房”项目荣获第九届中华慈善奖“最具影响力项目”提名奖。

7. 深入开展青年文明号“创新创优创效”活动。来宾城市管理局行政审批窗口、百色起义纪念馆等 10 个集体获得国家级青年文明号称号。

七、充分履行团组织职责，大力推进青联、学联和少先队工作

1. 积极开展青联工作。做好第 15 批、16 批中央赴桂“博士服务团”服务工作，邀请剑桥大学等 6 所国际一流名校的中国留学生代表来桂考察交流；举办广西青联委员与博士服务团成员、海外留学人员联谊和创业创新系列活动 10 余场，服务各类青年人才 3000 余人。

2. 扎实做好学联工作。创新实施青年马克思主义者培养工程，广西师范大学青马工程基地入选全国首批“青马工程”研究培训基地，并受邀赴团中央作典型经验介绍；深入实施大中学生“1+1”基层培养计划，组织 6000 名大中学生结对到基层挂职锻炼；携手自治区高校团工委举办全区高校团委书记和学生会主席培训班，建立广西高校学生骨干成长沙龙、学生会主席论坛等定期交流机制。

3. 大力推动少先队工作。建立健全辅导员培训培养机制，分片区、分阶段、分批次对 1500 名乡村少先队辅导员进行全员培训，组织 1.1 万名辅导员开展说课展示活动，创建少先队名师工作室，举办 10 期辅导员沙龙；创新少先队小干部培训模式，首次将夏令营融入“小干培训”，对 150 名少先队骨干进行“自主性”培养。

八、深入学习贯彻落实中央党的群团工作会议精神，大力推进全面从严治团

1. 广泛开展“团干部如何健康成长大讨论”活动。全区共有 6549 个基层团委、329 个基层团工委和 20 多万名专兼职团干部参与了大讨论活动。

2. 扎实开展“三严三实”专题教育活动。建立团区委机关干部“常态化下沉基层”工作制度，首批 7 名干部圆满完成在县级团委的驻点工作。

3. 认真抓好团干部配备和学习培训。2015 年广西壮族自治区团干部配备率各项指标均超 90%，综合配备指数为 95.6，位居全团第二；举办“青春引擎”培训 300 多期，培训学员近 4 万人次，实现了村级以上专兼职团干部培训全员覆盖。

海南团的工作

2015年，在省委和团中央的正确领导下，团海南省委深入贯彻落实中央和省委党的群团工作会议精神，围绕党政中心工作，全面履行四项基本职能，各项工作继续保持良好的发展态势。主要开展了以下工作。

一、广泛开展“中国梦”和社会主义核心价值观教育实践活动

围绕“我的中国梦——奋斗的青春最美丽”、“我为社会主义核心价值观代言”、“勿忘历史·圆梦中华”、“红领巾相约中国梦”等主题，发动全省各级各类团组织深入开展主题团（队）日、班会等系列宣教活动，共举办相关活动1.34万场，参与青少年超过70万人次。各高校累计开展“四进四信”主题活动5552场，参与学生17.6万人次。举办“向上向善好青年”分享活动，微信、微博相关话题阅读量达21.7万人次。举办“中国梦·我的梦”城乡少年手拉手交流体验活动，结对少先队员达3万多名，活动获得团中央书记处书记罗梅充分肯定，并批示在全国推广。

二、扎实推进网络宣传引导工作

完成海南青年新媒体中心和“青年之声·海南”互动社交平台建设工作。“青年之声·海南”平台成立4个月来，共组建省级专家服务团队400人；平台累计流量480.7万人次，提问量4594条，回答率达93%。抓好“四网”队伍组建、层级管理和培训工作，组建青年网络评论员、宣传员等“四网”人员队伍7万余名，努力做好用网、占网、建网工作。围绕宣传社会主义核心价值观、重要节庆日和青年就业创业、公益、维权等领域，积极策划推广主题网宣活动。一年来海南共青团官方微信、微博分别发布信息1320条和2430条，总阅读数分别超过25万次和1250万次；团省委官方微博在全省政务微博排名第四。

三、持续推进志愿服务常态化建设

成立海南省志愿服务联合会，深入开展规范化和示范性志愿服务站建设工作。举办2015年海南省志愿服务项目大赛暨志愿服务交流会，评选出金银奖项目50个；选送26个项目角逐全国第二届志愿服务项目大赛，获得1个金奖、11个银奖。开展“互联网+三农服务”专题实践活动，组建208支大学生团队在全省203个乡镇开展“互联网+三农服务”暑期社会实践，针对农户开展互联网和电子商务培训373场次，“一对一”培训农民1405人。持续推进注册志愿者工作和社区、旅游、交通、助残、关爱农民工子女等常态化项目建设。2015年底，全省实名注册志愿者达63.2万人，团员注册率达91%；全年累计开展志愿服务活动49.7万人次，服务时长489.7万小时。

四、大力促进青年创业就业

举办2015海南国际旅游岛青年服务技能大赛，共1070名选手报名参赛，累计开展比赛48场，较好地实现了服务青年、服务社会和“活团”同步深化。实施农村青年创业致富“领头雁”培养计划，全省培养并录入信息系统管理1474人；成立海南省农村青年致富带头人协会，吸收会员204名。扎实推进小额贷款、技能培训和海南青年创业平台等相关工作，累计发放小额贷款1.1万笔共计3.11亿元，完成技能培训2.9万人次，青创平台互联网企业比重不断增加。完成“海南省大学生就业创业平台”网站组建和上线工作。

五、不断深化“青春绿化宝岛”行动

积极开展“2015年度青少年植树行动”，

指导各地因地制宜开展“共青林”建设。2015年，全省各级团组织参与完成植树造林1.39万亩，参与植树青年4.8万人次。2012年以来，累计建设共青林186片，植绿面积8.6万亩，参与青少年30多万人次，“青春绿化宝岛行动”阶段性工作获得省委书记罗保铭同志批示肯定。

六、切实维护青少年合法权益

逐步建立健全全省预防青少年违法犯罪工作机制，完成《海南省未成年人保护条例》修订工作。全年共排查各类青少年矛盾纠纷426件，调处421件，调处率达98.8%。开展2015年“共青团与人大代表、政协委员面对面”活动，促成人大建议和政协提案共9个。广泛开展12355服务台工作，2015年共接待来电来访2.3万人次，举行团体咨询、沙龙研讨394次；“海青缘”建立至今共开展现场相亲活动150余场。

七、着力深化希望工程品牌

2015年海南省希望工程圆梦行动共实现筹款2967万元，资助贫困大学生5668名，两项指标在全国33家省级希望工程实施机构位列第一。积极整合省青联、青企协等团属及社会资源，切实帮扶弱势困难青少年群体，2015年共筹集捐款514.7万元，资助贫困中、小学生320名，相关捐赠物资价值220多万元。成立“海南省青少年足球发展基金”，筹集捐款218万元。

八、举办2015海南共青团微电影全国征集大赛和海南省青少年足球赛

举办2015年微电影大赛，共收到参赛作品826部，大赛官网访问量超过289万次，官方微博相关话题阅读数超过6362万次；各级团组织累计组织观影近1500场次，直接观影人数达24.6万人次，通过微博、微信观看等间接覆盖人数超过100万人次。举办海南省青少年足球赛，共274支队伍、5800余人参加比赛，活动覆盖人群近20万人；期间选拔琼中女足参加全国赛和2015“哥德堡杯”世界青少年足球锦标赛，并均获得冠军，创造了海南足球发展的历史最好成绩。

九、全力推进定点扶贫工作

举全团之力扎实推进儋州市东成镇吴村村委会和海头镇红洋村委会的对口帮扶工作。累计筹集资金190余万元援建吴村饮水工程和文化广场项目，解决了吴村首次饮用自来水问题。选派一名机关干部任红洋村委会第一书记。在2015年全省扶贫开发工作会议上，团省委作为先进单位作了经验交流发言。

十、不断加强团的自身建设

积极与省委组织部沟通协调，深入推进党建带团建工作，基层党建带团建工作氛围明显好转。大力加强基层团组织建设，共创建青少年综合服务平台97家，联系青年29.7万人、团组织1577个；全年新建非公企业团组织173家，县域农村合作组织团工委实现市县全覆盖。深入开展“三严三实”专题教育和“团干部如何健康成长”大讨论活动，加大团干部教育培训力度。2015年全省共组织团干培训班134期，培训团干部1.6万人次，乡镇(街道)和村两级团组织负责人参训率超过90%。此外，完成省青联、学联、青企协换届工作。

重庆团的工作

团重庆市委以促进青年创新创业、城乡社区市民学校和网络引导为工作重点，注重思想引导、狠抓制度建设、强化从严治团，坚持虚功实做、难事长做，团结带领全市广大团员青年为助推五大功能区域发展战略、协调推进“四个全面”战略布局做出了积极贡献。

一、全力推进共青团改革试点

团重庆市委紧紧抓住改革试点的重大历史机遇，精心制定方案，抓好督查落实，全力推进改革。一是统筹机关工作力量成立专门机构，成立7个调研组，对重庆共青团存在的问题进行认真调研，数十次对《共青团重庆市委专项改革方案》草案深入讨论、反复研究，吸收有关方面意见建议。同时加强与市级各部门的沟通联系，先后修改34稿，形成《共青团重庆市委专项改革实施方案》。二是紧扣中央和市委审议通过的相关方案，梳理出76项具体改革任务点，倒排时间表，细化路线图，坚持每周督导改革进度，及时研究解决困难和问题，加强工作统筹。三是建立党组成员、机关各部室“基层改革联系点”制度，深入基层开展督导，确保改革任务落实。

二、深入推进青春导航行动

深化中国梦宣传教育，举办“我们的价值观·我们的中国梦”重庆市青少年书·画·文大赛、青少年汉字听写大赛，覆盖青少年350余万人。各级团组织开展“奋斗的青春最美丽”活动1600余次，吸引10万余名青年参与。在全市大中小学校广泛举办“社会主义核心价值观宣传月”活动，重庆学校共青团系统“培育和践行社会主义核心价值观”工作获全团唯一专项工作表彰。在全国首创青年文明号监督员聘任考核机制，34个集体获评2013—2014年度全国青年文明号；广泛开展“寻找最美青工”、“乡村好青年”活动，5名同志获全团表彰。创新活动方式，开展“青春逐梦·廉洁同行”2015年重庆市青春倡廉行动进高校活动，引领大学生倡树“知廉、敬廉、尚廉、践廉”新风；全市5507所中小学少先队组织普遍开展“我们是共产主义接班人”、“争当美德小达人”等主题教育活动，100余万少先队员参与。全力推进网络引导工作，“重庆共青团”、“重庆共青团—学载青春梦”、“重庆青年报”等微信公众号长期位居同类新媒体平台前列；“青年之声”互动社交平台实现区县、高校和重点联系企业团组织全覆盖，构建线上线下双向服务网络，各项工作居全团前列。积极开展舆论引导，针对邱少云、江姐等烈士被污蔑现象，组织网络宣传员编写网络文章予以有力驳斥和回击，新华社《国内动态清样》中予以肯定性报道。

三、深入推进青春聚力行动

加强创新创业意识教育，编制教材47种，开设课程107种，58所学校将“创新创业创优”课程纳入专业课或公共课教学，49所学校将“三创”课程纳入学分。推动渝中创业孵化基地、华新智慧经济产业园获得“全国青年创业示范园区”称号，将“未来企业家培养青锋创业谷”纳入全市首批众创空间。与49个众创空间协同配合，推荐3000余个优秀创业项目就近就便入驻。建立完善以创业大赛为主的项目遴选机制，建立市、区县两级青年创新创业大赛体系，举办青年APP大赛、“天安数码城杯”第二届青年创新创业大赛、青年创客智能应用大赛，累计吸引来自全国各地2584个青年创新创业项目参赛，5个项目获全国奖项。

举办覆盖全市所有高校的“挑战杯”课外学术科技作品竞赛，吸引1890支团队、15120名学生参与。在“挑战杯”全国总决赛中，全市2名学子获“大学生创业年度10强”称号。深化“未来企业家培养青锋计划”，直接为235名创业青年提供创业启动金2247万元，扶持青年创业成功率达90%以上。发挥青联委员、青企协和青商会会员作用，壮大青年创业导师志愿者队伍，青年创业导师队伍总数达547人，为创业青年提供各类服务时长达4565.5小时。促进创业导师与创业青年交流分享，组织410名创业导师实地走访巡诊144个创业项目，“青锋面对面”、“青锋创业沙龙”等活动覆盖创业青年1.8万人次。组建重庆大学生创客协会，鼓励发展创新创业类学生社团689个。联合市委组织部、市人社局举办重庆市第四届青年职业技能大赛，面向青年职工和职校学生，设置10个行业24个工种特色竞赛项目，10万余名青年踊跃参与。开展“青锋创业训练营”、“创业工作坊”等活动，为全市500余名优秀创业青年提供专业化培训。开发全国首个大学生“微店”创业集群平台——团团微店，入驻创业店铺256家，实现直接经济效益40余万元。争取财政资金800万元，面向渝东北生态涵养发展区和渝东南生态保护发展区启动现代青年农场主计划，培养认定现代青年农场主529人。建成1000家共青团青年就业创业见习基地，帮助8000余名青年上岗见习。

深化城乡社区市民学校建设，开发全市首个面向志愿服务官方在线移动综合服务平台——“暖青汇”志愿服务APP，为志愿者提供线上注册、服务对接、时长记录、互动交友等一站式服务，实现社区市民学校3公里内实时服务“导航”。推动社区市民学校建设写入《重庆市志愿服务条例》。全市累计建成街居型、小区型、乡村型、公租房型社区市民学校2665所，较2014年度增长24.4%。深化“党团干部+专业社工+志愿者”工作模式，发动3067名党团干部创办社区市民学校，引入社工机构45家、专业社工456名，与10所高校合作建立社工专业实践基地。将工作对象转变为工作力量，378.7万名党团员和社区居民在“爱心储蓄银行”信息管理系统注册成为志愿者，注册志愿组织3.6万个，储存爱心时长1518.3万小时。以社区居民需求为出发点、满意度为落脚点，建成涵盖6大类70余项服务内容的社区市民学校服务项目库，涌现出“四点半课堂”、“彩虹帮教”、“益心益易”、“新风街力”、“月汇吧”等一批具有创新性、可操作性、市民乐于参与的特色品牌。建立以群众对社区市民学校的知晓度和满意度为主要内容的第三方独立评价机制，2014年度群众对社区市民学校平均知晓度为21.85%，平均满意度为60.38%。《人民日报》专题报道相关工作。

积极参与脱贫攻坚工作，实施农村青年创业致富“领头雁”计划，培养认定农村青年致富带头人5245人。实施大学生返乡创业行动，筹集711.5万元扶持“大学生返乡创业行动”重点项目。实施农村青年电商培育工程，培训青年电商6500余人次，打造青年电商创业园9个、电商服务中心25个，新华社《国内动态清样》予以报道。实施新型青年职业农民培训“新芽计划”，培训农村青年15363人次，14318人实现就业。“希望工程·圆梦行动”资助名额向扶贫开发工作重点区县倾斜，重点面向建档立卡的贫困家庭学生，为3215名贫困大学新生提供不低于5000元的资助。从应届大学毕业生中选派260名大学生志愿者赴贫困乡镇、贫困村和高山生态扶贫搬迁移民安置点，参与精准扶贫、精准脱贫，帮助贫困地区群众脱贫致富。开展大学生暑期“三下乡”社会实践活动，组织4.4万名大学生深入乡村举办政策宣讲、送农技、文体活动、关爱教育、结对帮扶等志愿服务活动169次。加大生态扶贫力度，开展“保护母亲河”植树活动176场次，参与人数5.5万人次，植绿护绿27万余株。联合金融部门发放农村青年创业小额贷款9.7亿元，获贷人数23150人，带动就业近2.9万人，选派31名金融机构优秀青年干部赴区县团委挂职，为农村创业青年提供金融咨询和服务。做好对口扶贫开发县工作，累计落实资金438.17万元。

四、深入推进青春圆梦行动

实施“为了明天·彩虹帮教”项目，推荐、资助346名有不良行为未成年人，入读转化率、就业率、高职升学率均达100%的重庆市行知职业技术学校。成立全市首支青年禁毒志愿者服务总队。12355青少年服务台实现“市—区县—社区”三级服务网络，全年接听在线咨询电话10079个，处理青少年各类问题696例，服务6275人次。充分发挥合适成年人的职能作用，合适成年人参与未成年人诉讼案件612件。深化“共青团与人大代表、政协委员面对面”活动，举办倾听活动108场次，参加活动的各级人大代表、政协委员达到1876人次，形成“面对面”调研报告35篇。实施“冬日阳光·温暖你我”新春关爱行动，募集近800万元物资为全市39307名困境少年儿童实现“个性化”新年愿望，并首次为100名西藏昌都市少年儿童实现新年心愿。做好关爱农民工子女工作，巩固与2286所农民工子女集中学校(社区)和69.4万名农民工子女的“双百”结对率；累计建成“七彩小屋”259个，实现区县全覆盖，建设数量位居全国首位。推进青年志愿者助残“阳光行动”，引导各级团队组织、志愿者组织、“青”字号集体与全市202个康复示范社区、35个特殊教育学校结对共建，服务残疾青少年7.5万名，服务覆盖率达76.5%。成功承办中国青年志愿服务项目大赛暨志愿服务交流会，赛会共吸引全国300余万志愿者通过各种方式参与赛会，6万人入馆观展交流，分别较上一届增长50%、20%；38个省级赛会单位累计申报项目5509个，总量较上一届增长32%；全国和各省级赛会单位共签约项目数1149个，签约金额达6614万元，分别较上一届增长28.1%、74.8%；全市10个项目获金奖、18个项目获银奖，获金奖项目数位居全国首位。活动期间，孙政才、刘淇、张国清、吕世明、汪鸿雁、燕平、张鸣、沈金强、陈绿平等领导出席相关活动，并给予高度评价。扎实做好西部计划工作，研究生支教团规模增至138名，向新疆、西藏等地派遣志愿者40名。积极推进援外志愿服务工作，派遣17名志愿者赴毛里求斯开展志愿服务。《中国青年报》头版专题报道市青年志愿服务工作。

五、深入推进青春聚力行动

推进城乡区域化团建，全市199个街道全部建立区域青年共建委员会，全市社区建团率达100%，落实工作经费1097.2万元，配备青少年社工或专职志愿者2131名，建立工作阵地1544个、新媒体平台969个，新建两新团组织1006个。开展农村基层团组织“固本强基”分类示范创建活动，新建直属团组织124个，新增乡镇团委委员554名，开展服务活动3842场次，参与青年达30.8万人次，相关工作经验在全团工作会上交流发言。加强团干部队伍建设，在直属机关系统处级以上党员领导干部中开展“三严三实”专题教育，各级党组织开展学习研讨90余场次，召开专题民主(组织)生活会34场。开展“常态化下沉基层”工作，选派机关15名机关干部到基层驻点。扎实推进团干部配备工作，全市区县团委书记、班子成员、机关干部配备率分别达94.7%、92.2%和92.7%。广泛开展“团干部如何健康成长”大讨论活动，全市各级团组织开展专题学习交流活动1500余场次。深入开展团干部教育培训工作，创新网络培训方式，全年举办市级专题培训班13期，参训人员达1123人。加强中学共青团工作，全市中学团委书记为学校中层干部(或享受中层干部待遇)比例为71%。46%的中学、86%的中职配备共青团专项工作经费，校均工作经费约1.5万元。出台《重庆中学共青团入团仪式、14 岁集体生日、18 岁成人礼标准化流程》，进一步推动中学共青团工作制度化、规范化。

四川团的工作

四川省各级团组织深入开展调查研究，积极探索改革创新，不断改进工作作风，持续深化各项工作，团结带领广大团员青年在协调推进“四个全面”战略布局中充分发挥了生力军作用。

一、围绕学习宣传，深入贯彻落实党的群团工作会精神

1. 及时学习传达会议精神。团省委以党组会、书记办公会、中心组学习会等形式，及时专题学习传达中央、省委党的群团工作会议，特别是习近平总书记和省委东明书记的重要讲话精神，进一步提升团干部做好新形势党的群团工作的责任感和使命感。全省各级团组织把学习宣传贯彻省委群团工作会议精神作为当前重要政治任务，制定细化了方案，精心组织了实施，强化了工作实效。

2. 全面开展专题研讨。9 月，团省委召开十三届五次全委（扩大）会议暨全省共青团系统贯彻党的群团工作会议精神专题研讨班，覆盖团省委委员、候补委员以及各市（州）团委、县（市、区）团委书记和部分企业、高校、驻外团组织负责人共近 300 人。系统传达了中央、省委党的群团工作会议精神，邀请专家学者对会议精神进行宣讲，围绕深化改革主题开展交流讨论，进一步统一了思想、深化了认识。

3. 有效加强精神解读。积极运用微博、微信等新媒体手段和“团团”解读等新颖方式，把中央、省委党的群团工作会议精神转化为青年易于接受的“网言网语”，帮助广大青年入脑入心。以青少年学生、企业青工、农村青年等青年群体为重点，分层级、分系统开展“群团东风·共青新篇”等主题活动，寓教于乐、润物无声，最大限度覆盖团员青年，营造良好社会氛围。

二、围绕中国梦主题，不断加强青少年思想引导

1. 广泛凝聚思想共识。紧紧围绕“中国梦”和社会主义核心价值观教育，在全省广泛开展“奋斗的青春最美丽”、“我为社会主义核心价值观代言”、“我的中国梦·最美四川”等主题教育实践活动，在官方微信、微博开设“法治四川”、“依法治省”等微话题，阅读量超过 300 万人次，引导青年坚定理想信念，坚定法治信仰。开展四川青年五四奖章、“向上向善好青年”、“最美青工”、“乡村好青年”等评选活动，通过“四川青年大讲堂”等形式，组织优秀青年代表交流分享，全省累计开展分享会 1200 余场次，影响覆盖青年 63 万人次。

2. 重点聚焦青年学生。成功召开省学联第十次代表大会，用时代使命感召广大青年学生。联合省委组织部等部门，制定下发《关于实施优秀青年马克思主义者培养工程的意见》，把团的青年人才培养纳入了党政青年人才储备工作体系，注重发挥学校共青团的基础性、战略性、源头性作用。在大学继续深化“青年马克思主义者培养工程”，直接培养大学生骨干 2 万人，大力开展“走下网络，走出寝室，走向操场”主题活动，累计参与人数 60 余万；

在中学、中职组织开展“与人生对话”、“彩虹人生”主题活动，开展报告会近3000场次，覆盖在校学生200余万人；在小学举办“红领巾相约中国梦”、“玩具总动员·环保微炬汇”系列活动，累计120余万人次参与。

3. 不断强化网络引导。大力加强四川共青团新媒体中心建设，逐步完善团内团外新媒体工作矩阵，实现有效联动。全年，四川共青团微博微信共发布信息1.1万余条，阅读量超过1.13亿次，点赞量20万次。开展的“我要安全上网”、“防艾大家一起来”等微访谈活动受到青年喜爱。以青年人的视角解读省两会，制作的《两会上的年轻人》等视频得到社会广泛关注。积极开展“争做网络文明志愿者”活动，注册网络文明志愿者119万名，在“天津塘沽爆炸”、“凉山小学生最悲伤的作文”等网络热点舆情中发挥了正面引导作用。四川共青团官方微博位列全省十大政务微博，影响力位居全团前列。

三、围绕建功四川，积极投身经济建设主战场

1. 有力助推经济社会发展。主动参与脱贫攻坚，出台《关于组织动员全省广大团员青年积极参与扶贫开发攻坚战的决定》，开展“青春扶贫行动”，为打赢扶贫开发攻坚战凝聚青年力量。依托省青基会，联合四川银监局，动员省青联、省青企协和社会各方力量，设立银行业扶贫慈善基金、青基金、青爱基金等专项关爱基金，整合社会资金2700余万元，精准扶贫88个贫困县的贫困户大学生和灾区、民族地区特困青少年群体。143个县开展银行业金融机构优秀青年干部与团委干部“团银双向挂职”，选派1622名西部计划志愿者到贫困县开展脱贫攻坚工作，在服务青少年、服务基层、服务地方经济社会发展中发挥了积极作用。

2. 积极参与社会治理创新。开展“阳光助残”、扶贫帮困等志愿服务活动，全省共计62.3万名志愿者参与活动，累计开展活动2020次。全面完成全国第九届残运会暨第六届特奥会志愿服务工作，累计服务时长53万小时。以群团组织社会服务中心为载体，加强对青年社会组织的联系引领，大力实施“公益伙伴”、“天府伙伴”、“公益直通车”计划，发展公益伙伴500余个，统一发布购买社会服务及其他公益项目94个、项目金额2500余万元，整合基金会、爱心企业等社会资金3000余万元。借鉴社会管理服务的“雅安模式”，大胆探索面向基层、面向社会的群团组织设置形式、管理模式和运行机制，在泸州等地探索建设乡镇（街道）群团工作中心，实现工作有阵地、有经费、有人员，工作成效逐步显现。

3. 加大力度支持民族地区发展。召开四川民族地区共青团工作暨对口援藏工作会议，印发《四川民族地区共青团五年发展纲要》，启动对口援藏项目69项、涉及资金近1000万元。协助广东、浙江省开展对口支援全省藏区工作，争取落实对口援建项目。深化“民族地区团干部培养计划”，先后选派21名民族团干部赴北京、辽宁、江苏和港澳等地区参加培训。

四、围绕青年需求，竭诚服务青年成长成才

1. 扎实推进青年就业创业。开展“逐梦计划”大学生社会实践活动，整合实习岗位28000个，注册用人单位4150多家，帮助6000余名学生上岗实习。建成大学生创新创业俱乐部47家、青年创新创业园区65家、青年就业见习基地1190家，成功举办“创青春”四川青年创新创业大赛暨第六届高校毕业生创业大赛，项目数量居全国第一，“创青春”系列服务青年创新创业的活动，得到党政认可，纳入“双创周”主题活动。2015年，“创青春”全国大学生创业大赛纳入了省政府的重点工作内容，写入了政府工作报告。深入开展“挑战杯”、“青年职业技能大赛”、农村青年电商“百千万培育工程”、大学生创业巡讲、首届四川青年 APP 大赛、四川省大学生返乡创业等活动，引导青年创新创业创优。争取省财政 6600 万元支持，开展“四川青年创业促进计划”（SYE）项目，为创业青年提供资金扶持，取得积极成效。

2. 切实服务重点青少年群体。通过“网格化”服务，加强留守学生、“五失”青少年等特殊困难青少年群体帮扶。承接政府购买服务项目资金 300 万元，实施留守学生关爱“童伴计划”试点，撬动社会组织和社会资金 1500 万元投入，发挥了政府资金的放大效应。整合壹基金、中华慈善会等社会资金 800 余万，实施快乐学校、平安计划、爱心圆梦等关爱项目 138 个，关爱服务留守学生 40 万人次，结对帮扶留守学生 137 万人。拍摄制作《零可以成真》等未成年人保护公益片，联合四川卫视、四川电视台等主流媒体宣传播报，有效覆盖人群 3000 万。争取青少年事务社会工作专项经费纳入年度财政预算，联合专业机构开展青少年社工培训 60 余次，覆盖社会组织和志愿者团队 500 余家，共 3000 余人。不断深化“希望工程”，累计筹集资金 2255 万元，资助学生 6000 余名，建设希望小学 12 所，配套文体设施 101 套。

3. 不断创新工作载体。着力打造“青年之声”互动社交平台，在全国率先全面开通省、市、县三级独立网站，收集青年各类诉求 5000 余条，直接开展扶贫助困、创业指导、权益维护等服务 200 余件，在有效联系、服务青年方面取得新进展。推进“志愿四川”志愿者服务管理平台建设，提供参与志愿服务、服务时长记录、就业实习等需求，团员注册志愿者达到 220 万，注册团队 2.5 万个。充分发挥 12355 平台服务作用，开展考前辅导、心理咨询、法律普及等，覆盖青少年 53 万。深入开展“共青团与人大代表、政协委员面对面”活动，累计办理提案议案 20 余件，回复率、满意率均达 100%。

五、围绕作风转变，不断加强团的自身建设

1. 全面加强基层组织建设。有力推进基层服务型团组织建设，制定《四川省青少年综合服务平台建设三年规划》，完善省级示范性青少年综合服务平台创建办法，实现青少年综合服务平台建设的科学化和规范化，改造升级、新建乡镇（街道）青少年综合服务平台 2019 个。深化城乡区域化团建工作，推广行业建团、楼宇建团、市场建团、园区建团等联建共建模式，扩大对辖区青年的有效覆盖，新建街道共建委员会 174 个、街道直属团组织 1327 个、非公团组织 1151 家。加强党建带团建制度的督促指导，全省 19 个市州已出台加强基层服务型团组织建设的意见，97.8% 的市州、县（市、区）落实党委专题听取共青团工作汇报制度，80.3% 的乡镇（街道）落实每年 2 万元工作经费，坚持定期对市州团干部配备情况进行了督导通报。

2. 深入开展调查研究。开展春秋季大调研，深入了解基层团干部对中央、省委精神的学习把握情况，团的重点工作推进情况，帮助基层青年解决实际困难，形成《基层服务型团组织建设研究分析》等多篇调研成果。在团省委机关选派 10 名干部赴乐山、南充、泸州、甘孜等 4 个市（州）开展“常态化下沉基层”工作，通过直接联系、靠前指导、定期轮换等方式，到定点县（市、区）常驻 4 个月“解剖麻雀”，重点了解青年分布情况，开展改革专题调研、脱贫攻坚帮扶，推动机关干部常态化、制度化深入基层联系青年。

3. 加强团干部作风建设。落实从严治团，深入开展“团干部如何健康成长大讨论”、“加强领导班子思想政治建设”、“三严三实”专题教育等活动，锤炼直接联系青年之风、学习研究之风、求实创新之风、清正廉洁之风，活动覆盖省级 41 名处级以上团干部，市县两级 399 名团的领导班子成员以及普通团干部、团员青年。推动党的群众路线教育实践活动成果制度化和常态化，按照破除“四风”的总体要求，推动“正风肃纪”、“创铸树”、“庸懒散浮拖”专项整治成果转化，废止制度15项，修订制度24项，新建制度36项。继续抓好团干部教育管理培训，联合省团校开展团干部专题培训，举办省级培训班32期，覆盖专兼职团干部、少先队辅导员3000余名。

贵州团的工作

团贵州省委认真学习贯彻习近平总书记系列重要讲话精神和中央、省委党的群团工作会议精神，坚持与党同心、与时俱进、与青年共甘苦，团结带领团员青年为贵州守底线、走新路、奔小康勇担生力军和突击队。

一、坚持党有号召、团有行动，始终围绕省委要求谋划和推动工作

1. 建设“黔青梦工场”创客孵化器，助力青年为梦想而奋斗。以“互联网+创客+乡土”、“互联网+创客+健康”、“互联网+创客+文创”等为主题，依托高校和各市州团委在全省建成28家青年众创空间，参与创业青年超过1500名。黔青梦工场开展创业沙龙105期，开设创业公开课114期，举办创业培训班180期，15个团队入驻并注册企业。“黔青梦工场”平台先后被科技部列为国家级科技孵化器管理支持体系单位，省科技厅授予“省级众创空间”、省工商局授予“大学生微型企业创业培育示范基地”。获得省直目标考核创新奖，《中国青年报》头版进行了报道。

2. 开展“青年电商创业大赛”和“发现贵州创客新锐”活动，点燃青年的激情。以“电商创业 青年出彩 农村致富”为主题，联合省商务厅等举办了“电商云”杯2015首届贵州青年电商创业大赛，吸引省内外1354支电商团队参赛，涉及30余个贵州特色产品，30支电商创业团队分享了100万元创业基金。大赛期间，全省各级团组织举办电商培训132期，15000多名农村青年和大学生参加培训。举办了“发现贵州创客新锐2015年度人物”评选活动，覆盖全省9个市州，涉及21个行业，共有154位优秀创客、27家众创空间参与活动，网络点赞120余万人次。获奖者进驻黔青梦工场等众创空间进行创业孵化，获得创业场地、风投基金及相关政策扶持。贵州广播电视台就“发现贵州创客新锐”颁奖典礼进行电视直播。

3. 实施青春扶贫行动，举全团之力助推脱贫攻坚。团省委主要负责同志担任队长，选派4名优秀年轻干部在天柱县远口镇、坌处镇开展驻村工作，累计协调争取各类资金近1100万元，建设了新市移民创业园，实施生态养羊、稻田养鱼、畜禽渔业标准化养殖、通组公路道路硬化、乡村旅游环境整治、青少年校外教育场所、希望童园等项目，建设5个党团志愿者服务站。筹集资金71万元，资助贫困生182名；对100户计生困难家庭进行慰问帮扶。成立了远口村青年致富带头人协会，对20名致富带头人进行奖励性扶持。组织动员全省四级团组织83名团干部参与同步小康驻村工作，在省委组织部的关心支持下，组织编写贵州省青年驻村干部报告文学集——《青春足印》由人民日报出版社公开出版发行。

4. 围绕生态文明建设，组织动员青年积极参与植树造林。在青年中大力传播生态文明、可持续发展理念，组织500名团员青年开展“多彩贵州·青春绿动——全省团员青年植绿护绿省级示范活动”。采取“团员青年＋农户＋公益捐赠”的方式，既让荒山披上绿装，又为村民提供增收渠道。开展了“多彩贵州 青春绿动——绿色希望工程助力绿色贵州建设三年计划第二季”活动，组织300名团员青年植树50余亩，众筹环保资金5万元；投入资金10万元在威宁县石门乡女姑村种植9000余株竹柳和女贞树，200多亩荒山披绿。2015年，全省共组织42000余名团员青年植树90万余株，造林15691亩。

二、深入学习贯彻中央、省委党的群团工作会议精神，推动会议精神在基层落地生根

1. 抓好会议精神的宣讲和培训，推动会议精神落实在基层。配合省委抓好党政分管（联系）群团工作领导的学习培训，各市（州）、县（市、区）党委或政府分管（联系）群团工作的领导共200余人在省委党校参加了为期3天的学习研讨。抓好市县两级团委书记的学习培训，举办学习贯彻中央党的群团工作会议精神专题培训班，200余人参加学习培训。团中央学习贯彻中央党的群团工作读书班结束后，按照李源潮同志“四下基层”的要求，团省委班子成员分别带队，深入到市县、高校、企业，与党政领导、基层团干部进行座谈交流，努力把中央和省委精神全面准确传达到基层团组织和团干部。各市州团委按照分级负责的要求，举办学习中央、省委党的群团工作会议精神主题读书班，分领域传达学习会议精神，共有4000余名团干部参加学习培训。

2. 鼓励基层试点创新，探索推进共青团深化改革工作。启动思南县改革创新试点工作，立足团县委机构设计“扁平化”目标，实现“专兼挂”相结合，创新设置9个相应的工作部门，组建农村青年致富带头人协会团工委和非公经济组织团工委，选聘2名农村青年致富带头人、2名优秀非公经济组织青年和1名优秀志愿者或学校教师作为团县委兼职副书记，选拔3名副科级后备干部挂任团县委副书记。此外，黔西南州面向社会公开选聘团州委兼职副书记两名，全州各团县（市）委均选聘兼职副书记一名，在加强市（州）、县两级团委工作力量上进行探索。

3. 突出问题导向，在省青学联换届中提高基层一线人员的比例。落实中央党的群团工作会议要求，克服重精英、轻草根的倾向，在2015年的省青联换届中提高基层一线人员在副主席、常委、委员中的比例，增加了基层一线优秀青年和海外青年代表，力求使青联组织更具广泛性和代表性，更接地气。常委中，基层一线青年增幅为100%；委员中，基层一线青年增幅为300%。成功召开了省学联八大和省第六次少代会，在省学联八大中，中等学校学生会代表比例占23.8%；省第六次少代会中，农村少先队员和少先队辅导员比例均不低于30%。

三、围绕“四维”格局要求，较好完成2015年各项工作

1. 凝聚青年，在青少年中培育和践行社会主义核心价值观。在全省青少年中广泛开展“我的中国梦”、纪念五四运动96周年主题团日活动、“诵经典·讲礼仪·传美德”传统文化诵读、“严实”品格教育、“我是共产主义接班人”主题教育活动等，引导青少年内心理解认同中国梦，努力在实践中勤奋学习、增长才干。举办“全省青年学生热议省委书记授课内容”等座谈、分享、演讲、征文活动，开展学习“四心”寄语活动163场，覆盖学生11万人（次）。组织40余所高校的120名“黔青英才”大学生骨干培训班学员走进“三线建设”老工业基地、天柱县远口村和广万村开展社会实践；走上井冈山开展理论学习，接受红色教育洗礼。开展“争做向上向善好青年·争做文明守法好网民”主题宣传教育实践活动，全省67万人直接参与，影响覆盖青年730余万人。编辑出版《2015贵州省青少年核心价值观调查报告》。

2. 当好桥梁，“青年之声”建设畅通党与青少年联系的高速路。积极推进43个试点单位的青年之声的上线建设，组建了高校服务联盟、爱心互助联盟等9类“青年之声·贵州”服务联盟，入驻专家915名，为青少年提供跟踪式咨询解答服务。截至12月底“青年之声·贵州”PC端、移动端、电波端吸引关注107万人次，提问与解答各类问题3500多条。秦宜智同志对“青年之声·贵州”建设作出批示，思南团县委作为全国唯一的县级代表在全团“青年之声”建设推进工作电视电话会议上作典型发言。组建青年网络文明志愿者队伍和“青微工程”网宣骨干成员队伍，全省实名注册网络文明志愿者43万，组建了183人的“青微工程”网宣骨干成员，培训青年网络文明志愿者3154人。开通微信公号平台“青春黔言”，关注量21351人，贵州共青团微博粉丝量达181万，“黔青小伙伴”手机APP访问量超过110万人次，日均访问量3500余人次。组织召开了以“贵州省农村青年创业服务体系研究”为主题的“面对面”座谈会。成立了贵州省法律援助共青团贵州省委工作站，广泛开展青少年法制宣传、自我保护、心理健康和家庭教育等工作。

3. 服务大局，组织动员青年为全省经济社会发展做出贡献。一是竭力服务青年创业创新。举办了2015年青年职业技能大赛，六大类22个工种2万余名青年参加各级比赛，500余名选手进入决赛，108名青年通过比赛得以晋升职业资格。与省农委、省农行联合实施贵州省大学生返乡创业行动，对全省500名返乡创业大学生进行了培训。开展2015年“见习助就业 牵手毕业生”活动，组织见习岗位进校园双选会31场，4190名青年获得上岗见习机会。成功举办了2015年第二届贵州省创业投资博览会。举办了以“绿色金融·扶持开发”为主题的“贵州省金融服务扶持农村青年创业就业”活动启动仪式，现场发放青年创业贷款3765万元。《人民日报》及《人民日报内参》报道了省青年创业就业工作。

二是深化希望工程助学行动。全年募集资金1.61亿元。推进希望童园项目，建设希望童园312个，招募近400名幼教志愿者，让6000名农村学龄前幼儿免费入园。实施希望小学、希望食堂等项目184个，帮助8000名寒门学子圆梦大学。举办2015年度“香港主力教育基金”山区优秀教师表彰活动，100名长期在边远山区学校工作的优秀乡村教师每人获3000元奖励金。

三是深入开展青年志愿者行动。推动6个市州、76%以上县(市、区)建立了志愿服务组织。西部计划派遣规模1440人，34所高校组派研究生支教团236人深入贵州山区开展志愿支教。组织近1000名志愿者完成了第五届中国(贵州)国际酒类博览会、第二届贵商发展大会、首届孔学堂·国学图书博览会等大型赛会的志愿服务工作。深入开展关爱农民工子女(留守儿童)行动，帮助2000多名社会爱心人士与农民工子女结成长期帮扶对子。开展志愿者助残“阳光行动”，残疾青少年结对率达74%。继续与贵州广播电视台交通广播推进“952找到啦”失物招领公益平台志愿项目，帮助4000多名群众找回了失物，中央电视台新闻频道《新闻直播间》、中青报进行了专题报道。全省注册志愿者达205万人，其中党员志愿者达176090人。

四是扎实推进春晖行动。实施“春晖黔归人才计划”，引进100多名黔籍人才参与家乡建设，领头创办春晖产业示范基地。实施春晖助学计划，北大附属实验学校、毕节梁才学校、清镇博雅国际学校招生全省146名中小学生免费完成初高中学业。实施农家女培训项目，选送25名贫困农家女孩、10名教师赴京培训。实施春晖健步行动千人计划项目，为骨科患者实施手术42例，发放资助款25.2万元。《人民日报》及《人民日报内参》，报道春晖行动参与社会扶贫情况。

五是启动实施“圆爱工程——关爱留守儿

童系列活动”。以“唤醒爱”、“汇聚爱”、“传递爱”、“感恩爱”为主要内容，通过组织化动员加社会化动员，以互联网思维加众筹的方式有效动员社会力量，从物质到心理全方位对留守儿童进行关爱，实现团组织开展关爱留守儿童县级结对帮扶全覆盖。制作H5腾讯公益捐赠平台，从12月12日开通试运行以来，已有3200多人参与捐款，实现众筹19.3万元，争取到各类资金440万元，先后开展了赴东莞慰问黔籍务工人员演出、为农村留守儿童送“暖冬礼包”、贵州留守儿童赴上海团聚等活动。

4. 从严治团，不断加强团组织的自身建设。一是注重团干部学习培训。积极争取省委组织部支持，将市（州）团委班子成员、县（市、区）团委书记纳入干部教育培训计划，在省委党校主体班次中开展了第一期团干班培训班，47名学员参加为期一个月的培训。举办了“2015年度贵州省团干部培训班”，培训各级团干部100余人。深入开展“黔青知行汇——知行讲坛”，促进团干部学习活动常态化。2015年，共举办知行讲坛22期，编印《黔青知行汇》内部学习资料12期。

二是扩大团组织有效覆盖。以区域化团建工作为抓手，街道（社区）建立区域青年工作共建委员会，打造形成各具特色的区域化品牌项目。建成40个省级示范性青少年综合服务平台和312个乡镇青少年综合服务平台，超额完成2015年任务。深入开展“百县千乡”分类示范创建活动，夯实农村团建工作基础。加强非公团建工作，112家非公企业团组织作为团省委直接联系管理的基层非公团组织。加强“银团合作”，成立贵州金融团工委，选派80名优秀金融干部到县级团委挂职锻炼。建立了对驻外团工委工作的考评机制。

三是强化团干部作风建设。召开2015年度党风廉政建设工作会议，传达中纪委、省纪委全会精神，签订《团省委系统党风廉政建设责任书》，层层传导压力。加强对落实中央八项规定、省委十项规定的监督检查，抓住元旦、春节、五一、国庆等关键时间节点，开展预防教育和检查。围绕落实“两个责任”不力的突出问题、存在的“四风”突出问题进行集中专项整治，党组书记、党组成员、专职纪检员分别约谈相关责任人4人。对照“三严三实”要求和“机关化、行政化、贵族化、娱乐化”的问题，坚持问题导向，以自我革新的勇气积极作为、主动担当。认真落实团干部常态化下基层的制度安排，要求团干部深入基层认真撰写民情日记，扎实开展“团干部如何健康成长”大讨论活动。

云南团的工作

全省各级团组织团结带领各族青年抢抓机遇、锐意进取、勇于担当，在谱写中国梦云南篇章的伟大实践中奉献青春力量，各项工作成绩显著。

一、召开共青团云南省十三届四次全委（扩大）会议

2015年1月22日至23日，共青团云南省十三届五次全委（扩大）会议在昆明召开。会议审议通过了团省委委员卸职确认案，传达学习了共青团十七届三中全会精神，全面总结回顾2014年的工作，研究部署2015年工作。会上，团省委书记杨军报告了2014年全省共青团主要工作情况，并做了题为《切实加强新形势下团干部作风建设，推动形成全面从严治团新常态》的讲话，对团干部作风建设工作作出安排。团省委十三届委员会委员、候补委员，各州（市）团委书记、省直机关团工委、省属厅局（企业）、高校团委负责人、全省团县（区）委书记及团省委全体干部300余人参加了本次会议。

二、深化理想信念教育

牢牢把握政治性的根本属性，深化青少年理想信念教育。一是引导全省广大团员青年深入学习习近平总书记系列重要讲话精神，做到真懂真信，进一步坚定理想信念。二是全省各级团组织齐动员，广大青年共参与，开展2000余场次“我的中国梦”主题活动，引导青年勇于追梦圆梦。三是引导广大青少年积极培育和践行社会主义核心价值观，广泛参与“做好事做善事做志愿者”主题活动，唱响民族团结的主旋律，争做“向上向善好青年”。四是广泛运用“三微一网”平台，开通“云南青年之声”，组建38万余人的青年网络文明志愿者队伍，开展网络文明志愿行动，弘扬网上主旋律，传递青春正能量。

三、服务社会发展大局

牢牢把握先进性的本质要求，紧扣中国梦的时代主题，引导云岭青年在改革发展中建功立业。一是深入实施希望工程，年度公益收入9470万余元，援建希望小学68所，资助家庭经济困难大中小学生9104人，援建共青团希望水窖1739件，实施“希望‘心’生命救助计划”救助224人。二是招募160万余名志愿者广泛开展禁毒防艾、阳光助残、生态文明建设等志愿服务活动，结对帮扶农民工子女、留守儿童17.7万余人，圆满完成第3届南博会暨第23届昆交会、中国国际旅交会志愿服务工作。三是充分发挥省青联、省青企协作用，积极做好青年外事统战工作，主动融入“一带一路”战略。四是按照精准扶贫的安排部署，扎实开展好“挂包帮”“转走访”工作。五是积极推进沪滇合作，为迪庆藏区提供220万余元的支持援助。六是不断深化“青”字号品牌工程，引导广大青年在一线岗位建功立业。

四、助推青年成长成才

牢牢把握群众性的根本特点，尊重青年主体地位，贴近青年实际需求，维护青少年权益，服务青少年发展。一是深入实施“贷免扶补”、小额担保贷款、“两个10万元”微型企业培育工程，参与发放贷款8.8亿余元，帮扶创业青年1.9万余人，努力构建复合型青年创业资金扶持平台。二是积极探索“互联网+”的青年创业培训新模式，培训创业青年5000余名。三是举办第六届“云南青年创业省长奖”评选活动，积极开展“创青春”、“挑战杯”等竞赛活动，全力推进大学生创业教育，努力营造大众创业、万众创新的浓厚氛围。四是通过“振兴杯”、“五小”科技成果认定等活动，引导青工主动提升职业技能。五是深入开展“共青团与人大代表、政协委员面对面”和“共青团倾听日”活动，大力提升12355品牌功能，切实维护青少年合法权益。六是招募770名全国项目志愿者和3500名地方项目志愿者到基层从事志愿服务，向西藏派遣志愿者57名。七是成功举办“摩尔农庄”杯第十五届全省青少年英语口语大赛，8000余名青少年踊跃参赛。

五、发挥桥梁纽带作用

着力打造青年想得起、找得到、靠得住的“青年之家”。一是坚持党建带团建，有序推进区域化团建工作，建立189个共建委员会，2188个农村专业合作社团组织。二是积极推动青少年综合服务平台建设，创建国家级青少年服务平台10家，有序推进省、市、县三级综合服务平台建设。三是全力推动青少年事务社会工作，培育孵化青少年事务社会工作服务中心62家，培训青年社工3000余人次。四是全力推进“青年之声”互动社交平台建设，全省开通128个“青年之声”平台，帮助回答解决问题2500余个。五是履行全团带队职责,开展少先队课题研究,推进和完善少先队学科和少先队活动体系建设,抓好少先队辅导员队伍建设,培训辅导员近1万人次。六是加强对青联、学联的科学指导,推进民主化建设,扩大青年参与面和覆盖面。

六、加强干部作风建设

按照"从严治团"的要求加强团干部作风建设。一是广泛开展"三严三实"、"忠诚干净担当"专题教育及"团干部如何健康成长"大讨论活动,从严治团形成新常态。二是按照"8+4"、"4+1"的工作格局,安排11名团省委机关干部开展第一批"常态化下沉基层"工作,在与青年"零距离"接触中"接地气"。三是以学习宣传中央和省委党的群团工作会议精神为主要内容抓好团干部的教育培训,举办培训班100余期,累计培训团干部1.5万余人次。四是深入推进团干部的挂职、交流工作,提高团干部综合能力。

西藏团的工作

团西藏区委深入贯彻落实党的十八大和十八届三中、四中、五中全会和中央第六次西藏工作座谈会精神,深入贯彻落实习近平总书记系列重要讲话精神,认真贯彻落实中央和区党委党的群团工作会议、区党委八届六次、七次、八次全委会精神,牢牢把握政治性、先进性、群众性的根本要求,紧紧围绕提高团的吸引力、凝聚力和扩大团的工作有效覆盖面两大战略性课题,深入开展调查研究,积极探索改革举措,不断创新工作方式,切实改进工作作风,团结带领全区各族团员青年为建设团结美丽和谐幸福社会主义新西藏作出新贡献。

一、深入学习贯彻《中共中央关于加强和改进党的群团工作的意见》和中央党的群团工作会议精神

1. 深入学习宣传,统一思想行动。采取理论中心组学习会、党支部会、干部职工大会、转发下发学习贯彻通知等形式,通过集中学习、交流研讨、个人自学等方式,原原本本研读《意见》原文和会议精神,全面把握、深入领会《意见》和会议的精神实质。坚持分层分类,在自治区层面举办地市级团委班子成员和县级团委负责同志主题读书班,指导地市、县通过举办主题读书班、主题团队日、宣讲会、座谈会等方式,集中学习中央党的群团工作会议和《意见》精神,学习自治区党委党的群团工作会议和《实施意见》精神,引导各级共青团、青联、学联和少先队组织明确任务、统一步调。利用团属媒体广泛宣传《意见》和会议精神,不断扩大覆盖面和影响力。将学习贯彻《意见》和会议精神纳入团内各条战线工作部署和团干部教育培训内容体系,推动学习贯彻《意见》和会议精神的常态化、长效化。

2. 建立工作机制,研拟贯彻方案。成立由团西藏区委主要领导牵头,分管领导具体负责,各部门业务骨干参与的工作专班,明确工作路线图和时间表,细化工作目标、任务和措施。在深入调研基础上,制定形成中央《意见》和区党委《实施意见》的贯彻落实《方案(征求意见稿)》。广泛搜集团区委机关干部、部分转岗老团干、基层团队干部和青少年工作专家学者意见建议,四易其稿,在团西藏九届四次全委会上再次对《方案(征求意见稿)》进行专题研讨修改。组建4个调研组,分赴全区7个地市,开展专项调研,广泛征求意见建议,进一步修订完善《方案(征求意见稿)》。期间,根据自治区党委领导批示要求,适时调整工作安排,配合区党委筹备召开了自治区党委党的群团工作会议,牵头起草《中共西藏自治区委员会关于加强和改进党的群团工作的实施意见》并于2015年8月23日下发执行。

3. 结合工作实际,谋划推进共青团改革。坚持总体方案设计与改革探索齐头并进原则,针对西藏共青团工作中存在的"四化方面"的突出问题,围绕"政治性、先进性、群众性"目标和"凝聚青年、服务大局、当好桥梁、从严治团"四维格局,逐步推进全区共青团深化改革工作。制定创新团的组织机构设置方案,推动县级团委机构单设或在工青妇办公室统一领导下独立运行,在有条件的乡镇街道配备专职团干部,在村级团组织开展驻村干部任村团支部第一书记试点工作,加大新社会组织建团力度,探索构建立体化网络化组织体系。制定下发《关于贯彻落实〈中共西藏自治区委员会关于进一步加强少年儿童和少先队工作的意见〉的实施方案》,将中央、区党委党的群团工作会议精神全面落实到少先队工作中。成立西藏共青团媒体中心,按照"建平台、组队伍、发声音、重管理、见成效"要求,着力推进共青团官方网站、官方微博、官方微信公众平台、"青年之声"互动平台建设,精心策划开展各类青年便于参与、乐与参与的网络活动,建设青年"身边的团组织"。以开展西藏首届青年农牧民创新创业大赛暨青年创新创业创优成果展为契机,建设青年众创空间,搭建青年创业平台,推动团企团银合作,拓宽投融资渠道,形成经常化服务、常态化支持农牧区青年长效机制。联合西藏大学成立西藏青少年研究中心,采取"团干部+专业机构+高校专家团队+社会支持"运作模式,加大青少年工作研究,为党委政府青少年事业提供决策依据。建立青年民主参与管理机制,明确团区委常委会委员中基层一线团干部和团员比例不少于30%,全委会委员中基层一线团干部和团员比例不少于50%,团代表中基层一线团干部和团员比例不少于80%。制定下发《西藏共青团县处级以上领导干部调查研究工作制度》,明确地厅级领导干部每年下基层调研时间一般不少于45天、县处级领导干部一般不少于60天。结合机关干部维稳值守做好青年接待工作,进一步拓展联系青年渠道路径。

二、全面加强青少年思想政治引领,不断坚定各族青年共同团结奋斗、共同繁荣发展的思想基础

1. 抓住"五四"、"六一"、"七一"、中国人民抗日战争暨世界反法西斯战争胜利70周年、西藏自治区成立50周年等重要时间节点和重大契机,通过集中宣讲、专家辅导、座谈交流、理论研讨、参观寻访、主题团队日活动等形式,深入开展"奋斗的青春最美丽"、"红领巾相约中国梦"、"红领巾心向党"、"与人生对话"、"彩虹人生"等主题宣传教育活动1450余场次,覆盖青少年近40万余人次,引导各族青少年进一步坚定跟党走有中国特色、西藏特点发展路子的理想信念。

2. 围绕培育和践行社会主义核心价值观,深入开展了青少年道德实践、学雷锋志愿服务、青少年群众性精神文明创建等特色活动1600场次,广泛开展了"我为核心价值观代言"、"核心价值观记心中"、"优秀传统文化在身边"等主题教育,"向上向善好青年"、"乡村好青年"、"最美青工"、"最美中学生"、"最美中职生"评选和"奋斗的青春最美丽"先进事迹分享等活动,覆盖青少年30万人次。

3. 以加强各族青少年交往交流交融为工作着力点和出发点,深化推进青少年民族团结教育,持续开展青少年"民族团结代代传"、青少年万余人交流、青少年民族团结进步表彰、青少年手拉手结对等活动，切实加大各族青少年交往交流交融的广度、力度和深度，不断增强各族青少年对“五个认同”的认知，打牢共同团结奋斗、共同繁荣发展的思想基础。2015 年以来，共选派 18 批次 644 名青年致富带头人、优秀青年学生、优秀团干部、少年儿童到区外参观学习考察，组织西藏 699 所小学、中学、中职学校 16 万余名青少年与对口支援省市青少年结对交友，目前共发出交友书信 30975 封，收到回信 30309 封。

4. 以宪法、民族区域自治法和青少年民生法律法规为重点，继续深化“青春与法同行——青少年法律大课堂”活动，推进法治宣传进机关、进校园、进农村、进企业、进社区、进网络，引导自觉学法、遵法、守法、用法。2015 年以来共开展宣传教育活动 600 场次，直接和间接覆盖青少年 20 万人次。

三、围绕中心、服务大局，动员青年为推进经济社会持续健康发展和长治久安做贡献

1. 开展创新创业行动。深入开展青年文明号和青年安全生产示范岗创建活动，推选和培树优秀青年致富带头人和“最美青工”，启动全区首届青年农牧民创新创业大赛，组织开展第四届“成才杯”全区大学生课外学术科技作品竞赛，不断激发青年创造潜力和创新活力。

2. 开展青年创业就业培训。落实青年就业创业工作专项资金 178.3 万元，培训青年农牧民 912 人次；跟踪推进苗圃职训计划，扶持小型特色增收项目；联合邮储、农行等银行机构，发放青年创业小额贷款 2008 万元；新建见习基地 5 家，提供上岗见习岗位 49 个。

3. 深化百乡千村青少年绿化行动。广泛动员青少年参与植绿护绿、涵养水源、清洁家园、节水节能等各种生态环保实践，影响带动社会公众投身生态环保实践。2015 年以来，全区共组织动员 1371 名青少年参与植绿护绿活动，种植各类树木 23785 株；新建青年林 31 个，其中地市级青年林 2 个，县级青年林 29 个；注册环保生态志愿者 685 人。

4. 有序参与抗震救灾工作。成立团区委抗震救灾工作领导小组，建立应急工作机制，协调指导组织抗震救灾工作；派遣团区委工作组紧急奔赴日喀则地震灾区，开展走访慰问、摸排受损、核实团组织办公场所、青少年活动场所和学校受损情况，组织团员青年有序投入抗震救灾工作；向日喀则团组织紧急拨付 10 万元救灾专项经费，整合各方援助资金 130 余万元支持灾区团组织开展抗震救灾；在日喀则桑珠孜区群众安置点设立青年志愿者服务站、配套建设青年文体中心，全力做好群众服务工作；深入及时挖掘宣传在抗震救灾工作中表现突出的基层团组织、团员青年和青年志愿者先进典型，积极营造团组织支持参与抗震救灾的浓厚氛围。

四、始终竭诚服务青年，不断增强服务维权能力

1. 针对困难青少年、残疾青少年等重点群体，深入实施希望工程、圆梦行动、阳光行动、关爱行动；针对大学生，深化暑期“五下乡”社会实践；集中开展轻松备考、青少年自护教育和心理咨询服务，深化开展青少年“走下网络、走出宿舍、走向操场”主题活动，竭诚服务青少年成长成才。

2. 针对青年交流联谊、婚恋交友和社会融入等方面的困难和问题，深入开展了共青团“爱的约定”、关爱农民工子女志愿服务等活动，尽力帮助青年解决学习、生活中的实际困难。

3. 创新推进“共青团与人大代表、政协委员”面对面活动，切实履行预防青少年违法犯罪专项组职能，推动出台落实《中华人民共和国预防未成年人犯罪法》西藏实施办法等法律法规，扎实推进第二批重点青少年群体服务管理试点，深入抓好预防青少年违法犯罪工作。

五、依法有序参与创新社会治理体系建设，组织引导青年为建设法治西藏做贡献

1. 以团干部、青年公务员群体为重点，有针对性地抓好教育培训和管理，帮助青年干部增强法治观念、提高法治工作水平。

2. 进一步明确平安志愿服务目标、任务、措施和保障，着力壮大平安志愿者队伍，提升服务水平，动员青年依法有序投身流动人员管理、驻村驻寺、“先进双联户”创建评选、城镇网格化管理等工作，共同维护社会和谐稳定。

3. 进一步加强与政府职能部门的沟通协调，坚持政府意愿、共青团能为、青年需求相结合，重点在促进青年创业、青年志愿服务、青少年校外教育等领域，继续履行好共青团协同配合的工作职责，探索承接相关政府职能转移项目。

4. 在摸清底数、搭建平台、健全机制、合作参与上下功夫，探索加强对青年社会组织的联系、服务、引领。积极培育公益性青年社会组织，动员参与志愿服务、社区建设、生态环保等工作。

六、坚持基层导向和服务导向，加强基层服务型团组织建设

1. 巩固传统领域团建。新建区域直属团组织22个，完成19家非公企业、11个农牧民专业合作组织新增建团任务，探索加强社会组织、网络媒体等新兴领域团建。目前，全区累计已建直属团组织1133个，农牧民专业合作组织团组织649个，非公经济组织团组织517个。

2. 重源头抓关键，注重做好少先队建设。督促指导各地出台加强少年儿童和少先队工作的制度化文件，推动各地90%以上的学校将“每周一课时”的少先队活动课落实到中小学课表（其中林芝地区各中小学实现少先队课程全覆盖，昌都市198所小学和15所初中纳入课程表）；推动西藏大学、西藏民族学院设置“少年儿童组织与思想意识教育”二级学科硕士研究生专业，2015年西藏民族大学拟招生15人、完成招生8人，西藏大学拟招生10人、完成招生2人；全区6地市均设置专兼职总辅导员并落实相关待遇，有力推动了少先队辅导员专业化、职业化建设进程。

3. 筹备做好西藏青少年宫前期项目选址、图纸设计、住户搬迁等工作，建设管理使用好团中央经费支持的9个青少年综合服务平台，加大部分已建团属青少年校外活动阵地维修改造升级力度，构筑基层团组织服务青少年的依托。

4. 指导规范落实进一步支持和推动共青团基层组织建设和基层工作政策，加大工作资源、工作力量、工作载体向基层倾斜转移支持力度，健全落实基层团组织工作考核机制，保持全团抓基层强基础的良好态势。

七、大力推进网络新媒体建设，形成弘扬主旋律、传播正能量的强大声势

1. 整合团内外人财物资源，建立健全区、地两级和高校共青团新媒体工作机构，明确职责任务，统筹规划、协调服务全区网络新媒体工作和活动。

2. 以共青团员、高校青年师生、机关青年为重点，建立起人数为3427人的网络宣传员队伍和1.72万人的青年网络文明志愿者队伍，并健全完善管理、培训、考核、保障机制。

3. 在巩固“青春牵手新西藏”品牌基础上，发挥区、地两级团属网站和手机报基础性阵地作用，加强全区共青团系统区、地、县三级微博微信体系管理，推动覆盖更多青少年群体，目前西藏共青团新浪官方微博粉丝量超过20万人，原创、转发和关注、活跃度居西藏政务类新媒体排行榜前列。西藏共青团官方微信推送文稿、视频142条，阅读量48499人次，累计545条，阅读量10万人次以上。

4. 抓住社会热点焦点问题，积极组织开展网络舆论斗争，发出青年好声音。特别是针对“加多宝‘@作业本’互动营销事件”，团区委组织网宣队伍主动发声，积极开展网络舆论斗争，受到团中央、自治区领导和区网信办的表扬。

八、巩固深化西部计划西藏专项，为全区改革发展稳定提供人才支撑

1. 组建3线工作组。利用一个多月时间，深入全国22个省(区、市)134所高校开展集中宣讲，覆盖在校大学生2万余名，2015年大学生报名人数9677名，实际招募西部计划志愿者820人，加上2014年延期服务1180人，2015年度西部计划西藏专项实施规模继续保持2000人。

2. 积极开展符合留藏条件区外生源志愿者留藏申报工作。共收到69人留藏申请，其中本科以上学历52人，大专学历17人。经区党委组织部人才协调领导小组办公室统一组织考试、体检和公示，目前，已确定68人留藏工作。

3. 健全完善并及时更新志愿者信息库。动态掌握志愿者流动情况；围绕日常行为规范、安全健康、应急突发事件处理等领域，进一步修订完善制度措施，着力加强西部计划志愿者日常安全教育管理。

4. 积极推动西部计划与自治区人才规划、人才培养、人才引进等相关政策待遇的衔接落实，进一步扩大西部计划的政治效益、社会效益和人才效益。

九、抓牢抓实共青团对口援藏机遇，确保援藏项目落地生根

1. 召开2015年西藏共青团受援工作推进会，总结受援情况，安排部署年度受援工作。根据各对口支援单位和部门确定的项目内容，将涉及多个子项目但在不同时间段完成的综合类项目合理拆分，沟通核实确认2015年援藏项目321个，项目资金7652万元。

2. 制定项目实施推进计划，明确工作“时间表、路线图”，明确责任人和完成时限，实行“销号式”管理。2015年，全区各级共青团组织共完成青少年思想引导、青少年成长成才、青年人才培训、基层团组织建设等方面受援项目317个，涉及项目资金9638.798万元。317个完成项目中，277个项目为2015年度确定的计划内项目，涉及项目资金8064.998万元，计划内项目资金完成率为105.4%；40个项目为新增计划外项目，涉及项目资金1573.8万元。

3. 制定实施项目反馈和考核落实办法，各级受援领导小组定期不定期向同级党委政府、对口支援省市团委和单位、上级受援领导小组汇报和按月上报推进情况；将项目落实情况作为资源分配、评先选优重要依据，进一步调动各级团组织和广大团干部抓落实、重执行、求实效的积极性，确保各项援藏任务落到实处。

十、落实全面从严治团新要求，打造忠诚干净担当的团干部队伍

1. 组织团干部开展网上网下学习，教育引导团干部坚定理想信念和政治立场，始终做到守纪律、讲规矩、听招呼，全区团干部网上参学率达到95%以上。

2. 分层分类开展团干部培训，帮助各级团干部提高依法履职能力，全年培训团干部、青年骨干、少先队辅导员84期2340人，团队干部作风明显改进，工作执行力不断提高。

3. 深入开展“三严三实”专题教育活动，全面开展“团干部如何健康成长”大讨论活动，引导团干部增强党性修养，树立正确成长观，筑牢拒腐防变的防火墙。

陕西团的工作

团陕西省委按照省委和团中央的部署，切实保持和增强共青团的政治性、先进性、群众性，按照"围绕一个目标，实施四项计划，狠抓五个着力"的工作思路，秉承"创新奋进、先思先行"的工作理念，不断完善"一体两翼"工作体系，积极投入改革创新，各项工作取得了长足进步。

一、深入学习宣传贯彻中央和省委党的群团工作会议精神，积极推进改革创新

1. 召开团省委十二届五次全会，举办主题读书班，组织开展多形式学习宣传活动，赴上海、江苏、山东学习改革探索的经验做法，扎实开展搞清楚党中央对共青团的要求、共青团联系服务对象的需求、当代青年成长的新特点和新规律、当今时代的特点、团的历史传统、目前存在的问题、问题产生的根源的"七个搞清楚"大宣传大调研，深入组织学习、讨论，交流创新做法及举措，谋划共青团改革创新工作。

2. 坚持先思先行，主动作为。建立干部常态化下沉基层、团员注册志愿者、专职团干部上讲台、青年评议工作四项制度，完善了调查研究、基层联系点、专职团干部信息"五公开"、"团干部到社区团支部报到"四项制度。

3. 着力打造线上线下一体的服务青年工作平台。启动"青年之声·陕西"互动社交平台，推行各级专职团干部到"青春驿站"带班、到"青年之声"轮值工作制度。西安团市委推出的"西安青年聚"青年之声平台，较好地凝聚了青年。

二、持续实施青春导航计划，青少年思想教育引导成效显著

1. 着力筑牢青少年思想道德基础。认真学习宣传党的十八大、十八届三中、四中、五中全会精神和习近平总书记系列重要讲话精神。"我的中国梦"主题宣传教育活动开展2万余场次，全省培养大学生骨干1.3万名，依托照金陕甘边革命根据地旧址挂牌成立的全国青少年教育基地运行良好。

2. 积极引导青少年培育和践行社会主义核心价值观。成功举办"重走抗战路·青春向延安"纪念抗战胜利70周年示范活动，专题动漫《潮向延安》获青年好评，相关微博话题阅读量达2500多万次；"我为核心价值观代言、我们是共产主义接班人、寻找身边的好青年"等活动激励青年向上、向善。组织省内大学生旁听省人大常委会活动获得省委肯定。安康团市委组织的青年代表走进市政府活动，社会反响良好。

3. 注重运用新媒体传播青年"好声音"。与中国青少年研究中心联合举办"新媒体时代青少年成长的特点和规律"2015中国青少年发展论坛；发起"为青春榜样点赞"等线上线下活动，300名网评员、4.7万名网宣员队伍、35万名青年网络文明志愿者带头参与；"秦小青"系列卡通形象影响力不断扩大，多个团组织和团干部进入全国和陕西省政务微博排行榜前列。渭南团市委新媒体工作影响力明显提升。

三、持续实施建功成才计划，建设"三个陕西"勇立新功

1. 全面引导青年创新创业创优。第三届陕西省青年创新创业大赛吸引1600个项目参赛，2万余人参与，对接创业投资1.25亿元。延安团市委推出"5+1"扶持青年创业模式。第十届"挑战杯"大学生课外学术科技作品竞赛规模再创新高。"万村万人"青年电商人才培养计划推进顺利，与京东、邮政等签署战略合作协议，联合阿里巴巴开展青年电商展，培训各类青年电商近8000人次。商洛、杨凌等地举办了青年电商创业大赛，宝鸡成立了青年电商导师团。继续组织青工技能大赛，广泛开展青年文明号创建，省国资委团工委“我为重点工程献青春”等活动作用发挥明显。开展“加强陕西省与丝路沿线国家青少年交流”专题调研，成功组织“未来领袖·青春使者”重走丝绸之路夏令营活动，服务了“一带一路”建设。榆林团市委建立的跨省区青年交流合作组织“呼包银榆经济区青年汇”，成为服务区域经济发展的新载体。

2. 大力关爱帮扶困境青少年群体。希望工程全年累计接受各类捐款、捐物1800余万元，资助贫困家庭大、中、小学生8719名。举办首届陕西省青少年公益项目大赛，创办“公益创投”基金。汉中团市委探索的“互联网+公益”模式收效良好。招募西部计划志愿者1494人，关爱农民工子女行动结对学校2282所、49.9万人，建立青年志愿者助残“阳光行动”教育实践基地300余个。在高校开展“三走”活动1000余场次，在大、中学校建立学生思想动态等专题调查制度，省高教团工委制订出台了《陕西高等学校学生志愿服务管理暂行办法》。突出教育扶贫、电商扶贫，吴堡县“两联一包”扶贫工作深入推进，共青团援藏工作积极开展。

3. 深入推进青少年环保工作。深入开展秦岭环保志愿行动、“治污降霾·青年先行”等活动，吸引18万人次青年参与。累计建立各级各类青少年林(园、片)265个，植树55万株。首次编印《“爱三秦·绿起来”青少年环保教育读本》，环保课堂进校园活动覆盖4.7万名中小学生。

4. 持续关注青少年普遍性诉求。实施《2013—2016年陕西省重点青少年群体服务管理和预防犯罪工作计划》，制定《关于加强陕西省青少年事务社会工作专业人才队伍建设的实施意见》，开展市以上“共青团与人大代表、政协委员面对面”活动12场次、“倾听”活动115场次，形成建议、提案165个。全省开展青少年法治、自护、禁毒等宣传教育活动9100余场次。

四、持续实施枢纽构建计划，服务青年载体不断创新

1. 继续加强阵地建设。评选19家四星级青春驿站作为省级示范性平台，联合高校为社工专业学生提供校外见习，推进乡镇、街道一级青春驿站建设。为64个县(区)协调220万元建设经费，全省新建青春驿站310家。

2. 继续加强培育孵化。联合下发《关于加强全省青年社会组织建设工作的意见》，出版发行《陕西社会组织与青年发展蓝皮书》，省级开展12期青年社会组织示范培训，新吸纳45家青年社会组织入驻省级培育发展中心，推荐23名青年社会组织负责人为省青联委员。

3. 继续加强活动开展。对弱势青少年群体，组织各级青春驿站开展“缤纷夏日·快乐童年”、“春暖童心”等公益行动113场次。大力开展“五色行动”，提供助学助困、就业创业、法律援助、心理咨询等各种服务，惠及19.8万人次。

五、持续实施固本强基计划，基层基础进一步夯实

1. 持续深化党建带团建工作。督导陕西省107个县(区)召开党建带团建会议、出台党建带团建文件，102个县(区)团委书记列席同级党的委员会，37个县(区)团委书记列席同级党的常务委员会。推动市县两级团委书记、班子和机关干部配备率超80%。圆满完成陕西省青年联合会换届工作。第二轮《陕西省志·共青团志》通过了省地方志办公室初审。铜川团市委积极参与市委《关于加强党的群团工作实施意见》的制定，争取了工作主动。

2. 持续加强少年儿童和少先队工作。督导市县两级以党委、政府名义转发省委文件117个，市县两级成立少工委116个，配备各级总辅导员57人，落实中小学副校级大队辅导员1578人。首次将少先队辅导员培训纳入“省培计划”，组织6300余名少先队辅导员参与说课展示活动，创建少先队名师工作室12个。

3. 持续推进基层服务型团组织建设。出台基层服务型团组织建设意见，实施高校团支部“活力提升”工程和中学中职共青团“强基固本”工程，探索大中专学校社团、公寓团建新模式。联合下发《关于加强非公有制企业党团共建工作的意见》，建立非公企业和新社会组织团组织1.2万家。省科技团工委探索建立全系统的“团建清单”，陕西省直机关团工委狠抓学习型组织和干部队伍建设，陕西省国防团工委开展“一团一品”活动切实有效。陕西省团校、少年月刊、当代青年等团属事业健康发展。

4. 持续加大支持基层工作力度。继续资助100个乡镇街道工作项目，对团陕西省委委员、候补委员及市县两级团委班子成员进行全员培训，选派高校团干部、金融机构青年干部赴县级团委挂职，实施大学生志愿服务西部计划基层青年专项行动，推动施行共青团陕西省代表大会代表任期制。

5. 不断改进团干部工作作风。扎实开展“三严三实”等专题教育，制定实施方案和工作推进表，举办主题教育活动。开展团干部健康成长大讨论活动，广泛征求各方意见，形成《青年意见清单》。启动团陕西省委机关选聘兼职团干部、志愿者、青少年事务社会工作者工作试点。咸阳团市委探索增加兼职团干部比例，行动迅速。

甘肃团的工作

全省各级团组织按照省委和团中央的工作部署，积极改革创新，切实改进作风，持之以恒深化工作，着力构建“凝聚青年、服务大局、当好桥梁、从严治团”四维工作格局，扎实推进“学子返乡”、青年创业园、“五个双联”、“一村一电”工程、植树护绿、“共青团品牌希望小学”“虚拟专门学校”等创新举措和特色品牌，取得显著成效。

一、认真学习贯彻中央、省委党的群团工作会议精神，积极探索推进共青团改革

1. 狠抓学习宣传，凝聚思想共识。面向团干部层面，力求学深学透。中央、省委党的群团工作会议召开后，及时传达学习会议和文件精神，第一时间对全省团组织学习贯彻工作做出安排部署。先后召开年中工作交流会进行研讨学习、参加全国省级团委班子成员主题读书班进行系统学习、举办市县团委班子成员主题读书班进行集中学习。各级团组织通过研读原文、专题学习、集体讨论、组织宣讲等形式，紧扣省情团情学，紧贴工作实际学，广泛交流研讨学，深化思想认识、增强行动自觉。面向团员青年，力求广泛覆盖。结合大宣传大调研活动，把中央、省委党的群团工作会议和文件精神带到基层一线、带到田间地头、带到工厂车间、带到大学校园，并充分运用新媒体手段，借助“青年之声”、微博微信、网络论坛、QQ群等平台对会议和文件精神进行深度解读、分享和传播。开展学习研讨会、党课、团课、队会等主题学习活动17300余场次，覆盖影响青少年700多万人次。

2. 把脉基层基础，深入调查研究。一是问计问需青年。组织省市团的领导机关干部深入基层、走进青年,宣讲会议精神、倾听青年心声、帮解实际困难、破解突出问题、收集意见建议,实现了省市团委副处级以上团干部对县级共青团工作调研指导的全覆盖,共开展主题宣讲150余场,访谈普通青年2220名、基层团干部1480名,协调解决各类实际困难120件,结对1274个。二是制定贯彻方案。准确把握党对团组织在新形势下发挥作用的新要求新期待,总结梳理近年来各级团组织的新探索新实践,深入分析面临的新情况新问题,研究形成了《关于进一步加强和改进共青团和青年工作的实施意见》以及贯彻中央4号文件和省委16号文件的实施方案。

3. 聚焦"四化"问题,从严查摆整改。始终坚持问题导向,在抓好党的群众路线教育实践活动整改任务全落实的同时,紧密结合"三严三实"专题教育,扎实开展"团干部如何健康成长"大讨论活动,认真梳理青年意见清单,深入查找"四化"问题在全省共青团的具体表现。通过青年提、同事帮、干部谈、自己找、集体议等方式,深入查摆,主动认领,深刻剖析,积极开展批评与自我批评,制定整改措施,即知即改、从严整改,取得了明显效果。

4. 坚持立行立改,积极改革探索。按照增强"政治性、先进性、群众性"的根本要求,不等不靠,积极推进自我革新。从工作方式入手,建立团干部常态化下沉基层制度,两年内分4批、每批选派机关四分之一的团干部下沉基层开展工作,每批工作时间4个月,推动广大团干部服务青年在基层、工作落实在基层、本领提高在基层、作风转变在基层。从工作格局着眼,积极推动共青团工作网络化转型,在线上启动建设甘肃"青年之声"互动社交平台,着力打造"甘小青"网络名片,在线下加强青少年综合服务平台这一实体化阵地建设,推动线上线下有机融合。从组织设置突破,为解决基层人员力量薄弱的问题,在部分县区、乡镇(街道)团委探索"一名专职副书记、一名专职团干和若干名兼职团干部或青年志愿者"的组织运行模式,取得了一定成效。从青联构成切入,加强对市州青联换届工作的指导,规范界别设置,取消公共管理界别,优化各界别占比,调整委员会结构和委员职业构成,注重提高扶贫攻坚等一线人员、技能人才比例,注意吸纳新媒体从业者、社会工作者等新青年群体和新社会组织中的优秀青年。从评先选优改进,在评选表彰活动中,坚持基层导向,注重从农村、城市、学校、厂矿企业、武警部队等各行业各领域基层一线挖掘选树先进典型,突出人选的广泛性和代表性,树立了鲜明的评选导向。从队伍建设抓起,更加注重拓宽来源,在省委组织部的指导下,先后两次对全省青年干部情况进行调研摸底,及时掌握优秀年轻干部;更加注重从严选拔,面向全省公开遴选工作人员;加大团干部双向挂职力度,筛选基层优秀年轻干部到团省委挂职锻炼,选派高校团干部到县级团委挂职锻炼;更加突出从严管理,强化制度保障,持续改进作风,着力打造过硬干部队伍。省委组织部专门调研指导团省委工作和全省共青团系统队伍建设情况。

二、加强思想政治引领和价值引领,引导青年坚定不移跟党走

1. 突出首要任务,组织团员青年深入学习习近平总书记系列重要讲话精神。各级团组织深入开展报告宣讲、座谈交流、主题团日等学习活动,确保总书记系列重要讲话精神在青少年中广泛传播、入脑入心。开展学习总书记系列重要讲话精神"四进四信"活动1.6万场次,实现了青年学生全覆盖,教育引导青年增强道路自信、理论自信、制度自信。扎实推进青年马克思主义者培养工程,培训高校专职团干部、学生骨干和青年教师近两万人。依托甘肃共青团官方微博和"甘肃青年"微信平台,围绕"学习习近平总书记系列重要讲话精神"、"三严三实"、"点赞四个全面"、"学习党的十八大和十八届四中、五中全会精神"等主题,编创发布微博微信,以转发、评论、共享、点赞等形式与青少年网民互动,增强鲜活性,引领青少年听党话、跟党走。

2. 以“中国梦·陇原情—学子返乡”活动为载体,突出实践育人,把“中国梦”落细落小落实。扩大宣传。组织开展“学子返乡”主题教育实践活动811场次,参与人数达16万人次。制作第3期“学子返乡”公益宣传片,点播量突破110万次。一是完善政策。联合下发《关于实施大学生返乡创业行动的通知》,确定培养对象,实行专项管理,整合资金440.3万元,重点支持9个市州集中实施“学子返乡”创业项目。二是实践体验。组建暑期大学生文化科技卫生“三下乡”社会实践国家级重点团队22支,组建“学子返乡”省级重点服务团队70支,组织10余万学生参加支农支教支医和乡情实践体验活动。三是搭建桥梁。积极协调企业和有关用人单位赴高校开展专项招聘活动,举办“学子返乡”校园招聘会156场次,提供就业岗位7854个。四是开展培训。新建创业导师团队75个,聘请创业导师293人,开展创业培训9157人。五是建设平台。在36所高校建立大学生创业基地,在28所高校建立大学生创业基金;成立返乡创业基地156家,吸引返乡创业青年4074人,引导青年开办企业1028家。

3. 突出学校共青团的源头性基础性战略性地位,引导青少年积极培育和践行社会主义核心价值观。强化主题宣传教育。抓住抗日战争胜利70周年等重大契机和“五四”、“六一”等重要时间节点,广泛开展“我的中国梦”、“我是共产主义接班人”、“青少年严实品德教育”等主题教育活动7200余场次;组织开展“清明祭英烈·献花敬忠魂”网络祭奠活动,覆盖和影响团员青年1220万人次,引导青少年认识历史、明确责任、坚定信念。组织开展“社会主义核心价值观主题宣传月”、“优秀传统文化在我身边”、“我是向上向善好队员”等主题团队日等活动200万场次,引导青少年从小立志向、有梦想、爱学习、爱劳动、爱祖国,把社会主义核心价值观内化于心、外化于行。一是开展分层分类引领。区分青年群体特点,运用平等式、渗透式、互动式等方式方法开展分类引领,重视青年参与和自我教育。面向大中专学生,帮助树立正确的世界观、人生观、价值观,举办中学生“与人生对话”主题教育活动,基本实现了全省中学全覆盖;举办中职生“彩虹人生—奋斗的青春最美丽”系列分享活动1190余场次,覆盖54.3万人次;举办大学生“与信仰对话”报告活动220余场次,覆盖46万人次。面向少年儿童,引导他们记住要求、心有榜样、从小做起、接受帮助,组织开展“红领巾相约中国梦”、“读童谣,讲故事,争当美德小达人”等活动3.8万余场次,参与少先队员290万人次。面向农村青年、进城务工青年、新社会组织青年等群体,结合职业特点开展引导活动。二是注重榜样示范带动。选树青少年可亲可学的身边榜样,促进社会主义核心价值观培育工作大众化、具象化、情感化,开展“五四奖章”、“优秀团员”、“优秀少先队员”评选表彰和“向上向善”好青年等系列评选活动,挖掘选树践行社会主义核心价值观的先进青年典型。依托“甘肃青年”微信平台,推出“甘青达人秀”专栏,广泛宣传优秀青年典型,吸引150多万人次浏览关注,引导青少年学习先进、争当先进。三是加强民族团结教育。深入甘南藏区调研,形成《甘南藏区青少年调研报告》;加强青少年民族团结教育,覆盖青少年48万人次;推进“青少年民族团结交流计划”,促成中小学生手拉手结对14000个。发挥红色资源优势,广泛开展党史、国史、团史和国情省情教育。组织开展第七届中韩暑期青少年国际文化交流等活动,积极拓展青少年的国际视野。

4. 建设“网上共青团”,强化网络宣传和舆论斗争。壮大工作队伍。强化引导力,建成

110名的网评员队伍，重在生产优质内容；强化战斗力，建成近3万人的网宣员队伍，重在成建制、有组织地开展统一行动，营造舆论引导声势；强化辐射力，建成近30万人的青年网络文明志愿者队伍，重在自觉响应、积极配合；强化支撑力，培训网络宣传引导工作骨干14720名，组建一支由50多名骨干成员组成的全省隐蔽战线网络宣传员队伍，承担省国家安全厅和省网信办交办的特殊工作任务。一是打造“青年之声”。推进甘肃“青年之声”互动社交平台建设，着力打造青年版的“人民论坛”。全省共建成“青年之声”平台58个，成立了包括政府工作人员、高校教师、法律工作者、青少年专家在内的创业就业、心理维权、婚恋交友等13个专家服务联盟，入驻各类服务专家406名，开展服务活动23场次，覆盖青年20多万人次。二是强化网络引导。依托微网站，改造升级“甘肃青年”微信公众平台，推出微信公众号影响力排行榜。打造“甘小青”工作新名片，设计推出“土豆娃娃”系列“甘小青”动漫形象，策划开展“甘小青·八倡议”、“甘小青带您漫读精准扶贫”等系列网络主题活动，有效提升社会影响力。甘肃共青团荣获2015年“甘肃省政务新媒体综合影响力奖”，在省直机关中名列第二。三是鲜明亮剑发声。策划实施系列网上话题推广宣传活动，推出《在共产主义理想指引下砥砺前行》《纪念先烈·报效祖国》等高质量原创网评文章17篇。“为雷锋精神点赞”微话题一天内阅读量突破141万，中央电视台综合频道《晚间新闻》对活动进行了报道。针对少数人在网上亵渎邱少云烈士、质疑共产主义信仰等错误言论，及时发现舆情，鲜明亮剑发声，澄清模糊认识，驳斥错误言论，清朗网络空间。

三、围绕中心服务大局，组织动员广大青年在脱贫攻坚主战场和改革发展稳定一线发挥生力军作用

1. 聚焦脱贫攻坚主战场，带领青年建功立业。坚持把脱贫攻坚作为共青团围绕中心、服务大局的主战场，以“精准扶贫·青年在行动”为统揽，组织动员广大团员青年在精准扶贫精准脱贫生动实践中展现作为。一是“一村一电”工程成效显著。召开全省“精准扶贫·青年在行动”暨共青团“一村一电”工程现场推进会，组织观摩学习；下发推进方案，建立“一村一电”工作目标责任制，明确“下发一个文件、成立一个协会、建立一支导师队伍、配备一名金融干部、成立一个培训基地、建立一个服务站、争创一个电商创业平台”等“七个一”工作任务，加大督导考核，强力推进落实。各级团组织共成立电商导师队伍85支，建立见习基地250个，培训电商青年3.13万名，引导青年开办网店3.775万个，从业青年15.23万人，带动就业28.3万人，交易额达1150亿元，零售额达210亿元。《中国青年报》、《中国青年网》先后3次对“一村一电”工程进行专题报道。二是整合团属资源，发动社会力量，扎实有效推进。共培养农村青年致富带头人3558名；发放双联贷款2.73亿元，带动“五个双联”向深拓展。就业20782人；组织专家学者和乡土人才赴双联村开展培训780余场次，培训农村青年6.9万余人；开展“暖冬行动”281场次，捐赠衣物及其他生活物资价值达1436.3万元；建成双联书屋289个，为双联村学校捐赠价值2947万元的图书和文具，共向11833名贫困学生发放助学金2380万元。累计协调帮扶项目244个，项目金额5082.6万元，办实事好事727件。团省委1个双联村已整体脱贫。三是志愿扶贫有序推进。坚持把发动青年和社会力量作为团组织助推脱贫攻坚的有效依托，及时下发《关于深入推进“精准扶贫·青年在行动”的实施意见》，动员广大青年扶贫志愿者深入到扶贫济困一线，深入到困难群众身边，广泛开展惠农政策普及、种养殖技术培训、电商扶持、金融支持、项目援建、送医送药、捐资助学和关爱活动，帮助贫困地区农村青年提升技能、增收致富，为农村留守儿童等困难青少年群体送去关爱和温暖、促进健康成长。举行全省青年志愿者助力脱贫攻坚推进仪式，成立首批15支精准扶贫青年志愿者服务队，联系云校（北京）科技有限公司、中国光华科技基金会、甘肃国芳百货集团公司等爱心企业和组织，向全省贫困地区中小学和青少年捐赠了价值3150万元的教学设备、学习资料和爱心“温暖包”。四是藏区扶贫深入实施。把共青团对口支援藏区作为团组织助推脱贫攻坚、促进社会和谐稳定的重要方面。协调对接天津团市委对口援建项目136个，涉及资金1768.5万元。推进兰州、天水等10个市级团委对口支援全省9个藏区市县团委工作，筹措援藏项目资金304.67万元。广泛开展“情暖藏乡·暖冬行动”等活动，向藏区捐赠价值937.5万元的爱心“温暖包”、图书和教学设备。

2. 瞄准转型升级主方向，推动青年创新创业创优。把服务经济转型升级与服务青年有机结合起来，瞄准全省传统产业改造升级、战略性新兴产业培育的主攻方向，鼓励支持广大青年创新创业创优。一是推动青年创新。强化创新教育，开展以“创业创新、汇聚发展新动能”为主题的“大众创业万众创新双创周”活动，培养青少年的创新意识和创新习惯；强化品牌牵动，成功举办首届甘肃青年APP大赛，联合举办“邮储银行杯”第二届“创青春”甘肃青年创新创业大赛，组织开展“挑战杯”、“丝路杯”等学术科技、文化艺术类大赛，引导广大青少年爱科学、勇创新。二是促进青年创业。加强创业园建设，创建青年创业园和科技创业园142家，其中建成“全国青年创业示范园区”2家、“省级青年创业示范园区”5家。加强培育孵化，依托青年创业园，吸引和服务入驻园区企业3984家，累计孵化青年创业型企业902家，在孵青年创业型企业2838家。加大就业扶持，培训青年10804人，帮助应届毕业大学生上岗见习3193人。加强金融服务，争取到团中央专项经费300万元，支持青年创业就业；实施城市青年小额贷款项目719个，发放贷款5500万元；联合省银监局选派58名优秀青年金融干部到58个贫困县团委挂职，建立乡镇创业金融服务站92个，发放农村青年创业小额贷款5360万元。三是激励青年创优。开展技能比武，举办第十届“振兴杯”全省青年职业技能大赛，为青年技能人才成长搭建平台；深化品牌创建，深入推进青年文明号、青年岗位能手、青年安全示范岗等品牌工作，动员广大青年立足岗位争创一流。

3. 投身生态建设第一线，发动青年植树护绿。以保护母亲河行动为牵动，引导青少年积极参与国家生态安全屏障综合试验区建设。加强生态文明理念宣传，开展环保宣传、实践体验、卫生整治等活动4590场次，参与青少年27万余人次。组织开展“一元增绿·甘小青在行动”微公益活动，4.7万人参与，募集捐款19.6万元。广泛开展“情系母亲河·绿播风情线”树木认养、“同植希望树·共圆绿色梦”赴兰州新区大型公益活动等2000多次，参与人数12.7万人次。深入推进“11151”工程，组建“青年绿色志愿者”队伍311支，发动团员青年植树267.36万株，建设青年林233片，美化身边路231条。联合兰州银行开展“共建美好家园—回收废旧电池”大型公益活动，回收废旧电池210万枚。

四、关心关爱困难青少年群体，切实维护青少年合法权益

以困难青少年群体为重点，紧盯迫切需求，精准对接、精细服务、依法维权，有针对性地为青少年提供实实在在的服务和帮助。

1. 重点服务困难青少年群体。针对农村留守儿童，摸清底数，找准问题，对接需求，实施共青团关爱农村留守儿童行动，开展夏令营、体验营等关爱活动，建立“七彩小屋”关爱阵地32个、“亲情聊天室”27个、“心理咨询室”108个、“心语小屋”65个、图书室496个，并发动社会力量,向留守儿童较为集中的农村中小学校捐赠课桌600张、足球800个、书包1万个、图书315万册。针对新生代农民工,深化关爱农民工子女行动,结对农民工子女61.85万人。针对残疾青少年,开展“阳光助残”行动,结对帮扶8.63万人。针对贫困学生,积极开展捐资助学,资助学生3814人,发放资助金694万元;募集希望工程项目款物2083万元,立项建设希望小学7所,完成第一所“共青团品牌希望小学”主体工程建设。

2. 切实维护青少年合法权益。加强预防青少年违法犯罪工作,完成第二轮县区推开。联合省公检法等部门对青少年涉罪、犯罪、重新犯罪等情况进行调研,形成了《全省未成年人犯罪现状分析报告》。一是推进“虚拟专门学校”建设。全省尚未建立传统意义上专门的工读学校,采用哪种办学模式来有效教育矫治有不良和严重不良行为青少年,是团省委和省预青办必须回答的一个重大课题。从其他省份经验看,传统工读学校有固定校园、专门师资力量,对有严重不良行为青少年的教育矫治发挥着重要作用。但也存在家长认同度不高、学生担心被“标签化”、容易交叉感染、难以招聘到优秀教师等不足,存在招生困难、学校资源利用率低等现象。经过充分调研和深入思考,团省委于2014年提出,针对有不良和严重不良行为青少年的教育矫治,成立“虚拟专门学校”,采取“分散办学、集中办班、双重学籍、人性化管理”的运行模式,对有不良和严重不良行为青少年进行建档立卡,学生的信息只向承担教育矫治任务的教学和管理人员及学生家长和本人开放,配备专门力量,对于处在义务教育阶段在读的学生,在继续留在原学校接受正常国民教育的同时进行教育矫治,实行双重学籍和人性化管理;对于不在读的有不良或严重不良行为青少年,依托现有的职业院校进行集中办班。在全省工读学校建设不足的情况下,采取这一模式,一方面,对学生的信息高度保密,有效保护了学生及其家庭的隐私权,为有不良和严重不良行为青少年的教育矫治创造了较为宽松的环境,避免了教育转化过程中可能被贴上有不良行为“标签”而带来的心理伤害和成长影响,也避免了不良行为青少年相互交叉感染;另一方面,提高了现有教育资源的利用率。两年来,通过在张掖等7个市州试点,取得了良好成效,受到了社会和家长的欢迎。比如,在高台县,有274名有不良和严重不良行为青少年,建立“虚拟专门学校”以后,转化效果显著,转化率提高了67%,得到了省委政法委和省综治办的高度肯定。二是推开“1+1+X”结对帮教模式。累计招募志愿者7730人,建立帮教队伍504个,覆盖有不良行为或严重不良行为青少年3968人。

3. 积极抓好青少年社会事务。整合社会力量,积极承接政府职能转移,做好党和政府交给团组织承担的青少年社会事务。一是加强青少年事务社工队伍建设。联合下发《关于加强甘肃省青少年事务社会工作专业人才队伍建设的意见》、《甘肃省青少年事务社会工作专业人才队伍建设工作计划》,建成560人的青少年事务社工队伍和492人的维权专家服务团队。二是加强对青年社会组织的联系、引导和服务。新联系青年社会组织170个,联系总数达1067个;吸引、协同413家青年社会组织开展户外交友、扶贫济困等公益活动,服务青少年3.9万人次;发挥枢纽作用,为青年社会组织提供专业培训30场次,培训5191人次;建成市县两级青年社会组织服务平台67个,吸引青年社会组织470个。

4. 推动青年志愿奉献。壮大服务力量,积极推动团员成为注册志愿者,实名注册志愿者51万人、志愿团体2312个。一是建立服务阵地,授牌成立首批16个省级青年志愿者服务基地,组建32支直属服务队。各级团组织共建立志愿者服务站(中心)611个、服务基地720个。二是培育社会团队,倡导成立“甘肃公益救灾联盟”，成员机构达80家。三是开展专项服务，新录取西部计划志愿者304名，招募133名研究生从事支教服务，选派212名高校毕业生赴新疆、西藏、宁夏开展西部计划专项服务。四是擦亮服务品牌，发动青年参与“3·5”学雷锋、“暖冬行动”春运志愿服务等活动，上岗服务人数达6000余人，总服务时长达10万小时；选拔4348名青年志愿者圆满完成兰洽会、兰州国际马拉松赛等大型赛会服务工作；组团参加第二届中国青年志愿服务项目大赛，获金奖1个、银奖8个、铜奖15个。

五、突出扩大覆盖和提升活力，夯实密切联系青年的组织基础

1. 健全团队组织体系。推动《关于进一步加强少年儿童和少先队工作的意见》有效落实，加强基层少年儿童和少先队工作。实施中学中职共青团“强基固本”工程，抓好团队衔接、团员意识教育和活动设计。实施高校共青团“活力提升”工程，抓好新媒体工作，推动团学工作网络化转型。探索加强联系高校青年教师的有效途径，成立青年教师团工委19个、教师工作委员会12个。深化非公企业团建，新建团组织436个。推进农村合作组织团建工作，建立县域团工委86个、农村合作社团组织2265个。依托“一村一电”工程，建成电商协会团支部157个。

2. 推进城乡区域化团建。下发《加强全省基层服务型团组织建设的实施意见》。坚持组织共建、资源共享、阵地共用、工作联动，推进城市街道区域化团建，建立区域青年工作共建委员会116个、工作阵地171个；推行驻地团组织、团干部到街道“双报到”制度，组织开展各类活动900余场次。以“百县千乡”分类示范创建为抓手，开展基层团组织规范整顿，建立乡镇直属团组织26693个，覆盖35岁以下青年85.7万人。

3. 建设实体化服务阵地。出台《甘肃共青团2015—2017年青少年综合服务平台建设规划》。积极整合资源，采取新建、转型、开放等方式，建成青少年综合服务平台332个，其中10个平台共获得团中央100万元的经费支持。制定建设运营方案，争取到团中央100万元经费支持，着力将两当、南梁全国青少年教育基地打造成集青少年革命传统教育、留守儿童关爱和团干部教育培训“三位一体”特色基地。争取到团中央补助经费150万元，加强省青年宫兰山营地、张家川青少年综合社会实践基地建设。

六、落实全面从严治团要求，狠抓团干部队伍建设

抓住脱离青年这一突出问题，坚持从严治团，引导广大团干部进一步坚定理想信念、紧密联系青年、改进工作作风、提高工作本领，为做好青年群众工作提供坚强保障。

1. 强化作风建设。加强教育转作风。扎实开展“三严三实”专题教育和“团干部如何健康成长”大讨论活动，认真查摆“不严不实”和“四化”方面的问题，持续推动整改落实、专项整治和建章立制，着力形成全面从严治团新常态。一是下沉基层接地气。选派首批11名团省委机关干部下沉到4个市州的11个县区，脱开机关工作，到基层驻点4个月，帮助基层工作、开展调查研究、发掘典型经验、结对帮扶青年、改进工作作风。二是健全制度强效力。认真落实党风廉政建设主体责任，出台《领导干部任前廉政谈话制度》和《干部谈话办法》，从严管理干部。完善工作考核指标和细则，加大督导检查，严格工作考核，有效发挥考核的风向标作用。

2. 强化培养锻炼。一是加强学习培训。举办各级各类培训班392期，培训团干部3.5万人次；组织参加团中央各类调训45期，培训295人次；组织省市团委副处级以上干部和县级团委班子成员231人参加“四个全面”在线专题学习。二是突出实践锻炼。聚焦精准扶贫，选派团省委机关20批115人次、全省团系统1023人次驻村帮扶。通过培养锻炼，广大团干部理想信念更加坚定，业务能力更加过硬，综合素质明显提高。

3. 强化干部管理。抓来源储备。立足全省青年干部队伍长远建设，着眼破解团干部来源不宽、储备不足等问题，继2013年后再次对全省青年干部情况进行调研和摸底统计，掌握了一批优秀青年干部，既为拓宽团干部选拔渠道和加强跟踪培养奠定了坚实基础，又为加强全省各级党政领导班子和干部队伍建设储备了青年人才。一是抓输转配备。继2013年以来团省委22名干部顺利转岗后，争取省委组织部支持，启动机关和下属单位处级干部转岗工作。根据机关干部队伍建设和工作需要，充实工作力量，优化队伍结构。二是抓干部协管。协助市州党委做好同级团委换届工作，督促各市州团委加强团干部协管，推动县区团干部配齐配强。加强对乡镇街道团干部在岗率的统计督导，避免"空壳"现象。三是抓改革管理。甘肃青少年新媒体中心进入实质运行阶段；省团校、省青年宫等事业单位改革顺利推进，职工工资待遇稳步提高，历史遗留问题得到妥善解决。

青海团的工作

团省委紧紧围绕全省中心大局，深入学习中央十八届四中、五中全会精神，省委十二届各次会议精神，全面贯彻落实中央和省委党的群团工作文件、会议精神，履职尽责求实效，改革创新促发展，团结带领全省各级团组织和广大团员青年积极投身"三区"建设。

一、深入学习宣传贯彻中央、省委党的群团工作会议精神

中央、省委党的群团工作会议召开后，全省各级团组织通过召开中心组学习会、党支部学习会，举办主题读书班，下基层宣讲等途径，及时传达学习中央、省委党的群团工作会议精神，在全省广大团干部中进一步统一思想、坚定信心。一是深入开展调查研究。团省委坚持问题导向，深入全省各市州、部分高校、企业开展调查研究，形成《全省共青团工作调研报告》，提出9条对策建议，为开创新时期共青团工作新局面提供决策参考。二是积极推出改革举措。团省委认真落实中央、省委、团中央的改革部署，研究改革举措，制定《共青团青海省委午休时间错时服务青年制度》，调整"青年之声"服务时间，实现7天×15小时服务，推行团省委机关干部常态化下沉基层制度，开展送奖下基层活动，落实向青少年承诺十件实事制度。团省委午休时间错时服务青年制度在12月10日《人民日报》上专题报道。

二、牢牢把握思想引领根本任务，引导广大青少年坚定走中国特色社会主义道路的理想信念

深入学习贯彻习近平总书记系列重要讲话精神，不断深化中国特色社会主义和中国梦宣传教育，引导广大青少年自觉培育和践行社会主义核心价值观。积极开展"向上向善好青年"青春故事分享会、"最美青工"、"守望家乡青春建功"乡村青年文化节、大学生科技文化艺术节、"三下乡"社会实践、"红领巾相约中国梦 民族团结一家亲"等广受青少年喜爱的活动。全省各级共青团和少先队组织开展各类主题教育活动7299场次，参与青少年114.2万人次。开展青年马克思主义者培养工程9场，培训2000余人。举办“百场公益培训进百校”活动，开展培训121场，覆盖43个县（市、区）248所学校，参训人员4558名。胜利召开少先队青海省第七次代表大会。创办《青海青少年藏文报》（内部资料），向全省藏区青少年免费赠阅1.8万份。注重网络思想引导，开展“清明祭英烈共筑中华魂”、“争做向上向善好青年 争做文明守法好网民”等网络主题活动113场次，参与青少年7.8万余人，编发微博、微信、手机报共495期，覆盖青少年10.3万余人；搭建青海“青年之声”互动社交平台，反映青年呼声、回应青年诉求、维护青年权益、服务青年成长，截至2015年底，累计访问量达101.98万人，累计提问数500条，累计回复数达400条。选树青海优秀青年（群体）典型750名（个），发挥示范引领作用。

三、牢牢把握围绕中心、服务大局工作主线，带领全省各族青少年在“三区”建设中奉献智慧力量

一是广泛动员青少年参与生态文明建设。以“爱我三江源、保护母亲河、美丽中国梦”为主题发起捐建青年林活动，整合资金1962万元，建设青年林19处，植树1660亩，参与青少年达2.15万人次。积极开展环保健走万人签名点赞、大学生志愿者千乡万村环保科普行动等青少年环保活动，引导青少年自觉践行绿色生活。联系、组建和培育青年环保组织20个。二是全力服务青年创新创业创优。指导新建柴达木青年创业园、平安县电商创业园、玉树州青年创业孵化园、壹空间青年创业园等4个创业平台。筹资1410万元成立青海省青年创业就业基金会。争取资金1124万元启动青海省青年职业技能培训和创业孵化基地建设项目。联合省扶贫局开展“青春创业扶贫行动”，落实担保及贴息资金3132万元。发放小额担保贷款6411.2万元，带动贫困人口和青年就业2804人。采取“1＋x＋y”培训模式，争取资金500万元，培训农牧区创业致富领头雁1024人。三是深入开展青少年民族团结进步工作。联合省创建办开展青海青年民族团结进步示范点创建工作，创建命名10个省级示范点，各给予1万元经费支持。深化各级团的领导干部联系宗教界青年人士制度。举办全省宗教界青年人士培训班，培训宗教界青年代表人士40名。举办大学生民族知识竞赛、“民族团结一家亲”等活动，增进各民族青少年和谐共进。进一步加强对口支援工作，和六州共同努力，落实对口支援省市资金183.88万元，助力六州共青团和青少年工作。有序推动青年外事工作，出访6批14人次，接访3批103人次。

四、牢牢把握青少年多元需求，全面提升共青团服务青年群众的能力

一是大力实施贫困青少年“精准扶贫”。筹资1551万元开展共青团系统精准扶贫工作，新建希望小学8所，实施希望工程配套项目16个；资助大、中、小学生2401名；筹资350万元持续开展“暖冬行动”，8700余名贫困青少年受益。深入开展“维权行动”。加强青少年法制宣传教育，全省各级团组织开展各类宣传、自护、考前减压、防艾、禁毒、面对面等活动1444场次，参与青少年29.1万人次。创建国家级“优秀青少年维权岗”17个，省级“优秀青少年维权岗”48个。打造省级12355青少年服务台，共接热线电话321起，面访15起。联系青少年事务社会工作从业人员50余人、工作机构9个，积极开展青少年事务社会工作。二是不断深化青年志愿服务活动。开展学雷锋志愿服务、关爱农民工子女、助残“阳光行动”等各类志愿服务活动，累计摸底农民工子女学校619所，结对897所；摸底残疾青少年64548人，结对51848人。新建志愿服务阵地8个。

五、牢牢把握从严治团要求，不断加强共青团“三基”建设

一是夯实基层组织。深化城市街道（社

区)区域化团建工作,建立共建委员会30个、直属团组织45个、新媒体平台21个。开展"百县千乡"分类示范创建工作,共创建基层团建示范县30个,示范乡镇100个。成立共青团柴达木循环经济试验区工作委员会、共青团青海金融工作委员会。联合省相关单位出台《青海省学联主席团部分成员驻会制度》,落实驻会主席3名。二是加强基础工作。开展共青团工作示范点建设,打造省级共青团工作示范点27个。建设青少年综合服务平台75个。向全省广大青少年承诺十件实事全部兑现。积极争取团中央资金843.8万元,支持基层共青团和青少年工作。三是强化队伍建设。实施团省委机关干部常态化下沉基层制度。共选派15名干部赴基层开展帮扶工作。举办培训班23期,培训团队干部、团员青年2221名。深入开展"三严三实"专题教育活动,开展"团干部如何健康成长"大讨论,切实转变干部作风。加强协管,积极推动市(州)和县(市、区)团委换届,努力配齐配强班子成员,县级团委书记配备率由2015年初的65%到2016年初的79%,上升了14%。

宁夏团的工作

自治区团委紧扣全区党政中心工作,切实履行职能,狠抓任务落实,各项工作取得了新成效。2015年以来,自治区党委政府领导参加有关活动8次,就有关工作批示6次;在国家民委、教育部、团中央联合举办的"建设伟大祖国、建设美丽家乡"主题教育活动经验交流会上作了典型发言,承办了"彩虹人生——奋斗的青春最美丽"全国中职学校优秀毕业生校园巡回分享团宁夏行活动、全国青少年禁毒师资和志愿者骨干培训班。

一、青少年思想政治引领取得新成效

坚持贴近青年、贴近实际,强化正面宣传和典型引领,着力增强吸引力感染力,引导青少年听党话、跟党走。

1. 不断深化主题教育实践活动。组织团员青年通过报告宣讲、座谈交流、主题团队日等形式深入学习贯彻习近平总书记系列重要讲话精神,引导青年自觉用讲话精神武装头脑、指导实践、推动工作。广泛开展了"我们是共产主义接班人"、"向上向善好青年分享"、"鲜花朵朵送雷锋"、"四进四信"、"青少年民族团结教育巡回演出"等主题教育实践活动5800多场次,覆盖青少年150多万人次。编印"我的中国梦"主题团队日竞赛案例读本,供基层团组织交流学习。吴忠市开展了民族团结教育"十个一"活动,中卫四小开展了"道德银行"建设工作。

2. 始终坚持分层分类正面引导。面向在校学生,深化"与信仰对话"、"与人生对话"、"彩虹人生"等活动,帮助青年学生提高理论素养,树立正确世界观、人生观、价值观。面向少先队员,开展"红领巾相约中国梦""核心价值观记心中"等活动,引导他们从小学习做人、从小学习立志、从小学习创造。面向企业青年等群体,开展岗位成才报告会、联系服务农村青年月等活动,促进社会主义核心价值观培育工作具体化、有形化。突出典型示范,评选表彰各类先进集体2800多个、先进个人3125名。杨林、石杨、万立军分获"全国向上向善好青年"、"全国最美青工"、"中国青年创业奖"。

3. 大力加强网络宣传舆论引导。各级团组织官方微博微信粉丝达77万,形成区市县三级微博微信矩阵,宁夏共青团、石嘴山共青团微信平台稳居宁夏政务微信平台影响力排行榜前三。构建新型网络应用体系,建成宁夏青年之声互动社交平台,开发志愿服务手机APP软件,宁夏青少年综合信息服务系统获自治区政府批准立项。初步建成团属网络舆论引导工作队伍,在“加多宝侮辱英烈”、“任志强污蔑共产主义”、“文登7·22”等网络舆论斗争中主动作为,旗帜鲜明发出团的声音。以“青春约你看宁夏”线上活动为统揽,开展“群团工作大家说”、“清明祭英烈、共铸中华魂”、“点赞四个全面”、“宁夏区情大赛”等活动,点击阅读量达3300多万次,参与讨论、转发100多万人次。“最具影响力高校社团PK大赛”得到宁大、医科大、北民大等高校积极响应,一次性吸粉4.5万人。加大文化产品输出,创作编发主旋律系列漫画10期,征集微电影作品70多部。银川市、固原市拍摄的微电影《报春的毛芽》、《追梦》传播了追求青春梦想、实现自我价值的正能量。

二、服务大局工作取得新突破

坚持服务党政中心工作,结合工作职能找准切入点和着力点,组织动员广大团员青年在“四个宁夏”建设中发挥生力军和突击队作用。

1. 积极服务开放宁夏建设。主动融入“一带一路”战略,加强与丝绸之路沿线国家的文化往来,承接“筑梦丝路”——欧亚青年领导人研修交流、“未来领袖、青春使者”国际青年夏令营等在宁外事活动,选派155人赴外开展各类考察交流。主动服务2015中阿博览会,招募包括10名约旦留学生在内的330名志愿者为大会提供超过35000小时的服务。

2. 积极服务富裕宁夏建设。着力推进青年创新创优,开展青年文明号、青年安全生产示范岗、“领头雁”培养计划等工作,开办“青工业余技校”10期,搭建技能大赛平台选拔青年人才100名。盐池县举办了建筑行业职工职业技能竞赛。举办“美丽宁夏·志愿尚善”志愿服务交流会,对60个项目进行集中展示,给予20个获奖项目资金支持,爱心企业认领对接优秀项目31个。神华宁煤集团青年创新工作室、国电公司青年文明号、宁夏地质局青年创新团队为助推企业发展注入了新鲜动力。

3. 积极服务和谐宁夏建设。招募1130名西部计划志愿者在基层一线开展服务。召开了宁夏志愿者协会第三次会员代表大会。制作展播《阳光助残》、《志愿宁夏手机APP推广》等公益广告4部。在第二届中国青年志愿服务项目大赛上,荣获金奖2个、银奖12个。大武口区、矿业大学银川学院志愿服务工作扎实开展,隆德县建成“温馨家园”留守儿童之家。主动参与禁毒人民战争,成立青少年禁毒志愿服务队伍,注册禁毒志愿者5280人,举办禁毒微视频大赛、青少年禁毒知识竞赛和百场禁毒宣讲活动。同心县青少年禁毒志愿服务大队荣获“全国禁毒工作先进集体”。

4. 积极服务美丽宁夏建设。广泛宣传环保理念,倡导绿色生活,开展了“红领巾环保课堂”、“爱我家园、保护湿地”、“寻找最美古树”等活动。组织动员7万多名青少年植树43.7万株,造林8991亩。实施了“宁夏民族团结青年林”、“保护母亲河行动——解放军青年林”、“中日青年生态绿化示范林”等项目,总投资670万元。

三、服务青年工作取得新进步

坚持竭诚服务青少年的生命线,突出重点需求和重点群体,努力做好做实服务工作。

1. 全力推动青年创新创业。实施大学生创业引领计划,开展“宁夏青年创业分享团”进校园活动18场,覆盖大学生6000多人次。启动筹建大学生创业孵化基地,为大学生创业提供学习培训、导师指导等服务。举办了第九届“挑战杯”大学生课外学术科技作品竞赛。宁夏青年创新创业大赛吸引全区200多个项目参加比赛。全年培训青年 6551 人,发放小额贷款 5110 万元,扶持创业青年 840 人。灵武市、泾源县的青年就业创业联合会、信用示范户工作帮助青年解决创业难问题。

2. 务实开展闲散青少年帮扶。建立了定期排查、定期报告、工作接续和督查制度,在全区范围排查闲散青少年 341 人,专兼职团干部结对帮扶 244 人,成功帮助 20 名青少年实现就业或复学。建设青少年事务服务机构 2 个,成功引入社会组织专业力量开展帮扶工作。争取地方党政支持,在西夏区启动了覆盖全域的帮扶试点工作。

3. 着力优化青少年成长环境。积极维护青少年合法权益,争取 30 万元资金实施"青少年社工人才培养"项目。希望工程筹集款物 3700 多万元,援建希望小学 13 所,资助学生 18246 名,配置爱心课桌 10750 套,超额完成民生计划工作任务。顺利完成银川百年职校学制改制工作。服务青年婚恋交友需求,与社会机构联合成立宁夏青年交友联盟,开展"遇见"主题相亲交友活动 20 场次,服务单身青年 5000 多人。

四、团的自身建设取得新进展

坚持狠抓基层、支持基层不动摇,制定了加强基层服务型团组织建设的实施意见,扩大组织覆盖,增强组织活力。

1. 扩大基层团组织覆盖面。在农村,新建团组织 135 个,撤销 76 个,整顿 42 个。在巩固国有企业团建基础上,新建非公企业团组织 147 个。兴庆区通过"党群 +"沙龙活动,激发非公企业团组织活力。金凤区悦海新天地商业广场楼宇团建工作扎实推进。

2. 激发基层团组织工作活力。开展"百县千乡"分类示范创建活动,创建农村基层团建示范县(乡镇)35 个。以"团建优品汇"为抓手,推动机关事业单位团建工作深入开展,18 个项目入选团中央优秀案例。青铜峡通过"三个规范化建设"等活动,打造团建示范阵地 34 个。坚持眼睛向下、面向基层,选派 7 名机关干部下沉基层、22 名银行业金融机构优秀干部赴县级团委挂职,创建青少年综合服务平台 55 个,新建青年中心 6 个。成立宁夏青年社会组织协力发展中心,吸纳社会组织 18 家,募集物资 280 多万元,开展"缤纷夏日 · 快乐健康""爱心捐助"等活动。中卫市通过公益项目创投标的方式,联系指导社会组织 29 家。

3. 加强团干部作风建设。开展了"三严三实"专题教育、"团干部如何健康成长"大讨论、"走转改"大宣传大调研、"从严从实抓落实、大干实干 100 天"——共青团工作互观互检、机关开放日等活动。服务青少年月期间,走访慰问青年 3000 多人次,发放慰问款物 150 多万元。区直机关团工委连续多年开展"三同"教育实践活动。加强教育培训,举办了"青年马克思主义者培养工程"、学习党的十八届五中全会、学习中央和自治区党的群团工作会议精神等培训班 41 期,培训团队干部 5000 多人。

新疆团的工作

全区各级团组织认真学习宣传贯彻党的十八届四中、五中全会，中央党的群团工作会议，自治区党委八届九次、十次全委（扩大）会议，自治区党委党的群团工作会议精神，牢牢把握社会稳定和长治久安总目标，坚持在青少年中开展以爱国主义为核心的思想引领活动，积极推进“去极端化”、融情实践、助力行动、牵手行动等重点工作，团结带领全区各族团员青年为实现新疆社会稳定和长治久安做出了积极贡献。

一、深入学习贯彻党的群团工作会议精神，积极稳妥推进共青团改革发展

全力抓好中央和自治区党委党的群团工作会议学习宣传贯彻，积极稳妥推进共青团工作改革创新，注重讲话和《意见》原文的学习领会。

1. 组织中心组学习研讨，在自治区层面率先学深吃透会议精神。先后9次召开党组中心组学习会议，原原本本学习习近平总书记重要讲话和张春贤书记讲话原文，认真学习中央4号文件和自治区党委8号文件精神，结合新疆实际展开讨论，确保每名干部都能掌握吃透会议精神。

2. 召开全区层面电视电话会议传达贯彻，使基层第一时间了解掌握会议精神。考虑到会议文件密级较高，会议精神传达到基层时间较长，在自治区党委党的群团工作会议结束后，第一时间召开到县一级的电视电话会议，将中央和自治区党委党的群团工作会议和团中央专题读书班精神传达贯彻到乡镇（街道）一级的团干部，1800名团干部参会，使基层第一时间了解掌握有关精神。

3. 举办县级以上团委书记读书班，在执行层统一思想、明确任务。11月举办为期4天的学习贯彻中央和自治区党委党的群团工作会议专题读书班，地州市、直属高校、直属企业、县市区团委负责人200余人参加。

4. 将群团工作会议精神的学习贯彻与党的十八届五中全会、自治区党委八届十次全委（扩大）会议精神的学习贯彻紧密结合。结合“十三五”规划，启动《新疆青年中长期发展规划》编制工作，强调一条主线和三个引领的指导思想。

在推进共青团工作改革创新方面，紧紧围绕去除机关化、行政化、贵族化、娱乐化和增强政治性、先进性、群众性的总要求，按照“凝聚青年、服务大局、当好桥梁、团要管团”的四维工作格局，结合新疆实际，主动作为。

1. 实施“青年之声”互动社交平台建设。在团中央的大力支持下，积极开发“青年之声”新疆分平台汉语和维语页面，设置心理咨询、权益维护、志愿服务、婚恋交友、就业创业、社会公益六大版块，搭建了共青团组织直接面对青年的新平台。

2. 深入开展“走进青年、转变作风、改进工作”大宣传、大调研活动。自8月起，自治区团委本级成立6个调研组，分赴基层团组织开展大宣传、大调研活动，各调研组以搞一次宣讲、办几件实事、参加一次劳动、交一批朋友、结一个对子、做一次沟通为工作任务，向基层团员青年宣传中央党的群团工作会议精神。

3. 开展干部常态化下基层和选拔基层干部到机关挂职锻炼。在抓好“访惠聚”工作的同时，选派机关干部下沉到县市团委工作4个月，选拔基层青年干部和西部计划志愿者到自治区团委挂职锻炼1年，并留任表现特别优秀的基层挂职干部,促进了自治区团委系统干部来源的多元化。

4. 着手优化代表、委员结构。酝酿明年一月全委会委员增补工作,初步提出委员会基层一线委员不少于40%、常委会不少于20%的目标,并从即将召开的全委会开始分年度实现。

5. 率先实施直属事业单位机构改革。整合青年杂志社、少年报社成立新疆青少年报刊社,整合青少年发展基金会、青年就业服务中心成立新疆青少年发展中心,进一步集中力量,聚焦青少年引导与服务的职能定位。自治区团委建立了联系流动务工青年制度,处级以上干部分别建立了联系点,定期走进流动务工青年家庭。

6. 以建设网络工作队伍为重点,推进共青团网络舆论引领工作。组建了由600名团干部、青年网络工作者为主要力量的网评员队伍,及时转发评论优质内容;组建了以各级团干部2万余人为主要力量的网络宣传员队伍,有建制、有组织地开展活动;建立了以团员、大中专学生14.3万人为主要群体的网络文明志愿者队伍,积极营造网络清朗空间。

二、各项重点工作推进情况

围绕新疆长治久安,强化各项举措推进新疆青少年民族团结教育和去极端化工作,根据不同地域、不同民族、不同年龄等各族青少年在情感认同、行为塑造、情感融合等方面存在的差异,开展系列工作。

1. 以"我的中国梦"主题教育实践活动为抓手,引导各族青少年坚定跟党走的理想信念。5月3日,张春贤书记出席"青春追梦·美好新疆"自治区各族各界青年代表座谈会,寄语全疆各族青年"争做五新青年"。会后,我们组织新疆青年五四奖章获得者组成"我的中国梦——争做五新青年"青春分享团,深入高校、企业、农村、社区,走进青年面对面开展分享交流活动113场次,覆盖青年6.1万人;各级共青团组织以主题团日、座谈会、交流会等形式将张春贤书记"争做五新青年"重要讲话精神第一时间传达至各族团员青年,掀起了学习宣传贯彻讲话精神的热潮。六一期间,张春贤书记参加乌鲁木齐市第44小学少先队活动,寄语全疆各族少先队员做热爱祖国热爱家乡的"红领巾"、做促进民族团结的"红领巾",做有好思想的"红领巾"。全区各级少先队组织广泛开展"红色旗帜代代相传"、"我们是共产主义接班人"、"红领巾心向党"、"红领巾相约中国梦"等主题活动3500余场次,覆盖130余万名少先队员,引导少先队员继承光荣传统,坚定从小跟党走的理想信念。在抗战胜利70周年纪念日、新中国成立66周年、自治区成立60周年等重要节点期间,全区各级团组织、青联、学联、少先队组织广泛开展"在祖国的怀抱中"征文、演讲、诗歌诵读等系列教育活动,其中原创诗歌大赛征集汉、维、哈三种语言的原创诗歌近千首,开展诗歌诵读会100余场次,网页浏览达60万次。

2. 以"现代文化与青年同行"活动为重点,深化青少年去极端化工作。在喀什召开全区共青团"去极端化"工作现场会,总结推广共青团组织去极端化工作经验。编写"从叙利亚难民危机看国家统一和社会稳定是多么可贵"等五篇文章及课件,在和田举办南疆少数民族团干部宣讲员培训班,在南疆乡村和重点人员教育转化班、乌鲁木齐司法系统、新疆各高校开展面对面宣讲675场次,覆盖青年达12.6万人,相关资料被自治区党委宣传部纳入自治区冬季大宣讲推荐宣传品目录。在大中专院校开展第十六届科技文化艺术节系列活动、"走下网络、走出宿舍、走向操场"系列活动,充实大中专学生文化生活。开展"新疆学子百村行"大中专学生暑期社会实践活动,1.7万余名大中专学生组成236支服务队,赴全疆800余个村(社区)开展去极端化宣讲、支农支医支教、文化艺术体育下乡、基层社情调研、和谐新疆宣传等服务活动1600余场次，新浪微博话题参与互动达到238万余人次，面向全国展示了大美新疆、和谐新疆。举办首届自治区青少年模拟法庭大赛活动，全区14个地州市、各县市区组织比赛1100余场次，覆盖青少年29万余人。开展“讲法制故事、强法治意识”青少年法治大讲堂52场，覆盖青少年及家长2.8万人次。

3. 以“融情实践”活动为载体，促进各族青少年交往交流交融。深化开展“你来我家吃馓子我到你家吃月饼”、“我在城里(农村)有个家”活动，鼓励同学之间互相走动、互赠礼物，促进融情实践活动日常化、生活化。以“百万新疆中学生与内地中学生结对子”和“百万新疆少年儿童与内地少年儿童书信手拉手”两项活动为载体，择优选取792所中学、14292个少先队组织的中小学生与内地中小学生结成57万个对子，2015年，团中央、中央金融团工委、中央企业团工委、对口援疆省市团委共组织57批次4145名各族中小学生参加疆内外融情夏令营活动；我们开展融情活动的经验做法经中央新疆工作协调小组办公室整理，选编进《新疆工作简报》，刘延东、张春贤、秦宜智等领导同志先后做出批示，给予充分肯定。

4. 扎实推进以“助力行动”、“牵手行动”服务青少年创新创业创优和流动务工青年群体的服务管理工作。举办“新疆青年创业就业服务周”系列活动，通过论坛交流、创业训练、风投路演、创业大赛等11项活动，促成28名创业青年与天使投资达成投资意向，100多个创业项目进入众创空间，争取4000余万元创业资金支持。举办第十四届“挑战杯”大学生课外学术科技作品竞赛，全区17所大中专院校2000余名学生的459件作品参加角逐。举办首届新疆青年APP大赛，全区300余名青年的110件作品参赛。举办第十一届“振兴杯”全国青年职业技能大赛新疆赛区大赛。指导实施叶城县“万名青年创业行动”，62个试点村的“十小工程”已正式运营并产生效益。开展农村青年电商培育帮扶计划、“创业导师校园行”、“奋斗的青春最美丽”等活动，走进农村、高校开展经验分享、创业指导、实战应聘等活动，引导青年创新创业。

5. 切实履行预防青少年违法犯罪专项组组长单位职责，对25家成员单位、14个地州市组织专项督查，推动全区超过70%的地州市和过半数的县市区落实专项经费并纳入财政预算。梳理排查9类目标群体15.1万人，组建志愿辅导员队伍4.6万人，累计帮教转化青少年1.9万人，“牵手行动”工作在基层有效推进。引入社会工作力量，在乌鲁木齐市沙依巴克区新雅社区探索建设“阳光巴郎”青少年中心，试点推动重点青少年群体服务管理工作。组建“青年之声”、“共青团法律维权在线”法律、心理专家团队65人，筹建由自治区公检法司和关工委等部门170余人组成的法律工作者志愿服务团，充实青少年法律服务和法制宣讲工作力量。组织开展制订《自治区预防未成年人犯罪条例》和修订《自治区未成年人保护条例》立法调研，推动自治区人大列入立法计划。成立自治区团委流动务工青年服务引导工作领导小组，制定流动务工青年服务引导工作方案，在乌鲁木齐市推开了“我的中国梦——争做五新青年”青春分享、“讲法制故事强法治意识”法治大讲堂、“我是首府小主人——流动务工青年子女千人一日游”、“我们都是一家人——流动务工青年联谊会”等活动近百场，让流动务工青年切身感受到党和政府的关心与温暖。

6. 以“西部计划”为重点，全面深化青年志愿者行动。2015年新招募大学生志愿服务西部计划志愿者1677人，其中疆外高校1183人，疆内高校494人，疆外与疆内招募比提高到5∶2，在岗志愿者达到2701人(不含地方项目)，成为西部计划志愿者招募人数最多的一年。新增西部计划地方项目伊吾专项和高法专项，地方项目实施规模达到 222 人，其中，2015 年新招募 167 人。积极做好自治区成立六十周年大庆、第十三届全国冬运会、中华文化四海行——走进新疆、第四届新疆国际舞蹈节等大型展赛会志愿服务工作，其中招募培训冬运会志愿者 1400 名，覆盖全国 29 个省区市、17 个民族，进一步扩大影响力。加强志愿者协会建设，组织自治区志愿者协会直属团队、高校志愿者协会、社会志愿服务团队积极参与中国青年志愿服务重庆交流会，取得一金十三银的好成绩。进一步加强对各类青年社会组织的管理与服务，通过举办培训班、座谈交流、实地考察等形式，提升社会组织的发展水平，引导社会组织规范健康发展。

7. 落实共青团对口支援新疆工作会议精神，推动新疆共青团事业实现新发展。2015 年，在团中央高位推动和援疆省市的大力支持下，自治区团委积极推动各援疆项目落地。全年落实援疆项目 244 个，到位援建资金 4000 余万元，其中团中央到位资金约 1000 万元，各省区市团委到位资金约 3000 万元。其中，中央企业团工委支持基层 100 家“青年之家”建设项目，43 家已投入使用；400 余名新疆团干部赴中央团校或井冈山培训基地参加培训；16 名内地高校团干部、38 名金融系统青年干部和 29 名央企系统青年干部到各地县级团委挂职，充实了工作力量。

三、加强团的基层基础，狠抓团的自身建设

1. 高位推动，全方位加强团的基层基础建设。《自治区党委关于加强和改进党的群团工作的实施意见》中明确规定“村团支部书记进村‘两委班子’，按副职落实报酬待遇，与工作实绩挂钩，由县级财政保障。”目前，全区 78 个县市区（占 96 个县市区的 81.3%）的 6992 个行政村（占全区 9155 个行政村、农牧业队的 76.4%）已解决村团支部书记报酬，月工作报酬 200 元—2000 元不等。推动基层团员规范化管理，研究制定《关于进一步规范全区团员发展和管理工作的意见》，联合自治区“访惠聚”活动领导小组办公室制定下发《关于在“访惠聚”活动中切实加强基层共青团工作的通知》，要求各级住村（社区）工作组（队）积极支持指导村（社区）团支部书记发挥思想政治引领员、文体活动组织员、就业创业协调员、基层组织建设员“四大员”作用，全面活跃基层共青团工作。

2. 扎实开展“三严三实”专题教育和“团干部如何健康成长”大讨论活动，不断强化团干部队伍建设。根据中央和自治区党委“三严三实”专题教育和团中央“团干部如何健康成长”大讨论活动要求，着力在学习研讨、警示教育、形式创新、干部选任等方面做到了四个突出：一是突出习近平总书记系列重要讲话精神的学习研讨。通过党组中心组、机关干部会议、基层党组织会议等形式，以处级以上干部为重点，原文通读学习《习近平谈治国理政》、《优秀领导干部先进事迹选编》、《党员干部违纪违法典型案例警示录》等必读篇目，围绕“严以修身”、“严以用权”、“严以律己”三个专题展开研讨。二是突出发生在身边的反面典型的警示教育。在学习《党员违纪违法典型案例警示录》的同时，结合共青团实际和部分干部中存在的模糊认识，主动与团中央联系，整理印发近年来全国团干部违法违纪案例选编，组织全系统科级以上干部赴第四监狱开展警示教育，并在党课中列举分析近年来发生在自治区团委系统的违法违纪案例，用身边的案例教育警示广大干部。三是突出教育形式的创新。结合第二次中央新疆工作座谈会精神学习，组织干部职工参观自治区成立 60 周年成就展；结合《优秀领导干部先进事迹选编》学习，在机关播放反映民族地区基层优秀干部事迹的电影《天上的菊美》；结合“团干部如何健康成长”大讨论活动，在全系统开展“我与共青团共成长”演讲比赛，使广大干部在潜移默化中受到教育。四是突出“三个不吃亏”的用人导向。认真贯彻落实《党政领导干部选拔任用工作条例》,既考虑干部的个人条件和岗位需要,又强调使用后的实际效果和群众反映。

3. 全面提升青联、学联组织凝聚力和工作活力。自治区青联开展了“现代文化与青年同行”共青团文化巴扎、争做“五新青年”座谈会、新疆伊斯兰教青年爱国宗教人士赴内地学习考察、“科技之光”项目等系列活动,有效增强了组织凝聚力。全年推荐外事出访团组15批40人次,完成土库曼斯坦百人团和筑梦丝路——欧亚青年领导人研修活动接访工作,配合自治区外办接待3批欧亚国家代表团,配合全国青联换届。

4. 履行“全团带队”职责,少先队工作水平得到全面提升。认真落实自治区党委《关于进一步加强少年儿童和少先队工作的意见》,11个地州市、57个县市区党委出台了《意见》。5个州市、40个县市区完成少工委换届,741所中学、2708所小学少先队活动课进课表,分别占全区中学的92%,小学的76%。协调新疆师范大学通过全国统一考试累计招录6名少年儿童组织与思想意识教育专业研究生。聘任了一批优秀少先队工作者,充实进入自治区少先队辅导员培训讲师团,命名成立10个自治区少先队名师工作室,全年举办30期辅导员培训班,培训辅导员2500余人。

新疆生产建设兵团团的工作

兵团共青团牢牢把握增强政治性、先进性、群众性和克服“机关化、行政化、贵族化、娱乐化”的根本要求,团的各项工作和建设实现了新发展。

一、认真学习贯彻党的群团工作会议精神

在兵团团委五届二次全委(扩大)会议暨青联二届三次常委(扩大)会议上学习了中央《关于加强和改进党的群团工作的意见》,通过了《兵团团委关于认真学习贯彻〈意见〉精神,切实做好新形势下党的青年群众工作的决议》;印发了《关于认真学习宣传贯彻落实中央党的群团工作会议精神的通知》;起草了《兵团共青团组织改革初步方案》,并向兵团党委做了专题汇报。

二、扎实推进“青春导航工程”

1. 在各级学校深入开展“四进四信”、“三走”等社会主义核心价值观主题宣传活动,参与学生20多万人。举办兵团首届青少年双语大赛,320所大、中、小学3200余名选手参加比赛,覆盖学生7万余名。

2. 广泛开展纪念抗日战争暨世界反法西斯战争胜利70周年系列活动,举办团队教育、网上纪念和实践体验活动1400余场次,3万余名学生参加。

3. 开展“彩虹人生——奋斗的青春最美丽”优秀中职毕业生校园分享会20场,1万余人参加;举办青年讲坛5期,5000余名青年参与聆听;承办“全国向上向善好青年”分享团走进兵团活动,600余名青少年参加。

4. 深化“民族团结代代传万人交流计划”、“百万新疆各族少年儿童与内地少年儿童手拉手”活动,举办夏令营活动13场,与自治区、内地省市少年儿童结对11.5万对;

5. 联合中国青年报社对兵团大、中学校赠阅《中国青年报》近6000份,在兵团日报开设“青年时空”专版24期。

三、深入推进“青春建功工程”

1. 深化兵团“青年创业增收”引领计划,全年向基层下发扶持资金600多万元,撬动小额贷款1.3亿元。各级团组织争取党政支持青年创业贷款、贴息资金共计2.2亿元,扶持青年创业项目2680个,扶持青年3540人,带动青年就业4307人,帮助1853名青年成功创业。联合金融机构举办107期金融知识培训班,培训团干部和创业青年3600多人,评定团场青年信用示范户188户;开展各类创业培训1.67万人次;开展青年转移就业工作,全年性

转移8817人次,季节性转移2.2万人次;新建青年创业平台17个,吸引创业青年2000多人;培养选树青年创业典型,评选表彰青年创业致富带头人60名、青年职工创业项目带头人100名、青年农产品标准化示范基地10家,1名青年荣获第八届“中国青年创业奖”、1个项目荣获中国青年互联网大赛银奖和最佳人气奖。参加第十四届“挑战杯”全国大学生课外学术科技作品竞赛,获一等奖1名、二等奖2名、三等奖7名、优秀组织奖和累进创新奖各1名。参加第二届中国青年志愿服务项目大赛,获得金奖1名、银奖8名。

2. 实施“青年文明社区”创建计划,确定兵团级创建单位50家;联合林业局开展了“生态卫士·青年先行”—共植兵团青年林活动,组织15.78万青少年参与“保护母亲河”植树护绿活动,新建青年林2600个,造林1.2万亩。深入实施青工技能振兴计划,联合兵团人社局、旅游局等开展技能大赛,表彰了一批兵团级青年岗位能手。配合安监局做好“安全生产月”系列活动,3家集体荣获全国“青年安全生产示范岗”称号,3家集体被命名为全国“青年文明号”。

四、不断推进“青春人才工程”

1. 继续推进“西部计划”、“三支一扶”大学生志愿者工作。新招募志愿者1022名,在岗服务总规模1565人。

2. 联合党委组织部做好第16批博士服务团接收工作,增补18名博士服务团成员为兵团青联委员。

3. 联合科协、教育局举办第九届兵团大学生课外学术科技作品竞赛暨首届兵团大学生创新创业实训营,设立“兵团创新创业奖学金”。

4. 开展大学生暑期“三下乡”社会实践活动,组建国家级重点团队7支、兵团级重点团队100支。

5. 选派团青干部30余人次赴东部发达地区考察培训、挂职锻炼。

6. 开展“兵团青年五四奖章”评选活动,10名优秀青年荣获第三届“兵团青年五四奖章”。

五、着力推进“青春服务工程”

1. 召开了兵团综治委预防青少年违法犯罪专项组全体会议,确定并实施了2015年青少年维权与预防青少年违法犯罪工作要点。

2. 开展青少年与人大、政协代表“面对面”活动,组织“倾听”活动4场。

3. 组织青联法律志愿者服务团赴南疆开展去极端化法律知识宣讲,开展“法律六进”活动1522次,受益人数约10万人;巡回宣讲125次,受益人数约55000人;开展法治文化广场448次,受益人数约10万人。

4. 开展“青年文体大舞台”活动,开展送文艺下基层活动。

5. 实施“爱心兵团”公益慈善计划,全年共募集资金及物资1307.73万元,资助学生2350人次,设立青年志愿者大病救助专项资金。

六、切实推进“青春堡垒工程”

1. 举办疆内培训6期,疆外培训班3期,培训团队干部近900名,选派16名团干部赴东部发达地区团委挂职,积极争取中央金融团工委选派5人、中央企业团工委选派3人赴兵团团组织挂职一年。

2. 全面开展“三严三实”专题教育和“团干部如何健康成长”大讨论,建立团干部直接联系青年制度,持续开展“走进青年、转变作风、改进工作”大宣传大调研、机关干部“常态化下沉基层”等活动。

3. 认真做好全国青联第十二届全委会暨全国学联二十六大有关工作,兵团5名代表当选全国青联委员,2名代表当选全国青联常委。石河子大学学生会当选第二十六届全国学联主席团单位。

4. 积极争取兵团党委出台《关于进一步

加强少年儿童和少先队工作意见》。

5. 召开兵团青年企业家协会第三次会员代表大会。

6. 进一步强化基层组织建设，制定了《兵团共青团南疆“强基计划”实施方案》、《关于加强团场“青年民兵连”建设的意见》。

2015 年，兵团团委和各师(市)团委主动做好与团中央、各对口援疆省市团委重点项目“四个对接”、“四个跟进”工作，聚焦青少年思想引导、成长服务、人才培养、基层建设四个重点领域，累计落实支援兵团青少年工作项目 42 个，投入资金和物资近 800 万元。建立兵地共青团联席会议制度，联合自治区团委举办了兵地青少年手拉手夏令营、兵地青年大型交友联谊等活动。

军队青年工作

全军青年工作认真贯彻习主席系列重要讲话精神和军委、总政决策部署，围绕培养“四有”新一代革命军人，紧扣中国梦强军梦时代主题，紧贴青年官兵成长新特点新规律，坚持抓活动促活跃，抓典型树导向，抓创新激活力，抓团建强功能，扎实推进军队青年工作创新发展，取得明显成效。

一、指导部队深入学习贯彻习主席关于青年和共青团工作重要论述

认真梳理习主席关于青年和共青团工作重要指示，编印《习主席关于青年和共青团工作重要指示摘编》，召开全军青年处长座谈会进行部署。习主席接见少先队第七次全国代表大会代表、致全国青联和全国学联代表大会贺信发表后，第一时间下发通知对学习贯彻作出部署，提出明确要求。在解放军报和中青报开设专栏，及时反映学习贯彻做法，开展理论问题和特点规律研讨，营造浓厚氛围。组织起草《团结凝聚青年官兵谱写强军兴军新篇章》综述和《强军实践砺就强将强兵》述评，反映全军和武警部队自觉按照“听党指挥、能打胜仗、作风优良”要求治军建连、带兵育人的新气象，在军内外主要媒体刊发。组织编写争做新一代革命军人丛书，紧扣部队建设发展实际和青年官兵现实思想，综合运用传统故事、名人名言、经典案例、军营漫画等进行思想引领和文化熏陶，激发青年官兵踊跃投身强军实践的政治热情。

二、精心组织全军“中国梦·强军梦·我的梦”主题团日活动汇报展示

遴选 13 个单位和个人代表通过兵言兵语、兵讲兵事，讲述军营追梦、岗位建功的感人事迹和收获体会。军委许其亮副主席、总政张阳主任，四总部和军委办公厅领导，团中央第一书记秦宜智等出席观看。张主任在组织部《全军“中国梦·强军梦·我的梦”主题团日活动开展情况和下步打算》请阅件上批示“主题团日活动开展得好，汇报展示组织得也很好。要认真总结，用好成果，创新推动，使活动更好地跟上时代、融入实践、走进兵心，激励官兵在强军报国中砥砺热血青春。”深入做好汇报展示“下篇文章”，制作 12000 套活动录像光盘下发部队，央视七频道对活动进行全程转播，下发《通知》指导部队深入开展主题团日活动，浓厚学先进当先进的浓厚氛围。

三、积极协调深化共建共育做好青年官兵和青少年学生社会主义核心价值观培育工作

会同团中央出台《深化共建共育做好青年官兵与青少年学生社会主义核心价值观培育工作的意见》，遴选100个英模单位与全国100所高校建立共建共育关系、100个团以上单位军史馆对地方青少年学生开放，指导开展“少年军校”活动、“走进军营”参观见学等8项重点工作，共同做好青年官兵与青少年学生社会主义核心价值观培育工作。在三军仪仗队组织启动仪式，组织到阅兵村慰问演出团中央新出品回击历史虚无主义的话剧《英雄24小时》，组织280名各民族儿童在海军航空工程学院开展“各族少年手拉手，共圆美丽中国梦”夏令营，起到了很好的示范带动作用。

四、认真贯彻中央群团工作会议精神大力加强军队团组织建设

中央党的群团工作会议召开后，及时组织传达学习，组织力量赴部队调研，研究起草《关于加强和改进军队党的群团工作意见》。坚持向基层和一线官兵倾斜，严格标准和程序，通过自下而上、逐级遴选推荐、群众评议和组织考察等步骤，推报54名同志为全国青联委员人选、10名同志为全国学联大会代表，组织代表参加全国青联十二届全委会和全国学联二十六大。突出抓好团的干部骨干培训，分17批组织202名青工干部参加团中央组织的团干部培训班，提高开展工作的实际能力。

五、扎实做好青年官兵典型表彰宣扬工作

坚持典型引领、榜样激励，激发青年官兵争做新一代革命军人的政治热情。遴选推荐1个单位、4名个人荣获第19届“中国青年五四奖章”，9名个人被评为全国“向上向善好青年”，28个单位和个人被表彰为全国五四红旗团组织和优秀共青团员（团干部）。总政领导接见获奖代表并座谈，张阳主任围绕培养“四有”新一代革命军人工作发表重要讲话。协调团中央会同总政、中宣部在人民大会堂举行报告会、召开军地英模代表座谈会，联合宣传第二炮兵某旅先进事迹；组织15名青年官兵典型分赴广东福建和青藏沿线部队开展“奋斗的青春最美丽·强军的典型最可敬”分享交流活动，会同央视军事频道集中宣传11名青年官兵典型，推荐6名典型参加全国“向上向善好青年”巡回分享团，立起了军人好样子，传播了强军正能量，产生良好反响。

六、积极探索运用新媒体开展青年工作

深入贯彻习主席关于“要用好用活网络平台，占领网络舆论阵地，推动政治工作传统优势与信息技术高度融合”的重要指示精神，创新推出“军青在线”网站和“八一青春方阵”微博微信公众号，及时传播强军好声音，扩大全军青年工作的影响。“军青在线”网站设置青工动态、团建天地、青春榜样、青春交响等9个栏目，截至12月底已发布消息2000多条；“八一青春方阵”微博微信公众号，已发布152期1000多篇内容，点击阅览率进入全军军事微信巅峰榜。

铁道系统团的工作

全路各级团组织深入贯彻落实共青团中央和铁路总公司党组的工作部署,围绕青年思想引领、学技练功两条主线,以志愿服务、青年创新创效、团组织自身建设为抓手,围绕企业中心任务积极开展工作。全年培养选树全国先进典型70余个。

一、加强政治引领和价值引领,凝聚青年共识

1. 广泛开展社会主义核心价值观宣传教育。引导团员青年深入学习中国特色社会主义理论体系,深入学习党的十八大和十八届三中、四中、五中全会精神,特别是将学习习近平总书记系列重要讲话作为重中之重,努力做到学而信、学而用、学而行。在清明节前后组织开展"清明祭英烈 共铸中华魂"主题宣传教育活动,将线上"祭英烈"与线下主题团日相结合;以抗日战争胜利70周年、"一二·九"运动80周年纪念为契机,开展"勿忘历史·圆梦中华"主题活动;组织4名优秀铁路青年参加纪念中国人民抗日战争暨世界反法西斯战争胜利70周年大会并现场观看胜利日阅兵,通过形式丰富的活动教育引导广大青年自觉践行社会主义核心价值观。

2. 结合青年岗位特点分众开展形势任务教育。以"我看铁路新变化"为主题,在做好传统团属媒体形势任务宣讲的同时,分类选树青春榜样开展"奋斗的青春最美丽"青春故事分享,讲述铁路成就故事。在铁路各工种各岗位中选树100名"向上向善好青年",组织青春故事分享活动1572场次,用身边榜样激励青年岗位创优。引导青年以践行铁路精神的实际行动描绘铁路青年的中国梦。

3. 坚持典型引路。与总公司宣传部、运输局信息化部联合开展"寻找铁路春运最美青工"活动,并在总公司官网上开通专题网页宣传青年事迹。总公司官网日点击量由12万增至20余万,开通最美青工个人微信号917个,有效提升了铁路青年典型路内外影响力。有4名青年被团中央等部门联合授予"全国最美青工"称号,87人被评为"全路最美青工"。2015年铁路系统先后选树"中国青年五四奖章"1名、全国优秀团员团干部5名、全国五四红旗团委(团支部)5个、"中华儿女"年度人物1名。全国铁道团委表彰各类全路优秀个人500余人、先进集体300余个。5月6日,总公司党组书记、总经理盛光祖同志在总公司亲切接见了"中国青年五四奖章"获得者青藏铁路公司格尔木工务段周啟龙、"全国优秀共青团员"北京铁路局北京西站张二霞。全年12期《铁道团讯》宣传青年榜样近百人。

4. 加强思想工作中的新媒体运用。以团属微博、微信、网站、手机报平台为重点,进一步加强全国铁道团委、路局级团委、站段级团委、团支部四级共青团网络宣传阵地建设。开展主题微电影大赛,共征集作品114部,其中推荐优秀作品40部参加团中央微电影大赛。

二、围绕中心,在铁路改革发展中展示作为

1. 在服务企业安全生产方面展示作为。一是深化"双创立功"活动。将立足于青年岗位标准化作业能力提升和班组标准化氛围培育的做法系统化,并进一步在各系统结合工作实际进行推广,分类选树了全路青年安全生产示范岗、全路安全生产先进团支部、全路尼红式青年、全路青年岗位能手、新长征突击手等各类典型。全路共有11个青年集体被团中央、国家安监总局授予“全国青年安全生产示范岗”称号。二是深入开展路外安全宣传活动。深入铁路沿线中小学校、村镇，通过图板讲解、漫画展示、游戏互动、知识竞赛等多种形式，广泛开展铁路安全出行常识宣传。抓住《国务院关于进一步加强安全生产工作的决定》明确要求“在大中专院校和中小学开设安全知识课程，提高青少年在道路交通、消防、城市燃气等方面的识灾和防灾能力”的契机，主动加强与全国中小学安全教育工作委员会沟通与合作，在铁路安监部门的指导下，将铁路出行安全常识、铁路法律法规等内容，根据未成年人认知特点分级纳入《中小学生安全与保障教育》教材。教材已于2015年10月份正式通过教育部门审批，在中小学校中进行推广使用。三是在重点任务中体现作为。在2015年投产新线基层团组织和广大团员青年中开展“新线争章”立功竞赛，铁道团委重点抓兰新高铁一条线，各路局（公司）重点抓本局管内新开通区段，以开展业务技能提升活动、争创保安全先进为抓手，激励团员青年在重点项目、重点工程中做出贡献。春运期间主动担当“共青团号”临客开行任务，安全开行“共青团号”临客26趟，无旅客投诉。

2. 开展青年创效创优活动。一是贯彻铁路现代物流建设现场会精神，起草下发了《关于在铁路现代物流发展中充分发挥共青团作用的决定》，号召广大团员青年争做市场信息观察员、客户感情联络员、企业形象宣传员、增收创效智多星。春运期间组织开展了寻找春运“智多星”活动，通过铁道团委微信平台征集志愿者对铁路运输工作的意见、建议，引导志愿者为铁路春运服务工作建言献策，收集意见建议2857条并向业务部门进行了反馈。二是举办首届铁路APP大赛。收到原创参赛项目239个，最终产生金奖5个、银奖7个，还评出“最佳应用奖”和“最具市场潜力奖”。从中推荐的6个优秀项目均在全国比赛中获奖，并得到社会天使投资青睐。三是深化“全路青年文明号”创建。按照全路青年文明号创建和管理三年过渡安排，经逐级推报，再次命名92个青年集体“全路青年文明号”称号。25个青年集体被共青团中央命名为“全国青年文明号”。

3. 鼓励青年积极参与创新活动。首届“全国铁路青年科技创新奖”的12个项目已进入申请国家专利阶段，许多创新成果已应用在运输生产中，取得了积极效果。开展第二届全国铁路青年科技创新奖评选活动，共收到各铁路单位、5家脱钩单位和3家铁路院校申报项目244个，经过专家评审组从真实性、创新性、严谨性、完整性、实用性五个方面对申报项目逐一评审，授予《DF11型系列机车微机辅机控制板的试验维修》等101个项目第二届“全国铁路青年科技创新奖”。在中国铁路青年科技创新奖示范带动下，全路青年“五小”攻关活动逐渐回暖。

4. 实现了志愿服务品牌化、常态化、专业化。一是做好2015年春运志愿服务。全路各级团组织共招募2.4万名青年志愿者，在全国336个火车站开展志愿服务活动，提供志愿服务168万小时。二是进一步规范铁路运输生产场所志愿者管理。在志愿者招募、服务岗位设置、重点帮扶、人文关怀、表彰激励等方面已形成较完整的工作标准，全国铁道团委对路内外志愿者进行了星级认证，首批认证星级志愿者5378名，全年表彰路内志愿者工作先进集体89个、优秀个人699个。三是落实团中央、中国残联工作部署，联合运输局、宣传部等部门部署开展志愿助残“阳光行动”，发动全路各级团组织立足重点旅客乘降服务和社区关系营建开展助残服务。四是落实团中央要求动员团干部和团员成为注册志愿者，以3月5日、5月26日为时点，开展“爱路微志愿行动”，鼓励团员青年以“随手之劳”的微志愿服务，发掘身边微小公益需求，并把爱心付诸行动。五是注重网络志愿者作用发挥。通过网站、微信、微博、客户端、H5网页等平台开展“清朗网络·我来护苗”青年网络文明志愿行动、“阳光跟帖”行动等，传播好声音、抵制负能量，以实际行动争当“中国好网民”。六是做好第二届中国青年志愿服务项目大赛有关工作。设置铁道展台充分展示铁路企业的公益业绩，推荐的10个铁路志愿服务项目分获全国金、银、铜奖，无一落空。铁路系统获奖率及获奖质量居全国前列。

5. 在体现铁路企业社会责任方面积极发挥作用。一是开展铁路青年植树活动。积极参与团中央发起的京津冀晋蒙青少年增绿减霾共同行动、“保护母亲河 美丽中国梦”活动，举行“共青团员周末奉献日”、“铁路青年植树周”，开展种植树苗、维护绿地、栽种小菜园、小果园等增绿减霾、植树造林活动。二是面向社会筹集资金举办公益项目，积极参与铁路企业扶贫工作。在铁路扶贫点开展“国酒茅台—圆梦助学活动”，分别在乌鲁木齐、西安、武汉、郑州、南宁、青藏举行发放仪式，共有200名学生获得资助，总资助金100万元。为云南省鲁甸县11所受灾小学投资40万建设11个希望食堂。通过中国青基会网络认捐平台，为勉县120名贫困学子举办公众认捐。继续开展“圆梦希望”助学活动，资助287名铁路困难职工子女共计114.8万元用于交纳学杂费。收尾“希望小学”援建工作，对陇西县仙源镇“希望小学”进行竣工验收。开展“青春护航”助学活动，资助264个贫困家庭15.84万元，资助学子240人33.6万元实现求学梦。表彰高校铁路运输主专业优秀学生以鼓励他们将铁路事业作为自己的人生追求，评选年度希望之星27人，颁发奖学金5.4万元。

三、点滴入手，服务青年所需所盼

1. 开展首届新入路青年职业技能竞赛。为贯彻落实安全风险管理，提高青年技术业务水平，培养新入路青年学技练功的职业习惯，铁道团委联合相关部门举办了车辆钳工（货车）和电力线路工两个工种的新入路青年职业技能竞赛决赛，18个代表队72名选手通过理论考试、实作竞赛、体能测试等环节的激烈比拼，共有20名青年获得“全路青年岗位能手”荣誉称号，3个单位获得“优秀组织单位”称号。全国铁道团委还为各工种第一名的选手向团中央申报“全国青年岗位能手”称号。

2. 深化新入路青工“双加速”活动。积极构建共青团促进青年职业发展一体化工作体系，紧紧抓住新入路职工职业理想、行为模式、职业道德、学习能力初步建立的有利时机，以系好第一颗纽扣为出发点主动做好“入路三书”的动态修订完善，开展青年典型成长分享，发挥新媒体教育引导作用，帮助新入路职工尽快熟悉企业文化、适应新的环境。基层团组织创新工作形式，通过网络手段发挥微博微信作用，收集新入路青工关于自身职业发展、岗位建功、工作学习方面的建议，分享青年典型的成长历程，提供衣食住行方面的资讯，帮助青年迈好职业生涯第一步。开展“职业生涯导航”活动，帮助青年职工找准自身定位，指引铁路青年立足岗位成长途径。充分发挥“铁路青年成才圆梦奖学金”激励作用，由铁路青少年发展捐助中心助力一线优秀青年职工继续深造。

3. 探索“青年之家”建设。以青年集中的单身公寓为重点，辐射乘务员公寓，在18个铁路局建成了多个“青年之家”。“青年之家”将团的部分工作和职能移植到8小时之外，孵化主动接受团组织领导的青年自组织，并引导自组织在服务青年婚恋交友、课题攻关和青年文化培育中更好地发挥作用。全路成立青年组织70多个，自发开展各类活动300余场，在引领青年思想、服务青年需求方面逐步发挥出独特的作用。

四、筑牢根基，加强团组织自身建设

1. 深入学习中央精神。召开专题办公会学习《关于加强和改进党的群团工作的意见》

和中央党的群团工作会议精神，将《意见》进行逐条梳理。将“对党委的要求”和“对群团组织的要求”两大项进行细化分解，梳理对群团组织的具体要求75项，逐项进行现状分析，并根据分析结果，研究制定落实方案。召开全路电视电话会议，将中央党的群团会议精神向铁路基层团组织进行了传达。利用共青团专属网站、微信平台、H5宣传网页等形式，将群团工作会议精神进行传达。

2. 加强作风建设。一是巩固党的群众路线教育实践活动成果，扎实开展“三严三实”专题教育，对照机关党委走访调研中征集到的27条意见建议进行认真对照自查，结合实际梳理出5条问题，并分别制定对应的整改措施。在日常自学基础上，认真组织开展12次分层次集体学习，坚持趁热打铁，在每次集中学习后，同时由参加学习的同志围绕主题进行研讨、对照，努力做到边学、边查、边改。二是深入一线开展谈心活动。结合共青团中央“走进基层、转变作风、改进工作”大宣传大调研活动的落实，铁道团委全体工作人员坚持重心下移，全年先后深入南宁、昆明等18个铁路局和基层站段开展调研活动，采取跟班作业、走访座谈、个别谈心等形式，与近千名一线基层团干部、团员青年面对面交流，倾听青年心声。三是分阶段开展、分层次推进“团干部如何健康成长”大讨论活动。倾听团员青年心声，共征集团员青年意见1356条，开好民主(组织)生活会，着力解决团干部联系服务团员青年最后一公里的问题、团干部能力知识储备不足的问题和反对“四风”践行“三严三实”重要要求中存在的突出问题，为团干部健康成长指明方向。四是加强基层服务型团组织建设。起草下发《关于加强基层服务型团组织的意见》，对促进青年职业发展、满足青年生活需求、引入路外资源、完善服务青年台账做出制度安排。五是开展“小金库”专项治理工作。在全路团组织中扎实开展“小金库”专项治理工作，围绕“双创”活动经费、志愿者活动经费、团费使用等整治内容严格开展自查自纠，将专项治理工作落到实处。

3. 加强团干部队伍建设。一是掌握铁路局、站段团工作力量配备情况，确保各级团组织必要的工作力量及时到岗履职。二是全年组织5期面向不同对象的团干部培训班，培训团干部400余人。三是落实总公司“走出去”战略，组团出席俄罗斯铁路公司第九届俄铁青年大会国际单元的有关活动，加强与国际青年同行们的交流。积极争取资源，全年选派并推荐优秀团干部13人次分别到越南、韩国、尼泊尔、俄罗斯、蒙古出访，拓宽团干部国际化视野。

全国民航系统团的工作

一、牢牢抓住根本，思想引领持续深化

通过召开会议、举办培训班、集中宣讲、分享座谈等形式，以网络新媒体为有效载体，认真学习中央党的群团工作会议精神，持续开展中国特色社会主义宣传教育和社会主义核心价值观培训引导。“五四”期间，民航局党组书记、局长李家祥通过中国民航报、中国民航网发表署名文章，寄语民航青年“前程远大，使命光荣”；民航局党组成员、副局长董志毅在五四青年专场讲座上发表讲话，寄语民航青年“立

志以远、立身以德、立业以勤、立行以实”。会同民航局航安办举办了“法治民航 安全民航”知识竞赛辩论赛，引导青年强化了安全意识、法治观念，增强了行业认同感、归属感。

二、围绕工作主线，助推民航科学发展

深化职业精神主题教育活动，开展了“职业达人”主题活动、民航青年岗位体验式交流活动，积极推进民航青年投身全面深化改革实践，努力创新创效创优。深化青年文明号、青安岗、青年岗位能手、青年志愿服务等“青”字号品牌工作，以空管系统志愿行动为切入点，开展助学义购活动，以“爱心传递”、赠书交友等方式推动民航共青团对口支持新疆、江西等地的公益志愿活动。深化绿色民航主题活动，开展了以“青春绽绿”为主题，以植绿护绿、节能减排、生态环保为主要内容的青年生态公益宣传实践活动，为建设美丽中国、绿色民航贡献了青春力量。

三、把握现实需求，服务青年成长成才

推动“民航强国梦·青年先锋行”主题活动进一步深化，开展“青春才艺 show”主题活动，举办了“民航青年好声音”大赛，展现了民航青年昂扬奋发、积极向上的精神风貌，助力青年自我成长，营造和谐行业氛围。深化“百千工程”，不断提升民航青年培训品牌的科学化和实效性。着力打造“全国民航团委”微信公众平台，加强建设力度，培养网络新媒体技术人才。在联谊交友、情感婚恋、身心健康、交流融合、职业定位、情绪疏导等方面开展工作，举办了在京民航青年联谊交友活动、“助力京津冀协同发展·民航青年行”主题团日等一系列活动，广受青年欢迎，深受青年好评，并切实解决了青年的困难和困惑。

四、聚焦薄弱环节，创新求实成效显著

开展基层团组织建设活动，推进网络宣传引导工作，建立了多层级广覆盖的民航网络宣传员队伍和民航网络文明志愿者队伍，努力营造和谐有序的网络舆论。加强青联、学联、青科协、青企协等组织建设工作。积极配合和参与全国青联、学联等会议的筹备保障工作。

中央直属机关团的工作

一、紧紧围绕坚定理想信念，进一步深化思想引导工作

1. 深入学习宣传贯彻党的十八届三中、四中、五中全会精神，广泛开展深入学习贯彻习近平总书记系列重要讲话精神活动，践行“五个坚持”、争做“三个表率”活动。组织学习传达中央关于群团工作决策部署，以及中直机关党的工作会议和团十七届三中、四中全会精神。召开中直机关团的工作会议、中直青联四届四次主席办公会议和四届三次常委会议，部署推动学习贯彻习近平总书记系列重要讲话精神工作。

2. 深入开展党史、国史、社会主义发展史宣传教育，引导团员青年进一步增强责任感、使命感和担当意识。参与筹备并组织青年参观“中共中央直属机关纪念中国人民抗日战争暨世界反法西斯战争胜利70周年书画摄影展”。

3. 深入开展中国特色社会主义和中国梦宣传教育，扎牢植正社会主义核心价值观的根基。组织团干部、青联委员参加“名人家风家教讲座”，聆听周恩来侄女周秉德主讲的《我的伯父伯母》讲座，并参观“传承与新风——中国好家风好家庭展”。

二、组织动员中直机关广大团员青年在贯彻落实中央部署、推动中直机关各项事业发展中发挥生力军作用

1. 组织动员团员青年创新创优，在本职岗位上建功立业。推荐中青企协、中青科协、中国青年志愿者协会、中国青年报刊协会会员和优秀青年留学人员。2 名同志被评为“全国优秀共青团员”、1 名同志被评为“全国优秀共青团干部”、2 个团组织被评为“全国五四红旗团委(团支部)”、1 名同志荣获“中国青年五四奖章”、10 个集体被命名为全国青年文明号。组织开展“青年文明号创新创效创优活动”和全国青年安全生产示范岗创建活动，开展“青春分享”活动，推荐焦翔参加“全国向上向善好青年”分享团。

2. 组织动员团员青年在奉献社会中做出贡献。深入开展学雷锋、敬老爱老、关爱农民工子女、助残“阳光行动”等志愿服务活动。组织“增绿减霾，有你有我”、中直青联赴张北县“走进崇高”主题植树活动。参与团中央组织的“青春建功美丽中国”活动。组织参与志愿服务重庆交流会暨第二届中国青年志愿服务项目大赛，1 个项目获金奖，2 个项目获银奖。动员青联委员继续为全国县以上团青组织赠阅《中直党建》杂志，为平山西柏坡红军小学和老区孩子捐赠图书、文体器材和棉服。

3. 组织动员团员青年深入基层深入群众。认真指导中直机关第 17 批青年干部支教队开展工作，根据工委要求，组建第 18 批支教队继续赴西柏坡开展支教扶贫工作。组织召开中直机关青年干部支教扶贫工作座谈会，工委常务副书记张建平出席会议并做重要讲话，工委副书记王秀峰出席会议。陪同工委副书记王秀峰赴西柏坡实地调研支教扶贫工作。完成工委副书记段余应与平山县委书记李旭阳一行座谈交流的有关工作。召开第 17 批支教队汇报交流会，工委副书记段余应出席会议并做重要讲话。

三、真诚服务青年，促进青年更好地成长成才

1. 着力提升青年能力素质。继续开展“好书相伴”活动，深入开展业务培训、技能竞赛等活动，选派 8 名青年参加中国青年代表团出国访问交流。

2. 深入推动青年文化建设。深入开展“青春家园”活动，鼓励各单位团组织结合自身实际组织开展活动，推进青年文化建设的健康发展。对中直机关的青少年服务阵地进行调查统计，并加强业务指导。

3. 切实解决青年实际问题。了解团员青年的思想实际，切实帮助解决实际问题和困难。与国家机关青联、央企青联、金融青联等联合开展青年联谊活动。

四、加强团的基层组织建设和团干部队伍建设，努力提高团的工作科学化水平

1. 加强组织建设。指导 7 个单位团组织换届，指导 3 个单位成立团委。做好团情统计工作。举办团干部培训班训。开展“团干部如何健康成长”大讨论活动。完成团中央组织的“团建优品汇”活动项目报送工作。通过主席联系界别、界别召集人负责制和微信群等方式，密切青联委员之间的沟通联络和互学互帮。组织青联委员与英国青年费边社代表团座谈交流，派员赴英国伦敦参加第五届中英青年领导者圆桌会议、出席香港青联二十三周年会庆及会董会就职典礼。做好中直青联委员增补和违纪处理工作。做好全国青联第十二届委员会委员人选推荐、出席会议、参加培训等工作。做好全国学联第二十六次代表大会代表团体和第二十六届委员会、主席团候选团体的推选工作。做好中青企协、中青科协有关联系协调工作。

2. 注重调查研究。围绕把握团员青年的脉搏，对团员青年的思想状况进行经常性的了解，对存在的问题研究提出有针对性的意见和建议。

3. 努力开拓创新。探索用好用活新媒体，活跃中直机关团干部微信群，进一步适应信息化条件下对青年和共青团工作的新要求。做好网络宣传工作。组织“争做向上向善好青年、争做文明守法好网民”、青年网络文明志愿行动、“我为雷锋精神代言”、“清朗网络·我来护苗”，“清明祭英烈·共铸中华魂”等活动。对中直机关新媒体平台进行排查整治。开展第二届国家网络安全宣传周活动。举办网络宣传工作培训班。做好区域化团建工作，担任西城区区域化团建工作联席会的常务主席成员单位，做好双报到工作，参加推进会及“新青年·心力量”西城青年五四主题活动暨微视频大赛颁奖展播等活动。

中央国家机关团的工作

团工委深入贯彻落实党的十八大和十八届三中、四中、五中全会精神，深入学习贯彻习近平总书记系列重要讲话精神，认真贯彻中央党的群团工作会议和《中共中央关于加强和改进党的群团工作的意见》精神，紧密结合新常态下机关青年工作面临的新变化、新挑战，在注重思想引导、坚持改革创新、深化品牌工作、狠抓作风建设上下功夫、求突破，各项工作取得了新的进展。

一、以加强理论武装和纪律教育为重点，切实抓好对青年的思想政治引领

1. 以中央党的群团工作会议为契机，认真学习贯彻习近平总书记关于青年和共青团工作的重要论述。组织引导青年深入学习中国特色社会主义理论体系，特别是将学习习近平总书记系列讲话精神作为重中之重。中央党的群团工作会议召开后，采取集体学习、座谈交流、联学研讨等方式，组织机关青年学习讲话、深入思考，深刻领会思想内涵和实践要求。8月中旬，召开团工委委员扩大会议暨学习贯彻中央党的群团工作会议精神主题读书班，姚志平同志出席并讲话。各部门机关团委积极响应、迅速行动，纷纷掀起组织主题读书班的学习热潮。扎实推进中国特色社会主义和中国梦宣传教育，广泛开展“奋斗的青春最美丽”青春故事系列分享活动。

2. 抓好十八届五中全会精神的传达学习。五中全会闭幕后，及时研究提出机关团组织学习贯彻五中全会精神的意见和安排，并印发学习贯彻通知。召开团工委委员(扩大)会及优秀青年、青联委员代表座谈会，传达学习五中全会精神，部署贯彻落实工作。指导各部门采取多种方式，组织团员青年开展研讨交流。同时，充分运用团组织网站、微博、微信等新媒体手段反映部委青年的学习体会和成效，不断深化学习成果。

3. 深入开展中央国家机关青年干部“守纪律 讲规矩 促成长”主题活动。为贯彻习近平总书记关于“年轻干部要从进入干部队伍起就知道守纪律、讲规矩的重要性和严肃性”的指示精神，与纪工委联合开展“守纪律 讲规矩 促成长”主题活动。杨晶同志对活动作出重要批示，李智勇同志多次提出明确要求，中央党校常务副校长何毅亭作出批示。姚志平同志、中央党校副校长黄浩涛出席活动启动仪式暨“党的优良传统和作风大讲堂”首场报告会并讲话。先后在全国人大、最高法、外交部、知识产权局等10个部门举办10场报告会,近3000名青年干部参加。50多个部门在五四期间组织开展了青年座谈会、读书演讲比赛、模拟法庭、参观廉政教育基地等形式多样的"守纪律 讲规矩 促成长"主题活动,有30个部门的主要负责同志参加相关活动,对青年干部守纪律、讲规矩提出要求,寄语青年干部成长成才。部署开展"守纪律 讲规矩 促成长"主题征文活动,经部门初评、集中评审、专家点评等环节,从57个部门报送的503篇征文中评出获奖征文33篇,有关成果汇编为《扣好人生的第一粒扣子——中央国家机关青年干部"守纪律、讲规矩、促成长"主题教育成果集》。同时,通过开展访谈、沙龙、演讲等优秀作品展示活动,进一步增强学习交流效果。

4. 深化社会主义核心价值观宣传教育。发挥中央国家机关顶尖人才集中的优势,连续3年开展"与院士面对面"活动,80多个部门1000余名青年干部代表与26名两院院士、学部委员进行了面对面的请教对话。编辑出版《与院士面对面》访谈问答实录(已编印第二辑),影响带动更多的青年培育践行核心价值观。继续开展中央国家机关青年干部宣讲团活动,遴选优秀青年组成宣讲团走进人民大学、北京理工大学、南京工业大学等高校,结合职业规划、社会热点、成长经历等问题,与高校学生进行人生与信仰的对话,实现青年干部与青年学生的双向教育。

二、组织动员青年积极投身全面深化改革实践,引导青年在实践中成长成才

1. 不断深化"根在基层"调研实践活动。2015年的活动以"根在基层 青春担当"为主题,按照杨晶同志"适当延长时间,加强对国家政策落实情况的调查研究"的要求,在总结以往经验的基础上,采取团工委指挥发动、各部门具体负责、片区内统筹协调的方式。既坚持插花组队、协同调研,又在主题、人员组织上发挥部门主体作用,既坚持同吃同住、同工同勤,以体验为先,又关注难点问题,聚焦政策落实。活动中,80多个部门的2100多名青年干部,分赴全国31个省区市的157个调研点,重点围绕"转型升级""一带一路"、"改善民生"、"青年成长"等专题领域开展调研,在体验基层常态化工作、感受普通百姓生活的实践中,增进群众感情、思考行业政策、勇担时代重任。活动期间,共撰写调研报告170多篇、调研心得体会2000多篇。11月26日,举办了中央国家机关"根在基层"青年论坛,邀请有关部委领导及专家学者与青年干部进行交流对话、点评指导,李智勇同志出席活动并讲话。

2. 开展中央国家机关大学生实习计划。为加强青年人才培养,提高政府工作透明度,树立中央国家机关的良好形象,在去年试点基础上,2015年7月中旬至8月中旬,与团中央学校部继续联合开展中央国家机关大学生实习计划。按照体现代表性、覆盖面和机关特色的原则,实习计划规模从科技部、文化部等5个部门、京内5所高校、38名大学生,扩大到最高法、发改委等13个部门、全国22所高校、96名大学生。通过该活动,为京内外大学生开辟了一条实习通道,增进了政府与社会互信,打造出一支政务传播的"编外军",培育储备了青年英才,搭建了大学生与机关青年相互学习、共同成长的平台。

3. 深化青年志愿服务活动。认真落实团中央、中国残联《关于进一步深化中国青年志愿者助残"阳光行动"的实施意见》有关要求,在中国盲文图书馆建立了中央国家机关青年志愿服务基地。通过举办健康公益讲座,开展文化助盲活动,开通法律咨询热线,以多种方式推动基地建设发展,2015年被团中央、中国残联评定为"全国志愿助残阳光基地"。发挥中央国家机关青年志愿者协会统筹协调、整合资源的优势,帮助和推动各部门成立组织、完善机制、打造品牌,广泛开展"小型化、多样化、经常化”的志愿服务活动。制定中央国家机关青年志愿者评选表彰办法，组织开展了第一届中央国家机关青年志愿者优秀个人奖、组织奖、项目奖评选活动。组团参加第二届中国青年志愿服务项目大赛，选送的4个志愿服务项目全部获奖，其中金奖2个、银奖2个。

4. 开展中央国家机关青年走进新疆活动。为深入贯彻中央第二次新疆工作座谈会工作部署，落实工委领导指示和工委援疆工作有关要求，继续组织青年干部赴新疆开展“情系天山”特别活动。围绕“一带一路”重点领域开展专题调研，回访2014年“情系天山”项目实施情况，推动青年了解新疆、热爱新疆，为服务新疆经济社会发展、促进民族团结和谐作贡献。

5. 做好青年典型选树工作。根据团中央的部署和要求，积极做好中国青年五四奖章、全国“两优一红”、全国青年文明号、全国青年岗位能手、全国“向上向善好青年”、首届“团建优品汇”活动等奖项推选工作，一批先进集体和个人获得了表彰。其中，将“团建优品汇”与中央国家机关青年工作品牌案例征集工作相结合，从各部门报送的79个项目中选送25个项目上报团中央。部署开展青年文明号创新创业创优等活动，推动青年立足岗位、争创一流业绩。继续开展机关共青团工作奖和最具活力团支部奖评选工作。通过评选和表彰先进，营造了学习先进、争当先进的良好氛围。

三、积极探索“互联网+共青团”的工作新格局，为构建清朗网络空间贡献力量

1. 做大做强新媒体阵地。继续发挥好团工委网站、微博、微信公众账号的基础性阵地作用，加强规范管理，提升内容质量，第一时间发声，进一步扩大了机关共青团的网上影响。加强“青英汇”微信群建设，以原创发布、转发点评、微直播等形式，开设多个专题栏目，并定期对热点话题进行集中讨论。目前，微信群日均交流量500余条，既丰富了组织动员手段，又积极传播了正能量。继续建设好移动新媒体平台，“国青社区”APP实现了技术架构和用户界面的改造，参与性、互动性、服务性得到进一步提升。

2. 促进线上线下有效对接。为便利机关青年生活，依托“国青社区”移动新媒体平台，探索开展以线上选购支付、集中居住区或所在单位完成“最后一公里”配送的固定自提点生活服务项目试点，作为利用“互联网+”模式服务青年的有益尝试。针对新媒体舆论引导工作中普遍存在的“重信息监控、轻内容引导”且机关青年难以便捷参与、发挥作用有限等问题，组织力量对建设“国青新媒体交互平台”进行研究论证，并向团中央提出立项申请。继续开展新媒体与机关共青团工作课题研究，做好问卷调查和课题报告的修改完善工作。

3. 加强网络舆论引导工作。认真落实团中央关于广泛组建青年网络文明志愿者队伍、深入推进青年网络文明志愿行动的要求，以专兼职团干部、青年典型、志愿者等为主要人员，组建1000余人的青年网络文明志愿者队伍。组织动员网络宣传员和网络文明志愿者参与网络主题教育活动，主动弘扬正能量，自觉抵制错误言论。组织网络宣传骨干参加团中央举办的专题培训班，提高网络舆论引导工作水平。加强对中央国家机关新媒体从业青年和有关互联网企业人员的联系和凝聚，为机关共青团新媒体工作提供资源支持和专业支撑。

四、广泛开展有益身心的各类活动，积极营造健康向上、和谐奋进的文化氛围

1. 开展“多彩年华”主题月活动。着眼于促进青年身心健康发展，满足青年多层次的精神文化需求，继续开展“多彩年华”主题活动月系列活动。承办中央国家机关第四届职工运动会定点投篮、足球射门两项比赛，87个部门的500多名机关干部参加比赛。举办第五届中央国家机关青年篮球邀请赛，历时一个多月共进行197场比赛，66个部门1000余名青年报名参赛。举办第十六届中央国家机关足球联赛、第三届中央国家机关青年龙舟赛,分别有20多个部门的数百名青年参与其中。组织50多个部门200多名青年在农业部密云绿化基地开展了“青春同行”植树护绿活动。积极参加团中央、环保部开展的“青春建功 美丽中国”系列活动,组织动员青年投身国家生态环境建设和保护。开展第四期、第五期“青春之梦”主题参观活动,40多个基层团组织联合承办,68个部门的1200多名青年到25个参观点进行了学习参观。这些活动形式多样、内容丰富,注重运用新媒体手段,线上线下有机结合,受到机关青年的热烈欢迎。

2. 筹备成立中央国家机关足球协会、篮球协会。为落实全民健身计划,经工委批准,拟成立中央国家机关足球协会、篮球协会,团工委承担具体工作。截至目前,已完成协会章程、组织机构、工作规划等协会成立前期准备工作。同时,梳理了足球联赛举办16年的历程,深度挖掘背后的故事,形成了系列文章、视频和海报,做好有关宣传工作,为协会成立营造了氛围。

五、以青联换届为契机,切实加强机关青年统战工作

1. 做好中央国家机关青联换届工作。经工委和全国青联同意,认真做好青联换届筹备工作。3月起,就青联委员人选等问题与各部门进行了“两上两下”沟通协商,召开四届青联主席办公会,充分听取各方面意见建议。工委会高度重视,多次听取青联换届工作汇报,明确了青联换届的总体要求、基本原则、结构设置、人选比例等。6月23日,召开了中央国家机关青联五届一次全委会,会议总结了过去5年工作、研究部署了今后5年的主要任务,选举产生了新一届青联主席班子、常委,推选了中央国家机关全国青联委员人选。姚志平同志、团中央书记处书记、全国青联副主席罗梅出席会议并讲话。会后,工委班子全体成员接见了全体委员,李智勇同志发表了热情洋溢的讲话。

2. 组团参加全国青联第十二届委员会全体会议。按照团中央、全国青联有关会议精神和要求,认真做好十二届全国青联委员的协商推荐工作,中央国家机关共协商推荐了83名十二届全国青联委员(含指定席位1名),覆盖49个部门,其中留任委员35人,新提名委员人选47人。全国青联全体会议选举产生了新一届领导机构:主席1人,副主席20人,常务委员会委员222人,其中中央国家机关代表团3人当选副主席,14人当选为常务委员会委员。

3. 增强青联组织的吸引力和凝聚力。认真做好全国学联换届、中国青年留学人员协会成立、中国青年科技工作者协会和中国青年企业家协会会员增补、第16批博士服务团人员选派等工作。继续开展“界别轮讲轮学”活动,举办“新时代新机遇”主题研讨会、参加知识产权案件公开审理,推动界别工作全面活跃和持续深入。组织委员参加中国青年企业家协会培训班、第二届中国青年企业家发展峰会,青年企业家长江经济带经贸考察等活动。定期举办“委员周末下午茶”活动,拓展委员学习交流新渠道。依托“国青群”微信公众账号和“青英汇”微信群,对委员持续加强引导和交流。

六、狠抓团干部作风建设,提高团组织的凝聚力和战斗力

1. 持续加强团干部作风建设。在连续2年开展团干部作风建设年活动基础上,结合“三严三实”专题教育活动,部署开展“团干部如何健康成长”大讨论活动,分阶段开展、分层级推进团干部作风建设活动。各部门机关团委认真组织实施,通过交流谈心、专题学习、团史教育、典型示范、警示教育等多种方式,引导团干部在互动交流碰撞、批评与自我批评中认清正确成长方向。定期开展团干部“下午茶”活动,通过个别谈心、集体座谈等方式,引导团干部自觉践行正确的成长观、事业观。

2. 加强团的基层组织建设。利用到部门调研、团委换届等实际，推动各部门贯彻落实《工委关于加强中央国家机关基层团组织建设的意见》。召开团工委委员扩大会议，带头开展集体学习，学习贯彻中央重要精神和重大决策部署，特别是深入学习习近平总书记系列重要讲话。推动部门机关团委及时换届，全年新任部门团委书记13名，落实团工委书记与新任职团委书记谈话制度，采用集体谈话和个别谈话相结合的方式，加强对新任团委书记的督促培养。继续做好地方团干部到部门机关团委、部门团委书记到地方挂职工作。做好青年外事、团内统计和团费收缴等工作，先后选派13个部门的16名青年分赴美国、日本、印度、韩国、尼泊尔等国家交流访问。

3. 加强团工委自身建设，扎实开展“三严三实”专题教育。在认真听取工委领导讲党课、参加机关党委书记培训班报告会、重点学习《习近平谈治国理政》等3本书基础上，组织支部全员围绕三个专题开展学习研讨。姚志平同志多次参加支部学习研讨，并以“做学习遵守党章的模范”为题作党课报告。活动中坚持突出问题导向，查找梳理了团工委工作中“不严不实”的6方面问题，提出了8项具体整改措施。结合整改要求，坚持边学边查边改，进行专项整治，严格正风肃纪，高标准召开支部专题民主生活会和组织生活会。利用挂职、实习等多种方式，统筹解决团工委人手较少、力量单薄问题，全年共接收挂职干部4人、实习生6人，并外派挂职1人。充分调动团工委委员和片长单位积极性，发挥其在团工委重大工作研究部署、推动落实中的积极作用。积极参与工委中心任务，做好机关党建述职评议考核、《机关基层组织工作条例》贯彻落实情况检查、列席部门党组中心组学习等重点工作，对食药总局规划财务司探索开展的“支部委员半专职化轮值制”进行长期跟踪调研。

中央金融系统团的工作

中央金融团工委认真落实团十七届三中、四中全会精神，紧紧围绕金融监管、改革、发展中心工作，创新工作模式和工作方法，坚持虚功实做、难事长做，各项工作取得新进展。

一、围绕中心、服务大局，团结带领青年为金融监管和改革发展贡献力量

1. 整合共青团组织优势和金融行业优势，在全国范围内开展“银团合作”。选派金融青年干部到县级团委挂职，从服务三农、服务青年创业就业、服务普惠金融发展、服务金融改革发展和服务基层组织建设等五个方向开展工作。年内共选派1805名金融青年干部到基层挂职，为超过20万创业青年和6千个农村合作社提供金融支持；发放青年创业小额贷款160亿元，其中利率优惠贷款90亿元；在365个县（市）建立青年创业小额贷款风险补偿机制；推动建立农村青年创业基金372个，总金额6.5亿元；对农村青年致富带头人开展金融知识培训12万人次。

2. 开展监管政策进基层活动，引导青年为金融法治贡献力量。有针对性地选拔、培养了一批优秀青年，推动建立跨业务部门、跨业务领域的监管政策青年宣讲队伍，以基层金融机构为重点开展监管政策宣讲，帮助金融机构营造法治文化、依法合规经营。设计青年监管专家团队建设机制，组建各类型监管政策青年宣讲团队3215个，吸引监管单位青年1720人和金融机构青年10802人。在此基础上，直接建立了百名监管政策青年宣讲专家人才库。

3. 深化“送金融知识下乡”活动，提升农村金融服务水平。一是举办全国现场推进会，重点就落实中央要求服务返乡青年创业进行部署。二是加强长效机制建设。组建百名三农金融知识青年宣传员队伍；编印发行《三农实用金融知识手册》，设计了各金融领域的实用金融知识；创建“送金融知识下乡宣传服务站”3199个；结合团中央青少年综合服务平台工作部署，启动“农村青年创业金融服务站”建设工作。三是探索与权威媒体、新媒体的合作机制。与央视七套、央广经济之声和人民网财经频道，签署合作框架协议，打造视听结合、传统媒体与新媒体宣传结合的长效金融知识宣传模式。与央视联合，在三省份开展金融服务三农和青年创业大型公益活动，每季度开展三农和创业金融专题宣传。联合人民网开通运行“三农”金融公益网宣平台。联合中央广播电台每周开展一次金融知识公益宣传。

4. 凝聚青年智慧力量，服务金融监管和改革发展。以“服务监管架构改革、服务监管质效提升”为主题，组织开展“青春风采杯”青年精品工作项目推荐展示活动，共推报产生141个青年精品项目，网络参与活动的青年2.2万人次。开展青年岗位技能、服务水平“双提升”活动，以“岗位大练兵，争做服务明星”为主题，推荐产生岗位能手和金融服务明星各200名，产出各级党委认可的“金点子”创意项目1万多个，将系统青年的创新思维和活力进一步聚集到金融监管和改革发展中心工作中。

二、加强思想引领，促进成长成才，解决实际困难，做好服务青年工作

1. 做好青年思想引领。举办四次集中学习培训活动，组织500名金融青年和团干部，学习习近平总书记系列重要讲话和中央党的群团工作会议精神。围绕总书记对共青团提出的一个时代主题、两个战略性课题、三个根本性问题，通过“线上+线下”方式，举办了“金融青年勇担当，同心共筑中国梦”主题宣传活动。开展金融五四奖章、“两优一红”评选表彰，加强先进事迹宣传，用社会主义核心价值观引领青年。金融优秀青年和集体获得团中央表彰数量均创历史新高。

2. 服务青年成长成才。根据青年新变化、新特点，从青年的成长服务、组织关怀等方面设计开展系列工作。开展“老带新、一帮一——青年成长计划”，为新进青年员工选配业务导师，帮助青年加快了解熟悉金融业务和实际情况。开展“党委领导与青年面对面谈成长”活动，让党委领导直接倾听青年真实声音，帮助青年理解党委意图、感受党委关心。

3. 开展“金缘青年汇”单身青年联谊活动。帮助金融青年与中央部委、中央企业开展交流联谊，借助网络、微信、微博等新媒体，着力构建金融青年婚恋交友的长效机制。微信公众号已有400名青年注册参与。从四季度起，青年联谊每月一次大型活动，每周一次小型活动，共为1000名以上单身青年搭建交友平台。

三、突出金融行业特点，以公益项目服务社会

1. 健全行业青年志愿公益工作机制。按照团中央要求，推动成立全国金融青年志愿者协会，指导18家中央金融机构和华融资产管理公司、东方资产管理公司成立青年志愿者协会并吸收为会员单位。建立金融青年志愿公益工作的制度、机制，从普惠金融、金融扶贫、援疆援藏等多领域开展志愿公益活动。

2. 创新方式开展“互联网+金融+公益”的“积分公益”行动，探索社会化动员的金融公益新模式。以银行卡积分为载体，发挥金融行业比较优势，搭建覆盖广泛、操作便捷的公益捐赠平台。项目已在十家银行机构落地实施。全国关心下一代委员会顾秀莲主任现场参加活动并给予高度评价。

3. 开展援疆援藏工作。选派4家金融机构36名青年干部到新疆基层挂职,选派6家机构12名青年干部到西藏基层团委挂职。开展援疆青少年"融情夏令营"活动,动员13家中央金融机构,组织新疆青少年到内地学习交流500人次。募集公益资金,在新疆捐建两所"快乐音乐教室"。

4. 开展金融青年助残和环保公益活动。实施金融青年阳光助残"五个一"行动,指导建设一批金融青年助残优秀示范网点,助力普惠金融发展。推进金融青年"增绿减霾"公益活动,发动行业团组织承担团中央万亩绿化任务。在2015年中国青年志愿服务项目大赛上,由中央金融团工委推荐的金融机构青年志愿公益项目获得3个金奖、3个银奖、9个铜奖,得到团中央领导的表扬。

四、搭建平台,加强金融青年统战和对外交流

1. 举办两岸青年金融峰会,推进两岸金融青年激荡新思路、把握新机会、探索新路径。大陆金融青联委员、台湾金融青年代表200余人参会。全国青联领导与金融青年现场交流,对金融青联在深化青年交流、服务两岸青年成长发展、促进金融合作等方面的工作成效给予肯定。

2. 开展香港大陆青年金融交流活动。邀请香港前财政司长梁锦松与金融青年交流;选派青年参加团中央举办的国外、境外交流活动;发动金融团组织开展香港大陆金融青年交流活动,130名香港青年到大陆参加活动,开展香港大陆金融青年交流活动20场次。

五、以省级金融团工委组建为重点,加强组织建设

1. 进一步理顺工作机制。积极争取团中央、地方金融机构党委、地方团组织的支持,推动新成立21家省级金融团工委,全国总数达到30家。新增对基层金融机构覆盖200万人,有效提高了金融团组织的覆盖面和影响力。

2. 推动改进金融团干部作风。根据中央"群众路线"、"三严三实"等工作要求,中央金融团工委通过基层调研、纸质问卷和微信平台、青年APP电子问卷等方式,征求到各级金融单位青年对系统团干部的意见、建议一千多条。针对青年的意见清单,中央金融团工委带头并发动各级团组织,召开组织生活会,剖析问题,改进作风。

3. 着力加强青联组织建设。争取全国青联和各金融机构党委支持,完成全国青年青联金融界别委员会换届,酝酿推荐32名全国青联委员,数量领先各行业系统界别。增补47名基层一线金融青联委员,在金融青年智库建设、社会责任履行、港澳台金融青年交流等方面开展工作。推动金融青联十个跨界别组开展高频次的自调研活动,形成互联网金融等领域调研文集,并由金融出版社出版。

4. 注重加强网络平台建设,建立"线上+线下"工作新模式。组织力量开发青年APP,设计典型引导、业务学习、婚恋交友、身心健康、文化交流等13个板块,为金融青年提供移动互联线上综合服务。组建金融青年网宣队伍,实施名单制和动态化管理。做好中国金融青年网、微信公众号、金融青联网上平台等金融青年网络平台的运行管理。用好书面信息平台,编发50期《金融青年工作要情》,进一步畅通与团中央和各金融单位党委的信息交流。

中央企业系统团的工作

中央企业团工委结合中央企业共青团实际,坚持求真务实、改革创新,坚持服务企业改革发展、服务青年成长成才,明确工作任务、突出工作重点、狠抓工作落实,指导带领中央企业各级团组织不断推进团的组织建设和工作创新,各项工作取得了新的成效。

一、全面深入开展"改革创新·青年先行"主题实践活动,加强青年思想引导

根据国资委党委和团中央的统一部署,团工委把"改革创新·青年先行"主题实践活动定为贯穿全年始终的主题活动。3月19日,团工委印发了《关于在中央企业共青团开展"改革创新·青年先行"主题实践活动的通知》,进行了系统部署。4月15日,团工委在中国商飞北京研究中心举行了现场启动仪式。随后,各中央企业结合自身特点和企业实际,制定并下发了主题实践活动细化方案,各级团组织广泛发动,系统纵深推进,组织开展了一系列主题突出、内容丰富、形式多样的活动。同时,活动通过网络、微博、微信等新媒体平台影响覆盖了近240万央企青年,进一步扩大了活动的影响力,为鼓励青年理解、支持、参与改革创新打下了坚实的基础。

中央企业共青团"改革创新·青年先行"主题实践活动已取得广泛影响和显著成效,上至企业集团总部,下至一线支部,都涌现出改革创新、青年先行的身影。据统计,截至2015年底,中央企业共青团系统开展主题宣教活动共计16784次,累计设计了1767个活动载体和1834个活动形式,影响覆盖央企青年2389096人次,印制各类宣教材料174734份;开展建言献策活动共计7779次,累计设计了1337个活动载体和1288个活动形式,征集到关于改革创新的意见建议377017条,其中183499条意见建议被企业采纳;开展创新实践活动共计13783次,累计设计了1510个活动载体和1538个活动形式,吸引央企青年1032900人次参与创新实践,形成了82255个活动成果;通过主题活动组建了5445个青年创新工作室或青年创新工作团队,吸纳95710名专业青年人才加入,获得企业资金支持11982万元,研发项目价值81295万元。

二、认真严格做好评选表彰和先进青年典型选树工作,发挥示范引导作用

1. 通过团工委推报,中央企业多个青年集体和个人荣获团中央多项表彰。在2014年度全国五四评选表彰中,中国核工业建设集团中核二四建设有限公司安装工刘彦龙等4名团员荣获"全国优秀共青团员"称号;中国航天科工集团公司团委书记耿超等2名团干部荣获"全国优秀共青团干部"称号;中国电子科技集团公司团委等3个团组织荣获"全国五四红旗团委(团支部)"称号;在2013—2014年度全国青年文明号评选表彰中,中国航天科技集团公司第一研究院一部十室等156个集体荣获"全国青年岗位能手"称号。

2. 开展中央企业五四评选表彰。根据工作计划,经国资委党委会议研究同意,团工委开展了2014年度中央企业"青年文明号"、"青年岗位能手"和"五四红旗团委"、"五四红旗团支部"、"优秀共青团员"、"优秀共青团干部"等6项"五四"评选表彰。经过企业团委申报、团工委复审、网络公示和国资委领导审定等环节,团工委命名中国核工业集团公司中国核电工程公司北京核工程研究设计院系统与布置设计所力学室等386个青年集体为"2014

年度中央企业青年文明号”；授予陈亮等291人“2014年度中央企业青年岗位能手”荣誉称号；授予中国电子科技集团公司团委等188个团委“中央企业五四红旗团委”荣誉称号；授予中国航天科工集团第三研究院31所一室团支部等245个团(总)支部“中央企业五四红旗团支部”荣誉称号；授予汪量子等372人“中央企业优秀共青团员”荣誉称号；授予张陈芳等300人“中央企业优秀共青团干部”荣誉称号。同时，对以何健为代表的在2014年度获中央企业技术能手荣誉称号的选手和在国资委备案的集团公司技能竞赛的优秀选手，且年龄均在35周岁以下的465人，按规定授予“中央企业青年岗位能手”荣誉称号。

3. 选树了一批先进青年典型。在中央企业范围内积极开展先进青年典型选树工作，选树了一批“立得起、过得硬、学得了”的优秀青年典型。结合团中央最美青工评选工作，团工委推选了十位中央企业优秀青工参与全国评选。其中，中国通用技术(集团)控股有限责任公司王靖焘、中国东方航空集团公司吕诗晨(女)、中国铝业公司陈丽芳(女)、电信科学技术研究院秦飞、中国核工业建设集团公司魏海涛等五人当选全国“最美青工”。结合团中央“向上向善好青年”评选活动，中央企业推选了红柳地区好巴郎——中国石油天然气公司的肉孜买买提·巴克同志，该同志的事迹获得广泛认可，不仅成功当选向上向善好青年，更在2015年五四期间，作为优秀青年代表参加了团中央五四座谈会，赴各省市进行巡回分享。在构建中央企业共青团青年典型库的基础上，及时在“青春央企”官方微信平台开设了《青春榜样》栏目，运用互联网平台持续开展典型引路工程。

三、广泛深入开展中央企业青年成长发展问题研究课题工作，摸准青年脉搏

根据团中央总体工作部署，结合中央企业实际，团工委于年初正式启动了中央企业青年成长发展问题研究课题工作，组建了课题组。首先到武钢集团、武汉邮科院、兵器工业、一汽集团、宝钢集团、东方电气等6家企业进行青年员工摸底调研，并在此基础上，经过团工委内部讨论、协作区征求意见和协作区代表座谈会等讨论修改，确定了研究工作方案、问卷调查内容、现场访谈模式等关键内容。

随后课题组开展了问卷调查，针对中央企业青年和中央企业青年工作负责人分别设计调查问卷(A卷、B卷)，A卷侧重了解中央企业青年成长发展在工作、学习、生活、人际交往等方面的现状和面临的主要问题，B卷侧重了解中央企业青年工作开展情况和有益探索实践。问卷调查采取网上在线填答方式进行，问卷调查对象涉及各企业总部和各基层青年员工，涵盖了管理、科技、技术等多种岗位。问卷调研历时50余天，回收A卷40239份，B卷6781份。

在问卷调查的同时，课题组进行了重点访谈，以2014年“中央企业最美青工评选”活动候选人和“奋斗的青春最美丽——对话央企青年”活动中选树的先进典型为对象，充分考虑行业、地域、企业、工作类型等因素选取76名青年员工代表，部分通过邮箱发送访谈提纲进行了线上访谈，部分进行了电话访谈，部分通过召开座谈会进行了面对面访谈，通过多种访谈方式了解中央企业青年工作、生活、学习的基本情况。

经过调查研究，课题组对中央企业青年成长发展现状有了全面认识，整体呈现积极向上的态势，但存在的问题也不可小视。青年成长具有适应期、成长期、探索期、成熟期循序渐进发展的阶段性特征，并将影响青年成长发展的因素归纳为内、外因两部分，为新形势下进一步加强和改进中央企业共青团工作提供思路和基础。

四、扎实推进网络宣传工作，加大团青工作宣传力度

根据团中央与中央网信办的工作要求，为

进一步加强中央企业共青团网络宣传工作，团工委主动思考，结合央企特点，采取“提前动员早部署、统一设计防走样、建立矩阵造声势、加强网宣练新军、鼓励创作展风采、丰富组合添活力”六大措施确保网络宣传工作有序推进，深入开展。2015年，团工委策划的“清明祭英烈”活动、“火红五月、火红青春”五四专题活动、“弘扬正能量——央企青年在行动”专题活动、团干部随手拍活动、“青春央企诗会”活动、“青春榜样”推广活动、青春征文征集活动等线上主题活动受到央企青年广泛关注，关注量、阅读量和转发量均创新高，网络宣传工作取得较好效果。团工委加强了与团属主流媒体的沟通交流，进一步密切了与中国青年报、中国青年杂志、中国共青团杂志、中国青年网等媒体之间的联系与合作，初步建构起了分类合作、系统传播的网络媒体新格局。

五、积极为青年搭建锻炼和交流平台，服务青年成长成才

1. 为青年搭建对外交流的平台。为实施国际化经营战略，提升国际化经营能力，培养一批具备全球化视野、适应国际化经营的中央企业优秀青年管理人才，团工委根据团中央国际联络部的工作安排，从国资委机关和中央企业选派了21名青年分别赴韩国、日本、俄罗斯、蒙古国、印度和越南等国家进行交流访问；推荐了三名优秀青年代表参加“金砖国家国际论坛”；在中国电建接待了参加第1期“未来之桥”中拉青年领导人培训交流营的拉美青年领导人代表团；推荐了1名青联委员参加中国与中东欧青年政治家论坛。

2. 为青年搭建锻炼成长的平台。继续选拔优秀团干部到团中央机关和团工委挂职锻炼。选拔了神华集团有限责任公司赵大鹏等三名同志到团中央挂职，选拔了东风汽车公司刘国权等四名同志到团工委挂职。

3. 探索启动青年之声互动社交平台建设。根据共青团中央办公厅《关于在全团推进“青年之声”互动社交平台建设的通知》（中青办发〔2015〕15号）要求，积极探索“互联网+共青团”的工作新格局。依托中央企业青年网建设“青年之声中央企业”互动社交平台，增设“青年之声”模块，设置“清音谷、回音壁、锦囊集、团团墙”等四个重点栏目，着力打造思想引导和青年服务一体化的互动社交功能。

六、持续做好中央企业共青团援疆援藏工作和青年志愿服务工作，树立中央企业良好形象

1. 有序推进了中央企业共青团援疆援藏工作。根据中央企业共青团援疆、援藏项目安排和工作计划，在国资委援疆援藏办公室和群工局的指导下，经过与新疆团区委、兵团团委及西藏团区委积极沟通，并报国资委党委领导同意，研究确定了中央企业共青团2015年援疆援藏工作主要内容和具体项目。一是举办融情实践营活动。团工委于8月13日至19日和8月23日至28日分别成功举办了为期一周的“2015年中央企业牵手新疆各族青少年融情实践营”和“2015年中央企业牵手西藏各族青少年融情实践营”活动，参与总人数分别为113人、46人。活动增强了新疆、西藏各族青少年对祖国的认同，加强了新疆、西藏各族青少年的民族团结意识，增进了新疆、西藏各族青少年对中央企业的认识和了解，展示了中央企业的改革发展成就。二是实施了选派中央企业青年干部支援新疆共青团系统挂职项目。团工委于2015年6月8日召开了“中央企业共青团系统援疆工作座谈会”，从中央企业选拔了29名青年干部赴新疆共青团系统挂职。三是实施了支援新疆劳动技能培训项目。团中央于2015年6月7日至13日从中央企业选派煤矿、煤化工、煤电行业的6名培训讲师，赴新疆共青团系统开展了第一批劳动技能“送训上门”。中央企业共青团援疆工作得到了团中央书记处和新疆团区委、兵团团委及西藏团区委的高度认可。9月份新疆团区委、兵团团委及西藏团区委分别向国资委党委专门发来感谢信。10月8日,国资委副主任徐福顺同志对“2015年中央企业牵手新疆、西藏各族青少年融情实践营”活动作出批示:“祝贺活动成功!同意下一步工作考虑。”

2. 指导推进央企青年志愿服务活动深入开展。一是根据团中央要求,广泛开展了推动团员成为注册志愿者工作。制定下发了《关于转发<关于推动团员成为注册志愿者的意见>的通知》,开展央企集团级青年志愿服务组织现状调查,督促未成立志愿服务组织的集团级团组织,在规定时间内完善组织、健全制度、落实工作。二是组织参加2015年志愿服务重庆交流会暨第二届中国青年志愿服务项目大赛。中央企业共申报项目43个,经过中央企业团工委评选申报,共有14个入围全国赛,经过全国赛初评后共有8个项目进入决赛。

七、积极做好新形势下的青联工作,延伸青年工作手臂

1. 不断深化青联日常活动。应清华大学企业合作委员会邀请,组织部分央企青联委员赴中国锦屏暗物质实验室进行了参观学习;成功举办了第44期“行动学习”——“放流中华鲟·保护母亲河”系列活动;于“六一”儿童节前夕举办了第一期中央企业青联委员亲子活动——“秧秧青苗”活动。

2. 成功举办“共创新世界2015”香港大学生北京暑期实习团赴中央企业实习活动。中央企业团工委、青联连续第7年参与主办“共创新世界”香港大学生北京暑期实习团活动,圆满完成了“共创新世界2015”香港大学生北京暑期实习团62名学生在12户中央企业的实习任务。实习期间举办的面向全体实习同学的“香港大学生对话央企高管”活动在原有基础上进行了改进和完善,活动形式更加活泼,学生与高管的交流更加充分。实习活动激发了学生的奋斗热情,增进了两地青年友谊。学生们通过实习了解了中央企业改革发展取得的成果,认识了祖国现代化建设的伟大成就,加强了对祖国的归属感和国民身份认同。

3. 贯彻落实全国青联意见精神,努力加强新形势下青联自身建设。一是组织召开了中央企业青联新老委员代表座谈会,积极听取青联委员的意见和建议,不断提升工作水平,国资委副主任徐福顺同志出席会议并与委员们亲切座谈。二是积极做好全国青联十二届委员会委员推荐工作,按照全国青联要求,提出并协商确定了中央企业系统全国青联第十二届委员会提名人选名单,履行了考察等程序。7月23日,召开了全国青联十二届全委会中央企业系统代表团组团会议,完成了中央企业系统代表团组团参加全国青联十二届全委会相关工作。三是推进了《进一步加强和改进中央企业青联工作的意见》研究起草工作,进一步加强组织建设、完善工作机制。

八、大力加强自身建设,夯实团的工作基础

1. 夯实团的组织建设。一是加强中央企业团组织建设。团工委指导中国大唐、中电投、建研院、中国中铁、中国中纺、中化集团、中智公司、中交集团、宝钢集团、国旅集团、中国化工、中储棉公司、中国国新、煤炭科工、诚通集团等15户企业规范开展换届、选举工作,并推动指导中船集团、中国黄金建立系统团委,进一步夯实了中央企业团组织自身建设。二是助力开展区域化团建工作。为深入贯彻落实《共青团中央关于在城市街道开展区域化团建工作的通知》(中青发〔2014〕6号)和全国城市街道区域化团建工作现场推进会精神,经研究,团工委决定在中央企业各级团组织中开展“辖区单位团组织到街道、辖区居住团干部到街道双报到”工作,印发了《关于开展助力区域化团建“双报到”工作的通知》。

2. 加强团干部队伍建设,开展大讨论活动。为贯彻落实习近平总书记提出的“信念坚定、为民服务、勤政务实、敢于担当、清正廉洁”

的好干部标准和对团干部提出的“坚定理想信念、心系广大青年、提高工作能力、锤炼优良作风”的指示精神，团工委在中央企业共青团系统全年开展了“团干部如何健康成长”大讨论活动，并积极与井冈山革命传统教育基地沟通，于6月23—27日以“学理论、强党性、铸信仰”为主题举办了学习交流活动，组织80余名中央企业集团级团委书记参加了此次活动。

3. 加强制度建设。一方面，按照党的十八届四中全会关于全面推进依法治国的总体要求，加强团的制度体系建设。团工委认真学习宣传、研究贯彻《中共中央关于加强和改进党的群团工作的意见》，并起草了《关于加强和改进新形势下中央企业共青团和青年工作的意见》。中央企业青联学习贯彻全国青联《关于加强新形势下青联自身建设的意见》，启动了研究制定《关于做好新形势下中央企业青联工作的意见》的工作。另一方面，大力提升工作的规范化水平，印发了《“中央企业青年文明号”、“中央企业青年岗位能手”评选表彰办法》和《“中央企业优秀共青团员”、“中央企业优秀共青团干部”、“中央企业五四红旗团委(团支部)”评选表彰办法》，进一步规范了评选表彰工作。

第七部分

2015年团中央及省级团委工作大事记

2015年团中央工作大事记

1月5日　汪鸿雁同志在北京出席全国政协十二届三次会议大会发言工作协调会。

1月5日　周长奎同志在北京出席全国宣传部长会议。

1月6日　汪鸿雁同志在北京出席国务院安全生产委员会全体会议。

1月6日　汪鸿雁同志在北京出席国务院安委会组织召开的全国安全生产电视电话会议。

1月7日至8日　贺军科同志主持召开专题会议，研究涉及跨部门的全团重点工作2015年工作思路与安排，并对需要部门间统筹的事宜进行了协调。罗梅、汪鸿雁、周长奎、徐晓、傅振邦同志，办公厅、组织部、宣传部、城市青年工作部、农村青年工作部、学校部、少年部、统战部、维护青少年权益部、青年志愿者工作部、中国青年创业就业基金会负责同志分别参加相关工作的研究讨论。

1月8日　秦宜智同志在北京出席中国—拉共体论坛首届部长级会议开幕式。

1月8日　傅振邦同志在北京劲松职业高中调研基层团支部团员发展和团员意识教育工作，并与北京部分中职学校团委书记座谈。

1月8日　团中央会同国家发展改革委、公安部、交通运输部、中国民用航空局、中国铁路总公司印发《关于实施中国青年志愿者服务春运“暖冬行动”的通知》，部署启动2015年青年志愿者服务春运“暖冬行动”有关工作，组织动员广大青年志愿者在火车站、机场、道路客运站、港口码头、高速公路服务区等场所，面向春运旅客的普遍性需求和老幼病残孕等重点旅客群体开展引导咨询、秩序维护、重点帮扶、便民利民、应急救援五个方面的服务。

1月9日　秦宜智同志主持召开共青团第十七届中央书记处2015年第1次会议，传达学习中央有关精神，研究讨论有关文件。

1月9日　贺军科同志在团中央机关召开专题会议，研究省级团委考核工作。办公厅、组织部、宣传部、城市青年工作部、农村青年工作部、学校部、少年部、统战部、维护青少年权益部、国际联络部、青年志愿者工作部负责同志参加。

1月9日　少年部党支部在团中央机关召开2014年度专题组织生活会，罗梅同志出席。

1月9日　汪鸿雁同志在北京参加国务院防震减灾工作联席会议。

1月9日　维护青少年权益部党支部在团中央机关召开2014年度专题组织生活会，汪鸿雁同志出席。

1月9日　团中央农村青年工作部在团中央机关召开2014年全国“乡村好青年”评审会，徐晓同志主持会议并讲话。

1月9日　学校部党支部在团中央机关召开2014年度专题组织生活会，傅振邦同志出席。

1月9日　团中央下发《关于推动团员成为注册志愿者的意见》，要求各省级团委结合实际认真贯彻执行，充分认识推动团员成为注册志愿者的重要意义，注重实效、健全机制，积极推动团员成为注册志愿者，并加强对工作的组织领导。

1月12日 秦宜智同志主持召开共青团第十七届中央书记处2015年第2次会议，传达学习《中共中央关于加强和改进党的群团工作的意见》，部署学习宣传研究贯彻工作。

1月12日 汪鸿雁同志在北京出席中央金融团工委主办的全国金融青年提升岗位能力、提升服务水平工作推进会暨“金点子”创新创效大赛并讲话。

1月12日 宣传部党支部在团中央机关召开2014年度专题组织生活会，周长奎同志出席。

1月13日 秦宜智同志在北京参加中国共产党第十八届中央纪律检查委员会第五次全体会议有关会议。12日至14日，罗梅同志全程参会。

1月13日 统战部党支部在团中央机关召开2014年度专题组织生活会，贺军科同志出席。

1月13日 农村青年工作部党支部在团中央机关召开2014年度专题组织生活会，徐晓同志出席。

1月14日 秦宜智同志在北京参加中央港澳协调小组全体会议。

1月14日至16日 中国青年企业家协会在北京举办以“与中国一起创新”为主题的第十一届会员高级培训班（第一期），120余名青年企业家参加。14日，汪鸿雁同志出席开班式并讲话。

1月14日 周长奎同志在北京出席中央企业团工委、中央企业青联举办的刘彦龙、杜永利同志见义勇为先进事迹报告会。

1月15日 书记处全体同志参加李源潮同志召集的研究贯彻落实《中共中央关于加强和改进党的群团工作的意见》的工作会议。

1月15日 罗梅同志在团中央机关主持召开座谈会，就当前共青团工作中存在的行政化、机关化、贵族化、娱乐化主要表现、原因分析、对策建议听取意见。办公厅、组织部、宣传部、统战部、中国青年政治学院、中国青少年研究中心、中国青年报社有关负责同志参加。

1月15日 傅振邦同志在北京参加2015年国家语委全体委员会议。

1月16日 秦宜智同志主持召开共青团第十七届中央书记处2015年第3次会议，传达学习中央有关精神，研究中国农村青年致富带头人协会第二届会员代表大会筹备、进一步深化实施“青年马克思主义者培养工程”等工作。

1月16日 贺军科同志在机关会见应中国青少年发展基金会邀请来访的西班牙纺织设计实业集团主席帕布罗·伊斯拉一行。

1月16日 罗梅同志在北京参加中央党的建设工作领导小组秘书组组织召开的“加强和改进党的群团工作”座谈会。

1月16日 周长奎同志在北京出席全国金融系统青联二届二次主席会议并讲话。

1月16日 团中央国际联络部、外交部青年研究会和中国国际问题研究院青年读书研究会在北京举办第九届全国青年国际问题研讨会。周长奎同志、外交部副部长张明出席。

1月17日 中国青年志愿者协会在北京召开中国青年志愿者服务春运“暖冬行动”重点省区市及有关系统团委工作座谈会，汪鸿雁同志出席并讲话。北京等14个春运任务重、客流量大的重点省份团委和志工部负责同志，全国铁道、全国民航团委负责同志参加。

1月17日 中国青年志愿者协会文化宣传工作委员会在北京召开第二次工作研讨会，汪鸿雁同志出席并讲话。

1月17日 团中央在北京师范大学举办2014“向上·向善”中国青少年微电影大赛作品展映活动。秦宜智同志出席并讲话。周长奎同志，中国文联副主席、书记处书记夏潮，北京师范大学党委书记刘川生出席并颁奖。

1月18日 秦宜智同志主持召开团中央常委会议，贺军科、罗梅、汪鸿雁、周长奎、徐晓、傅振邦同志以及其他团中央常委参加。

1月19日至20日 共青团十七届三中全会在北京召开。会议认真贯彻落实党的十八大和十八届三中、四中全会精神，深入学习贯彻习近平总书记系列重要讲话精神，认真学习中央加强和改进党的群团工作意见精神，贯彻中央书记处重要指示，总结2014工作，研究部署2015年工作。会议审议通过了《关于深入学习贯彻党的十八届四中全会精神，团结带领广大青年在全面推进依法治国进程中发挥生力军作用的决议》、《关于认真学习贯彻〈中共中央关于加强和改进党的群团工作的意见〉精神，坚定不移走中国特色社会主义群团发展道路，切实做好新形势下党的青年群众工作的决议》和《关于加强和改进全团调查研究工作的决定》，确认杨森等36名同志递补为团中央委员。秦宜智同志讲话，贺军科同志作会议总结，罗梅、汪鸿雁、周长奎、徐晓、傅振邦同志，团中央委员、候补委员，团中央机关各部门、各直属单位、各省级团委和副省级城市团委主要负责同志参加会议。19日，中共中央政治局委员、国家副主席李源潮出席第二次全体会议，与参会代表座谈并作重要讲话。秦宜智同志主持会议。会前，李源潮同志会见卸职的团中央常委、委员和候补委员。

1月20日 汪鸿雁同志在北京参加中央政法工作会议。

1月21日 秦宜智同志在团中央机关会见应中联部邀请来访的、由纳米比亚人组党青年团总书记恩古拉雷和坦桑尼亚革命党中央委员、第三届中非青年领导人论坛筹委会坦方主席斯拉率领的非洲国家政党青年领导人研修班学员。

1月21日 贺军科同志在北京参加中央人才工作协调小组第41次会议。

1月21日 汪鸿雁同志在北京参加全国综治办主任会议。

1月21日 周长奎同志在北京出席全国爱国卫生工作电视电话会议。

1月21日 团中央、中央网信办联合下发《关于大力推进全国互联网行业团建工作的通知》，对在全国推动互联网行业团建工作的工作目标、工作内容、工作方法及工作要求作出部署。

1月22日 团中央书记处召开主题为“严格党内生活，严守党的纪律，深化作风建设”的2014年度民主生活会。秦宜智同志主持会议，书记处其他同志参加。中央第22督导组组长刘德旺等督导组成员，中央纪委、中央组织部、中央教育实践活动领导小组办公室有关同志参加会议。办公厅、组织部、机关党委主要负责同志列席会议。

1月22日 国家发展改革委、交通运输部、团中央等11个部门在北京联合召开2015年全国春运电视电话会议，汪鸿雁同志出席并对中国青年志愿者服务春运“暖冬行动”作出部署。

1月23日 秦宜智同志主持召开共青团第十七届中央书记处2015年第4次会议，传达学习中央有关精神。

1月23日 秦宜智同志在北京列席十八届中央政治局第二十次集体学习。

1月23日 团中央城市青年工作部在上海召开全国城市街道区域化团建工作现场推进会。受秦宜智同志委托，贺军科同志出席会议并讲话，汪鸿雁同志主持会议并布置2015年城市共青团工作，上海市委副书记应勇出席会议并致辞。各省级团委有关负责同志、城市青年工作部部长，副省级城市及部分地市团委负责同志参加。

1月23日 中国光华科技基金会在北京举办《农家青年宝典》捐赠仪式，向全国各地进城务工青年捐赠20万册图书。傅振邦同志出席。

1月25日　徐晓同志在北京出席中央电视台举办的2014年度三农人物颁奖典礼。

1月26日　罗梅同志主持召开团中央民族地区工作领导小组2015年第1次会议，回顾梳理2014年共青团援疆工作会议召开以来结对工作开展情况，研究安排下一阶段工作。学校部、少年部、统战部负责同志参加。

1月27日　团十七届中央书记处举行第十四次集体学习，国家发展改革委副秘书长王一鸣围绕“经济新常态与共青团工作”这一主题进行专题讲解。秦宜智同志主持并讲话，贺军科、罗梅、汪鸿雁、周长奎、徐晓、傅振邦同志，机关全体干部，直属单位主要负责同志及代表参加学习。

1月27日　贺军科同志主持召开会议，专题研究中国青年报社参股公司中青华云新媒体科技有限公司有关事项。办公厅、宣传部、中国青年报社主要负责同志参加。

1月27日　汪鸿雁同志到中央宣传部商谈青年志愿者有关工作。

1月28日至29日　团中央在北京举办第九届全国农村青年致富带头人表彰、全国“乡村好青年”发布暨中国农村青年致富带头人协会第二届会员代表大会，第九届全国农村青年致富带头人获奖者代表、全国乡村好青年代表、中国农村青年致富带头人协会会员代表等300余人参加。代表大会通过了中国农村青年致富带头人协会工作报告和章程修正案，选举产生了协会第二届理事会和会长班子，徐晓同志当选为中国农村青年致富带头人协会第二届会长。28日，秦宜智同志出席开幕式并讲话，农业部副部长张桃林宣读《关于表彰第九届“全国农村青年致富带头人”的决定》，人力资源社会保障部副部长汤涛、水利部副部长蔡其华、质检总局总工程师刘兆彬以及国务院发展研究中心、工商总局、国家林业局、中国农业银行、中国邮储银行、伊利实业集团等单位有关负责同志出席开幕式。28日，中共中央政治局委员、国务院副总理汪洋与全国农村青年致富带头人、全国乡村好青年代表座谈并讲话。贺军科同志主持座谈会。国务院副秘书长毕井泉，徐晓同志，中央财经领导小组办公室副主任、中央农村工作领导小组办公室副主任韩俊，农业部副部长张桃林，国务院研究室副主任黄守宏出席。

1月28日　秦宜智同志在北京参加中央网络安全和信息化领导小组第二次会议。

1月28日　贺军科同志列席研究发展众创空间推动大众创新创业工作的国务院第80次常务会议。

1月28日　汪鸿雁同志在团中央机关会见四季沐歌集团负责同志，并授予四季沐歌集团中国青年志愿者服务春运“暖冬行动”合作单位称号。

1月28日　团中央学校部在北京科技大学举办全国学校共青团研究中心成立仪式暨2015年工作研讨会。傅振邦同志出席并讲话。

1月28日　团中央、全国青联、全国学联、全国少工委联合下发《关于认真学习宣传研究贯彻〈中共中央关于加强和改进党的群团工作的意见〉精神的通知》，要求各级共青团、青联、学联和少先队组织深刻领会《意见》的精神实质和主要任务，增强贯彻《意见》精神的责任感、使命感和紧迫感，切实把《意见》精神学习好、宣传好、贯彻好。

1月29日　秦宜智同志主持召开共青团第十七届中央书记处2015年第5次会议，传达学习中央网络安全和信息化领导小组第二次会议精神，专题研究共青团做好网络新媒体工作的具体举措。

1月29日　汪鸿雁同志参加国务院农民工工作领导小组第三次全体会议。

1月29日　团中央农村青年工作部在北京召开2015年共青团农村工作会议。徐晓同志出席并讲话，各省级团委有关负责同志、农村青年工作部部长参加会议。

1月29日 团中央学校部在机关召开第十四届“挑战杯”全国大学生课外学术科技作品竞赛及2016年“创青春”全国大学生创业大赛协调推进会。会前，傅振邦同志会见与会人员。

1月30日 团中央组织部在北京召开全国基层服务型团组织建设工作推进会暨2015年全团组织工作会议。秦宜智、罗梅同志出席并讲话，各省级团委有关负责同志、组织部部长参加。

1月30日 汪鸿雁同志在团中央机关会见澳台商会会长施利亚一行。

1月30日 周长奎同志在北京参加刘奇葆同志主持召开的纪念中国人民抗日战争暨世界反法西斯战争胜利70周年筹备工作协调会。

1月30日 团中央学校部在北京召开全国学校共青团创新试点工作总结会暨2015年重点工作部署会。傅振邦同志出席并讲话，各省级团委有关负责同志、学校部部长，部分地市、高校、中学、中职学校团委负责同志参加。

1月30日 团中央学校部在北京举办第二期“团学道·新思享”高校共青团思想沙龙活动。傅振邦同志出席。

1月31日 中华儿女报刊社联合新华网、人民网、中国青年网、新华每日电讯在北京举办以“激扬民族力量”为宗旨的“2014中华儿女年度人物”发布仪式。十届全国人大常委会副委员长顾秀莲出席，全国人大教科文卫委员会主任委员柳斌杰致辞，周长奎同志出席。

1月31日 中国青年创业就业基金会、东风汽车公司、东风公益基金会在湖北武汉市举办第一届“东风梦想车”中国青年环保汽车创意设计大赛决赛暨颁奖典礼。徐晓同志出席并讲话。

1月31日至2月2日 徐晓同志在湖北调研农村共青团工作。

2月2日至6日 秦宜智同志在中央党校参加省部级主要领导干部“学习贯彻十八届四中全会精神，全面推进依法治国”专题研讨班。

2月2日 全国少工委六届六次全委会在北京召开，总结2014年少先队工作，研究部署2015年工作，审议通过了《关于建议召开中国少年先锋队第七次全国代表大会的决议》。罗梅同志出席并讲话。

2月2日 团中央农村青年工作部在湖北秭归县举办2015共青团联系农村青年月全国示范活动暨湖北省第十五届乡村青年文化节开幕式。徐晓同志出席开幕式。

2月2日 傅振邦同志与中航工业集团公司董事长林左鸣、副总经理高建设商谈“挑战杯”竞赛合作有关事宜。

2月3日 贺军科同志主持召开会议，专题研究全国青联十二届全委会、全国学联第二十六次代表大会、中国少先队第七次全国代表大会筹备有关工作。会议分别听取了学校部、少年部、统战部关于会议筹备工作的汇报，明确了会议总体安排，并对筹备工作提出要求。罗梅、傅振邦同志以及办公厅、学校部、少年部、统战部、机关服务中心负责同志参加。

2月3日 徐晓同志在团中央机关出席全国绿委造林绿化检查评价有关工作会议。

2月4日 罗梅同志在北京参加2015年中直机关党的工作会议。

2月4日 由团中央、国家发展改革委、公安部、交通运输部、中国民用航空局、中国铁路总公司等单位共同举办的以“青春志愿行，温暖回家路”为主题的中国青年志愿者服务春运“暖冬行动”在全国各地启动。4日，汪鸿雁同志在北京西站出席团北京市委举行的“暖冬行动”启动暨北京西站地区志愿者服务队成立仪式，为志愿服务队授旗并讲话。

2月5日 贺军科同志主持召开会议，专题研究中国国际青年交流中心管理体制和进一步发展国际青年交流职能有关事宜。罗梅、汪鸿雁、周长奎、傅振邦同志以及办公厅、统战部、国际联络部、机关党委、中国国际青年交流中心负责同志参加。

2月5日 贺军科同志主持召开会议,专题研究书记处2015年第5次会议部署的网络文明志愿者注册平台与电子团员证系统、青年志愿者注册系统协同共享有关工作。罗梅、汪鸿雁、周长奎、傅振邦同志以及办公厅、组织部、宣传部、学校部、少年部、青年志愿者工作部、团中央网络影视中心负责同志参加。

2月5日 团中央机关干部到北京东城区前门街道开展春节送温暖活动,慰问生活困难群众。罗梅同志参加。

2月6日 团中央维护青少年权益部在团中央机关召开未成年人法律体系建设座谈会。汪鸿雁同志主持并讲话,中央综治办、全国人大内务司法委员会、最高人民法院、最高人民检察院、民政部等单位有关同志和部分高校、研究机构、社会组织的专家学者参加。

2月7日 秦宜智同志在北京参加中央精神文明建设指导委员会第三次全体会议。

2月9日 秦宜智同志出席国务院第三次廉政工作会议。

2月9日 团中央机关召开"团干部如何健康成长"大讨论活动总结交流会。秦宜智同志出席并讲话,贺军科、汪鸿雁、周长奎、徐晓、傅振邦同志和机关全体干部参加,罗梅同志主持。

2月9日 贺军科同志主持召开专题会议,研究团中央机关进一步落实基层联系点制度、调查研究制度、"走进青年、转变作风、改进工作"大宣传大调研活动的统筹协调事宜。罗梅同志和办公厅、组织部、机关党委负责同志参加。

2月9日 汪鸿雁同志在北京出席2015年中国志愿服务基金会第二届理事会第一次会议。

2月10日 团中央举行机关第21批挂职干部座谈会,罗梅同志出席并讲话。会后,书记处全体同志与第21批挂职干部合影。

2月10日 贺军科同志主持召开专题会议,分析当前青年创业就业工作面临的新形势、新任务,研究2015年及今后一个时期共青团促进青年创业就业工作的思路和举措。汪鸿雁、徐晓、傅振邦同志和办公厅、城市青年工作部、农村青年工作部、学校部、中国青年创业就业基金会、中国青年企业家协会负责同志参加。

2月10日 汪鸿雁同志主持召开2015年度支持共青城发展工作协调会,传达学习书记处关于支持共青城发展工作的有关批示精神,研究部署下一步全团支持共青城发展工作。组织部、城市青年工作部、农村青年工作部、学校部、统战部、国际联络部、青年志愿者工作部、中国青旅集团公司、中国青年创业就业基金会、中国青年企业家协会有关负责同志参加。

2月10日 团中央在北京召开高校团学组织学习贯彻《关于进一步加强和改进新形势下高校宣传思想工作的意见》精神座谈会。傅振邦同志出席并讲话,天津、河北等省级团委以及北京大学、清华大学、中国人民大学、北京科技大学、北京邮电大学、中国青年政治学院、山东大学等高校团委学生会研究生会负责人就学习贯彻落实《意见》精神进行了交流。

2月11日 秦宜智、贺军科、汪鸿雁、周长奎、徐晓、傅振邦同志到解放军总政治部走访,与中央军委委员、总政治部主任张阳等同志进行工作交流。办公厅、组织部、宣传部负责同志参加。

2月11日 秦宜智同志主持召开共青团第十七届中央书记处2015年第6次会议,传达学习中央有关精神,研究讨论中央有关文件。

2月11日 罗梅同志参加国务院妇儿工委六届二次全体会议。

2月11日 周长奎同志在北京参加全国双拥办组织召开的2015年军民迎新春茶话会。

2月12日 贺军科同志在北京市未成年人保护中心出席相关活动。

2月12日 罗梅同志在黑龙江牡丹江市与团员青年、团干部、少先队工作者座谈并调研基层服务型团组织建设和少先队工作。

2月12日至16日 国家体育总局、教育部、团中央在黑龙江牡丹江市举办2015年全国青少年"未来之星"冬季阳光体育大会,来自全国26个省份及新疆生产建设兵团代表队的500余名学生参加大会。12日,罗梅同志、国家体育总局副局长冯建中、黑龙江省副省长孙东升出席启动仪式。

2月13日 团中央机关召开干部会议,开展2014年度团中央书记处年度考核和"一报告两评议"工作。书记处全体同志出席,机关局级干部、各直属单位主要负责同志和机关正处长参加。

2月13日 团中央举行2015年"共青团与全国人大代表、全国政协委员面对面"活动座谈会,邀请7位全国人大代表、8位全国政协委员和有关专家围绕"健全青少年社会化服务体系"这一主题进行交流讨论,为在全国"两会"期间提出有关建议、提案凝聚形成共识。秦宜智同志出席并讲话,贺军科、罗梅、傅振邦同志出席,汪鸿雁同志主持。

2月13日 徐晓同志在北京参加发展家庭服务业促进就业部际联席会议第七次全体会议。

2月15日 秦宜智、周长奎同志到团中央网络影视中心调研。办公厅、宣传部主要负责同志参加。

2月15日 团中央举行直属机关离退休干部迎春茶话会。秦宜智同志出席并讲话,贺军科、汪鸿雁、周长奎、徐晓、傅振邦同志出席,罗梅同志主持。

2月16日 秦宜智同志主持召开共青团第十七届中央书记处2015年第7次会议,传达学习中央有关精神,研究讨论《共青团中央机关会议管理办法(试行)》。

2月16日 团中央印发《关于广泛组建青年网络文明志愿者队伍、深入推进青年网络文明志愿行动的通知》,决定结合推动团员成为注册志愿者工作,在全团广泛组建青年网络文明志愿者队伍、深入推进青年网络文明志愿行动,动员广大共青团员和各领域优秀青年争当"中国好网民",在网上积极发出"青年好声音",在构建清朗网络空间中努力发挥生力军作用。

2月17日 秦宜智、贺军科同志参加中共中央、国务院举行的2015年春节团拜会。春节前夕,秦宜智、贺军科、罗梅、汪鸿雁、周长奎、徐晓、傅振邦同志分别看望慰问团中央直属机关离退休老同志。

春节前夕,秦宜智、贺军科、罗梅、汪鸿雁、周长奎、徐晓、傅振邦同志分别到中国农业大学、北京林业大学、中国地质大学、对外经济贸易大学、中国音乐学院、北京航空航天大学、华北电力大学慰问寒假留校学生。

春节前后,全国青联在全国范围内开展"春暖童心"2015青年社会组织陪你过年行动,引导青年社会组织有序参与服务困难青少年,广泛动员青联委员"下基层、接地气"贴近普通青少年。

2月25日 秦宜智同志列席研究调整失业保险费率有关工作的国务院第83次常务会议。

2月25日 秦宜智同志主持召开共青团第十七届中央书记处2015年第8次会议,传达学习中央有关精神,研究讨论《团中央贯彻落实〈中共中央关于加强和改进党的群团工作的意见〉任务分解方案》和《团中央贯彻落实中央书记处关于2015年共青团工作指示精神任务分解方案》。

2月26日 贺军科同志主持召开团中央保密委专题会议。

2月27日 秦宜智同志在北京列席审议《关于加强城乡社区协商的意见》的中央全面深化改革领导小组第10次会议。

2月27日至28日 贺军科同志出席十二届全国政协常委会第九次会议。

2月27日 周长奎同志在北京参加国家体育总局组织召开的2015年贯彻落实《全民健身计划》工作座谈会。

2月27日 徐晓同志参加首都绿化委员会第34次全体会议。

2月27日 团中央印发《关于在广大青年中进一步深化中国梦学习宣传教育的通知》,要求各级团组织按照习近平总书记提出的"讲好中国故事,事半功倍"的要求,以广泛开展丰富多彩的中国故事、青春故事学习、讲述、分享、传播活动为基本途径和主要载体,引导广大青少年学习了解中国历史,深刻感受中国成就,大力弘扬奋斗精神,坚定在党的领导下实现中国梦的决心。

2月28日 秦宜智同志在北京出席中央文明办组织召开的全国精神文明建设工作表彰暨学雷锋志愿服务大会。

2月28日 汪鸿雁同志参加国务院就业工作部际联席会议全体会议。

3月1日 罗梅同志在北京出席全国妇联组织召开的纪念"三八"国际妇女节暨全国三八红旗手(集体)、城乡妇女岗位建功先进集体(个人)表彰大会。

3月2日 中央网信办、团中央在团中央机关联合召开青年网络文明志愿行动专题电视电话会议。中央宣传部副部长、中央网信办主任鲁炜,秦宜智同志出席并讲话。贺军科、汪鸿雁、徐晓、傅振邦同志在主会场出席会议,周长奎同志主持。各级网信部门、各级团组织有关负责同志在分会场参加会议。

3月2日 罗梅同志参加全国双拥工作领导小组全体会议。

3月3日至13日 贺军科、罗梅、汪鸿雁同志出席政协十二届全国委员会第三次会议。10日,贺军科同志代表团中央、全国青联作了以"加快社工队伍建设为困难青少年提供专业服务"为主题的大会发言。

3月4日 秦宜智同志在北京出席全军"中国梦·强军梦·我的梦"主题团日活动汇报展示。

3月5日前夕 根据团中央的统一部署,各地各级团组织和团员青年广泛行动,开展形式多样的主题活动,推动青年网络文明志愿行动在线上线下掀起新的热潮。秦宜智、贺军科、罗梅、汪鸿雁、周长奎、徐晓、傅振邦同志分别到中国网络电视台、北京科技大学、朝阳区朝外街道社区青年汇、首钢冷轧薄板有限公司、红十字血液中心、大兴区西红门镇、北京四中参加北京各行业基层团组织举办的青年网络文明志愿行动主题活动。

3月5日 秦宜智同志旁听第十二届全国人民代表大会第三次会议开幕会。

3月5日至6日 国家体育总局冬季运动管理中心、团中央学校部、中国大学生体育协会、中国滑雪协会在河北崇礼县举行全国首届大学生滑雪挑战赛总决赛,来自北京大学、清华大学等全国14所高校的80余位大学生参赛。决赛期间还启动了"助力申奥,燃情冰雪,同心共筑中国梦"千万大学生签名活动,举办了"冰雪新经济与大学生理想创业论坛"。

3月5日至15日 傅振邦同志出席第十二届全国人民代表大会第三次会议。

3月6日 中共中央政治局委员、国家副主席李源潮在北京国际饭店驻地参加政协十二届全国委员会第三次会议共青团、青联界别委员联组讨论。秦宜智、罗梅、汪鸿雁同志出席,贺军科同志主持。

3月6日 秦宜智、贺军科同志宴请港澳地区全国人大代表、政协委员。

3 月 6 日　罗梅同志在北京出席“三八”国际妇女节中外妇女招待会。

3 月 6 日　周长奎同志率机关各部门负责同志到团中央网络影视中心调研。

3 月 8 日　秦宜智同志旁听第十二届全国人民代表大会第三次会议第二次全体会议。

3 月 8 日　团中央召开落实《中共中央关于加强和改进党的群团工作的意见》工作领导小组第一次全体会议。秦宜智同志出席并讲话，贺军科同志主持，罗梅、汪鸿雁、周长奎、徐晓、傅振邦同志等领导小组成员出席，各专项组以及领导小组办公室全体成员参加。晚上，书记处各同志分别参加分组讨论。

3 月 9 日　团中央学校部在中国青年政治学院举办以“高等教育综合改革与大学生成长成才”为主题的第三期“团学道 · 新思享”高校共青团思想沙龙活动，部分高校团委书记、学生会主席及中国青年政治学院师生代表 200 余人参加。傅振邦同志出席。

3 月 12 日　秦宜智同志旁听第十二届全国人民代表大会第三次会议第三次全体会议。

3 月 13 日　秦宜智、贺军科、罗梅、周长奎同志参加李源潮同志召集的有关工作会议。

3 月 13 日　秦宜智同志在团中央机关与第 22 批挂职干部座谈。办公厅、组织部、机关党委、机关服务中心负责同志参加。

3 月 13 日　秦宜智同志主持召开共青团第十七届中央书记处 2015 年第 9 次会议，传达学习中央有关精神，研究部署有关工作。

3 月 13 日　周长奎同志在团中央机关会见应中央台办邀请来访的以国民党中央常委侯佳龄为团长的国民党青工总会参访团。

3 月 13 日　中国青年创业就业基金会在北京召开第二届理事会第四次会议，徐晓同志讲话并与部分省份的青年创业就业基金会主要负责同志座谈。

3 月 14 日至 16 日　团中央在中央团校举办 2015 年首期高校团委书记学习习近平总书记系列重要讲话精神专题培训班，“211 工程”高校团委书记参加。14 日，秦宜智同志出席开班式并讲话，傅振邦同志主持开班式。16 日，傅振邦同志出席结业式并讲话。

3 月 15 日　团中央学校部在中国青年政治学院举办以“如何练好习大大传授的‘八字真经’”为主题的第四期“团学道 · 新思享”高校共青团思想沙龙活动，部分高校团委书记、青年教师和青年学生代表参加。傅振邦同志出席。

3 月 15 日至 21 日　团中央学校部在全国青少年井冈山革命传统教育基地举办 2015 年第一期全国中职学校团委书记培训班，200 名中职学校团委书记参加。

3 月 16 日至 20 日　罗梅同志率团的自身建设专项组在四川成都市、乐山市调研贯彻落实《中共中央关于加强和改进党的群团工作的意见》精神有关工作。

3 月 16 日　中国青少年宫协会在北京召开第五届理事会第三次会议，罗梅同志出席并讲话。

3 月 16 日　周长奎同志出席刘延东同志主持召开的中法高级别人文交流机制第二次会议、第六轮中美人文交流高层磋商筹备会议。

3 月 16 日　周长奎同志在团中央机关会见应中联部邀请来访的以民主党政策委员会主席、前财政部长功 · 差提卡瓦尼为团长的泰国民主党代表团。

3 月 16 日至 27 日　徐晓同志率青年创新创业创优工作专项组在湖南、海南、宁夏、北京调研贯彻落实《中共中央关于加强和改进党的群团工作的意见》精神有关工作。

3 月 16 日　团中央学校部在北京召开高校青年网络文明志愿行动暨高校共青团网络新媒体工作推进会。部分省级团委学校部负责同志、部分高校团委书记参加。

3 月 17 日　贺军科同志在北京参加国务

院组织召开的全国国有林场和国有林区改革工作电视电话会议。

3月17日 汪鸿雁同志参加国务院扶贫开发领导小组第五次全体会议。

3月17日至19日 周长奎同志率宣传思想工作专项组在湖北武汉市调研贯彻落实《中共中央关于加强和改进党的群团工作的意见》精神有关工作。

3月17日 全国青少年井冈山革命传统教育基地举行2015年度开学典礼，傅振邦同志出席并讲话。17日至18日，傅振邦同志在基地调研有关工作。

3月18日 秦宜智同志列席研究落实《政府工作报告》重点工作部门分工的国务院第84次常务会议。

3月18日 秦宜智同志参加李源潮同志召集团中央、全国妇联、中国科协、中国侨联主要负责同志研究落实《中共中央关于加强和改进党的群团工作的意见》精神的有关工作会议。

3月18日至19日 贺军科同志率青年统战和服务青年专项组在北京市调研贯彻落实《中共中央关于加强和改进党的群团工作的意见》精神有关工作。

3月18日 贺军科同志参加国务委员杨洁篪召集的2016年二十国集团峰会筹备委员会第一次会议。

3月18日 团中央、农业部、中国农业银行联合印发《关于实施大学生返乡创业行动的通知》，鼓励和引导大学生返乡创业，成为家庭农场主、农业职业经理人、农业合作社领办人、农业企业家和农业社会化服务组织负责人。

3月19日 秦宜智同志主持召开团中央落实《中共中央关于加强和改进党的群团工作的意见》工作领导小组办公室全体会议，传达中央领导同志关于群团工作改革的指示精神。

3月19日 秦宜智、汪鸿雁同志在团中央机关会见中央网信办副主任彭波一行。

3月20日 贺军科同志在北京参加中央国安办战略研究局组织召开的“青年问题”职能部门研判会。

3月20日至21日 傅振邦同志在江苏南京市调研学校共青团工作。

3月21日 团中央、全国学联在江苏东南大学举办以“青年自强，圆梦中国”为主题的2014年度寻访“中国大学生自强之星”颁奖活动。傅振邦同志出席并颁奖。

3月22日至28日 应团中央邀请，以副主席马丁·波西卡为团长的阿根廷当代基金会代表团访华。23日，周长奎同志会见代表团。

3月23日 秦宜智、罗梅同志参加李源潮同志召集的研究中国少年先锋队第七次全国代表大会筹备工作的有关会议。

3月23日 秦宜智同志会见应中联部邀请来访的以人民党中央青年组组长盖本兴为团长的柬埔寨人民党青年政治家代表团。

3月23日至27日 汪鸿雁同志率创新社会治理与维护权益专项组在重庆调研贯彻落实《中共中央关于加强和改进党的群团工作的意见》精神有关工作。

3月23日 周长奎同志在北京参加第三届中非青年领导人论坛行前会。

3月23日至28日 傅振邦同志率学校共青团工作专项组在北京、内蒙古、陕西调研贯彻落实《中共中央关于加强和改进党的群团工作的意见》精神有关工作。

3月24日 秦宜智同志列席中央政治局第二十一次集体学习。

3月24日 贺军科同志主持召开会议，专题研究共青团用网、占网、建网工作。罗梅、周长奎同志以及办公厅、组织部、宣传部、中国青年报社、团中央网络影视中心负责同志参加。

3月24日 中青旅控股股份有限公司在北京召开第四次党代会，傅振邦同志出席。

3月26日 贺军科同志在北京参加中办

调研室组织召开的深化群团改革调研座谈会。

3月26日 周长奎同志会见应上海合作组织睦邻友好合作委员会邀请来访的以投资发展部处长卡西莫娃为团长的哈萨克斯坦青年代表团。

3月26日 周长奎同志在北京出席文化部组织召开的贯彻落实《关于加快构建现代公共文化服务体系的意见》电视电话会议。

3月26日至31日 应坦桑尼亚革命党邀请，周长奎同志率中国青年代表团赴坦桑尼亚出席第三届中非青年领导人论坛。

3月27日 中国青少年发展基金会在北京召开第七届理事会第五次会议，贺军科同志出席。

3月27日 团中央机关举办第53次年轻干部学习交流会，围绕贯彻落实团十七届三中全会精神、推动共青团工作实现新发展进行学习交流。罗梅同志出席并讲话。

3月27日 傅振邦同志在陕西铜川市出席团陕西省委主办的照金全国青少年教育基地揭牌暨首期培训班开班仪式并讲话。

3月29日 秦宜智、贺军科、汪鸿雁同志在北京通州区参加2015年共和国部长义务植树活动。

3月30日 秦宜智同志主持召开会议，听取团广州市委关于智慧团建工作情况的汇报，贺军科、罗梅同志以及组织部负责同志参加。

3月30日 秦宜智同志主持召开共青团第十七届中央书记处2015年第10次会议，研究全国青联十二届全委会、全国学联第二十六次代表大会筹备工作。

3月30日 教育部、公安部、环境保护部、团中央、全国少工委等16家单位在北京小学共同举办以“我安全、我健康、我快乐”为主题的第20个全国中小学生安全教育主题日活动。教育部副部长刘利民出席并讲话，罗梅同志等主办单位负责同志出席。

3月31日至4月3日 秦宜智同志围绕全团贯彻落实《中共中央关于加强和改进党的群团工作的意见》、推进共青团网络宣传工作创新发展等主题，在安徽合肥市、芜湖市、蚌埠市和凤阳县小岗村实地调研，并召集专题座谈会听取党政负责同志、各级团干部和基层团员青年的意见和建议。调研期间，秦宜智同志与中共安徽省委书记张宝顺进行工作交流。

3月31日 贺军科同志在北京参加中央宣传思想工作领导小组会议。

3月31日至4月3日 贺军科同志率服务青年和青年统战工作专项组在天津调研贯彻落实《中共中央关于加强和改进党的群团工作的意见》精神有关工作。

3月31日 团十七届中央书记处举行第十五次集体学习，中央党校马克思主义理论教研部常务副主任刘海涛围绕“‘四个全面’战略布局解读”这一主题进行专题讲解。受秦宜智同志委托，罗梅同志主持并讲话，汪鸿雁、徐晓、傅振邦同志以及机关全体干部、直属单位主要负责同志及代表参加学习。

3月31日 傅振邦同志在北京参加国家教育体制改革领导小组第十五次全体会议。

4月2日 傅振邦同志在北京参加国务院足球改革发展部际联席会议第一次会议。

4月3日 团中央召开直属机关局级干部会议，传达中央有关精神。受秦宜智同志委托，贺军科同志主持会议，罗梅、周长奎、徐晓、傅振邦同志以及机关各部门、各直属单位局级干部参加。

4月3日 汪鸿雁同志在北京出席农业部举办的“加强青联自身建设促进青年成长成才”学习交流活动。

清明节期间 团中央联合中央网信办开展了“清明祭英烈 共铸中华魂”主题活动，在线上线下掀起了铭记历史、追思英烈、励志青春的热潮。

4月3日 鲁炜、秦宜智等中央网信办、团中央负责同志参与活动，在线为英烈献花并留言。

4月4日 全国保护母亲河行动领导小组办公室、国家林业局宣传办公室、北京林业大学在北京林业大学举办以“绿色青山长征路，美丽中国我行动”为主题的2015年绿桥、绿色长征活动发布会暨大学生绿色创新创业推介会。徐晓同志、国家林业局党组成员彭有冬、北京林业大学党委书记吴斌出席。

4月5日至14日 应团中央邀请，以胡志明共青团中央第一书记阮得荣为团长的越南青年代表团来华参加第15届中越青年友好会见活动。7日，中共中央总书记、国家主席、中央军委主席习近平和越共中央总书记阮富仲在人民大会堂会见中越两国青年代表并讲话，中共中央政治局委员、中央政策研究室主任王沪宁，中共中央政治局委员、中央书记处书记、中央宣传部部长刘奇葆，中共中央政治局委员、中央书记处书记、中央办公厅主任栗战书，国务委员杨洁篪，全国政协副主席、中联部部长王家瑞，以及秦宜智、周长奎同志陪同会见。

4月6日 秦宜智同志会见越南青年代表团主要成员并宴请代表团全体成员，周长奎同志陪同。

4月8日 团中央在北京召开中央综治委预防青少年违法犯罪专项组预防青少年违法犯罪研究课题2014年度结项评审会，汪鸿雁同志主持会议并讲话，专家代表、最高人民检察院检察委员会委员、法律政策研究室主任万春作说明。全国人大内司委、最高人民检察院、司法部、教育部等单位的相关负责同志，国内知名高校、科研机构的专家学者以及实务工作者代表参加。

4月8日 全国人大环境与资源保护委员会、中央宣传部、团中央、财政部、环境保护部等部门共同主办的2015年中华环保世纪行宣传活动在北京举行启动仪式。全国人大常委会副委员长陈昌智出席并宣布活动启动，徐晓同志等主办单位负责同志出席。

4月9日 贺军科同志会见中国青少年发展基金会捐赠方、如新公司大中华区域总裁范家辉。

4月9日 汪鸿雁同志与国家发展改革委副主任连维良就青年信用体系建设工作进行交流。

4月9日 周长奎同志会见应全国人大常委会邀请来访的以国家杜马副主席热列兹尼亚克为团长的俄罗斯国家杜马青年议员代表团。当天，傅振邦同志陪同中共中央政治局常委、全国人大常委会委员长张德江会见代表团。

4月10日 秦宜智同志主持召开共青团第十七届中央书记处2015年第11次会议，传达学习中央有关精神，研究中国少年先锋队第七次全国代表大会筹备、在全团集中开展“争做向上向善好青年·争做文明守法好网民”主题宣传教育实践活动等工作。

4月10日 秦宜智同志主持召开团中央落实《中共中央关于加强和改进党的群团工作的意见》领导小组团的体制机制改革工作专项组全体会议，研究有关工作。

4月10日 罗梅同志在北京参加2015年庆祝“五一”国际劳动节暨表彰全国劳动模范和先进工作者大会筹委会第一次全体会议暨办公室第一次会议。

4月11日 罗梅同志参加中国少年儿童新闻出版总社离休干部燕生同志遗体告别仪式。

4月11日 团中央召开第19届“中国青年五四奖章”初评会议，罗梅同志主持会议。

4月12日 全国青联主办，北京市青联、门头沟区委区政府承办的春季义务植树活动在北京门头沟区永定河畔举行。贺军科、周长奎同志，部分全国青联委员、青科协会员、青年社会组织成员参加。

4月13日 汪鸿雁同志在北京出席全国老龄工作委员会第十七次全体会议。

4月13日至17日 周长奎同志参加中央党校网络安全和信息化专题研讨班学习。

4月14日 贺军科同志主持召开会议,专题研究共青团用网、占网、建网工作,罗梅同志以及办公厅、组织部、宣传部、中国青年报社、团中央网络影视中心负责同志参加。

4月14日至15日 傅振邦同志在四川绵阳市调研大学生创业有关工作。

4月14日至15日 团中央、全国青联、全国学联、联合国国际劳工组织在四川大学联合举办2015年KAB创业教育年会,来自全国KAB项目高校的300余名代表围绕"大众创业·万众创新"的年会主题进行研讨与交流。14日,傅振邦同志,中共四川省委常委、省总工会主席李登菊,四川大学党委书记杨泉明,联合国国际劳工组织北京局副局长管静和出席年会开幕式并讲话。会议期间,发布了《2014年度创业教育中国报告》,举办了"创业教育学院院长论坛"、"青年恒好公益创业论坛"等活动。

4月14日至16日 中国青年企业家协会在北京举办主题为"新机遇、新征程"的第十一届会员第二期高级培训班。15日,汪鸿雁同志出席培训班。

4月14日 团中央、教育部、财政部、人力资源社会保障部在团中央机关召开2015年大学生志愿服务西部计划视讯会议,汪鸿雁同志出席并讲话。各省(区、市)团委和教育、财政、人力资源社会保障部门负责同志及西部计划高校、服务县的团委、项目办负责同志在分会场参加会议。

4月15日 秦宜智同志主持召开书记处碰头会,传达学习习近平总书记等中央领导同志关于青年工作的重要批示精神,研究贯彻落实措施。

4月15日 秦宜智同志在团中央机关与贵州省副省长陈鸣明一行就开展中国—东盟教育交流周活动有关工作进行交流。

4月15日 贺军科同志在北京参加中央宣传部组织召开的加强基层宣传思想文化工作电视电话会议。

4月15日 汪鸿雁同志赴北京师范大学与国务院研究室原主任、北京师范大学社会学院院长魏礼群以及国家发展改革委财金司、北京经济技术开发区管委会有关负责同志就青年信用体系建设工作进行交流。

4月15日至18日 应全国青联邀请,以2015年度中央会长安永学为团长的韩国青年会议所代表团访华。15日,汪鸿雁同志会见代表团。

4月16日 团中央召开落实《中共中央关于加强和改进党的群团工作的意见》工作专项组汇报会,秦宜智同志主持并讲话,贺军科、罗梅、汪鸿雁、徐晓、傅振邦同志出席并讲话,各专项组以及领导小组办公室全体成员参加。

4月17日 贺军科同志会见应文化部邀请来访的新加坡全国青年理事会主席、文化社区及青年部长黄循财和新加坡驻华大使罗家良一行,贺军科同志和黄循财共同签署了《中华全国青年联合会和新加坡全国青年理事会青年合作谅解备忘录》。傅振邦同志宴请黄循财和罗家良一行。

4月17日 中直纪工委副书记韦国富一行到团中央机关调研贯彻落实十八届中央纪委五次全会精神情况。罗梅同志会见并参加座谈会。

4月18日至23日 应尼泊尔政府邀请,汪鸿雁同志率中国青年代表团访问尼泊尔。在加德满都,汪鸿雁同志会见了尼泊尔青年与体育部部长宝德,代表团与尼青年议员代表进行了交流。

4月18日至24日 应全国青联邀请,以自由党成员、澳新银行国际监管部负责人约翰·阮为团长的澳大利亚政治交流理事会代表团访华。20日,周长奎同志会见代表团。

4月20日 秦宜智同志在团中央机关会

见辽宁省委常委、省总工会主席戴玉林一行。

4月20日至23日 罗梅同志在浙江杭州市、嘉兴市调研“双网互动”团建、少先队校外教育以及流动少年宫建设等工作。

4月21日 秦宜智同志在北京参加“三严三实”专题教育工作座谈会全体会议。

4月21日 秦宜智同志在团中央机关会见应全国青联邀请来访的以全国青联副主席、澳门青年联合会会长马志毅为顾问，全国青联委员、澳门中华总商会青年委员会主任莫志伟为团长的澳门中华总商会青年委员会交流团，贺军科同志参加会见。

4月21日 贺军科同志列席研究关于进一步做好新形势下就业创业工作的国务院第89次常务会议。

4月21日 周长奎同志在北京出席中俄友好、和平与发展委员会青年工作分委会主席会议。

4月21日至26日 团中央在中央团校举办2015年度全国第1期新任职地市级团委班子成员培训班，来自全国各地的50名学员参加。24日，周长奎同志为培训班授课。

4月22日 贺军科同志参加李源潮同志召集的青年科技工作者座谈会。

4月22日 团中央、中央网信办联合下发《关于集中开展“争做向上向善好青年 争当文明守法好网民”主题宣传教育实践活动的通知》，引导广大青少年深刻领会党中央和习近平总书记对青年一代健康成长的殷切期望，自觉在学习工作生活中、在网络空间里弘扬五四精神、践行社会主义核心价值观，为推进“四个全面”战略布局、实现中华民族伟大复兴中国梦奋发有为、向上向善，为构建清朗网络空间贡献青春力量、谱写青春篇章。

4月23日 傅振邦同志召集会议，专题研究2015年创青春全国青年大学生互联网创业竞赛筹备工作。学校部、团浙江省委负责同志参加。

4月23日 团中央学校部在中国青年政治学院举办以“创业点燃梦想”为主题的第五期“团学道·新思享”高校共青团思想沙龙活动。傅振邦同志出席。

4月24日 秦宜智、贺军科、傅振邦同志参加李源潮同志召集的研究全国青联十二届全委会、全国学联二十六大筹备工作的会议。

4月24日 秦宜智同志主持召开会议，专题研究讨论《共青团网络新媒体工作三年规划（送审稿）》，贺军科、罗梅、周长奎同志以及办公厅、组织部、宣传部、中国青年报社、团中央网络影视中心负责同志参加。

4月24日 秦宜智同志主持召开共青团第十七届中央书记处2015年第12次会议，传达学习中央有关精神，研究第19届“中国青年五四奖章”和2014年度“全国优秀共青团员”“全国优秀共青团干部”“全国五四红旗团委（团支部）”评选工作，研究2014年预防青少年违法犯罪工作总结和2015年工作计划。

4月24日 罗梅同志参加2015年庆祝五一国际劳动节暨表彰全国劳动模范和先进工作者大会筹备委员会第二次全体会议。

4月26日 罗梅同志在北京出席“中国梦·劳动美”——2015年庆祝五一国际劳动节特别节目录制活动。

4月26日至28日 徐晓同志在江西吉安市、南昌市调研农村共青团工作。

4月26日至28日 团中央农村青年工作部在全国青少年井冈山革命传统教育基地举办全国农业大县团县委书记培训班，来自全国各地的128名农业大县团委书记参加。27日，徐晓同志出席开班式并讲话。

4月27日 罗梅同志主持召开团中央民族地区工作领导小组第1次会议，总结重点工作阶段推进情况，研究部署下一阶段工作。

4月27日 国家网信办网络社会工作局指导的，中青在线、中国青年报和清华控股有限公司联合主办的“创业正当时”青年创业大赛正式启动。贺军科同志出席启动仪式。

4月27日至29日 团中央学校部、教育部职成司在全国青少年井冈山革命传统教育基地举办中等职业学校德育和共青团工作校长研讨班,来自全国各地的110名中职学校校领导参加。教育部副部长鲁昕在开班式上发表视频讲话,傅振邦同志为研讨班学员致信。

4月28日 团中央邀请新生代农民工、新经济组织员工、青年社会组织负责人、新媒体从业人员、青年教师、留学归国人员、大中学生、基层团干部、青年网友等不同群体的52名青年代表走进团中央机关参加"五四"开放日活动。活动中,大家围绕对践行社会主义核心价值观的理解和新时期青年工作进行座谈讨论。贺军科同志出席座谈会。座谈会前,青年代表们观看了视频《中国梦·青春梦》,了解了团中央机关的设置和部门的主要职能,参观团史展览。前乒乓球世界冠军王楠,全国青联委员、中央电视台新闻中心新闻播音部副主任康辉,全国青联委员、前游泳世界冠军罗雪娟和团中央机关3名年轻干部与青年代表分享成长经历。青年代表们还前往团中央网络影视中心,参观中国青年网、未来网并参加"青年之声"互动社交平台开通仪式。

4月28日 团中央主办,团中央网络影视中心、中国青年网承建的"青年之声"互动社交平台开通。平台开通当日,秦宜智同志对青年网友的提问做了回复。

4月28日 罗梅同志在北京参加2015年庆祝五一国际劳动节暨全国劳动模范和先进工作者表彰大会。

4月28日 汪鸿雁同志赴民政部与副部长邹铭商谈志愿服务交流会有关工作。

4月28日 团中央城市青年工作部在机关举办第二季寻找"最美青工"活动评审会。汪鸿雁同志主持评审会。

4月28日 周长奎同志在北京出席中央网信办组织召开的互联网企业团建和青年工作座谈会并讲话。

4月29日 贺军科同志在团中央机关会见香港民政事务局局长曾德成。

4月29日 团十七届中央书记处举行第十六次集体学习,阿里巴巴集团副总裁、阿里研究院院长高红冰围绕"互联网思维与共青团工作"这一主题进行专题讲解。秦宜智同志主持并讲话,罗梅、汪鸿雁、周长奎、徐晓同志,机关全体干部,直属单位主要负责同志及代表参加学习。

4月29日 汪鸿雁同志在北京参加纪念全国总工会成立90周年大会。

4月29日 傅振邦同志在北京出席中央企业共青团"五四"表彰大会并讲话。

4月30日 中央宣传部、中央文明办、解放军总政治部、全国总工会、团中央、全国妇联在北京召开电视电话会议,启动第五届全国道德模范评选表彰活动。罗梅同志出席。

4月30日 团中央城市青年工作部在机关举办第八届"中国青年创业奖"评审会。汪鸿雁同志主持评审会。

4月30日 周长奎同志参加国务委员杨洁篪召集的中央外事工作领导小组办公室会议。

5月4日 团中央在北京人民大会堂举办"传播青春正能量"优秀青年座谈会。中共中央政治局委员、国家副主席李源潮出席并讲话,秦宜智同志主持座谈会,贺军科、罗梅、汪鸿雁、周长奎、徐晓、傅振邦同志,第19届"中国青年五四奖章"获得者和"中国青年五四奖章集体"代表,"全国优秀共青团员"、"全国优秀团干部"、"全国五四红旗团委(团支部)"代表以及"全国向上向善好青年"代表、"全国文明守法好网民"代表参加了座谈会。会前,李源潮同志接见参加座谈会的优秀青年代表并合影,团中央书记处全体同志陪同。

5月4日 秦宜智、贺军科、罗梅、汪鸿雁、周长奎、徐晓、傅振邦同志分别在中国政法大学昌平校区、北京朝阳区潮外社区青年汇、北京丰台区芳星园中学、北京公交集团客六分公司、12366北京呼叫中心、北京国际青年营顺鑫营地，和团员青年一起参加基层团组织的主题团日活动。

5月4日 团中央学校部与恒大矿泉水集团在北京举行签约仪式，就开展“恒大冰泉杯”全国大学生五人制足球挑战赛签订战略合作备忘录。傅振邦同志、恒大集团副总裁刘永灼出席。

五四青年节期间 团中央统一部署开展“争做向上向善好青年·争做文明守法好网民”主题团日活动，引导广大团员青年深刻领会习近平总书记对青年一代健康成长的殷切期望，自觉在学习工作生活中、在网络空间里践行社会主义核心价值观，弘扬传播正能量。

5月5日 贺军科同志主持召开专题会议，分析当前青年创业就业工作面临的新形势，研究青年创业类赛事运行机制及本年度大赛筹备事宜。汪鸿雁、徐晓、傅振邦同志以及办公厅、城市青年工作部、农村青年工作部、学校部、中国青年创业就业基金会、中国青年企业家协会负责同志参加。

5月5日 汪鸿雁同志在北京出席人民银行机关团委组织举办的中国人民银行总行机关志愿者协会成立仪式暨“听，志愿花开的声音”志愿青春故事汇并讲话。

5月5日 周长奎同志在北京出席中国红十字会第十次全国会员代表大会开幕式及第一次全体会议。

5月5日 团中央学校部召开首都重点联系高校团委书记工作例会，传达中央有关精神，围绕深入推进“四进四信”活动等工作进行专题研讨。傅振邦同志出席并讲话。

5月6日 秦宜智同志列席研究2015年推进简政放权放管结合转变政府职能工作任务和国务院部门非行政许可审批事项清理有关工作的国务院第91次常务会议。

5月6日至7日、5月11日、6月5日、9月6日 贺军科同志主持召开团中央资产管理领导小组2015年第3次会议，专题听取21家直属单位工作汇报，研究安排有关工作。罗梅、汪鸿雁、周长奎、徐晓、傅振邦同志分别听取分管单位的工作汇报。机关有关部门负责同志参加。

5月6日 罗梅同志在北京出席电影《藏羚王》新闻发布会暨“绿丝带——小小志愿者”等系列活动启动仪式。

5月6日 汪鸿雁同志参加国务院残疾人工作委员会第三次全体会议。

5月7日 团中央、中国银监会联合召开选派银行业金融机构优秀青年干部赴县级团委挂职工作电视电话会议。秦宜智同志，中国银监会党委书记、主席尚福林在主会场出席会议并讲话，徐晓同志主持。省、市两级团委、银监部门、有关金融机构的负责同志，部分县级团委、金融机构负责同志共约8800余人在分会场参加会议。

5月7日 全国青联在北京召开十一届七次主席会议。贺军科同志主持会议，罗梅、周长奎同志出席。

5月7日 团中央召开2015年全团青年志愿者工作座谈会，各省级团委负责同志参加。汪鸿雁同志出席并讲话。

5月8日 全国青联十一届六次常委会议在北京召开，全国青联常委，各界别工作委员会秘书长、副秘书长，各省级青联秘书长共200余人参加。会议审议通过了《全国青联第十二届委员会组成方案及委员推荐办法》和《关于授权全国青联主席会议对违纪违法或违反章程的青联委员及时作出处理的决定》。贺军科同志主持会议，罗梅、周长奎同志出席。

5月8日 贺军科同志主持召开中国少年先锋队第七次全国代表大会筹备工作会议，罗梅同志和大会工作机构有关负责同志参加。

5月8日 由团中央、中国残联、民政部、中国志愿服务联合会、中共重庆市委、重庆市人民政府主办的2015 年志愿服务重庆交流会暨第二届中国青年志愿服务项目大赛在北京启动。汪鸿雁同志，中央文明办、中国残联、民政部、水利部、中国志愿服务联合会相关司局级负责同志出席启动工作会议暨全国组委会第一次会议。

5 月 8 日　团中央城市青年工作部在机关召开青年信用体系运营模式及技术方案座谈会。汪鸿雁同志主持，国家发展和改革委员会副主任连维良、清华大学有关负责同志参加。座谈会前，秦宜智同志会见连维良一行。

5 月 8 日　2015 年志愿服务重庆交流会全国组委会秘书处组织召开招商动员及新闻发布会。汪鸿雁同志出席。

5 月 10 日至 16 日　团中央学校部举办“彩虹人生——奋斗的青春最美丽”2015 年全国优秀中职毕业生校园巡回分享活动。分享团分两路在北京、广西、贵州、甘肃、宁夏等 5 个省份的 11 所中职学校开展分享活动，共开展集中校园分享会 11 场、班级团支部分享交流活动 33 场。11 日，傅振邦同志与分享团成员及部分中职学校优秀典型座谈并讲话。10 日，分享团成员参加中国青年网网络直播间活动。

5 月 11 日　贺军科同志在团中央机关会见澳门中联办副主任孙达一行。

5 月 11 日　贺军科同志在北京参加全国政协特邀常委“政府行政审批制度改革”专题视察团组团会议。

5 月 11 日　汪鸿雁同志在北京参加 2015 年国家禁毒委员会全体会议暨部署全国禁毒工作电视电话会议。

5 月 12 日　秦宜智同志主持召开共青团第十七届中央书记处 2015 年第 13 次会议，传达学习中央有关通报精神，传达学习李克强同志给清华大学学生创客的回信和国务院关于促进就业创业工作的意见，研究进一步做好共青团促进青年就业创业、第八届“中国青年创业奖”评选、“青年之声”平台建设运行等工作，研究《共青团网络新媒体工作三年发展规划》。

5 月 12 日　秦宜智同志为团中央直属机关党员干部讲“三严三实”专题党课，罗梅同志主持，贺军科、汪鸿雁、周长奎、徐晓、傅振邦同志出席，机关全体干部、各直属单位负责同志参加。

5 月 13 日至 17 日　贺军科同志参加全国政协特邀常委“政府行政审批制度改革”专题视察团到湖南视察。

5 月 13 日至 7 月 15 日　汪鸿雁同志参加中央党校省部级干部“经济建设与经济体制改革”研究专题班。

5 月 13 日　徐晓同志在北京参加国务院参事室主办、中国青少年研究会协办的家庭教育现状与对策专家研讨会。

5 月 15 日　罗梅同志主持召开第七次全国少代会筹备工作协调会。大会工作机构有关负责同志参加。

5 月 15 日　周长奎同志在北京参加刘延东同志主持的中法高级别人文交流机制第二次会议。

5 月 16 日　科技部、中央宣传部、团中央、中国科协等单位主办的 2015 年科技活动周暨北京科技周开幕式在北京举行。中共中央政治局委员、国务院副总理刘延东宣布活动开幕，中共中央政治局委员、北京市委书记郭金龙，全国政协副主席、科技部部长万钢出席开幕式。傅振邦同志等主办单位负责同志，北京市委市政府负责同志和首都科技教育工作者、科普专家、青少年学生、社区居民等参加活动。

5 月 17 日至 21 日　应团中央邀请，以人民革命青年团万象市委书记特帕翁 · 邦塔为团长的老挝青年代表团访华。18 日，周长奎同志会见代表团主要成员。

5 月 18 日　秦宜智同志在北京参加中央统战工作会议第一次全体会议。18 日至 20

日，贺军科同志全程参会。

5月18日 徐晓同志主持召开会议，专题研究中国青年互联网创业大赛筹备工作。农村青年工作部、团浙江省委负责同志以及机关有关部门同志参加。

5月19日 周长奎同志参加刘延东同志主持召开的出访印尼等国筹备工作汇报会。

5月19日 傅振邦同志在北京参加国务院办公厅组织召开的全国就业创业工作电视电话会议。

5月20日 中共中央政治局常委、中央书记处书记刘云山主持召开中央书记处办公会议，听取团中央关于全国青联十二届全委会、全国学联二十六大以及第七次全国少代会的筹备工作。刘奇葆、赵乐际、栗战书、杜青林、赵洪祝、杨晶同志出席会议，李源潮同志列席会议。秦宜智同志代表团中央书记处作汇报，团中央书记处全体同志参加。

5月20日 徐晓同志在北京出席中国残联组织召开的中国助残志愿者协会成立大会。

5月21日 中共中央政治局委员、国家副主席李源潮在团中央机关为团中央直属机关党员干部讲"三严三实"专题党课。秦宜智同志主持，贺军科、罗梅、周长奎、徐晓、傅振邦同志以及机关副处级以上干部、直属单位主要负责同志参加。

5月21日 秦宜智同志主持召开共青团第十七届中央书记处2015年第14次会议，传达学习中央有关精神，研究进一步深化保护母亲河行动有关工作，研究第七次全国少代会主要文件和新一届全国少工委组织人事安排，研究确定"十三五"规划期间中国青年政治学院全日制在校生培养规模。

5月21日 汪鸿雁同志在江西共青城出席支持共青城发展领导小组第10次全体会议。

5月21日 中国青年企业家协会、团江西省委、江西省工信委、江西省商务厅、九江市委市政府在江西共青城联合举办以"新常态、新青年、新作为"为主题的第二届中国青年企业家(共青城)峰会，来自全国各地的200多名青年企业家参加。汪鸿雁同志出席峰会开幕式并致辞，江西省委副书记、常务副省长莫建成，江西省政协副主席钟利贵出席。

5月21日至27日 应全国青联邀请，以外交部对外宣传新闻局局长卡丹巴特尔·漫达胡其其格为团长的蒙古青年代表团访华。22日，周长奎同志会见代表团主要成员。

5月21日 团中央、中国电信集团公司、全国学联在北京理工大学举办2014年度"中国电信奖学金"评选暨"践行社会主义核心价值观先进个人"寻访活动颁奖分享会。傅振邦同志、中国电信集团公司副总经理高同庆出席。

5月22日 团中央机关举办第55次年轻干部学习交流会，中央纪委法规室副主任姜文鹏通过对习近平总书记多次重要论述的梳理和摘录，围绕遵守党的政治纪律和政治规矩、十八大以来党风廉政建设和反腐败斗争的新实践、党员干部如何践行"三严三实"等作专题讲解。秦宜智同志出席交流会并讲话，罗梅同志出席交流会，机关各部门党支部书记以及150余名年轻干部参加学习。

5月22日 贺军科同志主持召开第七次全国少代会筹备工作协调会，罗梅同志以及大会工作机构有关负责同志参加。

5月22日至24日 汪鸿雁同志在湖北武汉市调研国有企业团建、区域化团建等工作。

5月22日 徐晓同志在天津调研青年创新创业有关工作。

5月22日 傅振邦同志在广东深圳市调研高校共青团促进创新创业有关工作。

5月23日至26日 团中央在湖北武汉市举办2015年全国骨干企业团组织负责人培训班，来自全国的100家中央和省属国有企业、规模较大非公企业团组织负责人参加。23日，汪鸿雁同志出席开班式并讲话。

5月23日至6月4日 应全国青联邀请，以阿拉巴马州伯明翰市议长乔纳森·奥斯汀为团长的美国青年政治领袖理事会代表团访华。5月25日，周长奎同志会见代表团全体成员。

5月23日至24日 团天津市委联合中国青年创业就业基金会、天津市科委在天津举办京津冀青年创新成果和创业项目交易会，来自京津冀等地的400余个青年创新成果、创业项目和上百家知名创投服务机构参加。23日，徐晓同志，中共天津市委常委、组织部部长尹德明出席开幕式并讲话。

5月23日 由团中央学校部、全国学联秘书处、大学生体育协会主办，各有关高校和恒大矿泉水集团承办的第一届“恒大冰泉杯”全国大学生五人制足球挑战赛在广州华南理工大学开幕。傅振邦同志出席开幕式。

5月23日 团中央、中国科协等在广州大学城举办第十四届“挑战杯”全国大学生课外学术科技作品竞赛发布会。全国政协副主席、中国科协主席、九三学社中央主席韩启德，傅振邦同志，中国科协副主席、书记处书记陈章良，广东省委常委、政法委书记林少春出席。

5月23日 全国学联在北京召开第二十五届主席团第六次会议，全国学联第二十五届主席团单位代表参加。会议审议通过了《全国学联第二十六次代表大会代表团体和第二十六届委员会、主席团候选团体产生办法及名额分配方案》《中国全国学生联合会第二十六次代表大会提案工作办法》《关于以通讯形式召开全国学联第二十五届委员会第三次全体会议的决定》。

5月25日至27日、29日 贺军科同志主持召开会议，专题研究团中央落实《中共中央关于加强和改进党的群团工作的意见》20项重点改革方案。罗梅、汪鸿雁、周长奎、徐晓、傅振邦同志以及机关有关部门负责同志分别参加相关议题的会议。

5月25日至29日 应全国青联邀请，以青年与体育部副秘书纽米利·扎曼为团长的孟加拉国青年代表团访华。25日，周长奎同志会见代表团主要成员。

5月26日至28日 周长奎同志赴印尼雅加达参加中印尼高级别人文交流联委会第一次会议。

5月26日至30日 应全国青联邀请，以2015年度会头柴田刚介为团长的日本青年会议所代表团访华。27日，徐晓同志会见代表团主要成员。

5月26日 团中央、环境保护部联合下发《关于开展“青春建功　美丽中国”活动的通知》，组织动员广大青少年和社会公众积极投身国家生态环境建设和保护，为建设美丽中国作贡献。

5月27日 傅振邦同志与教育部副部长杜玉波商谈全国学联二十六大筹备工作有关事宜。

5月28日 秦宜智同志主持召开会议，听取团中央落实《中共中央关于加强和改进党的群团工作的意见》领导小组办公室有关工作汇报。

5月28日 贺军科同志主持召开第七次全国少代会筹备工作协调会，罗梅同志出席，大会工作机构有关负责同志参加。

5月28日 徐晓同志在清华大学出席中国政府网与中国网络电视台联合举办的“发现双创之星”首场主题活动。

5月29日 罗梅同志在北京海淀少年宫出席“红领巾相约中国梦”音乐故事会暨首都庆祝六一国际儿童节系列活动启动仪式。

5月29日 徐晓同志与中国邮政储蓄银行副行长薛明商谈第二届“创青春”中国青年创新创业大赛合作有关事宜。

5月29日 全国学联在团中央网络影视中心举办全国学联二十六大专题网页开通上

线仪式。傅振邦同志出席。

5月31日至6月11日 应全国青联邀请，来自阿根廷、巴哈马、巴西、智利、哥斯达黎加、古巴、多米尼加、厄瓜多尔、墨西哥和乌拉圭等十国的拉美青年领导人代表团访华并参加第一期“未来之桥”中拉青年领导人培训交流营。6月3日，中共中央政治局委员、国家副主席李源潮在人民大会堂会见代表团全体成员。秦宜智、周长奎同志参加会见。6月3日，周长奎同志宴请代表团全体成员。

6月1日至2日 中国少年先锋队第七次全国代表大会在北京召开。1日，中共中央总书记、国家主席、中央军委主席习近平在开幕式前亲切接见全体与会代表，刘云山、刘延东、李源潮、栗战书、沈跃跃、马飚等党和国家领导人出席接见活动。开幕式上，中共中央政治局委员、国家副主席李源潮代表党中央向大会致祝词。党和国家领导人刘延东、李源潮、沈跃跃、马飚同志出席开幕式。秦宜智同志、教育部部长袁贵仁分别代表团中央、教育部致辞，贺军科同志主持开幕式，罗梅同志代表第六届全国少先队工作委员会作题为《听党的话　跟党走　为实现中华民族伟大复兴的中国梦时刻准备着》的工作报告。2日，中国少年先锋队第七次全国代表大会在北京闭幕，审议通过了第六届全国少工委工作报告，选举产生了第七届全国少工委。

6月1日 周长奎同志在北京参加中央网信办组织召开的学习贯彻习近平总书记重要批示精神工作协调会。

6月2日 全国少工委七届一次全会在北京召开。秦宜智同志出席并讲话，罗梅同志当选全国少工委主任。

6月2日 周长奎同志参加刘延东同志主持的研究第六轮中美人文交流高层磋商相关会议。

6月3日 秦宜智、周长奎同志参加李源潮同志召集的听取团中央近期开展网络舆论引导有关工作汇报的会议。

6月3日 团中央农村青年工作部、全国保护母亲河行动领导小组办公室联合红星美凯龙集团在北京启动“保护母亲河行动”红星美凯龙生态公益活动。徐晓同志出席启动仪式。

6月4日 秦宜智同志列席研究加强城乡社区协商有关工作的中央政治局常委会议。

6月4日 秦宜智同志列席研究全面推进大众创业万众创新若干政策措施有关工作的国务院第93次常务会议。

6月4日至11日 应全国青联邀请，以女性家族部青少年政策官徐裕美为团长的韩国青年代表团访华。5日，周长奎同志会见代表团主要成员。

6月4日至5日 徐晓同志在内蒙古锡林郭勒盟调研农村共青团工作。

6月5日 秦宜智、贺军科同志参加李源潮同志召集的研究全国青联十二届全委会有关人事工作的会议。

6月5日 罗梅同志在北京出席环境保护部举办的“践行绿色生活　申办绿色奥运”——2015年“环境日”主题宣传活动暨纪念邮票首发仪式。

6月5日 团中央学校部与卓尔控股有限公司在北京举行签约仪式，就开展“卓尔杯”全国中学生足球挑战赛签订战略合作备忘录。傅振邦同志出席并讲话。

6月6日至7日 团中央学校部在中央团校举办高校共青团网络新媒体工作培训班。部分省级团委学校部和高校团委及50家高校学生“网络文明促进会”负责人参加。6日，50家高校学生“网络文明促进会”发起成立全国高校学生“网络文明促进会”联盟，傅振邦同志出席成立活动并讲话。

6月7日 团中央学校部在北京国际青年营密云营举办大学生“走下网络、走出宿舍、走向操场”主题群众性课外体育锻炼活动之首都大学生户外挑战赛(第一季)闭幕式。傅振邦同志出席。

6 月 8 日 傅振邦同志在青海西宁市调研学校共青团工作。

6 月 8 日 全国学联秘书处在青海西宁市召开全国学联二十六大工作报告及全国学联章程征求意见建议座谈会。傅振邦同志出席。

6 月 8 日至 18 日 团中央首批全国向上向善好青年分享团分 5 组分赴山东、江苏、安徽、山西、河南、陕西、湖北、湖南、江西、河北、天津、内蒙古、广东、广西、海南等 15 个省份开展走基层活动,共开展集中分享会和小型分享会 87 场。

6 月 8 日 团中央、解放军总政治部联合印发《深化共建共育做好青年官兵与青少年学生社会主义核心价值观培育工作的意见》。

6 月 9 日 团十七届中央书记处举行第十七次集体学习,中国战略文化促进会常务副会长兼秘书长、军事科学院世界军事研究部原副部长罗援围绕"周边安全环境与软实力建设"这一主题进行专题讲解。秦宜智同志主持并讲话,贺军科、罗梅、周长奎、徐晓同志,机关全体干部,直属单位主要负责同志及代表参加学习。

6 月 9 日 周长奎同志在中国国际青年交流中心调研。

6 月 9 日至 18 日 应全国青联邀请,以创价学会青年部部长桥元太郎为团长的日本创价学会代表图访华。9 日,周长奎同志会见并宴请代表团。

6 月 10 日 贺军科同志与到团中央机关交流沟通有关工作的中直管理局有关负责同志座谈。座谈会前,秦宜智同志会见了中直管理局局长马奔。

6 月 11 日 秦宜智、贺军科同志到中央统战部向中共中央政治局委员、中央统战部部长孙春兰汇报全国青联十二届全委会有关工作。

6 月 11 日 秦宜智同志主持召开共青团十七届中央书记处 2015 年第 15 次会议,研究《共青团中央贯彻落实〈中共中央关于加强和改进党的群团工作的意见〉实施方案(送审稿)》《共青团中央深化改革方案(送审稿)》,研究基于青年志愿者系统开展青年信用体系建设工作。

6 月 11 日至 14 日 团中央在浙江杭州市举办全国城市街道区域化团建骨干培训班,各省级团委有关负责同志,区域化团建重点城市、街道的团组织负责同志和工作典型单位代表共计 150 人参加。14 日,汪鸿雁同志出席培训班并讲话。

6 月 12 日 秦宜智同志在北京参加纪念陈云同志诞辰 110 周年座谈会。

6 月 12 日 团中央在团中央网络影视中心召开"青年之声"社交平台建设研讨会。周长奎同志出席并讲话,12 个试点省份的团委负责同志参加。

6 月 13 日至 14 日 汪鸿雁同志在浙江杭州市调研区域化团建工作。

6 月 13 日 团中央、环境保护部在北京启动"青春建功美丽中国"活动。秦宜智同志,环境保护部部长陈吉宁,徐晓同志和中国科协党组成员、中国科技馆馆长束为出席。全国绿委、全国人大环资委、全国政协人资环委、水利部、农业部、国家林业局等相关部门负责同志,中国科技馆、北京林业大学及部分省级团委负责同志,保护母亲河行动爱心使者代表,青少年生态环保组织代表参加。活动当天和"六五"世界环境日前后,全国 30 个省份、231 个市、833 个县团组织联合环保部门开展了以"青春建功美丽中国"为主题的统一行动。

6 月 13 日 全国青联在福建厦门市举办第十三届海峡青年论坛暨第七届两岸青年社团负责人圆桌会议,两岸及港澳地区的 65 家青年社团近百位负责人参加。贺军科同志出席并讲话。论坛期间举办了海峡青年创业论坛、两岸青年骑行最美福建、咖啡会商以及海峡两岸青年(高校)创意创新创业邀请赛决赛等活动。

6 月 15 日至 17 日 贺军科同志参加十二届全国政协十一次常委会议。

6 月 15 日至 18 日 罗梅同志在甘肃兰州市、定西市调研农村少先队工作、初中团队衔接、基层服务型团组织建设等工作。

6 月 15 日 周长奎同志在北京参加 2015 年“香港与内地法律交流周”开幕式。

6 月 15 日 傅振邦同志在北京参加 2015 年全国食品安全宣传周主场活动。

6 月 17 日 秦宜智同志在团中央机关会见澳门特别行政区行政长官崔世安,贺军科、傅振邦同志以及全国青联秘书处、全国学联秘书处有关负责同志参加。双方就澳门与内地青少年交流及为青年成长搭建平台等问题进行了沟通。

6 月 17 日 徐晓同志在北京出席黑龙江共青农场招商推介会并讲话。

6 月 17 日 团中央、国家林业局在清华大学共同举办以“绿化荒漠　守护家园”为主题的宣传活动。徐晓同志,国家林业局副局长张永利出席。

6 月 18 日 贺军科同志在北京参加中国经济社会理事会四届二次会议。

6 月 18 日至 19 日 中国青年科技工作者协会五届二次理事会在河北保定召开,300 多名各领域青年科技工作者参加。会议回顾总结了五届一次理事会以来的工作,就下一阶段工作进行了研究部署,审议通过了《中国青年科技工作者协会专业委员会工作制度》、《中国青年科技工作者协会秘书长联系专业委员会工作制度》,增补了部分会员、理事及常务理事。贺军科同志出席并讲话,河北省省长张庆伟、省委副书记赵勇分别会见了与会代表。

6 月 18 日 团中央、全国学联、全国少工委、山东省人民政府在山东大学举办第一届中华学子青春国学荟活动启动仪式。傅振邦同志出席并讲话。

6 月 19 日 罗梅同志在北京八宝山革命公墓参加乔石同志遗体送别仪式。

6 月 19 日 罗梅同志为少年部党支部和相关直属单位负责同志讲“三严三实”专题党课。

6 月 19 日至 21 日 团中央学校部、全国学联秘书处、中央电视台新科动漫频道在山东邹城市举办第十四届全国大学生机器人大赛 Bobocon 赛事,来自全国 36 所高校的代表队参加,近千名师生代表参赛及观摩。傅振邦同志出席开幕式。

6 月 20 日至 26 日 周长奎同志在美国华盛顿参加第六轮中美人文交流高层磋商。其间,应美国常青藤学生理事会邀请,以周长奎同志为团长的全国青联代表团顺访美国波士顿。

6 月 21 日至 25 日 应全国青联邀请,以国会议员、青年联合会主席洪玛尼为团长柬埔寨青年代表团访华。23 日,贺军科同志会见代表团主要成员。

6 月 23 日 秦宜智同志主持召开共青团第十七届中央书记处 2015 年第 16 次会议,传达学习中央有关精神,研究进一步加强来华留学生工作、团中央内网等级保护建设项目以及团中央直属机关 2015 年先进党支部、优秀共产党员、优秀党务工作者评选等工作,研究全国学联二十六大与全国青联十二届全委会主要文件。

6 月 23 日 贺军科同志主持召开全国青联十二届全委会、全国学联二十六大筹备工作会议。傅振邦同志以及办公厅、宣传部、学校部、统战部、机关服务中心有关负责同志参加。

6 月 23 日 罗梅同志在北京出席中央国家机关青联五届一次全委会第三次全体会议。

6 月 23 日 傅振邦同志在北京出席中央直属机关纪念中国人民抗日战争暨世界反法西斯战争胜利 70 周年书画摄影展开幕式。

6月24日 团中央在机关召开“青年之声”互动社交平台服务能力建设推进会。秦宜智同志出席并讲话，贺军科同志主持，罗梅、汪鸿雁、徐晓、傅振邦同志出席。机关各部门主要负责同志和“青年之声”工作联络员、12个试点省份团委主要负责同志和团中央网络影视中心有关负责同志，“青年之声”平台服务机构负责人和成员代表等120余人参加。会上，团中央向参与平台服务工作的相关服务机构颁发了证书。

6月25日 中国青年政治学院举行2015年毕业典礼。秦宜智同志为毕业生颁授学位并讲话。贺军科同志出席典礼。

6月25日 罗梅同志与到团中央机关调研“三严三实”专题教育开展情况的中央组织部调研组座谈。组织部、机关党委主要负责同志和部分党员干部代表参加个别访谈。

6月25日 汪鸿雁同志在北京参加全国禁毒工作先进集体先进个人表彰大会。

6月25日至26日 徐晓同志在黑龙江鹤岗市、佳木斯市调研农村共青团工作。

6月25日至26日 团中央农村青年工作部在黑龙江共青农场举行全国农村青年致富带头人培训暨考察交流活动。25日，徐晓同志出席开班式暨共青农场招商推介会并讲话。

6月26日 贺军科同志在北京参加李源潮、栗战书同志召集的中央党的群团工作会议会务组会议。

6月26日 傅振邦同志在北京出席中国青旅事业创建三十五周年座谈会。

6月28日 汪鸿雁同志在天津滨海新区出席国务院办公厅信息公开办公室主办的“发现双创之星”第二场主题活动。

6月28日至7月6日 应中联部邀请，以党主席藤森庆子为团长的秘鲁人民力量党代表团访华。3日，周长奎同志会见代表团。

6月28日至7月4日 团中央组织部在中央团校举办2015年度第1期新任职县级团委书记培训班，来自全国22个省份的133名学员参加。7月3日，徐晓同志为培训班授课。

6月29日 秦宜智同志在北京参加维护政治安全工作协调机制第一次全体会议。

6月30日 团中央书记处召开“三严三实”专题学习会，围绕第一专题“严以修身，加强党性修养，坚定理想信念，把牢思想和行动的‘总开关’”进行学习研讨。秦宜智同志主持会议并讲话。贺军科、罗梅同志围绕专题研讨主题作重点发言，周长奎、徐晓、傅振邦同志参加学习研讨并发言，汪鸿雁同志提交书面发言。办公厅、组织部、宣传部、机关党委负责同志列席学习研讨。

6月30日 贺军科同志主持召开全国青联十二届全委会、全国学联二十六大筹备工作会议。罗梅、周长奎、徐晓、傅振邦同志以及大会筹备机构有关负责同志参加。

7月1日前夕 团中央组织部及有关直属单位负责同志通过上门走访、送慰问信、举办离休干部党日活动等形式向直属机关离退休党员致以节日问候。

7月1日至2日 团中央直属机关党委举办党务干部培训班，机关各部门、各直属单位党组织主要负责同志和党务干部共计80余人参加。1日，罗梅同志出席培训班并讲话。

7月1日 团中央、中国银监会在浙江嘉兴市联合召开全国“送金融知识下乡”工作推进会。徐晓同志，中国银监会党委委员、副主席郭利根出席并讲话。

7月1日 徐晓同志在浙江嘉兴市调研农村共青团工作。

7月2日至4日 教育部、团中央等单位在天津海河教育园区举办2015年全国职业院校技能大赛总决赛，来自全国的1万余名学生参加。4日，中共中央政治局委员、国务院副总理刘延东出席闭幕式并讲话，全国政协副主席马培华以及有关主办单位负责同志出席。

7月2日 贺军科同志为统战部党支部讲

“三严三实”专题党课。

7月2日 周长奎同志在团中央机关会见全国妇联书记处书记焦扬一行。宣传部有关负责同志参加。

7月2日 周长奎同志为宣传部党支部讲“三严三实”专题党课。

7月3日 秦宜智同志在北京参加中央港澳工作协调小组各专责小组牵头单位负责人会议。

7月3日 团十七届中央书记处举行第十八次集体学习。驻国家工商总局纪检组监察局局长侯党非围绕“党的建设与‘三严三实’专题教育”这一主题进行专题讲解。受秦宜智同志委托，贺军科同志主持集体学习并讲话。罗梅、周长奎、徐晓同志，机关全体干部、直属单位主要负责同志和代表参加。

7月3日 罗梅同志在北京参加民政部组织召开的《关于加强农村留守儿童关爱服务工作的意见》征求意见会。

7月3日 团中央学校部、全国学联秘书处、丰台区委、区政府在北京中国人民抗日战争纪念雕塑园联合举办以“勿忘国耻·圆梦中华”为主题的学校共青团纪念中国人民抗日战争暨世界反法西斯战争胜利70周年主题宣传教育首场活动。傅振邦同志出席。

7月3日 傅振邦同志在北京参加新加坡驻华使馆和全国友协共同举办的中新建交25周年招待会。

7月5日至10日 应俄罗斯联邦国家青年事务署邀请，以周长奎同志为团长的中国青年代表团在俄罗斯参加首届金砖国家青年事务部长会议。会议期间，各国青年事务部长签署了《金砖国家青年事务合作备忘录》，参加了俄罗斯联邦总统普京为金砖国家和上合组织领导人举办的欢迎晚宴。

7月6日至7日 中央党的群团工作会议在北京召开。秦宜智、贺军科同志全程参会。7月，秦宜智同志在总结会议上代表团中央发言。6日，罗梅、汪鸿雁、徐晓、傅振邦同志参加第一次全体会议。

7月7日 徐晓同志为农村青年工作部、中国青年创业就业基金会讲“三严三实”专题党课。

7月8日 李源潮同志召集团中央、全国妇联、中国科协、中国侨联负责同志研究贯彻落实中央党的群团工作会议精神。秦宜智、贺军科、罗梅、汪鸿雁、徐晓、傅振邦同志参加。

7月8日 秦宜智同志主持召开共青团第十七届中央书记处2015年第17次会议，传达学习中央党的群团工作会议精神和习近平总书记在中央政治局第二十四次集体学习时的讲话精神，研究全国青联有关人事安排、全国青联换届大会日程安排和章程修正案、全国学联换届大会日程安排和有关人事安排、瀛公益基金（YBC）资产处置事项等工作。

7月9日 团中央、中央网信办、工业和信息化部、人力资源社会保障部、农业部、中国邮政储蓄银行、全国学联等单位在北京举办第二届“创青春”中国青年创新创业大赛启动仪式，大赛各承办单位、赞助单位、支持单位代表，以及创业投资机构、创业服务机构、创业青年代表等300人参加。秦宜智同志出席并讲话，贺军科同志主持，徐晓同志，中央网信办副主任王秀军，中国邮政集团公司总经理、中国邮政储蓄银行董事长李国华以及工业和信息化部、人力资源社会保障部、农业部、全国学联等主办单位有关同志出席。

7月9日 罗梅同志在北京参加中国作协组织召开的全国儿童文学创作出版座谈会。

7月9日 团中央举办机关开放日活动。来自企业、学校、农村、社区和机关事业单位的50多位团员和青年社工代表应邀走进团中央机关参加活动。活动期间，罗梅同志与青年代表座谈交流，部分机关年轻干部参加。

7月10日 贺军科同志在北京参加全国政协“深化行政审批制度改革”专题协商会并

发言。

7月10日　中国青年创业就业基金会和北京国中盛鼎陶瓷艺术品在北京举行“国中杯”中国青年陶瓷艺术大赛专项基金签约仪式。徐晓同志出席并讲话。

7月11日　中国青年政治学院、中央编译局马克思主义研究部在北京举办贯彻落实“四个全面”战略布局理论与实践研讨会。贺军科同志出席并讲话。

7月12日至19日　应中联部邀请，以执政党人权保护党党鞭，政府妇女、社区和社会发展部部长莱亚塔瓦为团长的萨摩亚青年代表团访华。15日，周长奎同志会见代表团。

7月13日　秦宜智同志主持召开共青团第十七届中央书记处2015年第18次会议，传达学习中央有关精神，研究《共青团中央贯彻落实〈中共中央关于加强和改进党的群团工作的意见〉实施方案（送审稿）》、《共青团深化改革方案（送审稿）》，研究青年外事工作并审议《共青团青年外事工作服务“一带一路”战略工作规划（送审稿）》、《共青团中央关于未来五年加强中外青年人文交流的工作规划（送审稿）》，研究全国青联换届大会有关议程和人事事项。

7月13日至20日　应全国青联邀请，以青年和体育部部长文森特·姆瓦勒为团长的赞比亚青年代表团访华。14日，秦宜智同志会见代表团。14日，周长奎同志宴请代表团。

7月13日　贺军科同志主持召开全国青联十二届全委会、全国学联二十六大筹备工作会议。罗梅、周长奎、徐晓、傅振邦同志以及大会筹备工作机构有关负责同志参加。

7月14日　贺军科同志主持召开会议，专题研究共青团网络新媒体建设立项工作。罗梅、周长奎同志以及办公厅、组织部、宣传部、团中央网络影视中心有关负责同志参加。

7月14日　徐晓同志在浙江杭州市与阿里巴巴集团副总裁方建生商谈农村青年电商培育合作事宜。

7月14日　团中央、中央网信办、浙江省政府在浙江杭州市举办2015中国青年互联网创业大赛启幕暨新闻通气会，大赛各主办单位、承办单位、赞助单位、支持单位代表，以及创业投资机构、创业服务机构、创业青年代表共100人参加。徐晓同志、浙江省副省长郑继伟出席并讲话。

7月15日　秦宜智、贺军科、罗梅、周长奎、徐晓、傅振邦同志参加李源潮同志召集的研究共青团深化改革有关工作的会议。

7月15日　由中国青少年发展基金会、中国贵州茅台酒厂（集团）有限责任公司联合全国33家省级青少年发展基金会主办的“国酒茅台·国之栋梁——2015希望工程圆梦行动”大型公益助学活动捐赠启动仪式在清华大学举行。秦宜智、贺军科同志，贵州省政府副省长陈鸣明，贵州茅台集团有关负责同志出席启动仪式。

7月15日　徐晓同志在浙江义乌市调研农村共青团工作。

7月16日　秦宜智同志主持召开共青团第十七届中央书记处2015年第19次会议，传达学习中央有关精神，研究共青团深化改革工作。

7月17日　秦宜智、贺军科同志陪同中共中央政治局常委、全国政协主席俞正声会见港澳青年社团代表访问团。

7月17日　秦宜智、贺军科同志在北京参加中央港澳工作协调小组港澳青年教育工作小组第一次会议。

7月17日　罗梅同志在团中央机关出席全国青联第十二届全委会、全国学联二十六大联络员动员培训会并讲话。

7月18日　全国青联在团中央机关召开十一届八次主席会议。贺军科、罗梅、汪鸿雁、周长奎同志出席。

7月19日至21日　应中日友协邀请，以新任会长丹羽宇一郎为团长的日中友好协会代表团访华。20日,周长奎同志会见代表团。

7月19日 团中央学校部、全国学联秘书处在广东深圳市举办Robomaster2015全国大学生机器人大赛总决赛暨闭幕式。深圳市市长许勤及有关单位负责同志出席。

7月20日 团中央召开直属机关干部大会,传达学习中央党的群团工作会议精神。秦宜智同志主持并讲话,贺军科、罗梅、汪鸿雁、周长奎、徐晓同志,机关各部门处级以上干部、各直属单位班子成员参加。

7月20日 傅振邦同志在八宝山革命公墓参加成思危同志遗体送别仪式。

7月21日 贺军科同志主持召开全国青联十二届全委会、全国学联二十六大筹备工作会议。罗梅、周长奎、徐晓、傅振邦同志以及筹备工作机构有关负责同志参加。

7月21日 团中央、解放军总政治部在三军仪仗队举办军地社会主义核心价值观共建共育活动启动仪式。周长奎同志出席。

7月21日 徐晓同志在北京参加中华全国供销总社第六次代表大会。

7月21日 全国学联二十六大提案工作指导委员会会议在北京召开,中央宣传部、中央网信办、教育部、人力资源社会保障部等部委相关司局以及团中央有关部门的指导委员参加。傅振邦同志出席并讲话。

7月22日 罗梅同志在北京出席全国妇联十一届四次主席会议、十一届五次常委会议及十一届三次执委会议。

7月22日 汪鸿雁同志在八宝山革命公墓参加万里同志遗体送别仪式。

7月22日至23日 汪鸿雁同志在吉林延吉市参加2015年全国志愿服务基金会第二次工作座谈会。

7月22日 中国青年创业就业基金会和北京建筑大学签订推进青年创新创业行动全面合作备忘录,达成“中国青年创业社区”战略合作意向。徐晓同志出席。

7月23日 教育部党组副书记、副部长杜玉波为参加全国学联二十六大的全体代表作题为《教育综合改革与青年学生成长成才》的专题报告。傅振邦同志出席报告会。

7月23日 全国学联在北京举办“梦想与责任:青春的对话”分享活动,出席全国学联二十六大的各代表团领队、正式代表、列席代表、特邀基层学生代表以及港澳学生观摩团成员共700余人参加。傅振邦同志出席。

7月23日 全国青联在北京举办“认识青联 担当使命”新老委员分享会活动。陈雨露等8位卸任全国青联委员出席并发言,与200余名新一届全国青联委员分享在青联组织中的认识、感悟与收获。

7月24日至26日 中华全国青年联合会第十二届委员会全体会议、中华全国学生联合会第二十六次代表大会在北京隆重召开。24日,全国青联十二届全委会、全国学联二十六大在北京人民大会堂开幕。中共中央总书记、国家主席、中央军委主席习近平发来贺信。中共中央政治局常委、中央书记处书记刘云山出席开幕式。中共中央政治局委员、中央书记处书记、中央组织部部长赵乐际宣读了习近平总书记的贺信。中共中央政治局委员、国家副主席李源潮代表党中央向大会致祝词。刘延东、刘奇葆、孙春兰、杜青林、赵洪祝、杨晶、沈跃跃、陈晓光等党和国家领导同志出席开幕式。秦宜智同志代表团中央向大会致辞。中国科协常务副主席、书记处第一书记尚勇代表各人民团体向大会致贺词。贺军科同志、二十五届全国学联主席齐兴达同学分别作工作报告。贺军科、罗梅同志分别主持开幕式上下半段,汪鸿雁、周长奎、徐晓、傅振邦同志,中央和国家机关有关部委、解放军总政治部、武警总部、有关人民团体和北京市负责同志,1369名全国青联委员,540名全国学联代表,北京市各界青年代表参加开幕式。全国青联十二届全委会审议通过了贺军科同志代表全国青联第十一届常务委员会所作的工作报告，通过了《关于〈中华全国青年联合会章程（修正案）〉的决议》，选举产生了新一届全国青联领导机构。秦宜智同志出席全国青联十二届全委会闭幕式。贺军科同志当选为全国青联主席。罗梅、汪鸿雁、周长奎、潘建伟、徐涛、潘刚、靳伟、马化腾、郎丽华、宗性、李嵘、冯鸿昌、郑召龙、王亚平、颜珂、郑志刚、施荣忻、马志毅、王圣博等当选为全国青联副主席。全国学联二十六大审议通过了齐兴达同学代表全国学联第二十五届委员会所作的工作报告，通过了《关于〈中华全国学生联合会章程（修正案）〉的决议》《关于践行“勤学修德明辨笃实”要求　大力弘扬社会主义核心价值观的决议》和中华全国学生联合会会徽，选举产生了新一届全国学联领导机构。秦宜智同志出席全国学联二十六大闭幕式并讲话。王圣博同学当选为全国学联主席。

7 月 24 日　中央宣传部等 34 家部委负责同志分别出席“共和国部长与全国青联委员面对面活动”。书记处全体同志出席交流活动。

7 月 25 日　徐晓同志在北京参加国务院扶贫开发领导小组第六次全体会议。

7 月 26 日　全国青联十二届一次常委会在北京召开，贺军科同志出席并讲话，罗梅同志主持。会前，中共中央政治局委员、国家副主席李源潮接见了新当选的十二届全国青联常委、全国学联第二十六届主席团成员并发表即席讲话，秦宜智同志主持接见活动，贺军科、罗梅、汪鸿雁、周长奎、徐晓、傅振邦同志陪同接见。

7 月 26 日至 28 日　团中央、中国科协、广东省政府在香港科技大学举办第十四届“挑战杯”全国大学生课外学术科技作品竞赛“智慧城市”专项赛决赛。28 日，傅振邦同志出席颁奖晚会并讲话。

7 月 27 日　周长奎同志在北京出席中俄人文合作委员会青年合作分委会第五次会议。会后，周长奎同志宴请俄罗斯教育和科学部第一副部长、分委会俄方主席特列琪娅克一行。

7 月 27 日至 8 月 5 日　团中央、全国学联在广西南宁市、柳州市举办以“中国梦 · 民族心 · 八桂行”为主题的 2015 年全国各民族中职学生暑期同心营活动，来自内蒙古、广西、西藏、宁夏、新疆等 5 个自治区和四川、云南、甘肃、青海 4 省藏区的 300 名各民族中职学生参加。4 日，徐晓同志出席闭营式并讲话。

7 月 27 日至 28 日　应香港科技大学邀请，傅振邦同志率工作组赴香港调研。在港期间，香港中联办副主任仇鸿会见了工作组一行，工作组还拜访了香港青年协会和香港志愿者协会，看望了部分港区全国青联常委并与有关学生社团负责人和青年学生座谈。

7 月 27 日　工商总局、团中央联合下发《关于发挥工商行政管理职能作用　加强新形势下非公有制经济组织团建工作的通知》，对有关工作进行部署，要求各级有关单位充分发挥工商行政管理职能，共同加强新形势下非公有制经济组织团建工作。

7 月 28 日　团中央在北京召开全团 2015 年年中工作交流会。各省级团委主要负责同志围绕上半年重点工作推进情况分别发言，秦宜智同志出席并讲话，贺军科、罗梅、汪鸿雁、周长奎、徐晓、傅振邦同志，机关各部门主要负责同志参加会议。副省级城市团委及兵团团委主要负责同志列席全体会议。29 日，中央宣传部副部长、中央网信办主任鲁炜为参会人员作辅导报告，秦宜智同志主持。

7 月 28 日　秦宜智同志主持召开团中央常委会议，贺军科、罗梅、汪鸿雁、周长奎、徐晓、傅振邦同志以及其他团中央常委参加。

7 月 28 日　汪鸿雁同志在北京参加国务院安全生产委员会全体会议。

7 月 28 日　汪鸿雁同志列席研究《中华人民共和国反家庭暴力法（草案）》有关工作的

国务院第100次常务会议。

7月28日至30日 团中央、江西省政府在江西共青城市举办首届中国青年APP大赛，各承办单位、赞助单位、支持单位代表，以及金融机构、风险投资机构、企业家代表、创业导师、评审专家、新闻媒体记者、参赛选手共400余人参加。30日，江西省委书记强卫出席总决赛暨颁奖仪式并颁奖，汪鸿雁同志、江西省政协副主席胡幼桃出席并讲话。

7月28日 团中央、全国绿化委员会、全国人大环境与资源保护委员会、全国政协人口资源环境委员会、环境保护部、水利部、农业部、国家林业局联合下发《关于进一步深化保护母亲河行动的意见》，提出传播绿色理念、践行绿色生活、培育绿色队伍、倡导绿色生产、建设绿色工程等5个方面的任务。

7月29日至30日 共青团十七届四中全会在北京召开。会议传达学习中央党的群团工作会议精神，研究共青团深化改革工作。会议审议通过了《关于深入学习中央党的群团工作会议精神，切实保证和增强团的政治性、先进性、群众性，全面推进共青团深化改革的决议》，确认严飞等21名同志递补为团中央委员。秦宜智同志讲话，贺军科同志作会议总结，罗梅、汪鸿雁、周长奎、徐晓、傅振邦同志，团中央委员、候补委员，团中央机关各部门、各直属单位、各省级团委和副省级城市团委主要负责同志参加会议。

7月29日 中共中央政治局委员、国家副主席李源潮出席第一次全体会议并作重要讲话。秦宜智同志主持会议。会前，李源潮同志会见卸职的团中央委员和候补委员。

7月29日至31日 全国少工委办公室、《辅导员》杂志社在全国青少年井冈山革命传统教育基地举办学习贯彻第七次全国少代会精神全国少先队地市级以上总辅导员培训班。来自全国各地的地市级以上总辅导员、少先队工作者共300余人参加。31日，罗梅同志出席并讲话。

7月30日至8月1日 团中央在全国青少年井冈山革命传统教育基地举办贯彻中央党的群团工作会议精神、加强基层服务型团组织建设专题学习研讨班，各省级团委组织部负责同志、部分地市团委班子成员和县区团委书记共130人参加。8月1日，罗梅同志出席并作辅导报告。

7月30日 汪鸿雁同志在江西共青城市中青数媒APP产业孵化园调研。

7月31日 团中央直属机关党委组织党员干部观看电影纪录片《第一书记》。秦宜智、贺军科、徐晓、傅振邦同志，机关全体党员干部、各直属单位党员干部代表参加。

7月31日 全国学联秘书处组织召开第二十五届全国学联主席、2014—2015年度驻会执行主席座谈会。秦宜智同志出席并讲话，傅振邦同志出席。

7月31日 周长奎同志在北京出席全国道德模范评选表彰活动评委会会议。

7月31日 中央对外联络部、团中央在北京举办第二届中拉青年政治家论坛。周长奎同志出席开幕式并致辞。

7月31日至8月9日 团中央、全国学联在天津举办2015年全国各民族大学生暑期同心营活动，来自内蒙古、广西、西藏、宁夏、新疆等5个自治区和四川、云南、甘肃、青海4省藏区以及天津的350名大学生参加。2日，傅振邦同志，天津市委常委、组织部长尹德明出席开营式并致辞。

8月1日至4日 团中央学校部、全国学联秘书处、中国联合国协会、团河南省委在河南郑州市共同举办主题为“胸怀世界　筑梦青春”的第二届全国中学生模拟联合国大会，来自全国各地的49支中学生代表队参加。4日，傅振邦同志出席闭幕式并讲话。

8月2日至6日 周长奎同志在贵州贵阳市出席第八届中国—东盟教育交流周活动并

调研共青团宣传思想工作。

8月2日至6日 应全国青联邀请，以部长会议青年事务部部长阿纳穆哈梅多夫为团长的土库曼斯坦青年代表团访华。2日，徐晓同志会见代表团主要成员并宴请全体成员。

8月3日 国家林业局、团中央、全国政协人口资源环境委、环境保护部、中国科协、全国少工委等单位在北戴河国家湿地公园举办"童眼观生态——全国青少年生态文明教育体验活动"成果展示。中共中央政治局委员、国家副主席李源潮出席并发表即席讲话，中央书记处书记、全国政协副主席杜青林出席。罗梅同志参加。

8月3日 秦宜智同志主持召开共青团第十七届中央书记处2015年第20次会议，传达学习中央有关精神，研究《国家中长期青年发展规划》、2016年"共青团与人大代表政协委员面对面"活动主题、团中央直属机关党建、团中央和团省(自治区、直辖市)委机关干部常态化下沉基层、团中央机关干部"向基层服务对象报到"和《中国青年政治学院全面深化综合改革实施方案》《中国青年政治学院章程》等议题。

8月3日至6日 应中国国际青年交流中心邀请，以总统直属青年委员会委员长慎镛汉为团长的韩国青年代表团访华。3日，秦宜智同志会见代表团。

8月3日 汪鸿雁同志为维护青少年权益部党支部讲"三严三实"专题党课。

8月3日至13日 团中央、全国学联、中共江苏省委在南京师范大学举办中国大学生骨干培养学校第八期学员暑期实践锻炼活动启动仪式，中国大学生骨干培养学校第八期学员、江苏省大学生菁英人才学校第九期培训班学员共350余人参加。3日，江苏省委常委、组织部长王炯，傅振邦同志出席启动仪式并致辞。

8月4日至17日 秦宜智同志率调研组在福建开展"走进青年、转变作风、改进工作"大宣传大调研活动。调研组走进农村、企业、机关、社区、社会组织等基层一线，集中宣讲中央党的群团工作会议精神。调研期间，福建省委书记尤权会见秦宜智一行，双方就贯彻中央党的群团工作会议精神、推动共青团改革发展交换了意见。

8月4日至17日 贺军科同志率调研组在青海开展"走进青年、转变作风、改进工作"大宣传大调研活动。

8月4日至14日 汪鸿雁同志率调研组在河南开展"走进青年、转变作风、改进工作"大宣传大调研活动。

8月5日至20日 罗梅同志率调研组在黑龙江开展"走进青年、转变作风、改进工作"大宣传大调研活动。

8月6日 傅振邦同志在八宝山革命公墓参加张劲夫同志遗体告别仪式。

8月8日 傅振邦同志在北京参加中共中央政治局委员、国家副主席李源潮会见"四海一家·香港青年创新创业交流团"有关活动。

8月8日 傅振邦同志在北京出席国务院侨办主办的"寻根之旅·四海一家"海外华裔暨港澳台地区青少年大联欢暨"水立方杯"海外华裔青少年中文歌曲大赛颁奖典礼。

8月10日至14日 团中央、解放军总政治部、全国少工委在山东青岛市举办2015年"各族少年手拉手，共圆美丽中国梦"夏令营，来自56个民族的少先队员代表参加。10日，罗梅同志出席开营式并讲话，解放军总政治部组织部副部长商亚恒以及各主办、承办单位有关负责同志出席。

8月10日 傅振邦同志在北京出席中国法学会主办的2015年"澳门与内地青年法律交流周"活动开幕式。

8月11日至14日 全国青联在北京举办以"促进青年发展，共建美好亚洲"为主题的亚洲相互协作与信任措施会议青年委员会第一次会议，来自阿塞拜疆、巴林、巴基斯坦、巴勒斯坦、哈萨克斯坦、柬埔寨、吉尔吉斯斯坦、蒙古、孟加拉国、泰国、土耳其、以色列、印度、越南等亚信成员国的政府青年事务负责人、青年组织负责人，以及亚信秘书处代表共30余人参加。11日，周长奎同志、外交部副部长程国平、亚信秘书处执行主任宫建伟、哈萨克斯坦教育与科学部青年事务委员会主席卡里布扎诺娃出席开幕式并致辞。

8月11日至25日 周长奎同志率调研组在广东开展“走进青年、转变作风、改进工作”大宣传大调研活动。

8月14日 徐晓同志在中国青少年研究中心调研党建有关工作。

8月14日 由国家互联网信息办公室、团中央指导，中国青少年新媒体协会发起的“阳光跟帖”行动在团中央网络影视中心启动。傅振邦同志、国家互联网信息办公室副主任任贤良出席启动仪式并致辞。30余家媒体单位和70名网友代表参加。

8月15日 汪鸿雁同志在北京参加全国安全生产电视电话会议。

8月16日 徐晓同志在北京参加刘延东同志主持召开的中欧、中英高级别人文交流对话机制第三次会议筹备会。

8月16日 徐晓同志在八宝山革命公墓参加尉健行同志遗体告别仪式。

8月16日至20日 团中央在全国青少年井冈山革命传统教育基地举办2015年第二期全国中学团委书记培训班（新疆、西藏与内地结对子中学专题班），来自新疆、西藏各50所中学的团委书记和内地20个省市结对子中学的团委书记约200人参加。16日，傅振邦同志出席开班式并讲话。

8月17日至21日 应全国青联邀请，以国家交流财团理事长柳现锡为团长的韩国青年精英代表团访华。17日，贺军科同志与代表团团长签订友好交流协议并宴请代表团。18日，秦宜智同志会见代表团主要成员。

8月17日至24日 汪鸿雁同志在河南、宁夏参加全国政协社会和法制委员会“规范城管执法行为”专题调研。

8月17日 徐晓同志在北京参加国务院足球改革发展部际联席会议组织召开的足球改革发展工作会议。

8月17日至27日 傅振邦同志率调研组在甘肃开展“走进青年、转变作风、改进工作”大宣传大调研活动。

8月18日 秦宜智同志在北京参加中央港澳工作协调小组会议。

8月18日 贺军科同志在北京出席行业协会商会与行政机关脱钩全国电视电话会议。

8月18日至24日 徐晓同志率中国青年代表团访问蒙古。19日，代表团拜会了人口发展与社会保障部国务秘书格·娜仁格日乐与外交部国务秘书德·嘎恩乎雅格。在蒙期间，代表团与蒙古青年、中蒙企业家座谈交流，并与蒙古青年联欢。

8月19日 秦宜智同志列席国务院第102次常务会议，会议研究了天津港“8·12”瑞海公司危险品仓库特别重大火灾爆炸事故救援和应急处置情况及下一步工作打算。

8月19日 中央宣传部、解放军总政治部、团中央在北京举办第二炮兵某洲际导弹旅先进事迹报告会。中央军委委员、第二炮兵司令员魏凤和，第二炮兵政委王家胜，贺军科同志出席。中央宣传部副部长王世明主持，解放军总政治部副主任殷方龙出席并讲话。驻京部队官兵代表、首都各界群众代表约800人参加。

8月19日至27日 应全国青联邀请，以青年事务和体育部副部长拉吉夫·古普塔为团长的印度青年代表团访华。20日，贺军科同志会见代表团主要成员。

8月20日 贺军科同志出席杨洁篪同志组织召开的2016年二十国集团峰会筹备委员

会第二次会议。

8月20日 罗梅同志在公安部机关出席西藏公安边检总队“4·25”抗震救灾表彰暨先进事迹报告会,并于会前会见了报告团成员。

8月21日 秦宜智同志在团中央机关会见法国城市、青年和体育部部长帕特里克·坎纳一行。

8月21日至23日 全国青联在全国青少年井冈山革命传统教育基地举办新一届全国青联委员首期培训班,120余名新任职全国青联委员参加。21日,贺军科同志出席并作专题辅导报告。

8月21日 中国青少年发展服务中心在北汽集团举办“2015全国少数民族大学生(提升就业能力)暑期实习计划”分享会。罗梅同志出席并讲话。

8月21日 中央宣传部、解放军总政治部、团中央在北京举办军地英模代表学习第二炮兵某洲际导弹旅先进事迹座谈会。

8月22日 罗梅同志在北京出席国务院安全生产委员会全体会议。

8月23日 罗梅同志在北京出席2015年中央金融系统团组织援藏“融情夏令营”成果展示会。

8月23日 团中央学校部、全国学联秘书处在北京召开2015年“海外学子华夏行”访问考察团座谈会,贺军科同志出席。来自10个国家和地区的20余名海外高校中国留学生代表参加。

8月24日 秦宜智同志在北京参加中央第六次西藏工作座谈会第一次、第二次全体会议。24日至25日,罗梅同志全程参会。

8月25日 贺军科同志在北京出席纪念中国关工委成立25周年暨全国关心下一代工作表彰大会并代表人民团体致辞。

8月25日 汪鸿雁同志在广东广州市与广东省委常委、广州市委书记任学锋商讨进一步加强广州共青团工作有关事宜。当天,汪鸿雁同志出席广东省青年信用体系建设座谈会并讲话。

8月25日 团中央、中国青年志愿者协会、中国青年工作院校协会在广州志愿者学院为首批全国注册志愿者培训基地授牌。汪鸿雁同志出席授牌仪式并讲话。

8月25日至26日 周长奎同志在浙江义乌市出席中联部主办的第四届中非民间论坛。

8月25日 徐晓同志在中国青年实业发展总公司出席有关人事任免的会议并调研党建工作。

8月26日至27日 贺军科同志在北京出席全国政协十二届常委会第十二次会议。

8月26日 团中央民族地区工作领导小组在北京召开2015年第一次共青团对口支援民族地区工作交流会,罗梅同志出席并讲话。机关有关部门负责同志,四川、云南、青海、甘肃、西藏、新疆等省级团委、新疆生产建设兵团团委以及21个对口支援省市团委、中央金融团工委、中央企业团工委有关负责同志参加。

8月27日至9月1日 应中国国际青年交流中心邀请,以民主党顾问、日中国际交流协会会长海江田万里为团长的日本代表团访华。28日,秦宜智同志会见代表团。28日,周长奎同志宴请代表团。

8月27日 汪鸿雁同志团中央机关会见财政部行政政法司有关负责同志一行,就西部计划有关政策调整工作进行讨论。

8月27日 团中央召开中国青年网络智库成立座谈会。秦宜智同志出席并讲话,为首期智库成员颁发聘书。周长奎同志主持,机关各部门及相关直属单位负责同志参加。

8月28日 团中央书记处举行第十九次集体学习。商务部政策研究室主任、新闻发言人沈丹阳围绕“‘一带一路’战略解读与开放型经济新体制改革”这一主题进行讲解。秦宜智同志主持并讲话,贺军科、罗梅、汪鸿雁、周长奎、徐晓、傅振邦同志,机关全体干部、直属单位主要负责同志和代表参加。

8月28日 团中央书记处召开“三严三实”专题教育第二专题学习会,围绕“严以律己,严守党的政治纪律和政治规矩,自觉做政治上的‘明白人’”进行集中学习研讨。秦宜智同志主持并讲话,汪鸿雁、周长奎同志作重点发言,贺军科、罗梅、徐晓、傅振邦同志参加并发言。中央组织部有关同志到会指导。

8月29日至30日 秦宜智、徐晓同志在黑龙江共青农场出席黑龙江省农垦总局、团黑龙江省委主办的纪念中国青年志愿垦荒60周年系列活动。30日,秦宜智同志,黑龙江省政协党组副书记、常务副主席兼秘书长赵克非出席纪念恳谈会并讲话,徐晓同志为中国青年创业就业基金会共青农场青年创业专项基金揭牌。

8月31日 秦宜智同志在黑龙江佳木斯市调研青年创业创新、企业团建等工作,徐晓同志参加调研。

8月31日至9月1日 团中央城市青年工作部在吉林长春市举办2015年全国重点园区团组织负责人培训班,来自全国国家级经济开发区、国家高新区的团组织负责人共80余人参加。1日,汪鸿雁同志出席结业式并讲话。

8月31日 中国青少年发展基金会、中国贵州茅台酒厂(集团)有限责任公司、团贵州省委联合全国33家省级青少年发展基金会在贵州道真仡佬族苗族自治县举办“国酒茅台·国之栋梁——2015希望工程圆梦行动”全国助学金发放仪式。傅振邦同志、茅台集团董事长袁仁国出席并讲话,贵州省委常委、遵义市委书记王晓光,贵州省人大常委会副主任傅传耀,贵州省副省长陈明鸣,中国贵州茅台酒厂(集团)有限责任公司党委书记、总经理李保芳出席。

9月1日 秦宜智、贺军科、罗梅同志在团中央机关与前来调研的全国总工会书记处第一书记李玉赋一行就落实中央党的群团工作会议精神有关情况座谈交流。

9月1日 秦宜智同志在北京出席纪念中国人民抗日战争暨世界反法西斯战争胜利70周年文艺晚会。

9月1日 汪鸿雁同志在吉林长春市出席第十届“中国·东北亚博览会”开幕式及第八届东北亚合作高层论坛。

9月2日 团中央、吉林省人民政府等在吉林长春市举办第七届“东北亚青年企业家发展论坛”。当天,汪鸿雁同志出席开幕式并致辞。

9月2日 周长奎同志陪同中共中央政治局委员、国务院副总理刘延东在北京出席中俄青年联合交响乐团音乐会。

9月3日 秦宜智、贺军科、罗梅、汪鸿雁、傅振邦同志在北京出席纪念中国人民抗日战争暨世界反法西斯战争胜利70周年大会。

9月3日至12日 应全国青联邀请,以青年与体育部副部长助理伊玛姆·古纳文为团长的印尼青年代表团访华。5日,秦宜智同志会见代表团主要成员。

9月6日 傅振邦同志在团中央机关与8名新任全国学联执行主席座谈,并听取各专门委员会的年度工作规划。

9月6日 贺军科同志主持召开团中央资产管理领导小组2015年第4次会议,专题研究中国青年创业就业基金会成立青创会(北京)投资管理有限公司有关事项。徐晓、傅振邦同志以及办公厅、组织部、统战部、机关党委、中国青年创业就业基金会有关负责同志参加。

9月6日至11日 罗梅同志随以中共中央政治局常委、全国政协主席俞正声为团长的中央代表团参加西藏自治区成立50周年庆祝活动。活动期间,参加西藏自治区成立50周年成就展开幕式,随中共中央政治局委员、中央书记处书记、全国政协副主席杜青林赴林芝地区慰问,参加庆祝西藏自治区成立50周年干部大会，参加西藏自治区成立50周年招待会、庆祝大会和工作座谈会，看望慰问团区委干部职工和援藏干部，并代表团中央向团区委捐赠50万元。

9月7日至11日　秦宜智同志在吉林延边、辽源、长春等州市就贯彻落实中央党的群团工作会议精神、推动共青团改革发展征求各方意见、深入调查研究。调研期间，吉林省委书记巴音朝鲁、省长蒋超良会见秦宜智同志一行，双方就贯彻中央党的群团工作会议精神、推动共青团改革发展交换了意见。

9月7日至12日　团中央在中央团校举办2015年度全国第2期新任职地市级团委班子成员培训班，来自全国22个省份的2014年8月以后任职的地市级团委班子成员、解放军和武警部队部分负责青年工作的干部共78人参加。7日，贺军科同志为培训班授课。

9月7日　汪鸿雁同志在北京出席国家发展改革委组织召开的“全国双创活动周”筹备工作会议。

9月7日至11月6日　周长奎同志参加中央党校省部级干部进修班学习。

9月7日　徐晓同志在北京参加中央农村工作领导小组第7次会议暨国务院扶贫开发领导小组第7次全体会议。

9月7日至22日　徐晓同志率调研组在陕西开展“走进青年、转变作风、改进工作”大宣传大调研活动。

9月7日　团中央学校部在北京召开首都重点联系高校团委书记例会。傅振邦同志出席并讲话。

9月8日至11日　傅振邦同志在北京十一学校开展“驻校蹲班”活动。

9月8日　团中央、全国学联在河南郑州市举办2015年秋季学期全国大中学生“社会主义核心价值观主题宣传月”启动仪式。各有关单位负责同志，河南部分高校负责同志以及大中学生代表共400余人参加。

9月10日　团中央、光明日报、中国青年志愿者协会在光明日报社举办“2015镜头中的最美支教团”活动出征仪式。汪鸿雁同志出席并讲话，并为摄影采访队代表授旗。

9月10日至17日　应全国青联邀请，以女性家族部青少年家族政策室室长孙爱利为团长的韩国青年代表团访华。10日，周长奎同志会见代表团主要成员。10日，周长奎同志宴请代表团全体成员。

9月10日　傅振邦同志在宁夏银川市出席2015中国—阿拉伯国家博览会开幕式。

9月11日　团中央、农业部、中国邮政储蓄银行、江苏省政府在江苏盐城市举办“邮储银行杯”2015中国青年涉农产业创业创富大赛全国赛媒体发布会。徐晓同志出席并讲话。各主办部门有关负责同志，大赛评委导师代表，风险投资机构负责人、媒体记者、参赛青年代表等参加。

9月12日　周长奎同志在北京参加刘延东同志主持召开的研究中俄人文交流有关工作的会议。

9月12日　徐晓同志在江苏盐城市调研农村共青团工作。

9月13日至20日　应俄罗斯青年联盟、芬兰教育与文化部邀请，贺军科同志率中国青年代表团访问俄罗斯、芬兰。在俄期间，贺军科同志分别会见了俄罗斯国家杜马第一副主席梅利尼科夫，俄罗斯自由民主党主席日里诺夫斯基，俄罗斯总统维护企业家权利全权代表，中俄友好、和平与发展委员会俄方主席季托夫以及俄罗斯战略倡议署署长，中俄友好、和平与发展委员会青年理事会俄方主席尼基京等，并与俄罗斯青年联盟主席巴维尔、驻俄罗斯大使李辉等进行了工作会谈。在芬期间，贺军科同志会见了芬兰教育与文化部部长萨尼·格兰—拉森农并共同签署了合作备忘录，与拉普兰地区管理署署长凯萨·爱娜索佳、罗瓦涅米市议会主席海基·奥托、驻芬兰大使于庆泰等进行了工作会谈，考察了当地青年工作项目并与芬政府青年事务官员、青年组织负责人等进行了交流。

9 月 14 日 中国青年政治学院举行 2015 年开学典礼，秦宜智同志出席并讲话，办公厅、组织部主要负责同志陪同。

9 月 14 日 汪鸿雁同志在北京出席第十一届环境与发展论坛开幕式。

9 月 14 日至 18 日 团中央城市青年工作部在中央团校举办共青团促进青年创业就业工作专题培训班，来各省级、地市级团委有关负责同志近 90 人参加。18 日，汪鸿雁同志出席结业式并讲话。

9 月 14 日至 20 日 周长奎同志陪同中共中央政治局委员、国务院副总理刘延东在比利时、英国分别出席中欧高级别人文交流对话机制第三次会议和中英高级别人文交流机制第三次会议。在比利时期间，周长奎同志陪同刘延东同志与欧盟委员会教育、文化、青年和体育委员蒂博尔·瑙夫劳契齐会见了参加第三届中欧青年政策对话暨青年问题专家研讨会的青年代表。在英期间，周长奎同志全程参加第五届中英青年领导者圆桌会。

9 月 14 日 团中央、全国学联在新疆农业大学举办 2015 年“新疆学子百村行”大中专学生暑期社会实践活动总结交流会。傅振邦同志出席并讲话。

9 月 15 日 秦宜智、汪鸿雁同志参加李源潮同志召集的有关工作会议。

9 月 15 日 汪鸿雁同志在北京参加中共中央政治局常委、国务院副总理张高丽会见越南政府副总理阮春福有关活动。

9 月 15 日 中国青年志愿者协会、中国工商银行在北京举办“助力梦想，青年成才”行动计划暨“工银 e 校园”手机 APP 发布会。汪鸿雁同志出席并致辞。

9 月 15 日至 17 日 傅振邦同志在东北大学开展“驻校蹲班”活动。17 日至 19 日，在辽宁台安县联系点调研。

9 月 16 日 秦宜智同志在北京列席国务院第 105 次常务会议，会议研究讨论了《关于全面建立困难残疾人生活补贴和重度残疾人护理补贴制度的意见》。

9 月 16 日 汪鸿雁同志在团中央机关会见“消防爱心专项基金”捐赠企业负责同志。

9 月 16 日至 19 日 中国青年企业家协会在北京举办第十一届会员第四期高级培训班，来自全国各地的 90 余名青年企业家参加。17 日，汪鸿雁同志为培训班授课。

9 月 16 日至 20 日 团中央学校部在北戴河培训基地举办 2015 年艺术、传媒类高校团干部培训班（第一期），来自全国各地艺术、传媒类高校的 150 名团干部参加。

9 月 17 日 秦宜智同志在北京参加中央宣传部组织召开的“加强网络意识形态安全工作”专题会议。

9 月 20 日 团中央、教育部、国家体育总局、全国学联在首都体育学院举办“走下网络、走出宿舍、走向操场”——《“三走”如何“走”》新书发布暨 2015 年全国大学生“‘三走’赢未来”户外运动团队挑战赛启动仪式。秦宜智同志出席并为“三走”活动形象大使颁发聘书，傅振邦同志出席并为大学生代表授挑战赛赛旗。各主办单位有关负责同志，首都体育学院主要负责同志，部分优秀运动员代表，以及北京高校师生代表共计 800 余人参加。仪式结束后，秦宜智同志等共同参加了同学们开展的户外体育锻炼活动。

9 月 20 日 傅振邦同志在清华大学出席苏世民学者项目专家研讨会。

9 月 20 日至 26 日 团中央在中央团校举办 2015 年度第 3 期全国新任职县级团委书记培训班，来自全国各地的 2014 年 8 月以后任职的县级团委书记、解放军和武警部队部分负责青年工作的干部共 129 人参加。24 日，傅振邦同志为培训班授课。

9月21日 秦宜智同志主持召开共青团第十七届中央书记处2015年第21次会议,传达学习中央有关精神,研究《高校学生社团管理办法》、团中央直属企业负责人薪酬制度改革实施方案及考核评价办法等工作。

9月21日至22日 汪鸿雁同志在湖北武汉市出席2015年海峡两岸青年大学生实作型创新创业大赛有关活动。

9月21日至23日 团中央、浙江省人民政府、中央网信办在浙江杭州市举办2015年"创青春"中国青年互联网创业大赛。23日晚,徐晓同志出席闭幕式并讲话,并为大赛冠军团队颁奖,浙江省人民政府副省长孙景淼出席闭幕式并致辞。各主办承办单位负责同志,大赛战略合作单位阿里巴巴集团负责人、互联网"大咖"、风险投资机构负责人、创业青年代表以及获奖项目代表共1000余人参加闭幕式暨颁奖典礼。

9月23日至24日 秦宜智同志在辽宁大连市出席中央综治委组织召开的全国社会治安防控体系建设工作会议。25日,秦宜智同志在辽宁大连市调研共青团工作。

9月24日 全团青年志愿者重点工作中期推进会在北京召开,会议集中部署了青年信用体系建设试点及志交会筹备工作,举行了"青年之声"志愿服务联盟百名专家团成立仪式暨首场报告会。汪鸿雁同志出席并讲话,并为专家团成员颁发聘书。国家发展改革委财金司、团中央青年志愿者工作部、团中央网络影视中心、中国青年企业家协会、中国青年创业就业基金会相关负责同志,北京、天津、江苏、浙江、福建、山东、湖北、广东、重庆、宁夏等10个省份团委和团成都市委有关负责同志,各省级团委志愿者工作机构主要负责同志,"青年之声"志愿服务联盟专家代表及青年志愿者代表共80人参加。

9月25日 秦宜智、贺军科同志在北京参加李源潮同志召集的研究《国家中长期青年发展规划》起草工作的座谈会。

9月25日至10月1日 罗梅同志随以中共中央政治局常委、全国政协主席俞正声为团长的中央代表团参加新疆维吾尔自治区成立60周年庆祝活动。9月24日,罗梅同志随代表团在北京参观新疆维吾尔自治区成立60周年成就展。在新疆期间,参加乌鲁木齐市革命烈士陵园祭扫活动,参观乌鲁木齐烈士事迹陈列馆,随全国政协副主席、中央代表团副团长张庆黎到博尔塔拉蒙古自治州、塔城地区、克拉玛依市看望慰问当地各族干部群众,参加庆祝新疆维吾尔自治区成立60周年座谈会,参加庆祝中华人民共和国成立66周年暨新疆维吾尔自治区成立60周年大会,并代表团中央向团区委捐赠50万元。

9月25日 周长奎同志出席中国青年出版(总)社干部会议。

9月25日 周长奎同志出席中华儿女报刊社干部会议。

9月25日 全国学校共青团研究中心第一期研修挂职干部离岗座谈会在北京科技大学召开。傅振邦同志出席并讲话。

9月25日 傅振邦同志在北京出席中国科协主办的"共和国的脊梁"主题晚会。

9月26日 汪鸿雁同志在北京出席银监会团委主办的"金缘青年汇"青年单身联谊活动。

9月28日 团十七届中央书记处举行第二十次集体学习,中国社会科学院近代史研究所原所长步平围绕"抗日战争胜利的伟大意义和历史启示"这一主题进行讲解。秦宜智同志主持并讲话,贺军科、汪鸿雁同志,机关全体干部、直属单位主要负责同志和代表参加。

9月28日 贺军科同志主持召开"2015年全国大众创业万众创新活动周"专题活动筹备会议。汪鸿雁、徐晓同志以及办公厅、城市青年工作部、农村青年工作部、中国青年创业就业基金会、中国青年企业家协会有关负责同志参加。

9月28日 汪鸿雁同志在北京出席国家发展改革委组织召开的大众创业万众创新部际联席会议第一次会议暨“全国大众创业万众创新活动周”组委会第一次会议。

9月28日 徐晓同志在北京出席中央金融团工委举办的“积分圆梦”活动启动仪式。

9月28日 团中央、全国学联在中国矿业大学(北京)举办2015年度寻访“中国大学生自强之星”活动启动仪式。傅振邦同志出席并讲话,有关单位负责同志以及900名大学生代表参加。

9月29日 团中央机关举办第57次年轻干部学习交流会,围绕“我经历的大宣传大调研活动”这一主题进行学习交流。徐晓同志出席并讲话,机关副处级以下年轻干部参加。

9月29日 团中央学校部、全国学联秘书处在北京举办“‘四进四信’学习”APP上线发布会。傅振邦同志出席并讲话,各联合开发单位负责同志和北京市高校团干部、学生理论社团负责人、大学生骨干、新闻媒体记者等方面代表参加。

9月29日 团中央学校部在中国青年政治学院举办以“社会公益组织的创新发展及大学生参与”为主题的第八期“团学道·新思享”高校共青团思想沙龙。傅振邦同志出席。

9月30日 秦宜智同志在北京参加烈士纪念日向人民英雄敬献花篮仪式。

9月30日 秦宜智同志在北京参加2015年国庆招待会。

9月30日 中国青年创业就业基金会在团中央机关举办“千喜鹤”杯中国青年餐饮业创业创新大赛专项基金捐赠仪式。徐晓同志出席。

9月30日 团中央举办“十一”开放日活动,新生代农民工代表、新经济组织员工、青年社会组织负责人、新媒体从业人员、青年教师、留学归国人员、大中学生、基层团干部、青年网友等不同群体的50名青年代表走进团中央,围绕共青团改革创新的方向和举措等问题开展座谈交流。傅振邦同志出席座谈会并讲话。

10月8日 秦宜智同志主持召开共青团第十七届中央书记处2015年第22次会议,研究“走进青年、转变作风、改进工作”大宣传大调研工作以及机关服务中心调整基本工作、建立养老保险和职业年金有关工作。

10月8日 罗梅同志在北京出席公安部主办的“好警嫂”推选活动揭晓仪式。

10月8日至9日 傅振邦同志在陕西西安市参加中俄人文合作委员会第十六次会议。

10月9日 中央综治委预防青少年违法犯罪专项组2015年度全体会议在团中央机关召开。秦宜智同志主持并讲话,中央综治委副主任、中央政法委副秘书长、中央综治办主任陈训秋,民政部部长李立国出席并讲话。中央综治委预防青少年违法犯罪专项组各成员单位有关负责同志及联络员参加。

10月9日 中央综治委预防青少年违法犯罪专项组重点工作推进电视电话会议召开。中央、省、市、县四级综治委“预青”专项组成员单位近7万人参加。秦宜智同志、民政部部长李立国在团中央机关主会场出席会议并讲话,汪鸿雁同志主持。

10月9日至16日 贺军科同志在江苏宝应县开展基层联系点调研。

10月9日 团中央直属机关召开“三严三实”专题教育交流讨论会。罗梅同志出席并讲话,中央组织部干部三局有关同志到会指导。团中央直属机关各部门、各单位党组织负责同志和党员代表80余人参加。

10月10日 罗梅同志在北京出席教育部组织召开的全国中小学生社会主义核心价值观教育经验交流会暨德育工作会议。

10月10日 团中央、科技部、工业和信息化部、国务院国资委、中国科协联合下发《关于引领职业青年投身创新驱动发展战略的实施意见》，对激发广大职业青年的创新活力和创造潜能，引导职业青年投身创新驱动发展战略作出部署。

10月12日 秦宜智同志列席中央政治局第二十七次集体学习。

10月12日 徐晓同志在团中央机关会见应全国人大常委会邀请，以俄罗斯联邦委员会副主席、俄达吉斯坦共和国国家权力执行机关代表乌马汉诺夫为团长的俄罗斯联邦委员会代表团。

10月13日 中央宣传部、中央文明办、解放军总政治部、全国总工会、团中央、全国妇联在北京召开第五届全国道德模范座谈会。中共中央政治局常委、中央书记处书记、中央文明委主任刘云山于会前会见第五届全国道德模范及提名奖获得者并在座谈会上发表重要讲话。中共中央政治局委员、国务院副总理刘延东参加会见，中共中央政治局委员、中央书记处书记、中央宣传部部长刘奇葆参加会见并在座谈会上宣读了习近平总书记的重要批示。秦宜智同志参加座谈会并发言。当晚，秦宜智、周长奎同志出席第五届全国道德模范授奖仪式——《圆梦中国　德耀中华》。

10月13日 中共中央政治局委员、国家副主席李源潮先后到山东济南市舜文中学和济南市青少年宫调研少先队工作，在济南市青少年宫与少先队辅导员、少先队工作者和少先队员代表座谈并讲话。罗梅同志参加调研并主持座谈会，山东省委副书记龚正，山东省委常委、济南市委书记王文涛出席。

10月13日 秦宜智同志在团中央机关会见韩国驻华大使金章洙。

10月13日 汪鸿雁同志在北京出席全国妇联举办的纪念北京世妇会20周年深入贯彻男女平等基本国策大会。

10月13日至15日 第二届中国青年志愿服务大赛组委会在北京举办全国赛项目初评会暨全国评审委员会成立仪式。13日，汪鸿雁同志出席成立仪式并为评审专家颁发聘书。

10月13日 傅振邦同志在北京参加全国人大常委会副委员长艾力更·依明巴海会见俄罗斯联邦委员会副主席乌马汉诺夫的有关活动。

10月14日 秦宜智同志在北京参加研究第六次中日韩领导人会议及李克强总理访问韩国有关事宜的工作会议。

10月14日 团中央农村青年工作部在中国农业大学举办“青春创富故事汇——返乡创业大学生、优秀农村电商走进农林院校”百场报告会首场分享会。徐晓同志出席并做点评。

10月16日 罗梅同志在北京参加中央组织部组织召开的全国社会组织党的建设工作座谈会。

10月16日 汪鸿雁同志在山东济南市调研非公有制经济组织团建工作。

10月16日 团中央、国家工商总局在山东济南市召开全国非公有制经济组织团建工作推进会。汪鸿雁同志，国家工商总局党组副书记、副局长刘玉亭出席并讲话，山东省副省长季湘绮代表山东省委、省政府出席并致辞。

10月16日 徐晓同志在北京参加2015年减贫与发展高层论坛。

10月16日 团中央农村青年工作部、中国扶贫中心在北京共同承办以“青年梦·扶贫梦·中国梦”为主题的2015年减贫与发展高层论坛——青年扶贫论坛。徐晓同志、国务院扶贫办副主任欧青平出席并致词。

10月16日 傅振邦同志在北京出席最高人民法院组织召开的访问学者和实习生计划座谈会。

10月18日 中国青少年发展基金会、中国三星在北京举办“中国三星携手希望工程十周年”纪念活动。第十届全国人大常委会副委员长、中国关心下一代工作委员会主任顾秀莲，贺军科同志、韩国驻华使馆公使朴银夏、三星集团大中华区总裁张元基出席。

10 月 19 日至 23 日 国家发展改革委、团中央等组委会单位在北京共同举办“全国大众创业万众创新活动周”系列活动。19 日，中共中央政治局常委、国务院总理李克强出席“全国大众创业万众创新活动周”启动仪式，考察主题展区并发表即席讲话。秦宜智同志等组委会成员单位负责同志陪同。19 日，中共中央政治局常委、国务院副总理张高丽出席以“实施创新驱动发展战略，推动大众创业万众创新”为主题的大众创业万众创新发展高峰论坛并讲话，国家发展改革委副主任林念修主持，秦宜智同志代表团中央作主题发言。论坛前，张高丽同志参观了 2015 年“全国大众创业万众创新活动周”主题展示，部分组委会成员单位负责同志参加。21 日，团中央举办以“创青春 创未来”为主题的中国青年创新创业论坛。上午，中共中央政治局委员、国家副主席李源潮出席论坛并讲话，秦宜智同志主持，贺军科、汪鸿雁同志，国家发展改革委副主任张勇，中国科协党组书记、常务副主席、书记处第一书记尚勇出席。论坛前，李源潮同志参观了 2015 年“全国大众创业万众创新活动周”主题展示，与参展的创业青年代表亲切交流。下午，徐晓同志出席论坛并发言。活动期间，在武汉、合肥、西安、成都、长春、沈阳、上海、深圳等地举办了“中国青年创业奖”全国巡讲活动；在北京举办了第一期全国青年创业训练营，来自各地的 110 名创业青年参加；在首批 40 家全国青年创业示范园区集中开展了青年创业服务周活动。

10 月 19 日至 21 日 教育部、国家发展改革委、工业和信息化部、人力资源社会保障部、团中央、吉林省人民政府在吉林大学举办以“‘互联网 +’成就梦想，创新创业开辟未来”为主题的首届“互联网 +”大学生创新创业大赛全国总决赛。20 日，中共中央政治局委员、国务院副总理刘延东接见大赛获奖学生、指导教师和专家评委代表，随后出席深化高校创新创业教育改革座谈会并讲话。教育部部长袁贵仁主持座谈会，黑龙江省省长陆昊、上海市副市长翁铁慧、湖北省副省长郭生练、清华大学校长邱勇、吉林大学校长李元元、南京大学校长陈骏、四川大学校长谢和平出席并发言，傅振邦同志出席。21 日，傅振邦同志出席总决赛闭幕式暨颁奖典礼并为获奖选手颁奖，吉林省省长蒋超良致辞，教育部部长袁贵仁出席并讲话，教育部副部长林蕙青主持。

10 月 19 日 贺军科同志在北京参加俞正声同志主持召开的中央统战工作领导小组第一次全体会议。

10 月 19 日 罗梅同志在北京参加中央宣传部组织召开的党委（党组）意识形态工作责任制座谈会。

10 月 19 日 团中央学校部、全国学联秘书处、中国中学生体育协会在天津举办 2015 年“卓尔杯”全国中学生足球挑战赛启动仪式。傅振邦同志出席并宣布挑战赛开赛，天津市副市长曹小红出席。

10 月 20 日至 23 日 团中央在北京举办全国省级团委班子成员主题读书班，深入学习领会《中共中央关于加强和改进党的群团工作的意见》和中央党的群团工作会议精神，进一步研究推动传达学习工作到基层的办法举措，深入研讨交流共青团深化改革工作。各省级团委班子成员，机关各部门、中国青年报社、团中央网络影视中心主要负责同志，全国行业团（指）委主要负责同志，各团省（区、市）委办公室、组织部、宣传部主要负责同志共 200 余人参加。秦宜智、贺军科、罗梅、汪鸿雁、周长奎、徐晓、傅振邦同志分别为主题读书班学员授课。23 日，中共中央政治局委员、国家副主席李源潮到中央团校看望主题读书班学员，与学员座谈并讲话。秦宜智同志主持座谈会，罗梅、汪鸿雁、周长奎、徐晓、傅振邦同志出席。

10 月 20 日至 21 日 团中央书记处全体同志在“青年之声”互动社交平台上与青年网

友互动交流，并回答了部分网友提问。

10月22日 团中央召开全团“青年之声”建设推进工作电视电话会议。秦宜智同志出席并讲话，贺军科同志主持，罗梅、汪鸿雁、徐晓、傅振邦同志出席。机关各部门、各直属单位主要负责同志，全国省级团委班子成员及办公室、组织部、宣传部主要负责同志，“青年之声”服务体系负责人，全国行业团(指)委负责同志共300余人在主会场参加会议。各团省(区、市)委班子成员和各部门主要负责同志，各团市(地、州、盟)、县(市、区、旗)委主要负责同志共4200余人在各省分会场参加会议。

10月22日 汪鸿雁同志在北京出席全国政协十二届委员会第四十次双周协商座谈会并就“规范城管执法行为”作专题发言。

10月23日 秦宜智同志在北京出席全国培育选拔年轻干部和女干部、少数民族干部、党外干部工作座谈会全体会议。

10月23日 贺军科同志在北京出席纪念台湾光复70周年大会并发言。

10月23日 贺军科同志在北京参加李源潮同志召集的传达中央书记处会议精神的有关工作会议。

10月23日 中央政法委、最高人民法院、最高人民检察院、团中央指导的，中国法学会主办的“第十届中国法学青年论坛”在北京举办，来自法学理论和实务部门的专家学者共200余人参加。中国法学会会长王乐泉出席并讲话，中国法学会党组书记、常务副会长陈冀平主持。汪鸿雁同志出席论坛开幕式并讲话。

10月25日 周长奎同志在北京出席中英大学生领袖创新体验营欢迎晚宴。

10月25日 中国青少年研究会第四届理事会第二次会议在陕西延安市召开。徐晓同志出席并讲话。

10月26日至29日 秦宜智同志在北京参加党的十八届五中全会。

10月26日 秦宜智同志主持召开共青团第十七届中央书记处2015年第23次会议，专题研究配合中央巡视组开展专项巡视有关工作。

10月26日 团十七届中央书记处举行第二十一次集体学习。《教学与研究》杂志主编，中国人民大学马克思主义学院秦宣教授围绕“中国梦与共产主义远大理想”这一主题进行讲解。受秦宜智同志委托，贺军科同志主持并讲话，罗梅、傅振邦同志，机关全体干部、直属单位主要负责同志和代表参加。

10月26日 罗梅同志在北京参加中央第二巡视组联络组工作会议。办公厅、组织部、机关党委有关负责同志参加会议。

10月26日 汪鸿雁同志在团中央机关会见应中央对外联络部邀请访华，以社民党联邦理事会成员、联邦议员、德中议员友好小组主席施密特为团长的德国青年政治家代表团。

10月26日至27日 徐晓同志在山西石楼县主持召开定点扶贫工作座谈会，并调研相关产业项目。

10月26日至27日 中国青少年研究中心、中国青少年研究会、中国青年政治学院、团陕西省委在陕西延安市举办第十一届中国青少年发展论坛，来自全国26个省份的青少年工作者和青少年研究专家、学者共200余人参加。26日，徐晓同志，中共陕西省委常委、延安市委书记徐欣荣出席并讲话。

10月27日 贺军科同志在团中央机关会见西班牙纺织设计实业集团主席帕布罗。

10月27日 团中央机关举办2015年第四次开放日活动，来自机关、企事业单位、基层社区等不同岗位的近50名青年代表走进团中央，围绕新形势下如何更好地贯彻和落实党的群团工作会议精神、做好共青团和青年工作的改革创新开展座谈交流。傅振邦同志出席座谈会并讲话。

10月28日 贺军科同志主持召开团中央

港澳青少年工作领导小组全体会议。傅振邦同志参加。

10月28日 汪鸿雁同志在北京经济技术开发区调研青年信用体系建设工作。

10月29日 贺军科同志在团中央机关主持召开《国家中长期青年发展规划》起草组第一次工作会议。

10月29日 徐晓同志在中国青少年研究中心出席"青年之声"成长服务联盟专家座谈会并讲话。

10月29日 团中央学校部在机关召开学校共青团深化改革座谈研讨会。傅振邦同志出席并讲话。

10月30日 中央对外联络部主办、全国青联协办的第二届中国与中东欧青年政治家论坛在北京开幕,来自中东欧16个国家、31个政党的约50名青年政治精英、地方党政骨干和青年组织领袖,以及约30名中方代表参加。30日,全国政协副主席齐续春出席开幕式并发表主旨讲话,罗马尼亚参议院副议长奥古斯丁·米图以及汪鸿雁同志出席并致辞。29日,中共中央政治局委员、国家副主席李源潮在北京会见出席论坛的外方代表,汪鸿雁同志参加。

10月30日 秦宜智同志主持召开共青团第十七届中央书记处2015年第24次会议,传达学习党的十八届五中全会精神和中央有关通报精神,研究部署有关工作。

10月30日 中央第二巡视组专项巡视团中央工作动员会在团中央机关召开,秦宜智同志主持并讲话,中央第二巡视组组长李五四讲话,中央巡视工作领导小组成员、办公室主任黎晓宏就配合做好巡视工作提出要求。书记处全体同志出席,机关处级以上干部、各直属单位主要负责同志参加。动员会前,秦宜智同志与黎晓宏同志、中央第二巡视组主要成员沟通情况、交换意见。动员会后,秦宜智同志代表团中央书记处向中央第二巡视组汇报有关工作情况,书记处全体同志参加。

10月31日至11月4日 应韩国国际交流财团邀请,秦宜智同志率中国青年精英代表团访问韩国。在韩期间,代表团参加了中韩青年创新创业专题座谈会、中韩青年企业家论坛、首届中韩青年领导者论坛,拜会了韩国女性家族部长官金姬廷、韩国国会副议长郑甲润,访问了釜山东西大学、釜山市文化创造中心,并与韩创业青年、青年企业家、大学生等青年代表互动交流。

10月31日 中华儿女报刊社等单位在北京举办中华儿女理事会年会暨2015中华儿女年度人物推介活动启动仪式。第十一届全国政协副主席阿不来提·阿不都热西提、全国政协外事委员会副主任蔡武以及周长奎同志出席并讲话,中国国电集团董事长、党组书记乔保平,国务院国资委监事会主席解思忠出席。

11月2日 中共中央政治局常委、国务院总理李克强,韩国国务总理黄教安出席首届中韩青年领导者论坛并致祝词,秦宜智同志致感谢词,韩国国际交流财团理事长柳现锡致开幕词,韩国中央日报中国研究所所长韩友德主持。

11月2日至5日 团中央、人力资源社会保障部在辽宁沈阳市举办第十一届"振兴杯"全国职业技能大赛决赛系列活动。5日,汪鸿雁同志出席"技能创新 技能报国"金牌选手面对面活动,第43届世界技能大赛冠军选手杨金龙、玉海龙、林春泷、钟世雄、张志坤,全国劳模徐强,首届"振兴杯"全国青年技能大赛钳工冠军曲骊,历届青工技能大赛选手代表,优秀青年典型,部分高、中职学生代表近600人参加。5日晚,汪鸿雁同志,辽宁省委常委、省总工会主席戴玉林,国家邮政局副局长邢小江出席大赛闭幕式暨"青创先锋"系列活动启动仪式。

11月2日至5日 应全国青联邀请,以社民党副党首、参议院议员福岛瑞穗为团长的日本社民党代表团访华。2日,周长奎同志在北京会见并宴请代表团全体成员。

11月2日至3日 徐晓同志在山西灵丘县调研扶贫开发工作。3日，徐晓同志出席定点扶贫暨灵丘县招商推介会并讲话。

11月3日 汪鸿雁同志在团中央机关出席支持共青城发展工作协调会并讲话。

11月3日 傅振邦同志在北京出席国家教育体会改革领导小组第18次全体会议。

11月4日至9日 应越南胡志明共青团中央邀请，秦宜智同志率中国青年代表团在越南参加第十六届中越青年友好会见活动。在越期间，秦宜智同志与越南胡志明共青团中央第一书记阮得荣座谈。代表团还拜会了河内市委负责同志。6日，中共中央总书记、国家主席、中央军委主席习近平与越共中央总书记阮富仲共同会见了参加活动的中越青年代表并讲话，中共中央政治局委员、中央政策研究室主任王沪宁，中共中央政治局委员、中央书记处书记、中央办公厅主任栗战书，国务委员、中央外办主任杨洁篪，全国政协副主席王家瑞，秦宜智同志参加会见。

11月4日 汪鸿雁同志参加全国政协提案委员会组织的走访民政部活动。

11月5日 全国少工委在北京召开学习会，学习贯彻中央党的群团工作会议精神和第七次全国少代会精神，学习贯彻李源潮同志在少先队建队纪念日座谈会上的讲话精神。罗梅同志出席并讲话。

11月5日 汪鸿雁同志在辽宁沈阳市调研企业“青年之声”运行情况及城市青年创业工作。

11月5日 团中央网络影视中心、中国青年创业就业基金会在北京举办“青年之声”创业服务联盟工作推进会暨《创业导师秀》开播仪式，“青年之声”创业服务联盟导师代表及创业青年代表、首都大学生代表参加。徐晓同志出席并讲话，并为导师代表颁发聘书。

11月5日至15日 傅振邦同志在延安干部学院参加第9期省部级干部党性教育专题培训班。

11月6日至8日 贺军科同志在北京出席全国政协十二届常委会第十三次会议。

11月6日 徐晓同志在北京出席中央网信办组织召开的第二届世界互联网大会(乌镇峰会)组委会会议。

11月6日 团中央下发《关于组织引导广大团员青年认真学习贯彻党的十八届五中全会精神的通知》，要求各级团组织通过多种形式组织广大团员青年认真学习、全面贯彻党的十八届五中全会精神，在全团兴起学习贯彻全会精神的热潮，找准结合点和切入点，切实把党的十八届五中全会精神贯彻落实到团的工作和建设之中。

11月7日 清华大学、中国青年政治学院等单位在北京举办“社会主义核心价值观协同创新中心”战略推进会。周长奎同志出席并致辞

11月9日 秦宜智、贺军科同志在北京参加李源潮同志召集的传达中央全面深化改革领导小组第18次会议精神的有关工作会议。

11月9日 团中央召开机关干部会议，开展2015年度团中央书记处选人用人“一报告两评议”工作。秦宜智、贺军科、罗梅、周长奎同志出席，机关局级干部、正处长和各直属单位主要负责同志参加。

11月9日至10日 团中央、全国学联、全国少工委、山东省人民政府在山东曲阜市举办第一届中华学子青春国学荟成果展示活动。10日，秦宜智同志、山东省委副书记龚正出席中国学子青春国学荟·十八岁成人礼活动并为百名学子加冠加笄及颁发成人礼证书，秦宜智同志作师长寄语，秦宜智同志出席中华学子青春国学荟汇报展示暨颁奖典礼并为“国学达人”挑战赛全国总决赛获奖选手颁奖。

11月9日 中央第二巡视组专题听取团中央贯彻落实中央党的群团工作会议精神有

关情况的汇报，贺军科同志以及办公厅有关负责同志参加。

11月9日至11日 汪鸿雁同志在四川成都市出席第十届中国—欧盟投资贸易科技合作洽谈会暨2015成都全球创新创业交易会开幕式并调研。在川期间，汪鸿雁同志在成都市、乐山市调研青年创业、区域化团建以及青年志愿者等工作。

11月9日至13日 团中央在全国青少年井冈山革命传统教育基地举办共青团农村战线学习中央党的群团工作会议精神培训班。10日，徐晓同志出席开班式并讲话。

11月9日至14日 团中央维护青少年权益部在中央团校举办2015年全国青少年事务社会工作专业人才队伍建设专题培训班，各省级团委权益部门、地市级团委负责同志，青少年事务社会工作服务机构有关人员共130人参加。

11月10日 周长奎同志在北京会见以马来西亚教育部副部长张盛闻为团长的马华公会青年团代表团。

11月11日至13日 首届中国—北欧青年领军者论坛在浙江义乌市举办，来自中国和北欧的300余名青年和企业界代表围绕“创业与梦想”这一主题进行交流。11日，中共中央政治局委员、国家副主席李源潮出席开幕式并致辞，丹麦首相拉斯穆森、冰岛总理京勒伊格松发来视频致贺，芬兰议长洛赫拉致辞，秦宜智同志主持开幕式。开幕式前，李源潮同志会见了芬兰议长洛赫拉、瑞典北欧合作大臣佩尔松、北欧部长理事会秘书长赫布罗藤等外方代表，秦宜智同志，外交部副部长王超、中央对外联络部副部长陈凤翔、中共浙江省委副书记王辉忠陪同。

11月11日 秦宜智同志在浙江义乌市调研青年电商有关工作。

11月11日 罗梅同志在北京出席中直工委举办的中直机关学习贯彻《中国共产党廉洁自律准则》和《中国共产党纪律处分条例》专题报告会。

11月11日至14日 团中央青年志愿者工作部在四川蒲江县举办首届中国青年公益创业训练营。12日，汪鸿雁同志出席开营式并讲话。

11月12日 秦宜智同志陪同中共中央政治局委员、国家副主席李源潮在上海市调研共青团深化改革有关工作。

11月12日 中央第二巡视组专题听取团中央关于全国青联有关工作的汇报，贺军科同志以及统战部有关负责同志参加。

11月13日 汪鸿雁同志与中国人民银行行长助理杨子强商谈青年信用体系建设有关工作。

11月13日至17日 全国青联在全国青少年井冈山革命传统教育基地举办十二届全国青联委员培训班（第三期），120余名全国青联委员参加。

11月14日 徐晓同志在天津出席京津冀三地青年“双创特区直通车”首场大学生专题推介会。

11月16日 秦宜智同志主持召开共青团第十七届中央书记处2015年第25次会议，传达学习中央有关精神，研究进一步贯彻落实中央党的群团工作会议精神、共青团中央机构和直属机关改革方案、加强香港青年工作方案等工作。中央第二巡视组有关同志列席会议。

11月16日至17日 团中央直属机关第十五次团员代表大会在北京召开。大会选举产生了中国共青团团中央直属机关第十五届委员会。团中央直属机关各级团组织推选的94名代表参加。16日，秦宜智同志在开幕式后与代表座谈并讲话，罗梅同志出席。座谈会前，罗梅同志出席开幕式并讲话。

11月16日至22日 团中央、中国科协、教育部、全国学联、广东省人民政府在广东工业大学举办第十四届“挑战杯”中航工业全国大学生课外学术科技作品竞赛终审决赛系列活动。17日，傅振邦同志，中国科协党组成员束为，中共广东省委常委、政法委书记林少春，广东省副省长陈云贤，中航工业集团公司党组成员孙卫福，全国学联主席王圣博，香港科技大学校长陈繁昌，广东工业大学党委书记苏一凡、校长陈新出席。其间，举办了“中国青创板”综合金融服务平台省部共建签约仪式、“2015寻访大学生创业英雄十强”颁奖仪式、创新创业成果交易会、国际大学生创新创业峰会、“对话诺奖大师”系列学术讲座、全国大学生创新创业联盟成立揭牌仪式等活动，召开了全国大学生创新创业联盟筹备工作会议、全国高校学生组织加强来华留学生工作推进会以及西藏与内地“中学中职学生结对子”、新疆与内地“百万中学生结对子”专题推进会。

11月16日至25日 应印度青体部邀请，傅振邦同志率中国青年代表团访问印度。在印期间，代表团拜会了印度青体部长索诺瓦尔，与马哈拉斯特拉邦内政部长 Ram SHINDE 会谈，走访了印度管理学院艾哈迈德巴德分校、孟买大学、尼赫鲁青年中心、尼赫鲁科学中心、孟买证券交易所等地，并与印度青年代表、中国驻孟买总领事馆人员沟通交流。

11月17日 贺军科同志在北京会见应教育部邀请，以教育和文化部常务秘书安尼塔·莱希科伊宁为团长的芬兰代表团。

11月18日至29日 应全国青联邀请，来自俄罗斯、白俄罗斯、哈萨克斯坦、吉尔吉斯斯坦、塔吉克斯塔、乌兹别克斯坦、土库曼斯坦等上合组织成员国、观察员国、参会伙伴的48名欧亚青年来华参加“筑梦丝路——欧亚青年领导人研修交流活动”。19日，贺军科同志会见代表团主要成员，并宴请代表团全体成员。20日，中共中央政治局委员、国家副主席李源潮会见了代表团，秦宜智、周长奎同志参加会见。

11月18日 中国国际青年交流中心、日本友爱协会在北京举办友爱国际摄影大赛颁奖仪式。罗梅同志，日本前首相、友爱协会理事长鸠山由纪夫出席。当天，罗梅同志宴请鸠山由纪夫一行。

11月19日 团中央直属机关党委在机关举办以“树廉洁家风 建和谐家庭”为主题的道德讲堂活动，中央纪委宣传部巡视员闫群力作讲座，罗梅同志出席并讲话，机关处级以下年轻干部、部分直属单位年轻同志约120人参加。

11月19日 团中央、教育部、财政部、人力资源社会保障部在北京联合召开大学生志愿服务西部计划电视电话会议。汪鸿雁同志出席并讲话，教育部、财政部、人力资源社会保障部有关同志出席并讲话。

11月19日 中央第二巡视组专题听取团中央“网军”建设及引导青年开展网上舆论斗争情况的汇报，周长奎同志以及宣传部有关负责同志参加。

11月20日 秦宜智同志在北京出席纪念胡耀邦同志诞辰100周年座谈会并发言，贺军科同志以及办公厅、组织部、宣传部、中国青年政治学院、中国青少年研究中心有关负责同志参加。

11月22日至23日 全国少工委在浙江杭州市召开全国社区和校外少先队工作现场交流会。罗梅同志出席并讲话，教育部、民政部、全国妇联、中国关工委等单位有关同志出席。

11月22日至28日 团中央在中央团校举办2015年度第4期全国新任职县级团委书记培训班，来自各地的2014年8月以后任职的县级团委书记共129人参加。25日，汪鸿雁同志为培训班授课。

11月23日 秦宜智同志列席中央政治局第二十八次集体学习。

11月23日 团中央、中央组织部在北京举办第16批博士服务团成员行前培训班。秦宜智同志出席开班式并讲话，贺军科同志出席，中央组织部副部长潘立刚主持。

11月23日 团干部深入基层联系青年工作项目组在团中央机关召开第二次全体会议。罗梅同志出席并讲话。

11月24日 秦宜智同志在北京参加张高丽同志主持召开的第24届冬奥会工作领导小组第一次全体会议。

11月25日 秦宜智同志主持召开共青团第十七届中央书记处2015年第26次会议，传达学习中央有关精神，审议共青团中央机关改革方案。

11月25日 团十七届中央书记处举行第22次集体学习，中央纪委案件审理室主任罗东川围绕“《中国共产党廉洁自律准则》和《中国共产党纪律处分条例》解读”这一主题进行讲解。秦宜智同志主持并讲话，罗梅、周长奎、徐晓、傅振邦同志，团中央机关全体干部、直属单位主要负责同志和代表参加。

11月25日 中央第二巡视组专题听取团中央关于全国青联有关工作的汇报，贺军科同志和统战部负责同志参加。

11月25日 贺军科同志在团中央机关会见香港民政局局长刘江华。

11月25日 团中央直属机关党委召开机关各部门主要负责同志和党支部负责同志会议，传达学习中央巡视组关于加强机关党的建设的意见，研究部署加强团中央机关基层党组织建设有关工作，推动各部门主要负责同志担任党支部书记，切实履行“一岗双责”。罗梅同志出席并讲话。

11月26日 团中央书记处召开“三严三实”专题教育第三专题学习会，围绕“严以用权，真抓实干，实实在在谋事创业做人，树立忠诚、干净、担当的新形象”进行学习研讨。秦宜智同志主持并讲话，贺军科、罗梅同志出席并发言，汪鸿雁、周长奎同志提交了书面发言，徐晓、傅振邦同志作重点发言。办公厅、组织部、宣传部、机关党委负责同志列席。中央第二巡视组、中央组织部干部三局有关同志到会指导。

11月26日 汪鸿雁同志在清华大学出席2015年世界艾滋病日主题宣传活动并讲话。

11月26日 周长奎同志在北京参加刘延东同志主持召开的公共卫生与传染病防控工作座谈会。

11月26日 团中央农村青年工作部举办机关开放日暨“走进十三五”主题团日活动，徐晓同志出席座谈会并讲话，农村青年致富带头人、基层团干部、大学生村官、农林类高校大学生等各类青年代表共50余人参加。活动期间，中国人民大学农业与农村发展学院院长唐忠教授围绕“十三五”规划作专题授课。

11月27日至28日 中央扶贫开发工作会议在北京召开。秦宜智同志列席27日的第一、二次全体会议，徐晓同志全程参会。

11月27日 中国少年儿童新闻出版总社在北京召开党委换届大会。罗梅同志出席并讲话。

11月27日 中国科协科普部、团中央学校部在中国科技馆举办“SOLVE FOR TOMORROW探知未来”2015年全国青年科普创新实验暨作品大赛决赛。中国科协党组书记、常务副主席、书记处第一书记尚勇，傅振邦同志，中国科协党组成员、中国科技馆馆长束为，三星电子大中华区总裁朴载淳出席并颁奖。

11月28日 周长奎同志在北京出席欧美同学会主办的中英青年创新创业高峰论坛。

11月28日 傅振邦同志在北京出席共青团清华大学第二十四次代表大会并讲话。

11月29日至12月1日 应全国青联邀请，以2015年度理事长中村豪志为团长的日本东京JC代表团访华。30日，贺军科同志在北京会见代表团。晚，周长奎同志宴请代表团。

11月29日至12月3日 团中央、中央文明办、民政部、中国残联、中国志愿服务联合会、重庆市人民政府在重庆举办第二届中国青年志愿者服务项目大赛暨志愿服务交流会。3日，中共中央政治局委员、重庆市委书记孙政才，十七届中共中央政治局委员、中国志愿服务联合会会长刘淇，汪鸿雁同志，中国残联副主席吕世明，中共重庆市委副书记张国清，中央组织部原部务委员、全国党建研究会副会长、中国志愿服务联合会副会长傅思和，文化部原副部长、中国志愿服务基金会理事长周和平，北京市人大常委会原副主任、中国志愿服务基金会理事长吴世雄等出席闭幕式。活动期间，还举办了中国青年志愿者协会第四届理事会第二次常务理事（扩大）会议、“展望十三五・志愿新常态”高峰论坛、“倾听青年之声・讲述志愿故事”分享会、中国青年公益创业大赛决赛以及“志愿中国”2016十大项目发布暨资源推介会。

11月29日 周长奎同志在北京出席丝绸之路（敦煌）国际文化博览会组委会第一次会议。

11月30日 李源潮同志召集团中央、全国妇联、中国科协、中国侨联负责同志研究落实中央扶贫开发工作会议精神，秦宜智、徐晓同志参加。

11月30日 秦宜智同志主持召开共青团第十七届中央书记处2015年第27次会议，传达学习中央扶贫开发工作会议精神，听取团中央巡视工作领导小组办公室、巡视工作联络组有关工作汇报。

11月30日 中央第二巡视组专题听取团中央直属机关国有资产管理工作情况的汇报，贺军科同志和办公厅有关负责同志参加。

11月30日 中央第二巡视组专题听取团中央直属机关党建工作情况的汇报，罗梅同志和机关党委负责同志参加。

11月30日至12月4日 团中央、农业部、中国邮政储蓄银行、江苏省人民政府在江苏盐城市举办第二届“创青春”中国青年涉农产业创业大赛（现代农业组）全国赛。4日，徐晓同志、农业部副部长张桃林、中国邮政储蓄银行副行长邵智宝观摩成长组决赛并颁奖。

11月30日 团中央学校部、教育部新闻办、新浪微博在北京对外经济贸易大学举办“丝路新世界・青春中国梦”2015年全国大学生“圆梦中国”暑期实践专项活动总结会。傅振邦同志出席并讲话。

12月2日 罗梅同志召集“向基层服务对象报到”工作协调会，组织部、团北京市委有关负责同志参加。

12月2日 傅振邦同志参加中国青旅集团公司有关工作会议。

12月3日 秦宜智同志主持召开书记处碰头会，贺军科、罗梅、傅振邦同志参加。

12月3日至4日 周长奎同志在北京出席中日执政党交流机制第五次会议。

12月3日 徐晓同志在江苏盐城市调研现代农业发展有关工作。

12月4日 团十七届中央书记处举行第23次集体学习，中央宣讲团成员、国家发展改革委宏观经济研究院原常务副院长林兆木围绕“党的十八届五中全会精神解读”这一主题进行讲解。秦宜智同志主持并讲话，罗梅、周长奎、傅振邦同志，团中央机关全体干部、直属单位主要负责同志和代表参加。

12月4日 贺军科同志在北京出席庆祝中国民主促进会成立70周年大会。

12月4日 汪鸿雁同志在北京出席全国政协社会和法制工作委员会组织召开的听取中央有关部门和单位对《中华人民共和国慈善法（草案）》意见的座谈会。

12月4日 傅振邦同志在北京出席全国人大常委会办公厅等单位组织召开的“弘扬宪法精神加强宪法实施”报告会。

12月4日至6日 团中央、全国青联、欧美同学会在广东珠海市举办2015海外学人回国创业周暨第三届留学生节。4日，广东省委常委、珠海市委书记李嘉会见海外学人代表并座谈。

12 月 5 日至 7 日 团中央、工业和信息化部、人力资源社会保障部、天津市人民政府在天津举办第二届“创青春”中国青年创新创业大赛（商工组）全国赛。7 日，贺军科同志，天津市委常委、组织部长尹德明，天津市委常委、滨海新区区委书记宗国英，天津市人民政府副市长何树山出席闭幕式。活动期间，还举办了第二期全国青年创业训练营、2015 年中国青年创客论坛等活动。

12 月 6 日至 8 日 团中央、全国青联、欧美同学会在天津举办“慧聚创新 · 协同共赢——2015 海外学人回国创业周”。7 日，贺军科同志，天津市委常委、组织部长尹德明，天津市委常委、滨海新区区委书记宗国英出席“双创特区直通车”青联委员及海外学人专场活动并讲话。

12 月 6 日 傅振邦同志在北京参加首都高校学生纪念“一二 · 九”运动 80 周年爱国接力长跑活动。

12 月 7 日 秦宜智同志主持召开共青团第十七届中央书记处 2015 年第 28 次会议，研究《共青团中央贯彻落实〈中共中央关于加强和改进党的群团工作的意见〉和中央党的群团工作会议精神实施方案》《共青团深化改革方案》《共青团地方改革试点工作方案》《国家中长期青年发展规划（2016—2025 年）》《共青团 2015 年工作情况和 2016 年工作安排》以及团中央机关 2016 年预算情况等事项。

12 月 7 日至 12 日 团中央学校部在北京、山西、内蒙古、安徽等省份的 21 所中职学校集中举办“彩虹人生——奋斗的青春最美丽”全国中职学校优秀毕业生校园巡回分享活动。7 日，傅振邦同志在机关与分享团成员座谈。

12 月 8 日至 14 日 团中央学校部在北京举办中国大学生骨干培养学校第九期学员理论学习周。8 日，秦宜智同志出席第八期学员结业暨第九期学员开班式并讲话，傅振邦同志主持。11 日，傅振邦同志参加学员分组讨论。12 日，傅振邦同志旁听有关讲座。

12 月 8 日 团中央在北京举办共青团外事工作培训班，各直属单位、各省级团委有关同志约 120 人参加。周长奎同志出席并讲话。

12 月 8 日 中国青少年研究中心在北京举办纪念“一二 · 九”运动 80 周年专题研讨会，徐晓同志出席并讲话。

12 月 8 日 团中央学校部在中国青年政治学院举办以“世界眼光与大国责任”为主题的“团学道 · 新思享”高校共青团思想沙龙，傅振邦同志出席。

12 月 9 日 团中央、全国学联在清华大学举办纪念“一二 · 九”运动 80 周年座谈会。中共中央政治局委员、国家副主席李源潮出席并讲话，秦宜智同志主持，傅振邦同志，中央宣传部副部长景俊海，中央党史研究室副主任张树军，教育部部长助理、党组成员陈舜，清华大学校长邱勇，全国学联主席、北京大学学生王圣博出席座谈会，中国大学生骨干培养学校第八、九期学员和清华大学学生代表参加。

12 月 9 日 秦宜智同志在北京参加中央港澳工作协调小组第 40 次全体会议。

12 月 10 日 汪鸿雁同志在北京出席全国人大法律委员会、全国人大内务司法委员会、全国人大常委会法制工作委员会联合召开的听取中央有关部门和单位对《中华人民共和国慈善法（草案）》意见的座谈会。

12 月 10 日 徐晓同志在湖北麻城市出席中央宣传部组织的全国科技文化卫生“三下乡”活动 20 周年纪念活动。

12 月 11 日 秦宜智同志在北京参加中央党校工作会议第一次全体会议。

12 月 11 日 团中央在机关召开 2015 年度共青团中央预算执行情况审计进点会。贺军科同志出席并讲话，机关各部门、各直属单位有关负责同志和代表参加。

12月11日至18日 应全国青联邀请，以青年事务署署长波斯佩洛夫为团长的俄罗斯百名青年代表团访华。16日，贺军科同志会见代表团主要成员并宴请全体成员。

12月11日 汪鸿雁同志在北京出席国家电网公司青年创新创意大赛优秀成果展示发布活动并讲话。

12月11日 徐晓同志在北京参加国务院扶贫工作领导小组第八次全体会议。

12月11日 徐晓同志在北京参加中央单位定点扶贫工作会议。

12月13日 周长奎同志在江苏南京市参加南京大屠杀死难者国家公祭仪式。

12月14日 团中央直属机关党委组织召开团中央系统党的十八大代表、全国人大代表、全国政协委员征求意见座谈会。秦宜智同志出席。

12月14日 傅振邦同志出席全国人大与俄罗斯联邦委员会青年访华代表团座谈会。

12月15日 秦宜智同志在北京出席北京2022年冬奥会和冬残奥会组织委员会成立大会。

12月15日 贺军科同志组织召开《国家中长期青年发展规划(2016—2025年)》征求意见座谈会。

12月15日至21日 应全国青联邀请，以主席巴维尔为团长的俄罗斯青年联盟代表团访华。16日，贺军科同志会见并宴请代表团全体成员。

12月15日 罗梅同志在北京出席中直机关学习贯彻《准则》、《条例》座谈会。

12月15日 团中央直属机关党委组织召开机关年轻干部征求意见座谈会。罗梅同志出席。

12月15日 傅振邦同志在北京参加国务院足球改革发展部际联席会议第三次会议。

12月15日 傅振邦同志参加文化部组织的新版歌剧《白毛女》全国巡演有关活动。

12月16日 中共中央政治局委员、国家副主席李源潮到团中央学校部、少年部调研，亲切看望团中央机关干部职工并座谈。秦宜智、贺军科、罗梅、傅振邦同志陪同调研。秦宜智同志主持座谈会并作工作汇报，李源潮同志作重要讲话，贺军科、罗梅、汪鸿雁、徐晓、傅振邦同志，机关各部门、各直属单位主要负责同志参加座谈会。

12月16日 国家网信办、全国青联、中央电视台在浙江乌镇主办了第二届世界互联网大会的“中美大学生共话互联网梦想”议题，来自15所美国高校的近百名大学生和12所国内高校的300名大学生参加。周长奎同志，国家网信办副主任任贤良，教育部副部长杜占元，浙江省副省长郑继伟出席并致辞。

12月17日 书记处全体同志在北京参加李源潮同志召集的研究共青团深化改革有关工作的会议。

12月17日 秦宜智同志主持召开共青团第十七届中央书记处2015年第29次会议，传达学习中央有关精神，研究团中央机关文件精简工作、《共青团贯彻落实党的意识形态工作责任制实施细则》以及中央第二巡视组移交的有关问题。

12月17日 中国青年创业就业基金会在团中央机关举办创青春“创业在路上 展望‘十三五’”座谈会暨中国青年创新创业投资联盟、中国青年创业导师团成立仪式。秦宜智同志为联盟揭牌，并为首批导师代表颁发聘书，徐晓同志主持会议。

12月17日 周长奎同志在北京出席中俄青年友好交流年闭幕式暨中俄媒体交流年开幕式。

12月18日至21日 秦宜智同志在北京参加中央经济工作会议、中央城市工作会议。

12月18日 汪鸿雁同志在北京出席全国政协社会和法治委员会第三次全体会议。

12月18日 徐晓同志与国务院扶贫办副主任洪天云交流共青团参与扶贫攻坚有关工作。

12月21日至28日 应全国青联邀请,以省际联络部联合秘书阿弗塔·贾马勒为团长的巴基斯坦青年代表团访华。22日,中共中央政治局委员、国家副主席李源潮会见代表团,秦宜智、周长奎同志陪同。

12月21日 汪鸿雁同志在北京出席全国金融青年提升岗位能力、提升服务水平工作推进会暨全国金融青年志愿者协会成立仪式并讲话。

12月21日 周长奎同志在北京出席中俄友好、和平与发展委员会中方全体会议。

12月21日 徐晓同志与阿里巴巴副总裁、集团合伙人孙利军商谈合作开展农村青年电商创业“千县万村百万英才”项目等事宜。

12月22日 秦宜智、汪鸿雁同志参加李源潮同志召集的研究贯彻落实中央经济工作会议精神的有关会议。

12月22日 中国共产党中国青年报社第二次代表大会在北京召开。贺军科同志出席并讲话。

12月23日 团中央、全国学联在北京召开高校“青年马克思主义者培养工程”工作推进会,各省级团委有关负责同志、部分高校团委书记以及中国大学生骨干培养学校学员代表共140余人参加。秦宜智同志出席并讲话,傅振邦同志主持,中央宣传部、教育部有关同志参加。

12月23日 完美文化传播基金、中国青少年发展基金会、中国妇女发展基金会、中国禁毒基金会、中国华文教育基金会在中国人民大学联合举办首届“完美公益影像节”。贺军科同志,国务院侨务办副主任任启亮,全国政协港澳台侨委员会副主任、中国华文教育基金理事长赵阳,全国政协社会与法制委员会副主任、中国妇女发展基金会副理事长甄砚出席。

12月23日 中国青年企业家协会在团中央机关举办新动力行动投资基金研讨会。汪鸿雁同志出席并讲话。

12月23日 周长奎同志在北京出席中华见义勇为基金会第24次理事会。

12月24日 秦宜智同志主持召开共青团第十七届中央书记处2015年第30次会议,专题传达学习中央经济工作会议、中央城市工作会议精神。

12月24日至25日 徐晓同志在北京参加中央农村工作会议。

12月25日 团中央直属机关召开学习贯彻《准则》、《条例》暨党风廉政警示教育座谈会。秦宜智同志出席并讲话,贺军科、罗梅、汪鸿雁、周长奎、傅振邦同志出席,机关各部门、各直属单位主要负责同志和党组织负责同志参加。

12月25日 汪鸿雁同志在北京参加国务院安全生产委员会全体会议。

12月26日 团中央农村青年工作部、北京林业大学、红星美凯龙家居集团在北京林业大学举办首届京津冀晋蒙青年环保公益创业大赛推介会,大赛“伙伴计划”单位代表,以及北京、天津、河北、山西、内蒙古五省份团组织、高校环保组织社团代表,参赛青年代表等300余人参加。徐晓同志出席并讲话。

12月26日 傅振邦同志在北京出席全国高校共青团研究中心第四期人文社科青年专家学者学术沙龙。

12月27日 秦宜智同志在北京列席刘云山同志主持召开的中央宣传思想工作领导小组会议。

12月28日 团中央书记处召开“三严三实”专题民主生活会。秦宜智同志主持,贺军科、罗梅、汪鸿雁、周长奎、徐晓、傅振邦同志出席,中央组织部部务委员兼研究室主任臧安民,中央第二巡视组、中央纪委、中央组织部、中央直属机关工委有关同志参加,机关有关部门负责同志列席。

12 月 29 日 秦宜智同志主持召开共青团第十七届中央书记处 2015 年第 31 次会议，传达学习中央农村工作会议精神，研究共青团参与脱贫攻坚工作。

12 月 29 日 秦宜智同志主持召开会议，专题研究中央第二巡视组进驻期间反馈情况的贯彻落实措施。贺军科、罗梅同志以及机关有关部门负责同志参加。

12 月 29 日 周长奎同志在北京出席中华全国体育总会九届三次常委会会议。

12 月 30 日 中国保险行业协会、中国青年志愿者协会在北京举办大学生保险责任行成果总结暨 2016 年活动启动大会。中国保监会党委副书记、副主席周延礼出席并讲话，汪鸿雁同志，中国保险行业协会会长、中国青年志愿者协会指导委员会委员朱进元出席。

12 月 30 日 周长奎同志在北京出席延安精神研究会常务理事会。

12 月 30 日 徐晓同志在北京出席第九届中华宝钢环境奖组织委员会工作会议。

12 月 30 日 秦宜智同志在北京参加中央政治局集体学习。

12 月 30 日 周长奎同志在北京出席 2016 年新年戏曲晚会。

12 月 31 日 秦宜智同志在北京参加全国政协 2016 年新年茶话会。

12 月 31 日 秦宜智同志主持召开共青团第十七届中央书记处 2015 年第 32 次会议，专题传达学习中共中央政治局专题民主生活会精神。

2015 年省级团委工作大事记

北京

2 月 9 日 团市委召开青年文明号新闻发布会，“青年文明号风采网”上线，利用微视频展播优秀集体事迹，网站点击率达到 3409876 次，投票总数 235388 票，评论数 1302 条，注册会员 130906 人。

3 月 4 日 由北京市委宣传部、首都文明办、市委社会工委、首都综治办、市民政局、团市委和北京市志愿服务联合会共同主办的“传承的力量——2015 年北京学雷锋志愿服务推动日”活动在北京国际会议中心举行。北京市委常委、宣传部部长、北京市志愿服务联合会常务副会长李伟，中国志愿服务联合会副会长兼秘书长赵津芳等出席活动，来自 500 余个志愿者组织的近 2000 名志愿者参与活动。

3 月 17 日 团市委启动“秀我 APP，腾飞中国梦”首届中国青年 APP 创业大赛北京赛区赛事。

4 月 18 日 面向中国两岸四地以及环太平洋地区在校大学生举办的 2015 第四届“青春的纪录”环太平洋大学生微纪录作品大赛启动仪式暨 2014 第三届获奖作品颁奖仪式在北京电视台 800 平方米演播室举行。全年，大赛共收到来自全国 20 个省市地区、70 所学校的 700 余部作品。

4 月 27 日 北京市“十三五”时期青少年事业发展规划编制专家意见征询会召开，北京大学、国防大学、中国青年政治学院等高校的

15位专家讨论了“十三五”时期青少年事业发展规划提纲及“十三五”时期青少年事业发展规划编制工作。

4月初 团市委组织机关及直属单位干部深入试点街乡镇、社区青年汇开展驻点工作,深入基层了解情况,大规模对接资源,帮助基层团组织开展工作,增强影响力和组织活力,为在全市范围内全面开展区域化团建工作积累经验、奠定基础。

5月29日到6月5日 举行首都庆祝“六一”国际儿童节系列活动。启动仪式“红领巾相约中国梦”音乐故事会率先举行。团中央书记处书记、全国少工委主任罗梅,北京市委副秘书长刘宇辉和北京市委宣传部、市教委、团市委、首都文明办、市妇联、海淀区等单位负责同志参加活动。

6月3日至7月24日 团市委举办8期“深入学习贯彻‘四个全面’战略布局 做践行‘三严三实’团干部”主题教育培训班,对全市区县局级单位团委班子成员、街乡镇团(工)委书记等1000名专职团干部进行轮训。

6月5日至7日 “来挑战吧”首都大学生户外挑战赛在北京国际青年营密云营地举办。18所高校派出队伍参与。团市委书记常宇、副书记杨海滨、郭文杰,北京市团校及参赛高校、密云县委县政府、密云团县委、密云县穆家峪镇相关同志参加闭幕式。

7月7日 北京团市委开展纪念中国人民抗日战争暨世界反法西斯战争胜利70周年集体宣誓活动。北京市委常委、组织部部长姜志刚,北京市委常委、统战部部长戴均良出席活动,北京市委宣传部、民政局、人力社保局、国资委、团市委、房山区等单位有关负责同志及来自全市各领域的优秀党员代表、团员代表、少先队员代表共1000人参加活动。各区县、各基层单位在同一时间开展集体宣誓活动,全市共有10万人参加。

7月20日至30日 团市委与中国国际青年交流中心、北京市人民政府外事办公室、北京国际和平文化基金会、陕西省青年联合会、宁夏回族自治区青年联合会、甘肃省青年联合会、青海省青年联合会在陕西、宁夏、甘肃、青海四省共同举办“未来领袖·青春使者——重走丝绸之路国际青年夏令营”活动,来自36个国家和地区的76名中外青年骨干参加活动。

8月13日 团市委举行2015年北京国际田联世界田径锦标赛志愿者誓师动员大会。国家体育局局长助理、世锦赛组委会执行主席高志丹,北京市政府副秘书长、世锦赛组委会副主席侯玉兰,北京团市委书记常宇,北京团市委副书记、世锦赛组委会委员、群众工作部部长杨海滨,北京团市委机关党委书记、市志愿服务指导中心主任郭新保以及北京43所高校分管世锦赛志愿者工作的校领导、团委书记、志愿者工作负责人参加誓师动员大会。

8月18日 “爱在阳光下——2015年艾滋病致孤儿童夏令营”培训总结拓展活动在北京国际青年营密云营地举办。团市委书记常宇、副书记郭文杰等同志参加活动。

9月3日 中国人民抗日战争胜利暨世界反法西斯战争胜利70周年纪念大会隆重举行。北京团市委负责纪念大会志愿服务、气球放飞等工作。

9月23日 在团中央“青年之声”网站下开设“青年之声·北京”的二级站点,用于北京地区“青年之声”的问答,并完成全市16区县的组织架构建设工作。

9月23日 “邮储银行杯”2015中国青年涉农产业创业创富大赛暨2015北京“邮青时贷”创富大赛启动会召开,团市委副书记王洪涛、邮储银行北京分行副行长吴玲出席启动会并讲话,13个涉农区县团委和区县邮储支行负责人参会。

10月12日至13日 联合国志愿人员组织(UNV)、北京市志愿服务联合会(BVF)在国家会议中心共同举行国际志愿服务交流大会。

来自世界五大洲27个国家的近百名专家、学者、志愿服务组织负责人参加。团市委书记、北京市志愿服务联合会副会长常宇主持开幕式。

10月至12月 “楼宇服务计划”青年商店微店平台上线25门免费课程。内容包含心理健康、家庭婚恋、安全教育、体育健身、思维拓展、创意手工6大类别，共走进17家企业，受益团员青年达到1500余人。

12月11日 2015年“中信国安创客杯”首都青年创新创业大赛决赛暨颁奖仪式在北京理工大学体育馆举行，来自全市各区、高校和社会报名的创业青年、青年学生、团干部等共计500余人观赛，“密农人家——更有味道的农产品”项目获得金奖。

12月17日 由北京大学、复旦大学、吉林大学、中山大学、财政部财政科学研究所国家治理协同创新中心、共青团北京市委员会、中共北京市委市直属机关工作委员会、中共北京市委全面深化改革领导小组办公室、北京市人力资源和社会保障局共同主办的国家治理论坛——青年与国家治理暨国家治理青年人才培养计划签约仪式在北京大学举行。国家治理协同创新中心联合主任、北京大学政治发展与政府管理研究所所长王浦劬与北京团市委书记常宇签署《国家治理青年人才培养计划合作协议书》。签约仪式由团市委副书记黄克瀛主持。

12月 团市委开展北京青年城市流动性调研，将全市青年分为“原住型”户籍青年、“迁入型”户籍青年、“门槛型”非户籍青年、“流动型”非户籍青年、流动人口二代5类，按1‰抽样进行，同时配比抽样36—60岁人口组进行对比分析重点研究。调研组建了由社科院专家、团市委机关干部、团区委干部、街乡镇团（工）委负责人、街乡镇所辖派出所干警、社区村流管工作人员、社区青年汇社工组成的调研队伍，共完成调查问卷11000份。

全年 据有关统计，社区青年汇新青年学堂项目共开设班级103个，涉及北京10个区，累计开课3522次，共5110名学员参与，成人高考报名3279人，其中录取2808人，录取率为85.64%。参与项目志愿服务的首都高校共34所，共招募志愿者1014人，志愿服务达3522人次。通过互联网，新青年学堂间接受益群体40000人次，其中包括QQ群、微信群、网站注册共10000人次，微信公众号发布新青年学堂相关资讯150篇，平均点击率200次。举办8期新青年城市体验营活动，近6.5万人次参加，充分利用新媒体宣传，总结30期活动成果，制作宣传片，线上线下互动交流。“阿达西”双语伙伴计划覆盖范围扩大到京疆两地22所小学，服务新疆维吾尔族550名小学生，全年共实现京疆小学生在线视频交流50次，累计时长6550小时。

天津

1月1日 《天津市预防青少年犯罪条例》正式实施，形成了全市以“两法两例”为重点以相关制度性安排为辅助的青少年法治格局。

1月份 团市委联合市总工会启动了“岗位践行价值观 青春建功中国梦”第二届寻找天津“最美青工”活动，各行各业200余名青年报名参加。活动评选出100名天津市“最美青工”。3月31日，“特别关注最美青工”展示评选活动梁京涛等10名青工脱颖而出，并作为天津的代表被推荐到团中央参加全国“最美青工”的评选。最终，王兆玮、王溯、徐妍获评全国“最美青工”称号。

3月12日 首届中国青年APP大赛天津市赛区暨“东软睿道杯”天津市青年APP大赛在天津空港经济区创新创业中心举办。最终，“马良”家具体验等10个优秀项目分获天津赛区一、二、三等奖，其中8个优秀项目入围全国青年 APP 大赛决赛,"志愿星"荣获全国大赛三等奖,天津团市委荣获大赛优秀组织奖。

3 月 团市委举办了"让爱温暖心灵,青春阳光助残"大型义卖活动,筹得百余万元善款用于支持全市"阳光助残"等志愿服务项目的开展。

3 月 天津市少工委全面启动了"红领巾志愿行"活动,开展主题活动 3370 场次,全市 15.2 万名红领巾志愿者参加志愿公益服务,组建红领巾志愿小队 5.3 万支。

4 月 "保护母亲河行动解放军青年林"在蓟县罗庄子镇揭牌,本项目将为蓟县植树造林总面积 1000 亩,捐赠项目资金 50 万元, 200 余名团员青年一起挥锹铲土,共同为生态环保建设贡献一份力量。4 月 24 日,2015 年京津冀晋蒙青少年增绿减霾共同行动示范活动——天津青少年公益定向"竞走"活动在武清区南湖公园举办,大学生环保社团、青年社会公益组织、青少年环保志愿者组织的 24 支竞走团队共 400 余人参与了本次竞走活动。参与活动的爱心企业根据活动总里程数现场认捐青年林建设资金 20.67 万元。

4 月 30 日 团市委组织召开了天津市纪念五四运动 96 周年座谈会。市委常委、市委组织部部长尹德明出席并讲话。市人大常委会副主任张俊滨、副市长曹小红、市政协副主席魏大鹏出席大会。会上,市领导同志为荣获第十五届"天津青年五四奖章"、天津青年"创新创业创优"奖等荣誉的优秀青年和先进集体代表颁奖。

4 月至 12 月 深入开展"团干部如何健康成长"大讨论活动。组织各区县局级团委广泛征集党政分管领导对"团干部健康成长"寄语,为团干部的成长指明了方向。深入开展"走进青年,转变作风,改进工作"大宣传大调研活动,扎实开展谈心谈话,广泛征求意见建议,梳理出 10 个方面 27 条《青年意见清单》,制定了整改方案,努力建设让党放心青年满意的忠诚、干净、担当的团干部队伍。

5 月 23 日至 24 日 在东丽区体育中心举行了京津冀青年创交会,共有来自京津冀等地的 400 余个青年创新成果、创业项目和天使汇、阿里巴巴、腾讯等上百家知名创投服务机构参会。市委常委、市委组织部部长尹德明同志出席活动并讲话。

5 月 28 日 团市委授予 41 名在"践行核心价值观 争做向上向善好青年"主题活动中涌现出来的优秀青年"天津向上向善好青年"荣誉称号,并举行首场分享交流活动。

6 月 16 日 由"全国向上向善好青年"和"中国青年五四奖章"获得者中的优秀代表组成的团中央分享团一行 4 人来津,与区县、机关、学校等各单位的 300 多名青年代表进行了深入交流。全年共开展分享交流活动 350 多场,直接参与青年 2.8 万人。

5 月 29 日 团市委、市少工委在河西区中心小学举办了"我们为红领巾添光荣——天津市庆祝'六一'国际儿童节主题队日"活动。市委代理书记、市长黄兴国,市委常委、市委组织部部长尹德明,市委常委、市委教育工委书记朱丽萍,市委常委、市委秘书长成其圣,副市长曹小红和时任市政府秘书长张志强等领导同志出席。黄兴国等市领导一同观看了儿童剧《我们为红领巾添光荣》,并为红领巾志愿服务队授旗。

6 月 17 日至 18 日 举办天津共青团服务青年创新创业工作新闻发布会暨"方橙式"青年创业线上融资平台启动仪式。9 月,与优客工场(北京)创业投资有限公司、天津一商友谊商贸有限公司、天津一商电子商务有限公司筹建天津一商优客工场青年创业投资有限公司,共同搭建"友谊创客 Mall"创业平台。

8 月 滨海新区爆炸事故发生后,团市委迅速组织心理专家志愿队伍深入四家医院和两个安置点为伤患群众和医务人员开展心理救助达 500 余人次,走进天津港、天津海关、中国银行天津分行等单位进行心理个案辅导。紧急启动了突发事件应急预案,组建心理疏导、医疗救护、义务献血等多支专业志愿服务队,动员、组建新滨海义工协会等10余个社会组织力量,为受灾群众提供各类帮扶,承担了交通疏导、秩序维护、物资登记、搬运和发放等多项任务,取得了良好成效,发挥了生力军作用。8月20日下午,市委常委、市委组织部部长尹德明同志看望了一线服务的志愿者。8月28日,天津市青少年发展基金会向天津公安消防总队、开发区、保税区消防支队以及天津港公安局下拨爱心善款共计400余万元。

8月 团市委承办了全国各民族大学生暑期"同心营"活动。400名各民族大学生齐聚一堂,以"汇聚民族情·共筑中国梦"为主题,共同参与了为期十天的社会实践与社会观察活动。市委常委、市委组织部部长尹德明出席启动仪式。

9月至12月 团市委联合市委宣传部、市文明办、市教委、市人社局共同举办"聚焦津彩微生活 创新创业展青春"第三届天津市青年新媒体创意创业节。大赛共收到1.5万件作品,近3万人直接参赛,29万人次参与网络投票,178件优秀作品获奖。

10月12日至13日 天津市第七次少代会正式召开,400名少代会代表参加大会。开幕式前,市委代理书记、市长黄兴国等市领导会见全体代表并作重要讲话。市委常委、市委组织部部长尹德明出席了天津市第七次少代会闭幕式暨"梦想从这里起航"主题大队会闭幕式并讲话,市关工委主任邢元敏出席并受聘担任市少工委名誉主任。会后,市委常委、市委组织部部长尹德明看望了教育工作者和少先队员。

11月 团市委承办了京津冀三地青年"双创特区直通车"首期大学生推介交流活动。来自京津冀50余所高校的优秀大学生创业者、高校团委书记、创服机构负责人等共计400余人参加了此次活动。京津冀三地学联主席共同发布成立"京津冀大学生创业社团联盟"。市委代理书记、市长黄兴国出席推介交流活动并讲话,市委常委、市委组织部部长尹德明,市委常委、市委秘书长成其圣,市委常委、滨海新区区委书记宗国英出席。

12月4日至8日 团市委承办了"盐商杯"第二届"创青春"中国青年创新创业大赛(商工组)全国赛,来自全国的232个创业项目参赛,赛伯乐、真格基金、清控集团、36氪等100多家投资机构到场观摩、参与评审、对接投资。

12月6日至8日 "慧聚创新·协同共赢——2015海外学人回国创业周活动"在津举办。全国和部分省市青联委员、青科协会员、海归学人及港澳台青年企业家代表,共计300余人参加此次活动。团市委、市青联在滨海新区中心商务区举办了"双创特区直通车——青联委员及海外学人专场推介活动"。市委常委、市委组织部部长尹德明出席会议并讲话。

12月10日至18日 应哥斯达黎加公民行动党全国青年委员会和委内瑞拉统一社会党青年团的邀请,以天津团市委书记徐岗同志为团长的中国青年代表团一行对上述两国进行了友好访问,并分别与两国青年组织以及青年代表开展了座谈交流。

河北

1月28日 举办"2015年河北共青团专职团干部青年马克思主义者培训班"。学员由全省各地300余名专兼职团干部组成。

1月29日 召开共青团河北省十四届四次全会,深入贯彻落实共青团十七届三中全会和省委八届九次全会精神,总结、部署全省共青团工作,进一步动员全省广大团干部和团员青年把思想和行动统一到团中央和省委的决策部署上来。省委副书记赵勇出席会议并讲话。

2月5日至6日 召开河北省少工委六届四次全委(扩大)会议暨少先队辅导员培训班。参会人员由第六届省少工委成人委员、各团市委分管书记、学少部长、总辅导员、各县(市、区)少先队总辅导员以及33个"全国少先队活动课程试点校"大队辅导员组成。

3月5日 "学习雷锋倡善行 青春服务进万家"暨"春雨行动"省会青年网络文明志愿服务进社区活动在石家庄市长安区义东社区举行。活动旨在利用网络平台,积极传承雷锋精神、志愿服务等向上、向善的精神力量,弘扬时代主旋律,汇聚网络正能量,唱响青年好声音。

4月14日至16日 团省委、省西部计划项目办联合新疆生产建设兵团团委在石家庄举办了"奋斗的青春最美丽"——2015年西部计划招募工作座谈会和志愿者优秀事迹报告会。

4月29日 河北省召开纪念五四运动96周年表彰座谈会。省委副书记赵勇在座谈会上寄语广大青年,要积极投身创新创业洪流,不辜负我们所处的伟大时代,以创新创业的生动实践书写青春华章。大会表彰了优秀青年典型和先进集体。青年代表宣读了《致全省广大团员青年的的倡议书》,返乡创业大学生代表、在校创业大学生代表、青年企业家代表、青年服务组织代表等畅谈了他们的创新创业故事。

5月6日至7日 团省委在石家庄召开全省共青团重点工作推进会,贯彻落实省委和团中央对共青团工作的重要指示精神,全面推进2015年重点工作任务,推动全省共青团工作迈上新台阶。

5月23日 首次举办的京津冀青年创新成果与创业项目交易会在天津市开幕。团省委与北京、天津团市委签订了《京津冀共青团促进青年创新创业合作框架协议》。来自京津冀等地的400余个青年创新成果、创业项目和天使汇、阿里巴巴等上百家知名创投服务机构参会。

5月25日 团中央"农村青年电商培育工程"示范培训班在河北省清河县开班。团省委副书记商黎兵、省商务厅、清河县委县政府等单位有关负责同志,以及来自各级涉农创业青年协会组织的创业青年、农村青年创业致富"领头雁"培养对象共计100余人参加开班式。

6月16日至17日 团省委、省少工委联合在石家庄召开河北省贯彻落实全国第七次少代会精神工作推进会暨少先队辅导员培训班。参加人员由各团市委副书记、学少部长、总辅导员;省直管县团委副书记、少先队总辅导员;其他各县(市、区)少先队总辅导员组成,共计220余人。

7月30日 共青团河北省委贯彻落实团中央全会和年中工作交流会精神,召开书记办公会(扩大)会议,机关各部门主要负责同志参加。团省委书记郭竞坤传达团中央十七届四中全会和年中工作交流会精神。同时,对全省贯彻落实会议精神提出举措。

8月27日 团省委、河北省青少年发展基金会举办"春雨行动 希望助学——2015河北省希望工程圆梦行动助学金集中发放仪式",在社会上传递爱心正能量。

9月6日 团省委按照团中央"常态化下沉基层"工作统一部署,召开第一批机关干部"常态化下沉基层"工作动员会,进一步将全体干部思想和认识统一到团中央精神上来。

9月24日至25日 召开河北省青少年理论研究会读书班暨第二次会员代表大会,深入学习贯彻习近平总书记系列重要讲话精神、中央党的群团工作会议精神、团中央十七届四中全会精神和省委中心组学习会议精神,团结动员全省广大青少年理论研究工作者,积极参与共青团全面深化改革和服务青少年健康成长。

10月15日 团河北省委召开"2015年新疆团、队干部来冀挂职工作安排会",团省委副书记宋华英、新疆巴州团委副书记山曹克图出席会议并讲话，参会人员有来自新疆的20名团、队干部和河北各团市委组织部长。两地团、队干部进行了交流发言，签订了《挂职期间责任承诺书》。

10月28日至29日　举办河北共青团深入学习贯彻中央4号文件和中央党的群团工作会议精神暨“解放思想、抓抢机遇、奋发作为、协同发展”大讨论主题读书班。学员由团省委机关处级以上干部，青基会、学生中心、网络办主要负责同志，各团市委班子成员，团定州、辛集市委主要负责同志，各团市委办公室、组织部、宣传部、全省改革创新试点县（市、区）团委、省各直属团委、部分省属重点企业、省属骨干院校团委主要负责同志组成，共计100余人，团省委领导班子成员出席活动。

11月6日　团省委、团市委及20家省级青年创业孵化基地负责人近40人组成的考察团在北京中关村创业大街开展考察对接活动。加强与中关村创业孵化器的联系合作，积极将中关村先进的创业模式引入并运用于全省的促进青年创业就业工作中来。

12月9日　举行2015河北青年创业先锋汇。省委副书记赵勇、省人大常委会副主任马兰翠、省政协副主席崔江水，团省委书记郭竞坤、省新闻出版广电局巡视员张砚平等单位相关领导出席了颁奖签约仪式。优秀创业项目代表，河北优秀青年企业家，省级青年创业孵化基地负责人共计150余人参加了此次活动。

12月29日　“科技奥运·协同共赢——2015海外学人回国创业周专场活动”在张家口市举办，加强河北青年与海外青年学人和青年创新精英人才的交流交往，助力京津冀协同发展，服务奥运经济。

山西

1月26日　省少工委主任马慧健、团省委相关部门负责人带领省青联社会团体、中介组织界别、公共管理界别和港澳特邀代表、华侨、海外留学人员界别的部分委员前往太原市娄烦县盖家庄联校看望留守儿童，现场捐赠御寒冬衣、手套、帽子、体育用品等价值7万元物资。

1月27日　省青联政法界别委员代表和“青莲读书会”携手“小桔灯爱心联盟”走进山西省荣军医院，开展“荣军过腊八，冬日送温暖”活动，慰问抗战先辈。

1月30日　省少工委主任马慧健、团省委相关部门负责人带领省青联工交、企业、商贸界别部分委员，省青联教育界别委员，赴太原市尖草坪区看望两个五保户家庭，送去米、面、油等生活用品和慰问金；赴翠鑫苑小学向贫困学生捐赠御寒冬衣、体育用品、图书等价值3万元物资，现场十位省青联委员与29个贫困孩子举行了结对帮扶仪式，共捐助金额14500元。

2月3日　团省委副书记、省青联主席安华带领省青联科技界别、新闻出版界别委员及青年社会组织“山西车联”成员赴文水县北章村东宜婷小学、凤城镇北街小学展开关爱慰问活动，给孩子们带去了体育和学习用品，并走进村里2户五保户家里送上米面油等生活用品及慰问金。

2月4日至10日　作为省委第八调研组，深入省人大、省政协、省国防科工办、省直工委、省国资委等单位和部分省直单位、军工企业、省国有骨干企业，对相关单位及企业党的群团工作现状进行调研，并形成《党的群团工作现状及加强改进对策建议》的调研报告。

2月6日　团省委副书记、省青联副主席任忠带领社会团体、中介组织界别和教育界别委员赴太原科技大学、太原理工大学看望高校贫困留守学生，并带去体育、文化用品及棉服。

2月7至8日　省青联卫生界别组织赴河津市光荣院看望慰问退伍老军人，为光荣院捐款15000元，捐赠价值1500余元的医疗器械，并组织中青年专家为老军人义诊。春节前，省青联科技界别的20余名青联委员慰问太原市西铭敬老院，给老人们带去了将近8000元的慰问品、慰问金。

3月5日 共青团山西省委“青年文明号一条街”青年网络文明行动暨志愿服务活动在省城太原迎泽大街举行。团省委副书记任忠与来自太原迎泽大街沿线30余家青年文明号结对单位的400多名志愿者一起，参加了志愿服务活动，用行动倡导文明。

3月20日 山西共青团与省教育厅联合开展了第二届（2015年度）“山西省青少年和青少年工作研究课题”的评选，同时将评选课题纳入山西省高等学校哲学社会科学研究项目。全省评审通过课题219项，确定立项22项资助课题、15项自选课题。

3月25日 线上“山西青年创业园——青创众帮”平台启动仪式在太原市高新区电子商务园移恒易速（集团）科技公司举行，团省委书记赵雁峰出席仪式，并启动开通上线。

3月26日 共青团山西省第十四届委员会第四次会议在太原召开。会议总结了2014年全省共青团工作，安排部署2015年工作任务，省委副书记楼阳生出席会议并讲话。

3月27日 山西省少工委六届二次全委会在太原召开。省少工委第六届委员会全体成人委员共70余人参加了会议。团省委党组成员、省少工委主任马慧健做工作报告。省教育厅党组成员、省高校工委副书记李忠人讲话。会议总结2014年全省少先队重点工作推进情况，对2015年工作进行了究部署。

3月 团省委、省未保办、省综治委“预青”专项组，省文明办等11家单位在全省组织实施“小桔灯梦想课堂”项目，重点帮助未成年人特别是进城务工人员子女、农村留守儿童、贫困弱势未成年人提高自身综合素质，实现身心健康发展。

3月至12月 “小桔灯梦想课堂”在三晋小学、马庄小学等50多所学校开展关于安全自护、法制教育等主题的活动，服务学生上万人，开设课程近百次，书本、有声读物等文体用品数千件。

4月 清明节期间，省少工委依托《山西青年报》和微信公众平台刊发题为《缅怀革命先烈 传承红色文化 培育爱国情怀》倡议，号召少年儿童缅怀革命先烈，绿色文明祭扫。各级少先队组织迅速响应，采取“线上线下”双结合的方式，以“网上祭英烈”、瞻仰烈士陵园等多种形式进行革命传统教育活动，参与人数达100余万人次。

4月19日至24日 团省委机关由党组成员带队，牵头成立6个调研组，重点围绕“青年流动、青年思想、青年需求、青年与新媒体、团的基层基础工作现状”内容，走访62个基层单位，召开43个座谈会，发放调查问卷6140份调查问卷，最终形成《关于加强改进全省共青团工作的建议》调研报告。

4月25日 省少工委联合山西省图书馆，启动山西省青少年“书香三晋”阅读活动，包括“手拉手图书漂流”、阅读专题讲座、最美“书香少年”评选等三个系列活动。据统计，5000余本图书“漂流”至新疆小伙伴手中。

5月4日 纪念五四运动96周年大会暨省青联第十一届一次全委会开幕式在太原工人文化宫隆重举行，省委副书记楼阳生等领导出席。

5月16日 团省委副书记刘娟在中北大学参加山西省首届高校模特大赛开幕式。

5月19日至21日 山西省农村团支部书记“领头雁”省级示范培训班在山西省经济干部管理学院举办，来自全省119个县区的141名村团支部书记参加了培训。省委组织部副部长陈学东出席开班式并讲话。

5月21日 举办“深领域杯”首届山西青年APP大赛，来自山西省各领域各战线的70

个优秀项目进行了激烈角逐，最终14个项目分别获得应用类和创意类一、二、三等奖。团省委副书记安华出席颁奖仪式并讲话。

5月28日 在太原市实验小学举行全省庆六一"关注少代会，当好小主人"主题队日活动，省委副书记楼阳生出席活动并作讲话，2000余名少先队员参加主题队日活动。

6月5日 太原市长风商务区山西大剧院文化岛平台举办"环保在路上——山西省青少年环保在路上徒步活动"，山西省共有3个市16个县参加活动；活动参与总人数达到1200人。团省委赵雁峰书记、环保厅厅长郭长青参加活动。

6月9日至11日 省少工委对200余名基层少先队辅导员和市县两级少先队工作者，及山西对口支援的新疆农六师五家渠市5名辅导员，进行集中培训。全省各市通过集中培训、专题讲座、以会代训等方式，培训少先队工作者和大、中队辅导员8400人次。

6月11日 太原举办山西省农村青年电商培育工程省级示范班。团省委副书记安华参加开班仪式。

6月15日 团省委副书记、省青联主席安华在山西大学参加了"晋港青年会，山西机遇行"首届香港青年学生山西实习计划启动仪式。

6月29日上午 山西省青年企业家协会第八次会员代表大会在太原迎泽宾馆举行，168名青年企业家参加了本次大会。大会审议并通过了关于《山西省青年企业家协会章程（修正案）》的决议，并依据新章程选举产生了省青企协第八届理事会、常务理事、会长、副会长，增补会员222人。团省委书记赵雁峰、副书记任忠出席大会。

6月29日下午 全省青年企业家代表座谈会在太原迎泽宾馆举行，省委副书记楼阳生出席并讲话。

7月9日 为纪念抗战胜利70周年暨世界反法西斯胜利70周年，山西省青年联合会在中北大学图书馆举办《中国战场之共赴国难》主题读书分享会。

7月13日 在全省11个市依托社区建立13家山西省青少年事务社会工作示范服务站，并为每个示范服务站配套工作经费2万元。

7月18日 在安泽县举行"保护母亲河"—中日青年临汾市生态绿化示范林项目第三期启动仪式。团省委相关部门负责以及日本友爱协会常务理事川手正一郎、日本友爱协会事务局局长助理羽中田元美等参加仪式。

7月24日 共青团山西省委驻天津市工作委员会在天津成立。团省委书记赵雁峰出席成立大会并与天津团市委书记徐岗共同揭牌。

7月至9月 举办大型电视创业节目《我要创业》。节目从7月4日开播至9月5日，共播出10期，44位创业者、13家投资机构、12位创业导师共同参与。

8月3日至10日 开展了为期八天的"晋疆少年手拉手体验交流活动"。来自新疆阜康市36名少年儿童和山西少年儿童结成"手拉手"小伙伴，先后参观了八路军太行纪念馆、观看了大型实景剧《太行山》，全方位、多角度了解在中国共产党领导下，八路军及华北敌后人民八年抗战的历史；考察了平遥古城等近代古城风貌，了解明清时期山西经济文化发展状况，感受源远流长的晋商文化；走进山西博物院，了解祖国五千年文明发展起源和中部地区的发展历史。

8月17日至19日 由团省委主办的山西省青少年事务社会工作示范服务站建设工作现场推进会暨青少年事务社会工作专业人才队伍骨干培训班在阳泉市成功召开。

8月22日 团省委"书香三晋·手拉手图书漂流"活动走进临县玉坪乡，号召大家为贫困地区捐赠书籍，分享美好。省青联委员捐赠书籍上万册。

8 月 26 日至 30 日 由全国青联安排，省青联接待了日本内阁府派遣，以一般财团法人日本交通安全教育普及协会专务理事、原日本学术会议事务局长竹林义久为团长的日本青年代表团。

9 月至 12 月 团省委第一批下沉干部共派出 9 名，分赴太原、晋中、阳泉等 3 个地市的 9 个县区开展工作，帮助当地团组织在团的自身建设，建立和完善团的组织体系，强化团员团干部队伍建设等方面开展工作。

10 月 8 日 山西共青团"走进青年、转变作风、改进工作"大宣传大调研活动启动。全省各市、各系统团组织深入基层开展为期一个月的调研，活动覆盖全省 11 市 42 个县（区、市），政策集中宣讲 210 次，实地走访企业、农村、高校、社区、专业合作社、基层团组织等基层组织机构 528 个，走访基层团干部、大学生村官、农村致富带头人、外出务工青年、社区闲散青年、城乡流动青年和创业青年等 7152 名。

10 月 8 日 共青团山西省第十四届委员会第五次会议于在太原召开，会议传达了中央和山西省委的群团工作会议精神，共青团山西省委书记赵雁峰讲话。

10 月 14 日 举办"青创众帮杯"第二届山西青年创新创业大赛。

10 月 22 日 由《中国书法》杂志社、共青团山西省委、山西省青年联合会联合主办，山西省青年书法家协会、山西青创客承办的"纪念中国人民抗日战争暨世界反法西斯战争胜利七十周年 ——全国书法名家作品邀请展暨山西省青年书法篆刻精品展"在太原美术馆开展。

11 月 4 日至 6 日 团省委举办全省市级团委班子成员深入学习中央、省委党的群团工作会议精神主题读书班，深入学习领会中央、省委群团会议精神，研讨交流共青团深化改革工作。团省委书记赵雁峰做专题辅导报告。

11 月 10 日 团省委书记赵雁峰，省高校工委副书记李忠人等领导参加了山西省青年教师及大学生骨干青年马克思主义培养工程开班仪式。

11 月 29 日 由山西省维权中心承办的"防艾 · 禁毒嘉年华"主题活动在山西省中医学院启动。共青团山西省委副书记马皖东，山西省卫生计生委副主任、省爱卫会专职副主任谢红，山西省防艾办常务副主任石秀萍，山西省禁毒办副主任、省公安厅禁毒总队副总队长杨毅斌等出席仪式。

12 月 2 日 团省委召开全省共青团"机关化行政化贵族化娱乐化"专项整治电视电话动员会，团省委书记赵雁峰就"机关化行政化贵族化娱乐化"专项整治工作作动员讲话。

12 月 3 日 由山西省维权中心承办的第五届山西省大学生模拟法庭大赛决赛暨颁奖仪式在市中级人民法院法庭举行。省委常委、政法委书记王建明，团省委书记赵雁峰，省高院常务副院长朱明，省教育厅厅长张文栋出席活动。

12 月 6 日至 8 日 省青联主席安华及部分省青联委员赴天津参加"慧聚创新 协同共赢"——2015 海外学人回国创业周活动。

12 月 21 日 在共青团山西省委团校关于举办山西省第二期农村青年电商培训班。安华副书记参加开班仪式。

12 月 28 日 召开省级"百县千乡"分类示范创建工作述评会，团省委相关负责同志，各市分管书记和农村部长，以述评促学习、树标杆，评选出省级示范县、乡和项目；召开农村工作务虚会，对 2015 年工作进行梳理，对明年工作进行考虑。

内蒙古

5 月 4 日 召开内蒙古青年创新创业创优标兵暨共青团"两红两优"表彰大会。自治区党委常委、组织部部长李鹏新出席会议并讲话。

5月18日至21日 自治区团委书记、青联主席常青率内蒙古自治区青联代表团赴蒙古国参加第十三届亚洲青年理事大会。蒙古国总统查希亚·额勒贝格道尔吉、蒙古国大呼拉尔主席赞达呼·恩赫包勒德分别接见了代表团主要成员。蒙古国总统查希亚·额勒贝格道尔吉出席开幕式并致辞。

6月16日 举办"追梦草原·携手发展"香港大学生暑期社会实践活动启动仪式。自治区青联副主席斯琴塔娜,自治区青联秘书长格更图雅,呼伦贝尔市团委书记伏鸿峰,全国青联常委、香港青年学生动力理事会主席、高锋集团董事局主席吴杰庄出席启动仪式,香港大学生实习单位负责人、50名香港大学生和30名呼伦贝尔学院大学生志愿者参加启动仪式。

7月12日 由自治区教育厅、体育局、团委主办,鄂尔多斯市教育局、伊金霍洛旗人民政府承办的自治区第十三届中学生运动会在伊金霍洛旗高级中学开幕。自治区政府副主席白向群出席开幕式。

8月4日至7日 开展由中国青年企业家协会、自治区团委主办,呼和浩特市政府、乌兰察布市政府、锡林郭勒盟行署、自治区青年企业家协会联合承办的"走进亮丽内蒙古 共建北疆风景线"中青企协主题考察活动。自治区党委常委、组织部部长李鹏新出席活动并致辞。

8月13日 举办由内蒙古团委、内蒙古青联主办,内蒙古伊利集团实业股份有限公司协办的"走进祖国正北方 感受亮丽内蒙古"全国青联委员、青年企业家内蒙古行活动。自治区党委常委、组织部部长李鹏新在新城宾馆会见了考察团一行。来自北京、天津、浙江等15个省市和香港地区的青联委员、青年企业家、特邀嘉宾以及内蒙古青联委员代表共100余人参加会见活动。

8月31日 由自治区团委、青联、学联共同主办的"勿忘国耻·圆梦中华"全区各族各界青年纪念中国人民抗日战争暨世界反法西斯战争胜利70周年专场演出在内蒙古人民会堂举行。自治区党委常委、组织部部长李鹏新、自治区团委书记、党组书记常青出席。

9月27日 "2015草原丝路——中俄蒙青年领袖圆桌会议"在呼和浩特召开。自治区团委书记、青联主席常青,自治区团委副书记、青联副主席陈晓东、李中增、诺敏,俄罗斯青年联盟中央委员会合作创新国际部中国方向主任利曼·阿娜斯塔西娅·阿纳多里耶芙娜,参加会议。

9月27日 中俄蒙三国青年艺术家共同参与组织的中俄蒙青年美术交流展在呼和浩特斯琴塔娜艺术博物馆举办。自治区政府副主席白向群、自治区团区委书记常青,内蒙古师范大学校长云国宏,中央美术学院教授、博导、国家画院版画院执行院长广军,蒙古国国家美术馆馆长巴图巴特尔出席了活动。

9月29日 由内蒙古青年联合会,自治区团委主办的"同欢乐,共发展"中俄蒙青年大联欢活动在呼和浩特乌兰恰特大剧院举行,俄蒙留学生和自治区青年学生共约1000余人出席了大联欢活动。

11月3日 举行内蒙古创业先锋人物评选活动颁奖典礼,自治区政府副主席白向群,自治区团委书记、青联主席常青出席活。

11月5日 由自治区团委联合金融办、人社厅、科技厅共同发起的内蒙古自治区青年大学生创新创业板(以下简称青创板)在内蒙古股权交易中心上线。

12月26日 举行由自治区团委、青联、青企协主办的"千企进校园 助力就业梦"全区共青团服务高校毕业生就业行动首场招聘会。自治区党委常委、组织部部长李鹏新,自治区政府副主席白向群,自治区团委书记、青联主席常青,内蒙古大学党委书记朱炳文出席招聘会。

辽宁

1月19日 省委常委会专门听取了团省委工作汇报,团省委书记赵红巍代表团省委做了工作汇报。

1月21日 团省委举行"共青团与人大代表、政协委员面对面"集中活动,省政协社法委副主任刘琳娜、团省委副书记陈奇夫、省人大内司委工青妇联络处有关领导出席活动,省人大代表、省政协委员以及有关高校专家学者就"健全社会化服务体系优化青少年成长环境"的主题进行了座谈。

1月27日 省委常委戴玉林来到团省委机关调研并看望全体机关干部。戴玉林听取了团省委书记赵红巍对团省委基本情况、全省青少年和基层团组织概况,以及团省委十三届三次全会筹备情况的汇报,并作了重要讲话。团省委副书记、党组副书记陈奇夫,省团校校长韩伟,团省委机关全体干部和所属事业单位负责同志参会。

2月2日 共青团辽宁省十三届三次全会在沈阳召开。省委常委戴玉林出席会议并作重要讲话。团省委书记赵红巍作共青团辽宁省十三届三次全会报告。

2月3日上午 辽宁青年志愿者服务春运"暖冬行动"在全省正式启动。团省委、沈阳铁路局在沈阳北站举行"暖冬行动"启动仪式暨志愿者岗前培训班。团省委副书记张鹏,沈阳铁路局党委副书记张树奎,省春运办交通运输协调处处长曲勃,以及沈阳铁路局团委、沈阳团市委等相关部门负责同志出席启动仪式,来自沈阳的170名"暖冬行动"志愿者参加了本次活动。

3月5日 由团省委、辽宁广播电视台联合组织开展的"志青春·创公益"辽宁青年公益组织培育计划在沈阳启动。团省委书记赵红巍、辽宁广播电视台副台长王红宇、团省委副书记张鹏出席启动仪式。

3月27日 举办年度首场"辽宁青年创业分享会"。上市公司、禾丰牧业股份有限公司董事长金卫东现身说法,从他自身的创业经历和禾丰牧业的成长过程,深入浅出地阐述了"创业与企业家精神"。团省委书记、党组书记赵红巍出席分享会。

4月10日 召开全省共青团援疆援藏工作会议。团省委书记、团省委民族工作领导小组组长赵红巍和省经合办副主任顾兆文出席会议并讲话。

4月15日 召开辽宁省少工委六届五次全会。团省委书记、党组书记赵红巍,团省委副书记、省少工委主任张鹏,省教育厅副厅长、省少工委主任王庆东出席会议并讲话。

4月17日 召开全省共青团新媒体工作培训会暨宣传思想工作交流会。团省委书记、党组书记赵红巍,省互联网宣传管理局局长郭铁钧出席会议并讲话,腾讯网教育频道总监、腾讯大辽网总裁潘鸿雁就新媒体内容生产及实操培训授课。

4月29日 由团省委、省新闻出版广电局、省教育厅3家厅局共同主办的"让青春遇见经典·用书籍滋润心灵"2015年辽宁省青少年读书节活动在沈阳建筑大学启动。省内部分高校、中学、小学学生代表等800余人参加启动仪式。

5月20日 举行辽宁青创赛示范路演暨创业分享会。来自全省的近200名创业青年代表参加了示范路演活动。

5月22日 团省委在辽宁会馆举办了"学习贯彻习近平总书记系列重要讲话精神"专题讲座。此次讲座以电视电话会议形式,将分会场开通到县级,省市县三级团委全体机关干部、所属事业单位班子成员,省直团委负责人和基层各领域团干部,总计4300余人参加讲座。

6月4日 举行辽宁省青少年环保公益“五年行动”第三季颁奖活动。全省14个团市委有关负责同志、22个优秀青少年环保项目代表以及来自东北大学、沈阳浑南二校的青少年志愿者代表等200余人参加活动。

6月6日 举行第十二届“挑战杯”辽宁省大学生课外学术科技作品竞赛终审决赛开幕式，东北大学校长赵继致开幕词。

6月25日 召开全省机关团员青年创优大会。省直机关工委常务副书记郭辉，省直机关工委委员王海东出席大会。

6月30日 在鞍山召开全省企业团员青年创新创效大会。团省委书记、党组书记赵红巍会议期间专程到鞍钢“李超创新工作室”进行了调研。

7月3日至5日 团省委、省青企协邀请上海市青年企业家协会代表团来辽宁进行投资考察。

7月12日 召开辽宁青年企业家助力稳增长研讨会。青年企业家就优化发展环境、突破发展瓶颈、加快企业发展畅谈意见和建议。

7月17日 团省委与辽宁股权交易中心签署战略合作协议仪式，全国首家服务创业青年和青年企业家的“青年创业板”金融综合服务平台（简称“青创板”）正式上线运营。

7月21日 团省委召开年中工作交流会暨“辽宁青年之声”互动社交平台建设工作部署会，就各市上半年推进落实团省委十三届三次全会工作部署、开展的特色工作、下半年工作打算及对团省委工作的意见和建议等情况进行了交流探讨。

8月5日至11日 举行由共青团辽宁省委员会、辽宁省少先队工作委员会共同举办的2015年“民族一家亲”辽宁·新疆·西藏青少年夏令营活动。来自哈萨克族、维吾尔族、东乡族、柯尔克孜族、蒙古族、锡伯族、藏族、汉族、满族、朝鲜族和回族11个民族的160名三地的小朋友参加了活动。

8月9日 “印象辽宁 梦想中国”全国大学生暑期实践专项活动在辽宁省锦州市辽沈战役纪念馆举行出征仪式。来自全国各地100所高等院校的100支社会实践团队共计520余人参加本次活动。

9月11日 沈阳军区与团省委共同举办了沈阳军区部队英模单位与辽宁省高校共建共育签约仪式，沈阳军区政治部副主任鲁世胜少将、团省委书记赵红巍出席活动并讲话。

10月9日至10日 举办第一届辽宁省青少年发展论坛。该论坛由团辽宁省委联合中共辽宁省委宣传部、辽宁省教育厅、辽宁省人力资源和社会保障厅、辽宁省社会科学界联合会等联合主办，团省委书记赵红巍出席会议并讲话。

11月2日至5日 第十一届“振兴杯”全国青年职业技能大赛决赛在沈阳开幕。600余人参加了开幕式。

吉林

1月21日 共青团吉林省委召开第四次党员大会。会议选举出了团省委机关第四届党委委员、纪委委员。

2月3日 团省委围绕“青少年事务社会工作专业人才队伍建设”主题，举办“共青团与人大代表、政协委员面对面”活动，形成省级政协联名提案一份、人大议案一份。

2月15日 共青团吉林省委召开十五届三次全委（扩大）会议。总结2014年全省团的主要工作，部署2015年及今后一个时期的工作任务。审议通过了《吉林省基层服务型团组织（吉青家园）建设实施方案（草案）》、《共青团吉林省十五届三次全会关于深入学习贯彻省委十届四次全会精神组织引导广大青年投身全面推进依法治省伟大实践的决议》。

4月17日 团省委联合省网信办共同举办第三届“我的中国梦”吉林微电影大赛，以大力营造敢于有梦、勇于追梦、勤于圆梦的良好氛围为重要切入点，突出“向上·向善”的价值取向，共有1066部微电影作品参赛。

5月29日 团省委联合吉林大学、吉林省科技厅举办第二届全球青年创新与创业会议。国务院发展研究中心产业经济部部长赵昌文教授、国务院发展和改革委员会东北振兴司副司长唐华、团省委书记程龙等出席。

5月30日 团省委联合吉林省科协、吉林省教育厅举行“创青春”第二届吉林省大学生创新创业大赛颁奖仪式暨青年创新创业项目推介会。省政协副主席、省教育厅厅长张伯军，团省委书记程龙等出席，全省各地高校师生代表1500余人参加活动。

6月6日 团省委联合工业和信息化部直属机关团委、工业和信息化部软件与集成电路促进中心共同举办工信青年专家创新创业服务活动暨首届吉林省青年App大赛。全省共计172支团队和个人参加，“绿色童年”等18个作品获得创意组和应用组一、二、三等奖。

6月24日至26日 团省委组织100名吉林青年志愿者“小玉米”，在协助全国工商联十一届六次常委会议暨“民企吉林行”组委会筹备会议，并完成会议的接待工作。

7月2日 吉林省少工委召开六届四次全委（扩大）会议。会议传达并学习了中国少年先锋队第七次全国代表大会会议精神，安排部署了2015年全省少先队工作，表彰了2014年度吉林省少先队“三十佳”等奖项。

7月22日至30日 团省委开展“少年儿童民族团结手拉手结对子”融情教育夏令营，新疆阿勒泰地区多个民族的少年儿童代表参加活动。

7月29日 吉林共青团微博微信荣获全省政务新媒体综合影响力第二名。

8月25日 省长蒋超良在省贸促会（省博览局）检查第十届中国—东北亚博览会筹备工作期间亲切慰问了省青年志愿者代表，并对团省委志愿者招募管理工作给予肯定。

8月29日 共青团吉林省委召开十五届四次全委（扩大）会议。会议传达学习了中央党的群团工作会议精神、省委十届五次全会精神、团中央十七届四中全会精神和省委统战工作会议精神，审议通过了《共青团吉林省委关于贯彻落实习近平总书记重要讲话精神 深入推进全省共青团工作改革 助力吉林老工业基地全面振兴的决定（草案）》和《共青团吉林省十五届四次全委（扩大）会议决议（草案）》。

9月2日 举办第七届“东北亚青年企业家发展论坛”开幕式。省委常委、组织部部长齐玉出席，来自国内外17个代表团的420余人参加。

9月2日 省委书记巴音朝鲁、省长蒋超良来到“创青春”吉林青年创新创业项目展暨创投对接活动现场参观指导，听取团省委书记程龙关于吉林青年创业园及青年创新创业工作的介绍。

9月11日 团省委联合省网信办、吉林日报社共同举办“文明上网 点赞吉林”——培育和践行社会主义核心价值观系列活动。评选出“四有”吉林好网民10人、“点赞吉林·弘扬社会正能量”手机摄影作品14部。

9月20日至24日 团省委推荐5个省级大赛获奖项目参加第二届“创青春”中国青年创新创业大赛互联网组比赛，荣获全国赛银奖1个、铜奖1个、优秀奖3个。

11月16日至20日 在第十四届全国“挑战杯”中，吉林省获得一等奖2项、二等奖4项、三等奖24项，省内4所高校获得“校级优秀组织奖”，吉林大学捧得“优胜杯”，团省委荣获“优秀组织奖”。

11月24日 团省委举办全省市、县级团委班子成员主题读书班，深入学习中央党的群团工作会议精神，进一步统一思想、提高认识，推动工作落实。

11月30日至12月5日 团省委推荐4

个省级大赛获奖项目参加“邮储银行杯”2015年中国青年涉农产业创业创富大赛，荣获全国赛铜奖1个，优秀奖3个。

12月1日至3日 团省委推荐30个项目参加第二届中国青年志愿服务项目大赛，荣获金奖2个，银奖13个，铜奖15个。

黑龙江

1月5日 团黑龙江省委举办“青春暖流”活动，为哈尔滨市香坊区香和小学的贫困学生捐赠3.5万元现金。

1月13日至18日 黑龙江省青联经贸考察团赴台湾进行经贸考察和交流。

2月3日至4日 共青团黑龙江省十三届三次全委（扩大）会议在哈尔滨市召开，团黑龙江省委书记李豪岩出席会议并作工作报告；团黑龙江省委副书记陈凯云作总结讲话；团黑龙江省委副书记关威、王淑滨、陈苏，团黑龙江省委副巡视员李井全出席会议。

3月4日 团黑龙江省委举办“青春志愿行 共筑中国梦”黑龙江省青年志愿者文化展、“弘扬雷锋精神 共建美好家园”共青团绿色环保志愿服务行动、“青年网络文明志愿行动”承诺签名、“青春志愿行 共筑中国梦”志愿服务故事分享会等系列活动。

4月8日 黑龙江省少工委六届五次全委（扩大）会议暨省少先队工作研究会2015年年会在哈尔滨市召开。

4月19日 团黑龙江省委举办奋斗的青春最美丽——西部计划新疆生产建设兵团宣讲团报告会。

4月29日 团黑龙江省委召开黑龙江省纪念五四运动96周年座谈会。

5月18日 团黑龙江省委召开“三严三实”专题会议。

5月23日 团黑龙江省委召开黑龙江省大学生创新创业工作推进大会，李豪岩同志作发言。

6月10日 团黑龙江省委举办黑龙江省青年创新创业大赛新闻发布会。

6月23日至24日 团黑龙江省委举办第十四届“挑战杯”黑龙江省大学生课外学术科技作品竞赛决赛。

6月25日 团黑龙江省委在共青农场举办全国农村青年致富带头人培训暨共青农场考察交流活动。

7月24日 团黑龙江省委举办第十三届全省青年职工岗位技能大赛启动仪式暨哈尔滨海关监管岗位技能大赛决赛。

8月6日 团黑龙江省委书记李豪岩、团黑龙江省委副书记陈凯云同志参加省委党的群团工作会议。

11月22日 团黑龙江省委书记李豪岩，团黑龙江省委副书记陈凯云、关威、王淑滨，团黑龙江省委副巡视员李井泉同志出席全省团干部深入学习党的群团工作会议精神主题读书班；李豪岩同志在主题读书班上作辅导报告。

上海

1月23日 全国城市街道区域化团建工作现场推进会在沪召开。团中央书记处常务书记贺军科、市委副书记应勇出席会议并讲话。团中央书记处书记汪鸿雁主持会议并布置2015年城市共青团工作。各省级团委有关负责同志、团中央有关部门负责同志和副省级城市及部分地市团委负责同志参加会议。徐未晚、王宇、王力为、刘伟、刘刚、周建军、赵国强同志参加会议，并陪同与会代表实地观摩了长宁区、徐汇区、普陀区区域化团建展示交流活动。

3月26日 召开共青团上海市第十四届委员会第五次全体（扩大）会议。市委副书记应勇出席会议并讲话。市委副秘书长彭沉雷、市委研究室副主任周志军出席会议。团市委书记徐未晚代表团市委常委会作工作报告。

4月25日 首批2015年意大利米兰世博会中国馆志愿者在浦东国际机场T2航站楼国际出发大厅举行出征活动，团市委副书记刘刚到机场为志愿者送行，36位志愿者将分三批次赴意大利米兰世博会为中国馆提供礼宾和观众接待、重大馆日活动和论坛统筹、新闻宣传等志愿服务工作。

5月4日 由团市委和市档案局共同举办的“创新，我们在行动”纪念五四运动96周年主题团日活动暨上海青年“创新梦想分享会”在市档案馆举行。市委副书记应勇、市人大常委会副主任薛潮、副市长时光辉、市政协副主席姜樑、市委副秘书长彭沉雷等领导以及200余位各界青年代表出席活动。团市委书记徐未晚在分享会上致辞。

5月30日 市委副书记、市少先队队长学校名誉校长应勇，副市长时光辉在团市委机关接见第七次全国少代会上海代表和市十佳少先队员，徐未晚、王宇、王力为、刘伟、刘刚、周建军、赵国强同志陪同接见。13名少先队员和12名成人将代表全市110万少先队员和广大少先队工作者，赴北京参加为期四天的全国第七次少代会。

7月3日 2015香港大学生暑期内地（上海）实习计划交流分享会在沪举行，市委统战部副部长、上海海外联谊会副会长赵卫星，团市委书记、市青联名誉主席徐未晚出席座谈会。市青联秘书长栗芳主持会议。来自香港多所高校的120名在沪实习大学生参加分享会，畅谈暑期实习心得与收获。

7月22日 在沪十二届全国青联委员、全国学联二十六大代表行前座谈会在上海青年管理干部学院召开。市委副书记应勇出席会议并讲话，市委副秘书长彭沉雷出席会议。徐未晚同志主持会议，全国青联十二届全会上海代表团成员52名、全国学联二十六大上海代表团成员28名参加会议。

7月31日 共青团上海市第十四届委员会第六次全体（扩大）会议在上海青年管理干部学院召开。徐未晚同志代表团市委常委会作工作报告，王宇、王力为、刘伟、刘刚、周建军、赵国强同志参加会议。

7月至8月 作为市政府年度实事项目之一，团市委在全市开办了243所小学生爱心暑托班，惠及近2万名小学生。为了给孩子们提供更高质的课程服务，首次依托上海青年家园民间组织服务中心招投标平台，筛选出一批青年社会组织承接基础类课程，通过充分发挥这些组织的特色和专长，使得各区县的每一堂课都成为一次独一无二的暑托班记忆。

9月1日 市委副书记应勇一行到团市委专题调研上海共青团深化改革工作，市委副秘书长陈寅、市委研究室副主任周志军等领导参加调研。会上，团市委书记徐未晚就上海共青团改革方案作了专题汇报，团市委各位党组成员和上海青年管理干部学院负责同志分别作了发言。

9月14日上午 团市委召开机关干部“常态化下沉基层”工作部署动员会。会议总结了上一阶段团市委机关干部到基层担任“团建联络员”的工作情况，并就进一步落实团中央“常态化下基层”工作作了部署和动员。会议由团市委副书记、直属机关党委书记刘伟主持。团市委党组成员、机关全体干部出席会议。

9月28日至29日 中央部委来沪调研未成年人网络保护立法工作。本次调研由中央网信办政策法规局副局长李长喜带队，中央网信办政策法规局干部傅宇丹、方禹陪同调研。

11月24日 “全球视野下的城市经济发展新动力——2015沪港澳青年经济发展论坛”在香港成功举办，上海青联代表团一行60人与港澳台两岸四地的200余名各界嘉宾、优秀青年和学生代表共同参与了相关活动。论坛开幕前，在上海市委副书记应勇、香港特别行政区政务司司长林郑月娥的见证下，上海青联主席王宇、沪港青年会主席李可庄、沪港经济发展协会会长姚祖辉共同签署促进香港青年在沪就业、创业合作协议。

12月5日 团市委举行第十八届“上海十大杰出青年”评选颁奖活动，市委副书记应勇为第十八届“上海十大杰出青年”颁奖并讲话，市政协副主席周汉民为提名奖获得者颁奖，市委副秘书长陈寅揭晓了第十八届“上海十大杰出青年”及提名奖获得者名单，徐未晚、王宇、刘刚、周建军参加活动。

12月10日至11日 团市委在上海团校召开上海共青团改革实施工作专题培训班，徐未晚、王宇、王力为、刘伟、刘刚、周建军、赵国强同志出席。

12月16日 第六届“上海市青少年科技创新市长奖”颁奖仪式在科学会堂举行，10名“上海市青少年科技创新市长奖”获得者和9名“上海市青少年科技创新市长奖”提名奖获得者受到了表彰。市委副书记、市长杨雄，市政府秘书长李逸平出席仪式并为获奖者颁奖，杨雄作重要讲话。徐未晚、王宇、王力为、刘伟、刘刚同志参加活动。

12月20日下午 徐未晚、王宇、刘伟、周建军同志出席上海市青少年发展“十三五”规划首场重点工作项目协商会议暨“共青团与人大代表、政协委员面对面”主题活动。

江苏

1月22日至23日 召开团省委十四届三次全会。深入学习习近平总书记系列讲话，特别是视察江苏期间的重要讲话精神，认真贯彻中央加强和改进党的群团工作意见精神，总结2014年工作，部署2015年工作任务，团结动员全省广大团员青年为“迈上新台阶、建设新江苏”作出新贡献。省委常委、组织部长王炯出席会议并讲话。团省委书记万闻华作工作报告。

2月11日 副省长曹卫星在南京师范大学仙林校区出席留校大学生慰问活动，看望慰问寒假留校的大学生代表。省教育厅厅长沈健、团省委书记万闻华参加慰问。

3月29日至4月2日 新加坡贸易及工业部政务部长、新苏合作理事会新方副主席张思乐率领新加坡青年企业家代表团一行40余人到访江苏南京。副省长曹卫星会见代表团一行。团省委书记、省青联主席万闻华，团省委副书记、省青联副主席张国梁出席相关活动。

3月31日 省青年联合会和新加坡青年商业领袖联盟在南京师范大学共同举办以“携手共进，飞跃巅峰”为主题的第一届新加坡—江苏青年商业论坛。新加坡贸易及工业部政务部长张思乐、副省长曹卫星出席论坛并致辞，团省委书记、省青联主席万闻华，省商务厅副厅长赵进，省外办副主任黄锡强，南京师范大学副校长缪建东等出席开幕式。

5月4日 省委常委、组织部长王炯、省人大常委会副主任蒋宏坤、副省长曹卫星、省政协副主席范燕青、南京军区少将刘战勤、省委副秘书长刘松汉在南京理工大学参加“创新启迪梦想，创业成就未来”江苏省纪念五四运动96周年主题活动。

5月29日 省委书记罗志军到南京市青少年宫参加“建设新江苏、争当好少年”少先队庆“六一”主题活动。省委常委、组织部部长王炯，省委常委、省委秘书长樊金龙参加活动。

6月6日 第十四届“挑战杯”江苏省大学生课外学术科技作品竞赛暨全国竞赛江苏省选拔赛决赛在淮阴工学院开幕。副省长曹卫星出席开幕仪式并讲话。

7月16日至18日 以青年和体育部部长文森特·姆瓦勒为团长的赞比亚青年代表团一行8人在江苏开展交流访问。7月16日晚，副省长曹卫星在南京会见代表团一行，团省委书记、省青联主席万闻华，省外事办公室副主任张松平，省体育局副局长刘彤出席活动。

7月17日 省人大常委会副主任、省对口支援工作领导协调小组副组长史和平在南京出席2015年江苏新疆民族团结天使手拉手夏令营开营仪式，团省委书记万闻华、团省委副书记司勇陪同出席。

8月3日 中国大学生骨干培养学校第八期学员江苏实践锻炼活动启动仪式在南京师范大学仙林校区举行。省委常委、组织部长王炯出席并致辞，团省委书记万闻华、南京师范大学党委书记宋永忠、团省委党组成员、省少先队总辅导员姜东、南京师范大学党委副书记王建出席仪式。

10月14日 新加坡—江苏合作理事会第九次会议在新加坡召开，副省长张雷，新加坡人力部政务部长、理事会新方副主席张思乐出席会议。理事会江苏方主席、江苏省省长李学勇向大会致信祝贺。团省委书记、省青年联合会主席万闻华率江苏青年代表团全体代表出席会议，并与新加坡青年商业领袖联盟签署深化合作协议。

10月14日 省青年联合会与新加坡青年商业领袖联盟在新加坡共同举办以“汇聚青动力，携手创未来”为主题的首届新加坡—江苏青年创业论坛。新加坡人力部政务部长兼新苏合作理事会新方副主席张思乐，副省长张雷出席论坛开幕式并致辞。新加坡工商联合总会营运总裁、新加坡青年商业领袖联盟主席郑嘉顺，团省委书记、省青年联合会主席万闻华出席论坛活动并讲话。

11月30日至12月4日 “邮储银行杯”2015中国青年涉农产业创业创富大赛全国赛在江苏盐城举行。农业部副部长张桃林、中国邮政储蓄银行副行长邵智宝观摩成长组决赛并为获奖选手颁奖。团省委书记万闻华、团省委副书记蒋敏陪同出席。

12月4日 省委常委、组织部长王炯，省委副秘书长刘松汉在南京出席2015江苏好青年百人榜揭榜典礼暨“奋斗的青春最美丽”分享会，团省委书记万闻华、团省委副书记司勇陪同出席。

12月8日 江苏省大学生纪念“一二·九”爱国运动八十周年活动暨2015江苏大学生“梦想公开课”在南京航空航天大学举办。省委常委、组织部长王炯出席活动并作点评。省委副秘书长刘松汉，团省委书记万闻华，团省委党组成员、省少先队总辅导员姜东和南京航空航天大学校长聂宏，党委副书记、副校长陈夏初出席活动。

12月13日 2015年南京大屠杀死难者国家公祭仪式在侵华日军南京大屠杀遇难同胞纪念馆举行。中共中央政治局委员、全国人大常委会副委员长李建国出席并讲话。

浙江

1月12日 共青团浙江省委、浙江省人大内司委、浙江省政协社法委联合开展了2015年浙江省“共青团与人大代表、政协委员面对面”集中座谈交流活动。与会人员围绕“发展青少年事务社工队伍，服务青少年健康成长”主题进行了深入探讨和交流。

1月份 共青团浙江省委、浙江省青联、浙江省青企协发起以“走入基层、走进青年、走向社会，送科技、送文化、送卫生、送温暖、送服务”为主要内容的“三走五送”走亲连心送温暖活动，4支小队分别赶赴温州苍南、丽水景宁、舟山岱山、衢州开化进行慰问。

2月4日 浙江省志愿者服务春运“暖冬行动”全面启动，为春运旅客提供各类志愿服务。2015年志愿者服务春运“暖冬行动”以“青春志愿行，温暖回家路”为主题，为此，省级成立了由团省委作为组长单位的“暖冬行动”工作领导小组，各市也都成立了相应的组织协调机构，负责春运志愿服务工作的组织开展。

3月26日 为进一步深化“双网互动”工作,落实农村区域化团建工作要求,着力夯实农村基层团工作的组织基础,团省委决定在全省农村基层团组织中广泛开展“十县百乡”分类示范创建活动。通过分类示范创建活动,在全省树立10个左右的农村基层团建示范县、100个左右的农村基层团建示范乡镇,示范带动本地区农村团组织共同发展。

3月31日 “小鱼治水”公益基金项目在浙江省青年绿色环保协会第二次理事会第一次常务理事会上正式启动。基金致力于改善水体环境,为团省委“哨兵护水、美丽浙江”全省青少年助力治水统一行动的重点项目。

4月23日 由浙江省青年联合会联合省内主要新闻媒体开展的2015年“浙江杰出青年”评选活动揭晓。王凯、王盛、王磊、刘超、沈亚香(女)、张星、范渊、罗培栋、徐桂芳(女)、潘东明荣获2015年“浙江杰出青年”称号

4月28日 “保护母亲河”行动解放军青年林浙江椒江项目启动仪式在台州大陈岛举行。项目占地面积共1000亩。

5月11日 举行浙江省“千万农民素质提升工程”省级高层次农村青年实用人才培训项目——创富好青年知识更新培训班开班仪式,旨在加强农村实用人才和新型职业农民队伍建设的培训工作。

5月24日 浙江省第十四届“挑战杯——创智下沙”大学生课外学术科技作品竞赛决赛在杭州电子科技大学落幕。来自浙江大学的《网络时代的3D打印食品个性化定制》等23件作品获得浙江省第十四届“挑战杯——创智下沙”大学生课外学术科技作品竞赛特等奖。

6月11日至14日 全国城市街道区域化团建骨干培训班在浙江省举行。来自全国各省(市、自治区)、地市、街道城市战线的150余名团干参加了培训班。

6月15日 团中央“农村青年电商培育工程”示范班(浙江省)在杭州开班。省、市、县三级优秀农村青年电商从业者近100人参加了培训。

6月27日 浙江省新世纪人才学院第十八期学员选拔面试在中国计量学院顺利举行。76名同学成为省新世纪人才学院第十八期学员。学院已成为实施“青年马克思主义者培养工程”的重要载体。

7月5日 2015年未来之星“星动杭州——香港大学生暑期内地实习计划”启动,来自香港多所大学的36名大学生在杭州展开为期一个月的实习活动。该活动已开展四年,先后接待了百余名香港大学生来浙实习。

7月8日至10日 举办浙江省骨干企业团干部培训班,来自省属企业团组织和全省各地非公企业团委负责人40余人参加了培训班。

7月14日 首届中国青年互联网创业大赛在杭州梦想小镇正式拉开帷幕。大赛以“互联青春 创梦未来”为主题,面向前景良好的初创型企业和意向创业团队,为参赛团队设置了200个奖项,奖金总额300多万元。

8月23日至26日 印度尼赫鲁青年中心联盟主任迪拉瓦尔·辛格率领印度青年代表团一行100人访问浙江。

8月30日至31日 2015年浙江省高校团干部、青年教师挂职县级团委工作培训会在嘉兴学院举行,2015年,浙江省共选派31名团干部、青年教师赴省内部分县(市、区)团委开展为期一年的工作,另选派1名高校团干部赴新疆挂职。

8月30日至9月2日 日本交通安全教育普及协会专务理事、原日本学术会议事务局长竹林义久率日本青年代表团一行30人访问浙江。

9月23日 2015年“创青春”中国青年互联网创业大赛在浙江省杭州市梦想小镇收官,为首次在全国层面开展的青年互联网创业赛

事，从 2015 年起每年在浙江举办一次。

10 月 10 日 举行浙江省纪念少先队建队 66 周年暨 2015 年“最美浙江人 · 美德少年”颁奖典礼，20 名少先队员获得“美德少年”的荣誉。

10 月 24 日 由共青团浙江省委、浙江广电集团、浙报集团主办的第三届世界浙商大会 · 青年互联网创业论坛在杭州梦想小镇举行。

12 月 24 日 浙江省农村青年致富带头人协会电商分会成立，旨在推进浙江农村青年电商 2231 培养工程，为广大农村电商创业青年搭建交流平台，实现资源共享、抱团发展。

12 月 25 日至 28 日 第一届浙江省暨杭州市中学生模拟联合国大会在杭州学军中学举行。

安徽

1 月 12 日 召开省青联座谈会，省人大常委会副主任陈先森出席座谈会并讲话。

1 月 13 日 召开省青联十届五次常委（扩大）会议。省青联常委、在皖全国青联委员、拟增补的委员、拟增选的常委、各界别秘书长共计 200 余人参加了会议。

1 月 18 日 举行安徽驻北京团工委主办、安北网承办的“徽乡情 创业梦”安徽青年在北京 2015 新年联欢会。省政府副秘书长、驻京办主任汪韧、团省委副书记杨正等出席活动，并与在京 1000 多名皖籍创业、务工青年一起观看了演出。

1 月 22 日 团省委书记李红、省委组织部农组处处长朱春旭一行赴肥东县元疃镇调研青年创业工作，并为安徽省大学生村官创业示范园揭牌。

1 月 23 日 安徽共青团网络宣传引导工作推进会在芜湖召开。

2 月 2 日下午至 3 日 共青团安徽省十三届四次全委会在合肥召开。会前，省委书记张宝顺对全省共青团工作作出批示。省委副书记李锦斌出席会议并讲话。

2 月 4 日 2015 年安徽省暨合肥市青年志愿者服务春运“暖冬行动”集中启动活动在合肥火车南站举行。省委常委、副省长陈树隆率省直有关部门赴合肥高铁南站、汽车客运西站、新桥国际机场检查春运工作。团省委书记李红陪同调研，团省委副书记李国阳在志愿服务现场指导青年志愿者开展工作。

2 月 6 日至 12 日 团省委书记李红，副书记李国阳、杨正，副巡视员李丹云分别到基层、青少年群体中开展集中走访慰问活动。

3 月 1 日 团省委书记李红参加安徽省直团工委组织开展的“清朗网络 · 青年力量”——“青春志愿行”主题志愿服务活动，亲切看望、慰问青年志愿者，同时以普通志愿者身份参加志愿服务活动，并在“清朗网络 · 青年力量”签字墙上签名，以实际行动带动身边更多的人传递网上正能量。

3 月 3 日 团省委召开共青团系统对口支援新疆工作座谈会。团省委副书记李国阳主持会议，团省委副巡视员李丹云、省援疆办、省援疆指挥部、省委组织部相关负责同志出席，机关各部室负责同志参加会议。

3 月 5 日 省台办副主任汪泗淇一行 3 人到团省委，调研对台青少年交流工作。团省委副书记、省青联主席李国阳出席并主持会议。

3 月 10 日 团省委召开全省基层服务型团组织建设工作推进会，团省委副书记李国阳出席会议并讲话。

3 月 30 日至 31 日 按照团省委统一安排，副巡视员李丹云带领创新社会治理与维护权益及青年统战工作专项调研组赴蚌埠市开展调研。

4 月 16 日 团省委书记李红、副书记李国阳赴国家开发银行安徽省分行进行调研走访座谈。国家开发银行安徽省分行行长于丕涛、副行长吴守华陪同调研。团省委组织部、城市部、联络部、机关党委等有关部门同志参加了座谈。

4月21日至23日 团省委、省委组织部、省财政厅相关部门共同组成调研组，深入六安、铜陵、池州等地实地走访调研大学生村官创业相关工作。

4月23日 团省委机关"三严三实"专题教育和全省"团干部如何健康成长"大讨论活动动员会在省团校综合楼三楼召开。团省委书记李红主持会议并讲话。团省委副书记李国阳、杨正，团省委副巡视员李丹云出席会议。

4月27日 全省预防青少年违法犯罪暨未成年人保护工作会议在肥召开。省委常委、政法委书记、省综治委预防青少年违法犯罪专项组组长徐立全出席会议并讲话。省政府副秘书长、省未成年人保护委员会副主任张武扬主持会议；省委政法委常务副书记、省未成年人保护委员会副主任郑宏，团省委书记、省综治委预防青少年违法犯罪专项组副组长、省未成年人保护委员会副主任李红，团省委副书记、省综治委预防青少年违法犯罪专项组办公室主任、省未成年人保护委员会办公室主任杨正参加会议。

4月27日至28日 全省街道区域化团建工作现场推进会暨培训班在淮北召开，团省委副巡视员李丹云出席会议并讲话，淮北市市委常委、组织部长、市政府常务副市长沈光继出席会议并致辞。各省辖市团委分管副书记、城市部负责人，部分团区委负责人，街道团工委负责人共60余人参会。

5月4日 时任省委书记张宝顺来到位于合肥市包河区的安徽青年电子商务产业园，参加"争做向上向善好青年·争做文明守法好网民"主题团日活动。省委常委、省委秘书长唐承沛，省委常委、合肥市委书记吴存荣，省委常委、组织部长邓向阳，省人大常委会副主任陈先森分别参加相关活动。合肥市市长张庆军，团省委书记李红以及省委办公厅、合肥市有关领导，团省委班子成员，各界优秀青年代表50余人参加主题团日活动。

5月13日 召开省少工委五届二次全委会。团省委书记李红出席会议并讲话。团省委副书记、省少工委主任杨正出席会议并主持。

5月28日 省委副秘书长、省皖北办主任陈启涛一行赴团省委调研青年创业工作。

6月4日 团省委召开共青团网络新媒体工作座谈会，团省委书记李红出席并主持会议，团省委副书记李国阳、副巡视员李丹云、相关部室负责同志参加会议。

6月23日至27日 团省委联合省选聘办、省商务厅举办安徽省"农村青年电商培育工程"示范培训班暨全省大学生村官创业兴皖富民示范培训班。团省委书记李红、副书记杨正，省商务厅党组成员、巡视员张光建，省委组织部农组处处长朱春旭等出席开班式，来自全省各市的100多名在岗已经从事电商创业或有从事电商创业意向的大学生村官参加了培训。

8月5日 团安徽省委在合肥与印度国大党总书记穆库·巴尔克里希纳·瓦斯尼克率领的干部考察团举行座谈。中联部一局副处长王正，团安徽省委书记、党组书记李红，团省委副书记、省青联主席李国阳，团省委副书记、省青联副主席杨正，团省委副巡视员李丹云出席座谈会。

8月11日至18日 团省委副书记、省青联主席李国阳带领团省委、省青联考察团一行8人，赴西藏山南地区推进对口支援工作，考察指导山南共青团工作，并看望慰问援藏干部和安徽省大学生西部计划志愿者。

9月11日 2015年安徽省选派高校团干部和青年教师到基层挂职工作会议在中国科学技术大学召开。省委教育工委常务副书记高开华、省委组织部副厅级组织员、干部综合处处长朱潜、团省委书记李红出席会议并讲话。中国科学技术大学党委副书记蒋一出席会议并致辞。

9月24日 召开全省"青年之声"互动社交平台建设工作培训会，团省委书记李红全程参加培训，团省委副书记李国阳参加培训并作总结讲话。

10月26日 由安徽省青年联合会秘书处与人民日报数字安徽联手打造的《青联好声音》公益宣传平台正式上线，即日起将通过人民日报数字安徽的全媒体渠道发出青年好声音。团省委副书记、省青联主席李国阳，省青联副主席余竹云，人民日报数字负责人、部分青联委员代表等出席上线仪式。

10月28日至31日 团省委召开全省共青团深入学习贯彻中央、省委党的群团工作会议精神主题读书班，深入传达学习中央、省委党的群团工作会议、团的十七届四中全会和团中央全国省级团委班子成员读书班精神。团省委书记李红，副书记李国阳、杨正和副巡视员李丹云出席主题读书班各项活动。全省各市、县(市、区)团委班子成员，团省直工委、省国资委团工委、省属高校、大型企业团委主要负责同志，部分驻外团工委负责同志，省青联委员、省青企协会员、中学团委书记、少先队辅导员代表，以及团省委直属单位主要负责同志、团省委法律顾问、团省委机关全体同志近300人参加了主题读书班。

11月30日 团省委领导班子"团干部如何健康成长"大讨论活动民主生活会在团省委机关第一会议室召开，团省委书记李红，副书记李国阳、杨正，副巡视员李丹云参加会议。

12月16日 2016年安徽省文化科技卫生"三下乡"启动仪式暨集中服务月活动在庐阳区三十岗乡三国遗址公园隆重举行。省委常委、宣传部长曹征海出席并宣布活动启动。省委宣传部副部长车敦安、贺懋燮出席启动仪式。团省委书记李红出席并看望共青团系统"三下乡"工作人员和志愿者。

福建

1月23日 团省委十三届四次全体(扩大)会议在福州召开，省委常委、教育工委书记陈桦，团省委书记何明华，副书记宿利南、兰明尚、陈涛出席会议。

2月13日 省委副书记于伟国到团省委机关调研，团省委书记何明华，副书记宿利南、兰明尚、陈涛陪同调研。

5月3日 省委书记尤权给6名自主创业的青年回信，希望广大青年弘扬劳动精神、创业精神，在创新创业实践中砥砺品格、锤炼意志，为建设新福建、实现中国梦贡献智慧和力量。

5月4日 福建省纪念五四运动96周年暨"我的中国梦——奋斗的青春最美丽"青年典型分享会在福州召开，省委副书记于伟国出席并讲话，省政府副省长洪捷序，省政协副主席陈义兴，团省委书记何明华，副书记宿利南、兰明尚、陈涛出席分享会。

5月16日 解放军青年林福建长汀项目启动仪式暨全省"共青团员义务星期六"示范活动在长汀举行，团省委书记何明华，省军区政治部副主任林德勤，团省委副书记宿利南、兰明尚、陈涛，龙岩市政府副市长李俊伟出席活动。

6月1日 六一国际儿童节前夕，省委书记尤权给第七次全国少代会福建少先队员代表们回信。

6月12日 "情系海峡、龙行天下"2015年两岸青年骑行最美福建活动在厦门举行，国台办副主任龙明彪，团省委书记何明华、副书记陈涛参加活动。

6月13日 第七届两岸青年社团负责人圆桌会议、"造梦两岸·共话创想"海峡青年创业论坛、两岸青年金融峰会在厦门举办。

6月18日 第九届中国青年科技创新馆在福州海峡国际会展中心8号馆开幕，省委副书记于伟国，省委常委、常务副省长张志南到展馆参观并指导工作，团省委书记何明华、副书记陈涛陪同参观。

8月26日 团省委十三届五次全体（扩大）会议在福州召开，省委副书记于伟国出席会议并讲话，团省委书记何明华，副书记宿利南、兰明尚、陈涛参加会议。

11月3日至5日 团省委在福州举办全省市县两级团委班子成员主题读书班，省委副书记于伟国看望全体学员并座谈，团省委书记何明华，副书记宿利南、兰明尚、陈涛分别为学员作辅导报告。

11月23日至24日 团省委书记何明华在厦门参加全省台湾青年创业基地建设现场会。

江西

2月2日 由团省委和省青年企业家协会主办的2015助力青年创业公益主题会在南昌举行。省委常委、省委统战部部长蔡晓明，省政协副主席、民建江西省委主委孙菊生，团省委书记曾萍出席。主题会共募集到40余件义拍品。截止主题会结束，现场共拍得善款229.6万元。

2月5日 召开共青团江西省委十五届三次全体（扩大）会议。省委副书记、常务副省长莫建成出席会议并作重要讲话。团省委书记曾萍出席会议，并代表团省委常委会作工作报告。

5月4日 省委书记强卫调研全省青年创业工作。强卫先后来到江西省“青创空间”、先锋天使咖啡众创空间、江西省农村青年电商创业服务中心、浙江大学科技园（江西）、南昌工程学院国家大学科技园等青年创新创业基地，详细了解针对青年创新创业的扶持政策和服务举措。团省委书记曾萍全程陪同调研。

5月4日 江西青年五四奖章表彰会暨“新常态·新青年·新作为”江西省各界青年代表座谈会在南昌召开，省委常委、省委组织部部长赵爱明出席会议并讲话，团省委书记曾萍主持。

5月21日 以“新常态 新青年 新作为”为主题的第二届中国青年企业家（共青城）发展峰会在共青城举行，省委副书记、省政府常务副省长莫建成、团中央书记处书记汪鸿雁出席开幕式并讲话，省政协党组副书记、省政协副主席钟利贵主持开幕式，团省委书记曾萍出席。共青城市委、市政府现场与部分参会企业签约，共签约项目25个，签约金额达160余亿元人民币，项目涵盖纺织服装、版权贸易、电子电器等行业。

5月21日 支持共青城发展领导小组在共青城召开第十次全体会议，总结共青城先导区前阶段的工作，协调解决存在的困难和问题，部署下一阶段工作。省委副书记、常务副省长、支持共青城发展领导小组组长莫建成主持会议并讲话，团省委书记曾萍参加。

5月29日 在六一儿童节到来前夕，省委副书记、常务副省长莫建成在南昌接见参加第七次全国少代会江西代表团全体代表，并勉励全省广大少年儿童要传承好红色基因，早立志，勤学习，树品德，强身体，争做全面发展的少年儿童，做具有高尚情操、充满活力和创造力的江西新一代。

5月30日 由团省委、省教育厅、省科技厅、省学联联合主办的第十四届“挑战杯”全国大学生课外学术科技作品竞赛江西赛区终审决赛在南昌航空大学开幕，来自全省72所高校的近800名参赛师生参加。31日，大赛在南昌航空大学落下帷幕，省政府副省长、省政协副主席胡幼桃出席闭幕式并为团体总分前三名获奖单位颁奖；省政府副秘书长林彬杨、团省委书记曾萍等出席闭幕式并为获奖集体和个人颁奖。来自全省72所高校的参赛学生、指导老师、观摩团、评审专家等3000余人参加此次比赛。

6月1日 赣新青少年手拉手远程视频主题班会活动在南昌举行。江西师范大学附属中学初一8班与新疆阿克陶县实验中学初一15班通过远程视频举行联合主题班会，省委副书记、省长鹿心社亲临现场与阿克陶县实验中学初一15班36名学子视频连线，勉励江西的少年儿童要与新疆、与全国的少年儿童一同手拉手，立志奉献国家、建设家乡，为实现伟大的中国梦贡献力量。

6月1日 省委书记强卫先后来到南昌市红谷实验学校和启音学校参加少先队队日活动，陪孩子们快乐过“六一”。他代表省委省政府向全省青少年儿童致以节日的问候，并深情寄语全省广大少年儿童，继承革命优良传统、传承红色基因，争做中国梦的奉献者、实现者。省委常委、南昌市委书记龚建华陪同参加活动。

7月 为进一步促进全省与少数民族地区青少年交流，团省委分别在江西、新疆克州阿克陶县举行了青少年“手拉手”融情实践冬、夏令营活动。7月，阿克陶县80余名青少年来赣参加为期7天的夏令营活动，省政协副主席刘晓庄出席启动仪式并宣布开营；8月，16名青少年赴阿克陶县参加为期7天的夏令营活动。

7月至12月 团省委、省青少年发展基金会启动实施了第十三个“江西希望工程圆梦行动”。圆梦助学行动以“微爱一元捐 共圆大学梦”为主题，以寻访爱心故事、励志故事为主线，以结对资助、捐岗助学等项目为载体，动员社会各界广泛参与，大力倡导助人自助的新型公益理念，实现了圆梦行动的新突破。在短短的两个月时间共募集善款1100万元，资助大学贫困新生3001名。

7月30日 由共青团中央、江西省人民政府主办的首届中国青年APP大赛总决赛暨颁奖仪式在共青城市举行，来自全国120个APP项目进入总决赛。经过两轮晋级赛，共有10个项目分获APP应用类别一、二、三等奖，4个项目分获APP创意类别一、二、三等奖。大赛组委会为120个参赛项目颁发了200余万元的奖励资金和价值1600余万元的青年创业“超级装备”礼包。60多家风投机构与80多个参赛项目达成投资意向近8000万元。省委书记强卫出席并为一等奖获奖项目选手颁奖，省政协副主席胡幼桃出席仪式并讲话，赛后还考察了共青城市APP产业孵化园的建设情况。团省委书记曾萍参加并陪同考察。

9月7日 根据省委省政府和省发改委的部署安排，团省委牵头编制的全省首个青少年事业发展规划。团省委举办江西省青少年事业“十三五”发展规划编制工作培训会，邀请了省政协常委、经济委员会副主任、省社科院首席研究员汪玉奇，省发展和改革委员会发展规划处处长董福长分别作专题辅导报告，团省委书记曾萍出席培训会。

11月2至5日 团省委举办全省团干部深入学习中央、省委党的群团工作会议精神主题读书班，深入学习领会中央和省委党的群团工作会议精神，进一步研究推动贯彻落实会议精神的办法举措，深入探讨交流共青团深化改革工作。团省委书记曾萍为全体学员作专题辅导报告。读书班还邀请了江西共青团和青年工作理论研究会常务副会长李建一、省委政研室副主任何建辉、复旦大学国际关系与公共事务学院教师郑长忠等省内外知名专家学者作专题辅导。

11月29日 由省促进非公有制经济发展领导小组办公室、团省委、省人社厅、省教育厅、省工信委、省商务厅、省工商局、省科技厅、省工商联共同主办的第三届“赢在江西”绿地杯青年创新创业大赛总决赛在江西电视台演播大厅举行，省委常委、省委统战部部长、省促进非公有制经济发展领导小组组长蔡晓明,省政府副省长、省促进非公有制经济发展领导小组副组长李贻煌,省政协副主席、省促进非公有制经济发展领导小组副组长兼办公室主任孙菊生,团省委书记曾萍出席并为获奖选手颁奖。创业青年代表、省内外风投机构专家、大赛 108 强优秀代表选手以及中央驻赣和省内 20 余家媒体近 200 余人参加。为帮助创业青年搭建投融资对接平台,团省委发起成立了江西青创投资联盟,决赛现场,蔡晓明、李贻煌、孙菊生、曾萍共同为江西青创投资联盟成立揭牌。

12 月 1 日 团省委牵头草拟的《关于促进青年创业的若干措施的通知》以江西省人民政府办公厅名义正式印发予以实施。文件按照平台搭建、创业主体、财税扶持、优化服务等四大方面,在充分吸收借鉴兄弟省份经验做法的基础上,针对创业青年群体普遍反映办公场地贵、政策了解难、创业意识教育不足、创业融资难等问题,提出了 11 项扶持青年创业政策措施,受到了全省广大创业青年的高度肯定和热烈欢迎。

12 月中旬 按照团中央关于开展第二批“全国青年创业示范园区”申报推荐工作要求,经过地市申报、省级初审、团中央终审,江西推报的中青数媒移动互联网 APP 产业孵化园、景德镇市大学生陶瓷创业孵化园荣获第二批“全国青年创业示范园区”。至此,全省“全国青年创业示范园区”增至 4 家。此前,九江恒盛科技创业园、抚州市青年(大学生)创业孵化基地被团中央批准为第一批“全国青年创业示范园区”。

12 月 23 日 江西省青联九届四次常委(扩大)会议在南昌召开,省委副书记莫建成出席会议并讲话。团省委书记、省青联名誉主席曾萍出席并发表讲话,团省委副书记、省青联主席孙鑫代表省青联向常委会报告了省青联九届三次常委会以来的工作情况。

山东

1 月 23 日 2015 年省“共青团与人大代表、政协委员面对面”活动在山东青年政治学院举行。团省委书记张涛围绕“加强青少年事务社会工作专业人才队伍建设,服务青少年健康成长”主题介绍共青团建议。

2 月 2 日 共青团山东省十三届三次全委(扩大)会议在济南召开。会议回顾总结 2014 年工作,研究部署 2015 年全省团的工作任务,团省委书记张涛作题为《改革求突破,攻坚求深化,推动山东共青团工作在新常态下走在前列》的报告。

3 月 28 日 团省委、省学联联合主办的“迈入青春门 走好成人路”2015 年省青少年 18 岁成人礼在曲阜孔庙举行。团省委书记张涛出席。

4 月 21 日 团省委联合省财政厅、省人力资源和社会保障厅、中国人民银行济南分行共同签发《关于印发〈山东青年创业助力计划(2015—2017 年)〉的通知》,2015 年至 2017 年,每年提供 5 亿元基准利率信贷资金,按照一年期贷款基准利率的 50% 配套贴息资金。

4 月 27 日 全省“团干部如何健康成长”大讨论活动及团省委“三严三实”动员会召开。团省委书记张涛作动员讲话。

5 月 4 日 省纪念五四运动 96 周年“争做向上向善好青年”主题活动在山东青年政治学院举办。省委常委、组织部长高晓兵出席并讲话,团省委书记张涛为团员青年讲授主题团课。

7 月 12 日至 25 日 围绕贯彻落实中央党的群团工作会议精神,团省委组成由各党组成员牵头的 5 个专题调研组分赴 10 个市集中开展“解剖麻雀式”蹲点调研活动。

8 月 9 日至 15 日 由共青团中央、解放军总政治部、全国少工委主办,团省委、省少工委、青岛团市委承办的2015年“各族少年手拉手,共圆美丽中国梦”主题夏令营活动在海军航空工程学院青岛校区举办。团中央书记处书记、全国少工委主任罗梅,解放军总政治部组织部副部长商亚恒,团省委书记张涛,团省委副书记、省少工委主任陈必昌出席开营仪式。

8月15日至17日 2015年省青年志愿服务交流会暨首届青年志愿服务项目大赛在烟台举行。团中央志工部副部长王明学,中国青年志愿者协会副会长谭建光,团省委党组成员、纪检组长谢宁出席活动。

9月6日 团省委机关干部常态化下沉基层工作动员会在团省委机关召开,就第一批机关干部下沉基层工作进行部署。团省委书记张涛出席会议并讲话,副书记任海涛,党组成员、纪检组长谢宁,副书记陈必昌、袁良出席会议。

9月22日至24日 由团省委联合省委宣传部、省委高校工委、省教育厅、省文化厅、中国孔子基金会、省学联、省少工委共同主办的“电信杯”第二届山东省青少年“国学达人”挑战赛决赛在曲阜举行。团省委书记张涛,中国孔子基金会副理事长牛廷涛出席活动并为获奖选手颁奖。

9月25日 共青团山东省十三届四次全委(扩大)会议在济南召开。团省委书记张涛出席会议并讲话,会议审议通过了《共青团山东省第十三届委员会第四次全体会议关于深入学习贯彻省委党的群团工作会议精神的决议》。

10月12日 团省委、人民银行济南分行、山东银监局在济南联合召开省第四批选派金融系统优秀青年干部赴县级团委挂职工作电视电话会议。团省委书记张涛出席会议并讲话。

11月1日至3日 全省市县级团委班子成员深入学习中央、省委党的群团工作会议精神主题读书班在省团校举办。团省委书记张涛出席读书班并讲话,副书记任海涛作总结,党组成员、纪检组长谢宁和副书记陈必昌分别作辅导报告。

11月9日至10日 由团中央、全国学联、全国少工委和山东省政府主办,团省委、省委高校工委、省教育厅、省文化厅、中国孔子基金会、省学联、省少工委、济宁市委、济宁市政府和曲阜师范大学承办的首届中华学子青春国学荟在山东曲阜举行。

11月18日至19日 中国少年先锋队山东省第七次代表大会在济南召开。省委书记、省人大常委会主任姜异康,省委副书记、省长郭树清,省政协主席刘伟,省委副书记龚正接见与会代表并合影。姜异康向大会授中国少年先锋队队旗。开幕式上,龚正代表省委致祝词,团省委书记张涛、省教育厅厅长左敏分别代表团省委、省教育厅致词。大会审议通过了山东省第六届少工委工作报告,选举产生了第七届少工委,团省委副书记陈必昌、省教育厅副厅长张志勇当选为省少工委主任。

12月29日 “鲁信杯”第四届省青年创新创业大赛总决赛在济南落下帷幕,12支创业团队参加总决赛,分获大赛创意组、创业组的一、二、三等奖。团省委书记张涛出席总决赛并为获奖选手颁奖,副书记陈必昌出席活动。

河南

1月3日 省委副书记邓凯在团省委《关于组织引导广大青年服务现代农业发展的情况汇报》上作出批示:做得很好！这方面工作的着眼点就是促进现代农业发展,促进农民增收致富。探索一段时间可以形成定型化的项目,争取政府支持,建立长效机制。

1月27日 由团省委、省青联主办,河南恩来公益负责协调,来自全省18个省辖市、10个省直管县(市)的50余家青年社会组织和深圳河南义工联合会龙华总队共同承办的2015“爱心送粥·青暖中原”公益行动在全省和深圳的100余个送粥点同步举办，共计送出10万份爱心腊八粥。团省委副书记、党组副书记李若鹏，30余名省青联委员一起参与了送粥活动。

2月4日 省委宣传部、省文明办、团省委等13个部门在长垣县樊相镇樊相村联合举行全省文化、科技、卫生“三下乡”集中示范活动。省委常委、宣传部长赵素萍，团省委副书记孙巍峰及相关省直单位领导出席活动。

2月11日至12日 共青团河南省十三届十一次全委（扩大）会议在郑州召开。会议传达学习了中央书记处对共青团工作的指示精神、省委常委会重要指示精神和共青团十七届三中全会精神，深入贯彻落实省委九届八次全会精神，总结了2014年全省共青团工作，安排部署了2015年和今后一段时期全省共青团工作。

2月11日 全省共青团系统党风廉政建设工作会议在郑州召开，省纪委委员、省监察厅副厅长周富强，团省委副书记、党组副书记李若鹏出席会议并讲话。

3月4日 “河南省青年网络文明志愿者集中注册”活动在河南财经政法大学举行。副省长张广智，团省委副书记、党组副书记李若鹏，团省委副书记孙巍峰、李建涛及河南财经政法大学领导出席活动。

3月17日 两岸青年代表交流座谈会在郑州召开。中国国民党青工总会总会长、国民党中常委侯佳龄，团省委副书记、党组副书记李若鹏，省台办副巡视员鲁笑茵出席座谈会并致辞。

4月25日 全省团组织学习习近平总书记系列重要讲话精神演讲比赛省级决赛（市县赛区）在三门峡举行。

4月29日 河南省纪念五四运动96周年暨学习习近平总书记系列重要讲话精神征文及演讲比赛汇报演出活动在郑州举行。省委副书记邓凯、省人大常委会副主任段喜中、副省长张广智、省政协副主席靳克文、省军区副政委冷志义等领导出席活动。

5月4日 全省各级团组织深入各界青年群体开展五四主题团日活动。

5月24日 河南驻外团干部“践行三严三实促进健康成长”学习交流会在深圳举行。团省委副书记、党组副书记李若鹏出席会议并讲话。河南省人民政府驻深圳办事处党组织主要负责同志出席活动，河南省市县三级驻广东、驻深圳团工委书记及豫籍在深团员青年代表共60余人参加了会议。

5月25日 “中华主根脉　丝路新风采”——世界华裔杰出青年助推河南融入“一带一路”战略主题交流会在郑大举行。团省委副书记、省青联副主席孙巍峰，第十届世界华裔杰出青年华夏行——走进河南参访团团长尤建民出席交流会并致辞。省外侨办纪检组长、党组成员郝利军出席交流会。第十届世界华裔杰出青年华夏行——走进河南参访团成员、省青联委员代表及省外侨办经济科技处、省青联秘书处和郑州大学校团委相关负责同志共计100余人参加交流会。

5月25日 团省委组织机关党员干部到郑州市预防职务犯罪警示教育基地参观学习。省纪委驻团省委纪检组组长、党组成员黄明海、团省委副书记李建涛，机关全体和直属单位副处级以上党员干部80余人参加了活动。

5月26日 由团省委、省青联指导，腾讯·大豫网主办的第四季河南青年相亲文化节在郑州举办，来自省会的1000位单身青年参加活动。团省委以及腾讯·大豫网的相关同志出席现场活动。

5月29日 由团省委主办，省纪委驻团省委纪检组、省纪委青年工作委员会、省青少年新媒体中心共同承办的“互联网对意识形态带来的冲击”主题报告交流会在郑举行。

6月2日 2015年河南省大学生村干部创业培训班在郑州开班。团省委副书记孙巍峰出席活动并讲话。省委组织部、团省委、省团校相关部门负责同志及来自全省各地的200名学员参加活动。

6月10日 团省委系统举行“三严三实”专题教育党课,团省委副书记、党组副书记李若鹏结合河南共青团实际,为机关党员干部上了一堂名为“认真践行‘三严三实’争做让党放心让青年满意的团干部”的专题党课,并对团省委开展“三严三实”专题教育提出要求。

6月12日至15日 “全国向上向善好青年”分享团走进河南开展系列分享活动,团省委副书记王艺、李建涛分别会见分享团成员和出席省级集中分享会。团中央相关部门负责同志、团省委机关干部、河南青年代表等共3000余人参加分享活动。

6月18至19日 河南省城市街道区域化团建骨干培训班暨重点工作推进会在郑州举行。团省委副书记李建涛授课并作讲话,团省委有关部门负责同志就街道区域化团建工作进行培训。

7月7日 省委书记郭庚茂在团省委《关于“河南青年之声”平台建设的专报》上作出重要批示:这是适应互联网时代做好群团工作的有益探索,应当总结经验,深入推进。平台建设固然重要,要能够有效持续运转,发挥载体平台作用。更为重要的是内容,能够起到凝聚青年、教育引导青年的作用,这需要一支高素质的采编人才队伍。希望你们积极探索,省委及政府有关部门要给予必要支持帮助。

7月10日 团省委党组召开中心组(扩大)集中学习会议,传达学习中央党的群团工作会议精神和省委九届十次全会精神,研究部署全省共青团系统贯彻落实会议精神的各项工作。

7月15日 河南省与新西兰青年组织在郑州交流座谈。团省委副书记、省青联副主席王艺,省外侨办副主任郭俊峰,新西兰毛利友人中原行参访团团长皮塔·莎普尔斯爵士,新西兰中华青年联合会主席高晓月出席并致辞。

7月20日至24日 河南省少先队辅导员学习贯彻第七次全国少代会精神培训班在开封举办。省、市、县三级少工委委员,市、县少先队总辅导员和中小学骨干大队辅导员代表共计300余人参加培训。

7月24日 “河南青年之声”农村青年发展服务联盟成立暨集中服务活动在郑州举行。团省委副书记、党组副书记李若鹏,团省委副书记孙巍峰出席活动,省委农办、省农业厅、省农信社、河南农业大学、郑州牧专等涉农单位(高校)的联盟专家团成员以及河南省青年农民专业合作社示范社理事长代表计70余人参加活动。

8月6日 “青年之声”专题座谈会在信阳召开,团省委副书记、党组副书记李若鹏出席会议并讲话。信阳团市委有关负责同志以及来自信阳市的企业、高校、基层团组织、知名网络大V、团属自媒体的负责同志参加了会议。

8月12日 2015年度河南省学校战线团干部暨大学生骨干培养班开班仪式在郑州举行。团省委副书记、党组副书记李若鹏出席仪式并为学员授课。

8月25日 “青年之声·河南”大学生村干部电子商务专题培训活动在济源举办,济源市委副书记张宇松,济源市委常委、组织部长仝柯峰出席活动,省委组织部、团省委等相关部门负责同志以及来自全省各地的50名学员参加活动。

8月27日 “贫困县希望工程圆梦行动”寒门学子分享汇在郑州举行。

9月8日 2015年秋季学期全国大中学生“社会主义核心价值观主题宣传月”启动仪式在郑州举行。

9月13日至15日 韩国青年代表团一行

100余人来豫访问。团省委副书记、省青联副主席王艺出席活动。省青联秘书处及委员代表参与活动。

10月27日 近日，全省选派银行业金融机构优秀青年干部赴县级团委挂职工作电视电话会在郑州召开。团省委副书记孙巍峰，河南银监局党委委员、副局长周家龙在主会场出席会议并讲话。团省委、河南银监局、五家金融机构有关部门负责同志以及挂职工作先进个人、单位负责同志在主会场参加会议，会议同时在18个省辖市设立分会场。省、市、县三级团组织、银监部门、有关金融机构负责同志，部分县级团委、金融机构负责同志共约300余人参加会议。

10月27日 近日，河南省“青春扶贫行动”暨荷福泰“心”基金慈善救助项目启动仪式在周口市西华县举行。

11月16日至18日 全省共青团深入学习贯彻中央、省委党的群团工作会议精神读书班暨“青年之声·河南”建设推进会在郑举行。省委副书记邓凯出席会议并作重要讲话。省委副秘书长苏长青出席会议。团省委副书记、党组副书记李若鹏出席会议并作辅导报告。

11月27日 2015“温暖冬天”行动启动仪式在中州大学举行。河南省青少年发展基金会、中州大学有关负责人，“青年之声·河南”公益帮扶志愿服务联盟成员单位的志愿者、爱心企业、新闻媒体、受助学生200多人参加了启动仪式。

12月16日 近日，河南高校基层团支部“活力提升”工程及中学中职学校共青团“强基固本”工程座谈会在郑州召开，团省委副书记王艺出席并讲话，高校基层团支部“活力提升工程”领导小组和中学中职学校共青团“强基固本”工程领导小组成员，部分省辖市、高校、中学中职学校团委负责人，团支部书记代表等30余人参加会议。

12月26日至28日 巴基斯坦百名青年代表团访豫。团省委副书记、省青联副主席王艺出席活动。

12月30日 河南省“百县千乡”分类示范创建工作述评会在洛阳召开，团省委副书记孙巍峰出席会议并讲话。团省委、团洛阳市委有关部门负责同志，部分县区团委、乡镇团委、直属团组织负责人和优秀青年典型代表共计50余人参加会议。

湖北

1月16日 湖北省青年联合会十二届五次常委（扩大）会议在汉举行。省人大常委会副主任赵斌出席会议并讲话、省人大副秘书长刘顺妮、团省委书记、省青联主席张桂华、省委统战部副部长蔡藻鲜出席会议。

1月23日 团省委在武汉召开了“共青团与人大代表、政协委员面对面”活动座谈会。省人大常委会副主任赵斌出席座谈会并讲话，座谈由团省委书记张桂华主持，团省委副书记金鹏出席座谈会。

2月6日至7日 共青团湖北省委十三届三次全体（扩大）会议在汉召开，省委常委、省委统战部部长张岱梨出席会议并讲话，团省委书记张桂华，副书记吴朝安、邹霞、张澍、金鹏等出席会议。

2月8日 湖北省首期“青年马克思主义者培养工程”（简称“青马工程”）培训班，在省委党校举行主题党日活动。省领导李鸿忠、张岱梨、傅德辉等出席活动，与学员们一道上党课、谈信仰。

2月11日 由团省委、省妇联和省直相关单位联合承办的“2015情暖荆楚·送农民工兄弟姐妹回家”大型公益活动在武汉火车站举行。省领导李鸿忠、王国生、张昌尔、张岱梨、尹汉宁、傅德辉等出席活动，为返乡农民工送上新春祝福。团省委副书记金鹏参加此次活动。

4 月 7 日 全省团干部理想信念、政治纪律和政治规矩集中教育培训班在汉开班。省委常委、省纪委书记侯长安看望培训学员并作辅导报告。

5 月 4 日 省委书记李鸿忠到武汉大学看望老师和青年学生,参加“信仰点亮人生”主题团日活动,与大家共度五四青年节。省领导傅德辉、梁惠玲、郭生练出席活动,团省委书记张桂华、副书记吴朝安、邹霞、张澍、金鹏等陪同参加活动。

5 月 29 日 湖北省委书记李鸿忠、省长王国生专程赴武汉市江汉区盼盼幼儿园、北湖小学看望慰问辛勤工作的教育工作者,出席“红领巾相约中国梦——荆楚少年抒心声”湖北省庆“六一”主题活动,向少年儿童送去节日的祝福。省委常委、武汉市委书记阮成发,省领导傅德辉、梁惠玲、郭生练,武汉市市长万勇,省政府秘书长王祥喜,团省委书记张桂华等参加了慰问活动。

6 月 1 日 省委副书记张昌尔出席 2015 楚天少儿悦读季儿童节读书和“孩子眼睛好世界更美好”爱眼护眼活动,向少年儿童致以了节日的祝贺,赠送了爱眼护眼图书,充分肯定了全省“爱眼护眼”行动,并勉励他们要读好书、做好人、写好字、用好眼。团省委书记张桂华参加活动。

6 月 10 日 湖北省第十届“挑战杯·青春在沃”大学生课外学术科技作品竞赛闭幕式在武汉工程大学举行。省政协副主席郭跃进,大赛组委会主任、团省委书记张桂华,团省委副书记张澍等出席闭幕式。

8 月 3 日 2015“佰昌杯”湖北农村青年电商创业大赛暨大别山革命老区青年创业邀请赛启动仪式在武汉举行。省委宣传部副部长、湖北广播电视台台长王茂亮,团省委书记张桂华出席活动并发表讲话。

9 月 7 日 省委常委、省委统战部部长梁惠玲到团省委机关,就贯彻落实中央党的群团工作会议精神情况进行调研座谈。省委副秘书长、省台办主任刘凯春主持座谈会,省委政研室副主任张世华,省委常委办主任陈艳霞等陪同调研。团省委书记张桂华做工作汇报,副书记邹霞、金鹏参加调研座谈。

9 月 22 日 中共中央台办、国务院台办主任张志军、团中央书记处书记汪鸿雁考察 2015 年海峡两岸青年大学生实作型创新创业大赛作品展和湖北(武汉)台湾青年创业孵化器。省政府副省长副甘荣坤、省委副秘书长、省台办主任刘凯春、团省委书记张桂华、团省委副书记邹霞、张澍等陪同参观。

10 月 27 日 省综治委预防青少年违法犯罪工作领导小组召开 2015 年全省预防青少年违法犯罪工作推进会。省人大常委会副主任、省综治委副主任、省综治委预防青少年违法犯罪领导小组组长赵斌出席会议并讲话,团省委书记、省综治委预防青少年违法犯罪领导小组副组长张桂华传达了全国会议精神并安排部署下一阶段重点工作。会议由省综治办(维稳办)副主任万学斌主持。

11 月 10 日至 13 日 全省共青团新媒体工作培训班暨共青团舆论阵地建设会在武汉举行。团省委书记张桂华出席全省共青团舆论阵地建设会并讲话,中国青年报社党组书记、社长、总编辑张坤在舆论阵地建设会上作专题辅导报告,团省委副书记金鹏主持舆论阵地建设会议。

12 月 8 日至 9 日 湖北省青年企业家协会第七次会员代表大会在武汉隆重召开。省委常委、省委统战部部长梁惠玲出席大会开幕式并讲话,省政协副主席郭跃进出席青年企业家座谈会并讲话,省委副秘书长刘凯春主持大会开幕式,团省委书记张桂华出席大会并致词,团省委副书记金鹏代表省青企协第六届理事会作工作报告。

12 月 28 日至 31 日 团省委在汉举办全省团委班子成员主题读书班,并召开座谈会。

省委常委、省委统战部部长梁惠玲和读书班学员座谈并讲话，省委副秘书长、省台办主任刘凯春，团省委书记张桂华，副书记邹霞、张澍、金鹏参加座谈会。

湖南

2 月 4 日　团省委联合省经信委、省公安厅、省交通厅、省机场集团、广铁集团，在长沙火车站举行青年志愿者服务春运“暖冬行动”集中启动活动。“暖冬行动”在全省机场、火车站、公路客运站、高速公路服务区等 169 个站点同时启动，共有 1000 多名志愿者参加活动。

2 月 6 日至 7 日　团省委十四届四次全会在长沙召开。6 日下午，团省第十四届委员会第四次全体会议在湖南宾馆隆重开幕，省委副书记孙金龙出席并讲话，汤立斌代表团省委常委会报告工作。

2 月 16 日　团省委、省未保办在湖南省未成年犯管教所开展 2015“青少年维权岗”送温暖活动。廖良辉以及省公安厅、省司法厅、省民政厅、长沙市雨花区人民法院、株洲市天元区人民检察院等 5 家“青少年维权岗”单位负责人一同参加送温暖活动。

3 月 5 日　团省委举行湖南青年网络文明志愿行动启动仪式并召开青年网络文明志愿行动座谈会，汤立斌、省委网宣办副主任屈贵全出席并讲话，廖良辉主持。

3 月 27 日　省少工委六届二次全会在长沙召开，汤立斌、廖良辉出席。会议选举了省少工委主任、副主任人选，卸职、递补了 35 名省少工委委员。

3 月 27 日　由团省委主办的湖南青年创新创业典型巡回报告会的首场报告会在中南大学举行。湖南青年企业家协会会员、中南大学有创业意愿的大学生代表共计 400 人参加活动，汤立斌、冯海燕、中南大学党委副书记高山出席活动。

5 月 4 日　湖南省纪念五四运动 96 周年暨青年创新创业创优座谈会在长沙举行。省委常委、省委组织部部长郭开朗出席会议并讲话。

5 月 11 日　全省“团干部如何健康成长”大讨论活动动员大会在长沙召开。会议对各级团组织开展大讨论活动进行了动员部署。汤立斌出席会议并作动员讲话，冯海燕主持会议，罗琼、廖良辉出席会议。

5 月 11 日下午　团省委组织开展了“三严三实”专题教育活动，汤立斌给机关党员干部上党课。

5 月 13 日至 29 日　团省委开展“团干部如何健康成长大讨论”调研，冯海燕、罗琼、廖良辉带领相关部室负责人分成三个调研组，分别深入长沙、岳阳、衡阳、邵阳、娄底、怀化、张家界、高校等地听取党政领导、基层团员团干部和普通青年意见建议。

7 月 17　2015 年湖南省大学生志愿服务西部计划出征仪式在省委党校举行。省人民政府党组成员、副省长李友志，汤立斌，省委党校常务副校长张国骥、副校长邹毅，省教育厅党组成员、省委教育工委委员陈飞跃，廖良辉等出席。

7 月 20 日至 8 月 22 日　由团省委主办，省青少年活动中心承办的“我们不会忘记”纪念中国人民抗日战争暨世界反法西斯战争胜利 70 周年系列活动在省青少年活动中心举办。

8 月 5 日　团省委召开常委会（扩大）会议，传达学习中央群团工作会议和团十七届四中全会精神。汤立斌、冯海燕、罗琼、廖良辉，以及各市州团委书记，团省委机关部室、事业单位负责人参加会议。

8 月 21 日　由团省委，团长沙市委，长沙市开福区委、区政府联合打造的湖南“青年之声”在长沙市开福区举行揭牌仪式。汤立斌、廖良辉以及团长沙市委、长沙市开福区委、区政府负责同志出席揭幕仪式。

8月28日 由团省委、省青联、华融湘江银行开展的2015年“华融湘江银行·绿色助学行动”在长沙启动,汤立斌出席。

9月7日 由团省委、省委网宣办、省经济和信息化委员会、省财政厅、省人力资源和社会保障厅、省农委、湖南银监局、省学联、邮政储蓄银行湖南省分行联合开展的第二届邮储银行杯“创青春”湖南省青年创新创业大赛启动仪式在湖南大学举行。湖南省人民政府副省长蔡振红出席。汤立斌、冯海燕、罗琼,以及省委网宣办、省经济和信息化委员会、省财政厅、省人力资源和社会保障厅、省农委、湖南银监局、邮政储蓄银行湖南省分行、湖南大学的相关领导共同出席,来自省内的高校学生、青年创业者代表近300人同时参加活动。

10月23日至24日 团省委组织“青春创富故事汇—返乡创业大学生、优秀农村青年电商走进农林院校”系列宣讲活动,邀请返乡创业大学生、优秀大学生村官、优秀农村青年电商等优秀创业青年代表组成“青春创富故事汇”主题分享团,赴长沙、衡阳等地高校开展创富分享报告会。

11月10日至12日 湖南省共青团深入学习中央党的群团工作会议和中央4号文件精神主题读书班在长沙举办。汤立斌出席并讲话,冯海燕、罗琼、廖良辉分别作辅导报告。各市州团委班子成员,各县(市、区)团委书记,省直机关团工委、高等本科院校团委、中央和省属国有企业团委书记,团省委各部室、各直属单位主要负责人等200余人参加。

11月26日至27日 湖南省农村青年致富带头人协会第一届会员大会在长沙举行。汤立斌、邮储银行湖南省分行行长李晓良出席并讲话,冯海燕主持,邮储银行湖南省分行副行长刘亚斌、省民政厅社会组织管理局相关负责人以及全省农村青年致富带头人协会全体会员共230余人参加。

广东

1月28日至29日 共青团广东省第十三届委员会第三次全体(扩大)会议在广州召开,时任省委副书记马兴瑞、时任副省长林少春出席,团省委书记班子及全省市县区团委书记,共青团广东省第十三届委员会委员、候补委员,机关及直属单位有关同志参加。

3月31日 召开省青联十届三次常委(扩大)会议。会前,中共中央政治局委员、省委书记胡春华会见港澳青年社团代表。广东省委常委、省委组织部部长李玉妹,时任副省长林少春等出席会议。会议总结回顾了过去一年的工作,部署了2015年重点工作项目,并评选表彰2014年度优秀委员、优秀项目、优秀集体。

5月4日 团省委在华南师范大学举办五四青年节活动,中共中央政治局委员、省委书记胡春华,省委常委、秘书长林木声,副省长招玉芳、陈云贤等领导,省委政策研究室、省教育厅等省直部门主要负责同志考察了华南师范大学文学院、经济与管理学院、“青创空间”创业吧、“青马工程”活动室、“青网计划”工作坊,观摩了“青马工程”团支部“传递正能量·争当好网民”主题团日活动,并与青年师生代表亲切座谈。团省委书记班子参加。

5月23日下午 第十四届“挑战杯”全国大学生课外学术科技作品竞赛发布会暨第十三届“挑战杯”广东大学生课外学术科技作品竞赛终审决赛开幕式在华南师范大学举行。全国政协副主席、中国科协主席韩启德,省委常委、政法委书记林少春,团中央书记处书记傅振邦,中国科协副主席陈章良、省政府副秘书长林积等出席,团省委书记班子参加。

5月22日上午 广东省青年科学家协会第四届会员大会暨2015科技领航100“青科·TALK”广东青年科学家公开课在广州市白云

国际会议中心举行。省人大内司委副主任委员周丽琼,省科学院党组书记郭俊,中国科学院华南植物园党委书记、副主任任海,以及省直相关单位负责同志出席活动。曾颖如、张志华、林乔林同志参加。

5月29日下午 “关注少代会 当好小主人”——广东省少先队“红领巾相约中国梦”庆六一主题队日活动在广州朝天小学举行。省委常委、政法委书记林少春,省委教育工委副书记、省教育厅党组副书记、省少工委主任景李虎出席。池志雄、梁均达同志参加。

6月26日 团省委联合省禁毒办等单位主办“6·26”国际禁毒日暨“珍爱生命远离毒品”青少年禁毒统一行动,省委常委、政法委书记林少春出席,梁均达同志参加。

7月16日 2015广东省农村电子商务发展峰会暨“创青春”2015广东青年农村电商创业创富大赛启动仪式在广州琶洲保利世贸博览馆举行。池志雄副书记代表团省委与京东集团签订了农村青年电商创业致富“领头雁”培育工程战略合作协议,并与省商务厅、省农业厅、省人社厅等单位领导共同启动“创青春”2015年广东青年农村电商创业创富大赛。

7月20日 2015年广东大学生志愿服务西部(山区)计划志愿者座谈会在广州召开,省委常委、政法委书记林少春出席,池志雄同志主持会议。

8月10日至11日 共青团广东省第十三届委员会第四次全体(扩大)会议暨2015年年中工作交流会。池志雄、张志华、梁均达、林乔林同志参加。

8月21日至22日 2015“青年同心圆计划”之“四海一家·香港青年创新创业广东交流团”来粤交流。22日上午,省委常委、政法委书记林少春会见交流团嘉宾代表,池志雄、张志华同志陪同会见。22日上午,2015“四海一家·青年同心圆”粤港青年创新创业论坛在广州白云国际会议中心举行,张志华同志参加。

9月21日 由广东共青团、广东青基会捐资800万元援建的玉树地震灾区灾后重建重点项目——称多县青少年活动中心、杂多县阿多乡瓦河粤青希望小学的竣工落成,梁均达同志受邀出席竣工仪式。

11月20日 第十四届“挑战杯”中航工业全国大学生课外学术科技作品竞赛决赛在广东工业大学体育馆落下帷幕,中国科协青少年科技中心副主任单长勇,全国学联主席王圣博,团广东省委书记池志雄等出席。

广西

1月25日 团区委开展2015年“共青团与人大代表、政协委员面对面”主题活动。团区委书记白松涛等十余位自治区人大代表、政协委员、专家学者出席活动。

2月13日 共青团广西区十三届四次全委(扩大)会议在南宁召开,广西壮族自治区党委副书记危朝安出席会议并讲话。

3月31日 广西区少工委召开五届三次全委(扩大)会议,自治区教育厅副厅长白志繁、共青团广西区委副书记严霜出席会议并讲话。

4月24日 广西青年智库研究会召开第一届理事会第二次会议,共青团广西区委书记、广西青年智库名誉理事长白松涛,共青团广西区委副书记、广西青年智库理事长黄世芳,广西青年智库研究会副理事长、广西钦州保税港区管委会常务副主任王雄昌出席会议。

6月15日至7月15日 共青团广西区委开展“放眼神州”——香港大学生暑期内地(广西)实习活动,自治区党委危朝安副书记出席总结会并与香港大学生座谈。

7月8日 共青团广西区委携手阿里巴巴举办“广西好芒·火红八桂”——首届广西青年互联网创业节暨聚划算青年力量主题营销

活动，共青团广西区委副书记黄世芳出席活动。

7月28日至8月5日 共青团广西区委、广西区民委、广西区教育厅、广西学联于共同承办以“中国梦·民族心·八桂行”为主题的2015年全国各民族中职学生暑期同心营活动。

8月21日 共青团广西区委开展“青年开放日”主题活动，团区委副书记廖长友接待青年代表，并向大家介绍共青团的主要职能及近年来广西共青团取得的一系列成绩。

9月16日 自治区政协副主席黄格胜出席第九届中国—东盟青年艺术品创作大赛获奖作品展开展仪式并致辞。

10月15日 共青团广西区委、自治区扶贫办在河池市都安县联合主办2015年“青春扶贫行动”集中行动月启动仪式，向全区广大青少年及社会各界人士发出“青春扶贫、携手小康”的倡议。

海南

2月8日 团省委班子成员、机关各部门负责人及下属单位负责同志、省青联委员深入儋州市东成镇吴村，开展援建吴村饮水工程通水仪式暨新春慰问送温暖活动。团省委累计筹集资金190余万元援建吴村饮水工程和文化广场项目，解决了建国历史上吴村第一次饮用自来水问题。

3月3日 共青团海南省委六届三次全体（扩大）会议在海口召开，省委副书记李军出席会议并讲话。

4月29日 海南共青团2015年“五四”表彰暨青年典型座谈会在海口举行，团省委领导班子成员、各直属团组织负责人、五四奖章获得者、青年岗位能手代表等200余人参加了会议。

6月19日 海南省青年联合会第六届委员会全体会议和海南省学生联合会第六次代表大会在海口召开。省委副书记李军出席会议并讲话，省人大常委会副主任陈海波、省政府副省长何西庆、省政协副主席丁尚清和有关省直单位负责人出席会议。

7月9日 琼中女足征战2015“哥德堡杯”世界青少年足球锦标赛出征仪式在海口世纪公园足球训练场举行。省政府副省长王路出席仪式并授旗，团省委、省文体厅、省教育厅、琼中县政府相关领导和琼中女足队员参加活动。

7月19日 2015年海南省大中专学生志愿者暑期文化科技卫生“三下乡”社会实践活动启动仪式暨2015年海南省大学生“互联网+三农服务”暑期社会实践团队出征仪式在海南大学举行。团省委领导班子成员出席仪式。

7月22日 团省委、省少工委、省青联联合开展的“中国梦 我的梦”城乡少年手拉手交流体验活动举行开班仪式。来自全省18个市县贫困地区的少先队员、留守儿童、少数民族代表及老师近300人参加活动。

8月30日 “我为社会主义核心价值观代言”青春正能量传递活动暨2015海南共青团微电影全国征集大赛颁奖礼在海口隆重举行。团中央宣传部部长景临和团省委领导班子成员等领导出席活动。

9月9日 2015年海南省希望工程圆梦行动最后一批助学金发放仪式在海口举行。2015年海南省希望工程圆梦行动共实现筹款2967万元，资助贫困大学生5668名，两项指标在全国33家省级希望工程实施机构位列第一。

10月27日 共青团海南省委六届四次全体（扩大）会议在海口召开。会议传达学习中央4号文件和中央、省委党的群团工作会议精神，研究部署下一阶段重点工作。

10月26日 由团省委、省人社厅、省旅游委、省商务厅、省邮政管理局等单位联合举办的2015海南国际旅游岛青年服务技能大赛景区导游决赛暨总结大会在海南大学圆满落幕。

11月27日 《海南省未成年人保护条例》经省第五届人民代表大会常务委员会第十八次会议通过，并于2016年1月1日开始施行。

12月5日 海南省志愿服务联合会第一次会员代表大会在海口召开，会议选举产生了海南省志愿服务联合会第一届理事会机构，联合会会长由省委宣传部副部长、省文明委秘书长朱寒松担任，执行会长由团省委书记盖文启担任。

12月5日至6日 由团省委、省文明办、省民政厅联合主办的2015年海南省志愿服务交流会在海南大学举行。省委常委、宣传部部长许俊等相关领导出席活动。本次志交会共展出志愿服务项目150余个，42家爱心企业签约认领服务项目，资助金额达552.8万元。

重庆

2月28日 团市委完成全市2134所城乡社区市民学校知晓度、满意度开展第三方独立民调工作，累计外呼462万次（每个调查电话均录音保存备查），完成有效样本量47981份；实地走访民调完成有效样本量3102份，共计51083份。结果显示，百姓对城乡社区市民学校平均知晓度为21.85%，平均满意度为60.38%。

3月12日 共青团重庆市四届五次全委（扩大）会议在雾都宾馆召开。会议学习传达了团十七届三中全会和市委四届五次、六次全会精神，通过了团结带领全市广大团员青年在协调推进全面建成小康社会、全面深化改革、全面依法治国、全面从严治党中发挥生力军作用的决议，对继续抓好“促进青年创新创业”、“城乡社区市民学校建设”和网络新媒体三项重点作出安排部署。

5月4日 市委副书记张国清，市委常委、组织部部长曾庆红，市人大常委会副主任、秘书长周旬，市政协副主席姜平在市委礼堂接见了2015年重庆青年五四奖章获得者、全国五四红旗团委（支部）负责人、全国优秀团干部（团员），向全市广大青年致以节日问候，并对全市青年工作提出要求。

6月1日 市委副书记张国清，市人大常委会副主任、秘书长周旬，副市长谭家玲，市政协副主席姜平等领导到市少年宫参加重庆市少年儿童庆祝“六一”欢乐嘉年华活动，接见重庆市“十佳少先队员”、重庆市“十佳少先队辅导员”并寄语全市少年儿童，同少年儿童一起共度六一国际儿童节。

7月 团市委开展2015年重庆市大中专学生志愿者暑期文化科技卫生“三下乡”社会实践活动，从150余所大中专学校招募大学生志愿者8万余人，利用暑期走进城乡社区市民学校广泛开展教育帮扶、科技支农、文化宣传、医疗服务、法律援助、社会调查等志愿服务。

8月3日 团市委召开传达学习贯彻中央党的群团工作会议和共青团十七届四中全会精神座谈会，传达学习共青团十七届四中全会精神，作出《关于深入学习贯彻中央党的群团工作会议精神，切实保证和增强团的政治性、先进性、群众性，全面推进共青团深化改革的决议》，部署全面深化改革工作。

11月16日至20日 团市委组队赴广东参加“挑战杯”全国第十四届大学生课外学术科技作品竞赛，重庆代表队共获得特等奖1个，一、二、三等奖37个。

12月1日至3日 团市委承办第二届中国青年志愿服务项目大赛暨志愿服务重庆交流会，分别举办开幕式、颁奖礼、项目终评赛、首届中国青年公益创业大赛、“志愿中国”2016十大项目发布暨资源推介会、“展望‘十三五’·志愿新常态”高峰论坛、“倾听青年之声·讲述志愿故事”分享会、中国青年志愿者协会四届二次常务理事（扩大）会、志愿服务体验行——走进重庆城乡社区市民学校活动及领导同志巡展10场活动,吸引全国300余万志愿者通过各种方式参与赛会,6万人入馆观展交流,5000余人参与现场交流展示活动,分别较上一届增长50%、20%、150%。孙政才、刘淇、张国清、吕世明、汪鸿雁、燕平、张鸣、沈金强、陈绿平等领导莅临交流会现场巡展并出席相关主题活动。

四川

1月13日　四川少年儿童组织与思想意识教育研究中心在成都师范学院挂牌成立,团省委副书记张荣参加仪式并现场授牌。

1月22日　共青团四川省十三届四次全委(扩大)会在成都召开。省委常委、省总工会主席李登菊出席会议并作重要讲话。团省委书记刘会英代表团省委常委会总结2014年工作,安排部署2015年工作。

1月27日　团省委与团达州市委联合举行了以"温情暖冬·快乐寒假"为主题的关爱农村留守学生活动,此次活动标志着全省关爱农村留守学生"暖冬"专项行动全面启动。

3月11日　团省委、省青年志愿者协会组织开展"志愿四川·一起来"青年志愿者行动启动仪式,团省委书记刘会英、西南民族大学党委书记边境、团省委副书记克克和3名志愿者共同推杆,正式打开志愿四川志愿者注册通道。

3月26日　四川省学习贯彻《中共中央关于加强和改进党的群团工作的意见》座谈会在成都召开。省委常委、省总工会主席李登菊,团省委书记刘会英等出席。

4月2日　四川民族地区共青团工作会议暨对口支援藏区工作会议在马尔康召开。团省委书记刘会英出席会议并讲话。会上,全省7个对口团市委、有关高校、企业团委及青联分别和32个藏区团县委签署了为期5年的对口支援协议书,并就2015年对口支援项目进行了面对面的对接交流。

5月11日　团省委直属机关学习习近平总书记系列重要讲话精神理论读书班开班,团省委机关全体干部职工,直属单位主要负责人参加了开班学习。

6月29日　第十三届"挑战杯"四川省大学生课外学术科技作品竞赛终审决赛闭幕式暨作品展示在西南石油大学隆重举行。团省委副书记克克、张征出席。

7月30日　团省委、歌路营在省群团组织社会服务中心联合启动"新一千零一夜"农村住校生睡前故事公益项目。团省委副书记克克出席启动仪式。

9月10日　团省委召开机关首批"常态化下沉基层"干部座谈会,团省委书记刘会英出席会议。

9月21日　"国酒茅台·国之栋梁"——2015希望工程圆梦行动大型公益助学活动四川省助学金发放仪式在成都理工大学隆重举行。参会领导向百余名受助学生代表发放了"国酒茅台·国之栋梁"——2015希望工程圆梦助学金,每人5000元。

9月22日　共青团四川省十三届五次全委(扩大)会议暨全省共青团系统贯彻党的群团工作会议精神专题研讨班在成都举行。省委常委、省总工会主席李登菊出席会议并讲话。

10月28日　团省委、中国扶贫基金会、中国公益研究院共同在成都启动"童伴计划"——关爱留守学生(儿童)项目。省委常委、省总工会主席李登菊出席启动仪式,并同与会代表启动"童伴计划"。中国扶贫基金会秘书长刘文奎、团省委书记刘会英、中国公益研究院常务副院长高华俊、团省委副书记唐经天出席启动仪式。项目整合中国扶贫基金会1000万元,首批试点覆盖四川7个市(州)10

个县100个村,留守学生(儿童)44.5万人。

12月24日　“青年之声·四川”服务联盟授牌仪式在成都举行。团省委相关部室同志、“青年之声·四川”管理中心以及各联盟单位、专家代表参加了授牌仪式。

贵州

1月15日　春晖行动十周年总结推进会暨第四届春晖行动表彰大会在贵阳召开,110名优秀春晖使者受表彰,团省委书记涂妍出席会议。

2月6日　团省十三届四次全会在贵阳召开,省委常委、省委统战部部长刘晓凯出席会议并讲话,副省长陈鸣明出席会议。

2月8日至9日　“接在外奋斗的贵州小伙伴回家”活动在贵阳、广州举行。

3月13日　团省委学习贯彻《中共中央关于加强和改进党的群团工作的意见》座谈会在团省委会议室召开,团省委书记涂妍主持会议,团省委领导班子成员出席。

3月16日　全省学校共青团战线工作会议在贵州师范大学召开,团省委书记涂妍出席会议并讲话。

4月7日　2015年全省团干部培训班开班典礼在贵州省团校举行,团省委书记涂妍出席开班典礼并上团课。

5月4日　省委书记赵克志在贵州理工学院调研,考察黔青梦工场并与青年代表座谈,省委常委、省委统战部部长刘晓凯,副省长陈鸣明陪同调研。当天下午,纪念五四运动96周年主题活动—《青春的旗帜》电视直播活动在贵州电视台举行,省委常委、省委统战部部长刘晓凯,省委常委、省军区司令员王盛槐,省人大常委会副主任张群山,副省长陈鸣明出席并接见“青年五四奖章”获得者和优秀团员、团干部代表。

5月11日　省委书记赵克志给华中农业大学研究生支教团志愿者回信,勉励他们为协调推进“四个全面”战略布局贡献青春力量,并向这些年来支教贵州的志愿者致以诚挚问候和衷心感谢。5月13日,团省委书记涂妍与华中农大研究生支教团志愿者在百里杜鹃大水乡华农大石希望小学召开座谈会,学习贯彻赵克志书记的重要回信精神。

6月4日　省委书记赵克志在贵阳亲切会见贵州省出席第七次全国少代会代表,勉励他们和全省各族少年儿童牢记习近平总书记的殷切希望,听党的话、跟党走,做美丽中国梦的合格接班人。省委常委、省委统战部部长刘晓凯,副省长陈鸣明参加会见。

6月16日　贵州金融团工委成立大会暨“银团合作”启动仪式在贵阳举行,团省委书记涂妍出席并致辞。

8月7日至9日　贵州共青团学习贯彻中央党的群团工作会议精神暨共青团贵州省委工作会议在全国青少年贵州活动营地举行,省委常委、省委统战部部长刘晓凯出席并讲话,团省委书记涂妍作工作部署。

8月19日　省委书记陈敏尔同志在贵阳会见中国志愿服务基金会理事长周和平一行,省人大常委会副主任张群山、团省委书记涂妍陪同会见。

9月17日　省委党的群团工作会议召开,省委书记、省长陈敏尔出席会议并讲话,省委常委刘晓凯、孙永春、张广智、慕德贵、王盛槐、王晓光,省人大常委会、省政府、省政协领导班子成员和党组成员,省军区、省检察院主要负责同志出席会议。团省委书记涂妍在会上作交流发言。

9月24日　全省学习中央、省委党的群团工作会议精神专题研讨班在省委党校开班。

10月28日　团省委“圆爱工程”启动。

11月4日至5日　团省委书记涂妍率队在黔西南州兴义市、安龙县,开展党的十八届五中全会、中央和省委党的群团工作会议精神以及全国省级团委班子成员主题读书班精神宣讲活动。

11月26日至27日 贵州省青年联合会第十届委员会全体会议和贵州省学生联合会第八次代表大会在贵阳召开。省委书记陈敏尔向大会致贺信,中华全国青年联合会、中华全国学生联合会发来贺信。省委常委、省委统战部部长刘晓凯出席会议并代表省委讲话,省委常委、省委组织部部长孙永春宣读陈敏尔书记贺信,副省长陈鸣明,省政协副主席陈海峰出席大会开幕式,团省委书记涂妍致贺词。

12月4日至5日 贵州省第六次少代会在贵阳召开。会议前,省委书记陈敏尔参观了贵州各地中小学学生们制作的科技作品、手工艺品,并向同学们和少先队工作者致辞。省委常委、省委统战部部长刘晓凯代表省委致祝词,省人大常委会副主任张群山,副省长陈鸣明,省政协副主席黄康生等出席开幕式,团省委书记涂妍致辞。

云南

1月22日至23日 共青团云南省十三届五次全委(扩大)会议在昆明召开。

2月3日 共青团云南省委在昆明举行第十七批沪滇扶贫接力计划志愿者欢送座谈会。

2月5日 云南省少工委五届四次全会在昆明召开。

3月11日 中组部、团中央第15批赴滇博士服务团进校园活动在云南经济管理学院正式启动。

4月24日 云南省青联十届四次常委(扩大)会议在昆明召开。

5月4日 团省委书记杨军发表题为《青春飞扬》的文章,寄语全省青年朋友。

6月6日 第3届中国—南亚博览会暨第23届昆交会志愿者誓师演练大会在昆明滇池国际会展中心隆重举行。

6月5日 团省委在玉溪市江川县召开2015年全省农村共青团工作推进会。

7月21日 云南团省委、云南省学联召开座谈会,欢送出席全国学联第二十六次代表大会代表,团省委书记杨军、副书记任远征,以及学校部人员参加座谈会。

8月25日至27日 团省委书记杨军一行来到扶贫挂钩联系点昌宁县大田坝镇,开展"挂包帮""转走访"工作,与大田坝镇的干部群众交流座谈,与困难群众同吃同住同劳动。

9月6日 共青团云南省委召开首批常态化下沉基层干部工作动员座谈会暨欢送会,对团省委机关干部常态化下沉基层工作作进一步动员部署。

10月17日 第二届"创青春"——"摩尔农庄杯"云南青年创新创业大赛决赛在西南林业大学举行。

11月23日至25日 团省委举办全省共青团学习省委党的群团工作会议精神主题读书班。

12月14日 共青团云南省委在德宏州芒市召开2015年云南省青年民族工作座谈会。

西藏

1月13日至26日 团区委副书记巴塔率西藏共青团新媒体考察团,赴青海、北京、河南、四川等地考察学习新媒体工作。

1月14日 2015年西藏自治区"共青团与人大代表、政协委员面对面"座谈活动在团区委举行。

1月27日 团区委召开西部计划西藏专项留藏志愿者工作座谈会。

3月19日 团区委召开全区高校团委书记2015年第一次联系会议。

3月28日 团区委在西藏青少年活动中心举办"红领巾心向党·西藏发展我成长"纪念"3·28"西藏百万农奴解放纪念日主题队日

示范活动。

4月15日 团区委召开2015年全区共青团援藏项目推进会。

4月16日 团区委2015年西部计划西藏专项宣讲团分赴相关省(市)开展宣讲。

4月22日 "2014—2015年罗蒙助学金"发放仪式在西藏大学举行,为320名贫困优秀学生发放了32万元助学金。

4月28日 团区委价值6万元的100个"博爱箱"抵达日喀则市,陆续送到日喀则市定结县陈塘镇比塘村和藏嘎村的94户贫困家庭。

5月4日 全区高校优秀团干部、团员、基层团组织表彰大会暨经验交流会召开。

5月4日 西藏共青团纪念五四运动96周年暨第十一届西藏青年五四奖章表彰大会在拉萨召开,区党委常委、组织部部长曾万明出席并讲话。

5月4日 我的中国梦——奋斗的青春最美丽西藏优秀青年事迹分享会在拉萨举行。

5月11日至22日 西藏青少年代表团赴香港开展参观学习交流。

5月25日 向74个县级团委下拨青年创业就业专项经费148万元。

5月29日 自治区举行座谈会,欢送出席第7次全国少代会的我区代表,区党委常务副书记吴英杰出席座谈会并讲话。

5月30日 团区委在日喀则市灾区安置点举办"红领巾相约中国梦 心手相连共建新家园"六一活动,自治区人大常委会副主任许雪光出席活动。

6月6日 第四届"成才杯"全区大学生课外学术科技作品竞赛决赛成功举办,比赛决出获奖作品30件,其中11件作品进入全国复赛。

7月8日 团区委向西藏日喀则定日县地震灾区受灾群众发放500套睡袋。

7月23日 团区委启动"三严三实"专题教育暨"团干部如何健康成长"大讨论活动。

7月25日 2014—2015年度大学生志愿服务西部计划西藏专项优秀项目办和优秀志愿者表彰工作会召开,会议表彰3个优秀项目办,201名优秀志愿者,发放奖金130500元。

7月30日 自治区人大十届常委会第十九次会议通过团区委提交的《西藏自治区实施〈中华人民共和国预防未成年人犯罪法〉办法(草案)》。

8月12日 区党委党的群团工作会议在拉萨召开,区党委书记陈全国出席会议并作重要讲话。

8月26日 西藏共青团媒体中心成立。

9月5日 西藏自治区人大常委会第二十次会议审议通过《西藏自治区实施<中华人民共和国预防未成年人犯罪法>办法》。

9月19日 西藏共青团官方微信公众平台正式开通。

9月25日 西藏共青团"青年之声"社交互动平台正式运营。

11月12日 全区县级团委书记培训班在区党委党校举办。

11月14日至15日 西藏共青团学习贯彻中央、区党委党的群团工作会议精神主题读书班在拉萨开班。

11月21日 全国第十四届"挑战杯"决赛成功举办,西藏共6件作品参赛,其中2件荣获二等奖、4件荣获三等奖,西藏大学荣获校级优秀组织奖。

11月29日 2015年全区少先队辅导员培训班暨第二届全区少先队辅导员专业技能大赛成功举办。

12月3日 第二届全国青年志愿服务项目大赛成功举办,我区参赛项目"遍地书香"获全国金奖,"暖足计划"等5个参赛项目获得银奖,其余14个参赛项目获铜奖。

12月7日 全区第四期大学生"青马工程"培训暨"中国梦·青春行"教育实践活动

成功举办。

陕西

1月13日 陕西省"万村万人"青年电子商务人才培养计划启动暨首期培训开班仪式在西安举办,来自全省各地的150名青年电商参加了会议。

3月24日 中央宣传部、中国志愿服务联合会联合在西安召开社会主义核心价值观建设与学雷锋志愿服务工作座谈会。中央政治局原委员、中国志愿服务联合会会长刘淇,中宣部副部长王世明出席会议,陕西省委书记赵正永致辞。各省(区、市)党委宣传部负责人,中国志愿服务联合会会员,"全国志愿服务示范团队"代表,"首都医学专家志愿服务团西部行"成员,陕西省有关部门负责同志共160余人参加活动。

5月4日 陕西省青年联合会第十一届委员会全体会议在西安召开。会前,省委书记赵正永作出重要批示。省委副书记胡和平出席开幕式并讲话,省政府副省长张道宏出席开幕式并在会议期间作了全省经济社会发展形势报告。

5月14日 团省委下发《关于在全省各级团组织中开展"七个搞清楚"专题大调研活动的通知》,通知要求全省各级团干部深入企业、学校、农村、社区,围绕《中共中央关于加强和改进党的群团工作的意见》,采取党政领导访谈、相关部门座谈与实地考察、文献查阅、个案剖析等多种手段相结合的方式,重点从搞清楚党中央对共青团的要求、共青团联系服务对象的需求、当代青年成长的新特点和新规律、当今时代的特点、团的历史传统、目前存在的问题、问题产生的根源等七个方面进行调研,寻求破解共青团工作在新常态下面临的挑战和问题的路径和对策,促进全省共青团工作改革创新。调研活动从5月10日至7月10日,历时2个月。

5月18日 由共青团陕西省委、省科技厅等共同主办的第十届西安高新"挑战杯"陕西省大学生课外学术科技作品竞赛终审决赛暨作品展览在陕西省科技资源统筹中心举行。省上有关领导和各参赛高校负责人出席开幕式,并与来自全省高校的近千名优秀大学生一起参观作品展览,共享科技创新盛事。本届竞赛自3月正式启动以来,全省共有40余所高校举办了校级竞赛,参赛作品1万余件,参与学生数10万人,经过选拔,共有816件参赛作品入围省级竞赛,创历届竞赛规模之最,内容涉及机械与控制、信息技术、数理、生命科学、能源化工、教育、哲学、政治、经济、管理、法律等多个领域。

5月29日 陕西省未成年人保护委员会第九次全体(扩大)会议在省政府会议室召开。陕西省副省长、省未保委主任张道宏出席会议并讲话。省政府副秘书长、省未保委副主任徐春华主持会议。团省委书记、省未保委副主任李豫琦代表省未保委作工作报告。

7月8日至13日 为纪念抗战胜利70周年,由团中央、全国青联主办,共青团陕西省委、省青联承办的"重走抗战路·青春向延安"主题活动在陕西举行。活动中,70名全国各界优秀青年代表重走抗战路,从八路军西安办事处纪念馆出发,途经泾阳县安吴青训班革命旧址、洛川县洛川会议纪念馆、南泥湾、杨家岭、宝塔山等地,模拟和体验这段"朝圣之旅"。活动采取线下线上相结合的方式进行,线下活动以专题讲座、研讨交流、拓荒劳动、徒步行军、学唱抗战歌曲、体验窑洞生活等方式开展,线上活动采用动漫短片、微信专题H5、微博话题等多种方式对活动进行全方位、多角度的立体式呈现,活动宣传片《"潮"向延安》动漫短片点击量过百万,"青春向延安"微博话题阅读量达到2400多万。

10月15日至16日 由共青团陕西省委、

省教育厅、省少工委联合主办的“西安交大出版社杯”2015 年度陕西省少先队活动课说课展示活动在西安市高新第一小学举行。展示活动分为优秀少先队活动课案例展示、微队会辅导展示、总辅导员点评等三个环节进行。

10 月 26 日至 27 日 由中国青少年研究中心、中国青少年研究会、中国青年政治学院、共青团陕西省委共同主办,陕西省青少年研究中心、共青团延安市委承办的第十一届中国青少年发展论坛在延安举办。论坛以“新媒体时代青少年成长的特点和规律”为主题,共收到参会论文 232 篇,来自全国 26 个省、市、自治区的青少年工作者和青少年研究专家、学者 200 余人到会进行了交流探讨。

12 月 26 日至 27 日 由共青团陕西省委、陕西省人力资源和社会保障厅等主办的“沣西新城杯”第三届陕西省青年创新创业大赛优秀创业项目成果交流会在西安召开。有关单位领导与优秀企业家、青年创业导师、创业青年代表、媒体记者等共计 800 余人参加开幕式。大赛共历时 9 个月,吸引 1600 多个创业项目参赛,对接投融资项目资金 1. 25 亿元,推动就业人数 2. 9 万余人。

12 月 31 日 陕西省希望工程办公室 2015 年累计接受各类捐款、捐物 1800 余万元,捐建希望小学等项目 30 个,完成保护母亲河——富县千亩林项目,资助贫困家庭大、中、小学生 8719 名(全省),为贫困学子提供 1100 个爱心助学岗位。主要工作有:(1)以农村留守儿童等为重点,在全省希望小学中开展“关爱留守儿童——希望工程快乐成长”系列活动,圆孩子们的“校园梦”、“知识梦”、“体育、音乐、美术梦”、“大学梦”、“科技梦”。(2)利用微公益平台,创新开展互联网公益活动,通过微博发送、网络转发、传递关爱,爱心奉献、一对一帮助等形式,争取资金近 200 万元,开展项目 36 个,资助家庭贫困学生 70 余名。(3)1 月 10 日举办“2015 希望工程安利之夜新年慈善音乐会暨赵季平音乐作品专场”音乐会,现场启动“赵季平音乐教室”项目。(4)2015 年陕西省“希望工程圆梦 · 牵手行动”募集人民币 827. 4 万元,救助贫困大学生 1804 名,为贫困学子提供近 1100 多个爱心助学岗位。(5)5 月,启动“爱‘心’希望先天性心脏病患儿救助行动”,募集善款 200 万元,资助陕西省 100 名贫困家庭先心病患儿,为患儿提供手术救治资助费用 1—4 万元。11 月 27 日在腾讯微信公益平台发起“关爱雾霾下的环卫工——为环卫工人捐赠爱心包”活动,活动阅读超过 10 万人次,筹款 118 万余元,为西安 2. 65 万名一线环卫工捐赠价值 44. 6 元爱心包。

甘肃

2 月 4 日 召开共青团甘肃省十二届四次全委(扩大)会议。省委副书记欧阳坚出席大会并讲话。省人大常委会副主任李慧、副省长夏红民、省政协副主席黄选平出席大会。会议学习传达了《中共中央关于加强和改进党的群团工作的意见》、《中共中央书记处对共青团工作的重要指示》和共青团十七届三中全会精神,审议通过了《关于共青团甘肃省十二届委员会委员卸免递补的确认案》。团省委书记陶军锋代表团省委常委会作了工作报告。

2 月 11 日 为深入贯彻习近平总书记、省委王三运书记关于“尼江”工作的重要批示精神,团省委在卓尼县尼巴乡举行了“暖冬行动 · 情暖藏乡”爱心衣物捐赠活动。活动中团省委为尼巴村、江车村的群众和青少年捐赠了 300 万元的温暖包和爱心衣物。

3 月 4 日上午 由团省委、兰州铁路局主办,甘肃省青年志愿者协会、兰州西客站、兰州铁路局团委承办的“青春志愿 温暖旅程”“3 · 5”学雷锋青春志愿服务活动启动暨首批“甘肃省青年志愿者服务基地”授牌仪式在兰州西客站举行。省委副书记欧阳坚出席仪式,省军区政治部主任张应银、省委副秘书长刘玉生、团省委书记陶军锋等省直有关部门和人民团体有关负责人,在兰高校青年志愿者团队、铁路青年志愿者服务队及媒体记者共计550余人参加了仪式。

4月10日上午 由团省委、省青年联合会、兰州市委、市政府主办的"一元增绿·甘小青在行动"——陇原青年微公益·2015植绿护绿行动启动仪式在马滩湿地公园举行。省委副书记欧阳坚出席了启动仪式。省直有关部门和兰州市、七里河区有关负责同志,全省各界优秀青年代表,机关、企事业、高校、武警青年志愿者共500余人参加了活动,活动共栽植樱花、紫叶李、珍珠梅等乔灌木600多株。

5月4日上午 甘肃省纪念五四运动96周年表彰大会暨"精准扶贫·青年在行动"启动仪式隆重召开。省委副书记欧阳坚同志出席会议并讲话,省委常委、省军区政委傅传玉少将,省政协副主席李沛文,武警甘肃省总队政委邹建雄等省上领导出席会议。团省委书记陶军锋主持会议。省直有关部门负责同志以及全省各行各业、各族各界的400余名团员青年代表参加了会议。

5月22日 由团省委主办的首届甘肃青年APP大赛决赛在兰州举行。决赛阶段共评选出一等奖2名(APP应用类别、APP创意类别各1个)、二等奖5名(APP应用类别3个,APP创意类别2个)、三等奖8名(APP应用类别6个,APP创意类别2个)。部分优秀APP项目将代表甘肃参加首届中国青年APP大赛。

5月29日 由团省委、省少工委联合主办的2015年庆祝六一国际儿童节暨省委领导会见第七次全国少代会甘肃代表团活动在兰州市东郊学校举行。省委书记、省人大常委会主任王三运,省委副书记欧阳坚,省委常委、省委秘书长李建华,省人大常委会副主任孙效东,省政府副省长夏红民,省政协副主席李沛文等领导亲切看望东郊学校的小朋友们,并代表省委、省人大、省政府、省政协向全省广大少年儿童致以节日的问候。

7月26日 省委副书记欧阳坚接见了甘肃省出席中华全国青年联合会第十二届委员会全体会议、中华全国学生联合会的代表团成员。

8月2日 甘肃省"精准扶贫·青年在行动"暨共青团"一村一电"工程工作推进会在陇南市成县召开。全省各市(州)团委、县(市、区)团委书记,各市(州)青年电商联盟负责人参加会议。团省委书记陶军锋出席会议并讲话。

8月13日 共青团关爱留守儿童行动启动暨2015年关爱留守儿童·阳光夏令营开营仪式在兰州举行。省委副书记欧阳坚出席仪式并宣布活动启动。省政协副主席李沛文和省直相关部门的负责同志出席启动仪式。中国石油兰州石化公司向全省13个县区贫困学子捐赠助学金130万元。青年志愿者、城市少先队员现场与留守儿童结对子并交换了联系卡。

8月26日 2015年度全省选派银行业金融机构优秀青年干部赴县级团委挂职工作培训动员会在兰州召开。省农业银行、省农村信用社联合社、省邮政储蓄银行、甘肃银行、天水市委组织部、临夏州委组织部等单位分管领导和58个贫困县分管共青团工作的领导应邀参加会议。

8月29日 由团省委、中共陇南市委、甘肃省少工委主办的甘肃省"火炬引领我前进"共青团关爱留守儿童体验营在两当县全国青少年教育基地正式开营。团省委书记陶军锋、陇南市委书记孙雪涛等领导出席体验营开营仪式。在开营仪式上,团省委书记陶军锋宣读了省委副书记欧阳坚致全省关爱留守儿童青年志愿者的一封信。仪式上进行了党旗、国旗、团旗、队旗的"红色传递",与会领导为体验营改编后的三个中队授旗。来自天水、定西、陇南三地的60名留守儿童在两当县全国青少年教育基地门前重温入队誓词，体验营留守儿童代表发言。

9月13日至16日 “全国向上向善好青年”分享团来到甘肃省开展分享活动。全国“向上向善好青年”张鹏、徐勃、李天柱、马晓兵与甘肃省“向上向善好青年”张璇、潘玉礼共同搭档，讲述了青春故事，传递价值导向。

9月23日 由团省委、省人社厅、省非公企业工委主办，甘肃机电职业技术学院、天水团市委承办的第十届“振兴杯”全省青年职业技能大赛在天水市拉开帷幕。共有22支代表队、170余名青年技术精英参加大赛。

9月 “甘肃青年之声”互动社交平台正式上线运行。

11月12日至13日 省委党的群团工作会议在兰州召开，会议贯彻落实中央党的群团工作会议和习近平总书记重要讲话精神，研究谋划新形势下做好甘肃省群团工作的措施办法，开创甘肃省群团工作新局面。省委书记、省人大常委会主任王三运出席并讲话，省委副书记欧阳坚主持会议。团省委书记班子全体成员参加。

11月20日至21日 全省市县两级团委班子成员深入学习中央、省委党的群团工作会议精神主题读书班开班仪式在兰州举行。团省委书记陶军锋出席仪式并讲话。

11月23日至25日 团省委和中青旅联盟在陇南市两当县联合举办了中青旅联盟总经理培训会暨甘肃红色旅游推介会。

12月1日 省委组织部、团省委在兰州召开第15批博士服务团工作总结暨第16批博士服务团欢迎动员会议。省委常委、省委组织部部长、省委人才工作领导小组组长吴德刚与博士服务团成员座谈，省委组织部副部长陈卫中出席会议。

12月2日 团省委领导班子“团干部如何健康成长大讨论”专题民主生活会在团省委机关召开。团省委书记、党组书记陶军锋主持会议，副书记蒋小丽、董安宁，副巡视员芦铁平参加。

青海

2月11日 共青团青海省十三届三次全委（扩大）会议在西宁召开。省委常委、省人大常委会副主任、省总工会主席苏宁出席大会并代表省委讲话。团省委副书记王华杰、高波、韩海宏出席会议。

3月9日 青海省少工委召开六届五次全委（扩大）会议，团省委副书记、省少工委主任韩海宏，省委教育工委专职副书记、省少工委副主任庞晓玲分别对少先队工作提出要求。

3月23日 团省委联合省文明办、省委教育工委、省教育厅、省少工委共同主办，青海青年报社承办的“2014年度青海高原好少年”表彰大会在西宁举行。

4月21日 团省委、省青年志愿者协会邀请郭明义爱心团队赴青海宣讲先进事迹，指导青海青年志愿者工作。省委常委、副省长王晓和来自省内各高校、企业、部队、社会组织的青年志愿者800余人参加报告会和授旗仪式。

4月22日 团省委在西宁市泮子山区举行纪念“五四”运动96周年“爱我三江源 保护母亲河 美丽中国梦”青海省青少年绿化示范基地暨绿色家园项目启动仪式。300余名青年志愿者参加活动。

4月24日 省委书记骆惠宁深入青海青年创业园和高校调研青年创业情况，勉励青年在“互联网+”的时代背景下，树立创业雄心，勇立创新潮头，为“大众创业、万众创新”贡献力量。

5月4日 为纪念五四运动96周年、中国共产主义青年团成立93周年，团省委联合省文明办、省教育厅、省文化和新闻出版厅、省科协、省广播电视台、省学联共同举办“诵读经典 励志尚贤”全省大学生经典诵读会，活动于5月4日下午在青海师范大学拉开帷幕。五四期间，全省各级团组织开展了表彰大会、青春故事座谈、送奖下基层、主题团日、文艺汇演、青年交友联谊、志愿服务、体育竞赛、青歌赛等纪念活动。

5月8日 青海省青年创业就业基金会第一届理事会暨成立大会在西宁召开。选举产生理事长、副理事长、秘书长各1名，明确了工作职责。

5月28日 省委常委、省总工会主席马顺清在西宁会见了由美国阿拉巴马州伯明翰市议会议长乔纳森·奥斯汀为团长的美国青年领导人代表团。

5月30日 副省长程丽华在西宁接见了即将赴京参加中国少年先锋队第七次全国代表大会的青海省代表团全体成员。团省委书记办成员参加接见。

6月3日 省长郝鹏到青海青年创业园调研创新创业工作，与创业者深入交流，聆听创业故事，共话创新蓝图。

8月27日 团省委、省青少年发展基金会联合青海国酒茅台销售有限公司，在西宁市举行2015青海省“国酒茅台·国之栋梁”圆梦大学助学金发放仪式。省委常委、省总工会主席马顺清出席仪式。2015年，“国酒茅台·国之栋梁”大型公益助学活动资助全省600名贫困学生，每人一次性资助5000元，资助金总额达300万元。

10月12日至14日 中国少年先锋队青海省第七次代表大会在青海省会议中心召开，来自全省各地的341名代表、省直相关部门负责同志参加会议。省委书记、省人大常委会主任骆惠宁向大会发来贺信。

11月23日至24日 举办全省共青团学习贯彻中央、省委党的群团工作会议暨省委十二届十次全体会议精神读书班。团省委书记王华杰作了专题辅导；省委党校党史党建教研部教授梁代生结合“三严三实”主题教育就习近平总书记系列重要讲话精神作了解读。团省委副书记韩海宏、冉清及各市州团委班子成员，县（区、市）、直属机关（企业、高校）团组织主要负责同志，团省委全体机关、委属事业单位负责人参加读书班。

宁夏

2月3日 共青团宁夏区委十一届三次全体（扩大）会议在银川召开，自治区党委副书记崔波出席会议并讲话。团宁夏区委书记马金元主持会议并作工作报告。团宁夏区委副书记王伟、丁聃，党组成员汤瑞，自治区纪委派驻团宁夏区委纪检组组长于兴章，团宁夏区委委员、候补委员，团区委机关各部门、各直属单位、各市县（区）团委主要负责同志出席会议。

4月29日 自治区党委书记、人大常委会主任李建华，自治区主席刘慧来到宁夏地矿局遥感测绘勘查院、银川百年农工子弟职业学校、汇川服装有限公司，看望青年团员

5月8日 自治区团委召开机关干部职工大会，自治区党委常委、组织部部长傅兴国，自治区党委组织部副部长、自治区老干部局局长王铎出席会议。会议宣布赵涛同志任共青团自治区委书记、党组书记。

5月29日 宁夏出席中国少年先锋队第七次全国代表大会的15名代表启程前往北京。自治区党委常委、自治区组织部部长傅兴国，自治区副主席屈冬玉看望并欢送代表，赵涛、丁聃同志出席活动。

8月17日至21日 全国青少年禁毒师资和志愿者骨干培训班在银川举办。

8月28日 “国酒茅台·国之栋梁”2015希望工程圆梦行动大型公益活动助学金发放仪式在银川举行。自治区党委副书记崔波出席发放仪式并为茅台集团颁发捐赠证书，赵涛

同志主持仪式。

8月27日至9月2日 团宁夏区委在对口扶贫点西吉县王民乡红太村开展“与农民同吃同住同劳动”教育实践活动，赵涛、丁聃、汤瑞同志及机关20多名干部在为期7天的时间里，分两批体验农村生产生活。

9月2日 “全国青少年学生社会主义核心价值观培育基地”挂牌仪式在宁夏军区军史馆举行，自治区党委常委、宣传部部长蔡国英，自治区党委常委、宁夏军区司令昌业廷为培育基地揭牌，赵涛同志出席挂牌仪式。

9月22日 “邮储银行杯”宁夏青年创新创业大赛总决赛在银川举行。自治区人大常委会副主任袁进琳、自治区政协副主席张学武出席总决赛，并为获奖选手颁奖。

10月30日 召开宁夏志愿者协会第三次会员代表大会。自治区人大常委会副主任袁进琳、自治区政协副主席张学武出席大会，赵涛主持会议。

11月3日至6日 开展为期四天的2015年全区共青团工作互观互检活动，组织各市、县（区）团委，区直机关团工委，宁夏金融团工委、区直属部分单位团委及自治区团委机关各部室及希望办主要负责同志深入全区五个地级市的16家企事业单位、学校以及街道、乡镇等地的共青团工作，实地观摩了基层团组织建设以及企业青年创新创效、青年创业就业、希望工程、志愿服务、网络新媒体等全区共青团创新、亮点工作，赵涛，丁聃同志参加有关活动。

11月7日 自治区团委组织全区各族各界青年在银川集中学习了党的十八届五中全会精神。赵涛同志主持学习。自治区团委在银川举办了学习中央和自治区党的群团工作会议精神主题读书班。

11月19日 自治区副主席曾一春到自治区团委调研指导工作。赵涛同志主持会议并汇报了2015年的工作情况及近期工作计划，汤瑞同志及全体副处级以上干部参加会议。

12月17日 召开“三严三实”暨“团干部如何健康成长”专题民主生活会，赵涛同志主持会议。丁聃、汤瑞同志参加会议，机关各部门负责人列席会议。

新疆

2月3日 团区委十二届三次全委（扩大）会议在乌鲁木齐召开，总结报告了2014年主要工作，并安排部署2015年工作任务。自治区党委常委、自治区副主席艾尔肯·吐尼亚孜出席会议并讲话。

2月5日 团区委少工委五届四次全委（扩大）会议在乌鲁木齐召开。总结了2014年少先队工作，安排部署了2015年少先队工作。自治区团委书记阿依努尔·买合赛提出席会议并讲话。

4月20日 全区共青团“去极端化”工作现场推进会在喀什召开，总结推广现场宣讲、网络引导、文化活动三管齐下去极端化工作经验。

5月3日 中共中央政治局委员、自治区党委书记张春贤参加“青春追梦·美好新疆”自治区各族各界青年代表座谈会，并寄语全疆各族青年争做“五新青年”，即争做弘扬新疆精神的新青年，争做践行现代文化的新青年，争做维护民族团结的新青年，争做尊法、学法、守法、用法的新青年，争做创业创新创优的新青年。

5月4日 自治区党委常委、自治区副主席艾尔肯·吐尼亚孜、自治区党委组织部副部长张艾兵，在自治区团委礼堂宣布自治区党委任命赵川同志担任自治区团委党组书记的决定。

5月31日 中共中央政治局委员、自治区党委书记张春贤参加乌鲁木齐市第44小学少先队活动，寄语全疆各族少先队员“争做三个红领巾”，即争做热爱祖国热爱家乡的“红领巾”，争做促进民族团结的“红领巾”，争做有好思想的“红领巾”。

7月30日　团区委举办大学生志愿服务西部计划出征仪式，团区委党组书记赵川同志主持仪式，自治区党委常委、自治区副主席艾尔肯·吐尼亚孜、自治区党委组织部副部长乌拉孜别克·热苏力汗等同志参加。

8月20日　团区委召开中央国家机关青年干部赴新疆“一带一路战略研讨会”。自治区团委党组书记赵川出席并主持会议，中国社科院直属机关党委副书记孙伟平，自治区团委副书记杨骞等同志参加。

9月14日　团区委召开“百万新疆中学生与内地中学生结对子活动”座谈会。

9月14日　由共青团中央、全国学联主办的2015年“新疆学子百村行”大中专学生暑期社会实践活动总结交流会在新疆农业大学召开。

11月6日　团区委举办深入学习党的群团工作会议精神主题读书班，地州市、县市区、直属高校、直属企业团委负责人200余名团干部进行了为期两天的专题集中学习，书记班子成员分别做专题辅导，自治区党委常委、自治区副主席艾尔肯·吐尼亚孜同志看望读书班学员并亲切座谈。

11月23日　举办首届新疆青年创业就业服务周。通过论坛交流、创业训练、风投路演、创业大赛等不同类别的11项活动，促成28名创业青年与天使投资达成投资意向，100多个创业项目进入众创空间，争取创业资金支持4000余万元。

12月22日　团区委召开自治区重点青少年群体服务管理和预防犯罪“牵手行动”工作电视电话会议，自治区党委常委、自治区副主席艾尔肯·吐尼亚孜出席会议并作讲话。

总政组织部青年局

3月4日　经中共中央总书记、国家主席、中央军委主席习近平批准，全军“中国梦·强军梦·我的梦”主题团日活动汇报展示在京举行。13个单位和个人代表通过兵言兵语、兵讲兵事，讲述了军营追梦、岗位建功的感人事迹和收获体会。中央军委副主席许其亮、总政治部主任张阳，四总部和军委办公厅领导出席观看。

4月4日　经总政治部领导批准，青年局在腾讯微信和新浪微博开通“八一青春方阵”微博微信公众号，依托全军政工网设立“军青在线”网站，运用新媒体手段搭建展示工作信息、吸引凝聚青年官兵、了解青年思想动态的重要平台。

5月5日　总政治部主任张阳、副主任吴昌德在北京与军队系统受到全国表彰的第19届“中国青年五四奖章”、全国“向上向善好青年”、全国五四红旗团组织单位和个人代表，以及参加“奋斗的青春最美丽·强军的典型最可敬”走基层分享交流活动的全体同志座谈。张阳同志发表讲话。

5月6日至17日　为深入贯彻中共中央总书记、国家主席、中央军委主席习近平关于培养有灵魂、有本事、有血性、有品德新一代革命军人的指示要求，浓厚学先进赶先进当先进的良好氛围，经总政治部领导批准，全军15名青年典型分两个小组分别到驻福建广东和青藏沿线的15个旅团单位，开展“奋斗的青春最美丽·强军的典型最可敬”走基层分享交流活动。活动期间，青年典型走边防、上高原、登海岛、进舰艇、住班排，深入部队演训现场、试验场站、兵站哨所、海防连队，采取事迹分享、互动访谈、主题团日等形式，与官兵面对面交流学习成才体会，共话强国强军使命担当。

6月2日　总政治部下发《关于认真学习贯彻习主席会见中国少年先锋队第七次全国代表大会代表时重要讲话的通知》（政传〔2015〕41号），要求全军和武警部队紧密结合军队实际，认真学习领会，抓好贯彻落实。

6月8日 为认真贯彻中共中央总书记、国家主席、中央军委主席习近平关于培育和践行社会主义核心价值观的重要指示精神，总政治部、共青团中央联合印发《深化共建共育做好青年官兵与青少年学生社会主义核心价值观培育工作的意见》（政组〔2015〕64号），部署军队各级政治机关和地方各级共青团组织，共同做好100个军队英模单位和100所地方高校团组织共建共育、对地方青少年学生首批开放100个团以上单位军史馆、深入开展“少年军校”活动、开展“走进军营”参观见学、组织主题团日和队日活动、深化军地青少年学雷锋志愿活动、宣扬践行强军目标青年典型、用好军队和团属媒体等8项重点工作，发挥军地优势，搞好军地联动，努力形成活动共建、精神共育，资源互补、协同推动的良好局面。

7月21日 总政治部主任张阳对组织军队代表出席全国青联十二届全委会和全国学联二十六大事作出重要批示：“全国青联和全国学联是我们党领导下的具有光荣传统和广泛影响力的青年群众组织，是党联系青年不可缺少的重要纽带，在实现中华民族伟大复兴的中国梦中发挥着重要作用。军队参加全国青联和全国学联大会的同志是青年官兵优秀代表，要认真学习贯彻习主席系列重要讲话精神特别是在中央党的群团工作会议上的重要讲话，自觉践行‘四有’新一代革命军人要求，珍惜荣誉，积极进取，努力做对党绝对忠诚的榜样，坚定理想信念，树立远大追求，严守政治纪律，坚定不移地听党话跟党走；做投身强军实践的榜样，献身使命，锤炼本领，矢志打赢，立足本职建功立业；做弘扬优良作风的榜样，按照‘三严三实’立身做人、干事创业，以实际行动立起革命军人的好样子。”

7月25日 总政治部下发《关于认真学习贯彻习主席致全国青联十二届全委会和全国学联二十六大贺信的通知》（政传〔2015〕45号），要求全军和武警部队认真学习贯彻习主席的贺信，激励引导广大青年官兵紧跟时代砥砺前行，担当责任奋发有为，汇聚实现中国梦强军梦的强大青春力量。

7月29日至30日 军队19名团十七届中央委员、9名团十七届候补委员参加团十七届四中全会。全会结束后，总政治部组织部组织大单位青年处（组）长和军队团中央委员，就加强军队党的群团工作和团组织建设进行座谈。

8月10日至14日 共青团中央、总政治部、全国少工委在山东省青岛市举行2015年“各族少年手拉手，共圆美丽中国梦”夏令营。来自各地56个民族的280名少先队员代表参加了夏令营活动。

8月19日 中宣部、总政治部、共青团中央在人民大会堂联合举行第二炮兵某旅先进事迹报告会。中央军委委员、第二炮兵司令员魏凤和，中宣部副部长王世明、总政副主任殷方龙、团中央书记处常务书记贺军科、第二炮兵政委王家胜出席报告会。

全国铁道团委

1月7日 在2015年投产新线基层团组织和团员青年中部署开展“新线争章”立功竞赛活动，确定22条线路参与争创；以开展业务技能提升活动、争创保安全先进为抓手，激励团员青年为新线建设运营做贡献。

1月7日 铁路青少年发展捐助中心成功承接民政部社会服务试点项目（B类），获得资金60万元用于“青春护航”项目，开展资助铁路贫困家庭、帮助铁路贫苦子女求学、助残服务、心理辅导、生活技能培训、青少年自护维权教育等帮扶活动。

1月23日 部署开展志愿者服务春运“暖冬行动”，对志愿服务内容、管理培训等方面提出要求。春运期间，铁路各级团组织共计招募2.4万名青年志愿者，在全国336个火车站开展志愿服务活动，提供志愿服务168万小时。

2月2日 根据《铁路共青团工作评价办法(试行)》，首度开展对铁道团委所属各单位团委年度工作的综合评价并进行情况通报，初步实现铁路共青团考核工作的规范化。

2月27日 部署开展“爱路微志愿行动”，推动团员、团干部成为注册志愿者；以3月5日、5月26日为时点，发掘身边微小公益需求，开展微志愿服务，进行集中注册。

3月20日 下发《关于加强基层服务型团组织建设的意见》，对促进青年职业发展、满足青年生活需求、引入路外资源、完善服务青年台帐做出制度安排。

3月28日至29日 召开共青团全国铁道八届七次全委(扩大)会议，总公司党组成员、副总经理王志国同志出席会议并作重要讲话，铁道团委书记张腾同志作全委会工作报告。会议通过了共青团全国铁道第八届委员会委员卸免确认案。

3月至6月 将铁路出行安全常识、铁路法律法规等内容，根据未成年人认知特点分级纳入《中小学生安全与保障教育》教材。10月，该教材通过教育部门审批，在中小学校中推广使用。

4月15日 下发《铁路共青团“团干部如何健康成长”大讨论活动实施方案》，分阶段开展、分层次推进大讨论活动。铁道团委本级共征集团员青年意见100余条，形成《铁路系统青年意见清单》，分类制定7条整改措施。

4月30日 下发《关于在铁路现代物流发展中充分发挥共青团作用的决定》，号召广大团员青年争做市场信息观察员、客户感情联络员、企业形象宣传员、增收创效智多星。

4月底 分别下发文件表彰11名“铁路青年五四奖章”、349名全路优秀共青团员团干部、294个全路五四红旗团委(团支部)。

5月6日 铁路总公司党组书记、总经理盛光祖亲切接见了第19届“中国青年五四奖章”获得者青藏铁路公司格尔木工务段周啟龙、“全国优秀共青团员”北京铁路局北京西站张二霞。

5月13日 落实团中央关于开展“青年文明号创新创优创效”活动要求，在铁路各级青年文明号集体和创建集体中部署开展深化青年文明号“两带头，双争创”行动，形成服务、技术、管理、营销等类别的作品与成果200余个。

6月16至18日 联合有关部门共同举办首届新入路青年职业技能竞赛决赛，18个代表队72名选手参赛，20名青年被授予 “全路青年岗位能手”荣誉称号。

7月24日至26日 铁路系统第十二届全国青联委员那艳玲、张艳华、张腾、周啟龙、胡所亭、费东斌6名同志参加中华全国青年联合会第十二届委员会全体会议，铁道团委书记张腾同志当选为全国青联常委。

8月中下旬 就《铁路行业青年工作骨干胜任特征模型构建及培训工作研究》课题与中科院大学经济与管理学院达成合作意向，经科技部审核通过予以立项，对课题的开题进行前期准备。

10月14日至18日 选派3名青年组成中国铁路公司青年代表团赴俄罗斯与俄罗斯铁路公司的青年进行友好交流，与19个国家约60名代表参加了俄铁第九届青年大会国际单元的活动。

12月1日至3日 第二届中国青年志愿服务项目大赛在重庆开赛。铁道团委设置铁道展台充分展示铁路企业的公益业绩，推荐的10个铁路志愿服务项目分获全国金、银、铜奖。铁路系统获奖率及获奖质量居全国前列。

全国民航团委

3月 在全行业启动了“青春才艺show”主题活动，全年共举办地区性大型“青春才艺show”4场，指导行业各单位举办“青春才艺

show”百余场。

5月4日 民航局党组书记、局长李家祥通过中国民航报、中国民航网发表署名文章，寄语民航青年“前程远大，使命光荣”。在京举办五四青年节专场讲座，以学习和弘扬中国优秀传统文化的方式纪念五四运动、欢度青年节日，民航局党组书记、局长李家祥，党组成员、纪检组长梁潮平，党组成员、副局长王志清等出席活动。民航局党组成员、副局长董志毅出席活动并讲话，寄语民航青年“立志以远、立身以德、立业以勤、立行以实”。

5月22日 举办“爱在五月”在京民航单身青年职工联谊活动，在京民航单位及中央电视台、光明网等特邀单位的单身青年近400人参加活动。

6月 在全行业启动了民航青年岗位体验式交流活动的试点工作，共有22家行业单位、20余个岗位工种、371人次参与活动，有效推动了不同地区、不同岗位青年之间的工作交流和职业体验，在助力行业中心工作、服务青年成长成才方面发挥了积极作用。

12月22日 在京举办“我和我的职业精神·职业达人”现场展示活动。民航局党组书记、局长李家祥出席活动并与民航青年代表合影，党组成员、副局长董志毅、王志清出席活动。“我和我的职业精神·职业达人”活动于2015年4月正式启动，全行业40余家企事业单位推荐了103名“职业达人”个人和60个“职业达人”集体，涵盖了飞行、乘务、机务、安检、空管、油料、地面服务、网络维护、科技研发等20个岗位工种，用多种形式展示了当代民航青年的时代特征和职业风范，推动了职业精神在岗位实践中不断丰富和发展。

中央直属机关团工委

1月29日 团工委召开2014年度领导班子民主生活会和党支部专题组织生活会，工委副书记王秀峰全程出席会议并对团工委领导班子民主生活会进行点评，吴佳松主持会议，李海翔参加会议。

2月6日 召开中直机关2015年团的工作会议，传达学习中直机关2015年党的工作会议精神和团十七届三中全会精神，总结2014年工作，部署2015年的工作。工委副书记王秀峰出席会议并讲话，吴佳松作工作报告，李海翔主持会议，中直机关各单位团委（团总支、团支部）、二级单位团组织负责同志共110人参加了会议。

2月12日 召开中直青联四届三次常委会议，传达全国青联常委会精神，总结四届二次常委会以来工作，布置2015年重点工作，审议增补副主席、常委、委员草案，交流学习贯彻习近平总书记系列重要讲话精神体会。吴佳松主持会议并讲话，中直青联常委共43人参加会议。

6月4日上午 张建平、王秀峰同志听取团工委关于中直机关青年干部支教扶贫工作和推荐全国青联委员人选工作情况汇报并做出批示。

6月10日上午 张建平同志出席中直机关青年干部支教扶贫工作座谈会并讲话，王秀峰同志出席会议。吴佳松同志主持会议，付咏中、李海翔、马晓兰同志参加会议。

6月23日至26日 中直机关书画协会、中直机关工会联合会、中直机关妇工委、中直机关侨联、中直机关青联共同举办纪念中国人民抗日战争暨世界反法西斯战争胜利70周年书画摄影展，吴佳松同志出席开幕式。

8月21日下午 段余应同志主持召开支教扶贫工作座谈会，与到访的平山县委书记李旭阳一行座谈交流。付咏中、吴佳松、李海翔同志参加会议。

8月27日上午 召开中直机关第17批青年干部支教扶贫队汇报交流会，段余应同志出席会议并作重要讲话。吴佳松同志主持会议，李海翔同志参加会议。8月27日下午至28日下午,举办中直机关第18批青年干部支教扶贫队培训班。

9月13日至15日 李海翔同志赴香港参加香港青联二十三周年会庆及会董会就职典礼。

9月15日至19日 吴佳松同志赴英国伦敦参加第五届中英青年领导者圆桌会议。

10月14日 组织中直机关青联委员与英国青年费边社代表团座谈交流,吴佳松同志参加交流活动。

中央国家机关团工委

3月9日 中央国家机关工委副书记姚志平出席2015年中央国家机关共青团工作会议并讲话。

4月28日 中央国家机关工委副书记姚志平出席中央国家机关青年干部“守纪律 讲规矩 促成长”主题活动启动仪式暨“党的优良传统和作风大讲堂”首场报告会并讲话。中央党校副校长黄浩涛出席并讲话,中央党校党史部主任谢春涛作了“全面从严治党”专题报告。

6月23日 中央国家机关工委常务副书记李智勇,副书记陈存根、邵旭军、姚志平、常大光,工委委员、宣传部部长刘涛及团中央书记处书记罗梅在国谊宾馆接见中央国家机关青联第五届委员会全体委员并合影,李智勇同志即席讲话。

7月3日 中央国家机关工委副书记姚志平、中国农业银行副行长王纬出席第三届中央国家机关青年龙舟赛决赛并为获奖队伍颁奖。

8月18至19日 中央国家机关工委副书记姚志平出席中央国家机关团工委委员(扩大)会议暨学习贯彻中央党的群团工作会议精神专题研讨班并讲话。

8月20日 中央国家机关(“紫光阁”)大学生实习计划总结交流会在团中央机关举行。团中央学校部、中央国家机关团工委、中央国家机关参与部委机关团委、在京参与高校团委负责同志及参与实习计划、来自全国22所高校的90余名大学生参加会议。

9月19日至23日 团工委组织部分中央国家机关部门机关团委负责同志赴新疆参加“根在基层”活动,调研2014年“情系天山”项目实施情况,并向新疆兵团直属机关工委、自治区团委交接2015年捐赠物资。

11月26日 中央国家机关工委常务副书记李智勇、副书记常大光出席中央国家机关“根在基层”青年论坛,李智勇同志讲话。来自外交部、发改委、财政部等部门的12名青年围绕转型升级、一带一路、改善民生、青年成长4个专题作交流发言。

11月27日 中央国家机关工委副书记姚志平出席第五届中央国家机关青年篮球邀请赛总决赛暨颁奖闭幕式并为获奖球队和个人颁奖。

中央金融团工委

1月12日 “全国金融青年提升岗位能力、提升服务水平工作推进会暨金点子创新创效大赛”在京举行。中国银监会党委委员、副主席郭利根出席会议并讲话。

5月7日 “金融青年勇担当,同心共筑中国梦”主题展览活动在京举办。中国银监会党委书记、主席尚福林,中国银监会党委委员、副主席郭利根出席活动。

5月7日 召开全国选派金融机构优秀青年干部赴县级团委挂职工作电视电话会议,中国银监会党委书记、主席尚福林,中国银监会党委委员、副主席郭利根出席会议并讲话。

6月13日 全国金融青联以“自贸区下的两岸金融合作”为主题,举办两岸青年金融峰会。

7月1日 2016年全国送金融知识下乡

工作推进会议在浙江嘉兴召开。中国银监会党委委员、副主席郭利根出席会议并讲话。

8 月 23 日 召开中央金融系统共青团“融情夏令营”总结交流大会。中国银监会党委委员、副主席郭利根出席活动。

9 月 26 日 中央金融团工委、全国金融青联在京举办 2015 年“金缘青年汇”单身青年联谊活动。中国银监会党委委员、副主席郭利根出席活动。

9 月 28 日 举行金融系统“积分圆梦”公益行动全国启动仪式。中国关心下一代工作委员会主任顾秀莲，中国银监会党委委员、副主席郭利根出席活动。

12 月 21 日 举行全国金融青年提升岗位能力、提升服务水平工作推进会。中国银监会党委委员、副主席郭利根出席会议并讲话。

中央企业团工委

1 月 14 日 中央企业团工委、中央企业青联在人民大会堂举行了刘彦龙、杜永利见义勇为先进事迹报告会。福顺同志出席会议并讲话。国资委有关厅局、机关青年代表，在京中央企业团干部、团员青年和央企青联委员代表共 300 多人现场聆听了报告。

1 月 16 日 中央企业青联在国资委召开中央企业青联新老委员代表座谈会。福顺同志出席会议。谢俊、李伟、中央企业青联副主席沈莹、王彤宙、李慧镝、丁宏祥及中央企业青联新老委员代表等共 16 人出席了会议。会议由李伟主持。

4 月 10 日至 11 日 中央企业青联在湖北宜昌成功举办第 44 期“行动学习”——“放流中华鲟 · 保护母亲河”系列活动。中央企业青联副主席、三峡集团党组成员、纪检组长龙飞，巴清宏和近 20 位央企青联委员参加了本次活动。

4 月 15 日 中央企业团工委在中国商用飞机有限责任公司北京民用飞机技术研究中心举行了中央企业共青团“改革创新 青年先行”主题实践活动启动仪式。中国商用飞机有限责任公司公司副总经理、党委委员刘林宗出席启动仪式并致辞。

4 月 29 日下午 中央企业共青团“五四”表彰大会在京召开。会议表彰了 2014 年度中央企业共青团先进集体和先进个人。张毅同志向大会发来贺信。

5 月 23 日 中央企业青联在北京举办委员亲子活动——“秧秧青苗”第 1 期。中央企业青联副主席、中国三峡集团纪检组组长龙飞出席活动，巴清宏出席并致辞，部分中央企业青联委员及其子女 80 余人参加活动。

6 月 2 日 中央企业青联在中国电建接待了来华参加第 1 期“未来之桥”中拉青年领导人培训交流营的拉美青年领导人代表团。巴清宏代表中央企业青联会见了到访学员，张蕾蕾出席活动。中央企业青联常委于腾群、张宇锋以及部分央企负责拉美业务的青年代表与来自拉美地区 10 个国家的 25 名青年领导人代表，就共同关注的经济领域等话题进行了座谈交流。座谈交流活动由中央企业青联常委、中国电建青联主席傅勇主持。

6 月 8 日 中央企业团工委联合新疆维吾尔自治区团委、新疆生产建设兵团团委在新疆乌鲁木齐召开中央企业共青团系统援疆工作座谈会，正式启动 2015 年中央企业共青团系统援疆项目。巴清宏出席会议并讲话，新疆维吾尔自治区团委书记阿依努尔 · 买合赛提主持会议。

6 月 19 日 中央企业团工委、中央企业青联在中国通用技术(集团)控股有限责任公司举办 2015 香港大学生北京暑期实习团赴中央企业实习欢迎式。巴清宏出席活动，张蕾蕾主持活动。

6 月 23 日至 27 日 中央企业团工委在全国青少年井冈山革命传统教育基地举办了 2015 年中央企业团委书记“学理论、强党性、铸信仰”主题学习交流活动。李伟、巴清宏出席活动,同时李伟作了题为《如何当好一名团干部》的专题团课。

7 月 11 日 中央企业团工委、中央企业青联在中国中铁股份有限公司举办“共创新世界 2015”北京暑期实习团——“香港大学生对话央企高管”活动。

7 月 23 日 全国青联十二届全委会中央企业代表团组团会议在国资委召开。福顺同志接见了代表团成员。会议由李伟主持。于腾群、王兵、薛志勇、申跃、裴先峰等委员代表做了交流发言。中央企业代表团共 27 名委员参加了组团会。

8 月 14 日 由中央企业团工委、国资委援扶办主办的“2015 年中央企业牵手新疆各族青少年融情实践营”开营仪式在北京举行。巴清宏出席活动并讲话。新疆团区委副书记杨骞出席活动并讲话。

10 月 29 日至 30 日 召开中央企业共青团协作区负责人座谈会。李伟出席会议并讲话。会议由巴清宏主持。中央企业团工委委员、各协作区负责人和团工委机关各部门负责人共 19 人参加了会议。

11 月 6 日 召开中央企业共青团“青年之声”建设试点单位技术对接会,指导各试点单位推进“青年之声”互动社交平台建设工作。

11 月 16 日至 17 日 由北京团市委、天津团市委、河北团省委和中央企业团工委共同开展的“京津冀青少年绿色环保主题实践活动”在河北涿州举行。巴清宏出席活动。

11 月 21 日 在大唐电信科技产业集团举办中央企业青联第 45 期行动学习—“感受互联网+ 助力科技创新”活动。巴清宏出席。大唐电信科技产业集团副总裁、中央企业青联副主席、中央企业青科协常务副主席陈山枝,北京启明星辰信息技术股份有限公司董事长、首席执行官、中央企业青联副主席严望佳以及中央企业青联委员、中央企业青科协会员共计 40 余人参加活动。

11 月 27 日 举办“青春央企大讲堂”第四期活动。邀请国家行政学院教授李清泉作“国学智慧与社会主义核心价值观建设”专题报告。中国钢研科技集团公司职工董事、工会主席韩伟,中央企业青联副主席申兆军、副秘书长邱宝林等出席报告会,报告会由巴清宏主持。在京中央企业团干部、中央企业青联委员以及中央企业青年代表等共 230 余人参加了报告会。